Pillole per la memoria – 10

Isbn 978-88-96576-12-0

Prima edizione: 2011
Seconda edizione: 2021
Edizioni Trabant – Brindisi
www.edizionitrabant.it
redazione@edizionitrabant.it

Giuseppe Buttà

Edoardo e Rosolina

o le conseguenze del 1861

Edizioni
Trabant

NÉ ROMA NÉ MORTE

E valeva la pena di fare la rivoluzione del 1860 [...] per venirci poi a proporre la Dittatura? La Dittatura, senza che voi la invochiate, giungerà in un tempo forse non lontano; essendo, come ho detto, una necessaria evoluzione di tutte le rivoluzioni

Edoardo e Rosolina, cap. XXVI

« Garibaldi? Chi è Garibaldi? Non lo conosco!... »[1]
Don Blasco, ne *I Viceré* di Federico De Roberto, ha questa sdegnosa reazione quando un interlocutore osa nominargli l'Eroe dei Due Mondi. Il narratore prosegue:

« Imparò a conoscerlo il 13 maggio, quando scoppiò come una bomba la notizia dello sbarco di Marsala. Ma, contro al suo solito, egli non gridò, non disse male parole: alzò le spalle affermando che al primo colpo di fucile dei Napoletani, i "filibustieri" si sarebbero dispersi ».

E più avanti fa dire così al suo personaggio:

« Ma razza di mangia a ufo che siete, dovete dirmi un poco perché vi fregate le mani? Avete vinto un terno al lotto? O credete che Garibaldi venga a crearvi papi tutti quanti? Non capite, teste di corno, che avete tutto da perdere e niente da buscare? ».

Il personaggio di Don Blasco, nel romanzo, ha il pregio di racchiudere in sé diversi stereotipi della società italiana; i quali, come tutti gli stereotipi, hanno un innegabile fondo di verità.

È innanzitutto il prototipo dell'ecclesiastico dell'*Ancient Régime*: ha preso i voti per tutta una serie di ragioni fuorché la vocazione, e questo fa sì che il suo comportamento non sia esattamente improntato ai dettami evangelici; al contrario, è collerico, invidioso, avido e il suo passatempo preferito è seminare ziz-

[1] Questa e le successive citazioni da Federico De Roberto, *I Viceré*, edizione Torino 2006.

zania tra i conoscenti. Sembra di sentire quasi l'eco – in un contesto certamente più ragionato – dello spirito anticlericale di tanti romanzi d'appendice ottocenteschi, nei quali il prete è sempre meschino, doppiogiochista, avido della sofferenza altrui e volendo anche incestuoso.

Ma ciò che rende Don Blasco un personaggio interessante è un'altra caratteristica: De Roberto ha incarnato in lui una figura – ahinoi – tipica della nostra storia: il *voltagabbana*. All'inizio della vicenda, come abbiamo visto, il monaco è un arrabbiato sostenitore dei Borboni; un *sorcio*, come lo appellano i confratelli di vedute liberali; tanto estremo nella sua passione da invocare le forche pubbliche per repubblicani, mazziniani e camicie rosse. Eppure, all'indomani dell'Unità d'Italia, quando il nuovo governo di Torino introduce il liberalismo, e inizia col sopprimere gli ordini ecclesiastici e gettare monaci e suore sulla strada, Don Blasco quatto quatto odora i vantaggi che può ricavare dalla situazione; e nel giro di poco tempo lo ritroviamo perfettamente inserito nel nuovo ordine delle cose: un affarista che ha pienamente compreso quanto la elargita libertà possa significare, volendo, anche la libertà di sfruttare il prossimo per arricchirsi.

Il romanzo di De Roberto ha purtroppo avuto una fortuna postuma e tardiva, altrimenti questo personaggio sarebbe potuto diventare molto più che topico; e forse oggi chiameremmo "un Don Blasco" chiunque cambia partito al primo alito di vento contrario, allo stesso modo in cui diamo del "Don Abbondio" ai pavidi. Purtroppo ce ne sarebbe stato bisogno: di simili figure è pieno il nostro passato.

Eppure non è andata sempre e in ogni caso a questo modo. In quegli anni controversi, non tutti i borbonici erano paranoici sanguinari come spesso ci piace pensare, né tutti salirono sul carro del vincitore dopo il 1861. Certo non lo fece l'autore del libro che presentiamo: Don Giuseppe Buttà.

Di lui abbiamo già parlato nella prefazione al *Viaggio da Boccadifalco a Gaeta*,[2] pertanto riassumeremo per sommi capi la sua storia. Nato a Naso, in provincia di Messina, nel 1826, negli anni '40 del XIX secolo prese i voti e, vincitore di alcuni concorsi pubblici, trovò impiego nel settore pubblico del Regno delle Due Sicilie, dapprima come sacerdote presso il Bagno Penale di Santo Stefano, successivamente come cappellano militare. In questa veste fu assegnato nel 1859 al IX Battaglione Cacciatori stanziato a Monreale e poté, suo malgrado,

[2] G.Buttà, *Un viaggio da Boccadifalco a Gaeta*, Edizioni Trabant, Brindisi 2009.

vivere dal vivo l'intera esperienza della campagna militare garibaldina, assistendo di persona a molti avvenimenti storici, come racconta ampiamente nel *Viaggio*. L'epilogo della guerra lo vide rinchiuso nella fortezza di Gaeta assieme al suo Re, e va quindi annoverato fra gli ultimi sostenitori dei Borboni a capitolare: il che gli causò non pochi guai dopo l'unificazione. Più volte arrestato come sospetto cospiratore reazionario, fu costretto a percorrere la via dell'esilio nello Stato Pontificio, e soltanto dopo l'annessione di Roma gli fu permesso il ritorno nella sua Sicilia, dove si reinventò scrittore. Le sue opere, inizialmente pubblicate a puntate sul periodico *La Discussione*, furono successivamente raccolte in volumi.

La prima, il già citato *Viaggio da Boccadifalco a Gaeta*, racconta la spedizione di Garibaldi dal punto di vista dell'esercito borbonico, alternando memorie personali al taglio saggistico. Segue *I Borboni di Napoli al cospetto di due secoli*, monumentale storia del regno borbonico meridionale dall'insediamento di Carlo III alla vigilia dell'invasione garibaldina. Mancava un ultimo tassello, per completare un'opera omnia che alla resa dei conti costituisce una storia del Regno delle Due Sicilie molto più completa, come arco temporale, di quella coeva del De Sivo: mancava il *dopo*.

A questo scopo nel 1880, a ormai venti anni dall'unificazione italiana, Giuseppe Buttà licenziava un curioso volume intitolato *Edoardo e Rosolina o le conseguenze del 1861*.

Per raccontare le condizioni dell'Italia dopo la sua unificazione, Buttà si affida questa volta alla forma del romanzo, facendone però un uso disinvolto: per pagine e pagine la vicenda è soltanto la cornice per mettere in bocca ai personaggi delle lunghe digressioni dal taglio saggistico.

La storia si riassume in poche parole. Edoardo Desmet è il giovane rampollo di una nobile famiglia francese con dei forti legami di parentela nel meridione d'Italia.[3] Nel 1866, accompagnato dallo zio Luigi visconte di Peiter, sbarca a

[3] L'autore giura sulla reale esistenza dei personaggi, spiegando nel capitolo I che un ramo dei Desmet si trasferì in Italia nel XVIII sec., per servire sotto Carlo III di Borbone, mutando nome in Dusmet per un errore di pronuncia. Effettivamente è registrata la presenza di alcuni Dusmet al servizio dei Borboni durante la guerra del 1860-61. Un Vincenzo Dusmet, col grado di alfiere, partecipò alla battaglia di Caiazzo (cfr. Gigi Di Fiore, *I vinti del Risorgimento*, p. 289). Ma è lo stesso Buttà nel già citato *Viaggio da Boccadifalco a Gaeta*, a nominare a più riprese tanto questo personaggio, quanto il padre e il fratello, morti negli scontri di Reggio Calabria del giugno 1860 (pp.136-139).

Napoli per intraprendere il suo primo viaggio in Italia. Edoardo, provenendo da una famiglia nobile e tradizionalista, è stato educato presso i Gesuiti; ma a 19 anni è pieno di furore ribelle, frequenta con grande scandalo di famiglia circoli liberali e rivoluzionari, è gonfio di ammirazione per la figura di Giuseppe Garibaldi. Egli intende quindi il suo viaggio in Italia come l'omaggio a una terra da poco redenta dalle tenebre dell'assolutismo, ed è voglioso di partecipare al fermento rivoluzionario che già ha preso di mira il compimento dell'Unità attraverso la presa di Roma e Venezia.

Diverso l'atteggiamento dello zio, un anziano conservatore, cattolico praticante e monarchico. La famiglia ha affidato Edoardo a lui, e acconsentito al viaggio, nella speranza che la visita dell'Italia unita possa "aprire gli occhi" al ragazzo, mettendolo a confronto con una realtà ben diversa dalla sua immaginazione.

E infatti in Italia Edoardo sarà costretto a rapportarsi con una situazione più difficile delle sue previsioni. Diversi personaggi, astutamente presentatigli dallo zio, gli racconteranno per sommi capi le vicende italiane, soprattutto dell'ex Regno delle Due Sicilie, dal 1861 al 1866: le malefatte dei vari luogotenenti piemontesi succedutisi all'amministrazione del Meridione; l'oppressione fiscale dei nuovi governanti; la persecuzione dei dissidenti, e in particolar modo di quelli appartenenti al clero cattolico; il brigantaggio e la sua repressione. Gli avvenimenti successivi, fino alla presa di Roma del 1870, Edoardo li vedrà con i suoi propri occhi, maturando una lenta ma definitiva conversione agli ideali conservatori della sua famiglia e dell'autore. E in questa avrà un suo ruolo la Rosolina citata nel titolo, fino a un colpo di scena finale degno di un'opera lirica.

Come si sarà intuito, siamo dalle parti del genere letterario dell'exemplum: l'autore, piuttosto che raccontare avvenimenti in tono compilativo, preferisce affidarsi alla narrazione di una vicenda che giura essere vera, di modo che il lettore possa identificarsi nei personaggi e imparare dai loro errori. Questo costituisce il grosso limite del romanzo, che sembra aspirare in certi momenti ad assumere dei toni manzoniani, senza tuttavia avere il respiro e la profondità di Manzoni. Edoardo e Rosolina, in fondo, sembrano a tratti una sorta di Renzo e Lucia mancati.

Ma c'è un altro paragone che, con un po' di irriverenza, ci ha suscitato la lettura di quest'opera, benché Buttà l'abbia pubblicata un paio di anni prima: *Pinocchio*. Da un certo punto di vista, la vicenda si potrebbe interpretare nel seguente modo: Pinocchio (Edoardo), nonostante le ripetute raccomandazioni del Grillo Parlante (il Visconte zio), preferisce dare credito ai cattivi consigli del Gatto e della Volpe (gli amici garibaldini), fino a quando non viene riportato sulla retta via dalla Fata Turchina (Rosolina).

Insomma, parlando più seriamente, l'opera pone al lettore i soliti dilemmi che suscitano le opere di Giuseppe Buttà. Come già ricordato nella prefazione al *Viaggio*, la sua figura qualche anno fa ha suscitato un gustoso scambio di battute tra Pier Giusto Jaeger e Leonardo Sciascia. Il primo, nella sua monografia dedicata all'assedio di Gaeta, lo definisce "uno storico di ineguagliabile parzialità". Sciascia, scrivendo la prefazione all'edizione del *Viaggio* per Bompiani, ribatte che Buttà è sì parziale, ma non meno della media degli storici filo-garibaldini come Abba, Banti e via dicendo, quelli cioè su cui si è modellato negli anni il ricordo popolare della spedizione dei Mille.[4]

Certo, Buttà in *Edoardo e Rosolina* non va tanto per il sottile. Non solo non recede di un passo dalle sue idee conservatrici, monarchiche e ultra-cattoliche, confermando la sua natura di anti-Don Blasco di cui parlavamo al principio; ma a questo aggiunge il rincaro del sarcasmo già esibito nel Viaggio. Basti pensare all'ironia che getta a pioggia sulla figura di Garibaldi, contro cui aveva personalmente combattuto nel 1860-61. Quello che per tutti è l'Eroe dei Due Mondi, viene da Buttà chiamato in successione: "eroe da commedia", "fanfarone", "Don Chisciotte"; dopo i fatti di Aspromonte e la celebre palla di fucile alla gamba, diventa "l'eroe zoppo" e più avanti "lo sciancato di Caprera". Fino a una delle ultime pagine, dove addirittura lo definisce "peggio del colera". Quando racconta la disfatta di Mentana del 1867, l'ironia del prelato si scaglia contro il motto garibaldino "*O Roma o morte*", che, a seguito della sconfitta e della fuga dell'Eroe, diventa per lui "*Né Roma né morte*".

E il lettore, qualunque sia il suo pensiero, dovrà ammettere che questi passi sono i più efficaci.

Qui traspare anche il personale rancore del reduce, quale era l'autore, benché in veste di cappellano militare e non di soldato combattente. Eppure Buttà non è un volgare propagandista, tutto fuorché un disonesto. Le sue convinzioni non gli impediscono, ad esempio, di esprimere parole di ammirazione per Giuseppe Mazzini alla fine del capitolo XI: del capo rivoluzionario, nonostante l'abisso di

[4] Pier Giusto Jaeger, *Francesco II di Borbone*, Milano 1982; Leonardo Sciascia, prefazione a Giuseppe Buttà, *Un viaggio da Boccadifalco a Gaeta*, Milano 1985.

vedute che li separa, ammira se non altro la profonda coerenza e l'onestà più volte dimostrata. E gli stessi garibaldini, benché talora rappresentati anche come mezzi delinquenti, sono per lui più che altro dei giovani ingenui mandati a morire da capipopolo ambiziosi e corrotti.

Il punto è che Buttà sapeva ciò di cui parlava; troppo facile sarebbe liquidare queste invettive come un cumulo di pregiudizi moralistici e faziosi; e se i rivoluzionari rappresentati nel romanzo hanno talora le movenze di personaggi da operetta, le loro roboanti frasi sono invece tristemente verosimili, cariche di quella retorica polverosa e spesso vuota di significato che, nonostante spesso ce ne dimentichiamo, ha segnato l'intero Risorgimento. Una retorica fatta di Patria e Destini Incrollabili che – altra nota dolente – per buona parte è stata ispiratrice del vocabolario prima degli interventisti della Grande Guerra, infine – ahinoi – dei fascisti.

E proprio al fascismo ci viene da pensare leggendo uno dei brani più inquietanti dell'opera, nell'ultimo capitolo. A poche righe dal commiato – che costituisce non solo la conclusione del libro ma dell'intera carriera letteraria dell'autore, morto di lì a pochi anni – Giuseppe Buttà scaglia il suo anatema, si reinventa Nostradamus e con una preveggenza che fa sobbalzare sulla sedia intuisce con quarant'anni di anticipo l'avvento della dittatura fascista.

Lo spunto gli è dato dal discorso di un deputato del Regno che – ironia della sorte – si chiama Musolino. Costui, davanti ai mali che affliggono l'Italia unita, la corruzione, l'ingovernabilità, la crescente povertà, invoca l'avvento di un Uomo Forte e la costituzione di una Dittatura alla maniera degli antichi romani.

La reazione di Buttà è al solito un misto di sdegno e sarcasmo. Lui, fautore di un sistema di monarchia assoluta di tipo paternalistico come quella del vecchio re Ferdinando II di Borbone, perseguitato per anni a causa di ciò da parte dei sostenitori della *libertà, indipendenza, progresso*, si sente adesso proporre da parte degli stessi l'ipotesi di una dittatura, quindi un governo altrettanto assoluto di quello passato ma maggiormente costretto, dalle circostanze e dalla mancanza di legittimazione, all'uso della forza e della repressione.

Buttà va con la mente alla Rivoluzione Francese, ricorda dell'esempio del giacobinismo prima e di Napoleone poi; ripensa probabilmente anche a Napoleone III e ad altri esempi del passato, e ne consegue che la storia si ripete: dopo una rivoluzione, è inevitabile che arrivi una dittatura, e come al solito questa dittatura divorerà proprio coloro i quali hanno compiuto la rivoluzione.

> E valeva la pena di fare la rivoluzione del 1860, per gettarci a capo fitto nel mare magnum di tanti mali da voi stesso rivelati, per venirci poi a proporre la Dittatura? La Dittatura, senza che voi la invochiate, giungerà in un tempo forse non lontano; essendo, come ho detto, una necessaria evoluzione di tutte le rivoluzioni; e se volete accertarvene guardate Montecitorio nell'anno di grazia 1881.
> Sappiate però che la Dittatura tratterà tutti duramente e con particolarità gli ex ministri, gli ex senatori e gli ex deputati, la Storia è là che ce l'apprende. Voi, sig. Musolino, che non siete nè *affarista*, nè un azionista della banca nazionale, nè un monopolista, nè un saccheggiabanche, insomma che non siete un così detto *galantuomo*, che cosa potevate sperare da una rivoluzione liberticida, compiuta a furia d'inganni e di tradimenti?

Con questa predizione Giuseppe Buttà saluta i lettori e il mondo. Morirà nel 1886 nella sua amata Sicilia, lasciando tre opere destinate a finire presto nel dimenticatoio, salvo un rinnovato interesse sviluppatosi solo in tempi recenti. Da questo punto di vista, *Edoardo e Rosolina* è quella meno conosciuta. Se negli ultimi 150 anni del *Viaggio da Boccadifalco a Gaeta* e dei *Borboni di Napoli al cospetto di due secoli* si sono prodotte, pur con qualche difficoltà, alcune ristampe, *Edoardo e Rosolina* è rimasta ai margini, quasi sconosciuta e disponibile solo in poche copie ottocentesche nelle biblioteche italiane. Per questo siamo particolarmente lieti di offrire ai lettori la presente edizione, e in questo modo continuare a contribuire, come ci piace, a uno studio più ricco di sfumature delle vicende che hanno portato alla nascita della nazione in cui viviamo.

Sempre più convinti che la storia di quel periodo debba iniziare a recuperare anche la memorialistica degli sconfitti; perché, come recitava l'antico motto del diritto medioevale, ispirato a un versetto del Deuteronomio: *unus testis, nullus testis.*

Una sola testimonianza è come dire nessuna testimonianza.

EDOARDO E ROSOLINA
o le conseguenze del 1861

Mala autem arbor malos fructus facit
Vangelo di s Matteo Cap. VII

L'autore de' *Borboni di Napoli* ecc., quando annunziò la continuazione di *Un viaggio da Boccadifalco a Gaeta*, promise che gli avrebbe dato il titolo: *Il Passato e il Presente*; nonpertanto ha creduto cambiarlo in questo che porta, senza alterarne la sostanza.

CAPITOLO I

Era un bel mattino di gennaio del 1866, e dal Capo Posillipo entrava a tutta macchina un piroscafo, che, dopo pochi minuti, issava bandiera francese: era la Durance, proveniente da Marsiglia. I passeggieri, quasi tutti, erano sulla tolda, taluni ancora in *deshabillé*, altri in fretta accomodavano la loro *toilette*, e tutti ammiravano lo stupendo panorama di Napoli, del golfo, delle sue incantevoli colline e la maestà del Vesuvio, la cui cima era in parte coperta di nubi. Le onde tranquille, l'aere tiepido, il limpido cielo, e il sole che sorgeva dietro i monti di Castellammare, rallegravano ed entusiasmavano i passaggieri tutti della *Durance.*

Eravi sulla estrema prora del naviglio un giovane di bell'aspetto, dalla capellatura bruna, dallo sguardo ardito e provocante e vestito con estrema eleganza. Egli nel parosismo del suo entusiasmo, esclamava, rivolgendosi a Napoli: Salve regina del Mediterraneo, oh, quanto sei bella! prosatori e poeti, che han tentato descrivere la tua bellezza, han defraudato i loro lettori. Fu per te, bella Partenope, un'orrida sventura l'essere stata manomessa e tiranneggiata dalla fatale schiatta de' Borboni, che su te aveva steso una coltre funerea d'infiniti mali; ma che un prode Nizzardo seppe annientare con la salvatrice sua spada, per farti padrona de' tuoi destini, e mostrare all'Europa civile, che que' mali erano voluti da chi usurpava il tuo governo.

Un uomo, di simpatico aspetto, però di età matura, trovavasi dietro le spalle del giovine entusiasta, e sentendo la declamazione di costui, con le movenze del capo, sembrava che la disapprovasse. Il giovane proseguiva la sua enfatica apostrofe, e l'altro, battendogli con la mano sulla spalla, gli disse: – sempre lo stesso, Edoardo?! Sempre illuso! A nulla dunque valse in te il sapere quali furono i risultati della salvatrice spada del tuo *eroe* nizzardo?[1]

[1] Tutti or sanno che l'eroe *nizzardo* è oggi un *pensionato* del governo italiano; per la qual cosa vien chiamato, in cambio di *eroe de' due mondi, eroe di due mogli, eroe di due milioni*, o come lo chiama l'on. Petruccelli della Gattina, nella Gazzetta di Torino del 28 gennaio 1880: « il noto eroe delle brecce fatte al bilancio dello Stato ». In verità questo notissimo *eroe del secolo XIX* ha avuto in ogni tempo un gusto matto di ottener pensioni da quel governo che finge combattere con la sua indefinibile politica ed ibrido repubblicanismo. Tutto ciò lo prova la

– Mio carissimo zio, rispose il giovine, io potrei farvi lo stesso rimprovero; dippiù potrei darvi dell'uomo credulo o di poca buonafede; dappoichè ho indovinato il vostro pensiero. Voi vorreste ripetermi le solite esagerazioni e calunnie del partito clericale-borbonico, nemico di ogni progresso, detrattore della propria patria, ispiratore e sostenitore di que' truci briganti, che manomettono ed insanguinano questa più bella parte d'Italia, rendendosi l'obbrobrio e lo spavento dell'umanità.

– Taci sciagurato!... ripigliò lo zio: tu, senza saperlo, vituperi e calunnii la incontaminata memoria de' padri tuoi. Anche costoro furono detti clericali-borbonici e capi briganti dell'eroica nostra Vandea, ed erano nobili, ricchi, istruiti e patriotti davvero. Queste qualità appunto li spinsero ad abbandonare ricchezze e famiglia, mettendo in compromesso la loro vita, per far guerra ad oltranza contro coloro che usurpavano il potere della nostra Francia, usandolo a danno della libertà, della religione e della stessa umanità. Almeno i nostri tiranni resero temuto il nome francese, ed arricchirono la Francia colle spoglie opime delle vinte nazioni. Che cosa han fatto dell'Italia queste scimie di Robespierre e di Napoleone I°? Oh! han prostrato il nome italiano, già splendido di tante avite glorie; han saccheggiato questo ricco ed incantevole giardino di Europa, per gozzovigliare col sudore e col sangue di questo popolo tradito ed ammiserito. Si son rese schiave e ludibrio dello straniero, umili coi forti, tiranne co' preti, con le monache e col tribolato Pontefice, rinnegando così quell'unica gloria che ancor resta all'Italia. Dippiù hanno ammorbato l'aere italico con la loro immoralità, attuando in questa terra, scelta da Dio per essere il candelabro ardente che illumina il mondo intiero, tutte le insipienze, gli errori e le nefandezze, che deturpano i governi protestanti e quelli ammodernati.

– Ed osi tu chiamar *truci briganti* chi fa guerra ad oltranza a tante iniquità? Dunque erano tali i nostri Cathelineau, Giorgio Cadoudal, de Charette, le nobilissime famiglie de Rochejacquelein, de Elbée, de Talmont, de Frotte, de

seguente lettera, che Lamarmora scriveva al Dabormida, il 15 settembre 1849, riportata dal Chiala nelle sue *Conferenze politiche di due uomini dabbene.* Ecco la lettera: « Feci sentire a Garibaldi come il Governo desiderasse il suo allontanamento... Stando in paese, era impossibile dargli un *impiego* (che l'*eroe* avea domandato!) All'estero invece il Governo poteva accordargli un sussidio mensile. *Piegò con garbo alle mie promesse, e fummo facilmente di accordo*; che egli se ne andrebbe in Tunisi con una pensione di trecento lire (mensili) finchè egli colà rimanesse. *Ne fu contentissimo* ». Ecco le vere *contentezze* del nostro Cincinnato agricoltore di Caprera, o come direbbe il poeta Giovenale, di simili eroi: *Qui curios similant et Baccanalia vivunt*! Difatti il nostro *agricoltore*, mentre oggi eroicamente si pappa centomila lire annue sopra il bilancio dello Stato, cioè *duecento settantasette lire al giorno*, ebbe lo stomaco di sciorinare nel suo famoso manifesto del 26 aprile 1880, *che la Monarchia vive grassamente alle spalle della nazione.* Egli, l'*eroe*, che, oltre di 100 mila lire annue, *partecipa di seconda mano* a' beneficii della lista civile del re, contro la quale declama: ci vuol proprio una faccia di un moderno Cincinnato, o di un *ex matelot*!

Suiville, de Chantelaine ed altri signori, non esclusi i tuoi antenati di parte paterna e materna?[2] Così in questo Regno, nobili e ricchi signori, distinti e prodi uffiziali presero e prendono parte alla terribile protesta del popolo contro l'invasione straniera e contro la rivoluzione. Si potrà mai supporre, che costoro si sieno associati a' veri briganti, che rubano ed assassinano per mestiere, mentre han tutto da perdere? Ma si sa, e ce ne istruisce la storia di tutti i tempi e di tutte le nazioni, che i partiti vinti hanno eziandio la sventura di essere non solo disprezzati, ma anche calunniati. Imperocchè la polizia del governo che s'impone inventa nomi odiosi, per distruggere il prestigio del coraggio, dell'abnegazione e della nobile causa che difendono i suoi contrarii.

Quel che tu chiami truce brigantaggio napoletano è guerra implacabile, qual mai popolo abbia fatta a dominatori stranieri; conciossiachè costoro gli tolgono reputazione, moneta e sangue: è una protesta terribile contro l'annessione di questo Regno a quello Sardo. In effetti gli stessi rivoluzionarii oggi al potere, per istorcere siffatto smacco contro il *plebiscito quasi unanime*, fanno spesso annunziare da' loro giornali sbarchi di stranieri su queste spiagge, ed entrate di briganti dallo Stato Pontificio. È pur verissimo che vi sono dei veri briganti, i quali, profittando della posizione, creata dal Piemonte a questo Reame, rubano, bruciano ed assassinano al grido di *viva Francesco II*. Però costoro sono da tutti abbominati; e non pochi asseriscono essere stati mandati dagli stessi governanti italiani, per isfruttare le simpatie delle popolazioni, ed infamare la causa dell'esule giovine sovrano. A confermare il loro asserto, ci dicono, che varii capi di questi veri briganti avevano combattuto sotto gli ordini del tuo *eroe* nizzardo.

Mio bel nipote, hai succhiato il veleno che propina la stampa settaria all'incauta e tradita gioventù, e disgraziatamente questa sola tu leggi, ritenendola un quinto evangelo. Già siamo in porto! Scendiamo, e mi sarà agevole farti vedere e toccare quel che era questo Regno sotto la dominazione de' Borboni, e quel che ne han fatto i tuoi eroi da commedia, degenerata in tragedia. – Sì scendiamo, esclamò Edoardo, e prima di tutto voglio baciare questa terra calpestata e redenta dall'eroe del secolo XIX. Un dolce presentimento mi dice, che qui mi attendono care e strepitose avventure.

– Non illuso soltanto, soggiunse l'altro, ma ostinato e pazzamente romantico. Infelice mia sorella! qual gravoso e difficile carico mi affidasti? Nonpertanto io spero con l'aiuto di Dio, restituirti il figlio, disingannato da tanti funesti errori. Malgrado i suoi traviamenti, egli ha un nobile ed affettuoso cuore; e questo

[2] I così detti briganti, che facevano guerra alla rivoluzione francese e al primo Buonaparte, erano detti eziandio *Chouans*. Ci assicura Flêron, che costoro, avendo dissotterrato gli avanzi de' loro padri, assassinati da' rivoluzionarii, con quelle ossa percuotevano fino a far morire que' loro prigionieri, che aveano fatto ascendere sul patibolo le nobili vittime.

principalmente dovrà diradare e cacciar via le tenebre che offuscano il suo intelletto. –

De' due viaggiatori (uno essendo il protagonista di questo racconto e l'altro un personaggio interessante), è necessario conoscere il passato.

Edoardo è un giovane a 22 anni, bello di aspetto, di forme erculee, di animo intrepido e cavalleresco. Egli nacque in Parigi, ed è figlio unico e solo del barone di Desmet[3] e della viscontessa Peiter, ambi discendenti dalle primarie famiglie aristocratiche della Brettagna; i loro padri furono sempre distinti da' re Borboni con onori ed alte cariche in Corte. Il barone fu ucciso il 3 dicembre 1852, quando Luigi Napoleone fece il colpo di Stato, insanguinando le vie di Parigi, ed abbattendo quella repubblica che avea giurato di mantenere e difendere.

Edoardo, rimasto orfano di padre ad otto anni, fu messo dalla madre nel Collegio de' gesuiti di Parigi, ove fece rapidi progressi negli studii; e quel che più monta si è, che, sebbene fosse molto vivace, si distinse, tra tanti suoi colleghi, con le pratiche di pietà senz'affettazione, e con la subordinazione a' suoi superiori senza bassezza: insomma Edoardo era il tipo del giovane colto e del fervente cattolico.

La baronessa, sebbene donna istruita e pia, nonpertanto si uniformò al pericolosissimo uso dell'aristocrazia, cioè volle che Edoardo, appena compiuti gli anni 18, uscisse dal Collegio, e fosse padrone delle sue azioni, dandogli un forte assegno mensile, per farlo figurar bene in società, e per tutti gli onesti svaghi giovanili.

Intanto dopo che la gioventù aristocratica si educa in collegio, o dall'aio sotto gli occhi dei genitori, non è un funestissimo errore gettarla poi senza guida, a 18 anni, in mezzo al gran mondo, nell'età in cui si sviluppano le buone e le ree passioni? In quell'età i giovani generalmente sono troppo fiduciosi, perchè senza esperienza, entusiasti perchè pieni di vita e di benessere; vedono tutto col prisma della loro relativa innocenza; giudicano gli amici e le loro conoscenze dalle parole melate, dalle proteste di amicizia o di amore: essi infine s'immaginano che il sentiero della vita sia seminato di continui piaceri; e perchè la gioventù è presuntuosa, credono che i triboli sono pei soli poveri e pe' fatui. Tutte queste credenze e supposizioni son la causa della rovina di buon numero della nobile gioventù.

[3] Avverto i miei lettori, che i personaggi di questo racconto, anche quelli che potrebbero sembrare fantastici, sono realmente storici. Un ramo della nobilissima famiglia Desmet dalla Brettagna passò nel Belgio; e varii personaggi del medesimo ramo vennero in Napoli, nei quattro reggimenti Valloni, seguendo le sorti di Filippo V, padre di Carlo III di Borbone. Qui poi, in cambio di Desmet, si disse Dusmet, e ciò forse a causa dell'inesatta pronunzia di quel casato.

Edoardo, appena libero o padrone di sè stesso, cominciò a frequentare varie società, ove si riunivano giornalisti liberali, che facevano propaganda settaria, giovani eleganti con una vernice di mal digerita dottrina, acquistata nei dizionarii enciclopedici, parlando a sproposito di tutto, e sentenziando su tutto, ripetendo sempre il prediletto ritornello epicureo: *Finchè l'età c'invita – cerchiamo di goder – l'aprile del piacer – passa e non torna.* In quelle società vi erano donne, che, non avendo altro mezzo per farsi notare, mettevano in ridicolo la santissima religione de' padri loro, e per conseguenza anche que' giovani che si fossero mostrati morigerati e cattolici.

Il nostro Edoardo lottò varii mesi con costanza ammirabile contro quegli errori e seduzioni, spesso facendosi paladino della verità oltraggiata, e qualche volta sostenne caloroso diverbio con parecchi giovani frequentatori di quei saloni; però non potette resistere all'arma vile, detta volteriana; cioè il ridicolo: i frizzi delle donne principalmente l'abbattettero. Egli cominciò a diventar taciturno quando s'ingiuriavano o si calunniavano persone rispettabili e la religione cattolica. Essendo erede di uno storico nome, ricchissimo, di un ingegno svegliato e colto, fu giudicato una necessaria conquista alla rivoluzione; e quindi tutti si coalizzarono per attirarlo in quei dissolventi ed empii principii, che oggi si addimandano di progresso sociale. Or con dolci rimproveri, or con ispeciose ragioni ed or con adulazioni lo avvolsero nelle loro fatali spire; ed egli a poco a poco divenne un libero pensatore, un seguace della repubblica universale, e per conseguenza irreligioso e di costumi alquanto rilasciati.

L'altro nostro personaggio è il Visconte Luigi di Peiter, fratello della madre di Edoardo; era nato in Parigi nel 1810. Giovanetto servì, da Paggio, nella Corte di Carlo X; e dopo che questo sovrano fu costretto a prendere la via dell'esilio, nel 1830, a causa della rivoluzione orleanista, si ritirò in Brettagna, ove si addisse a' dotti e severi studii. Egli volle restare celibe perchè molto amava l'unica sua sorella, e poi Edoardo, a cui avea destinato lasciare la sua pingue fortuna. Nel suo ritiro non volle alcuna distinzione, cioè nè essere eletto consigliere municipale o provinciale, nè deputato al Corpo legislativo. Siccome immensa era la sua fedeltà e devozione verso il legittimo erede di Francia, Enrico V di Borbone, oggi il più antico ed illustre esule della gloriosa stirpe di Capeto, così spesso recavasi in Germania per visitare ed ossequiare l'esule suo Principe. Essendo eziandio fervente cattolico, quasi ogni anno recavasi pure a Roma, per assistere alle funzioni della Settimana Santa e per ricevere la benedizione del S. Padre; indi visitava Napoli, essendogli molto simpatica quest'amena città.

La signora baronessa di Desmet, novella Santa Monica, deplorava il traviamento del figlio, e pregava il misericordioso Iddio di ricondurlo a sè. Spesso con dolci rimproveri lagnavasi con Edoardo, perchè il medesimo avea smosse le pratiche di pietà e di religione, ed in cambio s'ingolfava nel mare burrascoso degli empii principii e delle cattive abitudini. Nondimeno gli usava tanta condiscendenza, che nulla sapea negargli, sol che l'amato figliuolo le avesse dolcemente sorriso, o fatto un vezzo o dato un bacio: fatale debolezza di cuor materno!

Edoardo, già divenuto entusiasta della rivoluzione italiana, pregò sua madre di permettergli un viaggio in Italia, per bearsi, com'egli dicea, all'aure pure della vera libertà, e per ispirarsi a' portenti dell'arte di questa terra del genio. La baronessa consultò il fratello circa un affare di tanta importanza, e questi consigliò la sorella di far viaggiare Edoardo in Italia, offrendosi di accompagnarlo. – Vostro figlio, egli diceale, sebbene traviato da' cattivi compagni, ha un ottimo cuore; egli allontanandosi da' saloni, che disgraziatamente frequenta, vedendo co' proprii occhi e toccando con le sue mani in quale stato è ridotta l'Italia, dopo che s'insediò colà la setta rivoluzionaria, smetterà tutte le sue utopie di liberalismo. La vista poi del tribolato gran Pontefice Pio IX, di quei monumenti cristiani, delle imponenti e maestose funzioni della Settimana Santa, che si compiono in quella Metropoli del mondo cattolico, ridesteranno in Edoardo que' principii e quei cari sentimenti che voi gli comunicaste col latte. – La baronessa, fuor di sè per la gioia, estatica ascoltava il fratello, ed in risposta gli gittò le braccia al collo, erompendo in dirottissimo pianto di consolazione.

La partenza di Edoardo e del Visconte venne irrevocabilmente conchiusa; e si stabilì che i medesimi da Marsiglia doveano recarsi a Napoli, per via di mare, affin di passare l'inverno in questa città, condursi poi a Roma per le feste della Settimana Santa, in seguito visitare le altre cento città italiane.

Edoardo annunziò ai suoi amici il prossimo suo viaggio in Italia; costoro si mostrarono contentissimi, e voleano dargli delle lettere commendatizie; però avendo inteso che l'accompagnava lo zio, si astennero e fecero il niffolo, sapendo di qua' panni vestiva il visconte Peiter.

I nostro viaggiatori, appena sbarcati all'*Immacolatella*, si diressero all'*Hôtel de Rome,* ove presero alloggio. La baronessa e il visconte di già si aveano procurato a Parigi varie lettere commendatizie, dirette a que' pochi aristocratici legittimisti napoletani, che, per circostanze particolari, non aveano potuto seguire Francesco II nell'esilio di Roma. Il visconte ed Edoardo cominciarono a frequentare i saloni dell'aristocrazia napoletana; che, sebbene non affollati come pel passato, pur tuttavia si facevano ammirare, nulla mancando di elegante e splendido di quanto trovasi in quelli della stessa Parigi. Edoardo si trovò fuori del suo centro; egli non sentiva più declamare i giornalisti, tramutati in furibondi tribuni; quivi non vedeva, come là, donne svenevoli, affettanti sentimenti che mai non han provato, ma signore eleganti senza quella civetteria che rende la donna tanto ridicola. In questi saloni il nostro giovane parigino non sentiva un motto contro il clero e contro il Papa, invece si parlava da tutti con profondo rispetto della religione e dei suoi ministri. Dippiù, si rimpiangevano i tempi passati con dirne i vantaggi, e si deploravano i presenti, con descriverne al vivo i mali innumerevoli che affliggevano tutte le classi sociali del tiranneggiato Reame. Per esser poi completa l'antitesi tra i saloni di Parigi, frequentati da Edoardo, e questi di Napoli, la gioventù e le signore mettevano in caricatura i liberi pensatori, i rivoluzionarii e la rivoluzione.

Edoardo mostrò qualche velleità di volersi allontanare da quelle riunioni, e lo zio lo secondò; in effetti, per intramessa di altri francesi alloggiati all'*Hôtel de Rome*, fu presentato in altri saloni, ove riunivansi gli uomini detti del progresso. Ma in questi il nostro elegante e nobile parigino non trovò quelle forme di perfetta galanteria; le donne male in *toilette*, poche parlavano il francese, e qualcheduna, volendosi elevare dottorando, spropositava a meraviglia. Gli uomini, sebbene quasi tutti bastantemente istruiti, erano un poco ruvidi, e non concordavano punto su' loro principii politici, morali e religiosi; chi volea le monarchie liberali e la Confederazione italiana, secondo il trattato di Zurigo, chi optava per Murat, chi per casa Savoia, chi per la repubblica, chi pel comunismo, e taluni infine avrebbero voluto l'anarchia, distrutte le chiese, impiccati i preti, i vescovi, non meno che il Papa medesimo! Questa società sembrava ad Edoardo la vera torre di Babele, con la giunta che i disputanti voleansi distruggere l'un l'altro perchè non convenivano ne' loro ragionamenti. Egli nauseato ed indispettito volle ritornare ai saloni aristocratici; e lo zio, avendo ottenuto il suo scopo, lo condusse anche al *Club del Whist,* frequentato dal fior fiore de' signori napoletani. Ivi fece conoscenza con varii personaggi di garbo ed istruiti; e non essendovi donne, per lo più si parlava di politica e de' fatti del giorno, sempre con senno e moderazione.

Il visconte confidò ad alcuni suoi antichi conoscenti il traviamento del nipote, e costoro gli promisero che avrebbero fatto di tutto per disingannare il giovine barone, convincendolo su' mali che qui avea recato la rivoluzione trionfante, e che questa non era avversata da' soli clericali e borbonici, ma da tutto il popolo, ed anche da coloro stessi che prima l'aveano propagata e poi servita. Il duca di C.[4], istruito ed eloquente, fu il più fortunato d'incontrar le simpatie di Edoardo; ne approfittò, ed essendosi stretto in cordiale amicizia con lui, non lo lasciò più un solo giorno. Conducealo spesso in sua casa, ove fumavano per ore intiere, chiacchierando di tutto; ne' giorni di buon tempo conducealo eziandio ad una sua villa presso Napoli, ed in varii luoghi della città e dintorni, or a cavallo, or in vettura ed ora a piedi. Il duca non era mai il primo a parlar di politica, però rispondeva alle interrogazioni del suo giovine amico; ed approfittando di

[4] Ho messo la sola iniziale del luogo che gli dà il titolo, perchè così ha voluto l'illustrissimo signor duca, avendomelo raccomandato con obbliganti espressioni, dopo che mi comunicò tante preziose notizie, che io paleserò ai miei lettori in questo racconto.

qualche fatto che avveniva in città, o della vista di qualche luogo, gli dava delle ampie spiegazioni, risalendo sempre alle cause prossime e remote, non tralasciando di fargli conoscere gli uomini dei tempi di cui ragionava.

Un giorno, passando a piedi pel Largo del Castello, Edoardo guardava meravigliato quegli uomini e quelle donne adagiati al sole, mezzo nudi, e luridi da' piedi agli arruffati capelli. Volgendosi al duca, ed additando quegli sventurati, esclamò: È questo un triste ricordo lasciatovi da quella dinastia che ancor pur sento encomiare da qualche classe di persone, poco lodevolmente appassionata di que' sovrani, che furono causa dell'abbrutimento di questi miserabili.

– Barone, risposegli il duca, son passati sei anni, che siamo governati da' così detti umanitarii progressisti, e come costoro han fatto sparire le imagini e le statue de' Santi e di Dio, che la devozione del nostro popolo avea collocate sulle mura e sulle porte delle sue abitazioni, in ugual modo avrebbero potuto togliere questi scandali del vagabondaggio, dell'avvilimento e del vizio. Giacché avete oggi notato quest'altro sconcio della nostra città, avreste anche dovuto riflettere, che se fosse stata una conseguenza del passato governo, gli attuali rigeneratori italici avrebbero dovuto porvi riparo; maggiormente che vennero col gonfio programma di voler moralizzar le masse, sollevandole da quella miseria ed abbiettezza in cui le tenevano le passate Signorie, per non far loro alzare il capo, e così, diceano, governar bestie innocue in cambio di uomini.

Questi miseri, che qui vedete, è pur vero che s'incontravano sei anni or sono, essendo spinti a questa vita da un fatale istinto, che invade i bassi strati sociali del nostro paese, favorito dalla dolcezza del clima; ma è pur verissimo che oggi si sono sconciamente moltiplicati, perchè di gran lunga si è accresciuta la miseria e la depravazione. Tanti e tanti di questi infelici non ozierebbero qui, se trovassero lavoro, come lo trovavano pel passato; e se i pii operai della vigna del Signore potessero soccorrere e beneficare questi uomini, e queste donne disgraziate, come praticavano prima di essere stati spogliati dalla rivoluzione. Oggi si è a' preti anche interdetto di far del bene col proprio danaro, il governo per lo meno li accuserebbe di arruolatori reazionarii, perchè teme sempre l'influenza dei medesimi sulle masse.

Signor barone, se i governanti proseguiranno a reggerci in questo modo, altri venti anni, se voi ritornerete in Napoli, vi troverete qui, meno i morti, anche tutti gli amici che conoscete al *Club del Whist!* Vi sembra una esagerazione? Oh! disgraziatamente è la più semplice delle verità. Il nostro commercio è sparito, la nostra industria rovinata, dopo che Ferdinando II l'avea portate a quello stato di floridezza da fare ingelosire la stessa Inghilterra. Noi paghiamo dazii illogici ed enormi su tutto, che assorbono le nostre rendite; ed il governo a poco a poco incamererà tutta la fortuna privata con la sola tassa della successione. Perchè noi abbiamo dovuto restringere il nostro modesto lusso, i nostri servitori son venuti ad ingrossar la società che bazzica in questo Largo del Castello e sul Molo, e qui aspetteranno anche noi, se Iddio benedetto non dirà *basta* a' nostri crudeli padroni! Come volete poi che la gente del nostro popolo fosse accostumata, se le han tolto l'unico soave freno, la religione, che la confortava nei suoi mali, ispirandole pazienza ed eroica rassegnazione, con la promessa di un'altra vita di eterni gaudii? Oggi i *restauratori dell'ordine morale* han fatto comprendere a' più cattivi soggetti del popolo, che inferno, paradiso e Dio sono invenzioni de' preti per avvantaggiare la *santa bottega*. Come volete che questa gente non fosse inasprita, e data al furto, al mal costume, alla disperazione, quando le han tolto tutti i lucri e vantaggi che godeva sotto il passato governo? Qui eravi una Corte splendida, con la quale viveano migliaia e migliaia di famiglie, e che facea dividere più di un milione all'anno in soccorso de' poveri di questa sola città. Allora tutto manifatturavasi nel Regno, oggi in altre città italiane, o all'estero; quindi per quante sono le braccia rimaste senza lavoro, altrettante sono le famiglie affamate.

Noi avevamo innumerevoli Congregazioni di Carità, dedite a soccorrere gli sventurati, gli indigenti ed i malati, allora amministrate da distinti personaggi caritatevoli e ricchi; oggi quelle Congregazioni son cadute sotto l'ugna del Fisco, che le ha distrutte; e quelle salvate dal generale naufragio, son ridotte povere, perchè colpite dalla tassa della *Ricchezza mobile*, oltre di tante altre, ed amministrate non tutte da persone commendevoli.[5] Gli stessi ospedali, fondati ed arricchiti dalla carità cattolica e da' nostri Sovrani, son depauperati a causa delle tasse governative e della cattiva amministrazione; per la qualcosa si son dovuti ridurre i letti da migliaia a centinaia. In questi ospedali si ricevono gli ammalati poverissimi quando già sono agonizzanti; in cambio di guarire, vanno ivi a perire, onde che dal popolo son detti: *spedali di moribondi o di morti*.

Che più? noi avevamo una Confraternita di Cavalieri che largiva immense ele-

[5] Anche il tanto celebre nostro Real Collegio di musica di S. Pietro a Maiella, il primo nel mondo, oggi, in aprile del 1880, corre pericolo di essere distrutto a causa della solita ingordigia dell'attuale governo, o meglio a causa delle solite *annessioni* del *riparatore*. Dopo che i così detti re francesi saccheggiarono quel Real Collegio di musica, i Borboni, *tiranni e promotori dell'oscurantismo*, nel 1816 liquidarono il debito dello Stato in favore di quel Collegio, dichiarandolo *ente autonomo e creditore* dello Stato medesimo. In cambio gli attuali ministri progressisti dichiararono *sussidio o dotazione volontaria* il debito del governo, e minacciano di far chiudere il suddetto Real Collegio di musica, non intendono più pagare un debito riconosciuto da' Borboni. Invito i miei lettori a leggere uno stupendo *memorandum*, che fu pubblicato in aprile del 1880; in esso, dopo che si fa la storia della fondazione, e delle dotazioni fatte da varii ecclesiastici e benemeriti napoletani, si ribattono le ingorde ed impudenti pretese dei *riparatori*; i quali non si vergognano distruggere una gloria mondiale, sorretta da' giganteschi nomi di Paisiello, di Fenaroli, di Trotti, di Cimarosa, di Scarlatti e di altri sommi delle nostre illustrazioni musicali. Oh, non è credibile, che tutto ciò avvenga, quando trovasi ministro dell'istruzione pubblica un Francesco De Sanctis *napoletano*!

mosine anche a domicilio, che vestiva ogni anno centinaia di nudi, che mandava il medico ed i medicinali a que' poveri che non poteano andare all'ospedale. Il governo *umanitario e riparatore* la colpì di tassa di *Ricchezza mobile*, nientemeno di trentamila ducati annui, che si tolgono all'umanità sofferente, e per essere divorati dagli *ex martiri* gaudenti! Giunge a tale la rapacità di questi nostri padroni *umanitarii,* che tassano di *Ricchezza mobile* quello poche migliaia di lire, che gli uomini caritatevoli raccolgono con infinite cure per la *Sacra Infanzia*!

I bisognosi trovavano elemosine nelle Sagrestie di questa città, ne' conventi, ne' monasteri e nell'Episcopio; dopo che il governo *umanitario* ha tutto *annesso* o incamerato il patrimonio ecclesiastico, ch'è anche quello del povero, questi più di tutti ne ha risentito le fatali conseguenze. Volete accertarvi, signor barone, che i poverelli sanno per prova che i nostri ecclesiastici son caritatevoli? Osservateli nelle strade ed anche a' passeggi, ove trovansi tante persone ben vestite ed eleganti: essi appena vedono comparire un prete, sia pure non ben vestito, lasciano di chiedere l'elemosina a quelle, che sembrano doviziose, e corrono a domandarla al ministro del Santuario, che forse qualche volta ne ha più di bisogno di coloro che gliela domandano.

II governo della rivoluzione, avendo moltiplicate le tasse governative e municipali, tutti i generi di prima necessità son triplicati di prezzo.[6] Pel passato il povero artigiano viveva con la sua famigliuola financo con una lira al giorno, adesso non gliene bastano quattro per godere della miseria di allora.[7] Dopo tutto quello che vi ho detto, non dovete più meravigliarvi se l'artigiano senza lavoro, che lo cerca e non lo trova, e simili persone, vanno pure ad ingrossare i pezzenti e gli sfaccendati *habitués* al Largo del Castello e sul Molo. Sì, la rivoluzione trionfante ci ha tolto tutto quello che avevamo di bello e di buono, senza

[6] A questo proposito voglio citare un documento che non si può dir sospetto. Il capitano del Corpo dello Stato Maggiore piemontese, generale conte Alessandro Bianco, in un libro intitolato: *Il brigantaggio alla frontiera pontificia dal 1800 al 1863*, ecco quel che dice a pag. 385: « Nel 1860 trovai questo popolo (il napoletano) vestito, calzato, industre, con riserve economiche. Il contadino possedeva una moneta, egli comprava e vendeva animali, corrispondeva esattamente gli affitti; con poco, alimentava famiglia: tutti in propria condizione vivevano contenti del proprio stato materiale; adesso all'opposto » Ed a pagina 380 , il medesimo capitano ci dà alcuni particolari sul prezzo delle derrate in Napoli sotto Francesco II, cioè: « Le civaie nel 1860 furono trovate al prezzo di lire 2,80, nel 1863 erano salite a 5,20, il vino fu trovato nel 1860 a lire 5,60 la salma, nel 1863 era salito a lire 10. La carne di bue vendevasi nel 1860 a grana 15 il rotolo, nel 1863 a grana 36. Una gallina costava nel 1860 grana 20, nel 1863 grana 55 ». Fin qui il capitano. Di quanto è accresciuto oggi il caro dei viveri dopo il 1863 non è necessario ch'io dimostri: lo sanno tutti.

[7] Da un recente lavoro del senatore Pepoli risulta, che un operaio in Italia guadagna in media 669 lire annue, e ne spende solo per pane 293; a Parigi il guadagno medio dell'operaio è di lire 1200, e ne spende per pane 189. In Italia una famiglia operaia, in un comune chiuso, paga circa 80 lire annue di tasse, in un comune fran-

averci compensato in alcuna cosa, essendo essa sempre conseguenza a' suoi principii e alla sua tristissima natura.

– Dovete però convenire, signor duca, rispose Edoardo, che oggi godete di tanti altri beni da voi sconosciuti sotto il regime borbonico – Grazie! soggiunse questi. Concesso pure che godiamo di *tanti altri beni*, che non ci vennero regalati dai nostri sovrani, quando al popolo manca il pane e l'alloggio, a che valgono i *tanti altri beni* che credete di averci largiti l'attuale ordine di cose? – Avete il diritto di riunione, avete la stampa libera. – Che Dio ci liberi dell'uno e dell'altra! Noi li abbominiamo perchè servono a mantenere in trambusto il paese e calunniare tutto quello che vi è di sacro in terra ed in cielo. Del resto forse che un povero padre, quando i suoi figli digiuni gli domandano pane, potrà sfamarli col diritto di riunione o con la libera stampa? Dobbiamo andare al positivo, signor barone, e lasciar le utopie rivoluzionarie; se vogliamo considerare i fatti, ci convinceremo che i tanti beni largiti da' rivoluzionari che sono al potere, fan più male che bene.

– Ma i borbonici, clericali, disse Edoardo, si servono della libera stampa per attaccare il governo. – E fan benissimo, rispose il duca, così essi difendono il diritto manomesso, la religione perseguitata, e ribattono le calunnie settarie, spacciate da un giornalume spudorato ed empio. Si pretenderebbe forse che i cattolici rinunziassero al diritto della difesa? Nondimeno i cattolici si servono della così detta libera stampa con gran pericolo e per prodigio di coraggio. La stampa cattolica muore e rinasce, cambiando nomi e tipografie; imperocchè quando i governanti non possono legalmente incriminarla o distruggerla, le avventano contro i camorristi, da loro stipendiati, e la studentesca corrotta e sfaccendata. Costoro corrono alla tipografie, ed ivi minacciano e battono i tipografi; sparnazzano i caratteri, rompono i torchi, insultano gli scrittori ed ardono i fogli. Cosi fecero coi giornali cattolici *La Croce Rossa, L'Aurora, L'Equatore,*

cese non ne paga 12. Le imposte sul grano, sul sale, sulle vivande fruttano in Italia 200,628,018 lire, ciò che rappresenta un carico medio di lire 6,62 per abitante. Le diverse imposte sopra il pane, che rappresentano esse sole 118 milioni, negli altri paesi civili non fruttano un soldo allo Stato. Si è perciò che il pane di seconda qualità costa in media, nelle città italiane, 14 centesimi di più per chilogramma che non costa a Parigi. Il prezzo del pane, sempre nelle nostre città, sta al salario come 100 a 564, a Parigi invece la proporzione è di 100 a 1,538.

Però il signor senatore Pepoli, descrivendoci lo stato miserando delle nostre popolazioni, e specialmente a causa dell'enormezza delle tasse, nulla ci dice circa il corso forzoso della carta-moneta che è il più terribile dazio regalatoci da' nostri redentori. Difatti supponete che il più povero operaio spenda una lira al giorno per vitto, alloggio e vestito, sulla medesima lira, perchè paga in carta, in cambio di argento, perde per lo meno dieci centesimi per l'aggio, che in un mese formano tre lire, in un anno lire trentasei! Di modo che il povero operaio dopo di aver guadagnato una lira, e con tanto sudore, comprandosi il pane, oltre de' multiplici dazii che paga sullo stesso, deve eziandio pagare il dieci per cento d'aggio; difatti, se lo comprasse in moneta di argento, in cambio di 50 centesimi per chilogramma lo comprerebbe a 45.

La Tragicomedia, La Settimana, Il Flavio Gioia, L'Araldo, Il Corriere del Mezzodì, La Stampa meridionale, Il Papà Giuseppe e con altri in seguito. I fogli liberaleschi annunziarono contentissimi quelle violenze, dicendo, che giovani generosi, *de' più colti,* aveano fatto, *con cortesia,* giustizia contro la stampa borbonica e clericale – Ed aveano ragione, perchè facendo tacere quei giornali, i medesimi non potevano ribattere quest'altra spudorata menzogna.

Farini e Cialdini allora, l'un dopo l'altro luogotenenti del Re Vittorio Emanuele, si compiacevano e si gloriavano di essere ispiratori e sostenitori di quella nauseante anarchia tirannica; essi che aveano sbanditi i Borboni perchè *tiranni!* Già si sa che i patriotti han sempre due pesi e due misure; difatti quante catilinarie non ischiccherarono nel 1849, perchè pochi giovani uffiziali volevano bastonare Silvio Spaventa, scrittore di un giornalaccio, che calunniava l'esercito ed il re? Allora era un attentato contro la libera stampa, oggi è giustizia di giovani *generosi e colti* imbestialire contro i tipografi, le tipografie e gli scrittori. Ferdinando II, che punì gli uffiziali offesi che voleano bastonare Spaventa, era *un tiranno* secondo la logica settaria; Farini e Cialdini, che lodarono le violenze ed i saturnali della sbrigliata studentesca e de' camorristi, erano liberali di tre cotte!

– Voi, signor duca, disse Edoardo, mi raccontate cose incredibili, ed io le credo, perchè me le dite voi. Debbo però farvi osservare, che i vostri mali sono sempre una necessaria conseguenza del sistema di governo di que' sovrani che ancora rimpiangete: essi non vi vollero abituare alla libertà politica, invece vi tennero per 126 anni sotto il più ferreo giogo. Voi avete il dritto di petizione al Parlamento nazionale: perchè non avete fatto presente allo stesso simili violenze contrarie alle leggi fondamentali dello Statuto italiano? Perchè non avete incaricato i vostri deputati di alzar la voce, e così ottenere giustizia completa e strepitosa?

– I nostri principi, che ancora a ragione rimpiangiamo, e rimpiangeranno i nostri posteri, se durerà a lungo questo stato di cose, non ci tennero *sotto il più ferreo giogo*, ma sotto il più mite e paterno scettro, a preferenza degli altri Stati di Europa, che si vantano liberali ed umanitarii. Le nostre leggi civili e criminali erano un portento di sapienza, e quelle pubblicate sotto l'immortale Carlo III di Borbone diedero la prima spinta all'attuale vera civiltà: per convincerci di ciò basterebbe leggere gli stessi storici detrattori de' medesimi Borboni, come Botta e Colletta. Noi napoletani e siciliani eravamo liberissimi di fare il bene, soltanto impediti di perpetrare il male, e qui sta la vera libertà. Oggi a causa delle spoliatrici tasse ci manca eziandio la libertà civile, la più necessaria al vivere sociale. Conciossiacchè se comprate o vendete, se affittate o permutate, se ricevete o date danaro, insomma esercitate i vostri diritti civili, prima di tutto dovete sfamare la lupa di Dante, cioè il fisco italiano, che s'impone come il nostro storico camorrista; e le sue innumerevoli pretensioni e vessazioni rare volte finiscono senza multe. Orribile a dirsi! esso, il fisco italiano, fa pagare anche la tassa sopra i morti: all'addolorato figlio, gli si fa pagar la tassa, perchè gli è morto il padre! Il becchino interra i trapassati, il fisco italiano li spoglia; quello fa un atto di misericordia, questi spogliandoli crede compiere un'azione patriottica.

Noi non avevamo Parlamento detto nazionale, eravi però la Consulta di Stato, che valeva più delle attuali Camere legislative, buone soltanto a votar tasse e leggi contro la Chiesa. È pur vero che avea il voto consultivo in cambio di quello deliberativo, nonpertanto i nostri sovrani non emanarono mai un decreto di qualche importanza, in contraddizione ai voti di quella Consulta.

Non è poi vero che i sovrani di Casa Borbone non ci vollero mai abituare a quella che voi chiamate libertà; essi largirono tre amplissime Costituzioni, cominciando dal 1820 fino al 1860. I così detti liberali si servivano delle stesse per iscalzare il patrio trono, esautorare i nostri re, e vendere la patria agli stranieri, sotto di cui poteano impunemente rubare, tiranneggiare i popoli e perseguitare la religione cattolica. Essi conoscevano bene di non potere perpetrare simili iniquità sotto i re Borboni, e fu questa la ragione per cui dichiararono i medesimi incompatibili con gli ordini rappresentativi. Mentre i liberali violavano in tutti i modi la Costituzione, che avevano giurata, perchè que' principi prima li ammonirono o poi l'infrenarono, non si peritarono di proclamarli fedifraghi o tiranni: i carnefici dichiaravano la vittima tiranna! Il 1848 e più il 1860 sono due splendide prove senza replica. Scusate poi, signor barone, se vi dico, che voi confondete la vera libertà con quella settaria; del resto ciò fa onore alla vostra buona fede. I nostri attuali governanti vollero la libertà per essi e pel loro partito; noi siamo soltanto buoni a pagare una miriade di tasse, e di dare il tributo di sangue, per sostenere i loro capricci, le loro utopie tiranniche, e mantenere il loro scandaloso lusso: noi siamo i veri iloti dell'Italia. Mi parlate di diritto di petizione, quando neppure ottiene l'onore di essere discussa in Parlamento una petizione del Municipio messinese, già progressista, perchè non facea l'interesse de' governanti; come sarebbe stata accolta un'altra de' buoni cittadini del Napoletano, che vengono qualificati ingovernabili e briganti? Voi ignorate che il capo del governo di allora era un Cavour e poi un Ricasoli, che aveano mandato qui Farini, Ponza di S. Martino e Cialdini per trattarci in quel modo spaventevole che tutti sanno, e che fece raccapricciar di orrore l'Europa civile?

Mi dite che dovevamo dare l'incarico a' nostri deputati per alzar la voce in nostro favore; ma non sapete che gli onorevoli, rappresentanti il I° Parlamento italiano, proclamatori dell'unità italiana, sono stati eletti in grazia degli sfacciati intrighi del potere esecutivo, e quindi servi umilissimi del Ministero? Lo stesso Minghetti, il 27 agosto 1861, disse in Parlamento, esser male non trovarsi rappresentanti del partito conservatore, *che pure è nel paese.*[8] Ricasoli però, che voleva ingannare i gabinetti di Europa, con giovarsi financo delle stesse violenze che ci faceva soffrire, avea di già mandato una nota a que' gabinetti, fin dal 31 luglio, notificando a' medesimi i grandi lavori del I° Parlamento italiano; e vi si gloriava che non trovasse neppure un deputato legittimista o cattolico: « *fatto unico nella storia,* esso diceva, quando in tutti i parlamenti vi si trovano sempre i fautori dei principi spodestati ».

Con quella nota il politicante barone di Broglio dimostrò tutto il contrario di quello che fraudolentemente voleva provare. Egli dimostrò che la Camera legislativa, riunita in Torino, era stata creata a furia d'intrighi del potere esecutivo, e che non rappresentava l'interesse di tutti gl'italiani, ma quello del Piemonte e della setta. Come si potrebbe spiegare che in un Regno eminentemente cattolico, che si combatteva ad oltranza in difesa del suo legittimo re, non si trovassero deputati cattolici e fautori de' principi spodestati? La risposta è chiara, cioè, che le loro ufficiali statistiche portavano i voti degli elettori essere circa centottantamila; da' quali tolti ottantamila impiegati governativi, restano centomila elettori dei quattrocento quarantatre deputati, che erano tutto lo sforzo della *Giovine Italia.* Di modo che in ventidue milioni d'italiani, centomila sono i padroni, il resto schiavi, buoni soltanto a pagar le tasse e dare il tributo di sangue. Fu appunto quel Parlamento, che, come ho già detto, proclamò l'unità italiana, e di più abbattette le leggi de' varii Stati, frutto di due secoli di sapientissime fatiche de' padri nostri.

– Ma perchè non vi riunite, domandò Edoardo, per andare disciplinati e compatti alle urne elettorali, affin di eleggere a deputati uomini del vostro partito, giacchè mi fate comprendere che siete la gran maggioranza del paese?

– È facile a dirlo, rispose il duca, difficile e quasi impossibile ad eseguirlo. Pria di tutto i legittimisti ed i cattolici, chi per tema, chi per non riconoscere quel che oggi addimandasi *fatto compiuto* non vanno alle urne; e chi vi andò qualche volta non fu mai libero, ma spiato e minacciato. Sì, noi siamo la gran maggioranza del paese, accresciuta da' liberali di buona fede, disillusi; ma siamo tirannicamente spiati ed avversati da chi usurpò la potestà. Forse i nostri governanti desidererebbero un manipolo di deputati del nostro partito, per rendere noi solidali con loro di tutte le leggi draconiane che han fatto e che dovranno fare; ed anche per dire all'Europa: « ecco tutto lo sforzo de' *retrivi,* che si vorrebbero imporre all'Italia, proclamandosi la gran maggioranza del paese ». – Se noi andassimo tutti disciplinati e compatti alle urne politiche, credete voi che i nostri governanti ci lascerebbero tranquilli? No, sig. barone, essi ci farebbero una guerra sleale ed accanita; in ultimo ci avventerebbero contro i camorristi e

[8] Atti ufficiali del Parlamento N. 108, pagina 421, vol. 3°.

la studentesca faziosa, come han fatto co' giornali cattolici. E concesso pure che noi, dopo i superati pericoli, e forse il sangue versato, ottenessimo la maggioranza nel Parlamento, questo sarebbe immediatamente disciolto, per crearsi a *qualunque costo* una Camera secondo le vedute del governo, come appunto si praticò in Piemonte nel 1849, essendo ministro dell'interno Pier Luigi Pinelli; perchè le prime elezioni riuscirono tanto democratiche da mettere in pericolo la monarchia di Vittorio Emanuele. Nel 1857 avvenne tutto al contrario; essendosi stretti in fraterno connubio Rattazzi e Cavour, annullarono le elezioni in persona di canonici, preti e cattolici sinceri, dovendosi preparare alla spoliazione del Papa.

Bisogna persuaderci: le Camere legislative risultano sempre dello stesso colore del ministero; potete addurmi esempii in contrario in Inghilterra, e qualche caso in Francia sotto il regime de' Borboni; ma qui, ove i partiti sono radicali, i medesimi vogliono dominare a qualunque costo. Gli uomini che oggi ci governano, essendo quasi tutti *parvenus* e capaci di tutto, per non perdere la ghermita preda, manderebbero a soqquadro noi e l'Italia.[9] Non solo siamo noi impossibilitati ad esercitare i nostri diritti politici, per le ragioni che già vi ho esposte, ma siamo esclusi dagl'impieghi, dalla magistratura e dalla pubblica istruzione, perchè questa dovrà essere anticristiana. Quello che poi fa onta a questo già Regno si è, che dobbiamo essere governati da' proconsoli mandati dal Piemonte, come se qui mancassero uomini politici ed amministrativi; ciò dimo-

[9] Il letterato De Sanctis, prima di esser ministro dell'istruzione pubblica, era giornalista, ed ecco come ei definiva gli attuali nostri patriotti, nel *Diritto* dell'anno 1877 N. 162: « Martire vuol dire oggi un furbo, che si è fatto pagare il martirio a peso d'oro. Patriota vuol dire un usuraio che ha saputo far fruttare quel titolo dal cento per cento. La deputazione è un affare. La medaglia d'oro è una mezzana. La maggioranza è il popolo ebreo, che aspetta dal cielo la manna, una manna almeno di croci e di commende. I bassi fondi salgono sù e comunicano la loro aria da trivio *alle più alte regioni* ».

Il *Pungolo* di Napoli, giornale progressista e pretofobo, adirato perchè il suo principale fu dall'intrigo e da arti sleali, del partito di sinistra dissidente, non proclamato deputato del Collegio di Caserta, il 16 maggio 1880, pubblicò un articolo coi fiocchi, facendoci meglio conoscere che cosa sono gli uomini politici della rivoluzione, i deputati e gli elettori; eccolo: « Per questa classe avere un seggio nella Camera è come avere una rendita, giacché, se fosse esclusa dal Parlamento, tutto l'edificio di ripieghi e di espedienti, *su' quali campa*, crollerebbe, e non solo non potrebbe più spendere nè cento, nè cinquanta, nè venti e neanche dieci — ma si troverebbe *ipso facto* sul lastrico, co' debiti per giunta. Vi sono uomini politici che tutti conoscono, e che è inutile nominare — sebbene debba venire il momento di farlo — i quali, non avendo forse mille lire di proprietà, spendono cinquanta o sessanta mila lire all'anno — e vivono da gran signori (alla faccia del popolo sovrano). Ora, d'onde viene tutto ciò? Da quali fonti levano queste straordinarie risorse? — Come giungono a durare anni ed anni in una situazione simigliante? — In un sol modo — sfacendo gli uomini politici, (che vale stesso che briganti politici). » In seguito spiega come briganteggiano questi uomini politici, e come arruffano ed arraffano i loro aderenti.—

Se tutto queste vergogne le avessero rivelate i clericali e i borbonici, costoro sarebbero stati proclamati calunniatori e nemici della patria.

stra che i governanti non son sicuri delle così dette province meridionali, neppure della Sicilia, ove mandano, come qui, o piemontesi o piemontizzati per luogotenenti del re, ed oggi prefetti.

Sarebbe troppo lunga e noiosa la storia della Luogotenenza di Napoli, se io volessi narrarvela tutta intiera, sebbene non durò più di sedici mesi; perchè altro non sentireste, che le stesse prepotenze ed efferatezze, i medesimi errori ed insipienze, il continuo sfacelo del Regno, di quanto in esso eravi di bello e di buono, voluto e procurato da que' medesimi burbanzosi luogotenenti, venuti per ristaurare l'*ordine morale*. Nonpertanto voglio esporvi qualche cosa di quel che soffrimmo sotto il regime de' medesimi, per confermarvi quel che ho detto, cioè che abbiamo avuto ragioni abbastanza, indipendentemente da' nostri incrollabili principii, per non insudiciarci con coloro che vennero qui per governarci alla Tamerlano.

Comincio dal luogotenente del re Vittorio Emanuele, Carlo Luigi Farini, chiamato l'*eccelso* dal Settembrini, reputato grande scrittore di storie, perchè scrisse nell'interesse della rivoluzione. Egli esordì con una gonfia proclamazione, bene imbottita di altisonanti frasi liberalesche, promettendo l'età dell'oro a questo saccheggiato Reame: ma fece tutto al rovescio di quel che avea promesso; l'età dell'oro era giunta soltanto per lui. Fu quel luogotenente che scrollò la sapientissima amministrazione napoletana, e, se mi fosse lecito, direi, che organizzò il caos.

Sotto il regime di Farini migliaia e migliaia d'impiegati onesti furono destituiti senza ragione, se non fosse quella partigiana, per esser surrogati dagli *ex martiri* senza martirio, da stranieri e da napoletani traditori o ignoranti. Odio, vendette, rapacità, persecuzioni a' ministri del Santuario furono le basi dell'amministrazione fariniana.

Farini, medico da una lira, che percepiva da' suoi malati di Russi nelle Romagne, che avea proclamato tiranno Ferdinando II, nella sua *Storia d'Italia*, s'insediò nella Reggia di Napoli; il primo atto della sua trista potestà, fu quello di decretare un reggimento di Carabinieri, destinati a terrorizzare i suoi amministrati, ed arrestare quegli uomini indipendenti, che non si fossero inchinati alla sua riparatrice autorità. Indi fece un Consiglio di luogotenenza, chiamando quegli uomini ben conosciuti, servi umilissimi del Piemonte. A' medesimi assegnò quattrocento ducati al mese, oltre le spese di ufficio come ministri – Perchè dunque si fanno le rivoluzioni? – Egli poi, che avea dichiarato di voler morire povero, prendevasi undicimila ducati al mese, ed altri duemila per spese di viaggi, che non fece mai.

Sotto quella luogotenenza, Napoli non ebbe mai pace. I garibaldini facevano dimostrazioni sediziose, ed in ogni momento, gridando contro tutti gli uomini al potere, ed in favore del loro duce Garibaldi, e così credevano imporsi al paese.

Farini, in cambio di arrestare costoro, inveiva contro i pacifici cittadini; difatti tra i più distinti faceva arrestare sette generali napoletani, cioè i due fratelli Marra, Palmieri, d'Ambrosio, de Liguoro, Polizzy e Barbalonga, che soffrivano in pace le ingiustizie ricevute dal governo *riparatore*; sol perchè non erano stoffa di setta, dovevano essere perseguitati ad oltranza.

Quel luogotenente, proclamato per adulazione *eccelsa capacità,* divenne esoso a tutti i partiti. Egli, che si era vantato nel suo proclama a' napoletani di ristaurare l'*ordine morale*, cadde sopraffatto dalla sua stessa immoralità, che avea inoculata nelle masse: egli perchè protettore de' tristi e persecutore de' buoni, cadde come corpo morto. Re Vittorio, nel Consiglio dei ministri, riunito in Torino, il 31 dicembre 1860, lo destituì. Però il nostro *eccelso* si era bene accommodato con la sua *lista civile et reliqua*; del resto *parce sepulto,* dappoichè la sua morte fu quella riserbata a tutti i persecutori della Chiesa: egli morì con la stessa schifosa malattia dell'ateo Voltaire.

Contemporaneamente alla destituzione di Farini, fu eletto luogotenente di Napoli il Principe di Carignano, cugino del re Vittorio, assegnandosi al medesimo venti milioni di lire di lista civile, da pagarsi all'erario napoletano! Somma assai superiore a quella che questo Regno pagava a' Borboni, anche a titolo di lista civile. Di modo che, mentre queste provincie napoletane erano assorbite dal Piemonte, si costringevano a pagare una enorme somma ad un principe di Casa Savoia.

Al novello luogotenente di Napoli si diedero poteri sovrani, fino alla convocazione del Parlamento, mettendogli a fianco in qualità di Segretario un Mentore, da soprastare a' consiglieri di Luogotenenza. Quest'alta carica la si diede a Costantino Nigra, figlio di uno spedaliere, bellimbusto e paraninfo tra Cavour e Napoleone III. Nigra volea darsi grande importanza; ma noi ridevamo, ed insieme compiangevano questo disgraziato paese, al solo vedere un nuovo D. Giovanni Tenorio, che vantavasi di volerci beatificare, riformando, o meglio, distruggendo le sapientissime leggi di Ruggiero e di Carlo III. Egli, per darsi più importanza, diceva una gran verità, cioè che Farini avea messo a soqquadro queste province, demoralizzandole, ammiserendole ed ingigantendo le reazioni.

Si creò un nuovo Consiglio di Luogotenenza composto di vampiri o traditori; basta dirvi che alla polizia fu destinato Silvio Spaventa, ed all'interno il celebre Don Liborio Romano. Queste due nomine fecero strabiliare gli stessi rivoluzionarii unitarii; ed avendo fatto degl'indirizzi al Carignano per cacciarli via, questi fece orecchio da mercante, malgrado che la Guardia nazionale, unita ad una imponente dimostrazione, il 19 gennaio, avesse gridato, sotto il palazzo delle finanze: *abbasso Spaventa!* In risposta a quella dimostrazione, il dì seguente si pubblicarono le nomine di varii senatori, tra cui eranvi tre conosciuti traditori, cioè Garofalo di Marina, Niutta presidente della Cassazione ed il celebre generale de Sauget, l'*eroe* di Palermo del 1848, uno di coloro che bazzicarono nelle anticamere di Francesco II fino al 6 settembre 1860, ed il giorno appresso andò ad incontrare Garibaldi a Salerno. Si vedeva proprio che si volevano insultare i borbonici ed i liberali! Il Piemonte trattava tutti come popoli conquistati, impipandosi della così detta opinione pubblica, od anche della pubblica moralità.

La luogotenenza Carignano altro non fece che aumentare tutti i mali, importati dalla rivoluzione e gli altri creati dall'*eccelso* suo predecessore Farini. Napoli e le province si dibattevano in una truce anarchia; altro non si sentivano che furti audacissimi di ladri di strada e di officii pubblici, omicidii barbarissimi perpetrati in pieno giorno, aggressioni e violenze a mano armata; la stampa faziosa protetta, quella cattolica perseguitata o soppressa. Dall'altra parte gli *ex martiri* e camorristi gaudenti; onesti e valorosi uffiziali del disciolto esercito, perchè aveano adempito al loro dovere, quali perseguitati e quali ridotti a chiedere la elemosina. Le università, le borse, i tribunali deserti, i caffè, i *clubs*, le bische popolatissimi, studenti schiamazzanti, *generose* in trionfo, preti e frati buoni perseguitati e spogliati: la religione degli avi nostri derisa con articoli di giornali e con isconce caricature. Un giornalaccio, scritto da un prete apostata[10], insultava tutto quello che vi è di sacro, anche chiamando il Cardinale Riario: *diavolo con la coda e con le corna* – quante bestialità in poche parole! – e voleva *impiccarlo in nome di Dio insieme con gli altri galantuomini.* Tutto era sfacelo materiale e morale; costumi pervertiti, penurie mai provate in questo Reame, arresti e fucilazioni in massa.

Garibaldi, nel 1860, disse a' palermitani: « Anche io son *realista*; ma, re per re, a Francesco II preferisco Vittorio Emanuele, *che mi dà la libertà, mi dispensa dalle tasse, dà i viveri a buon mercato e mi salva dalle unghie della polizia* ». L'eroe sapeva di mentire quando faceva quelle promesse ad un Regno florido e ricco, e che godeva di tutti que' beni sotto i Borboni, non ignorando il modo di governare de' liberali, maggiormente di quelli insediati in Torino. Ebbene, alla vista del subisso di questo Regno, a causa delle sue interessate promesse, fatte a' popoli delle Due Sicilie, in cambio di tacere, o di battersi il petto, dicendo: *mea culpa, mea maxima culpa*, in cambio di flagellare i suoi amici al potere, causa degli stati di assedio, delle carcerazioni e fucilazioni, delle miriadi di nuove tasse, e dello spaventevole caro de' viveri, egli, l'*eroe*, inveiva rabbiosamente contro l'innocuo e tribolato clero e contro quella splendida figura del nostro secolo, Pio IX, chiamando vipera questo angelico Pontefice. Mentre soffriva in pace le persecuzioni contro i suoi garibaldini, aizzava le discordie civili,

[10] Oggi, grazie a Dio, rientrato in seno alla Chiesa, abiurò i suoi errori, e mena vita esemplare.

predicando l'esterminio de' tribolati e de' deboli; rincantucciandosi però alla voce di Cialdini; il quale lo minacciava da Torino, scrivendogli: « Nemico d'ogni tirannia, combatterò anche la vostra. Voi eravate in pessime condizioni sul Volturno quando noi arrivammo ». Ecco l'*eroe* tanto esaltato dalla rivoluzione! Ma egli mira al suo interesse personale, il tempo lo proverà.

Spaventa, consigliere di polizia, operava peggio di del Carretto e di Peccheneda, accrescendo l'odio, contro di sè e de' suoi consorti, dei garibaldini e della Guardia nazionale: a quest'ultima, con ordinanza, avea proibito la divisa fuori servizio. Tutti costoro riunironsi e gridarono: *Morte a Cavour! Morte a Spaventa! Vogliamo Garibaldi!* Assaltarono il palazzo delle finanze per accoppar lo Spaventa, ivi insediato; il quale si occultò in un armadio e nella confusione, i carabinieri lo fecero fuggire, ma per la paura lasciò il cappello. I dimostranti non avendolo trovato, taluni rubarono, altri guastarono la mobilia, che ornava il gabinetto del consigliere di polizia; e tutti schiamazzavano che volevano nelle mani lo Spaventa. Indi, scendendo in via Toledo, gridavano *abbasso e morte* come energumeni, spaventando i pacifici cittadini. Assaltarono con reo intendimento D. Antonio Spinelli, che traversava quella via in carrozza, scambiandolo col consigliere di polizia, ma quello si salva a tempo, dicendo il suo nome. Tutta quella turba sediziosa e briaca corse alla casa di Spaventa, e non avendolo trovato, rovista tutti i mobili, ruba, rompe vetri, finestre e porte.

– Or vedete, signor barone, in quale stato anarchico era ridotta la pacifica e gaia Napoli, da coloro che erano venuti per ristaurare l'*ordine morale* e beatificarci! Vi basti questo solo fatto per formarvi un'idea approssimativa dello stato in cui trovavasi questa città: quando si assalta nel proprio officio il capo della polizia, circondato da carabinieri, è tutto dire. Quella dimostrazione non venne repressa, ma finì per istanchezza. I governanti, perchè non sostenuti da alcun partito, con la solita *lealtà*, l'attribuirono a' borbonici, i soli di cui confessavano l'odio; e perchè costoro sono e saranno, finché Dio lo permetterà, i capri espiatorii delle infamie liberalesche.

Mentre tanti mali straziavano questo Reame, il luogotenente del re, principe di Carignano, in cambio di apporvi rimedio, dava de' balli in maschera. Essendosi astenuta l'aristocrazia d'intervenirvi, invitò ogni sorta di gente, che voi francesi chiamate *parvenus,* per riempire i dorati saloni; e poiché quella gente non era abituata alle feste di Corte, fece cattivissima comparsa. Le donne, male in *toilette*, assaltarono armadii e credenze, e gli uomini si rissarono tra loro, per la qual cosa seguirono quattro duelli.

Il principe di Carignano, venuto qui per far buona vita, e malgrado che poco si curasse dei nostri mali, non la potette durare in mezzo a quell'anarchia, che non poteva o non sapea infrenare. Prima si diede per ammalato, e poi, ad onta dei venti milioni di lista civile, rinunziò l'alta carica, e partì da Napoli il 16 maggio 1861.

Nigra, figlio di spedaliere e gran liberale, in un solo mese che alloggiò nel real palazzo della Foresteria, fece erogare ventimila ducati di addobbi alle camere, ed ancora non mostravasi contento: oh, la democrazia! Questo bellimbusto, atteggiato prima a grande restauratore della nostra amministrazione e poi a magno diplomatico, che avea fatto dire al Carignano, nel suo proclama, avere trovato qui l'appoggio del popolo, ritornato a Torino, pubblicò un prolisso libello, in cui insultava questo popolo, dandogli del superstizioso e del bestia.

Dichiarava il nostro clero ignorante, senza coscienza e dignità. (Avea conosciuti i soli preti di Garibaldi). Asserì che ogni classe di cittadini, sotto varie forme domandasse la elemosina, non esclusa la gente elevata. In ultimo, dimenticando tutto quel che avea fatto dire al luogotenente Carignano nell'ultimo Proclama, aggiunse di aver trovato qui nemico il Clero (ecco perchè era ignorante, senza coscienza e dignità!), avversa la nobiltà, irreconciliabili i soldati napoletani. – Queste ultime assertive erano verissime, ed egli spifferandole a' quattro venti, dava un colpo mortale al plebiscito del 21 ottobre 1860. Dippiù il Nigra assicurava che di tutti que' mali erano causa i Borboni, i quali aveano educato male il popolo, i soldati, la nobiltà, il clero. – Il nostro bellimbusto avrebbe preteso che i nostri sovrani ci avessero educati ad odiarli, ed a far plauso a tutti gli stranieri che fossero venuti per toglierci col tradimento il nostro benessere, la nostra autonomia, le nostre leggi, per essere spogliati, derisi e dichiarati briganti! Logica di un diplomatico settario, divenuto poi cuoco alla vostra Corte imperiale ![11]

Al Carignano successe il Conte Ponza di San Martino; era il terzo luogotenente, cioè proconsole piemontese. Costui, al solito, promise cose magne, e chiese a Cavour *oro e ferro;* avendo ottenuto l'uno e l'altro, per corrompere ed esterminare, s'insediò da padrone in questo Reame. Egli veniva tra noi preceduto dalla fama di uomo onesto, animo forte, grande amministratore. Però i suoi contrarii pubblicarono per le stampe di essere stato un persecutore de' liberali, di aver fatto appuntare le baionette sul petto de' repubblicani di Genova, di essersi messo in relazione co' sicarii per fare assassinare Mazzini, e che era stato uno dei mandatarii per l'assassinio del conte Pellegrino Rossi, ministro liberale di Pio IX. Da tutte queste dicerie noi argomentavamo che i nostri mali non sarebbero mitigati, ma incruditi; maggiormente che sapevamo di certo che il conte Ponza di S. Martino avea chiesto a Cavour *oro e ferro* per governarci con la corruzione e con la guerra civile. Oltre di che in Piemonte avea iniziato la persecuzione contro la Chiesa, ed avea detto in Parlamento: *Pochi resistono alla seduzio-*

[11] Nigra, ambasciatore italiano presso Napoleone III, nei discorsi familiari con costui e con l'imperatrice, si disse e si stampò, che vantava alcuni manicaretti italiani; e per far piacere a que' sovrani, ne apparecchiò qualcheduno, facendola proprio da cuoco. Che razza di diplomatici moderni: altro che democratici; servitori!

ne del danaro, e l'oro fa miracoli! È da supporsi quale moralità, quale ordine, quale giustizia potea recarci un luogotenente, che professava simili abbietti e depravanti principii, facendone vanto in pubblico parlamento.

Il conte di S. Martino ebbe dal ministro dell'interno, Minghetti, istruzioni in iscritto, e questi tra le altre cose gli ordinava, prontezza nel *prevenire*, e reprimere le reazioni; diceagli: *Purché stia forte la legge, usi pure le armi.* – Vedete liberale impudenza! Usar le armi era un'infamia pe' Borboni e pel Papa; e pel Piemonte, venuto qui per impedir quell'*infamia,* non solo era un suo esclusivo *diritto*, ma un atto di gloriosa sapienza e di patriottismo, usandolo contro coloro che si erano dati a lui *con plebiscito quasi unanime!*

La stampa estera pagata da' governanti col danaro de' contribuenti, lodava ogni più turpe atto de' medesimi; re ed imperatori della vecchia Europa dormivano saporitamente; quindi non ci dee far meraviglia se quelli proseguivano a battere quella via che trovavano breve e senza ostacoli per giungere al compimento del loro truce scopo. Però verrà giorno che re ed imperatori della vecchia e nuova Europa si risveglieranno alla orrenda ridda demagogica[12], e si ricorderanno delle profetiche parole di Francesco II, loro dirette dal bombardato scoglio di Gaeta. Egli dicea loro: *Io qui non difendo la mia sola causa, ma quella di tutti i popoli e di tutti i sovrani.*

Sotto la luogotenenza di Ponza di S. Martino si accrebbe l'anarchia e la reazione; si eseguirono innumerevoli fucilazioni di reazionarii; si arrestarono eziandio non pochi in fama di liberali; ma l'anarchia e le reazioni s'ingigantirono sempre più. Inoltre avvennero in quel tempo fatti importanti, tra cui un prestito di settecento milioni, fatto dal governo italiano, la fusione del debito pubblico napoletano con quello sardo, la morte di Cavour, e il riconoscimento del re d'Italia per parte di quella sfinge di Napoleone III.

Trovandosi l'ebreo Bastogi ministro delle finanze del Regno d'Italia, già amico di Mazzini, e cassiere della *Giovine Italia,* spifferò alla Camera de' deputati di Torino, che gravando sull'Italia *redenta* un disavanzo di trecento e quattordici milioni – circa un milione al giorno! – era necessario contrarre un debito di cinquecento milioni effettivi; e per entrare quella somma tutta intera nelle casse dello Stato doveasi elevare il debito a settecento milioni. Il deputato conte Giuseppe Ricciardi napoletano, di fede repubblicana, ma onesto, come se non avesse conosciuto i suoi onorevoli colleghi, a scansare il debito, propose l'*obolo d'Italia*, a somiglianza di quello di S. Pietro; ma fu deriso dagli altri deputati, e giustamente costoro lo tacciarono d'innocenza preadamitica.

12 Il giorno vaticinato sembra giunto. Però se i tentati regicidii, con particolarità quelli perpetrati nel 1878 e 79, destarono i sovrani dal loro torpore per difendere le proprie persone, costoro nulla han fatto fin'ora di energico per salvare i popoli dalla truce demagogia, che senza alcun freno sbizzarrisce per tutta l'Europa.

Nella tornata del 25 febbraio 1863, il deputato Francesco Crispi sosteneva che il governo libero deve costar meno del governo assoluto, e voleva sapere da' suoi onorevoli colleghi perchè sotto il governo libero d'Italia avveniva tutto al rovescio. Egli diceva: « I cinque governi italiani, *che abbiamo soppressi,* pagavano cinque liste civili, cinque ministeri, cinque rappresentanze all'estero ec; or per quei cinque governi, *che abbiamo soppressi,* prima del 1859, le spese annue per l'amministrazione pubblica non oltrepassavano mai i *cinquecento ottanta milioni,* e il *deficit* delle finanze non fu superiore a *cinquanta milioni.* Oggi le spese vanno a *novecento sessantanove milioni,* e il *deficit* secondo la cifra rotonda composta dall'onorevole ministro delle finanze Minghetti va a quattrocento milioni ».

L'on. Crispi voleva sapere da' suoi colleghi la ragione di tanta scandalosa anomalia? Ed io mi meraviglio di una domanda tanto *ingenua*; egli che conosce meglio di tutti i governi rivoluzionarii, i patriotti e le secrete cose; egli ministro delle finanze in Palermo, sotto la dittatura di Garibaldi, sa pure come spariscono i milioni da' banchi nazionali.[13]

Dopo che fu approvato il prestito di settecento milioni, si approvò eziandio la fusione del debito pubblico napoletano con quello sardo: quello lieve, questo enorme. Per la qual cosa il ministro degli esteri di Francesco II con due dispacci, del 1° e 10 luglio 1861, protestò, che questo sovrano non avrebbe riconosciuto nè il debito de' settecento milioni nè la fusione del debito pubblico, dicendo: « Tal fusione, piace al Piemonte per disgravare l'indebitato suo erario ». – In ultimo avvertiva possessori di rendita napoletana di procurarsi doppii certificati, a fin di provare il loro diritto in tempi migliori.

Il 2 giugno 1861 moriva in Torino il gran facitore dell'Italia una, il Conte Camillo Benso di Cavour. I parenti di costui pubblicarono per le stampe che il medesimo, prima di morire, avesse detto al Farini: « Mi sono confessato, ora mi

[13] Le spese annue del *redento* Regno d'Italia non rimasero alla cifra del 1863, lamentata dal Crispi; dappoichè l'onor. deputato Nervo, limitando le sue ricerche ad un confronto tra le resultanze generali della gestione del 1878, e le proposte contenute negli atti di prima previsione, dimostrò che « le sole spese ordinarie, effettive, accertate, secondo il consuntivo del 1878, ascesero ad un *miliardo ottantuno milioni seicento quarantaquattromila novecento cinque* lire e cent. *settantasette* ». Le stesse spese proposte pe' servizii di previsione del 1880 ammontano « ad un *miliardo trecento trentanovemila novecento cinquantacinque lire,* senza tener conto delle spese ordinarie che si dovranno aggiungere al bilancio del 1880 ». Insomma il liberale Regno d'Italia oggi scialacqua più del doppio di quanto erogavano i cinque antichi Stati *tirannici*, e che *abbiamo soppressi* per godere di tanto vantaggio. Ed osservate un'altra anomalia patriottica, cioè, oggi, per ragione delle duplicate spese, si dovrebbero pagar soltanto doppie tasse da' contribuenti, invece costoro ne pagano il quadruplo, il quintuplo: si vede, che trattandosi di tasse, l'aritmetica non è il forte di que' patriotti, che soppressero i cinque governi *tirannici.*

comunicherò; voglio che si sappia, che muoio da buon cristiano: sono tranquillo, non ho fatto mai male a nessuno ». Simile al fariseo del Vangelo, voleva anche burlare Iddio, come avea burlato il prossimo! Il confessore di Cavour fu il viceparroco della Parrocchia della Madonna degli Angeli, Padre Giacomo da Poirino; il parroco, Padre Ignazio da Montegrosso, era stato rilegato a Cuneo dallo stesso Cavour. Si disse, che Padre Giacomo da Poirino fosse di *manica larga,* maggiormente che accettò poi, *pei servizii resi,* il cavallerato di S. Maurizio e Lazzaro ed una pensione di mille lire annue.

La morte di Cavour, in que' tempi, fu ritenuta dai rivoluzionarii una sventura nazionale, malgrado che avesse preso le redini del governo il barone Bettino Ricasoli, proclamato l'*uomo forte,* che poteva continuare l'opera del suo predecessore. Nella supposizione che per la morte di Cavour l'Italia una andasse in rovina, venne in soccorso *il magnanimo alleato,* Napoleone III. Il quale, a mezzo giugno 1861, dopo le sue solite gherminelle e studiate esitazioni, *riconobbe il re di Piemonte a re d'Italia.* Dichiarando però: « Ma perchè non sia male interpretato il nostro riconoscimento, nè ci associamo all'avvenire, e nemmeno incoraggiamo intraprese da turbare la pace generale ». Così, mentre gettava polvere negli occhi della diplomazia, con siffatte proteste, teneva aperta la porta di questo Regno al cugino Murat.

Ricasoli, riepilogando il dispaccio francese, in cui riconoscevasi *il re d'Italia,* storceva le frasi, e ringraziava l'imperatore di avere riconosciuto *il regno d'Italia.*

Il magnanimo alleato, per meglio sorreggere la rivoluzione italiana, guarentì il prestito italiano di settecento milioni, contratto a Parigi, e rimandò a Torino il suo ambasciatore, dopo la biricchinata di averlo ritirato. Così smentiva officialmente tutte le sue proteste, fatte contro il Piemonte, quando questo avea invaso gli Stati della Chiesa e quelli dei principi italiani. Napoleone, mentre fingeva di tenere il broncio alla rivoluzione italiana, prima che egli l'avesse riconosciuta, diggià l'avea fatta riconoscere dal Portogallo e dal Marocco. Intanto se sentite i nostri rivoluzionarii di tutta la Penisola, i medesimi vi dicono che quell'imperatore è il più accanito loro nemico; e vorrebbero spodestarlo, credendo che senza di lui potrebbero conquistare Venezia, ed insediarsi in Roma. Questo e non altro compenso o gratitudine potea aspettarsi Luigi Bonaparte da chi fu educato negli antri settarii, pasciuto di vendetta e di sangue.

Mentre che esso riconosceva officialmente il re d'Italia, guarentendo il prestito italiano in Parigi, il Napoletano protestava energicamente contro i suoi dominatori subalpini con le sanguinose reazioni. In quel tempo avvennero casi miserandi: fucilazioni in massa di soldati sbandati e di reazionarii; campi devastati, paesi saccheggiati ed inceneriti: altra volta parlerò a lungo di questi orribili avvenimenti.

Il ministero di Torino vedeva un solenne smacco nelle reazioni di questo Reame, una minaccia all'unità italiana, una lentezza nel conte Ponza di S. Martino; malgrado che questi avesse agito alla Tamerlano, e che chiedea altro oro ed altri soldati per far *miracoli,* nonpertanto era accusato di lentezza e di poca energia. Il generale Enrico Cialdini, trattando di far la guerra senza compromettere la sua pelle, faceva il bravo da Torino, e si vantava che avrebbe distrutto la reazione in queste province co' soli soldati che si trovavano qui, mettendo innanzi il suo infallibile specifico: *Quanti presi, tanti fucilati.*

Ponza di S. Martino, trovandosi stretto da ogni parte, cioè da un lato impeto di reazioni, eccessi di soldatesca ed anarchia, dall'altro lagnanze e minacce de' governanti di Torino, e vedendo in ludibrio la sua autorità, fece sentire che volea dimettersi. Per la qual cosa Ricasoli, a cui era piaciuto lo *specifico* di Cialdini, mandò costui a Napoli, con altri battaglioni e con poteri eccezionali, anche sullo stesso luogotenente. Quest'ultimo comprese l'insulto e volle dimettersi, malgrado che Ricasoli gli avesse fatto sentire, ch'egli avrebbe impero sulla parte amministrativa e Cialdini su quella militare. Ponza di S. Martino, non rassegnandosi a quella divisione di poteri, partì da Napoli il 16 luglio, confortato dagl'indirizzi del Municipio e della Guardia nazionale: egli che qui doveva *far miracoli coll'oro e col ferro,* cadde pure come i suoi predecessori, ad onta che avesse usato l'uno e l'altro. Cialdini, elevato a luogotenente del re, riunendo sotto la sua mano il potere civile e il militare, prima di tutto fece fondere i candelieri di argento, lasciati da Francesco II, cavando da' medesimi seimila ducati, mentre valevano più del doppio; indi esordì con manifesti neroniani e con goffe proclamazioni. In un bando a' soldati disse: « Purgheremo il paese dagli assassini, e vi riusciremo, aggiungendo a noi l'elemento popolare e liberale ». Quest'altro Tamerlano italico per *assassini* non intendeva i carnefici di questo Regno, cioè i Pinelli, i Fumel e i Galateri, fucilatori in massadei poveri contadini del Napoletano e devastatori delle nostre province, ma gli uomini indipendenti, che non si volevano sottomettere alla dominazione sarda, per essere spogliati, martoriati e di più derisi e calunniati. Come elemento popolare e liberale intendeva i garibaldini o la parte più faziosa del paese, causa di quell'anarchia. Fa poi meraviglia che il *fiero* espugnatore di Gaeta (ma senza suo personale pericolo e merito militare) colui che avea scritto un mese prima di combattere la tirannia di Garibaldi, per purgare questo Reame dagli assassini, avesse bisogno dell'aiuto dei garibaldini!

Nella proclamazione a' napoletani, del 19 luglio, invocava l'appoggio di tutto il partito liberale, per purgare il paese da coloro che *rubavano ed assassinavano,* mossi da quelle persone, che da lontano li consigliavano, li dirigevano e li sussidiavano. Finiva quella cicalata col motto spavaldo: *Quando il Vesuvio rugge*

Portici trema! Il Vesuvio era esso Cialdini, e sotto il nome di Portici alludeva alla nobiltà ritiratasi in quel paese, per non vedere e sentir le orgie dei distruttori della loro patria. Secondo Cialdini, egli, Pinelli, Fumel e Galateri piemontesi gareggiavano per purgare il Napoletano da chi ci *rubava ed assassinava,* pagati da que' signori napoletani, che tutto aveano da perdere e nulla da guadagnare in quelle reazioni: logica ed impudenza settaria! Intanto con quella proclamazione si dichiarava politico il *brigantaggio*, che il ministero di Torino voleva far passare per bande di malfattori. Cialdini, visto che i suoi *ruggiti vesuviani* non facevano tremare nè anche i cavoli della Padula,[14] invocò il braccio de' garibaldini, per mezzo del garibaldino Nicola Fabrizi; e per abbonirseli, pubblicò il decreto reale che autorizzava i *Mille di Marsala* di fregiarsi della medaglia avuta dal Municipio di Palermo: oltre di che in quel tempo si riconobbero i gradi nell'esercito a più di seicento de' medesimi garibaldini. Però, vedendo che nè costoro nè i soldati potevano comprimere le reazioni, armò napoletani per combattere napoletani, raccozzando tra trivii, bettole e lupanari quindicimila vagabondi, lenoni, camorristi, ladri ed affamati, che chiamò *Guardia Nazionale mobile.* A costoro l'*eroe e duca di Gaeta* diede ordine di far *giustizia* senza pietà, non solo contro i reazionarii, ma bensì contro il Clero, contro i nobili e contro coloro che non si fossero sottomessi al giogo piemontese: la stampa napoletana faziosa applaudiva!

L'eterogeneo connubio tra Cialdini e garibaldini fu causa della caduta del consigliere di polizia Silvio Spaventa: essi l'odiavano a morte, avendoli egli fatti caricare da' bersaglieri a calata baionetta, nel largo delle finanze, perchè domandavano un pane per isfamarsi. Il pretesto per disfarsi di quel consigliere di polizia fu bello e trovato; costui avea istituito un comitato di camorristi, detto *virgolatorio*, perchè l'arme di costoro è il bastone, che simile gente in gergo chiama *virgola.* Quel comitato era dedito a sostener la polizia, con tutti quei mezzi nefandi che si potrebbero supporre. Siccome in que' giorni fu ucciso il delegato di polizia Mele dal capo del comitato *virgulatorio*, lo Spaventa venne accusato d'indiretta complicità, quindi fu mandato via, dopo che Cialdini l'obbligò a firmare il decreto luogotenenziale, che accordava alla vedova e tre orfani del Mele, la pensione di ducati quattrocentottanta annui.

Allo Spaventa successe l'avvocato Filippo De Blasio; e Cialdini, per essere maggiormente sicuro e per istraziar sempre più i napoletani, chiamò in Napoli il tanto famigerato Filippo Curletti di Bologna, per organizzar la polizia. Questi, al solito, si collegò co' capi grassatori di strada, perpetrando nefandezze, rubando a man franca e facendo *quattrini*, come egli medesimo rivelò poi in un opuscolo stampato l'anno seguente in Isvizzera.[15]

[14] La Padula, ove si fanno magnifici ortaggi, è un amena pianura quasi fra Napoli e Portici.

Cialdini per assicurarsi il favore di tutti coloro ch'egli chiamava liberali, tolse d'impiego il residuo degli antichi impiegati, che si erano salvati dal general naufragio; e malgrado che per lo innanzi avessero ben servito, senza impacciarsi di politica, furono inesorabilmente messi sul lastrico, per darsi i loro posti a' settarii, agli stranieri ed a' napoletani traditori. Però que' posti non bastando per tutta la caterva liberalesca, molti rimasero senza gustare il *banchetto nazionale*, ossia fuori la mangiatoia dello Stato.

I liberali che vantano fino alla nausea disinteresse ed indipendenza dal potere da loro creato, purtuttavia han dimostrato, in mille guise e sempre co' fatti, aver fame canina, ed usare ogni mezzo per far buona vita a spese de' contribuenti. Per la qual cosa cominciarono a presentar suppliche, svelando i loro meriti, che altro non erano che vergogne; e se ne presentarono in sì gran numero da fare impensierire lo stesso Cialdini. Il quale, con decreto del 24 luglio, ordinò che quello suppliche fossero esaminate dalla Commissione provinciale da lui creata, sperando che si fossero accapigliati tra esaminatori e supplicanti. Ordinò inoltre che i nomi dei cacciatori d'impieghi fossero stampati nel *Giornale Ufficiale*, lusingandosi che quella berlina avesse spaventato i liberali postulanti.

A nulla giovarono le interminabili liste dei nomi che si leggevano in ogni dì su quel giornale; liste che chiarirono la spudorata fame liberalesca, perchè tutti chiedevano impieghi lucrosi e di poca fatica. Con particolarità si domandavano posti nella polizia, perchè l'arte poliziesca è stata sempre il sospiro *patriottico*, essendo facile ad eseguirsi, e dando molta importanza a chi la esercita. Le suppliche proseguirono a fioccare, e Cialdini fu obbligato pubblicare, che delle stesse non ne terrebbe alcun conto; non perciò cessarono le pretese, e spesso accompagnato da minacce.

Que' poveri liberali, diseredati dalla mangiatoia dello Stato, avevano ben ragione di fare il diavolo a quattro; perchè dunque aveano fatto la rivoluzione? Per insediare ed arricchire i furbi patriotti, che non avevano combattuto *le patrie battaglie?* [16]

[15] Quest'opuscolo rivela infamie inaudite; svela fatti incredibili, e spiega l'eccesso dei tradimenti perpetrati da Farini e Conforti nella manipolazione de' plebisciti di varii Stati d'Italia. Curletti avea promesso di pubblicare altre importanti rivelazioni, ma non adempì alla promessa; suppongo che qualche pugno di oro menatogli in bocca l'abbia fatto tacere.

[16] Per convincere i miei lettori che io non esagero punto le vergogne di que' tempi, che continuano oggi su più larga scala, mi piace riportar qui un brano di lettera del deputato Musolino, fondatore della *Giovine Italia* nel Napoletano, e quindi unitario con la cresta. Questo brano di lettera lo copio dal *Bersagliere* del 9 novembre 1879, N. 306, eccolo: « Una turba di scostumati pezzenti, che stavano da mane a sera con la bocca aperta gridando impieghi, impieghi, salivano e scendevano le scale, invadevano tutte le case, strepitavano, minac-

Ma ritorniamo alle bravate cialdiniane per affogare questo Regno in un mare di sangue, sol perchè i popoli non volevano sottomettersi ad un padrone straniero. Cialdini lasciò in queste province tracce di una barbarie incancellabile, senza ottenere il suo scopo; e più tardi i nostri nepoti se ne ricorderanno; e chi sa! forse potrebbero vendicare i loro antenati, sopra altri popoli colpevoli solo di esser nati ove nacquero i Cialdini, i Pinelli, i Fumel, i Galateri e simili spietati fucilatori, non solo di reazionarii, ma di donne e di fanciulli.

Si rimane spaventati ricordando quel breve periodo di tempo della luogotenenza cialdiniana; qui si rinnovarono barbarie da superare quelle di un Nerone, di un Massimino, di un Diocleziano, di un Dionisio di Siracusa e dei popoli cannibali dell'Oceania. L'Europa ne fu spaventata, ed un grido unanime di esecrazione s'inalzò eziandio dalla stampa rivoluzionaria estera contro que' carnefici. Lo stesso Massimo d'Azeglio, che vuole conciliare l'onestà con la rivoluzione, inorridito di tutto quello che accadeva di spaventevole in questo Reame, il 2 agosto 1861, scriveva al senatore Matteucci: « Si tratta di sapere se abbiamo il diritto di dare archibugiate a' Napoletani, *che non ci vogliono*; perchè è notorio *che briganti o non briganti*, nessuno vuol saper di noi ». Quel senatore rispondeva, che sicuramente avevano il diritto di applicare ai napoletani *una cura chirurgica di energici rimedii, o briganti o non briganti.* – Il Matteucci era uno di coloro che aveano proclamato i Borboni di Napoli tiranni, perchè i medesimi avevano carcerati o esiliati pochi ribelli recidivi!

L'*onesto* Ricasoli, sentendo i clamori dell'Europa, sebbene i gabinetti tacessero, credette legittimare le barbarie cialdiniane con dichiararle *assurde calunnie* nella *Gazzetta ufficiale* di Torino, e con pubblicare nella stessa notizie di sbarchi, su questo littorale, di stranieri armati per aiutare il brigantaggio. Così credeva scusare o attenuare la ferocia di Cialdini, tutto asserendo e nulla provando; così voleva dimostrare che la reazione del Napoletano non fosse politica, ma che si riduceva a poche bande di malfattori, che, uniti agli stranieri, erano qui venuti per saccheggiare le popolazioni.

Tutte queste assertive del Ricasoli venivano smentite non solo da' bandi di

ciavano; i più forti gridatori di libertà e di patriottismo erano i primi a chiedere sfacciatamente, oscenamente; ed avuto il tozzo, rinnegavano i ministri che l'avevano dato, *Dio e la coscienza*; chi più gridava e minacciava era ascoltato e contentato; nessuna autorità atta a frenare tante intemperanze; i ministri, uomini nuovi nella difficilissima arte del governare, erano deboli ed inetti; e *molto meno aveano la forza di disprezzarci* per *farci il bene nostro malgrado.* Mentre da una parte gridavano che la finanza era povera e facevano debiti, dall'altra creavano novelli uffizii, che davano ciecamente, impiegando quelli che strillavano più lazzarescamente, *i ladri conosciuti e distinti, i ladri novelli, le spie, gl'infami, e tutta quella ribaldissima schiuma che era ed è ancora a galla,* (cioè oggi 9 novembre 1879, quinto ministero di sinistra progressista!) Questa debolezza de' ministri faceva baldanzoso il popolo; (cioè i ladri distinti, i ladri novelli, le spie , gl'infami e tutta la ribaldissima schiuma che ancora è a galla?) Ognuno credea di poter salire a quell'impiego dove vedeva salito *un malvagio, uno stolto, un presuntuoso....* ecc. »

Cialdini, di Fumel di Pinelli e Galateri, ma da' paesi bruciati o saccheggiati dalle regie milizie, e dalle fucilazioni di donne, di fanciulli e di persone rispettabilissime. Onde che quel ministro credette dare una soddisfazione alla civile Europa col richiamare in Torino uno de' carnefici, cioè Galateri, lasciando però Fumel, più pazzamente spietato del suo collega, e Cialdini, che ordinava a' suoi subalterni sacco e fuoco contro i paesi in reazione, e di fucilare senza misericordia tutti i reazionarii, e senza considerazione all'età e al sesso anche per coloro che avessero portato in campagna un tozzo di pane: altro che Manhès in Calabria ne' primi anni dell'andante secolo!

– Ecco, sig. barone, per quanto mi ricordo, un piccolo saggio dei bandi di Cialdini, di Fumel, di Pinelli, di Fucino e di Galateri. Quest'ultimo, colonnello comandante in Teramo, stampava e pubblicava il 20 luglio: « Sarò inesorabile, terribile co' briganti; i buoni non debbono farsi sopraffare: s'armino di falce, di forche e di tridenti e li perseguitino in tutte le parti; la Guardia nazionale e la truppa li sosterrà. – Chiunque darà ricetto ad un brigante, *sarà, senza distinzione di sesso, età e condizione, fucilato*. Lo stesso alle spie. Chiunque richiesto, sapendolo non aiuterà la forza a scoprire il covo e le mosse de' banditi, *avrà posta a sacco e fuoco la casa*. Sono uomo che mantengo la parola ». Quest'ultima frase il Galateri la copiò dalla lettera di Cialdini, che, pochi mesi prima, aveva scritta all'onestissimo generale Fergola, comandante la cittadella di Messina. Si vede dunque che varii uffiziali superiori sardi ritengono per gran prodezza tener simili parole non solo a' nemici turpemente vinti, ma eziandio alle povere donne, a derelitti fanciulli e fanciulle, solo ree di avere aperto la porta al proprio fratello, marito o padre, salvandolo forse dall'uragano, e sfamandolo con un tozzo di pane!

Due giorni dopo, Cialdini pubblicò un altro bando in Lecce, in cui diceva: « I briganti presi con le armi alle mani, e gli evasi dalle galere, *saranno immediatamente fucilati*. Daransi 25 lire per l'arresto di un refrattario. A soldati, sbandati che si presentano, assicuro la vita ».

Quanta generosità! Cialdini, che anche *sa tener la parola*, nel fare il male, non la tenne co' soldati sbandati, che si presentarono; taluni di costoro mandò a' corpi franchi o in galera; altri, dopo di averli dichiarati briganti, faceva immediatamente fucilare. Così accadde a cinque soldati, presentati alle autorità sarde, che condotti nel castello di Brindisi, proditoriamente furono uccisi a schioppettate.

Fucino, comandante della Capitanata, stampò e pubblicò in que' tempi tristissimi una proclamazione agli abitanti del Volturino, dicendo: « Vi lascio, ma v'avverto che se ritornano i briganti, io pure ritornerò, *e vi arderò a' quattro angoli*, e porrò fine una volta alla vostra connivente incessante reazione ». Quest'altra scimmia del francese Manhès, confessava che le popolazioni erano conniventi coi reazionarii; quindi costoro non potevano essere briganti saccheggiatori di paesi.

Il colonnello Fumel, avendo dette e ridette le medesime immanità di Galateri, di Cialdini e Fucino, conchiudeva con un suo bando: « Chiunque resterà indifferente sarà trattato come brigante ». Per conseguenza fucilato! Ed allora la grandissima maggioranza de' cittadini di questo Regno, perchè restavano indifferenti, e non prendevano il fucile per perseguitare i briganti, dovevano essere fucilati. Nonpertanto un prefetto, De Ferrari, quelle orride proclamazioni appellò *guerra santa*, e Petruccelli della Gattina, *vivificante elettricità militare.*

Vivificante elettricità militare che non si usò contro il medesimo Petruccelli nel 1848, quando fu arrestato dallo guardie urbane, dopo la rivolta delle Calabrie, perchè allora regnava qui un *tiranno.*

Il solo Napoleone III, causa del nostro vergognoso servaggio e delle nostre inaudite sventure, finse di alzar la voce contro i carnefici del Napoletano, ma in realtà per isvelenirsi contro Ricasoli, che allora amoreggiava con l'Inghilterra, e faceva pubblicare opuscoli al senatore Siotto-Pintor, dimostranti l'odio del Piemonte alla Francia: Ricasoli tentava di cambiar padrone. Perlocchè il Bonaparte fece scrivere dal suo ministro degli affari esteri Thouvenel all'altro Reyneval, accreditato alla Corte di Torino: « Di notare l'emozione cagionata in Francia da' rigori militari piemontesi nelle province dell'Italia meridionale; ed essere necessario che il governo si legittimasse dalle giuste accuse di cui sarebbe stato fatto segno. Dimostrasse con particolarità: se fosse vero che il generale Pinelli avesse bruciato vivo un giovanetto; se fosse vero che avesse fucilato due contadini mentre lavoravano i campi; e se in Campobasso fosse stato torturato un cittadino, affinchè avesse così rivelato le famiglie appartenenti a' briganti, e che avendole nominate, sopraffatto dal dolore, fossero state fucilate ».

Nel medesimo tempo che quel tristo settario coronato voleva mostrarsi in cagnesco co' governanti di Torino, non tralasciava di agevolare le sue quasi ribellate creature contro di lui, occultando le più notorie e tremende crudeltà fatte perpetrare dalle medesime.

Egli domandava se era vero che taluni individui fossero stati fucilati, mentre la *Gazzetta ufficiale* del Regno d'Italia, ogni giorno era piena di simili notizie. Egli fingeva ignorare l'esterminio di tanti paesi saccheggiati e bruciati dalle truppe regie per ordine di Cialdini, orrori pubblicati officialmente da costui. Intanto quella *sfinge coronata* ha l'impudenza di atteggiarsi a protettore de' popoli oppressi, *e di correr là ove trovasse una causa giusta difendere.*

Il governo di Torino, conoscendo lo scopo di quelle domande, rispose secco, assicurando: *niente esser vero.* Commedia nefasta, che dimostra sempre più in qual conto si tiene l'umanità da' cerretani di liberalismo!

Or mi resta a descrivervi qualche scena di orrore ch'io so, avvenuta nelle nostre province tra reazionarii e truppa sarda, spesso coadiuvata dalle guardie mobili, ed anche da qualche manipolo di guardie nazionali faziose e rinnegate, che briganteggiavano davvero, per far fortuna in quella guerra civile. Quello però che più farà rabbrividire si è conoscere quanti innocui e distinti cittadini vennero saccheggiati, battuti e fucilati, quanti derelitti fanciulli e fanciulle furono violentati ed uccisi; quante fucilazioni si perpetrarono a vicenda tra reazionarii, soldati sardi, guardie mobili e guardie nazionali; ed infine quanti paesi vennero saccheggiati, bruciati e distrutti. Ma vedo ch'è troppo tardi, e sebbene il signor barone mi ascolta con marcata attenzione ed interesse, aggiornerò il mio racconto per un'altra volta. È tempo di ritirarci, se a voi non dispiace; dappoichè il pranzo ci attende, e gli amici sono impazienti di rivedervi.

Edoardo, tra lo scherzevole ed il satirico disse: – A quel che mi sembra, signor duca, avete troncato bruscamente nel meglio il vostro racconto; ciò mi potrebbe far sospettare, che vorreste scansare gli appunti che potrei farvi in contrario su tutto quello che mi avete narrato; che sebbene verissimi, purtuttavia avete guardato que' fatti da un sol lato. Si sa che gli uomini non sono nè ottimi nè pessimi, e spesso son costretti dalle imperiose circostanze a fare il male per evitarne altri peggiori. Quello che non è totalmente censurabile in taluni individui, diviene spesso una lodevole necessità, anzi un dovere per un governo, che ha il diritto di sostenersi e tutelare la società da quella trista gente, che vuol metterla a soqquadro, e senza alcun mandato e senza speranza di far trionfare le sue pericolose utopie.

Il duca, con calma, rispose: – Scusate se non ammetto le vostre massime politiche e morali: nondimeno voglio concedervi che i governi hanno il diritto di sostenersi facendo il male per evitame altri peggiori.

Ditemi di grazia, chi ha dato questo diritto a' governi? Voi al certo non ammettete quello storico o divino, ma vi trincerate in quello plebiscitario, ovvero in quello che i governi ammodernati credono di aver ricevuto dalla volontà popolare, unica fonte di tutti i diritti, come pomposamente affermano taluni poco filosofi pubblicisti. Non voglio discutere quanto valgano i diritti, acquistati da un governo in forza di un plebiscito, e specialmente manipolato come il nostro del 21 ottobre 1860, e che oggi i repubblicani potrebbero invocare in lor favore.[17] Vi dico soltanto che lo stesso viene solennemente smentito dalle

[17] Il deputato Toscanelli, nella tornata del 22 gennaio 1871, gettava la sfida a' suoi colleghi, in pubblico Parlamento, proponendo che invitassero i romani ad un altro plebiscito, e mandassero lui a Roma come prefetto. « Credo, soggiungeva, che se voi mi deste l'incarico di andar prefetto a Roma, avanti questo plebiscito, *giocherei la mia testa*, che il risultato del plebiscito sarebbe, che Roma ne debba formar parte del Regno d'Italia ». Il giornale giudaico, l'*Opinione*, volendo difendere la monarchia dagli assalti della *Lega della Democrazia*, capitanata da Alberto Mario, che invoca il *suffragio universale*, è costretta affermare, che « il *suffragio universale* è un'arma potente di chi l'adopera. Dà ragione a Napoleone III, a Bismarck, a Mac-Mahon, a Thiers, a

reazioni popolari di tutte le province del Regno; e se anche nol fosse, non perciò darebbe il diritto al governo di Torino ed a' suoi mandatarii di saccheggiare e bruciare 15 paesi per sostenersi, e trattarci in quel modo che a tutti è noto, essendo il male di gran lunga maggiore di quello che crede scongiurare. Il modo come ci tratta quel governo non è di fare il male *per evitarne altri peggiori*, ma per farsi temere, e col terrore non perdere la sua preda, perchè ci ritiene per un popolo peggio che conquistato: fini tutti riprovevolissimi e contradditorii in esso, che vanta la sua base di autorità *sul quasi unanime plebiscito.*

Vi ho accennato il giudizio di Massimo d'Azeglio a questo proposito, or vi dirò che lo stesso re Vittorio Emanuele, appena entrò in questo Regno, nel suo Proclama a' napoletani e siciliani, del 9 ottobre 1860, diceva: « Le mie truppe si avanzano tra voi per raffermare l'ordine. *Non vengo ad imporvi la mia volontà, ma a far rispettare la vostra* ». E poi i suoi ministri ed i suoi generali fan rispettare la volontà de' cittadini delle Due Sicilie con devastare i loro campi, con bruciare le loro case, dopo di essere state saccheggiate da quelle truppe, uccidendo i loro bambini e violando le loro donne, perchè que' medesimi cittadini vogliono rimanere sotto quella dinastia che li resse paternamente per 126 anni! Se gli stessi liberali e governanti confessano che il Clero, la nobiltà, l'esercito delle Due Sicilie, gran parte della borghesia e le popolazioni rurali son contrarie all'attuale ordine di cose, dov'è la volontà popolare? forse in una falange di studenti senza senno, o in pochi rivoluzionarii di mestiere, che si han saputo imporre al paese co' tradimenti e con le armi del Piemonte?

– Or vorrei sapere da voi, signor duca, disse Edoardo, con qual diritto i Borboni di Napoli si dichiararono sovrani delle Due Sicilie?

– Con quello stesso diritto, signor barone, con cui voi ereditaste gl'immensi beni di vostro sig. padre; con quello stesso diritto col quale i figli de' re eletti, col vostro plebiscito, ereditano i regni dopo la morte de' loro genitori.[18]

Gambetta (ed a Cavour e Lanza?) secondo chi l'interroga. Il *suffragio universale* è uno strumento cieco, e in Italia (oggi e non al 1859, 60 e 70?) gioverebbe a chi sapesse meglio approfittare dell'ignoranza e dei pregiudizii delle plebi ». Dunque secondo l'*Opinione*, nel 1859, 1860 e 1870, le plebi ignoranti e sciocche votarono pel Regno d'Italia? Povera *Opinione*, di carta, quante corbellerie è costretta a snocciolare, prima per tenere il sacco ad un Cavour e ad un medico Lanza; oggi, 1880, per godere de' furti perpetrati da costoro! Per difendere la monarchia, o meglio le sovvenzioni governative che ricevo, è obbligata contraddirsi, rinnegando i plebisciti che tanto avea encomiati. Queste contraddizioni sono l'effetto della sua dura cervice; dappoichè se non aspettasse ancora il già venuto Messia, avrebbe potuto riflettere sulle parole dette da Gesù Cristo, cioè *qui acceperint gladium, gladio peribunt.* Difatti ammesso dalla stessa il principio rivoluzionario della sovranità del popolo, è necessario andare fino all'ultima conclusione, ispirata dalla logica di Gian Giacomo Rousseau. Imperocchè costui afferma nel suo *Contrat Social* (lib. II cap. 12) « In ogni stato di cose un popolo è sempre padrone di mutar le leggi, *anche le migliori*; perocchè se a lui piace chi potrà impedirglielo? »

[18] Filippo V di Spagna, padre di Carlo III di Borbone, vantava antichi ed incontrastabili diritti sulle Due

– Ma scusate, riprese Edoardo, il popolo, nell'eleggere il capo dello Stato ha pure eletto a successori, i discendenti legittimi e naturali del medesimo.

– E che cosa siete voi, che imponete alle future generazioni la vostra volontà, con eleggere alle medesime i sovrani prima che esse fossero nate? Al più potreste scegliervi un reggitore qualunque per un tempo più o meno lungo, e non già imporre i discendenti del vostro re eletto a' vostri figliuoli ed a' vostri nepoti. Il diritto pubblico moderno sull'elezione de' sovrani è una contraddizione, dappoichè mentre nega quello storico o divino, l'ammette col fatto, ed è eziandio una tirannia perchè lega le future generazioni senza la loro volontà.

– Ma il popolo, ripigliò Edoardo, sceglie sempre un re, un imperatore discendente da una dinastia popolare e benefica.[19]

– Il popolo sceglie!... e lasciate in pace questo moderno sgabello degli ambiziosi che vogliono salir sublimi, cioè all'apogeo dell'infamia. Concesso pure che il popolo sceglie una dinastia popolare e benefica, come voi dite, potete esser sicuri che la medesima sarà sempre tale?

Ignorate voi che all'imperatore Tito, proclamato la delizia del genere umano, gli successe suo fratello Domiziano, che fu lo spavento dell'umanità? Che all'imperatore Marco Aurelio, uno de' più benigni reggitori de' popoli, gli successe suo figlio Commodo, il più pazzo, il più scostumato, il più tiranno che deplora l'umanità? Che a Luigi I, re di Francia, detto il *Bonario*, gli successe Luigi II suo figlio; il quale oltre di essere stato un astuto tiranno, per lui non mancò di essere stato annoverato tra' parricidi? Ignorate voi, che a Lorenzo dei Medici, dotto il *Magnifico,* padre del popoli fiorentino, gli successe suo figlio e varii dei suoi discendenti, quali furbi e quali tiranni di Firenze? E gl'imperatori greci, eletti dal popolo di Costantinopoli, non sono un esempio convincentissimo che simili elezioni riescono sempre infelicissime all'autorità del monarca ed al popolo?

Altri esempii antichi e moderni potrei addurvi, non escludendo Casa Savoia e quella di Bonaparte; la prima conta ottimi e pessimi sovrani, la seconda due cattivissimi imperatori. E così potrei provarvi con la storia alla mano, che ad un buon sovrano spesse volte succede un pessimo il figlio e che nelle dinastie più popolari e benefiche si annoverano i più truci tiranni.

In quanto a noi cattolici, sostenitori del diritto storico o divino, accettiamo quel sovrano che la Provvidenza ci largisce; se il medesimo sarà cattivo, lo sof-

Sicilie; e questi, dopo di aver cacciati i tedeschi da questo Regno, ridotto a provincia tedesca, ristaurò la monarchia di Ruggiero, rendendola indipendente, ricca di ottime leggi, di commercio, d'industria, di moneta monumentale: ecco il vero e più splendido diritto che vanta la borbonica dinastia sopra questo Reame.

[19] Edoardo, sebbene entusiasta della repubblica rossa ed universale, nondimeno, con persone rispettabilissime, come il duca di C., mostravasi liberale moderato, vergognando di farsi conoscere per un *sans-culotte*.

friremo in pace, raccomandandolo a Dio, che gl'illumini l'intelletto e gli riformi il cuore; e non abbiamo la pena di dolerci co' nostri padri perchè ce l'hanno imposto con un plebiscito. *S'il vous plait, monsieur le baron, allons dìner,* e poi io continuerò il mio racconto e voi i vostri appunti. – Fu questa l'ultima conclusione del duca.

Le nostre due conoscenze entrarono nella sala da pranzo, ove ebbero a commensali il visconte Luigi e varii amici, festeggiandosi in quel giorno l'onomastico della signora duchessa.

CAPITOLO II

L'inverno di quell'anno si era mostrato mite e la primavera precoce, sicché invitava alle gite in campagna; quindi dopo il pranzo, si stabilì che varii invitati in casa del duca, sarebbero andati la dimane a diporto in Sorrento. Per la qual cosa, la mattina seguente Edoardo e suo zio, insieme col duca e la duchessa, si avviarono alla stazione della ferrovia, ove li attendevano altri amici: tutti partirono per Castellammare e giungevano in Sorrento verso le dodici del mattino, trovandovi pronta la colazione.

Il duca ed i suoi amici presero alloggio in una amena casina, situata tra Sorrento e Massalubrense. La mattina seguente il sig. duca e la duchessa ricevettero visite da varie persone abitanti in que' dintorni, tra cui dal sacerdote D. Ippolito Letizia, antica conoscenza di que' nobili coniugi. Letizia, nativo del Beneventano, era fuggito miracolosamente da quella provincia, e fu poi arrestato e carcerato nelle prigioni di Napoli, imputato di reazioni; ma risultò tanto evidente la sua innocenza, che dopo tre anni di terribile prigionia, fu messo in libertà; però non senza valevoli protezioni e generose regalie. La polizia liberale, per darsi ragione del suo dispotismo, non volle che fosse ritornato in patria; in cambio lo mandò in Sorrento a domicilio coatto, ove poteva meglio sorvegliarlo. Il Letizia accettò con piacere quest'altra dispotica violenza, perchè lo liberava dalle calunnie de' tristi, che ad ogni piè sospinto lo accusavano di reazionario e fabbro della guerra civile del Beneventano.

Il duca sapeva che trovavasi in Sorrento quel suo amico sacerdote, e fu contentissimo d'incontrarlo in un momento che giudicava assai utile al suo scopo circa Edoardo.

Volle che rimanesse con lui, anche per celebrare la S. Messa, ch'egli e la duchessa soleano udire ogni giorno. Edoardo, vedendo il prete, e sentendo parlar di Messa, fece il niffolo; ma fu poi cortese con D. Ippolito, anzi in brevissimo tempo si fece suo buono amico; perchè quel prete, oltre al parlar bene il francese, e all'essere dottissimo nella storia antica e moderna, era eziandio ameno, e, se volete, anche burlone.

Siccome a tutti piaceva quel soggiorno, il duca propose di rimanere colà per qualche tempo, ed i suoi amici accettarono con piacere la proposta. Edoardo volle visitare la casa ove nacque Torquato Tasso; vi fu condotto da D. Ippolito, ma non trovò che rovine.

I nostri villeggianti facevano delle amene passeggiate ne' dintorni di Sorrento, e la sera dopo il pranzo si suonava, si giuocava e si conversava. Edoardo non voleasi più distaccare da D. Ippolito, perchè questi lo divertiva col suo dire or serio ed or faceto. Un giorno lo pregò di raccontare le sue vicende politiche, ed il duca presente soggiunse, che dovea eziandio narrare tutt'i fatti della reazione, non solo quelli in cui egli si era trovato compromesso, ma anche gli altri avvenuti nello altre province del Regno; giacchè sapeva che il reverendo avea fatto un lavoro ad hoc, e che doveva pubblicarlo con le stampe.

D. Ippolito, avendo accettata la proposta degli amici, diè principio alla sua narrazione, esclamando:

– *Infandum, regina, jubes renovare dolorem; – Trojanas ut opes et lamentabile regnum – eruerint Danai; quoeque ipse miserrima vidi, – et quorum pars magna fui.*

– Sì, o signori, in questo momento, già mi sembra vedere il dolce paesetto, ov'io respirai le prime aure di vita, ove cominciai ad amar Dio ed il prossimo, in preda alle fiamme, ai gridi disperati di donne e di fanciulli, barbaramente sgozzati sotto il ferro di coloro che si erano proclamati nostri liberatori della tirannide borbonica. Alba fatale del 14 agosto 1861, oh, come sempre stai presente alla mia memoria, e conturbi i miei sonni e le mie veglie!

Io non comincio l'Iliade contemporanea delle reazioni napoletane dalla venuta di Garibaldi in questo Regno fin'oggi, ma dalla Luogotenenza del conte Ponza di S. Martino; e sarebbe impresa lunga e difficile narrarle tutte; si è perciò che accennerò le più interessanti, in cui si fa più nota l'avversione di questi popoli al dominio sardo, e la ferocia dei nostri stranieri dominatori, tutte le volte che i medesimi, in grazia del numero, vincevano le reazioni. Sotto l'amministrazione di quel luogotenente, proclamato l'uomo onesto e forte, le reazioni presero uno slancio meraviglioso in tutte le province del Napoletano, nessuna eccettuata.

Nel mese di giugno di quell'anno, un Alonzi, detto Chiavone, imponeva su' monti degli Abruzzi, minacciando ed invadendo varii paesi del Sorano. In Androdoco si uccide a furia di popolo il sindaco de Matteis ed altri, perchè calunniavano e perseguitavano gl'innocui borbonici. Nel Chietino anarchia e reazioni; ed un tenente piemontese fucila Rita de Pompeis, madre di sei figli, rea soltanto di aver portato del pane al marito, che trovavasi su' monti co' reazionarii.

Nel Nolano scorrazzava Cipriano La Gala, audacissimo capobanda; il quale, con uno stratagemma, libera suo fratello, nientemeno che detenuto nelle carceri di Caserta. La popolazione di Marzano e S. Valentino, a causa delle improntitudini liberalesche, vengono a sanguinosa zuffa, con la peggio de' liberali; lo stesso avvenne al Pizzo e Francavilla. In Nicastro si grida abbasso le autorità e le si prendono a sassate. I reazionarii assaltano la stazione della ferrovia di Cancello, presso Napoli, e s'impossessano del denaro che trovarono, rifiutando gli oggetti preziosi, che loro offrivano gl'impiegati spauriti. Intanto combattimenti in Boiano e Castelpuzzano, nel Sannio, tra reazionarii e guardie nazionali, con la peggio di queste ultime: lo stesso avveniva in Durazzo contro i soldati piemontesi, che si salvarono in quel castello. Sul finire di giugno i reazionarii invasero Fiano, Caserta-Vecchia e Chiauci; in quest'ultimo paese saccheggiarono la casa del capo della Guardia nazionale: e sul principio di luglio entrarono in Boscotrecase ed in Vastogirardi, respingendo e battendo sempre i nazionali e la truppa, con ispingersi fin sotto l'Osservatorio del Vesuvio, ove piantarono la bandiera borbonica.

Il generale Pinelli, che era ritornato negli Abruzzi, dopo di essere stato richiamato per infinto castigo alle tante sue atrocità, braveggiava nelle pianure alla testa di varii reggimenti con batterie di cannoni; ma si guardava bene di assalire i così detti briganti, che imperavano ne' paesi vicini e montuosi. Egli per rifarsi da quello smacco, pubblicava ordinanze da far fremere gli stessi cannibali, ad eccezione però de' liberali che le lodavano. Quel sanguinario generale sardo, in un sol giorno, fucilò varie donne, che portavano un poco di pane in campagna, e sei buonissimi preti, che qualificò briganti. Si gridò dalle stesse autorità di que' paesi, che que' preti non si erano mai immischiati nelle reazioni, ed egli rispose: *Son preti e basta.*

I reazionarii per vendicare siffatte atrocità, ne perpetravano altre; essi assalivano repentinamente i soldati, taluni uccidevano, altri trascinavano sulle montagne, ove li facevano morire tra orrendi spasimi. In Marigliano strapparono di mano de' soldati i coscritti della leva, e ne fecero fuggire duecento fin dal quartiere de' Granili. Tutto ciò era causa di trambusti e scompigli sociali, nè la roba, nè la vita, nè l'onore erano guarentiti a' pacifici cittadini, che pagavano tasse e sopratasse; e se i medesimi alzavano la voce per essere guarentiti, erano dichiarati briganti, e come tali trattati.

Altri due tristissimi casi di reazioni e di sanguinose repressioni avvennero in Montemiletto e Montefalcione. Il 7 luglio, i reazionarii entrarono in que' due paesi al grido di viva *Francesco II!* Abbattettero gli stemmi sabaudi e vi alzarono quelli borbonici; le popolazioni tripudiarono e fraternizzarono co' nuovi venuti, proclamandoli liberatori della tirannide sarda; e dodici paesi all'oriente di Avellino alzarono la bandiera de' gigli. I liberali fuggirono ad Avellino, ove quel governatore, ex speziale de Luca, raccolse guardie nazionali, camorristi e pochi soldati di linea, guidati da un tenente. A capo di que' nazionali eravi un

Carmine Tarantino, figlio di bettoliere, già capitano della Guardia nazionale, ed a capo de' camorristi un sedicente arciprete Leone, sindaco di Montemiletto ed ex galeotto. Tutta quella forza si diresse prima a Montefalcione, ed essendo stata respinta a furia di popolo, volse a Montemiletto, ove entrò, ma fu costretta barricarsi in varii luoghi. La popolazione la investe, con ogni sorte d'arma, facendo macello di liberali; e specialmente assalta la casa de' Fierimonte, ove si erano barricati i caporioni. Dopo di avere bruciata la porta di quella casa, furente irrompe dentro, e vi uccide il sindaco, arciprete Leone, comandante dei camorristi, con due suoi fratelli; squarta il capitano de' nazionali Tarantino, dà morte a taluni di casa Fierimonte, ad un Coletti ed altri. Il tenente fu preso con cinque soldati; e perchè i piemontesi non davano quartiere a' reazionarii, costoro li strascinano al Camposanto e li fucilano tutti sei, senza misericordia..

Il governatore de Luca, che avea lasciato la manipolazione de' pasticcetti di farina e di zucchero, per apprestare a' suoi concittadini quelli manipolati con le lagrime e col sangue, al sentire i disastri de' liberali di Montemiletto, corse ad aiutare i fratelli con nazionali e soldati. Il 9 luglio entrò in Montefalcione, tronfio e pettoruto, a modo di un generale russo in Varsavia, dopo abbattuta la rivoluzione. Però percosso da ogni parte, dovette fuggire scompigliato ed inseguito, insieme co' suoi, avendo avuto appena il tempo di salvarsi e fortificarsi in un convento fuori l'abitato. Ivi sarebbero tutti periti a furia di popolo, dopo cinque ore di combattimento, se non fossero stati soccorsi dal battaglione ungherese, giunto alla corsa da Nocera.

I reazionarii di Montemiletto ed anche quelli di Montefalcione, visto che non potevano far testa a tanti nemici nazionali e stranieri, coalizzati a' loro danni, si ritirarono a Lapio, anche per non esporre que' paesi a sicura catastrofe. Gli ungheresi entrarono a Montefalcione senza veruna resistenza; avendo trovato trenta persone in una chiesa, ivi le assassinarono; altri cinque furono fucilati; dopo di che diedero sacco e fuoco, perpetrando atrocità e nefandezze da spaventare gli stessi liberali.

Egual sorte toccò agli abitanti di Montemiletto, anzi più tremenda, perchè in quest'ultimo paese i reazionarii aveano massacrato varie persone, e fucilato il tenente co' cinque soldati. Quelle iene in forma umana erano dirette dal governatore ex speziale de Luca, che per tanto merito si ebbe poi dal governo riparatore la commenda di S. Maurizio e Lazzaro.

– Voi fremete, signor barone? e ne avete ben donde! Povera patria mia! qual tremendo peccato stai tu espiando, per essere così tradita e manomessa anche da' rinnegati tuoi figli, uniti co' truci stranieri, cacciati da' loro focolari? Oh! si gridò tanto: *fuori lo straniero*, e poi questo, autorizzato dallo stesso governo del *plebiscito quasi unanime*, può impunemente saccheggiar la nostra roba, ardere le nostre case, scannar noi pacifici cittadini, e contaminar le nostre donne!

Altri fatti d'armi, repressioni e saccheggi accaddero nel medesimo mese di luglio di quell'anno. Il capobanda Caruso invase varii paesi, disposti a riceverlo cordialmente, abbattette i segni rivoluzionari ed alzò i gigli al grido di *viva Francesco II!* In Mosciano, dopo un accanito combattimento col 61° di linea, uccise il capitano Belgeri, e perseguitò i soldati, rendendosi padrone de' luoghi che i medesimi occupavano. Ivi proclamò il governo del legittimo sovrano, senza perseguitare i liberali, od imporre taglie di guerra: ecco uno dei capibanda reputato il più ladro e sanguinario!

Nel Sorano imperando sempre Chiavone, dopo di avere invaso Roccavivi, Villavallelunga e Balzano, sostenne un conflitto contro i piemontesi, a cui tolse gran quantità di munizione ed armi. Di là volse a San Vincenzo, presso Castellone, ove bruciò le case di que' liberali, che gli facevano la spia, per farlo sorprendere dalla truppa.

Nello stesso territorio Sorano scorrazzava Domenico Coia, ex soldato borbonico, alla testa di una banda bene organizzata, tenendo in iscacco il truce generale Pinelli, circondato da battaglioni ed artiglieria. Il 10 luglio entrò in Villarotonda, comune di tremila abitanti, ove fu bene accolto dalla popolazione; alzò gli stemmi borbonici ed abbassò quelli sabaudi. Con molto rispetto prese il ritratto di Vittorio Emmanuele, salutandolo militarmente, e dicendo, che lo riconosceva per legittimo re, però del Piemonte; quel ritratto, senza maltrattarlo, lo fece togliere dalla Casa comunale.

Saputisi i fatti di Villarotonda, il governo si mostrò meno generoso dell'ex soldato borbonico, capobanda Coia. Questi non perseguitò nè liberali nè borbonici rinnegati, e nulla prese agli abitanti sotto qualsiasi pretesto; quello, per ismaltire la bile cagionatagli dallo smacco, carcerò il sindaco, ed il capo de' nazionali. Che far poteano queste due autorità senza forza a fronte di una popolazione ostile al nuovo ordine di cose?

Tutta la linea dal Biferno all'Adriatico era in reazione, e varii paesi aveano costituiti dei governi provvisorii. Nel Teramano avvenivano combattimenti tra borbonici e liberali, con la peggio di questi ultimi: lo stesso in varii luoghi delle Puglie; in Terra di Lavoro, ne' Principati, in Basilicata ed in Calabria le bande reazionarie combattevano ad oltranza i fautori dei piemontesi e la truppa regia.

Sarei troppo prolisso, e forse noioso, se volessi accennarvi tutti i fatti d'armi e tutti i paesi sollevati contro i sardi in quel tempo che ci sgovernò Ponza di S. Martino. I soldati erano padroni di que' luoghi che occupavano materialmente, e spesso venivano rotti ed inseguiti dalle popolazioni e dalle bande di quei veri patriotti, qualificati briganti per maggior vergogna di chi lor dava quella qualifica. La reazione era in quel tempo gagliardissima, ed avrebbe potuto trionfare se avesse avuto armi e danaro, e trovato un uomo al pari del cardinale Fabrizio Ruffo, per guidarla, e dirigerla ad uno scopo comune; ma non avendo capi, otteneva trionfi in un luogo per soccombere in un altro.

Dopo che vi ho detto qualche piccola cosa circa le reazioni, repressioni ed anarchia delle province, è necessario parlarvi dello stato in cui trovavasi Napoli sotto il regime del medesimo luogotenente Ponza di S. Martino. Noi del Napoletano non sapevamo allora, come non lo sappiamo oggi, quanti erano i governi che ci straziavano. Torino comandava da lontano, da vicino in diritto comandava il luogotenente, ma in fatto i militari, i comitati, le società operaie, i camorristi e simili genti: era una vera orgia di tiranni e tirannelli che ci straziavano a vicenda. Taluni cittadini speravano l'ordine da quel disordine, confortandosi fra loro, che il tempo dell'espiazione era oramai sul finire, non potendo durare a lungo quello stato violento Onde senza prò facevano qualche dimostrazione in favore del legittimo sovrano, cioè, imitando i rivoluzionarii, gettavano cartelli di *viva Francesco II* da sopra il ponte di Chiaia e ritratti in fotografia del generale Beneventano del Bosco e del de' Torrenteros.

Il consigliere di polizia Spaventa faceva dire ed andava egli medesimo spacciando, che la reazione era morta e sepolta; nondimeno si contraddiceva con le sue circolari riservate con le visite domiciliari, financo ne' tabernacoli, come avvenne in S. Angelo a Segno, e col far vegliare la truppa sotto le armi. Intanto non cessavano lo zuffe tra le guardie nazionali faziose e reazionarii; fin dentro Napoli si assaltarono i nazionali del 4° battaglione nella propria caserma, togliendo a' medesimi le armi, e vi furono varii feriti.

Nulla dico de' furti: si rubava nelle amministrazioni, essendo queste un caos; ridotte in tal modo da' rivoluzionari al potere, per meglio fare il loro tornaconto. Si rubava con chiavi adulterine, come egualmente oggi, aggredendosi armata mano le persone nelle proprie abitazioni. Si facevano ricatti, imponendo somme che i ricattati non potevano pagare; ed infine si svaligiavano i cittadini nelle principali strade ed in pieno giorno, senza freno e senza timore. I ladri, avendo rubato una bottega alla strada Magnocavallo, scrissero sulla porta: *Viva Garibaldi che ci ha dato la libertà*. Del resto scioperi di artigiani e manuali che Spaventa mandava in massa a *domicilio coatto* nelle isole del gruppo di Ponza. Manomessa la stampa cattolica, perseguitati gli scrittori della stessa; in trionfo quella faziosa che insultava e calunniava quanto vi è di sacro in terra ed in cielo. E *il forte ed onesto* luogotenente Ponza di San Martino credeva riparare a tutti que' mali, con dar balli ogni mercoledì nella Reggia di Napoli.

Liberato questo disgraziato Regno dal luogotenente Ponza di San Martino, che sotto la sua amministrazione tutto demoralizzò, ed ingigantì lo reazioni, Ricasoli pensò di mandarci un *terrore (bravache)* per luogotenente, a fin di mettere *sotto cura chirurgica tutti noi, ingovernabili e briganti*; tanto balordi da non voler fruire di quella libertà che i piemontesi ci regalavano a schioppettate. Il *bravache*, mandatoci dal Ricasoli fu il generale Enrico Cialdini; il quale, nel

1860, cominciò da Isernia con fucilare i poveri contadini inermi, e poi in Messina con trattare il prode ed onestissimo generale Fergola da vile assassino, perchè il medesimo difendeva i fortilizii di quella città, essendone comandante.

Cialdini, appena giunse in Napoli, esordì con bandi militari da far raccapricciare l'Europa; egli comportavasi in quel modo, 1° per seguire la sua ferina natura, 2° per ispaventare i reazionarii, 3° perchè esagerando lo stato violento delle reazioni, sperava maggiori laudi dopo che le avrebbe domate e distrutte: però se ne andò con le pive nel sacco, peggio che i suoi predecessori.

Egli diede ordine a' suoi giannizzeri di trattare le nostre popolazioni *a modo di guerra*, anzi peggio, cioè *quanti reazionarii presi, tanti fucilati*; tutte le case, che avessero ospitato un reazionario, bruciate, ed i proprietarii fucilati. Chi avesse dato un tozzo di pane ad un reazionario, fosse pure il padre, fucilato, come anche fucilati i figli che sfamassero il padre, e senza distinzione di età e di sesso; chi dei regnicoli non combatteva contro i reazionarii, fucilato. Insomma il *bravache* era invaso della fucilomania, volendo fucilar tutti; e tutto ciò senza giudizio, fosse stato pure *ad modum belli*, ma a libito anche di un caporale.

Ad onta di sì atroci e pazzi bandi, Cialdini era costretto inghiottirsi l'amarissima pillola di vedere, da' balconi ov'esso abitava, sventolare la bandiera de' reazionari, innalzata sopra il monte Somma dal capobanda Pilone[1]; e si struggeva di rabbia, perchè non poteva bombardar quel monte ed il vicino Vesuvio, come avea bombardato Gaeta. Sapendo che Pilone era in relazione con varie persone del paese di Somma, non essendogli riuscito averlo in suo potere inveiva alla impazzata contro varii di que' pacifici cittadini.

Si fece presentare una denunzia dal capitano de' nazionali, certo Vincenzo Giove, e mandò in Somma una compagnia di bersaglieri, comandata da un maggiore Franchini. Costui, entrando di sera in quel paese, fece chiudere tutte le porte, dicendo che doveva combattere i briganti, che colà dovevano scendere quella stessa notte. Però, quel *valoroso* maggiore, imbeccato dal *bravache* di Napoli, in cambio di compromettere la sua preziosa pelle, scelse un'operazione facile e niente compromettente. Arrestò sei persone nelle proprie abitazioni, ed in mezzo alle loro famiglie, cioè un Mauro ottagenario e suo nipote, Don Francesco Persico, uno Scatena mercante di vino, un giovanetto, certo Scozio de' più ricchi del paese, ed un Romano possidente, tutti sei designati dal capitano de' nazionali. Li fece condurre in piazza, e dopo di aver negato a' medesimi il confessore, li fucilò, facendoli gettare in un immondezzaio.[2]

[1] Pilone ora scarpellino, già soldato della Guardia reale, nativo di Boscotrecase; uomo di alta statura e d'insuperabile audacia: di lui si raccontano fatti specialissimi.

[2] Il 16 luglio 1879, Franchini, divenuto generale, non avendo voluto concedere in moglie la propria figlia al capitano de Rada, dell'11° fanteria, fu da costui ucciso, tirandogli un colpo di revolver a bruciapelo mentre

Questo fatto orribile spaventò Napoli, ed era quel che desiderava Cialdini. Dopo poco tempo quegl'infelici fucilati furono tutti sei dichiarati innocenti da' tribunali! Intanto nè Cialdini, nè Franchini, nè il capitano de' nazionali Giove soffrirono, fosse pure, un rimprovero.[3] Si disse e si stampò che quest'ultimo fosse stato sorpreso ed ucciso da' reazionarii, travestiti da guardie nazionali; ciò non è punto vero; quel tristo soggetto visse varii anni, e morì poi di lebbra.

L'operare in quel modo inqualificabile di Cialdini, in cambio di atterrire i reazionarii, li inaspriva, ed egli dovea soffrir l'umiliazione di essere circondato da vicino e minacciato da coloro che chiamava briganti. I monti di Cancello erano gremiti di bande armate, guidate dal feroce Cipriano La Gala, che sostenne varie zuffe col generale Pinelli, combattenti i villici, con fischi, e sberleffi ed invitando quel generale a mostrarsi nella zuffa. Ma costui non osò cimentarsi *co' briganti*, perchè era soltanto valoroso a fucilare i vinti, le donne, i fanciulli e i preti, e scrivere bandi da superare in ferocia e trivialità quelli de' suoi famosi colleghi sardi. Il credereste? eranvi financo reazionarii sopra il monte dei Camaldoli, e furono assaltate e disarmate da' medesimi le guardie nazionali di Fiano, ed anche quelle del Vomero e Capodimonte, quartieri di Napoli.

Cialdini, vergognoso ed adirato di sapersi e vedersi assediato fin dentro Napoli da' così detti briganti, e conosciuta non facile l'impresa di esterminarli, imbestialì tanto da ordinare a' suoi subalterni, che facessero sacco e fuoco dovunque si trovassero reazionarii, e che atterrissero le popolazioni con eseguire numerose fucilazioni. I reazionarii di tutto il Regno, conosciuti quegli ordini neroniani, in risposta imbestialirono di egual modo, e contro i sardi e contro gli aderenti di

dormiva in un *omnibus*. Ciò avveniva dopo 18 anni, e nello stesso mese di luglio in che Franchini avea fatto assassinare que' sei cittadini innocenti!

[3] Il *martire* Luigi Settembrini, col suo stile ingenuo in apparenza, perfido nella sostanza, affin d'infamare i Borboni, segnala qual fatto tirannico, nel libro pubblicato sotto il titolo: *Ricordanze della mia vita*, pagina 31, che nell'anno 1823, Nicola de Matteis, intendente di Cosenza, incarcerava e seviziava i liberali di quella provincia. Però, essendo un fatto che risulta da un pubblico processo, non ha potuto dire che il medesimo bruciava i campi e le case de' calabresi, o che fucilava costoro, anzi è costretto a dire, che re Ferdinando, a' clamori di quella provincia, ordinò che quell'intendente fosse assoggettato a processo e carcerato, insieme col suo segretario, col procuratore generale de Alessandro e con un Vincenzo Gatti; e per togliere al sovrano il merito della giustizia, gratuitamente afferma che tutto ciò avvenne per antipatie fra i ministri Canosa e de Medici. Ci racconta pure il Settembrini che que' processati furono tutti condannati dal tribunale, e l'intendente a dieci anni di relegazione per abuso di autorità: ma non si mostra contento; avrebbe voluto che il de Matteis fosse stato impiccato, perchè *carcerava e seviziava i liberali*: egli che fu salvo dal capestro per la troppa clemenza di colui che chiamava tiranno! Egli che mentre scriveva le *Ricordanze della mia vita*, si vedeva fucilare in Somma sei concittadini, dichiarati poi innocenti da' tribunali, e non trovava una parola di biasimo contro i suoi umici fucilatori, e neppure contro i governanti, che in cambio di punir costoro li *onoravano*. E dopo tutto ciò ci viene a raccontare le tirannie de' Borboni! Per simili scrittori i soli liberali sono l'umanità; il resto degli uomini son cose da non tenersi in alcun conto.

costoro: in conseguenza di che la strage si dichiarò accanita e senza quartiere dall'una e dall'altra parte.

In quel tempo del regime cialdiniano, essendo in reazione tutte le provincie del Regno, distruggevansi poderi e masserizie, case e paesi tanto da' liberali e soldati sardi, come da' reazionarii; fucilandosi e massacrandosi a vicenda. Io appena posso accennarvi le lotte accanite, che in pochi mesi insanguinarono queste nostre contrade, pel passato nuotanti nel benessere materiale e morale. Come del pari mi sarebbe quasi impossibile narrarvi tutti saccheggi, gl'incendii, le fucilazioni e le infamie perpetrate dall'una e dall'altra parte de' contendenti: accennerò soltanto quelle che la memoria mi suggerisce. Però vi avverto, o signori, di riflettere che dagli stessi orrori dei reazionarii erano colpevoli i piemontesi; i quali non davano quartiere a' loro nemici vinti o sottomessi; e che i governanti principalmente desideravano quelle atroci repressioni, giudicandole necessarie per atterrire totalmente un popolo conquistato prima con l'inganno e con la calunnia e poi col rigore delle armi. Riflettete inoltre, che in questo Regno si videro le reazioni e simili barbarie, tutte le volte che i Borboni sono stati costretti dalla forza straniera ad emigrare altrove. Regnando costoro si deplorò per poche volte la repressione de' veri briganti, scorrazzanti ne' boschi della Sila in Calabria, che sottometteva o distruggeva la sola gendarmeria; rarissime volte fu giudicato necessario qualche battaglione di truppa di linea, più per pompa che per bisogno.[4]

Oggi tutt'altro avviene in questo Reame; la maggior parte del fior fiore della truppa sarda, coadiuvata da guardie mobili di tutte le provincie d'Italia, da' così detti patriotti del Napoletano e dalla feroce legione ungara, è tenuta in iscacco da coloro che essa qualifica briganti. Ma ritorniamo alle reazioni. In vari paesi delle Calabrie, ove non eravi truppa, dalle popolazioni si alzarono i gigli, abbassando la croce sabauda, e mettendo in fuga i conosciuti liberali, ed i piemontesi. Il 24 agosto, i reazionarii, dopo di essersi impossessati de' cavalli di posta, di servizio tra Cosenza e Catanzaro assalirono la Guardia nazionale di Gioia e la disarmarono, fucilando parecchi liberali e garibaldini. Accorsero guardie mobili e soldati di linea; i reazionarii si ritirarono, e quelli si gettarono sulla popolazione, che avea acclamato Francesco II, facendo vendette e stragi della gente inerme. Altri paesi subirono la stessa sorte di Gioia, e per le stesse cause, tra' cui

[4] Ferdinando II, per evitare la effusione del sangue dei suoi soggetti, qualunque essi si fossero, con la sua clemenza estirpò il brigantaggio dalle Calabrie; facendo promettere a' capi dello stesso, che se si fossero presentati, li avrebbe mandati in un'isola penitenziaria del Regno, dando a' medesimi i mezzi per vivere senza stentar la vita. Anche per quest'altra *tirannia*, quel sovrano venne accusato di vile e di indecoroso, perchè non faceva versar sangue da quegli uomini che potevano ravvedersi. Vive ancora in Ischia un capo brigante, Tallarico, amnistiato da oltre trent'anni, ed ha sempre menato una vita esemplare; sebbene lo zoppo Garibaldi ne faccia un eroe liberalesco nel suo sciocco romanzo dei *Mille*, pubblicato in Bologna nel 1874.

Pernocaro e Rabiolo, anche paesi calabri.

Il 27, in Montebello nel Teramano, i reazionarii s'impossessarono dei fucili de' nazionali, e proclamarono il governo borbonico. Il 29 entrarono in Pennapiedimonte nel Chietino danneggiando i liberali. In Castel Pagano, nel Molise, ne uccisero parecchi. In Cera Piccola, dopo di aver presi i fucili a' nazionali, bruciarono l'archivio pubblico. Il 31 fu da' medesimi preso Cancello, e il 1° settembre Colle, capo circondario; ove, fatti prigionieri varii soldati del 12° di linea col giudice regio, li costrinsero ad assistere al *Tedeum*, cantato per la reintegrazione del governo borbonico. Dopo di che accorsero nazionali e soldati, e vennero anche ben battuti da' reazionarii, che di già avevano mandato i prigionieri sulla montagna.

I così detti briganti fecero sentire al generale Pinelli, che avrebbero messo in libertà i soldati prigionieri, s'egli avesse fatto l'istesso co' loro compagni, caduti nelle sue mani. Quel generale rispose che avessero pure fucilati i suoi a libito, ch'egli avrebbe prima seviziati e poi fucilati i prigionieri: ecco una delle principali cause di quelle spaventevoli repressioni dall'una e dall'altra parte.

Nel medesimo mese di agosto, saccheggi e fucilazioni in Avella, in Aliano, in S. Paolo, ove fu fucilato un arciprete liberale e spia, il capitano de' nazionali ed il sindaco, bruciandosi l'archivio pubblico. Nello stesso tempo aspro e sanguinoso combattimento in Montedicuore, presso Maddaloni, con la peggio della truppa; zuffe e fucilazioni in Cervino, ove i soldati del 61° son messi in fuga, ed i vincitori s'impossessano di varii paesi di que' dintorni.

Nel medesimo mese di agosto, Chiavone era alle prese col colonnello sardo Lopez; il quale non potendolo assalire su' monti, era egli assalito e danneggiato alla spicciolata. Nel Sorano, ove si teneva quel capobanda, tutti gli uomini validi lo seguivano.

In Puglia scorrazzava Crocco, alla testa di una banda audacissima, ed in Ruvo trucidò vari liberali, bruciando le case dell'arciprete, del sindaco e del cancelliere. Saputo che marciava contro di lui parte del 62° di linea, va ad incontrarlo, e lo combatte audacemente, indi si ritira su' monti.

In tutto il Regno brulicavano i così detti briganti, ed i soldati sardi dovevano marciar guardigni e numerosi; se rimanevano indietro, venivano inesorabilmente massacrati dalle adirate popolazioni. Era tale la paura che ai piemontesi facevano i reazionarii, che Pinelli, per recarsi a Viesti, affin di distruggere quel paese, che avea ucciso undici liberali, dovette imbarcarsi con numerosa soldatesca, facendo un lungo giro per condurla a vendetta. Difatti al suo giungere in Viesti, i reazionarii si ritirarono; ed egli, Pinelli, senza perseguitarli, giudicò più comodo inveire contro la popolazione inerme, che trattò con modi da fare invidia agli ottentotti. Dopo di aver fatto saccheggiare e bruciare Viesti, fucilò parecchi innocui cittadini, tra cui il capitano dei nazionali, l'arcidiacono e quattro canonici, perchè non aveano combattuto contro i *briganti*. Quando quel truce generale entrava in qualche paese, con numerosa soldatesca, inveiva contro gli ecclesiastici con ispirito diabolico, e contro le autorità perchè sapeva che costoro o per principii, o per paura delle popolazioni, che guardavano di mal'occhio il nuovo ordine di cose, facevano buon viso alle reazioni.

Or mi resta a narrarvi le stragi maggiori e gl'incendii di varii paesi, perpetrati sotto la luogotenenza di Cialdini. Questi, non potendo bombardare i reazionarii sugli Appennini, incrudeliva contro case e paesi ed a danno d'innocui cittadini. Egli, da Napoli, perchè in sicuro, braveggiava, ordinando sempre nuove stragi, incendii e fucilazioni in massa, contro di chi non voleva sottomettersi al suo sanguinoso imperio. Trovava esecutori dei suoi orridi comandi ne' soldati sardi, facendo obliare a' medesimi la loro nobile missione, occupandoli al mestiere tristissimo di oppressori; si prestavano eziandio varie guardie nazionali, disgraziatamente nate in queste province, in eseguire gli ordini di quel Tamerlano italico, e a danno della loro straziata patria. Sarò breve, benchè l'Iliade sia lunga e spaventevole; io altro non farò che accennarvi di volo i paesi quasi totalmente distrutti, non tralasciando di notar qualche interessante circostanza.

Il 28 luglio i reazionarii di Montecilfone, nel Sannio, ristabilirono il governo di Francesco II, e senza molestare i liberali. Dal Vasto accorsero soldati, che furono vinti ed inseguiti; ma ritornati il 29 in numero maggiore, scacciarono gli avversi, ardendo varie cose di borbonici: sessanta persone, tra preti, vecchi, donne e fanciulli, non trovando altri, li fucilarono tutti immediatamente.

Nel medesimo giorno altra truppa assaliva Pescolamazza, nell'Avellinese, ove arse varie case, e fucilò parecchi cittadini, perchè costoro non si erano battuti contro i reazionarii, che giorni prima avevano alzata la bandiera dei gigli. Tra gli altri venne fucilato un Luigi Orlando; ed i soldati per sollazzarsi un poco, lo ligarono ad un albero, e gli posero nelle mani la bandiera sabauda: facevano i bravi ed i crudeli co' morti, e lasciavano tranquilli i loro temuti nemici, che li minacciavano da' vicini monti!

Presso Auletta, giusto paese del Salernitano, scorrazzavano i capibanda Sirignano, Polla e Petina; gli abitanti di quel paese, mal soffrendo la libertà settaria, credettero liberarsene con chiamare i tre capibanda, che entrarono in Auletta con tutti i loro dipendenti il 28 luglio. Si cantò il *Tedeum*, si suonò, si ballò da quella popolazione attorno a' ritratti di Francesco II e della regina Maria Sofia. I pochi liberali fuggirono senza essere molestati, e chiamarono i nazionali de' vicini paesi, affin d'imporre a schioppettate la *libertà* a' loro concittadini. Si recarono in Pertosa ed in Caggiano; e quelle guardie nazionali, che anche guardavano di mal'occhio il nuovo ordine di cose, essendo proprietarii, non giudicarono conveniente esporsi a tanti pericoli, per sottomettere con le armi una popolazione, che, secondo i principii degli stessi rivoluzionarii, esercitava il suo diritto. Si mosse soltanto un certo Oliva, il quale, dopo di avere raccolto con promesse, e quali fossero si potrebbero supporre, un buon numero di vagabondi, nullatenenti e disperati, marciò contro Auletta; ove giunto fu ben picchiato insieme con la sua masnada, e tutti furono costretti fuggir a fiaccacollo.

Saputosi in Napoli la reazione di Auletta, si spedì subito un battaglione di soldati, che unito co' soliti *eroi* del Napoletano, gli ungheresi, e con guardie nazionali, la mattina del 30 assalirono Auletta. Le bande reazionarie e gli uomini validi di quel paese opposero una eroica resistenza fuori l'abitato; ma sopraffatti dal numero e dalla disciplina, in cambio di entrare in Auletta, presero la via della campagna.

Gli assalitori, senza curarsi di perseguitarli, entrarono senza opposizione nel paese, uccidendo tutti coloro che incontravano sul loro cammino. Diedero sacco e fuoco alle famiglie più ricche; uccisero nelle mura domestiche due sacerdoti; ligarono l'arciprete con altri tre preti e con D. Francesco Antonio Carusi, mandandoli avanti una chiesa per fucilarli. Ivi li tennero per molto tempo in ginocchio tra morte e vita; e perchè uno di quegl'infelici, essendo ottagenario, non poteva più stare in quella posizione, ebbe fracassato il cranio con una botta di fucile da un *fratello*, appartenente alla legione ungherese. Presero altri notabili di Auletta, e li condussero al largo Campitelli, ove lor diedero delle battiture, e poi li fecero inginocchiare per fucilarli. A' gridi di una popolazione trambasciata, che dichiarava innocenti que' miseri, i medesimi ebbero *grazia* della vita. Uno di costoro, Vittorio Amorosi, potette fuggire, e ratto si diresse verso la sua casa, fuori l'abitato, per far conoscere a' suoi parenti la sua liberazione; ma preso da altri soldati, fu immediatamente moschettato.

I *liberatori* sardi ed ungheresi assassinarono quarantacinque persone in Auletta; cento e più ne ligarono, e con contumelie e sevizie, le condussero in Salerno; ove le medesime gemettero in carcere per due anni; dopo di che i tribunali le dichiararono innocenti, come innocenti erano i 45 fucilati!

Del sacco, del fuoco e delle fucilazioni di Auletta alta sonò la fama per tutta la stupidita Europa. Gli stessi giornali governativi ne raccontarono i particolari, anche esagerando affin di spaventare gli abitanti di questo Reame, curando più il possesso che l'infamia!

Nel Beneventano imperava più di tutti un tal Pelorosso, capobanda audacissimo, e trovavasi alla testa di circa mille uomini; nei paesi ove entrava, subito alzava gli stemmi borbonici ed abbassava quelli sabaudi, restaurando il governo di Francesco II. In S. Marco dei Cavoti, in Molinara, in S. Giorgio la Molara, in Pago, in Petralcina ed in altri comuni, in ricorrenza di tale fausta circostanza per quelle popolazioni, si cantò il *Tedeum*, si fecero feste, splendide luminarie, non tralasciando di farsi qualche opera caritatevole verso gl'indigenti. Accorsero i sardi, appena seppero quei tripudii popolari; ed erano già entrati in San Marco de' Cavoti, giunse Pelorosso con cinquanta uomini a cavallo, e li mise in fuga; dopo di che entrò trionfante in varii paesi circonvicini seguito dalle popolazioni festanti.

Quel capobanda voleva bruciare le case dei liberali di S. Giorgio la Molara, perchè i medesimi erano andati in Benevento per far marciare i soldati piemontesi contro il proprio paese. Però la buona gente e varii preti tanto lo pregarono, che ne lo dissuasero; in cambio gli diedero ottocento ducati, ch'egli divise ai suoi seguaci a titolo di paga soldatesca. Dopo due giorni essendo stato assalito da forze imponenti di truppa, mentre passava da Pago a Petralcina, dopo di aver recato alla stessa non pochi danni, battette ritirata verso i monti. I sardi, al solito, in cambio d'inseguirlo, inveirono contro quelle popolazioni, uccidendo issofatto 40 cittadini, designati reazionarii dal sindaco Giacomo Tavini, che aveva chiamato quella truppa, e che poi fu ucciso per vendetta insieme con la sua druda.

Anche i liberali di S. Giorgio corsero a Benevento, accusando i loro compatriotti di aver chiamato i briganti, e di aver saccheggiato le loro case: ottennero un buon nerbo di truppa e guardie mobili, che condussero in quel paese per distruggerlo. Il comandante della truppa regolare, entrato di notte in S. Giorgio, trovò varii uomini armati, che vegliavano pel buon'ordine; senza sentir ragioni li prese e li fucilò immediatamente. Verificato che nessuna casa era stata bruciata o saccheggiata, contrariamente a quanto avevano asserito i liberali senza voler saper di più, impose una taglia di guerra di duemila ducati, e dopo di averla intascata, ratto fece ritorno dond'era venuto con la sua gente, temendo d'essere assalito da Pelorosso.

I liberali di S. Giorgio, che nulla pagarono di quella taglia di guerra, rimasero scontenti perchè nessun altro male si fece a' loro compatriotti, oltre di quelli fucilati, che vegliavano al buon'ordine del paese. Essi avrebbero voluto sacco e fuoco e fucilazioni in massa; si è perciò che esasperati ritornarono a Benevento presso quel governatore Gallerini e il delegato Lupi, accusando il comandante della truppa, che nessuno esempio liberale e patriottico aveva inflitto a' loro compatriotti. Governatore e delegato, più tristi de' ricorrenti, vollero contentarli; in effetti radunarono molti armati, e prima di tutto fecero sorprendere San Marco, con lo scopo di uccidere l'ex capo urbano Nicola Jalandi, ricchissimo proprietario, e di saccheggiargli e bruciargli la casa. Gli armati, non avendolo trovato, eseguirono la seconda operazione, che per essi era la più interessante, rubandogli cinquantamila ducati: nello stesso modo fu trattato l'altro proprietario Vincenzo Conno.

Da S. Marco, con grosso bottino, volsero a S. Giorgio, ed essendo giunti di notte, sorpresero i cittadini nel sonno; ne arrestarono parecchi, e senza farli vestire, li condussero in una stalla, tra cui eranvi l'ex capo urbano Michele Pappone, il sindaco Luigi Germano e Giovanni Paradiso, che avea il terribile torto di essere padre di un gesuita! Con altri otto arrestati, la mattina seguente, li condussero al largo della Fiera; a nulla valsero le ragioni d'innocenza, nè i pianti de' parenti; mentre quelli ancora camminavano, furono fulminati da una scarica di fucilate e resi cadaveri. Oltre di queste ed altre vendette private, volute da' liberali, che colà aveano condotto i soldati sardi, vennero arrestate duecento persone, che penarono in carcere fino a luglio del 1863, per esser poi al solito dichiarate innocenti da' tribunali con gli undici fucilati.

Or dirò la più terribile repressione all'uso tartaro de' nostri padroni subalpini, perpetrata in Pontelandolfo e Casalduni. Gl'incendi, i saccheggi e le stragi di questi due paesi, l'ho in parte visti cogli occhi miei; ed io rimasi salvo per quella divozione che ho sempre avuta all'Immacolata Maria Santissima, mia speciale protettrice: io fuggii di mezzo a tanta catastrofe per un evidente miracolo.

Pontelandolfo e Casalduni, paesi situati all'oriente del Matese, sulla sannitica strada, distano l'uno dall'altro circa tre miglia; il primo conta seimila abitanti, il secondo quattro. Malgrado la propaganda settaria, l'uno e l'altro aveano fatta cattiva accoglienza alla rivoluzione, importata dal Piemonte, e guardavano biechi lo svolgersi del nuovo ordine di cose. Quegli abitanti dicevansi l'un l'altro: questi signori liberali sono come que' medici che a forza vogliono curare un uomo in ottimo stato di salute, dicendo ch'è minacciato da una malattia mortale, e che vogliono salvarlo dalla stessa. Noi siamo ben trattati dall'attuale governo, ed essi a forza, or ci vogliono persuadere ed ora imporci di dire, che siamo tiranneggiati dal medesimo, e quindi redimerci, contro la nostra volontà, dal servaggio borbonico alla libertà, all'indipendenza, all'uguaglianza, al benessere materiale e morale. –

Quando poi venne attuato tutto quel ben di Dio, i liberali fecero tutto al rovescio delle fatte promesse, varii di Pontelandolfo, di Casalduni e di non pochi paesi circonvicini, tra le altre cose dissero pubblicamente, che contentavansi vedere i loro figli fucilati sotto i proprii occhi, anzichè vederli soldati di quel Piemonte che aveali traditi. – Onde che varii dei più sdegnosi al vero servaggio della patria si ritirarono sul Matese, ove formarono una banda armata, minacciando le autorità della provincia, e particolarmente quelle di Pontelandolfo e Casalduni.

In Pontelandolfo trovavasi un Mauro, già garibaldino, ed essendosi creato colonnello, comandava una masnada di vagabondi predoni, che chiamava guardie mobili. Però quell'improvvisato colonnello, che braveggiava cogl'inermi e co' deboli, quando intese, nel principio di agosto, che la banda del Matese minacciava Pontelandolfo, se ne fuggì, e dopo di lui i suoi subalterni ed aderenti. Inoltre se ne fuggirono anche le autorità, cioè il sindaco ed il delegato di polizia, rimanendo il solo giudice ed i pacifici cittadini in balia di chi, armata mano, avesse voluto impossessarsi di quel paese.

Il delegato di polizia, passando per Casalduni, s'incontrò con cinquanta guardie mobili, che andavano da Benevento a Cerreto, allo scopo di riunire molta forza e restituirsi a Pontelandolfo, e così fronteggiare i reazionarii del Matese. Però il Governatore della provincia volle presso di sè quelle guardie, ed il delegato, il 7 agosto, fu costretto andarsene a Benevento, seguito da' liberali; restando in Casalduni il sindaco, avvocato Luigi Ursini, e que' cittadini che aveano interesse di tutelare i loro averi. Nel medesimo giorno 7 agosto, ch'era quello della fiera di S. Donato in Pontelandolfo, quando ognuno accudiva a' proprii affari, entrò in quel paese Cosmo Giordano, ex-sergente borbonico, con sole 15 persone armate, gridando: *Viva Francesco II!* Quel grido fu la favilla di un grande incendio; però senza gravi disordini, essendo quel nome nel cuore di tutti; e quindi tutti fecero eco al Giordano, prorompendo in evviva all'esule sovrano.

Il clero trovavasi in processione, ed io era del bel numer'uno; i dimostranti con sommo rispetto si avvicinarono a noi, e vollero scegliere me per benedire la bandiera de' gigli. Oh! erano passati assai mesi che più non vedeva sventolare quel glorioso vessillo nazionale; la sua vista destò nell'anima mia dolci e care rimembranze. Io aveva servito sotto quella bandiera, e, nel 1849, ero sergente, nella Divisione al comando del generale Marchese Ferdinando Nunziante, in quel reggimento appunto che inseguì Garibaldi fin sotto le mura di Roma. Se io fossi stato un novello Baal, destinato a maledire quella bandiera, come questi a maledire il popolo di Dio, io l'avrei benedetta al solo vederla, come difatti la benedissi con tutta la effusione del mio cuore. Ecco, o signori, l'unica e sola colpa che mi potrebbero addebitare i miei sleali nemici, ed io ripeterò con Giorgio Byron: *Di colpa sì bella – pentirmi non so*! Dopo la benedizione del simbolo della nostra vera libertà ed indipendenza, del nostro benessere materiale e morale, i dimostranti vollero cantato il *Tedeum*; ed in verità, i preti vi si prestarono con piacere. E come non prestarsi? se se ne fosse trovato qualcheduno, che avesse fatta la minima osservazione, avrebbe passato un gran guaio! Nessuno ignora che cosa importa contraddire un popolo in simili momenti.

Dopo il canto del *Tedeum*, quel popolo sempre più esaltato, e spesso ingiusto nella sua esaltazione, cominciò a sbizzarrire. Oltre di avere abbattuti gli stemmi sabaudi, ed alzati quelli borbonici, diè principio al disordine col suono delle campane a stormo; e per vendicarsi delle tante sofferte ingiustizie, arse gli archivii del giudicato e la casa d'un Vitale, liberalissimo. Involò qualche mobile dalle case de' liberali Jadonisio, Melchiorre e Sforza; ed infine aprì le carceri, e pose in libertà i detenuti per sospetto di brigantaggio. La dimane assalì il fondaco de' sali e tabacchi, tenuto da Jadonisio; non trovò danaro, soltanto poca quantità dei generi di privativa; e Jadonisio dippoi si fece indennizzare dal governo come se avesse sofferto un totale saccheggio.

In que' giorni si deplorarono tre individui uccisi; un Vitale colpito per isbaglio da una palla di moschetto, diretta ad uno stemma sabaudo, un Tedesco di S. Lupo, conosciuto spia de' piemontesi, ed un Perugino, accanito piemontista, a cui anche arsero la casa. Due giorni dopo di quel baccano, il capo conduttore Giordano, essendosi impossessato de' cavalli di posta, diede la caccia e prese un Liborio d'Occhio, corriere segreto tra de Mauro e Jadonisio, capi liberali.

La reazione di Pontelandolfo, essendo nella coscienza di tutte quello popolazioni, fu imitata da' convicini paesi di Fragneto, Monteforte, Campolattaro, Casalduni ed altri. Se in quei giorni fossero scese le bande armate del Matese, tutta la provincia si sarebbe levata per l'antico governo; ma chi sa la ragione perchè quelle rimasero impassibili su' monti vicini? Si dica poi che le reazioni le facevano i briganti per rubare ed assassinare i cittadini! Pochi individui di quelle bande si avvicinarono al paesetto S. Lupo, ove i soldati sardi si erano barricati; e costoro furono messi in fuga, dopo scambiati pochi colpi di moschetto.

Que' paesi in reazione ristabilirono il governo borbonico, cantarono il *Tedeum* e fecero feste e luminarie, tra le grida entusiastiche del popolo, che già si credea affrancato dalla dominazione sarda. Tutti si abbracciavano e piangevano deliranti di gioia, come se Francesco II fosse ritornato nella sua Reggia di Napoli ed i piemontesi a' patrii monti: raccolsero vesti, danaro ed armi, dovendo organizzare un corpo militare per la difesa della patria.

In Casalduni entrarono parecchi ex soldati borbonici, sbandati e perseguitati da tutte le autorità rivoluzionarie; ed essendosi impossessati de' fucili de' nazionali, cominciarono a gridare: *Viva Francesco II*! la popolazione fece eco con entusiastici evviva.

Ecco quel che avvenne di tristo negli altri paesi sopra nominati, e che avevano rimesso il governo borbonico. Ad un d'Agostino, cavaliere di Francesco I, divenuto liberale, gli si bruciò la casa, lo stesso si praticò con la scheda di notar Nardone. I reazionarii presero un de Angelis, carbonaro del 1820, di già fatto garibaldino e prepotente, e volevano fucilarlo; ma alle preghiere del sindaco di Casalduni Ursini, fu messo in libertà. De Angelis, appena libero, sospettoso fuggiva pe' campì, come la volpe inseguita; quell'atteggiamento attirò l'attenzione di altri reazionarii, i quali avendolo conosciuto, lo presero e l'uccisero. Il medesimo Ursini, avendo osservato che tutti mostravano rispetto alla divisa borbonica, per non far succedere altri trambusti e massacri, si cooperò a mettere il buon ordine, incaricando un tal Leone, ex sergente del disciolto esercito, per tenere a freno i più esaltati reazionarii. Costui adempì lodevolmente l'incarico ricevuto, però fino a che non venne sopraffatto dall'ira popolare, che furente si scagliò contro un manipolo di soldati piemontesi, non avendoli potuto salvare il medesimo sindaco Ursini, che espose più volte la sua vita, per evitare quel disastro, come appresso dirò.

Un tal Jacobelli, già cavaliere borbonico, per aver guidato la truppa contro i ribelli nel 1848, or fatto liberale e capitano de' nazionali, nulla potendo con costoro, si era occultato nello stesso paese di Casalduni; e da colà faticava con fidi messi per aver truppa sarda onde scagliarla contro i suoi compratiotti.

I capi militari, o per incuria o perchè non credevano interessante la reazione di que' paesi, all'insistenza di Jacobelli, l'11 agosto, per far qualche cosa, mandarono in Pontelandolfo 40 soldati del 36° di linea, con quattro carabinieri, guidati dal tenente Bracci; e qual ricevimento si ebbero, ognuno lo potrà supporre. Un soldato, essendo rimasto indietro perchè spedato, fu barbaramente ucciso da' popolani a colpi di pietre ed infine a legnate. Gli altri soldati, visto l'atteggiamento ostile della popolazione, fuggirono e si barricarono nella vecchia torre baronale, posta sull'alto, donde poteano difendersi ed anche dominare il paese. I popolani, non curando il pericolo, la investirono con grida e fucilate, che spaventarono gli assediati, minacciati da' proiettili, che ivi entravano dalle dirute finestre,

Il tenente persuase i soldati a fuggire da quel luogo, che giudicava pericoloso; e difatti tutti fuggirono dalla parte di S. Lupo, ove trovarono Angelo Pica, ex sergente borbonico, che loro sbarrò la via. Que' malcapitati, essendo inseguiti da quelli di Pontelandolfo, si trovarono investiti di fronte e di rovescio. Cinque caddero immediatamente, uno de' quali ucciso da una donna con un colpo di pietra in fronte. Il tenente Bracci fu massacrato da' suoi medesimi soldati, per vendicarsi di averli fatti uscire dalla torre.

Que' soldati, rimasti senza guida e perseguitati dovunque, furono fatti prigionieri alla spicciolata, e condotti a Casalduni, ad eccezione di un sergente che ebbe la fortuna di occultarsi. Ivi furono ricevuti con grida di morte; e colui che più gridava *sangue e morte* era un Nicola Romano, manipolatore del plebiscito di quel paese. Egli si mostrava feroce reazionario contro quegl'infelici prigionieri, per far dimenticare alla popolazione le sue prepotenze ed i suoi recenti fasti liberaleschi. Epperò la popolazione, per allora non torse loro un capello, ma il Romano fu poi fucilato da' piemontesi: degno compenso alla sua mala fede ed alla sua foga plebiscitaria.

Il sindaco Ursini voleva salvare a qualunque costo que' soldati prigionieri, parlò, pregò, minacciò, ed in cambio di farsi la sua volontà in favore di costoro, venne minacciato da' più esaltati reazionarii, che erano molti. Allora si rivolse a' due ex sergenti, Leone e Pica, che figuravano capi di quell'onda popolare imbestialita; i medesimi gli promisero che avrebbero salvato la vita a' soldati prigionieri. Però sentendo che altra truppa marciava contro Casalduni, Pica uscì fuori l'abitato alla testa dei reazionarii in armi, e si recò al largo Spinelli ove meglio poteva difendere il paese. I prigionieri rimasero in balia della popolazione, e questa, temendo che si rivoltassero contro di lei nel momento che doveasi combattere la truppa, come altri aveano fatto, dopo di avere avuto generosamente salva la vita, spietatamente li fucilò l'un dopo l'altro: erano trentasette!

Mentre tutto ciò avveniva tra que' crudeli reazionarii, si contendeva a chi di loro dovea darsi il supremo comando; taluni optavano per Giordano altri per Pica, ed altri per Leone. Questi due ultimi erano accusati da molti, che uniti al sindaco Ursini, avessero voluto far fuggire i soldati prigionieri, non trovando altro mezzo di salvarli. Il medesimo sindaco non solo non avea più alcuna autorità, ma dicevasi da molti che era un piemontista, sol perchè voleva salvare i 37 soldati, che non avevano combattuto se non per obbedire a' loro doveri ed ai loro superiori.

Fra' capi reazionarii essendosi riscaldati gli animi da diverbii, poco mancò che non si fosse passato alle percosse. Intanto le masse, come suole avvenire dopo che si sono sbizzarrite ed han perpetrato delitti, si cominciavano a diradare, anche perchè osservavano non esservi uniformità di pareri, e temevano l'imminente rigore del governo. I più paurosi si chiusero nelle proprie case, altri si allontanarono da Casalduni, ed i più compromessi si ritirarono sul Matese, lasciando gl'innocenti cittadini in balia delle vendette del governo e del furor soldatesco.

Gli abitanti di Pontelandolfo, che non avevano preso parte alla reazione, o fiduciosi perchè colà non si erano perpetrati i massacri di Casalduni, rimasero tutti nelle loro case, aspettando tranquilli gli avvenimenti.

De Mauro, che era fuggito a Benevento, appena scoppiata la reazione di Pontelandolfo, ottenne colà cinquecento soldati, sotto gli ordini del colonnello Negri, per assassinare quel disgraziato paese. Il 14 agosto, la gente di Giordano, ridotta a 50 armati, fece un'imboscata a que' soldati, e ne uccise 25; ma vedendo che i nemici erano molti, si ritirò su' monti. Negri, in cambio d'inseguirla, come sarebbe stato suo obbligo, credette meno pericoloso, più comodo ed opportuno assalire il tranquillo Pontelandolfo, ove giunse all'alba; quando ancora i cittadini dormivano tranquillamente, senza sospettare l'imminente flagello che stava per piombar su di loro. De Mauro, che sapeva il come doveva essere trattato quel luogo, che disgraziatamente lo vide nascere, precedette la truppa[5], per avvisare i suoi colleghi liberali a mettersi in salvo.

I soldati di quel Piemonte, venuti per liberarci dalla *schiavitù borbonica*, e che dovevano far rispettare la volontà de' popoli oppressi, assalirono proditoriamen-

[5] Da ciò possiamo convincerci, che Pontelandolfo fu assalito a vendetta proditoriamente, quando ivi era tutto tranquillo; tanto che il De Marco, fuggito da colà pochi giorni prima, non dubitò di ritornar solo, precedendo la truppa.

te e furiosamente i cittadini di Pontelandolfo, i quali, mentre dormivano tranquilli e sicuri nelle loro abitazioni, furono saccheggiati bruciati ed uccisi spietatamente. Ivi avvennero scene tanto orride da superar quelle di Attila, detto il flagello di Dio; e che noi, tardi posteri, avevamo ritenute per esagerate, prima che fossero venuti tra noi gli eserciti di un governo italiano, che si vanta *umanitario e riparatore*.

In Pontelandolfo i soldati sardi uccisero con raffinata barbarie quanti lor caddero sotto lo sguardo: non età, non sesso fu risparmiato. I primi ad essere assassinati furono i fratelli Rinaldi, Concettina Biondi e Giuseppe Santopietro; indi si rubò, si bruciarono le case, e si uccise all'impazzata. Oh! chi era fuggito innanzi al tedesco in Milano ed in Novara, esser dovea valoroso co' vecchi cadenti, con le desolate fanciulle e con gl'innocenti bimbi di Pontelandolfo. Si giunse a tale eccesso da quegl'italici rigeneratori, che, per far presto, tagliavano gli orecchi alle donne per impossessarsi degli orecchini, intascando gli uni e gli altri!... Buttavano a terra le ostie consacrate per prendersi i vasi sacri. Ma voglio lasciar la parola al duca di Maddaloni, allora deputato di Pontelandolfo, e che soffrì esilio e carcere sotto il passato governo perchè liberale; egli così disse alla Camera dei deputati del Parlamento italiano: « Ahimè! mercè questo governo piemontese che ne deserve, il soldato, onde speravamo la franchezza d'Italia, è tenuto nelle Provincie napoletane siccome nemico di Dio.

« Ne' vortici di fiamme, che divorarono il vecchio ed adusto Pontelandolfo, univansi alcune voci di donne cantanti *litanie e miserere*. Certi uffiziali si avanzarono verso l'abituro onde veniva quel suono, ed aperto l'uscio, videro cinque donne, che, scarmigliate ginocchioni, stavano attorno un tavolo, su cui era una croce con molti ceri accesi. Volevano salvarle, ma quelle gridarono: *Indietro maledetti!... Indietro... non ci toccate.... lasciateci morire* INCONTAMINATE... Si ritrassero in un cantuccio, e tosto sprofondò il piano superiore, e furono peste le loro ossa, e la fiamma consumò le innocenti ».

– Oh! reverendo, ci dite cose incredibili, esclamò Edoardo, tutto commosso ed acceso in viso.

– Ma vere, soggiunse D. Ippolito – *incredibilia sed vera!*

– Noi in Francia, ripigliò quegli, sapevamo che i soldati del Piemonte usavano qualche giusta e necessaria rappresaglia contro i feroci briganti, però non intesi mai simili orrori contro innocenti popolazioni, e quel ch'è più contro gente inerme, vecchi, donne e fanciulli. Mi sembra che i soldati della libertà abbiano invertite le parti, perpetrando in queste province tutto quello che un anno prima era stato addebitato a quelli borbonici.

– Sapevate ciò, sig. barone, scusate il mio dire senza orpelli, perchè frequentavate riunioni e persone che mai dicono la verità, ma che hanno tutto il turpe interesse di travisarla o di strozzarla: però la verità, disgraziatamente per loro, non può essere dannata alla fucilazione da' *patriotti.*

Tutte queste ferocie e nefandezze erano una necessaria conseguenza di neroniani proclami ed ordini di Cialdini e de' suoi colonnelli e generali subalterni. Sì, si erano invertite le parti: vi farò leggere un proclama di Francesco II, diretto a' suoi soldati;[6] e voi, sig. barone, onesto e cavalleresco qual siete, non potrete fare a meno di ammirare e confessare la moderazione e la clemenza di quel giovane sovrano, confrontandolo con quelli de' rigeneratori italici, ispirati alla più ributtante iattanza, cinismo e disprezzo di ogni legge umana e divina. Sì, costoro avevano invertite le partì, avendo fatto tutto quello e peggio, che sfacciatamente avevano inventato contro i borbonici, e contro il tradito esercito delle Due Sicilie. Tra non guari sentirete eziandio con quanta sicurezza ed impudenza *i soldati della libertà* vendettero il bottino fatto in Pontelandolfo e Casalduni.

Dopo questa breve digressione proseguo il mio racconto.

[6] Ecco il Proclama di Francesco II a cui allude D. Ippolito :
« Soldati!
Poiché i favorevoli eventi della guerra spingono innanzi e ci dettano di espugnar paesi dall'inimico occupati, obbligo di re e di soldato m'impone il rammentarvi, che il coraggio, ed il valore degeneraro in brutalità, e ferocia, quando non sieno accompagnati dalla virtù, e dal sentimento religioso. Siate adunque tutti generosi dopo la vittoria; rispettate i prigionieri, che non combattono, ed i feriti; e prodigate loro, *come il14° cacciatori ne ha dato l'esempio,* quegli aiuti che è in vostro potere di prestare.
Ricordatevi pure che le case, e le proprietà che occuperete militarmente, sono il ricovero ed il sostegno di molti, che combattono nelle vostre file. Siate adunque umani e caritatevoli con quegli infelici, e pacifici cittadini, innocenti certamente delle presenti calamità.
L'obbedienza agli ordini de' vostri superiori sia costante e decisa; abbiate infine innanzi agli occhi l'onore ed il decoro dell'Esercito napoletano.
L'Onnipossente Iddio benedirà dall'alto il braccio dei prodi e de' generosi che combattono, e la vittoria sarà nostra.
Gaeta 29 settembre 1860
FRANCESCO »

Questo proclama fu scritto e pubblicato prima di quello che il generale sardo Pinelli, alteramente dirigeva a' suoi soldati con questi precisi ordini: « Siate inesorabili come il destino, contro nemici tali la pietà è delitto... — Purificheremo col ferro e col fuoco le regioni infeste dall'immonda sua bava... » Fu pubblicato prima che il generale Cialdini avesse dato ordine a' suoi giannizzeri di « trattar le popolazioni redenti dalla schiavitù borbonica *a modo di guerra,* anzi peggio, cioè *quanti reazionarii presi, tanti fucilati immediatamente* ». Tutte le case, che avessero ospitato un reazionario, bruciate ed i proprietarii fucilati. Chi avesse dato un tozzo di pane ad un reazionario, fosse pure il padre di costui, *immediatamente fucilato,* senza riguardo ad età o sesso; e chi dei regnicoli non combatteva i reazionarii, *immediatamente fucilato*: tutto ciò a libito anche di un caporale.
Il maggiore Fucino voleva ardere tutta la Capitanata per arrostire i reazionarii, così i colonnelli Galateri e Fumel. Tutti costoro erano il fior fiore de' liberali, de' rigeneratori italici, insomma de' galantuomini: Francesco II era un *tiranno,* e guai a chi avesse detto una parola in contrario!

Il colonnello Negri, dopo di aver fatto bruciare i 25 cadaveri de' soldati uccisi dalla gente del Giordano, e dopo che fece un buon bottino, lasciò il teatro delle sue rapine e delle sue stragi, e si ritrasse a Fragneto, indi, a Benevento, temendo sempre di essere assalito dalle bande del Matese. I superstiti di Pontelandolfo, profittando che quell'orda di vandali si era allontanata, si dedicarono a soccorrere i moribondi ed i feriti, ed estinguere le fiamme, che già in paese avevano prese spaventevoli proporzioni: le case degli assenti, non soccorse, si ridussero un mucchio di ceneri.

Io abitava con la mia vecchia Perpetua e con un ragazzo, anche mio domestico, nel centro di Pontelandolfo, Mi destai a' disperati gridi delle donne e dei fanciulli, sospettando il vero. Corsi sollecitamente a svegliare i miei familiari, pregandoli di fuggir subito; e siccome in quel momento si assaltò la mia abitazione, fuggii dalla parte del giardino, in mutande come mi trovavo, e presi la via de' monti. Donde vedeva le fiamme che divoravano l'infelice patria mia; da lì sentiva lo scoppio delle fucilate e gli strazianti gridi di una popolazione innocente, immolata alla vendetta ed all'avarizia.

Era a quel modo vestito e senza denaro. Trascorse le 12 pomeridiane di quel fatale giorno, trovandomi stanco ed abbattuto di spirito, vidi una vecchietta di aspetto benigno, che filava innanzi una rustica casuccia; mi avvicinai, e le chiesi per amor di Dio un poco di pane; ella subito me ne diede in abbondanza, e volle arrostirmi due uova, che ripararono le mie forze affrante. Senza dirle la mia condizione e chi io mi fossi, raccontai alla vecchietta la mia disavventura, ed essa piangeva al mio racconto, tenendo nelle sue le mie mani, che spesso baciava. Vedendola tanto buona, le chiesi se avesse potuto procurarmi un vestito vecchio da villano, che a tempo migliore l'avrei o restituito o pagato. –

Già io l'avea pensato, mi rispose la caritatevole donna. Noi, soggiunse, siamo povera gente che viviamo stentatamente con le nostre braccia; e sebbene i miei figli, che lavorano laggiù, non hanno buoni vestiti, vi darò quelle dei mio Menicuccio, che ha proprio il personaggio simile al vostro. – In effetti quella buona vecchietta andò a prendere un vestito pulitissimo dietro una cortina, che trovavasi nella sola stanza di quella casuccia. Io lo ricevei con le lagrime agli occhi, e non trovava parole per ringraziare la mia benefattrice. La quale, non contenta ancora, mi diede un paio di scarpe, un cappello che usano i nostri contadini, due pani, un buon pezzo di formaggio, e mi disse: Se avessi danaro ve lo darei.

Quando mi licenziai, ella soggiunse: vi prego di raccomandare l'anima del mio povero marito, morto or sono dieci anni, nella prima S. Messa che celebrerete – Ella già avea conosciuto essere io un prete, appena l'avvicinai, perchè essendo senza cappello, vide la tonsura sulla mia testa.

Non osando trattenermi nella provincia di Benevento, mi diressi, sempre a piedi, a Napoli; ove giunto mi presentai ad un benefattore della mia famiglia, marito di una signora caritatevolissima, e l'uno e l'altra fanno a gara nel soccorrere gl'infelici. –

A tali parole, D. Ippolito si rivolse con atteggiamento di riconoscenza verso il duca e la duchessa che abbassarono gli occhi arrossendo. – Que' due nobili coniugi mi vestirono, secondo la mia condizione, mi diedero vitto, alloggio nel loro palazzo, e denaro. –

Il duca, per deviare quel discorso, che feriva la sua modestia e quella di sua moglie disse: Raccontate adesso al signor barone il modo come furono trattati i vostri due familiari da' soldati sardi. –

Un altro poco e lo saprà, suggiunse il reverendo; e giacchè il medesimo sig. barone vuol sapere le mie vicende di quella trista epoca debbo anche dire, che nel palazzo de' miei benefattori stava meglio di un principe (eh! non regnante). Divenni cappellano di quella famiglia e stimato come un figlio; onde che potei in parte disobbligarmi verso la mia vecchiarella benefattrice; ed i sopra lodati signori coniugi regalarono costei, e crearono a' figli della medesima una posizione invidiabile per poveri villici.

Però i miei persecutori non dormivano, sapendo ch'io non era stato assassinato in Pontelandolfo, e che mi trovavo fuggiasco; quindi impegnarono i loro seguaci di mettersi sulle mie tracce. Costoro seppero ov'io mi era, ed un bel giorno mi fecero arrestare e condurre nelle carceri di Castel Capuano, le più cattive in Napoli, lanciandomi tra mezzo a' ladri di mestiere e volgari assassini; i quali, appena giunto, volevano che pagassi il così detto *pizzo*, cioè il luogo ov'io dovea accovacciarmi per dormire, che consisteva in fetida e verminosa paglia, senza coperta; e perchè non mi trovava allora il danaro che pretendevano, per varie notti mi obbligarono a restar presso la latrina, ove soffrii pene d'inferno. Quello stesso poco e nauseabondo cibo che mi portavano i secondini, doveva dividerlo co' miei carnefici. Tuttora fo a me stesso le meraviglie del come avessi potuto vivere con quel pochissimo ed orribile cibo, senza alcuna comunicazione con gli amici; giacendo sopra fetida o verminosa paglia, in luoghi luridissimi e senz'aria; di più vessato e perseguitato in tutt'i modi da quei miei precarii compagni d'infortunio; i quali inaspriti sfogavano la loro bile contro di me, conoscendo ch'io non era uno de' loro.

Quando si pubblicarono *Le Mie Prigioni* di Silvio Pellico, un grido di esecrazione si levò dagli umanitarii liberali contro il *barbaro tedesco*; in Italia specialmente, si stamparono nenie e piagnistei, preghiere e minacce, drammi e poesie, deploranti la dura prigionia di quel sommo letterato. Se non avete letto *Le Mie Prigioni* del Pellico, leggetele pure, e rileverete dalle medesime che prima di essere stato condannato a venti anni di *carcere duro*, nelle prigioni di Milano e di Venezia, gli si destinò una stanza con tutt'i commodi necessarii ad un detenuto.

Ivi ricevette anche suo padre; potea farsi comprare del vitto; gli si dava carta, avendo scritto colà varie tragedie; non mancandogli altresì consolazioni ch'egli ci racconta con candore e marcata compiacenza. Nello stesso *carcere duro* dello Spielberg in Brünn, dopo che fu condannato, non venne messo in mezzo i ladri di mestiere e feroci assassini, anzi fu riunito col suo carissimo amico Pietro Maroncelli; anche condannato politico.

Il vitto, checchè egli ne dica, non era così poco e nauseabondo, come quello ch'io riceveva nelle carceri di Castel Capuano; se si coricava sopra il nudo tavolato, come egli ci assicura, almeno questo non era puzzolente da far morire d'asfissia, nè gremito d'insetti molesti e schifosi. Del resto quella pena non era preventiva, come quella che mi si faceva soffrire, perchè io non era stato ancora giudicato, ma un effetto della condanna a *carcere duro*, dopo di aver ricevuto dall'imperatore la grazia della vita. Nonpertanto il Pellico ed i suoi compagni d'infortunio anche nello Spielberg aveano due ore al giorno di passeggio sopra una terrazza, donde ammiravano una veduta sorprendente; ed egli anche colà riceveva delle consolazioni, particolarmente dal suo buon custode Schiller.

I rigeneratori d'Italia, gli umanitarii patrioti, i rivoluzionarii, che tanto aveano piagnucolato e gridato contro le carceri del *barbaro tedesco*, e del *tirannico governo dei Borboni*, quando ghermirono il potere, trattarono e trattano i sospetti di reato politico con la più raffinata barbarie, da superare di gran lunga quel ch'essi aveano deplorato e condannato ingiustamente circa il *carcere duro* tedesco, *la galera e il bagno* sotto la dominazione borbonica.

Si piagnucolò tanto da' così detti liberali, perchè il passato governo riteneva in carcere per misure di polizia qualche rivoluzionario pericoloso. Nondimeno il liberale di tre cotte, l'ex martire napoletano, sig. Raffaele Conforti, essendo ministro di polizia nel 1862, con la massima illegalità ed ingiustizia, ingiungeva a' governatori delle province di ritenere in carcere coloro che da' tribunali competenti fossero stati dichiarati innocenti e messi in libertà. Per siffatta dispotica ingiunzione del liberale ministro di polizia, la magistratura perdette ogni prestigio ed autorità, e si scoraggiò di procedere con esattezza e sollecitudine nella indipendente e santa missione a lei affidata dalla società.

O Gladstone! tu che pubblicasti tante corbellerie e tante calunnie nel 1851, riguardo alle prigioni di questo Regno ed a' rigori della Polizia, affin d'infamare re Ferdinando II, or non hai più occhi per vedere, orecchie per sentire, nè penna per iscrivere tante desolanti verità, circa le prigioni del Regno d'Italia? Sarebbe appunto questa l'occasione per visitarle, or che un grido unanime s'innalza dall'Alpi al Pechino, deplorando il modo barbaro ed inumano del come son trattati i detenuti per supposto reato politico; e basterebbe leggere i giornali sostenitori del governo, non escluso il *Dritto e l'Opinione* di Torino per restarne convinto.[7]

Il sig. Gladstone potrebbe anche far conoscere alla rimbambita Europa officiale, che i governanti italiani, incarcerando i ladri e i manigoldi, in cambio di avvantaggiare l'Italia le recano immenso danno; conciosiachè il sistema delle nostre carceri è talmente tristo, che colà i ladri trovano scuola per divenire più astuti e destri nel rubare, e gli assassini esempii per uccidere senza rimorso i loro simili. Ma vi pare che il nobile sir Gladstone, il quale giudica tutti secondo i trattati di commercio, più o meno vantaggiosi all'Inghilterra, potrà alzar la voce in favore di tanti innocenti martoriati?

Io penai tre anni in quell'orrido carcere, che mi fece invecchiare a trent'anni, cioè fino a che il tribunale dichiarò non esservi luogo a procedimento penale contro di me, pe' fatti accaduti in Pontelandolfo in agosto 1861. Però la polizia liberale del *rigenerato* Regno d'Italia, contro ogni legge, volle mandarmi qui a *domicilio coatto*, ove dimoro da qualche tempo; e, contro i miei meriti, rispettato da questa ospitale popolazione, e bene accolto da questo egregio arcivescovo.

Or dirò de' miei familiari. Appena introdotti i soldati sardi nella mia abitazione, dopo di aver mandato in frantumi la porta di entrata, cominciarono a romper mobili, scassinare armadii e casse, intascando tutto quello che vi si trovava di meglio. La mia Perpetua ed il ragazzo, rincantucciatisi sotto il mio letto, trattenevano il respiro per non essere intesi e veduti, e quindi lasciarono sbizzarrire

[7] Il *Pungolo* di Napoli, giornale progressista, il dì 16 agosto 1880, in un articolo in parte riprodotto dalla *Gazzetta del Piemonte*, svela le angherie, le ruberie e le prepotenze che si fanno soffrire a' miseri detenuti ne' bagni penali del Regno d'Italia. In esso articolo si dice, che vi si usa il bastone contro i detenuti, mentre fu in apparenza abolito. Che « la stretta custodia, i ferri di rigore sono prodigati per ogni menomo atto del detenuto e per ogni sua piccola resistenza *alle angherie, alle prepotenze de' guardiani* ». Guai poi al detenuto se egli svelasse simili angherie e prepotenze a qualche ispettore, mandato dal Ministro affin di visitar le carceri, sarebbe perseguitato anche se fosse mandato in altre prigioni. Che il prodotto della fatica de' detenuti, una parte se l'annette il governo, l'altre due, appartenendo a quegl'infelici, vengono divorate in vario modo da' custodi, dagl'impiegati, e non di raro dallo stesso direttore. Ed a questo proposito il *Pungolo* racconta taluni fatti da fare raccapricciare i più stoici. « In varii stabilimenti penali si specula sul pane de' detenuti, e si specula persino sugli alimenti e sui rimedii da distribuirsi a' malati! » Spesso avviene che a' malati gravi non si toglie la catena, e che alla morte del detenuto, alla famiglia di costui non si restituiscono gli oggetti preziosi o il danaro, forzosamente depositato da questo al capo custode, perchè non si trovano menzionati in alcun registro. Tralascio, per amore di brevità, altre enormezze, svelate dal *Pungolo*; soltanto dico che le medesime non si trovano nelle *Ricordanze della mia vita* del Settembrini. Questi, mentre pubblicava le sue pene sofferte nell'ergastolo di S. Stefano dichiarandole conseguenze di un governo tirannico, fingeva non sapere che i suoi *rigenerati* concittadini in carcere ne soffrivano altre di gran lunga maggiori e da quel governo da lui volute a furia di setta. Veramente il Settembrini, oltre di esagerare le sue pene sofferte in S. Stefano (ov'io in quel tempo ero uno dei principali impiegati, e gli prodigai qualche consolazione) scelse un tempo poco propizio per pubblicare le *Ricordanze della mia vita*. Mentre deplora le *sevizie* fatte soffrire a coloro che già son morti, non si cura di quelle più spaventevoli che soffrono i vivi da' suoi amici al potere.

que' forsennati predoni e distruttori della mia roba. Lo stesso mio gatto, spaventato da quell'inusitato diavoleto, si era accovacciato sotto un divano; ma ad un forte colpo che diede sullo stesso un soldato col calcio del fucile, saltò dal nascondiglio inferocito, e cominciò a correre e saltare su' mobili della camera. I soldati, con clamorose grida e risate, lo inseguivano e gli menavano colpi di fucile e di baionetta.

La mia Perpetua, che non si era mossa nel vedere tutto il mobilio rotto, e saccheggiato quel poco ben di Dio, che io aveva raccolto con tante durate fatiche, divenne come una vipera maltrattata nel vedere in pericolo i giorni di quella bestiuola. Esce di sotto il letto in camicia, co' capelli in disordine, orrida come una megera, gridando come una ossessa, e col pugno in alto, minaccia più di dodici soldati che ivi trovavansi. Costoro rimasero sbalorditi a quella inaspettata apparizione, e ve ne furono quattro che si gittarono da' balconi, invasi da un terrore inesplicabile. I rimasti, che si erano ristretti in un angolo della camera, conosciuto che quell'apparente fantasma era una donna in carne ed ossa, da *valorosi*, la investirono con le baionette, e la finirono crivellandola anche a fucilate; in ultimo le pestarono la testa sotto i loro piedi e col calcio del fucile.

II ragazzo, visto il trattamento toccato alla sua compagna, in quel trambusto, ebbe la fortuna di uscire dal suo nascondiglio, e carpone scese in cantina, salvandosi dalla parte del giardino: egli dopo tre anni mi raccontò questa ed altre scene di orrore, perpetrate da que' vandali.

Mentre i nostri *rigeneratori* subalpini facevano *giustizia* tartara in Pontelandolfo, altri quattrocento soldati di linea ed una caterva di cattivi soggetti, capitanati da Jacobelli, entrarono in Casalduni, sparando fucilate alla impazzata. Ivi trovavansi que' pochi cittadini, rimasti nelle loro case, perchè fiduciosi nella loro innocente e pacifica vita oscura. Un Francesco Lucente, beneficato da' Borboni, precedeva i distruttori della sua patria, indicando le case che si dovevano saccheggiare e bruciare. Per prima accennò quella del sindaco avvocato Luigi Ursini, che fu interamente distrutta dal fuoco, tanto da liquefarsi una buona quantità di argento che costui avea occultato. Si cercò di quel sindaco per fucilarlo, e ciò dopo che il medesimo era stato minacciato di egual trattamento dagli stessi reazionarii, perchè avea fatto di tutto per salvare i 37 prigionieri sardi.[8] Egli, saputo che in Pontelandolfo si erano assassinati tanti inno-

[8] L'avvocato Luigi Ursini, uno degli agiati proprietarii di Casalduni, fu costretto rifuggiarsi prima in Roma e poi nella Svizzera con tutta la sua numerosa famiglia, perchè perseguitato a morte. Dopo che penò per 16 anni nell'esilio, e si ridusse povero, or sono quasi due anni, i tribunali lo dichiararono completamente innocente di tutto quello che gli imputavano i suoi nemici circa la reazione di Casalduni. Chi compenserà l'Ursini, padre di numerosa famiglia, de' sofferti danni? il governo? Ma questo ha fatto i suoi affari, intascando le spese del giudizio: e ciò basta alla giustizia italianissima.

centi, all'avvicinarsi della truppa a Casalduni, fuggì a Benevento, trascinandosi con lui la giovane moglie e cinque figliuoletti, tutti a piedi.

Il vecchio arciprete, anche ricercato a morte, si salvò in camicia, e poi morì di stenti e di dolore. Un moribondo, nel vedere entrare soldati nella sua camera, si rizza a metà sul letto, ed è fulminato da una fucilata, tratta da un soldato, e così gli si accorciarono gli ultimi spasimi della vita!

Non la finirei più se vi volessi narrare tutte le immanità perpetrate da' soldati sardi e da un'orda di cannibali, sedicenti guardie mobili: la mattina del 14 agosto 1861, Casalduni, al pari di Pontelandolfo, presentava il triste spettacolo immaginato da Omero, dopo che i greci presero Troia.[9]

Il sergente sardo, che si era occultato, fu trovato da' reazionarii in una fratta; non gli si fece alcun male, e fu l'unico e solo dei 40 soldati e de' 4 carabinieri che sopravvisse. Egli avea promesso che non avrebbe più combattuto contro i reazionarii; però appena giunsero i soldati in Casalduni, si unì co' medesimi, ed indicava – spesso a capriccio – chi si doveva arrestare e fucilare; così egli si disobbligò! Fu questa una delle ragioni per cui i reazionarii non davano quartiere ai prigionieri sardi.

In Casalduni si fece sacco e fuoco al pari di Pontelandolfo; vi si sparse meno sangue che in questo paese, perchè i cittadini più ragguardevoli avendo avuto sicura notizia che la truppa marciava ostilmente contro di loro, fuggirono dalla parte opposta. Nella strada che corre da Casalduni a Benevento, su' monti, nelle valli e nelle pianure circonvicine, si vedevano uomini donne e fanciulle seminude, piangenti, desolate, che, con istrazianti grida, chiamavansi l'un l'altro, senza che il marito trovasse la moglie, la madre la figlia zitella o il fanciulletto smarrito. L'ansia od il dolore si raddoppiavano nel vedere ardere il loro paese, non sapendo se gli smarriti si trovassero avvolti in quelle fiamme o in preda de' soldati, che sapevano senza pudore e negati alla pietà.

Intanto i nostri saccheggiatori, incendiarii uccisori di donne, di bimbi e di moribondi, dopo che fecero un buon bottino, temendo di essere sorpresi dalle bande del Matese, retrocessero a S. Lupo, anche pel timore di perdere il bottino, che ebbero cura di caricare sopra carretti, vendendolo pubblicamente ne' paesi vicini, non esclusi i vasi sacri.

Pochi *briganti*, appena partiti i sardi, scesero in Casalduni, e smorzarono l'incendio, soccorrendo tant'infelici manomessi, o feriti o moribondi, a causa delle ricevute percosse de' *rigeneratori italici*, mercanti della roba saccheggiata alla povera gente. Il giorno appresso, vollero che si facesse la festa di S. Rocco; ed i soldati, che trovavansi in S. Lupo, non osarono molestarli; perchè costoro ave-

[9] Alla Camera dei deputati di Torino, anche il liberalissimo deputato Ferrari fece una vivissima e dettagliata descrizione degl'iincendii ed orrori di Pontelandolfo e Cusalduni.

vano ottenuto il loro scopo, per cui erano corsi a rimetter l'ordine in Pontelandolfo e Casalduni. Il giorno posteriore a tanto eccidio di quei due paesi, leggevasi sul *Giornale uffiziale di Napoli* il seguente telegramma: *Ieri mattina, all'alba, giustizia fu fatta contro Pontelandolfo e Casalduni.* Col cuore oppresso di suprema angoscia, ho potuto proferir queste poche frasi, esprimenti un significato che supera qualunque malizia umana, un disprezzo dell'umanità, una superbia luciferiana. Quel telegramma fu dettato dal generale Enrico Cialdini dalla vetusta Reggia di Napoli, e con la balorda pretensione di essere ammirato e ringraziato dalla civile Europa! Con ragione dunque il deputato duca di Maddaloni disse nella Camera dei deputati di Torino: « No! Il diario di Nerone non avrebbe più cinicamente portata la notizia di quegli orrori! ».

Signori, qui sospendo la mia narrazione dell'Iliade napoletana, per ripigliarla un altro giorno simile a questo di cattivo tempo; del resto mi avvedo d'aver troppo attristato il nobile animo vostro. Si avvicina l'ora del pranzo, e col pranzo non si transige, maggiormente in campagna ed in compagnia di giovanotti simili a questi che mi circondano pieni di vita e di salute, che auguro a tutti fino alla più tarda vecchiaia.

– Tutti si alzarono per recarsi nella sala vicina, e tutti commentavano in vario modo i fatti narrati da D. Ippolito. Chi deplorava i mali sofferti da tanti innocenti cittadini, chi inveiva contro coloro che ne furono la causa prima, chi contro i sardi, e qualcheduno rideva pensando alla figura grottesca fatta dal reverendo narratore, fuggito da Pontelandolfo in mutande ed in pianelle, e poi vestito da pacchiano (villano).

Il visconte Luigi spiava sempre il viso Edoardo, per vedere quali emozioni destavano nel suo animo i crudelissimi racconti del prete; sperando che i medesimi lo disingannerebbero e lo farebbero ritornare a que' sani e santi principii che aveva succhiati col latte.

Edoardo, siccome era di buona indole, l'immanità perpetrate da' liberali in questo Regno, lo addoloravano e lo indignavano per un momento; ma poi, secondo osserva Orazio, *mentis gratissimtis error*, opponeva a' suoi amici che simili mali erano la conseguenza di uno stato di cose necessario, per passare dal dispotismo alla libertà. Egli non rifletteva o non voleva riflettere, che non trattavasi di conseguenze accidentali, ma di fatti permanenti, di principii in contraddizioni; stante che i rivoluzionarii al potere falsavano il loro proclamato principio, riserbandosi per essi soltanto la libertà di fare il male, imponendo agli altri una cieca obbedienza, infiorata con frasi altisonanti di *libertà, indipendenza, diritti dell'uomo e popolo sovrano*; e chi ricalcitrava a tanta impudenza liberalesca, veniva trattato col saccheggio, col fuoco e con la fucilazione.

Edoardo, conversando con aristocratici, preti, borghesi e con popolani, si era convinto, che tutti abbominavano il nuovo ordine di cose, importato qui dal

Piemonte, con l'inganno e col tradimento, per avvantaggiare soltanto quella classe di cittadini, poco commendevoli, ch'eragli devota. Perlocchè avea modificato un poco le sue convinzioni, circa le strombazzate beatitudini de' napoletani e degli altri Stati annessi; non potendo negare a sè stesso quel che vedeva coi proprii occhi, ed ascoltava con le sue orecchie. Purtuttavia non voleva darsi per vinto nè con gli altri nè con sè, anche per quella naturale tendenza che domina quasi tutti gli uomini, e maggiormente i miseri traviati, di credere ciò che giova e negare l'opposto. Si è perciò che il cantor di Goffredo disse: *Il miser suole – dar facile credenza a ciò ci vuole.*

CAPITOLO III

Dopo il pranzo, i villeggianti passarono nel salotto, ove si parlò di cose indifferenti e delle notizie del giorno, ricavate da' giornali, giunti allora da Napoli, e che un giovane della brigata andava leggendo qua e là; ma non essendo di grande interesse la conversazione languiva, malgrado che si fosse finito allora di pranzare. Tutti erano preoccupati dei fatti terribili esposti da D. Ippolito; e la duchessa, indovinando il desiderio dei suoi ospiti disse: Il nostro reverendo ci ha promesso raccontare il rimanente degli avvenimenti di questo Reame dal 1861 in poi, in una giornata di cattivo tempo, come questa che abbiamo passata; ciò mi sembra un augurio poco lusinghiero, si è per questa considerazione, ch'io propongo di continuare l'interrotto racconto.

Tutti applaudirono all'illustrissima proponente, e dichiararono, che D. Ippolito, essendo un felice ed instancabile parlatore, avrebbe disimpegnata la sua parte anche dopo il pranzo. Costui accettò con piacere la proposta, e ripigliò la narrazione dicendo:

– Signori, sarò breve nell'accennare il resto delle cruente reazioni e repressioni, perchè altro non sono che la continuazione de' medesimi spaventevoli fatti, avvenuti in altri luoghi e in altri mesi ed anni posteriori, come del pari sono le stesse antipatie ed ire crudelissime tra sardi e cittadini di questo Regno. Vi è un fatto però, ch'è necessario farsi conoscere qual veramente accadde, perchè lo stesso fu per malizia travisato da' giornali venduti alla rivoluzione trionfante, credendo ingannare i contemporanei, e tramandarlo a' posteri con la vendicatrice dell'umane prepotenze, la Storia: io intendo alludere alla fucilazione del valoroso generale Bories e de' suoi compagni. Prima però voglio accennare ad altre reazioni, seguite dalle solite barbare repressioni; infine dirò l'altre prodezze del nostro *bravache* Cialdini, come ancora quelle degli insipienti nostri governanti di Torino.

Dopo le crudelissime repressioni perpetrate in Pontelandolfo e Casalduni, i nostri padroni subalpini credevano fermamente, che i temuti briganti sarebbero spariti per incanto, spaventati dell'opera valorosa cialdiniana, e che le popolazioni reazionarie si sarebbero sottomesse al giogo piemontese; anzi si sperò di più: che cioè le popolazioni le quali avevano sofferto maggiori danni nell'eccidio e nell'incendio, avrebbero fatto indirizzi di ringraziamenti per evitare nuovi orrori, essendo spiate e mal viste dal governo *riparatore*. I fatti però avvennero all'opposto di quanto speravano i nostri sapienti governanti; dappoichè costoro non sanno, che quando si sostiene un principio, che ha la sua radice nella coscienza de' popoli, non valgono nè il sacco, nè il fuoco, nè le fucilazioni in massa, nè roghi, nè qualunque infamia umana a vincerlo. E difatti, le spaventevoli repressioni di Pontelandolfo e Casalduni, imbestialirono di più i reazionarii di tutto il Regno, usando rappresaglie di orrore a danno de' soldati sardi e delle guardie mobili. Sì, o signori, la violenza non estinguerà giammai l'amore che ha un popolo alla sua indipendenza e dignità.

Un sol mezzo hanno i governanti per liberarsi delle reazioni, LA MISERIA E L'AVVILIMENTO. Per ridursi un popolo miserabile ed avvilito, abbisogna un tempo più o meno lungo, cioè a seconda della ricchezza e della energia dei popoli, che si vogliono ridurre in servitù. I rivoluzionarii al potere, sapienti soltanto nel male, dopo il 1861, come appresso dimostrerò, cominciarono ad usare quel terribile mezzo; e così a poco a poco si van liberando dalle reazioni degli Stati annessi. Siatene più che sicuri, che in altri pochi anni, essi potranno ripetere, al pari de' generali russi in Polonia, *l'ordine regna in Italia! Ordin*e ch'è conseguenza di avere essi ammiseriti e snervati i popoli, con far perdere a' medesimi anche la coscienza della propria abbiettezza.

I Borboni, proclamati *tiranni, carnefici dei popoli*, aveano ben pasciuti ed arricchiti i medesimi; e quando Francesco II prese la via dell'esilio, essendo essi ricchi ed energici sentirono tremendamente l'onta di essere stati traditi e disprezzati da chi valeva assai meno di loro. Si è perciò che dal 1860 in poi reagirono contro i piemontesi con tutta l'energia di chi ama altamente la patria e la propria dignità; si è per la stessa ragione e per lo spirito di vendetta, che dopo le selvagge repressioni di Pontelandolfo e Casalduni specialmente, si riaccesero le reazioni popolari e la guerra di esterminio contro gli oppressori e traditori della patria. Onde che, proclamata la guerra civile a tutta oltranza, oppressi ed oppressori bruttarono di rapine, d'incendii, di azioni nefande e di sangue questo nostro un dì felice Reame.

In effetti, nel medesimo mese di agosto i reazionarii bruciarono il bosco di Lettere, ove bazzicava spesso la truppa sarda, e proprio sotto gli occhi di Cialdini, che, dalla Reggia di Napoli, vedeva le fiamme elevarsi alle nubi. Egli, impotente contro i reazionarii, per vendicarsi, soppresse la Guardia nazionale di Lettere, dichiarandola connivente co' briganti; carcerò 24 buoni preti, tre frati, il vicario generale di Sorrento ed altre persone pacifiche di que' dintorni. In risposta, i medesimi *briganti* bruciarono altri boschi, ove si occultava la truppa; e Cialdini, al solito, inveiva contro la gente onesta. Egli, con un esercito di centomila uomini, non poteva impedire le rappresaglie reazionarie, pretendeva poi che pochi pacifici cittadini inermi distruggessero la reazione! Questa, da parte sua, disarmava le guardie nazionali faziose, e rialzava gli stemmi borbonici, come avvenne in quello stesso mese in Nocera, in Pietrastornina, in S. Angelo Scala, in Carmignano ed in Fano-Adriano, ove pur bruciavansi le case de' liberali o del sindaco. Non contenti di ciò, in Bresciano, i reazionarii, prima seviziarono e poi uccisero il capo de' nazionali, Bernardo Giannone, perchè costui aveva fatto fucilare un povero vecchio, Pietro Petrillo, padre di nove figli.

Il fratello del temuto capobanda Cipriano La Gala, il feroce Giona, entra in Nola ed uccide l'avvisatore delle guardie nazionali; passa con la sua banda in Vitagliano e raccoglie armi e munizioni; indi si reca a Quadrelle, disarma la Guardia nazionale e cattura il sindaco.

Il 19 agosto altre bande entrano in Latino per avere armi, ed il 20 in Mercogliano, a tre miglia da Avellino, disarmano il paese e catturano varii liberali. Nel medesimo tempo si combatteva presso Maddaloni, tra reazionarii e soldati sardi, con la peggio di questi ultimi, che dovettero ritirarsi: lo stesso avvenne nel bosco di Monticchio. In Fragneto la popolazione arse le case dei liberali, in Montefalcione fucilò il sindaco con due figli del medesimo, ed in Pagani la Guardia nazionale si unì ai briganti.

Si combatteva eziandio in quel tempo in Lagopesole ed in Campochiaro, ove i sardi ponevano fuoco alle case. In Roccamandolfi i reazionarii, dopo che uccisero cinque liberali, disarmarono le guardie nazionali. Anche in Poggio-reale, presso Napoli, mentre una pattuglia militare perlustrava, fu costretta a fuggire, perchè aggredita a fucilate.

Il capobanda Francesco Basile, che con numerosi compagni scorrazzava nel Beneventano, il 19 agosto, entrò in S. Pietro in Fine, arse le case del sindaco, del capitano de' nazionali e dell'arciprete *patriota*. Vi accorse un buon nerbo di truppa, e quel capobanda per non compromettere il paese, si ritirò su' monti. Uno de' suoi dipendenti, un tal Cerretti, che fu militare borbonico, fatto prigioniero, e condotto a S. Germano, dal maggiore piemontese Spinola ordinavasi che fosse bendato per essere fucilato; ma Cerretti, rivolto cinicamente al maggiore, gli disse: Io non credo necessaria questa vostra benda, e difatti ho fucilato parecchi soldati vostri senza bendarli mai.

I liberali di Campobasso, visto che le guardie mobili e la truppa erano insufficienti contro i briganti, decretarono premii a chi dei popolani ne avesse ucciso qualcheduno. I veri figli del popolo sprezzarono quelle offerte, ma i malvagi ne approfittarono; e costoro non avendo il coraggio di combattere i reazionarii, assalivano ed uccidevano carbonai e poveri villici, che pacificamente lavoravano i campi, battezzandoli *briganti*. Quegl'inumani imitavano il generale Pinelli; il quale, quando non trovava reazionarii da fucilare, inveiva contro i carbonai ed i villici, fucilandoli senza pietà, e senza dar retta a' reclami delle autorità di que' paesi, che esso occupava.

Questo stesso generale, il 23 agosto, fucilò un innocente nel cimitero di Nola; e mentre non compromettevasi mai personalmente in mezzo le zuffe, braveggiava con più accanimento contro i preti e contro i frati. Difatti, in meno di due ore, volle che i Passionisti di Caiazzo sloggiassero dalla loro casa; ed uno di costoro, Padre Tofano, perchè trovavasi in casa di un amico, lo fece arrestare, mandandolo legato a Caserta. Quel buon religioso stanco ed abbattuto anche a causa degli strapazzi e sevizie che gli s'inffliggevano, cadde sopra un mucchio di pietre, divenuto impotente a proseguire la marcia. Però i satelliti di Pinelli se ne sbarazzarono da *valorosi* moschettandolo!!

Una banda di reazionarii s'impossessa di Vico-Palma, il Pinelli vi manda subito un battaglione e fa bruciare quel paese, abbandonato dalla sera precedente da' medesimi reazionari, ordinando eziandio di fucilarsi tutti i preti che si fossero ivi trovati.

Ad aggravare i mali di quella guerra civile si aggiunse la leva militare in questo Regno, ordinata con decreto del 30 giugno, e confermata con un altro del 22 agosto. Servire Piemonte, con un esercito modellato su quello tedesco, con l'aggiunta di usi strani, era un fatto che non andava a genio ai giovani delle Due Sicilie. In Sicilia non eravi leva militare, i napoletani, sebbene aveano quest'onere, pur tuttavia godevano di tante e tante esenzioni, che i liberali, sempre incontentabili pei loro tristissimi fini, chiamavano arbitrio di tirannia: e pure qui si serviva la patria, e la truppa era contentissima perchè ben vestita e meglio nutrita. Le nostre reclute, i nostri volontarii studiando e servendo bene, potevano percorrere tutta la gerarchia militare, come non pochi giunsero fino a tenente-generali, il supremo grado dell'esercito. I soldati sardi si nutriscono anche qui con vivande a noi non accette; abbigliati con un eterno cappotto pel rigido inverno e per la stagione canicolare, correndo dalle Alpi nevose a' calori soffocanti della Sicilia, passando spesso l'inverno su quelle e l'està su questa.[1] Nella nostra truppa era ammesso il cambio militare,[2] ed erano esenti quelli che aveva-

[1] Oggi i soldati italiani li vediamo abbigliati con un farsetto di grosso panno, e l'usano sopra i calzoni di tela, che sembrano mutande; quell'abbigliamento mi pare che non sia nè decente nè igienico.

[2] Il presente governo italiano non ammette cambii militari, ma soltanto i *volontarii di un anno*; i quali, pagando 1200 lire nell'infanteria, o 1600 nella cavalleria, non sono obbligati a servire per l'intiera ferma, invece servono un anno, ed a loro scelta in sei anni. Il governo, sapendo che i giovani a 19 anni difficilmente possono ottenere la licenza liceale, finge di esentar dal servizio militare per sei anni tutti coloro che si trovano iscritti nei corsi universitarii. Intanto nega questo beneficio a que' giovani di 20 anni, usciti nella leva, che hanno ottenuta la licenza liceale. Difatti costoro, trovandosi iscritti ne' corsi universitarii sin da novembre, in gennaio debbono abbandonare gli studii, sacrificar le spose già fatte e rinunziare al loro avvenire. Però, qualora i

no ottenuta la licenza liceale, gl'impiegati governativi, i seminaristi, i chierici, i novizii monastici, ed il fratello unico di tutti costoro: oltre di che il re dispensava tanti altri dal servizio militare; e ciò senza ledere i terzi, perchè surrogavali nello esercito coi reclusi degli Alberghi dei poveri e coi trovatelli; ispirato sempre dalla giustizia o dalle convenienze sociali. Del resto la leva non era onerosa, dappoichè si estraeva un sol coscritto sopra un migliaio di cittadini, e spesso meno, essendovi i volontarii.

Circa poi il denaro che si raccoglieva dai cambii, questo non era intascato dal governo della *negazione di Dio*, ma davasi ai soldati, che avevano finito il servizio e che volontariamente fossero rimasti sotto le armi per altro ingaggio. Anzi re Ferdinando II, affin di migliorare l'avvenire de' suoi soldati, ordinò che il danaro de' cambii fosse messo sul Gran Libro e si consegnasse con tutti i frutti, a chi ne avea diritto finita la ferma. Il governo *riparatore* non restituì, nel 1860, i titoli di rendita a quei soldati che non vollero continuare lo impegno, quantunque ad alcuni non mancassero che pochi mesi.

Tra noi si chiamavano sotto le armi diecimila coscritti all'anno, il governo sardo ne volle trentaseimila tutti in una volta, obbligando i giovani marinai di mestiere a servire nell'esercito, invece della marina militare. A queste ed altre angarie si aggiunse l'errore di chiamarsi sotto le armi i soldati di Francesco II delle classi 1857, 58 e 59; i quali, in cambio di correre sotto le bandiere del Piemonte, uniti coi nuovi chiamati alla leva, andarono ad ingrossare le bande reazionarie, capitanate talune da esperti militari, che senza ragione erano stati destituiti dal governo di Torino, calpestando i riguardi dovuti ad uomini di onore, ed a' solenni patti di sottoscritte capitolazioni.

Tutto ciò avveniva mentre si pubblicava: « Guai a chi non si presenterà (sotto le armi): tutt'i parenti saranno carcerati, arse le case, incendiati i raccolti ». Che governo umanitario e riparatore, eh?! Il 1861 fu il vero flagello per la nostra gioventù da' 20 anni in sopra, e per le famiglie a cui apparteneva. I carabinieri agguantavano giovani a casaccio e l'imbarcavano per Genova,[3] dividendoli poi,

medesimi depositano le richieste somme pel volontariato, vengono esentati immediatamente dal servizio militare, per continuare gli studii cominciati: è questione di *auri sacra fames*! E vi è dippiù, il governo s'intasca il dinaro, e sostituisce i volontarii di un anno a quelli che dovrebbero godere del beneficio della seconda categoria: insomma il *riparatore* fa leggi le quali all'uopo altro non sono che un mezzo per fare buoni introiti, favoriscono gli agiati e sono di nocumento ai poveri.

[3] Un giorno nella Darsena di Napoli furono riuniti un buon numero di coscritti, arrestati, al solito, per essere mandati a Genova. Circa venti trovarono l'occasione di fuggire; saputosi da' superiori, incaricati di quell'operazione, i medesimi andarono sulle furie, ed ordinarono che fossero cercati nella Darsena. I cercatori trovarono un artigiano, addetto ai lavori di quel luogo, dietro una quantità di legname ivi depositato, che stava soddisfacendo ad un bisogno imperioso: l'arrestarono come coscritto fuggitivo. I superiori neppure vollero sentire le ragioni di quel povero artefice, anzi per maggior castigo lo fecero imbarcar subito. Figuratevi lo spa-

quai malfattori, nelle fortezze sarde. Ma molti, trovando propizia l'occasione, fuggivano nel Veneto, a Roma o su' patrii monti, ove si univano alle bande reazionarie; in Finestrelle tentarono eziandio d'impadronirsi della fortezza; ma le loro maggiori prove le facevano nel Napoletano.

Difatti Cipriano La Gala combatteva i sardi presso Maddaloni; in Serino si disarmavano le guardie nazionali; sopra Somma le bande sostenevano zuffe contro la truppa, respinta più volte; e questa, a mostrar di essere vittoriosa, arrestava cinque contadini, che pacificamente lavoravano i campi, fucilandoli presso quel paese.

Cialdini sospetta che a Cotrone di Calabria si parteggia co' briganti, subito invia truppa, birri e carabinieri, che la cingono di assedio, e non trovando nemici da combattere, vi danno sacco e fuoco.

Si vuole sloggiare i reazionarii del Matese, il medesimo Cialdini vi manda non meno di venti battaglioni; il 24 agosto si dà battaglia campale, ma senza alcun risultato. Fu incendiato il bosco di Lettere, morirono più soldati che reazionarii, e furono fucilati varii carbonai e vetturali, dichiarati erroneamente spie de' *briganti*.

Cialdini, non potendo debellare la reazione in questo Regno, con la sua *cura chirurgica*, cioè saccheggiando, bruciando e fucilando all'impazzata, ne immaginò un'altra, o meglio facendo sempre la scimia al francese Manhès, ordinò che si arrestassero i parenti de' *briganti*. Allora si videro innumerevoli vecchi cadenti, giovanotte, donne incinte, o con prole lattante, trascinate in orride prigioni, e maltrattatate ne' modi più nefandi. A tanto strazio non resse l'animo di coloro che si volevano qualificare briganti; non pochi di costoro si presentarono alle autorità sarde, anche per essere fucilati, affin di salvare chi il padre, chi la madre, chi la moglie ed i cari figlietti. Orribile a dirsi! Si approfittava financo de' più dolci affetti della natura e della famiglia; e chi ha cuore sensibile abborre financo usar simili mezzi a danno degli stessi bruti.

Cialdini gloriavasi nella Reggia di Napoli di aver trovato alla fine un mezzo per far presentare i *briganti*; mentre egli neppure poteasi vantare inventore di quest'altra atrocità, come ho già detto di sopra. Intanto faceva strombazzare, dal giornalume a lui venduto, vittoria su tutta la linea contro la reazione, *già morta e sepolta*. Però nel medesimo tempo domandava truppa al governo di Torino; e difatti altri cinque reggimenti gli furono mandati, per la via di mare, sul finire di settembre.

vento della povera moglie e figlietti, non vedendolo ritirare a casa! Quel disgraziato artefice penò tre mesi in Genova, e quando potette dimostrare di non essere un coscritto, ritornò in patria, mezzo nudo, tra la misera e desolata famiglia, che non fu in tutto consolata, perchè il disgraziato non rioccupò il posto che avea nella Darsena. È questo appunto uno di que' casi, che i napoletani dicono: *passare un guaio*, e che sorta di guaio *patriottico*!

D'altra parte, i reazionarii, visto che i *rigeneratori italici* erano impotenti, ma crudeli contro le popolazioni, trovando più comodo ed utile saccheggiare e bruciare i paesi, si studiarono di far la guerra fuori l'abitato. Essi si divisero in piccole bande, ed ora tagliavano i telegrafi, ed ora guastavano le strade, ove dovea passar la truppa, sorprendendola alla spicciolata, e facendone macello senza misericordia. Questa poi, in numero di più di centomila uomini, disseminata in tutto il Napoletano, tra disagi, stenti e terribili rovesci, correva di paese in paese, da bosco in bosco, salendo monti, valicando fiumi, esposta alle intemperie della stagione, sempre sorpresa e decimata, senza mai ottenere scopo. Il soldato vedendosi lacero, malnutrito, odiato e perseguitato dalle popolazioni, diveniva esso davvero brigante e come tale operava; ed è questa una delle tante ragioni che l'esercito non si mostra al presente all'altezza di quello che fu il piemontese in altri tempi; guai se dovrà sostenere una formale battaglia contro gli eserciti di altre nazioni.[4]

La guerra civile, scoppiata in questo Regno dopo il 1860, era più gagliarda di quella del 1799; ed i piemontesi la potettero durare nel Napoletano, perchè lo stesso non ebbe capi istruiti ed autorevoli, e perchè nessuna potenza l'aiutò anche moralmente; anzi Francia ed Inghilterra, dominate da due settarii, l'avversarono in vario modo. Per la qual cosa quelle rappresaglie servivano a sfogo di rabbia, a sanguinosa protesta contro la dominazione subalpina; e senza che i gabinetti di Europa avessero alzata la voce, o si fossero cooperati a dar fine a quella spaventevole tragedia che in continuazione rappresentavasi in queste, pel passato, pacifiche contrade.

È da notarsi che in mezzo a quelle reazioni veramente politiche, gavazzavano i veri briganti; i quali, profittando del diritto nuovo credevano lecito ingannare, tradire e rubare, *annettendo* a sè l'altrui roba. Vi erano veri briganti e di tutti i colori; i processi di quel tempo fanno conoscere che eranvi garibaldini, ed anche uffiziali del disciolto esercito, che non vergognavano briganteggiare nel vero senso della parola. Si sa che in tutte le società vi sono i buoni ed i tristi, ne abbiamo financo un esempio tra i dodici uomini scelti da Gesù Cristo.

I governanti di Torino, come ho già detto altrove, per ingannar l'Europa, facevano annunziare dalla stampa venduta, sbarchi di stranieri in questo Regno per battere la campagna; supponendo poi che fossero meglio creduti, mandavano note diplomatiche a Londra ed a Parigi, accusando il derubato Pontefice e Francesco II, quali motori e sostenitori di quegli stranieri; mentre il primo, senza dire altre ragioni, era stato ridotto da' suoi stessi calunniatori a sostenere la Chiesa con l'obolo del povero, ed il secondo viveva troppo modestamente, perchè pure spogliato di tutto, anche della dote della sua augusta madre.

[4] Custoza confermò la profezia, come appresso vedremo.

Nondimeno le calunnie del governo torinese ingannavano non pochi amici e nemici; difatti varii legittimisti stranieri ed indigeni, credendo veri quegli sbarchi, si gettavano in campagna unendosi alle bande reazionarie. Vi furono eziandio degli uffiziali napoletani, al servizio dell'esercito piemontese, che disertarono per combattere co' supposti sbarcati; e non trovando costoro, furono costretti dalla necessità a far parte delle bande armate indigene.

Alcuni legittimisti napoletani e siciliani, visto che la reazione ora potente, ma senza capi, si argomentarono darle un capo intelligente e valoroso, per guidarla ad uno scopo comune e moderarla. Per la qual cosa invitarono Don Josè Borjes, antico cabecilla spagnuolo, compagno di Cabrera, ed uno de' capi della guerra civile di Spagna nel difendere i diritti di Carlo V, contro la regina Maria Cristina, moglie di Ferdinando VII. Borjes, che viveva esule e povero in Francia, accettò l'invito; e dopo di aver ricevuto da qualche entusiasta poco danaro, riunì venti spagnuoli, e partì per Malta, ove doveva ricevere, da' suddetti legittimisti, una forte somma: ma si disse che gliene giunse una quarta parte nelle sue mani, perchè anche in quest'altra faccenda si erano infiltrati i ladri ed i traditori. In Malta comprò ventidue fucili, armando eziandio il suo domestico, e su piccola barca, eludendo le navi da guerra sarde in crociera, si lanciò a difficile e perigliosa impresa.

Quanti servili e nauseanti elogi non si scrissero per Garibaldi, perchè questi, con circa mille e trecento uomini, bene armati ed equipaggiati, sbarcò a Marsala, protetto dalla squadra inglese e, indirettamente, da quella stessa napoletana, oltre di che sostenuto da tre potenze, che aveano tutto preparato in questo Regno per fargli fare la figura di eroe? Ebbene! nessuno elogia l'audacia di Borjes, che con 21 compagni, in circostanze diametralmente opposte a quelle di Garibaldi, sbarcò intrepido sulla costa calabra, ed impavido si avanzò per riacquistare questo Regno al legittimo sovrano. Oh! la ragione è chiarissima; Borjes era un legittimista, Garibaldi un manubrio di setta; ma più di tutto perchè questi riuscì nell'impresa, e quegli fu tradito e soccombette. Però le grandi imprese non si debbono giudicare dagli effetti, ma dalle cagioni; quindi se quelli di Borjes non furono felici nell'evento, nondimeno lasciarono un esempio meraviglioso, che non cadrà negli abissi del tempo.

Se Garibaldi in Calatafimi non avesse trovato un generale Francesco Landi, se al trivio della Ficuzza inseguito da' regii, non avesse eseguito malvolentieri l'audace consiglio di Crispi e di Turr, sarebbe finito come Pesacane o come Borjes. Oltre di che sarebbe stato proclamato un pazzo da catena, e principalmente da' suoi stessi amici ed oggi ammiratori, dicendo essere stata quella una presunzione, cioè voler conquistare un Regno ben costituito con meno di 1300 volontarii. Difatti Cavour, che lo mandò *per redimerci dalla schiavitù borbonica*, temendo che l'eroe avesse fatto la fine di Pesacane, per mascherare la sua complicità, lo dichiarò *filibustiere* in una nota diplomatica, diretta al governo di Francesco II, ed in quel tempo appunto che il futuro dittatore delle Due Sicilie sbarcava a Marsala.

Borjes, appena prese terra, si fece guidare da un montanaro, e la mattina seguente entrò nel piccolo paese di Precacuore, presso Gerace; ove fu festeggiato con acclamazioni e col canto del *Tedeum*. Ivi ripristinò il governo borbonico; non fece uso dell'immancabile potere patriottico di votar le casse de' Comuni e de' privati, ma invece pagò i viveri più di quanto valevano. Essendosi uniti a lui 20 paesani, volse quindi a Caraffa; e da colà, dopo di aver sostenuto il primo combattimento contro parecchie guardie nazionali, prese la via di Bianco, lasciando il suo domestico ferito al piede.

I rivoluzionarii, guidati da un giudice regio, fatto liberale di occasione, entrarono in Precacuore, e lo saccheggiarono, a vendetta per aver ben ricevuto Borjes. Questi, sapendo che trovavasi in que' dintorni Ferdinando Mitica, con una banda di circa 200 uomini, si fece condurre presso lo stesso. Quel capobanda dapprima sospettò che lo spagnuolo fosse un mandatario de' piemontesi per tradirlo, e quindi non volle riconoscerlo per capo; avendo poi saputo che avea combattuto i rivoluzionarii, si sottomise. Il 17 assalirono insieme Plati, ma trovarono forte resistenza, perchè eravi molta truppa, ed altra, che era sbarcata a Bovalino, attendevasi a momenti; onde che presero la via de' monti di Catanzaro, sempre inseguiti e combattendo in varie imboscate.

Mitica, compreso da panico, sciolse la sua banda, e si nascose. Borjes, rimasto con venti spagnuoli, in paese da lui non conosciuto, diede principio a quella memorabile ritirata, traversando tutta la lunghezza di questo Reame, sempre attaccato alle spalle, di fronte, a diritta e sinistra da migliaia di guardie nazionali, di soldati sardi, eludendoli sempre, ed arrecando ai medesimi non pochi danni.

Egli sapeva benissimo, che al primo suo felice successo avrebbe avuto favorevoli quelle stesse guardie nazionali, che allora gli facevano guerra, quindi si recò nella Sila, ove sapeva trovarsi delle bande di reazionarii; ed avendole trovate, le invitò a seguirlo per combattere i nemici del loro sovrano. I capi di quelle bande, composte di varii possidenti, e di persone che pel passato avevano occupato degl'impieghi, gli fecero osservare, che i nemici ivi vicino erano in gran numero, e qualunque tentativo ostile essi avessero fatto, il risultato sarebbe stato l'arsione delle loro case ed il massacro de' proprii parenti.

Dopo una sì calzante e giusta osservazione, Borjes, che non voleva recar danno alle popolazioni, proseguì la sua ritirata. Presso Barile, due spagnuoli suoi compagni, l'abbandonarono, pagando poi con la vita la loro diserzione; dappoiché, presi dalle guardie nazionali, furono fucilati in Potenza: di que' due disertori uno nominavasi Montier l'altro Zafra.

Borjes, circondato sempre da' nemici, e spesso digiuno, traversò le Calabrie e giunse in Basilicata, ove incontrò Carmine Donatello, detto Crocco, alla testa di quattrocento reazionarii; si unì al medesimo, ma costui non volle nè sottomettersi, nè esser guidato negli assalti contro il nemico.

Un francese, che colà trovavasi, attizzava la discordia fra i soldati e qualche militare del disciolto esercito napoletano, insinuando pure che lo spagnuolo poteva essere un mandatario de' piemontesi, e poi si seppe che egli invertiva le parti. Borjes, dopo tante assicurazioni, fece a Crocco il progetto, di dichiararsi semplice soldato, ma gli disse: mentre io mi dichiaro vostro dipendente, voi dovete far la guerra secondo le regole militari, ed eseguire i consigli degli uomini dell'arte. Crocco, sebbene istigato dal francese, accettò la proposta, non tralasciando di sorvegliare Borjes in tutt'i movimenti e consigli di costui.

Invitati da' paesani di Trevigno, assalirono quel paese; dopo un combattimento di due ore, contro le guardie nazionali, se ne impossessarono. Crocco massacrò sei liberali, e fece saccheggiare Trevigno; quindi avvennero contrasti tra lui e Borjes. Lasciato quel paese, entrarono i soldati sardi, che prima di tutto fucilarono una giovanotta, che gridava *viva Francesco II*, perchè credevali borbonici; indi fucilarono altre quaranta persone innocue: fecero peggio che Crocco!

La banda di Crocco, seguita dagli spagnuoli, in varii scontri co' soldati piemontesi e con le guardie mobili, fu sempre vittoriosa; ma il capobanda prendevasela troppo co' liberali. In Aliano, il 9 novembre, i soldati sardi del 62° e le guardie mobili subirono una solenne rotta, perchè l'attacco fu diretto da Borjes. Il coraggio e la tattica di sì valente *guerrigliero* spaventò que' rigeneratori italici, maggiormente che la notizia delle vittorie fece correre da varii luoghi un gran numero di reazionarii, che ingrossarono le file de' vittoriosi. I quali entrarono in Grossano, paese di seimila abitanti, e senza essere molestati da settecento piemontesi, che trovavansi presso Cirigliano; anzi assaliti costoro in S. Chirico e poi in Pietragalla, furono messi in fuga. Crocco, esaltato da quei successi, non volle più sentire i consigli di Borjes, e, contro il parere di costui, assalì Avigliano, città di quindicimila abitanti; e benchè fosse entrato, ne fu respinto tosto con grave perdita. Indi dal 20 al 26 novembre attaccò Bella, Muro, Balvano, Ricigliano e Pescopagano, impossessandosi de' medesimi, mettendo in fuga i difensori, saccheggiando le case dei liberali, e non tralasciando di fucilare i capi rivoluzionarii.

Borjes per non trovarsi presente a quegl'inutili eccidii e vergognose rapine, si era ritirato a Lagopesole. Dopo il 26 si recò da Crocco, pregandolo di operare militarmente, e di non bruttare la causa del suo sovrano con saccheggi e massacri. Quel capobanda, stizzito di tali giusti consigli, trascese a cattive parole contro il valoroso ed onesto spagnuolo; e temendo che si rivoltassero contro di lui i soldati dell'antico esercitò, li disarmò con uno stratagemma. Dopo di che divise la numerosa sua banda in piccole frazioni, e le diresse in varii punti.

Borjes, visto che non poteva far la guerra a buon fine, proseguì la sua ritirata verso gli Abruzzi, seguito dagli spagnuoli suoi compagni. Gli ex soldati l'accompagnarono disarmati per un lungo tratto di via, raccomandandogli di salvarsi a Roma.

Borjes proseguì la sua difficile ritirata, seguito dagli spagnuoli, che gli erano rimasti fedeli, e da qualche generoso antico soldato, patendo fame, sete, pioggia e neve, ed inseguito da cinquantamila soldati, guidati da sette generali. Passò da Avezzano: il 7 dicembre giunse a Scursola, traversò Tagliacozzo e Santa Maria; donde si fece accompagnare da una guida di quest'ultimo paese. Già era presso la frontiera romana, ma trovandosi con tutt'i suoi compagni assiderati dal freddo, stanchi ed affranti, aveano tutti bisogno di riposo e di cibo; onde che si fermarono in una casina di Mastroddi, detta Lupa, a quattro miglia dal confine romano.

La guida disse che doveva recarsi ad Aquila, per consegnare una lettera importante; quei cavallereschi spagnuoli, nulla sospettando di sinistro, la fecero andare, dopo di averla largamente pagata con napoleoni di oro: essi neppure si vollero assicurare se veramente essa avesse portato una lettera diretta ad Aquila. Ma la guida, novello Schedoni, tornò a S. Maria e li denunziò ad un tale Colella, capo di quella Guardia nazionale, e questi al maggiore sardo Franchini, che trovavasi in Tagliacozzo.

Franchini, con un buon numero di bersaglieri, seguito dal Colella e da altri, tra cui un prete garibaldino, corse a sorprendere gli spagnuoli. La sentinella di costoro spianò il fucile contro quel maggiore, ma il colpo fallì, ed in cambio venne uccisa da una schioppettata, tratta da una guardia nazionale.

Al rumore escono cinque spagnuoli e sono immediatamente crivellati di palle ed uccisi. Quindi dagli assalitori si pone fuoco alla Casina, e si comincia un disuguale combattimento, che durò più di un'ora. Borjes, visto che sprecava sangue e vita degli amici e de' nemici, senza speranza di vincere, alzò bandiera bianca; e Franchini, che disponeva della superiorità della forza, ma spaventato per la perdita di varii soldati, annuì al patto di salvar loro la vita.

Era l'8 di dicembre. Appena quel maggiore ebbe nelle sue mani gli spagnuoli, ordinò che fossero spogliati de' loro abiti, e vestiti con altri laceri, e, ligatili, fece loro imbrattare il viso onde dar loro un aspetto brigantesco. Borjes protestò, ricordando i patti della resa, in risposta si ebbe calci e schiaffi. Se i sardi, dopo il 1859, non rispettarono le solenni capitolazioni, fatte co' generali del Papa e del re delle Due Sicilie, non sarebbe stato un portento se avessero rispettata quest'ultima?

Quegli sventurati spagnuoli e compagni vennero prima condotti a S. Maria o poi a' Tagliacozzo, ove tutti furono fucilati. Erano dieci spagnuoli, sette napoletani, ed un siciliano da Siracusa.[5]

Un'ora dopo quel massacro, giunse l'ordine da Napoli per telegrafo, di non uccidere i catturati: si sperava che i medesimi avessero fatto delle rivelazioni importanti. Ma Franchini e Colella, essendosi impossessato di una buona somma di danaro, che trovarono addosso agli spagnuoli, per evitare una qualsiasi restituzione, fu pubblica voce, che avessero a tale scopo accelerato quel massacro. In effetti si notò poi che tutti due già falliti, spendevano buona copia di monete di oro.

Menzogne, calunnie e contraddizioni si pubblicarono per le stampe circa la spedizione, combattimenti e morte di Borjes, ma io ho raccontato i fatti quali li udii da varii testimoni oculari, concordi anche nel far le descrizioni delle minime circostanze.

Borjes non ottenne lo scopo della sua spedizione audacissima, e perì miseramente, perchè, tra tante bande reazionarie che scorrazzavano nel Napoletano, non ne trovò una che avesse voluto sottomettersi alla sua direzione assoluta, e perchè ebbe anche contraria la fortuna. –

Edoardo guardava D. Ippolito e dimenava la testa, indi gli disse: – Mi fa meraviglia che voi deploriate la morte di uno straniero che venne in questo Regno per suscitar la guerra civile: io abbomino quegli stranieri che s'immischiano nelle questioni degli altri Stati.

– Oh! sia benedetta questa vostra teoria, gli rispose il prete, e se Palmerston, Napoleone III e Cavour l'avessero pensato come voi, Borjes non si sarebbe *immischiato nelle questioni degli altri Stati.* Ma l'esempio lo diedero que' tre flagelli di questa misera Italia, che mandarono e protessero altri stranieri in questo Regno, per recarci quella guerra civile che dura da sei anni, con tutti quegli inenarrabili mali che soffriamo. Garibaldi, straniero a questo Regno, che viene qui per metterlo a soqquadro, affin di far l'unità italiana, non voluta dal vero popolo, ma da pochi visionarii, da una falange di studenti senza senno, da rivoluzionarii di mestiere, e da diplomatici cointeressati, è un eroe, un redentore de' popoli. Borjes, che voleva aiutare un popolo sventurato a liberarsi da' suoi oppressori, dopo che costoro l'avevano turpemente tradito e poi spogliato e deriso, è un brigante! Almeno, signor barone, secondo la vostra teoria, riguardo a Borjes e Garibaldi, dovreste esclamare col poeta Giovenale: – *Committunt*

[5] Franchini, nel suo rapporto del 9 dicembre, N.° 450, diretto al Prefetto Lamarmora, si vanta di avere atterrato la sentinella, avendole dato una botta sul cranio, dopo che fallì il colpo di pistola che aveale tirato. Dal medesimo rapporto si rileva che gli spagnuoli arrestati si mostrarono dignitosi fino all'ultimo, e che Borjes disse: « Ringraziate Iddio che non passai la frontiera, perchè sarei ritornato con altra forza e con altri mezzi; e forse avrei messo voi in cattiva posizione e la dominazione sarda nel Napoletano ». Franchini dice eziandio al Lamarmora, che fucilò subito gli spagnuoli, per atterrire i tristi.

eadem diverso crimina fato, ille crucem sceleris pretium tulit, hic diadema!

Or che sapete lo stato in cui trovavasi questo Regno in que' tempi nefasti, mi sembra superfluo narrare tutti i sanguinosi scontri avvenuti dopo la catastrofe del generale Borjes; ma invece vi dirò i nomi di alcuni capibanda più rinomati, che sul finire del 1861, si erano resi il terrore dei piemontesi, qui venuti per beatificarci, prendendoci a schioppettate.

Un de Crescenzo scorrazzava, con pochi seguaci, facendola da padrone, in quel di Carbonara e su' piani di Palma; il medesimo fugò più volte i battaglioni sardi, inseguendoli fin dentro le città capidistretti.

In Terra di Lavoro un Francesco Piazza da Mola, detto Cuccitto, era lo spavento de' liberali e dei piemontesi; fucilava sindaci e guardie nazionali, ma rispettava i semplici soldati. Avendone presi cinque, dell'11° di linea, ed un carabiniere, li consegnò alla truppa papalina; però reclamati da' francesi di presidio in Roma, costoro li mandarono a Genova.

Eravi il capobanda Conte, fatto capo dei reazionarii per isfuggire le persecuzioni del sindaco di Fondi; e dopo di aver vendicato i torti a lui fatti, come quelli ricevuti dai soldati reduci da Gaeta, si ritirò in Terracina, città papale, ed ivi menò vita tranquilla: i francesi l'arrestarono e lo consegnarono a' piemontesi.

Il capobanda, che più faceva parlar di sè e quindi il più temuto, era in quel tempo Chiavone; il quale operava quasi militarmente. Il 30 settembre diè fuori una proclamazione *Ai Popoli delle Due Sicilie*, che fu stampata in tutti i giornali di Europa. Sarebbe troppo lungo raccontar tutte le gesta di Chiavone; egli si era reso tanto importante da turbare i sonni a' nostri padroni subalpini, che pure erano circondati da centomila uomini di truppa regolare. Il governo di Torino tentò guadagnarlo a sè, per mezzo di un francese, certo La Varenne; e questi nulla ottenne, e nulla soffrì per la generosità di colui, cui davasi del *brigante sanguinario*. Chiavone fucilò varii liberali, ma rispettò i soldati sardi; al contrario costoro facevano morire fra tormenti atroci i soldati di lui, sventuratamente caduti prigionieri.

Chiavone aveva nelle sue bande giovani distinti, qualche nobile e de' francesi e belgi; con pochi fra essi, l'11 novembre, assalì il castello d'Isoletta, e ne avvenne una vera carneficina; assai ne soffrirono i difensori, soltanto dieci soldati poterono salvarsi, perseguitati fino in S. Giovanni.

Accorse un buon numero di truppa, e dopo un accanito combattimento, que' di Chiavone furono respinti. In quella cadde prigioniero un marchese belga, Alfredo Trazegnies di Namur, giovane trentenne, nobilissimo di nascita e di modi. Il maggiore piemontese Savini, malgrado che avesse saputo il nome del prigioniero, lo maltrattò come un volgare brigante, e dopo di avere ottenuto l'ordine del luogotenente di Napoli, lo fucilò, senza alcuna forma di giudizio, insieme con altri prigionieri, i cui cadaveri comandò gettarsi in un fosso: così vendicò la rotta toccata a' suoi compagni d'armi! Dopo due settimane, varii uffiziali francesi si recarono a S. Giovanni, accompagnati dalla desolata madre di Alfredo de Trazegnies e da una giovane sorella del medesimo, venute a bella posta dal Belgio per far dissotterrare il cadavere dell'infelice lor caro, e portarselo in patria.

Qui dò fine al racconto delle repressioni orrende del 1861, che devastarono ed allagarono di sangue questo, pel passato, tranquillo e felice Reame. Le lotte di quell'anno proseguirono con più accanimento, poichè i contendenti, sempre più imbestialiti, straziavansi a vicenda; i vincitori di ieri erano oggi vinti e viceversa. Tale barbaro procedere a preferenza usavano coloro che si dicevano liberali ed umanitarii.

Nella Camera de' Comuni di Londra si alzò un grido d'indignazione contro le repressioni selvagge de' piemontesi, perpetrate nelle Due Sicilie, maggiormente contro i proclami de' colonnelli Fantoni e Fumel, che aveano spaventati anche i liberali del resto d'Europa. Il solo *umanitario* ministro inglese, lord Russel, tentò difendere que' carnefici; prima disse, che non poteva credere si spaventevoli immanità; ma quando poi gliele provarono con documenti, rispose, essere a sua conoscenza che Ricasoli le avea disapprovate; e senza curarsi che que' colonnelli proseguivano le loro sanguinose gesta a danno de' cittadini del Napoletano.

Quel ministro brittannico, mentre fingeva ignorare le crudelissime repressioni, sapeva che Ricasoli le avea disapprovate, solite contraddizioni di simili grandi diplomatici, come fingeva eziandio ignorare che Fumel, Fantoni ed altri proseguivano a bruciare e sgozzare, sapendo di essere protetti e gratificati da' governanti di Torino. Difatti egli non ignorava che que' governanti avevano richiamato dal cruento campo delle carneficine i generali Duda, della Chiesa, il colonnello Brienzi ed altri, perchè costoro non si prestavano con energia a misure di terrore.

Io non intendo farvi note tutte le statistiche pubblicate fin'oggi circa le vittime del Napoletano, fatte dal governo *riparatore* in conseguenza delle reazioni; mi limito a darvi conoscenza di quelle pubblicate dai giornali di tutt'i colori nel principio del mese di agosto 1861, cioè prima che fossero accaduti i sanguinosi orrori di Pontelandolfo e Casalduni. In nove mesi dunque di dominazione sarda in questo Reame, si noverano 8968 fucilati, 10604 feriti, 6112 prigionieri, 64 preti fucilati, 22 frati fucilati, 69 ragazzi e 48 donne sgozzate, 13629 arrestati, 6 paesi dati al sacco e al fuoco, e 1428 comuni ribellati contro la dominazione sarda. È veramente esatto questo conto? I giornalisti e lo stesso governo potevano tutto sapere? Quanti di simili delitti videro soltanto il sole e le stelle? Iddio solamente li ha contati! E mentre in Napoli si pubblicavano tali statistiche, ardevano Pontelandolfo e Casalduni, indi a poco Palma, Cotronei, Viesti, Prignano,

Basile, Auletta. Campo di Miano e Guardia Regia: i paesi arsi totalmente furono quindici.

Il conte Giuseppe Ricciardi, deputato al parlamento, scrisse, nel 1862, una vera patriottica lettera al Rattazzi, che fu pubblicata nella *Nuova Europa*, ed ecco quel che diceva quel liberalissimo deputato, veramente onesto, anzi vera Fenice liberale: « Le dirò anzi tratto, le cose essere venute a tale in questa parte d'Italia, che più non si ha gran fede sulla durata del nuovo governo; il quale, non temerò di affermarlo, è *oggetto quivi di generale disamore*. V'aggiungo la giustizia essere nome vano. La magistratura non facendo il proprio dovere che imperfettissimamente, e la vita de' cittadini essendo nei luoghi infestati dal brigantaggio in balìa delle autorità militari, *i cui soprusi sono tali da far rabbrividire*, migliaia di persone, da un anno a questa parte, furono passate per le armi *senza giudizio di sorta alcuna* e per comando di un semplice capitano o luogotenente; *sicché non pochi innocenti miseramente perirono*. Orribili esempii potrei citarle a tale proposito, ricordando le date, i nomi i luoghi ecc. »

Tutto al contrario operava in quel tempo l'*umanitario* Garibaldi, causa di tutte quelle catastrofi; egli non commovevasi del sangue che gli spruzzava sul viso, versato da coloro che da lui furono turpemente ingannati. Egli non trovava una parola di conforto per dirla ai martoriati abitanti di questo Reame, dopo di averli messi sotto la terribile bipenne de' Fantoni, Fumel, Pinelli e Cialdini. Egli non alzò mai la voce neppure per disapprovare la spoliazione di queste contrade, l'arsione, il saccheggio e le fucilazioni in massa di tanti innocenti cittadini, a cui aveva promesso l'età dell'oro; ma invece era dedito ad impinguare il suo nauseante epistolario.

Sì: Garibaldi, nel tempo che in tutte le province del Napoletano avvenivano quegli orrori, lievemente accennati dal deputato Ricciardi, osava invece scrivere a' Napoletani, il 1° novembre 1861; *Preparatevi un ferro* – A far che? per uccidere i preti! In cambio d'inveire contro i saccheggiatori, gl'incendiarii ed i fucilatori de' cittadini di queste misere contrade, aizzava gli animi feroci contro gli oppressi ministri del Santuario, apostrofando i medesimi con dire in quella lettera: « *Via, scoria d'inferno, l'umanità è stanca ed inorridita di voi* ».

Il 30 dello stesso mese, scrivendo ad un Mignogna, gli diceva: « Dite a' preti, e simile canaglia, borbonici o murattini, che la giustizia di Dio è vicina ».

Era vicina per lui, che poi lo fulminò in Aspromonte, servendosi degli stessi amici di lui per renderlo cadavere zoppicante!

Un'altra lettera scriveva il 23 dicembre alle *Associazioni abruzzesi*, dicendo: « Bisogna combattere i preti avvoltoi, corvi assuefatti a pascersi di cadaveri, che disseminano le tenebre sulla terra ».[6]

[6] Non fo commenti: il lettore li farà da sè per giudicare i ministri del Santuario e coloro che, apostoli di liber-

Lo scrivere in quel modo ed in quel tempo di Garibaldi è di un uomo che ha perduto la ragione, e che si ride delle orribili tenebre *disseminate* da lui in questo Regno, insultando impunemente ed aizzando i malvagi contro gli oppressi e le sue vittime. Oggi però, dopo sei anni di fatale esperienza, le lettere dell'eroe non fanno nè caldo nè freddo, servono soltanto a far ridere gli stessi preti contro di cui son dirette.

Mentre in tutte le province del Napoletano si perpetravano delitti spaventevoli, mentre i piemontesi nostri governanti facevano ardere intieri paesi, e fucilare migliaia di cittadini, senza neppure la forma di giudizio statario; i liberali del Regno d'Italia, i governanti di Torino, di Parigi e di Londra piagnucolavano e minacciavano perchè in Roma si eseguiva la sentenza di morte di un Locatelli, uccisore a tradimento di un gendarme papalino. Sono tali e tante le contraddizioni e le improntitudini de' liberali e de' governanti de' nostri giorni, che i posteri riterranno per un parto di mente inferma la nostra storia dal 1859 al 1866.

Il presidente de' ministri, barone Ricasoli, per far credere che le reazioni erano suscitate ed importate nel Napoletano, fin dal 30 agosto, aveva mandato a' gabinetti esteri un manifesto, accusando il Papa di stipendiare e mandare i briganti in questo Regno. Quell'assurdo manifesto era una eterogenea accozzaglia di idee e frasi, pescate in un opera del benedettino Padre Tosti, vestite con le forme diplomatiche, come dimostrò la valorosa *Armonia* di Torino; e ad eccezione di pochi settarii, tutti lo disapprovarono. Varii deputati lo misero in caricatura, dicendo che putiva di sagrestia, e le proteste fioccarono contro quella cicalata del barone di Broglio.

Il manifesto ricasoliano, avendo prodotto un effetto opposto a quello che si sperava, si fece ressa attorno a papà Napoleone, pregandolo di fare impedire da' suoi soldati di Roma il preteso passaggio de' briganti dallo Stato pontificio nel Regno di Napoli. E il Bonaparte mandò in Gaeta un suo uffiziale di fiducia, ed accordi furono presi con quelli sardi circa la repressione del brigantaggio. In conseguenza di che, sangue francese corse varie volte sulla frontiera romana e

tà, suggono il sangue de' popoli viventi e redenti, intascando la pensione de' *mille di Marsala*, quella ben pingue di generale di armata, dippiù altre centomila lire annue, che veramente si spremono dal vivo sangue dell'artigiano e del povero. Questi ricchi semidei del mestiere rivoluzionario, si mostrano tutti umanitarii in parole, non avendo mai soccorso i loro stessi amici indigenti, anzi profittando di essere stati eletti deputati al Parlamento, s'immischiano nelle costruzioni dello strade ferrate, facendo gli *affaristi*. Dippiù truffano sfacciatamente in Catanzaro, frodano il Banco di Napoli di centinaia di migliaia di lire (Vedi *Gazzetta di Napoli* del 21 aprile 1879); Banco istituito per soccorrere l'artigiano povero. Codesti spudorati camorristi, atteggiati a ridevoli semidei, dopo tali ed altre simili vituperose azioni, degni di ergastolo, han l'impudenza d'inveire contro i preti da loro spogliati, chiamandoli *avvoltoi, corvi assuefatti a pascersi di cadaveri*! A cotesto, oggi sfruttato D. Chisciotte, che vuol farsi vivo con un nauseabondo epistolario, appena rispondo per dirgli : *Medice cura te ipsum.*

napoletana, senza alcun vantaggio della Francia, calpestandosi quel preteso *non intervento*, e tutto ciò allo scopo di schiacciare le bande di Chiavone.

Nonpertanto i governanti di Torino si lagnavano sottovoce, che il generale Goyon, comandante il corpo di esercito francese in Roma, non avesse operato con energia contro i briganti, cioè perchè non bruciava paesi e non fucilava alla Cialdini. Anche in quest'altra pretensione il Malaparte[7] volle contentare i suoi protetti: Goyon fu richiamato in Parigi, ed in sua vece andò il generale duca di Montebello; e sebbene questi non avesse imitato il *bravache* Cialdini, pur tuttavia vi fu più *éntenté* tra sardi e francesi.

Osservate intanto come Iddio si serve delle stesse opere nefande e calunniose de' suoi nemici per far meglio conoscere la verità. Dopo che i francesi chiusero rigorosamente il passaggio fra lo Stato pontificio e il Regno di Napoli, le bande reazionarie si moltiplicarono, non solo negli Abruzzi ma anco nell'altre lontane province. Nondimeno a' governanti di Torino giovava far credere che le reazioni erano suscitate ed alimentate da Roma, senza curarsi delle calzanti ragioni che pubblicava la stampa onesta; la quale faceva osservare, che volendo non si poteano mandar bande brigantesche da quella città ne' Principati, nella Basilicata e nelle Calabrie. Onde che i pupilli del Bonaparte, per darsi ragione a modo loro, ricorrevano alla violenza, facendo di nuovo ressa attorno al papà della Senna; e questi per contentarli in tutto, altro non faceva che seguire i suggerimenti del suo cuore egoista e vile, non arrossendo in faccia all'Europa tentare, in forma di consiglio, lo sfratto da Roma del tradito e spogliato re Francesco II.

Il Bonaparte, sapendo che il suo ambasciatore presso il Papa, duca di Grammont non si sarebbe prestato a far la parte del birro, lo richiamò a Parigi, sostituendolo col marchese de la Vallette. Questi giunse a Roma il 3 dicembre, il 10 si recò presso re Francesco e gli fece il seguente discorso: « L'imperatore, che ha grande affetto e sincera simpatia per Vostra Maestà, le *consiglia* nel suo interesse di vedere la inconvenienza del suo soggiorno in Roma; il quale incoraggia la guerra ed il disordine ne' suoi antichi Stati. Il diritto non muore per mutazione di luogo; chi può sapere l'avvenire? Saria bene che la fama non apponesse alla M. V. la direzione o il desiderio di una sollevazione impotente a renderle il trono, e solo produttrice di sangue, anarchia e sterminio, che sono di scandalo all'Europa.

« A tale consiglio ufficiale, io da privato aggiungo osservando, che, eseguendolo, si potrà reclamare dal Piemonte la restituzione del privato patrimonio, ed anco la dote dell'augusta genitrice di V. M., di cui indegnamente fu spogliata. L'imperatore ha dovuto per politica riconoscere il Regno d'Italia, ma ciò appun-

[7] I Bonaparte in origine si chiamavano Malaparte.

to darebbegli diritto a reclamare quella restituzione ».

Monsù de la Vallette assicurava il giovine sovrano, che il Bonaparte aveva una *simpatia* particolare per lui, e ricordavagli in prova la flotta francese in Gaeta, che aveva vantaggiate le condizioni di quella Piazza. – Senza dire che quella flotta era stata colà spedita per favoreggiare le condizioni de' piemontesi assedianti. Difatti gli uffiziali della stessa non contenti di far la spia a Cialdini, essendo ricevuti nella Piazza da veri amici, conducevano con sè gli uffiziali sardi, travestiti da uffiziali francesi per esplorarla. Quando poi si credette il tempo opportuno, Gaeta fu abbandonata, e con essa Francesco II, alla discrezione di un crudele e prepotente nemico; il quale al far de' conti accrebbe la gloria di quel tradito monarca.

Il re rispose al de la Vallette: « Credo il consiglio imperiale venire d'amore per me, ma seguirlo non posso. Sono principe italiano, e a torto perseguitato nè mi credo in debito di lasciare la terra italiana che mi accoglie. Qui, oltre che re delle Due Sicilie, sono duca di Castro e principe romano; v'ho il palazzo degli avi miei, che è l'ultimo asilo in tanto naufragio.

« Qui, sopra un lembo della patria mia, parlo la mia lingua, v'ho i miei interessi, sto vicino al mio paese ed a' sudditi miei.

« A me, dite, s'appone il sangue che si versa; ma anzi debba apporsi a chi, violando tutti i diritti, mentendo e corrompendo, invase un pacifico Stato. Ora s'appellano *briganti e banditi* quelli che in lotta disuguale difendono la indipendenza della patria: *così ho l'onore di essere un bandito anch'io*. La posterità non a me imputerà il sangue che si versa, perchè sono io che lasciai Napoli per non insanguinarla; e dopo Gaeta, sciolsi dal giuramento il resto dell'esercito, che avrei potuto spingere su' monti. Ora ho doveri da compiere, e li compirò: non abbandonerò il posto assegnatomi dalla Provvidenza. Non incoraggerò la sollevazione, perchè non è ancor tempo, ma non rinnegherò chi combatte in mio nome; un giorno mi porrò alla testa del mio popolo, per discacciare i nemici della mia patria.

« Già molti consigli seguii dell'imperatore, udii il suo ministro Brenier, e detti costituzione, amnistia ed alleanza col Piemonte: ora sono in Roma, ed il re piemontese ha usurpato il mio trono. Credetti all'ammiraglio de Tinan, ed accampai le truppe sul Garigliano; in una notte mi furono bombardate da mare, e ciò fu la mia rovina. So che la politica spinge i re a comprimere le personali simpatie; non mi lagno; ma tutte le convenienze della politica contro di me si son volte ».

De la Vallette insisteva consigliando re Francesco di lasciar Roma; e perchè egli e il suo padrone non erano in sostanza che degli abbietti, tale supponevano quel cavalleresco sovrano; onde che quelle insistenze e quelle insinuazioni, venivano accompagnate dalle lusinghe del ricupero di molti milioni di ducati, che gli sarebbero stati restituiti, se avesse abbandonato Roma, offrendogli asilo in Francia.

Il re soggiunse: « Ricusai già l'ospitalità offertami in Germania, ove ho congiunti, e in Ispagna ove è il ceppo della mia stirpe; in Francia, non potendo respingere i legittimisti dalle mie sale, sarei d'impaccio all'imperatore, che pure ebbe il suo primo riconoscimento dal padre mio. La restituzione del mio non mi adesca; *quando si perde un trono poco importa del patrimonio privato.* Se l'abbia l'usurpatore, o il restituisca, nè quello mi strappa un lamento, nè questo un sorriso. Povero sono, come oggidì tanti altri migliori di me; stimo più la dignità che la ricchezza ».

Nobili e memorabili parole, le quali, mentre svelano la fierezza di chi le profferì, servirono di meritato rimprovero a' briachi rivoluzionarii, ed a due abbietti stranieri, uno in veste diplomatica, l'altro con una trista corona sul capo, pescata negli antri settarii.

De la Vallette, deluso che l'idea dell'oro non avea attrattive nel cuore di quel generoso sovrano, e che sul labbro di costui altro non appariva che il sorriso del disprezzo, toccò un altro tasto birresco, credendo di far paura al pronipote di Enrico IV di Francia, al figlio di Ferdinando II di Napoli.

Per la qual cosa soggiunse dicendo: « Duolmi che l'*amistà* dell'imperatore si raffreddi pel non seguito *consiglio*; il Piemonte raddoppierà le sue insistenze; e ciò sarà d'inciampo alla permanenza delle truppe francesi in Roma ».

Il re di rimando: « Non credevo potesse tanto sull'imperatore la pressione del Piemonte. In ogni caso, ove seguisse l'abbandono del Santo Padre, il battaglione sardo che imprigionerà Pio IX in Vaticano, può anche far prigioniero il re delle Due Sicilie al Quirinale ».

Giunta a questo punto la conversazione, Francesco II si alzò, in segno che niente altro avea da dire, e che di più non ne volea sentire.

Quella conferenza fu immediatamente scritta, come l'ho recitata, e mandata ai Legati di Francesco II, presso le Corti straniere. Le quali, oltre di avere meglio conosciuta la malvagità di Luigi *Malaparte*, imperatore de' francesi, protettore di tutte le cause inique, si confirmarono nell'idea che costui era il protettore della rivoluzione cosmopolita: ma disgraziatamente per loro, e più per noi, rimasero nella solita colpevole inerzia, aspettando gli avvenimenti! Quella conferenza fu pubblicata dall'*Osservatore Romano*.

De la Vallette, facendo tesoro dell'*amistà* del suo padrone verso Francesco II, dopo quel colloquio, chiese al governo del Papa l'allontanamento del re delle Due Sicilie da Roma. Il cardinale Antonelli, dopo di avere consultato Pio IX, presentò all'ambasciatore di Napoleone varie note diplomatiche delle grandi potenze di Europa, ricevute dal governo pontificio dopo il 1815. Da quelle note gli fece rilevare, che le suddette potenze volevano lo sfratto, *per ragion di sicu-*

rezza pubblica, di tutti i napoleonidi rifugiati in Roma, dopo che furono cacciati da' regni da loro usurpati. Gli fece leggere eziandio le risposte del governo de' Papi, che negavano recisamente di aderirvi; sfidando qualunque rappresaglia. Si è perciò che il medesimo cardinale, a nome sempre del Sommo Pontefice, conchiuse dicendo al de la Vallette: « Roma patria di esuli, anche a' Bonaparte vinti, e da tutta Europa banditi, e perseguitati diede asilo; e il Papa, alle richieste e minaccie de' grandi potentati di cacciarli dalla città eterna, ricusò risolutamente;[8] così giustizia vuole che si pratichi col re del Regno delle Due Sicilie ».

E così *monsù* de la Vallette se ne andò con le pive nel sacco, per depositarle a piè del trono del suo degno padrone.

Non contenti i rivoluzionarii di avere sfacciatamente insidiati e calunniati i reali di Napoli, mentre costoro trovavansi sul trono, proseguirono la loro vile e turpe campagna anche nell'esilio di Roma; ritenendo tutto ciò un mezzo morale contro la reazione del Napoletano, ed un tratto di coraggio civile offendere a chi sdegnava lor rendere la pariglia.

Visto che le LL. MM. Francesco e Sofia, meritamente soprannominati gli eroi di Gaeta, destavano in tutta Europa un grande e vero entusiasmo, un culto di ammirazione, si decisero a calunniarli con le solite arti, anche nella vita privata, scegliendosi all'uopo emissarii senza coscienza e senza onore. Spacciaronsi accuse e novellette per quanto stupide altrettanto vili e bugiarde, e senza alcuno interesse politico. Dissero, o meglio osarono dire, che la regina Maria Sofia fosse di animo feroce, al punto di aver avuto il diletto di uccidere un gatto.... e che abitualmente andasse armata di pugnale e di rivoltella....

Gli umanitarii governanti di Torino, di Francia e d'Inghilterra rimasero scandalizzati e spaventati dell'atroce sorte toccata a quel gatto italiano; mentre avevano appreso senza scomporsi, e forse con piacere, che nel Napoletano si erano bruciati 15 paesi, e fucilati quindicimila cittadini, senza neppure le forme di un giudizio statario.

Siccome il gatticidio fu messo in caricatura, condannando alla berlina coloro che l'aveano spacciato e deplorato, non se ne parlò più. Però taluni scribacchini dissero poi non essere stato un gatto ucciso dalla regina, ma una sua camerista, pugnalata e rinvenuta in un luogo remoto, che faceva pietà a vederla! ... Però si guardarono bene dire il nome dell'uccisa, e per l'innocente ragione di non essere mai esistita. Meno male che destava pietà a coloro, che plaudirono l'assassi-

[8] Due fratelli *Malaparte*, Carlo e Luigi, quest'ultimo dippoi imperatore de' francesi, in compenso di quella compromettente ospitalità loro accordata da' Sommi Pontefici romani, si rivoltarono contro Gregorio XVI, gridando in mezzo Roma, in piazza Colonna: *viva la repubblica*! Indi andarono ad unirsi co' rivoltosi delle Romagne, ove ebbero la peggio: uno fu ucciso, Carlo, l'altro, si disse, che l'avesse occultato nel suo Episcopio il troppo generoso vescovo d'Imola, poi Pio IX, col quale si disobbligò con la riconoscenza del settario.

nio, ed il vitupero di tante fanciulle del Napoletano.

L'*Opinione* di Torino, giornale ebraico e governativo asserì, *sulla fede di un suo corrispondente romano*; che Maria Sofia avesse uccisa una nobile giovinetta napoletana, che stava sempre con lei, e ne declinò il nome; aggiungendo che il padre dell'assassinata era morto di dolore per l'assassinio della figlia. Ciò fu causa di una sfida; ed il direttore di quel giornale, Jacopo Dina, dichiarò che era stato ingannato dal suo corrispondente di Roma, facendo le più ampie scuse.

La supposta giovanetta, dopo poco contrasse matrimonio con un pari suo, e quella che l'aveva uccisa assistette alle sue nozze.[9] Si era fatta l'Italia a furia di menzogne, si continuava con lo stesso sistema per reggerla in piedi.

Visto che quelle melense calunnie ottenevano un risultato contrario, i *fieri* liberali romani ricorsero ad un altro mezzo per quanto vile altrettanto stupido. Essi profittavano della stessa carità e generosità della pia e giovane regina per insultarla e calunniarla. Fingendo di presentarle delle suppliche per un soccorso, avvolgevano nelle medesime delle fotografie oscene ed allusive; e ciò quando la trovavano in carrozza a' pubblici passeggi.

Mi si assicura che Maria Sofia di Baviera, regina delle Due Sicilie, più volte disse a qualche signora napoletana: Io non avrei mai creduto che in Italia vi fossero persone tanto vigliacche da insultare un'alta ed immeritata sventura! Che cosa ho fatto di male a costoro, indegni del nome italiano? Io non ebbi neppure il tempo di far bene o male nella mia breve dimora in Napoli; si è perciò che non so spiegare tanta tristizia contro di me.

– Egregia e reale signora! La nobiltà del suo animo, gli alti sentimenti di una educazione sovranamente ricevuta, non le lasciavano concepire la bassezza e la malvagità di che sono capaci i settarii. Costoro, dopo che sono strisciati, come immondi rettili, a' piedi de' sovrani potenti e felici, hanno il rio costume far di tutto per infamarli, dopo i meritati od immeritati rovesci de' medesimi.[10]

In quanto all'augusta regina Maria Sofia, suppongo che la stessa non abbia fatto la sopra accennata lagnanza; ed essere una pura favoletta quella che racconta qualche signora che l'avvicinava nell'esilio di Roma. Maria Sofia è tale donna, che sprezza simili stupidi insulti che non possono giungere fino a Lei. Al contrario Ella ammirava ed accettava con riconoscenza le simpatie di

[9] Quella stupida menzogna dopo molti anni fu riprodotta da un lurido giornale di Roma, senza tener conto delle ritrattazioni di chi l'aveva spacciata.

[10] Nel volgere di pochi anni, dopo la caduta del trono di Napoli, inorriditi abbiamo anche assistito alle vili calunnie lanciate dall'immonda bava settaria, contro la regina di Spagna e l'imperatrice de' francesi; non sappiamo a quale altra sovrana toccherà il turno dopo di queste, malgrado che oggi sia l'idolo de' liberali di occasione.

rispetto che le venivano prodigate da tutti i personaggi insigni della civile Europa, non esclusa l'Italia nostra. Le dame di varie province della Francia, dell'Austria, della Germania, dell'Inghilterra, della Baviera e di altri Stati le mandavano rispettosi indirizzi e ricchissimi regali allusivi al suo coraggio e alla sua carità, dimostrati nel memorando assedio di Gaeta. L'imperatore di Austria le trasmise le insegne dell'*Ordine di Maria Teresa*, che si dà a coloro che han sostenuto strepitosi combattimenti: lo stesso praticò con re Francesco.

Sarebbe troppo lungo accennar tutti i doni allusivi a quell'assedio, mandati a que' giovani sovrani, in omaggio al loro ardire ed abnegazione nel difendere l'ultimo baluardo della napoletana indipendenza. Que' doni, i romani, e molti napoletani, li videro al Quirinale, ove furono esposti; erano ammirevolissimi per lo scopo a cui furono destinati, per la ricchezza della materia e per la eccellenza dell'arte.[11] Il nostro orgoglio nazionale fu esaltato a quella vista, riflettendo, che il fior fiore dell'aristocrazia europea, i re e le regine, gl'imperatori e le imperatrici fecero a gara per onorare que' valorosi che son nostri sovrani e nostri concittadini.

Ed ora, prima di dar fine a questo secondo trattenimento, voglio dirvi qualche cosa degli ultimi mesi del governo cialdiniano in Napoli, circa la parte politica ed amministrativa.

In Napoli non eranvi comitati borbonici, come strombazzava la stampa faziosa, perchè i veri cattolici abborrono simili conciliaboli, anche se diretti ad un buon fine: essi dicono: *non sunt facienda mala ut veniant bona*. Ma ve ne era uno, i di cui componenti, secondo disse lo stesso re Francesco II, *erano tutti birbanti*. Quel comitato ora presieduto da Monsignor Bonaventura Cenatiempo,

[11] Io, scrittore di questo racconto, vidi al Quirinale quegli stupendi doni, e fra tanti ammirevolissimi, mi fermai a guardare con particolarità la statuetta di Giovanna d'Arco d'argento, su base di alabastro e con gli stemmi e il libro degl'indirizzi; opera di squisito lavoro, mandata all'eroina di Gaeta dalle dame della Franca Contea. Eravi fra gli altri un forziere di argento massiccio, pesante quaranta chilogrammi, con dentro bassirilievi con fondo di oro, allusivi al memorando assedio di Gaeta, e le statuette della Fede, della Speranza, della Carità e del Valore, con la real corona di diamanti e smeraldi, e gli stemmi di Napoli e di Baviera, dono del fior fiore delle dame di Francia. Stupendo era pure il regalo mandato dalle dame inglesi, consistente in un diadema di oro, ornato di brillanti ed altre pietre preziose, ad arte disposte così, che le lettere iniziali de' nomi di esse pietre, dicono *Gaeta*. Ma fra tanti stupendi doni, mandati a' sovrani delle Due Sicilie, agli eroi di Gaeta, attirava l'attenzione di tutti uno, mandato dalla nobiltà prussiana, rappresentante uno scudo di argento, tutto a bassirilievi, nel mezzo del quale sta la rocca di Gaeta, ove vedesi Francesco e Sofia. Questa tiene la mano sopra un soldato ferito, quello ruota la spada contro i rubelli, che con armi, stampe e tradimenti lo combattono, tirandogli il manto reale di dosso; ma due cherubini sollevano la corona al cielo, fra un coro di angeli brandendo le spade. In mezzo a tanti doni notavasi da tutti un *album* con affettuoso indirizzo a Francesco e Sofia, firmato da migliaia e migliaia di operai di Parigi.

(si badi che non era vescovo),[12] segretario Ettore Noli, membri Girolamo Tortora e Francesco Cardinale. Vi presero parte tre forestieri, cioè un Dupè, un de Christen, che s'impose il grado di colonnello, e un generale, Coutadon, che la faceva da direttore; ma Tortora, già capo urbano di Pagani, ne ora il braccio destro, intitolandosi barone.

Essi ed altri aderenti riunivansi in una casina, presso lo scoglio di Frisio, qui in Napoli, affittata da Cenatiempo e da Cardinale, ove abitavano insieme col Tortora sotto colore di villeggiatura. I tre forestieri abitavano in Napoli, ed avevano comprato una barchetta per 150 ducati, sulla quale si facevano condurre la notte da S. Lucia a Frisio e viceversa. La notte si riunivano tutti, e vi bazzicava eziandio un Domenico de Luca da Potenza; il quale, credendo suo amico e borbonico Carlo Consales, gli confidò l'esistenza del comitato di Frisio. Consales, essendo stato arrestato come asportatore d'armi proibite, rivelò tutto al generale dei carabinieri Trofimo Arnulfi, ed in compenso si ebbe la libertà.

La sera del 23 luglio 1861, con grande apparato di birraglia, si assaltò la casina di Frisio; e furono arrestati Cenatiempo, Tortora, Noli, una certa Angiolina Avallone, Cornelio Reber ed un tal Marini. Si sequestrarono, quali carte criminose, taluni scritti del segretario Noli, varie note di oblatori, altre per ricompense, ed un *memorandum* diretto a Francesco II. Secondo le rivelazioni del medesimo Noli, varie carte si distrussero nel momento della sorpresa. Costui, novello Schedoni, e vilissima spia, tutti denunciò; onde che de Christen venne catturato, mentre fiducioso nel passaporto inglese, se ne stava tranquillo in un Hotel di S. Lucia.

Dopo l'arresto de' componenti ed aderenti a quel comitato, gli arrestati vennero interrogati dal questore e dal magistrato giudiziario. E fa veramente schifo il come si regolarono quegl'interrogati, cioè con ributtante viltà, e taluni con aggiungere menzogne e calunnie a danno degl'innocenti, credendo così d'ingraziarsi que' magistrati. Tutti fecero rivelazioni non necessarie, come rilevasi dal processo, indicando re Francesco con odiosi epiteti.

Noli fino in carcere faceva la spia a' suoi compagni, e rapportava alle autorità tutto ciò che dicevano i medesimi, aggravandone le tinte per comprometterli seriamente. Fra le altre cose attestò con isfacciata calunnia, che il Cardinalie Sisto Riario Sforza, Arcivescovo di Napoli, avesse protetto e sussidiato quel comitato; e l'altra che i Boccadoro del Vallo, padre e figlio, dovevano uccidere, con arma da fuoco, il generale Cialdini. Tutto ciò rilevasi da *documenti estratti dal Processo criminale della congiura di Frisio.*

[12] Avverto i lettori, che Monsignor Cenatiempo, in que' fatti di Frisio fu vittima di buonafede e non colpevole; dappoichè coloro che lo circondavano erano de' volponi, dediti a scroccargli del denaro, facendogli rappresentare una parte di cui egli non intendeva mischiarsi.

Nella medesima congiura fu pure implicato Marino Caracciolo, ex colonnello della marina napoletana; il quale si difese, dopo che venne arrestato in Palermo, dicendo *che era spia di Cialdini*; e che infingevasi ricreduto borbonico, per iscoprire i disegni de' borbonici contro il governo rivoluzionario. Nel suo primo interrogatorio espose la storia della sua carriera militare, vantandosi di avere tradito il suo sovrano Francesco II, con favorire in Marsala e poi in Calabria gli sbarchi di Garibaldi; e che costui, quando giunse a Napoli, lo presentò ai suoi uffiziali, dicendo a' medesimi: « Vi presento il più caro de' miei amici, quello al quale di diritto si deve quella *gloria* (?) che malamente si attribuisce a noi ». Dunque non aveva ragione di dire re Francesco, che i componenti quel comitato *erano tutti birbanti*?

Marino Caracciolo appartiene alla distinta e nobile famiglia Torchiarolo; ed è un esempio spaventevole del come sono trattati i traditori de' re, e da coloro a cui giovò il tradimento. Egli beneficato dal suo sovrano, lo tradì; egli amato da nobili amici, li sacrificò, denunziandoli gratuitamente: e dopo tanta aberrazione, qual frutto ne raccolse? Oggi misero si aggira per le vie di Napoli, *a Dio spiacente e a' nemici sui*, combattuto dall'onta e dal rimorso. Fa veramente pena leggere nel processo di Frisio i traviamenti di Marino Caracciolo; da' quali rilevasi, che Iddio aveagli largito un ingegno svegliatissimo, e nella marina napoletana avea fama di valoroso uffiziale.

Dopo molti mesi dall'arresto, i componenti il comitato di Frisio furono condannati a dieci anni di lavori forzati, malgrado che quasi tutti ai fossero mostrati vili per isfuggire a quella condanna. Cenatiempo, De Christen, Tortora, Marino Caracciolo, Domenico de Luca anche condannati a ducento lire di multa per ognuno. Francesco de Angelis, accusato di arrolare reazionarii, in grazia della sua giovine età, fu condannato a cinque anni di reclusione, e fu il solo che non si avvilì in faccia a' suoi giudici. Per Santa Berretta, anche implicata in quella congiura, essendosi ammesse talune circostanze attenuanti, la Corte sospese la sentenza, rimandandola ad altra sessione. Roeber e Marini vennero messi in libertà, e con essi il Segretario Noli. A costui, in grazia di aver fatto la spia a' suoi compagni, fu applicato l'art. 179 del Codice penale, circa i denunziatori de' complici. Per Noli, nel definirlo, mi mancano le parole, altro dir non posso, che *tanto nomini nullum par* VITUPERIUM.[13]

Monsignor Cenatiempo stando nel carcere giudiziario di S. Maria Apparente, in attesa di essere mandato al luogo di pena per scontarvi la condanna de' 10 anni di galera, evase. La sua fuga, come quella posteriore del barone Cosenza, fu famosa. Quello lasciò la prigione in una cesta, che si supponeva essere piena di

[13] È questo un verso scolpito sulla tomba di Niccolò Macchiavelli, ma dice: *Tanto nomini nullum par elogium.*

libri appartenenti ad un tale Smith svizzero, ivi detenuto non per causa di reazione. Altri dissero quella fuga per corruzione de' custodi. Il secondo, Cosenza, mentre era condotto da' tribunali al carcere, se ne fuggì a Roma co' due birri che l'accompagnavano. Quelle fughe di due detenuti per causa politica fecero ridere l'Europa, pel modo come si lasciarono canzonare gl'impiegati de' governanti del Regno d'Italia. Cialdini, furioso per quello smacco toccatogli, inveì contro distinti personaggi di conosciuta fede borbonica, ma ritirati a vita privata. Fu per ismaltire la sua bile che fece arrestare il duca di Popoli, il marchese generale Palmieri, il colonnello de Lozza ed altri, giovandosi delle calunniose rivelazioni di Noli. Indi sbizzarrì con più accanimento contro il clero. Non contento che di ottantotto arcivescovi e vescovi del Napoletano, settantuno erano stati espulsi dalle loro sedi sia da Garibaldi, sia da' luogotenenti suoi predecessori; ordinò che anche uscisse dal Regno per la seconda volta il Cardinale arcivescovo di Napoli, Sisto Riario Sforza.

Si servì della stampa prezzolata ed impudente, e quindi lasciò sbizzarrire la canaglia per perseguitare quel venerando Prelato, facendolo anche minacciare di morte. Però vedendo che la sua vittima restava impavida al suo posto, il 31 luglio, mandò il questore Aveta e il segretario Amore ad intimargli lo sfratto dal Regno, esibendogli financo il passaporto. Accorse il clero piangente e varie nobili persone, ed il Porporato consolava tutti, dando loro miti e salutari consigli. In mezzo alla birraglia e di sera fu condotto all'imbarco; il Tancredi lo sbarcò a Civitavecchia.

I così detti liberali non si contentano delle sole violenze, che fanno subire alla gente onesta, se non aggiungono la calunnia. Difatti il telegrafo di Napoli annunziava al mondo che il Cardinale arcivescovo Riario, avendo preso parte alla cospirazione contro lo Stato, stava in carcere.

La stessa sera che partì il Cardinale, tutta la canaglia, stipendiata da Cialdini, corse alla Reggia e fece ovazioni a costui: degna l'una dell'altro. Indi a poco si cacciarono dalle loro sedi l'arcivescovo di Salerno, il vescovo di Teramo e quello di Aquila; il vicario di costui fu costretto fuggirsene a Roma.

Il ministro guardasigilli, un Miglietti, volendo far conoscere che era l'ispiratore di Cialdini, anche egli volle segnalarsi nel tribolare il povero clero. Per la qual cosa, credendo di fare un colpo di Stato, mandò una circolare all'episcopato italiano, a cui segnava ed imponeva le norme di condotta, che il medesimo dovea tenere verso i cattolici, minacciandolo se non avesse approvato ed inculcato al popolo i fatti compiuti in Italia *con tutte le conseguenze.* Intanto per adescarlo prometteagli protezioni governative, e la separazione della Chiesa dallo Stato, cioè rendere quella serva di questo. Miglietti misurava alla sua stregua i campioni di Cristo, e se ne compiaceva in pubblico Parlamento di avere già, con quella lettera circolare, ottenuto quel che non ottennero i re e gl'imperatori da Nerone a Napoleone I.

L'episcopato italiano, meno due o tre vescovi, rispose al Miglietti come si conveniva a chi compie in terra una missione divina; e basta citare qualche brano di risposta dell'illustre vescovo di Sora, monsignor Montieri, per ammirare i sentimenti veramente apostolici de' vescovi italiani.

Ecco come Monsignor Montieri rispondea alla circolare del guardasigilli Miglietti: « Insomma chi comanda? *quale ordine di cose, quali conseguenze* vuole che i vescovi riconoscano ed autentichino? Noi non vediamo attorno che sanguinosa anarchia. Autenticheremo le missioni protestanti ne' nostri paesi? la propaganda della società biblica? le erezioni delle scuole e degli anglicani templi? Forse i decreti violatori della proprietà della Chiesa e della ecclesiastica giurisdizione? Forse le chiese fatte quartieri e stalle? La distruzione di tante comunità religiose, e sino de' chiostri delle vergini sacrate? o il mal governo degli Stati rapiti a San Pietro? o gl'insulti che da cotesta Torino, sotto gli occhi de' ministri, si lanciano alla santa persona del Vicario di Gesù Cristo? Vorrebbe ella mai che noi, ministri di religione pura e santa, autenticassimo il trionfo della dissolutezza, spargimento del sangue, le arsioni di tante terre, la desolazione delle famiglie, il disfrenamento di tante passioni, lo sconoscimento della virtù e della verità, la perdita eterna delle anime e le innumerevoli offese fatte alla maestà infinita di Dio? ecc. »

Dopo la lettera del Vescovo di Sora, ne venne pubblicata un'altra anche diretta al guardasigilli, sottoscritta da cinquanta vescovi, a capo de' quali l'arcivescovo di Capua, cardinal Cosenza, che i rivoluzionarii calunniavano, designandolo liberale.

Miglietti e Ricasoli, nullità esaltate dalle rivoluzioni, perchè tenuti ritti da Napoleone III, si credettero tanto sapienti da insegnare all'episcopato italiano e al Papa regole di condotta ecclesiastica e lo stesso evangelo! Ma, al solito, rimasero delusi.[14]

D'altra parte si pensava all'affare più interessante pe' liberali, cioè ad annettere i beni de' conventi e de' monasteri; dappoichè fin dalla luogotenenza di Carignano erano usciti i primi decreti di spogliazione e soppressione degli ordini monastici.[15] Cialdini, giovandosi di quei decreti, ridusse a magazzini, caser-

[14] Quando il clero cattolico, sprezza le minacce, le multe, l'esilio ed il carcere, inflitti da' governanti massonici, e sta col Papa, alla fin fine è ammirato da' suoi stessi nemici, e quel ch'è più, esercita negli animi de' medesimi una salutare influenza che può ricondurli a Dio. Difatti ecco quel che pubblicava, nel marzo del 1880 la liberissima ed officiosa *Gazzetta di Slesia*: « Ai cattolici dell'intiera nostra patria noi tributiamo la testimonianza; che essi hanno dimostrato al mondo, quanta potenza la religione esercita sui cuori tedeschi. In modo speciale però è degno di rispetto il clero cattolico, che, non curante de' tanti danni materiali, ha conservato fedelmente l'obbedienza verso i suoi superiori ecclesiastici, *ad onta di quanto noi dovemmo disapprovare.* »
Dedico queste poche righe della citata *Gazzetta* agli ecclesiastici, che ancora fanno i liberali.

me e stalle varie case religiose e chiese, erette da' pii cattolici e date agli ecclesiastici non senza oneri da soddisfare. Fu in quel tempo che si diè principio ad assalire vigliaccamente i monasteri, con birri e camorristi, violando le clausure, ed insultando con protervia ed inverecondia le proteste e le lagrime di timide verginelle consacrate al Signore.

Cialdini, infierendo contro tutto quello che qui eravi di commendevole e sacro, ingraziavasi i camorristi ed i garibaldini; a cui prometteva gran festa nel *fausto* anniversario dell'entrata di Garibaldi in Napoli. Però quel giorno egli stava sospettoso, e tenne la truppa sotto le armi: la Reggia era piena di bersaglieri, e l'artiglieria era pronta a dare il *bacio fraterno*. Al Municipio, già mezzo fallito, e che avea allora chiesto un imprestito di un milione e mezzo di lire, fece spendere circa nove mila ducati per festeggiare quella indecente gazzarra, in cui ebbero gran parte le generose, facendola da gran sacerdote l'apostata fra Pantaleo, che dal palazzo d'Angri predicava sciocchezze ed eresie. Perchè in quel giorno non accaddero serii trambusti, la polizia liberale ne menò gran vanto, dicendo che era stato il Solferino di Napoli. Oh, il ciarlatanismo italiano, condito sempre con la salsa francese!

Il dì seguente, il Cialdini, facendola sempre da ridevole sovrano, si recò a Piedigrotta in gran pompa, scimiottando sconciamente i re Borboni. Era accompagnato dal suo degno sedicente cappellano maggiore Monsignor Caputo, il quale, in quello stesso giorno, disse al Municipio di Napoli: « Pregherò Dio che desse lumi al Capo della Chiesa, che cessi di proteggere Francesco II, e si ravveda degli errori ed orrori ». Impudente ed ipocrita calunniatore! Egli cacciato a furia di popolo dalla sua prima sede di Oppido, perchè voleva farla da commissario di polizia, egli beneficato dal passato, per ingraziarsi i nuovi padroni, obbliava la gratitudine e bestemmiava contro il Sommo Gerarca, contro quella cara e splendida figura del nostro secolo, Pio IX. Ma quel Dio, ch'egli diceva di pregare – con labbro impuro e cuore corrotto contro il suo Vicario – dopo un anno, lo fulminò; facendolo morire con la stessa schifosa malattia dell'ateo

[15] Il senatore duca d'Audiffret-Pasquier, che non è un clericale, nel giugno del 1880, diceva al Senato francese: « Sotto il governo della Repubblica, (e quindi sotto tutti i governi rivoluzionarii) si può essere protestante, professare il culto luterano, calvinista, metodista, quacchero ed esser certo della protezione della legge. Si può essere giudeo, cabalista, talmudista, frammassone, ateo, proclamare tutte le dottrine e trovare la difesa ed il sorriso del governo. Ma se siete cattolico, se appartenete a qualche Congregazione, la cui storia è scritta negli annali della Francia, se avete contribuito più di qualunque altro all'educazione morale di questa nazione, se vittima del vostro zelo nel curare gl'infermi, sfidando le epidemie, se avete reso fertili le contrade incolte e insalubri, se avete salvato le lettere, e tratta dalla barbarie e beneficata e glorificata la Francia, oh! allora la legge repubblicana non ha nessun riguardo per voi, viene a cercarvi nella casa dove abitate e vi espelle, e vi getta sul lastrico ». Questo istesse idee le avea già svolte in una conferenza il celebre oratore domenicano Padre Lacordaire.

Voltaire, desiderando un confessore approvato dall'arcivescovo per ritrattarsi de' suoi *errori ed orrori*, e che gli fu negato da' suoi aderenti. Infelice! forse allora si sarà ricordato della terribile minaccia di Gesù Cristo: *Quaeretis me et non invenietis!*

Nel giorno 8 settembre 1861 mancò la solita gaiezza degli accorsi cittadini alla nazionale festa di Piedigrotta; Napoli sembrava in lutto, vedendosi con isgomento i balconi de' principali palazzi ermeticamente chiusi. Nonpertanto la stampa venduta, ebbe la sfacciataggine di strombazzare gaiezza e gioia infinita de' napoletani redenti.

Il 21 ottobre si festeggiò l'anniversario del così detto *plebiscito*. Si stamparono migliaia e migliaia di *sì*, tutti al medesimo torchio, e di notte tempo si appiccicarono a' portoni e alle botteghe. La mattina avvenne un diavoleto; i pigionanti credettero che i padroni di casa avessero messo il *si loca* senza avvertirli. Taluni, conosciuto l'errore, tolsero i *si* e misero un *no*; furono immediatamente arrestati: dappoichè la libertà settaria consiste soltanto nell'affermare tutto quello che vuole il governo che la rappresenta.

Cialdini fece dippiù, in omaggio alla commemorazione di quel famoso *plebiscito*, carcerò gratuitamente parecchi gentiluomini innocui, ma di fede borbonica; tra cui il principe di Ottaiano. A causa delle prepotenze cialdiniane esularono in que' giorni le più distinte famiglie aristocratiche di questo Regno; tra cui quelle de' principi S. Antimo, Monteroduni, Pignatelli, Sepino, Spinosa, Forino, de' duchi di Popoli, di de Mari, del La Regina, di Frezza, de' Marchesi Imperiali, di Francavilla, di Nunziante Vito, il barone Rodino, il comm. Cianciulli, ed altri non pochi, oltre di quelle aristocratiche famiglie che avevano seguito il re a Roma, o erano emigrate in Parigi, appena entrò in Napoli il redentore Garibaldi. Quei signori, che, per ragioni particolari, rimasero in Napoli o nel Regno, mandarono deputazioni a Roma per protestare contro il plebiscito.

Il giorno 21 ottobre si pose la statua di Giovambattista Vico nella Villa reale di Napoli: e fu quello un controsenso, perchè i campioni de' *fatti compiuti* onoravano il filosofo della Provvidenza!

Cialdini, venuto tra noi per distruggere la reazione, altro non seppe fare, che, dalla Reggia di Napoli, dare ordini alla Nerone liberale; cioè, carcerar nobili, preti, vescovi, ordinar fucilazioni in massa, col sacco e con l'incendio de' paesi sollevati contro di lui, e manomettere, con modi burbanzosi e villani, tutto quanto eravi di dignitoso e di sacro in questo Reame. Malgrado che egli avesse sotto i suoi ordini centomila soldati ed i corpi franchi, disseminati in varie province, la reazione si riaccendeva sempre più a causa de' saccheggi, dei guasti, degli arresti e fucilazioni da lui ordite.

Egli erasi ridotto a farsi odiare da tutti i partiti; da' consorti perchè poco li avea curati, avendo invece scatenati e carezzati i garibaldini ed i camorristi: da costoro perchè i primi conoscevano lo scopo di lui, che voleva servirsi di loro contro la reazione, anche infamandoli, per infrenarli e perseguitarli poi, quando non avrebbe più avuto di essi bisogno. Perlochè i garibaldini, mentre ne profittavano, sbizzarrendo contro i borbonici e contro i preti, lo tenevano d'occhio, non dimenticando che si era sempre mostrato avverso a Garibaldi.

Lo stesso imperatore Napoleone era impensierito dell'oprare di Cialdini; il quale aveva permesso le dimostrazioni garibaldesche col grido: *A Roma con Garibaldi*; per la qual cosa quell'imperatore, non convenendogli allora il grido garibaldesco, fece varie lagnanze col governo di Torino. Ricasoli, presidente de' ministri, perchè temeva l'ira napoleonica, fu costretto richiamar Cialdini da Napoli; togliendo a pretesto che questi avea compita la sua missione di distruggere il brigantaggio. Dippiù, diceva Ricasoli, dovendosi abolire la Luogotenenza napoletana (mentre di quella siciliana non si parlava di abolizione) non sarebbe stato conveniente dare il posto di prefetto, a chi aveva occupato, nello stesso luogo, quello di luogotenente del re.

Cialdini partiva da Napoli, per far ritorno a' patrii monti, giusto quando questo Regno trovasi in grandissimo trambusto a causa della presenza di Borjes; e nell'andarsene, disse in una scritta, diretta a' napoletani: « Gradite il poco che feci, perdonate se non seppi far molto, (cioè se non bruciai altri paesi, e fucilai altri vostri compatriotti:) Parto tranquillo! (perchè è uno di quelli che *bibunt iniquitates sicut aquam*). Vi lascio un addio che viene dal cuore: (quanta tenerezza!) Tolga il cielo che il mio soggiorno sia stato di danno a queste belle province. »

È necessario avere una fronte cialdiniana per dir simili parole alle proprie vittime! Egli, egli, che aveva fatto devastare i nostri campi, bruciare quindici paesi, fucilare migliaia e migliaia di cittadini, la maggior parte innocenti, contaminar tante vittime, che aveva carcerato preti, vescovi nobili e tanti distinti cittadini, avea eziandio l'impudenza fingersi addolorato all'ipotetica idea, che *sia stato di danno a queste belle Provincie!*

Lo spavaldo Cialdini se ne partiva da Napoli moggio moggio, domandando perdono; e se *non seppe far molto*, lasciò almeno gli epigrammi: *Quando il Vesuvio rugge, Portici trema....* e l'altro: *Quando Borjes rugge – Cialdini fugge.* Lasciava cinquantamila ducati per edificarsi una Borsa, e tremila per vantaggiare gli artigiani.

Mentre vediamo che un generale piemontese fa la elemosina a noi pezzenti del Napoletano, non posso inghiottirmi che que' cinquantatremila ducati, come esso disse: « Sono denaro risparmiato dalle spese di rappresentanza ». In tre mesi di luogotenenza aveva risparmiato cinquantatremila ducati?! Questi risparmii non possono entrare nella testa de' napoletani; perchè costoro sanno che Troja,

Murena, Scorza ed altri ministri di Ferdinando II, dopo di aver governato questo ricchissimo Regno per varii anni, *morirono veramente poveri*, dopo poco tempo che lasciarono il potere. Anzi mi costa, che il ministro delle finanze Murena, appena emigrò in Roma, nel 1860, ebbe bisogno di soccorsi pecuniarii di Pio IX.

Il primo prefetto di Napoli fu il generale Alfonso La Marmora, già bombardatore di Genova nel 1849, di onorata e cattolica famiglia; dapprima propugnatore del diritto divino e poi de' *fatti compiuti*. Essendo stato nominato comandante generale della soldatesca di questo Regno, gli si assegnarono ventimila lire, oltre dell'onorario di prefetto.

Diceva la buon'anima di Mazzarini, che *qualunque onestà ha il suo prezzo per comprarsi*. Io mi guarderei bene di ammettere questo desolante principio che annulla qualunque virtù; ma disgraziatamente l'esperienza ci dimostra, esser pochi coloro che resistono al luccicar dell'oro, o allo splendore di una carica. Difatti La Marmora, se dapprima erasi negato di accettare la prefettura di Napoli, quando però gli furono offerte più che vantaggiose condizioni, accettò, continuando l'opera del suo predecessore Cialdini; e se non fu maledetto per altre atroci iniquità, nulla lasciò di memorie lodevoli.

I liberali napoletani alzarono la voce, e si lamentarono con nenie e minacce, perchè si era abolita la Luogotenenza napoletana, mostrandosi così inconseguenti al vantato *plebiscito*. Che cosa pretendevano essi? Calpestato il diritto storico, resi superbi dalle grida degli evviva, godute le gazzarre, le luminarie, perchè imprecare alle conseguenze? Essi mentre si vantavano fabbri dell'annessione incondizionata del Regno delle Due Sicilie all'altro sardo, piagnucolavano poi, ed anche minacciavano, perchè si riduceva quello già secolare e florido a provincia piemontese: la logica liberale non è stata, e non lo sarà mai, informata alle regole aristoteliche, o meglio al buon senso.

L'abolizione della luogotenenza napoletana, fu seguita dall'imposta, detta *Tassa di Registro e Bollo*, presentata al Parlamento di Torino dal noto Bastogi, già mazziniano, e poi ministro dello finanze del Regno d'Italia. Quella tassa si estende sugli atti civili, su tutti i contratti, atti giudiziarii, sulle successioni e su tutti gli atti amministrativi; di modo che priva i cittadini della prima e più necessaria libertà, quella civile. Secondo lo specchietto, presentato dal ministro Bastogi, i *redenti italiani* pagano quattro volte di più di quel che pagavano sotto i caduti *governi tirannici*, ed i napoletani e siciliani *otto volte!*

Varie leggi scorticative presentò il ministro Bastogi, che furono approvate dalla dabbenaggine de' deputati, *rappresentanti del popolo*; tra le quali ve n'è una detta *de' corpi morali e su gli stabilimenti di mano morta*. Il deputato siciliano D'Ondes Reggio, perchè cattolico, e quindi contrario alle imposte esorbitanti, diceva alla Camera, nella tornata del 3 gennaio: « Non comprendo, o signori, come si vogliano anche assoggettare alla tassa gl'istituti di carità e di beneficenza. Quando noi diciamo istituti di carità e di beneficenza, intendiamo quelli che sono il ricovero de' mendici e de' storpii, de' ciechi o alienati di mente, o 'altri uomini che soffrono infermità, ed a' quali è necessario che gli altri cittadini vengano in aiuto. E mentre da un canto si va in loro soccorso, dall'altro si vorrebbe loro togliere quello che per soccorso loro è dato o si dà? »

Questa giustissima e caritatevole riflessione valse soltanto a far ridere cinicamente i filantropi deputati liberali del Regno d'Italia; e la tassa sulla povertà e su tutte le miserie umane venne votata a grande maggioranza. E fu sta la *strenna* che regalarono all'Italia i suoi *redentori*, in ricorrenza del 2° anno della nostra redenzione; essi nel tassare i ricchi, vollero eziandio togliere al povero parte di quel patrimonio, che la carità cattolica aveva largito in tutti i tempi a quella classe dell'umanità sofferente e diseredata.

D. Ippolito, dopo una pausa, soggiunse: – Basta, per questa sera, dò fine al mio racconto. Se poi volete sapere quel che avvenne in questo Regno dopo il 1861, fin'oggidì, sono pronto a narrarvelo; ma vi prevengo, che in questi cinque altri anni si sono ripetuti gli stessi fatti, le medesime insipienze governative, con l'aggiungersi l'aggravio delle interminabili tasse e sopratasse, da noi, sino al 1860, sconosciute. I prefetti, succedutisi l'un dopo l'altro, si sono imitati nel male, e se ce ne mandarono qualcheduno meno triste degli altri, questi ha dovuto seguire le istruzioni e gli ordini, che alla circostanza gli venivano da Torino. Il fatto si è, che noi del Napoletano, in sei anni di governo detto liberale, non abbiamo avuto più pace; ora a causa delle reazioni, or per le persecuzioni de' liberali e dei governanti, o per l'incertezza del nostro vivere, non essendo sicuri del domani, or in aspettativa di guerre e di nuove tasse; in conseguenza di che depauperati e rovinati per deperimento dell'industria e del commercio, lasciati floridissimi da Ferdinando II.

Edoardo avrebbe voluto mendicare qualche scusa a favore de' liberali italiani al potere, anche per legittimare le sue ben conosciute simpatie pel governo italiano; ma non avendo che apporre ai fatti spaventevoli, narrati da D. Ippolito, si limitò a dire: Tutto ciò che ho inteso dal reverendo non si può negare; sembra però che i popoli del Napoletano abbiano meritato in parte di essere stati trattati con modi aspri ed anche barbari da' governanti e da' militari sardi. E sono costretto a confermarmi in quest'idea, riflettendo che costoro non han trattato allo stesso modo i siciliani.

– *Alto là*, gridò un giovine della brigata, nipote della duchessa, io sono siciliano e nato in Palermo; ed anch'io, signor barone, la feci da liberale ne' primi tempi della rivoluzione; ma poi vedendo che altro scopo non avevano i nostri liberatori che spogliarci e renderci abbietti, mi sono ricreduto di tutte le mie sognate utopie. Si è perciò, che, come suol dirsi, con le carte alla mano, posso provarvi che la Sicilia, in compenso di essere stata quella che diè il mezzo al Piemonte d' impossessarsi del Regno di Napoli, è stata trattata peggio che terra di conquista, avendo sofferto, dopo che fu redenta dal saputo eroe, spoliazioni, prepotenze e crudeltà non inferiori a quelle testè raccontate da D. Ippolito.

Tutta la brigata fece plauso al giovine siculo, nipote della duchessa, e da poco giunto in Napoli. Per le qual cosa si stabilì all'unanimità, che un'altra sera o giorno, il medesimo giovine avrebbe narrato i fatti avvenuti in quell'isola dopo che la stessa si diè mani e piedi ligati al Piemonte.

CAPITOLO IV

La dimane i nostri villeggianti profittando di un bel tempo, fecero una passeggiata, parte a piedi e parte in carrozza, fino al capo detto della Campanella, che divide il golfo di Napoli da quello di Salerno; ammirando quegli ameni ed ubertosi campi, valloncelli, montagnole e paesetti, ove sembra sorridere una eterna primavera, donde si vede il gran panorama di Napoli e sue adiacenze.

Il capo della Campanella dista tre miglia dalla rocciosa isola di Capri, dagli antichi detta Capraia. Edoardo mostrò desiderio di visitarla; ma, trovandosi al capo piccole barche pescarecce ed il mare assai agitato, e quindi difficoltoso il passaggio di quel braccio di mare che si addimanda bocche di Capri, il duca lo dissuase; ed in compenso gli fece la descrizione di quell'Isola, indicandogli con la mano anche le singole località.

Dissegli che Capri è lunga tre miglia, due di larghezza, nove di circonferenza, ed abitata da sei mila persone. Essere la sua parte più elevata di 700 piedi sul livello del mare; distinguendosi tre punti principali, cioè Capri Anacapri e Torre de' segnali; e che, secondo lo storico Strabone, quell'Isola fu staccata dal continente dalla forza di un tremuoto. Dissegli eziandio che gl'imperatori romani, Augusto e Tiberio, allettati dalla bellezza e salubrità del clima, la scelsero per luogo di ritiro e di delizia; onde che da allora acquistò celebre rinomanza. Soggiunse con dirgli, che l'imperatore Tiberio la rese teatro delle sue dissolutezze, come affermano gli storici Svetonio e Plinio, passandovi gli ultimi sette anni della sua trista vita, e che ivi morì. In fine gli raccontò l'investimento e la presa di Capri dai francesi, avvenuta il 6 ottobre 1808, diretta eziandio contro napoletani dal napoletano *patriota* Pietro Colletta, regnando in Napoli il francese Gioacchino Murat.

Dopo che i nostri villeggianti godettero del panorama di varii punti deliziosi e memorabili fin da' tempi degli antichi romani, che si vedono da quel capo, si diressero a Massalubrense, ove fecero colazione; facendosi apprestare da que' pastori gli squisiti latticini freschi, che ivi si fanno. D. Ippolito divertiva la brigata co' suoi frizzi e con le sue spiritose risposte. Il duca, vedendo che il sole sembrava avvicinarsi al Capo Miseno, diede il segnale della ritirata; e tutti allegri si diressero alla casina di loro dimora; ove trovarono pronto il pranzo, che, quella sera, ad onta di aver fatto onore alla colazione, fu gustato con maggiore appetito del solito. Essendo un poco stanchi della lunga passeggiata del giorno, ognuno mostrò desiderio di ritirarsi, sperando che il dì seguente avessero potuto fare un'altra scorsa dalla parte di Castellammare; però ne rimasero delusi, perchè surse piovoso e freddo, quindi non uscirono di casa.

Dopo lo asciolvere, che si serviva alle dodici, passarono nel solito salotto, e la duchessa invitò il nipote Fifì (vezzeggiativo di Filippo) ad adempiere la promessa già fatta, raccontando gli avvenimenti di Sicilia, dopo che questa si diè al Piemonte. Ognuno della brigata avvicinò, come meglio potette, la sua sedia a quella di Fifì, mostrando segni di attenzione; e questi diè principio al suo racconto dicendo:

– Signori, io tralascio di narrarvi i deplorevoli fatti avvenuti in Sicilia sotto la dittatura di Garibaldi e sotto i prodittatori,[1] perchè si potrebbe apporre, essere stato quello un tempo eccezionale di necessarii trambusti, che servir doveva da ponte per passar al *governo modello e riparatore*, di già preparato da Cavour e compagni; si è perciò che comincio dal giorno che costui mandò il primo suo proconsole in quell'Isola, col titolo di Luogotenente del re Vittorio Emmanuele.

Prima di tutto voglio rispondere al signor barone, il quale ritiene, che la Sicilia non fu desolata con quelle reazioni e selvagge repressioni del Napoletano, quasi che quegl'isolani fossero rimasti contenti del *governo riparatore*. I siciliani non inveirono contro i novelli padroni, nello stesso modo de' cittadini di queste province, per varie ragioni. Prima perchè non è nell'indole de' siciliani battere la campagna per accoppare i loro nemici politici, o rivoltare pochi paesi contro i loro oppressori; essendo essi i veri discendenti di quegli uomini che fecero i *vespri* sul finire del secolo XIII, sollevandosi tutti contro la tirannia de' francesi, nella medesima ora e con lo stesso identico scopo, e serbando un proverbiale silenzio della congiura. Di più, i siciliani, in fatto di rivoluzioni o reazioni, oprano come i francesi: se Parigi non dà il segnale della riscossa, la Francia tutta sta cheta; del pari quando il grido di guerra non parte da Palermo, il resto della Sicilia soffre ed aspetta.

I governanti di Torino, che conoscono l'indole di quegl'isolani, sono stati avvedutissimi di tener ben presidiata Palermo con molta soldatesca, con batterie da campo e da montagna. Niente poi vi dico delle arti satanniche di corruzione di cui han fatto uso per tener oppressa, divisa e sfiduciata quella eroica popolazione. Que' signori governanti con ragione temevano più una riscossa siciliana, anzi che tutte le reazioni del Napoletano; non ignorando che quando

[1] Que' fatti furono dettagliatamente raccontati nel *Viaggio da Boccadifalco a Gaeta*, ecc.

in quell'Isola si prendono le armi, debba succedere sempre un cataclisma politico; dappoichè di là è partita sempre la prima scintilla sia rivoluzionaria o reazionaria, che ha distrutto i governi al di qua del Faro: quindi necessità di premunirsi, di corrompere e dividere per regnare.

E disgraziatamente vi è un'altra ragione. I siciliani non hanno reagito contro la rivoluzione al pari di queste province continentali, perchè per loro il cambiamento di governo non fu cosi sensibile come pe' napoletani. La Sicilia era una provincia e tale rimase. Conosceva poco i suoi sovrani, ed era governata con qualche asprezza, mercè gl'intrighi di que' settarii che circondavano Ferdinando II. Essa, nel passare sotto la dominazione sarda, avvertì soltanto, che sotto il caduto governo la religione cattolica era rispettata, che si pagavano poche tasse; invece sotto il governo *riparatore*, era perseguitata la religione de' padri suoi, e costretta a pagare *otto volte di più di tasse*, sconosciute, illogiche, immorali. Avvertì di più il terribile flagello del tributo di sangue, la leva, ignoto alla stessa pel passato. Ed io opino, che se il governo *riparatore* l'avesse trattata come la trattarono i Borboni, essa, se non di buon'animo, almeno per le attuali emergenze europee, si sarebbe forse accomodata a' nuovi padroni.

Del resto, posso assicurare il signor barone, non esser vero che i siciliani non abbiano reagito contro la rivoluzione; perlocchè voglio accennarvi varii moti reazionarii, soffogati sul nascere, e con le stesse barbare repressioni nel Napoletano, perchè avvenuti senza precedenti accordi e senza capi, che furono semplici effetti della disperazione popolare. Però voglio narrarveli secondo l'ordine de' tempi, segnati da' luogotenenti del re savoiardo, che governarono da veri proconsoli quell'Isola.

Re Vittorio Emmanuele visitò per la prima volta Palermo il 30 novembre 1860; trovò una bene organizzata dimostrazione entusiastica; ma in verità, si addiceva meglio a comici o ballerini, anzi che ad un sovrano. Quella dimostrazione non fu da lui gradita, tanto che egli fece conoscere il suo poco gradimento, anche con iscrivere una lettera al marchese di Montezemolo sulla poca istruzione de' siciliani: e fu quello il primo complimento che fece il *re eletto* a quegl'isolani.

Il popolo siciliano era stato dottissimo soltanto a fare il Plebiscito, col quale si annesse al Piemonte e senza alcuna riserva; e quando i governanti, i capoccia della rivoluzione non seppero combinare una dimostrazione di sovrano gradimento, quello stesso popolo divenne ignorante ad un tratto. Oh! si dovrebbero lacerare assai pagine della Storia d'Italia antica e moderna per darsi dell'ignorante ad un popolo che diè un Archimede, che fu lodato da Cicerone, che conta un'infinità di uomini insigni più del Piemonte. Del resto, la scienza e la letteratura non sono il forte del *re eletto*; e qui faccio punto.

Re Vittorio, la dimane del suo arrivo in Palermo, fece suo luogotenente dell'Isola il marchese Cordero di Montezemolo, che già era corso in Sicilia con La Farina.

Si pubblicarono due bandi dal ministro di grazia e giustizia Cassinis, che accompagnava il re. Nel 1°, per ingraziarsi i siciliani *ignoranti*, si ricordava a' medesimi che un avolo di re Vittorio Emmanuele, Vittorio Amedeo II duca di Savoia, fu re di Sicilia. – Senza però ricordare, che costui, dopo di aver ricevuto da quell'Isola il titolo di re, che poi conservò, volle senza ragioni suscitare una controversia tra la Chiesa e lo Stato, facendo leggi neroniane,[2] che poi cesse la Sicilia all'imperatore austriaco in cambio della Sardegna, e che i savoiardi furono cacciati a furia di popolo, la maggior parte massacrati, e con più accanimento in Caltanissetta.

Nel 2° bando si diceva che la dittatura del Garibaldi avea *leso ogni principio di moralità*. – Meno male che tutto ciò dicevasi da coloro, che mandarono in Sicilia quel redentore! Intanto il governo dell'ordine morale raccoglieva quella eredità, mettendola per base del suo diritto sopra quell'Isola. Que' due bandi fecero cattiva impressione; ed uniti all'insulto di dare dell'ignorante al popolo siciliano, bastarono per disilludere non pochi liberali di buona fede.

Si elesse un Consiglio di luogotenenza: all'interno il *factotum* La Farina, servitore umilissimo di Cavour, Cordova alle finanze, depauperate dal *redentore*. Scalia a' lavori pubblici, e Pisani all'istruzione pubblica, per addottorare gl'*ignoranti siciliani*; per la guerra, marina ed affari esteri provvedeva la metropoli Torino.

Stabilito il governo *riparatore*, i governanti, per far concorrenza alla dittatura di Garibaldi, che *aveva leso ogni principio di moralità*, erogavano seicento lire al giorno per soli sorbetti, ed era nell'inverno, e se fosse stata la stagione calorosa? Ho letto una statistica, comprovante, che, con l'introito di dieci mesi, si davan soccorsi, pensioni ed impieghi lucrosi ed inutili agli *ex-martiri*, (mai martirizzati da quel buon... *tiranno* di Ferdinando II), e che con la sesta parte di quel medesimo introito, si dovevano sostenere tutti i pesi dello Stato per un anno. Ecco la vera causa per cui fu necessario mettere tante tasse illogiche ed immorali e contrarre rovinosi prestiti; trovandoci sempre minacciati di altri simili regali patriottici, e sempre con un *deficit* che minaccia eziandio la bancarotta.

Re Vittorio, dopo di aver fatto commendatori varii individui, tra cui l'Arcivescovo di Monreale, Monsignor d'Aquisto, e cavalieri dei soliti santi una caterva di rivoluzionarii e traditori, senza visitare le altre principali città dell'Isola, il 7 dicembre, quasi da fuggitivo, lasciò Palermo, e si recò a visitare i lavori di bombardamento, eretti, nelle vicinanze di Gaeta, contro il re, suo parente, Francesco II.

[2] Vedi Storia d'Italia di Carlo Botta, continuata da quella del Guicciardini, lib. XXXVI.

I consiglieri della siciliana Luogotenenza si avvicendavano con esemplare rapidità, essendo la cosa più equa e naturale che gli *ex martiri* dovevano rifarsi tutti del sofferto *martirio*. In meno di tre mesi il Consiglio di luogotenenza fu rifatto tre volte, oltre de' mutamenti parziali di varii consiglieri, che avvenivano alla giornata. Nonpertanto que' *padri della patria* erano concordi nel voler togliere a' siciliani l'unico bene che lor restava in tanto sfacelo, la religione cattolica. Senza esservi colà acattolici, era un decreto del 12 febbraio 1861, ordinavasi che costoro godessero di tutti i diritti e privilegi de' cattolici. In conseguenza di che piombò in Sicilia, e particolarmente in Palermo, un immondo sciame di protestanti di mestiere, che eressero templi, pagando tutti coloro che sarebbero andati ad ascoltar le loro conferenze, ossia bestemmie contro il Papa, contro Maria SS.ª e quindi contro Gesù Cristo.

Siccome mancava il lavoro, a causa della sfiducia pubblica, i governanti s'impensierirono vedendo tante robuste braccia giacere inerti; onde che si argomentarono contrarre un debito di sei milioni in Inghilterra, per attivare il lavoro. Però quella somma, prima di giungere nelle mani de' lavoranti, per la maggior parte naufragò fra gl'immensi pelaghi della patriottica fame.

I così detti proletarii, vedendo che lor mancava il lavoro e quindi la sussistenza, si decisero imitare il governo *riparatore* con *annettersi* la roba altrui; per la qual cosa i furti e gli assassinii si perpetravano in pieno giorno. Oltre di che si pensò da' medesimi *annettersi* anche la proprietà stabile de' ricchi cittadini; quindi comunismo in varii paesi. Dopo tanti gridi e proteste dei proprietari, corsero i bersaglieri per metter l'ordine a fucilate, come avvenne in Mascalucia. In S. Margherita, presso Sciacca, si venne alle mani: otto rimasero uccisi ed un gran numero di *annessionisti* feriti. In Regalbuto ed in Trapani zuffe, omicidii e mutilazioni di cadaveri. I siracusani facevano sediziose dimostrazioni contro il luogotenente Montezemolo, e contro il loro intendente Lanza. In tutt'i paesi dell'Isola, ove più ove meno, furti, assassinii e bestemmie contro il governo *riparatore*, con zuffe sanguinose tra partiti opposti. Palermo era dominata dalla sètta dei pugnalatori, che incuteva tale timore a' testimoni ed agli stessi magistrati, da renderli impotenti ad agire contro di essa.

I governanti siculi, dopo che si abbigliarono a *Magni D. Nicola*, in tanta anarchia e sfacelo, se la godevano nella Reggia di Ruggiero, banchettando, e brindando alla redenta e felice Sicilia, contentissima del loro governo da Sardanapali, annunziando col telegrafo, che i siciliani erano soddisfatti ed entusiasti dei tanti beni che a' medesimi largivano. Però al luogotenente ed a' consiglieri cadde la forchetta di mano quando essi intesero il terribile ruggito del popolo palermitano, il quale minacciavali se non fosse stato garentito da' ladri, dagli assassini e dà quella desolante anarchia.

I componenti quel governo altro non seppero fare, che ordinare ad un canonico, certo Cirino Rinaldi, sedicente giudice della regia monarchia siciliana, di acquietare i siciliani, con la pubblicazione di una cicalata, in cui dicevasi, che il governo era tutto dedito al benessere del popolo; che que' mali erano passeggieri, ed i vantaggi imminenti, immensi e duraturi. La cicalata finiva con l'assicurazione che il governo era tutto ben disposto a favorir la Sicilia, che neppure avrebbe pensato ad abolire gli ordini religiosi ed annettersi i beni di costoro, come avea praticato in Piemonte ed in altre province di terra ferma.

La servile cicalata del canonico Rinaldi, oltre che saltava di palo in frasca, rivelava, che i siciliani non volevano aboliti gli ordini monastici, essendo i medesimi amati e rispettati in tutta l'Isola. Infine rivelava l'impotenza e l'insipienza di que' governanti a garentire le sostanze e la vita de' cittadini; tanto che la Camera de' deputati di Torino echeggiava di recriminazioni a causa dello stato anarchico in cui trovavasi la Sicilia. Per la qual cosa i liberali di buona fede maledicevano al loro operato a favore del Piemonte, ed i repubblicani, e con ragione, addebitavano tutti que' mali al governo *riparatore.* I soli gaudenti *ex martirio* e gli stranieri ben pasciuti gridavano in favore de' governanti e contro il popolo siciliano, dichiarandolo male educato, ingovernabile, barbaro e peggio; perlocchè avvennero risse e duelli con la peggio de' piemontesi.

I padroni dominanti da Torino, dopo tante dimostrazioni e proteste de' siciliani contro i governanti dell'Isola, il 15 aprile, tolsero il Montezemolo, e gli sostituirono il generale della Rovere, dandogli unità di comando civile e militare; temendo sempre uno scoppio terribile, una seconda edizione de' *vespri siciliani.*

Appena giunto in Palermo il nuovo luogotenente, varii paesi dell'Isola si rivoltarono col grido: *Morte a Cavour, fuori i piemontesi!* In Tusa, provincia di Messina, corse sangue, fu ucciso il capitano de' nazionali, un farmacista e varii cittadini: accorsero guardie nazionali da' vicini paesi e furono respinte dalla popolazione in armi. Il governo spedì truppa, e questa, al solito, inveì contro gl'innocenti mentre i rei erano diggià fuggiti. Nello stesso mese avvennero conflitti in Alcamo tra la forza pubblica ed i cittadini; il 22 maggio in Catania si gridò: *viva la repubblica!...* effetti del *plebiscito quasi unanime!*

Della Rovere, temendo di rendersi impopolare, nulla operò per infrenare quell'anarchia, cioè per mettere a segno i ladri e gli assassini, che si erano resi padroni della situazione, potendosi dir di loro che governavano da despoti col pugnale alla mano. Difatti nelle vie più popolose delle principali città, ladri e manigoldi assalivano le loro vittime in pieno giorno; basta dire che in Palermo l'ex questore Giovambattista Guccione, allora consigliere di appello, venne aggredito e ferito mortalmente avanti la sua abitazione, ma che poi guarì dopo non poco tempo. Il luogotenente, non volendo compromettersi, preferì l'anarchia alla repressione, e credette più conveniente dimettersi anzi che spiacere a' tristi.

I governanti di Torino, dopo varie ricerche, trovarono un generale Pettinengo per mandarlo proconsole in Sicilia, e spettatore indifferente di quello stato anarchico. Pettinengo accettò quel posto perchè sapeva esser prossima l'abolizione della luogotenenza siciliana, essendosi già abolita quella napoletana.

Siccome della Rovere, prima di lasciar Palermo fecesi fare archi di trionfo, dichiarando nel suo proclama di *addio* che lasciava simpatie nel popolo, allo stesso modo Pettinengo giunse ed esordì con proclamazione *agli italiani di Sicilia*, in cui fece pompa di madornali spropositi italianissimi. Quest'altro luogotenente imitò i suoi predecessori, lasciando sbrigliati i ladri e gli assassini, che gavazzavano a libito, uniformandosi a' fini del governo di Torino, che riteneva que' ladri e quegli assassini come un elemento di disorganizzazione in Sicilia, sufficiente ad impedire una rivoluzione contro il nuovo ordine di cose. Quando però intese che la disperazione era anche un elemento pe' siciliani per unirsi ed organizzare un altro *vespro*, la paura gli diè ardimento, ma contro i più pacifici cittadini. L'8 dicembre, in Palermo soltanto, fece arrestare trecento persone tra preti, frati, gentiluomini e popolani, stivandoli nelle carceri, e trattandoli come volgari malfattori, mentre costoro proseguivano le loro malvage opere senza essere molestati.

A tanti mali che straziavano la tradita Sicilia, si aggiunse l'altro della leva, terribile per quegl'isolani, non abituati a pagare il tributo di sangue. Il luogotenente ed i suoi subalterni, visto l'orrore che ivi si provava a servir nell'esercito, fecero predicare da' preti apostati, che la leva è un mezzo di civilizzazione e di ricchezza nazionale; applaudirono solamente quegli animi venduti, che si facevano appellar popolo. Oltre di che si davano pranzi municipali, ne' quali gavazzavano i soli patriotti gaudenti, facendo brindisi e discorsi encomiastici a' siciliani, pel grande entusiasmo che i medesimi mostravano di essere soldati del Piemonte. Nel medesimo tempo, che queste cose avvenivano, i governanti, a furia di telegrammi, annunziavano all'Europa intiera gli splendidi risultati della leva in Sicilia, ove i coscritti, invasi di santo entusiasmo, correvano sotto la bandiera sarda. Queste ed altre menzogne pubblicava un governo senza decoro, ma poteva solamente ingannare i gonzi; dappoichè si sapeva, che i coscritti o fuggivano su' patrii monti o emigravano a Malta; e quelli che già si trovavano incorporati ne' reggimenti, trovata l'occasione, fuggivano nel Veneto, negli Stati del Papa ed in Francia. Nonpertanto si doveva simular gioia; e quando gli agenti del governo, coadiuvati da' battaglioni, facevano qualche retata di renitenti alla leva, ordinavano che costoro entrassero ne' paesi e nelle città, con la banda musicale in testa, gridando: *viva l'Italia, viva la leva!* e guai a chi non si fosse uniformato agli ordini di quei carnefici!

L'Europa, dalle stesse statistiche officiali italiane, seppe il vero entusiasmo de' siculi giovani nel correre sotto la bandiera dell'Italia unita. Conciossiachè per la reclutazione del 1861, solo nell'Isola, si contavano 4897 refrattarii, più 2951 disertori, in tutto 7849: la Sicilia conta meno di due milioni e mezzo di abitanti. L'Europa seppe eziandio da' paesi rivoltati, a causa della leva, qual'era l'entusiasmo de' siciliani, argomentandolo altresì dalle pazze e sanguinose repressioni del governo *riparatore*.

Alzarono la voce anche i deputati più liberali, deplorando in pubblico Parlamento l'opera dissennata e tirannica degli agenti del governo, facendo palese varii fatti barbari, avvenuti in parecchi paesi, contro disgraziate famiglie, che altra colpa non avevano se non quella di appartenere a qualche renitente alla leva.

A causa della leva furono sciolte varie compagnie di guardie nazionali, dette il *Palladio della libertà*: in Palermo si volle sciolto l'8° battaglione. Per la medesima causa si rivoltarono Adernò, Biancavilla e Paternò, nella provincia di Catania, grossi paesi di ventimila abitanti ciascheduno. Trambusti e sangue in Mazzara, Sciacca e nella provincia di Trapani, con arsioni degli archivii comunali; feroci repressioni in Mezzoiuso, in Mezzagno, ed in altri paesi dell'altre sicule province.

Il modo di dar la caccia a' renitenti alla leva era degno degli agenti musulmani in pieno medio evo. Difatti la truppa, non aspettata, piombava repentinamente sopra un paese o una città, l'accerchiava, vietando l'uscita a qualsiasi persona, anche alle donne ed a' fanciulli; indi visitava minuziosamente tutte le case, arrestando gli uomini fra venti e trent'anni; e questi dovevano provare non essere renitenti alla leva. Figuratevi lo spavento de' tranquilli cittadini, e più di tutti delle donne e de' fanciulli! I giovani, riconosciuti renitenti, erano ligati come malfattori, ed imbarcati per Genova; e riunendone grandissima quantità in poco spazio, parecchi perivano nella traversata. Fu quello il più amaro frutto che colsero i siciliani dalla rivoluzione, fatta contro il patriarcale governo de' Borboni, per darsi in balìa a feroci padroni, scesi dalle Alpi Cozie come lupi famelici.

Col finire del 1861 gli animi di quegl'isolani erano già al colmo dell'inasprimento contro i nuovi dominatori. In varie località si stracciavano gli avvisi governativi, e si protestava in tutti i modi contro gli ordini pazzi e neroniani, gridandosi eziandio: *abbasso la leva, fuori i piemontesi, viva la repubblica!*

Il 1° gennaio 1862, varii cittadini armati si riunirono nel villaggio Fraginesi, presso Castellamare di Palermo, città di tredici mila abitanti, e con grida di *viva la repubblica* entrarono in quell'abitato. Il giudice si nascose, il delegato di polizia Fundaro, il comandante Borroso e varii uffiziali della Guardia nazionale vollero opporre resistenza a' sollevati; onde che furono uccisi quel comandante con la figlia e due uffiziali, bruciandosi a' medesimi le loro abitazioni e quelle di un

Calandra e di un Asero. I sollevati arsero eziandio l'archivio comunale, impossessandosi del denaro pubblico; disarmarono la forza, stracciando le divise de' carabinieri e distruggendo gli stemmi sabaudi. Scelsero a lor capo un Pietro Lombardo, e questi si cooperò a non far versare altro sangue, mentre si uccideva al grido: *morte a' piemontesi!* Salvò il sindaco ed il delegato di polizia: in ultimo si cantò il Tedeum per la repubblica.

I soldati, i carabinieri ed i compagni d'armi, che trovavansi nella vicina Alcamo, corsero a Castellamare del Golfo per esercitare le solite pazze e sanguinose repressioni contro i cittadini innocenti; ma i sollevati li fugarono, uccidendo un Antonio Valvaro, comandante i compagni d'armi, un Bocchino sergente, sei soldati, e facendo 16 altri soldati prigionieri, già feriti, tra cui il tenente Cesarone.

Alla notizia de' fatti di Castellamare, mandata col telegrafo da Alcamo, il luogotenente Pettinengo trepidò, sapendo l'indole sicula in fatto di rivoluzioni contro il potere esistente; e forse erasi ricordato de' disgraziati casi del conte Maffei, Luogotenente di Vittorio Amedeo II, duca di Savoia e re di Sicilia.[3] Egli giustamente temeva che la rivolta di Castellamare fosse il segnale de' minacciati *vespri*, quindi diede gli ordini in fretta per soffocarsi a qualunque costo la reazione o rivoluzione di quella città. Spedì il generale Quintini con truppa, imbarcata sul piroscafo Monzabano, ed ordinò che un battaglione da Trapani marciasse dalla parte di Calatafimi, e così mettere in due fuochi i sollevati.

Quintini, appena sbarcato, attaccò i rivoltosi, i quali l'assalirono e si difesero con gran valore, uccidendogli molti soldati con un capitano, Mazzetti, e ferendogliene una gran quantità. La mischia sarebbe stata fatale a' piemontesi, se costoro non avessero portato due cannoni, che tiravano a mitraglia, e senza considerazione, contro l'abitato e contro i cittadini inermi; per la qual cosa i sollevati, si ritrassero su' monti.

Il generale Quintini, senza inseguir coloro che gli avevano recato serii danni, usò la stessa comoda tattica de' suoi colleghi del Napoletano, cioè inveì contro gl'inermi e pacifici cittadini. Difatti, appena entrato in Castelamare, arrestò sette persone, tra cui il prete D. Benedetto Palermo, che uscivano dall'abitato per timore del bombardamento, e li fucilò, senza indagare se pur fossero rei o innocenti. Parecchi di coloro che non avevano preso alcuna parte in quella rivolta patirono sevizie selvaggie e carcerazioni; e dopo tre anni che languito avevano in luride e spaventevoli prigioni, furono da' tribunali dichiarati innocenti e posti in libertà. Pochi furono i condannati e con pene troppo severe, e tutto ciò per dare in parte ragione all'arbitrio sol-

[3] Vedi di Blasi *Storia de' Viceré*, e Mongitore *Diario palermitano*.

datesco. Così i nuovi padroni trattavano i siciliani, dopo che avevano predicato a' medesimi lo strano diritto che hanno i cittadini di far la rivoluzione contro il potere costituito.

Un mese dopo la ribellione di Castellamare, proprio il 1° febbraio 1862, si eseguì il decreto che aboliva la luogotenenza siciliana. I giornali dell'Isola, venduti al governo, strombazzavano la gran contentezza di quegl'isolani per essere stata ridotta la Sicilia a provincia del lontano Piemonte. Gli scrittori di que' giornali fingevano, o si erano dimenticati, che due anni prima avevano ristuccata l'Europa, piagnucolando perchè i Borboni non avevano accordato intiera autonomia a quell'Isola, e che essi volevano emancipata totalmente da Napoli per principii e per necessità politica ed economica; asserendo, e con ragione, che la Sicilia, per la sua posizione, per l'indole de' suoi abitanti, per la sua Storia e per le sue risorse, era sufficiente a sè stessa.

L'ha già detto D. Ippolito, ma giova ripeterlo: pe' rivoluzionarii il bello e il buono, il giusto e l'onesto, non hanno nessun valore intrinseco, ma l'hanno soltanto in tutto ciò che a loro giova, poco curandosi dei veri bisogni e del vantaggio del popolo: essi, con un impudenza tutta lor propria, vi schiccherano oggi una farragine di teorie in contraddizione di quelle che ieri ci avevano sciorinate con grande sicumera. Perchè i medesimi non istavano alla mangiatoia dello Stato, sotto il regime borbonico, la Sicilia era allora infelicissima, dipendendo da Napoli, malgrado che avesse una Luogotenenza con un direttorio di varii dicasteri; ridotta a vera provincia di una lontana capitale inferiore a Palermo, l'affare andava bene, sol perchè il proprio andava benone.

Il generale Pettinengo, prima di partire, fu prodigo di encomii al Municipio palermitano; e questi lo compensò con indirizzi di lodi, niente meritati, dappoichè quel luogotenente lasciava Palermo e la Sicilia, il 2 febbraio 1862, in uno stato di anarchia peggio di quando egli vi giunse. Luogotenente e Municipio s'incensavano a vicenda, coprendo in tal guisa i loro errori ed orrori. Cosi gabbavano l'opinione pubblica, ovvero i gonzi.

Qui dò fine alla mia narrazione, e lascio la parola al nostro reverendo D. Ippolito per continuarla, fino al giorno d'oggi, avendo dimostrato co' fatti al sig. barone di Desmet, che i siciliani non sono stati trattati meglio dei napoletani da' nostri nuovi padroni. –

La signora duchessa di *C.* pregò il nipote di raccontare il tentativo di Garibaldi contro Roma, che poi andò a finire ad Aspromonte; dappoichè quel giovine, avendo fatto parte della spedizione garibaldesca, era nel caso di far conoscere al signor barone la verità de' fatti, avvenuti in quel tempo, molto travisati dai giornali italiani ed esteri. La preghiera della zia fu accettata dal nipote; ed anche io prego i miei benevoli lettori a leggere nel seguente capitolo la narrazione fatta dal giovine palermitano a quella distinta società, degli avvenimenti di quella spedizione finita ad Aspromonte.

CAPITOLO V

Il giovine riprese la narrazione, dicendo:

– In Sicilia gli affari del governo andavano male, malgrado che questo avesse mandato in Palermo il principe Amedeo per visitarla in cambio del re suo padre, che si trovava male in mezzo a quegl'isolani, forse perchè i medesimi, secondo lui, sono ignoranti. Al principe reale gli si fecero dimostrazioni col grido di *viva Amedeo re di Grecia!* Quel grido fu una barocca malizia dello stesso governo; il quale, preparando allora la spedizione garibaldesca contro Roma, voleva far credere a' francesi che fosse diretta contro la Grecia, a cui il partito di azione avrebbe voluto destinare per re il medesimo principe Amedeo. Però le ciarle e le rodomontate, fatte da Garibaldi nelle città dell'alta Italia, accompagnate da' proclami di Mazzini, chiaro facevano vedere che la spedizione non era contro la Grecia, invece contro Roma e Venezia. I rivoluzionarii, esaltati dalle parole del loro duce e da' proclami dell'*apostolo dell'idea*, uniti a' repubblicani puro sangue, speravano sbarazzarsi de' padroni di Torino, dandosi anima e corpo alla repubblica mazziniana, col pretesto di liberare Roma e Venezia.

Garibaldi, sia in realtà o in apparenza, era stato minacciato dal governo subalpino, perchè predicava quanto aveva affermato solennemente il Parlamento, cioè la conquista di Roma e Venezia; ma egli, poco curandosi di quelle minacce, proseguiva il suo *apostolato*, scagliando eziandio insulti plateali contro il Bonaparte e contro l'Austria. Tutto ciò fece sospettare esser quella una commedia, simile all'altra degli antichi *Beati Paoli* di Palermo, o una seconda edizione del viaggio da Genova a Marsala.

L'ex-dittatore, dopo di aver messo su il partito di azione dell'alta Italia, in cambio di riunirlo e marciar contro i tedeschi, come avea promesso, trovò più comodo correre a Palermo per agitar tutta l'Isola, e da colà marciar sopra Roma, seguito dalla esaltata gioventù sicula. Sbarcò, non aspettato, nel porto di Palermo, la sera del 28 giugno 1862, quando tutti supponevano di essersi ritirato in Caprera. Con quale turbine di acclamazioni fu ricevuto dai suoi aderenti, ognuno potrà immaginarlo, conoscendo l'entusiasmo de' siciliani tanto nel bene quanto nel male.

Malgrado che il tiro al bersaglio fosse stato colà proibito dal governo, Garibaldi lo inaugurò senza curarsi di nulla; indi eruttò le solite contumelie contro i preti e contro il Papa dichiarando di volersi disfare da quegli e da questo; finì la cicalata con invitare i suoi commilitoni a seguirlo nell'eterna città.

I governanti di Torino, or imitando il lupo ed or la volpe, per non attirarsi lo sdegno del despota della Senna, spacciavano che Garibaldi riunisse i suoi antichi e nuovi dipendenti per condurli in Albania e far guerra contro la Grecia; ed infatti, come ho detto, aveva fatto gridare alla compra marmaglia palermitana: *viva Amedeo re di Grecia!* L'ex dittatore però li sbugiardava co' suoi tronfii discorsi, proseguendo a dir contumelie contro Napoleone III, e minacciando i francesi di guarnigione in Roma. Una di quelle filippiche plateali la eruttò nel *Foro italico*, l'8 luglio, alla presenza del Prefetto Pallavicino, che ivi assisteva ad una rivista della Guardia nazionale. Fu quello un degno guiderdone, dato al Bonaparte, che aveva scatenata e protetta la rivoluzione, intronizzandola in Italia.

Il governo, per meglio coadiuvare l'opera di Garibaldi, mandò in Palermo il generale Medici, tutto garibaldino, in qualità di comandante la Guardia nazionale. Non contento ancora spedì da Genova due navi, cariche di armi e munizioni, e queste, appena giunte nel porto della sicula capitale, furono trasbordate sopra piccole barche e mandate a Messina: tutto ciò dimostrava la solita lealtà de' governanti di Torino.

In quanto a quella trista volpe di Napoleone III, si disse, che era di accordo col Rattazzi, capo allora del ministero italiano; e che mentre si atteggiava a vittima per la difesa del Papa, anche con soffrire in pace le contumelie garibaldesche, avrebbe protestato diplomaticamente; ma poi, per evitare un conflitto tra nazioni amiche, avrebbe eziandio ritirate le truppe da Roma, per riconoscere infine i *fatti compiuti*. Da un Luigi Bonaparte era da attendersi qualunque tradimento e qualsiasi infamia, però la guarnigione francese di Roma, ritenendo coprirsi d'onta e di vituperio, ritirandosi di fronte alle camicie rosse, alzò la voce contro Garibaldi e compagni, come fecero i cattolici ed il clero di Francia: e tutti protestavano contro il tradimento che ordito a danno del Sommo Gerarca, gettava nel fango il nome e l'onor francese.

In Napoli, come ben potete ricordare, era piombato in quel tempo uno sciame di avventurieri, pronti a vendersi al miglior offerente; e furono comprati ed arrollati per ignota spedizione, con ignoti condottieri. Il Prefetto, affin di salvare le apparenze, emanò un bando ad acqua di rose, in cui anche diceva: che « *i tristi potrebbero abusare del gran nome di Garibaldi*, per trarre i semplici nelle loro fila ». – Insomma, con la solita *lealtà* si cercava di gettar tutta la colpa addosso al partito borbonico!

Il ministro Rattazzi, per meglio ingannare i gonzi, si fece interpellare da due deputati, Boggio ed Alfieri, e così ebbe l'opportunità di protestare contro le parole ed il programma di Garibaldi, assicurando che avea dato gli *ordini opportuni* per far rispettar la legge. Gli *ordini opportuni* si ridussero a sequestrare i giornali, che avevano stampato i fasti e le filippiche garibaldesche, ma dopo che ne erano state vendute tutte le copie. Fece dippiù pubblicare una dichiarazione sull'ufficioso giornale La *Monarchia Nazionale*, con la quale rendeva noto, che il governo del re non avrebbe nè aiutata nè tollerata una spedizione garibaldina sia contro Roma sia contro la Grecia: vecchie commedie, simili a quelle che fecero *una* l'Italia!

Intanto i pacifici cittadini di tutta la Penisola erano allarmati da' proclami di Mazzini e da' discorsi di Garibaldi, gli uni e gli altri avrebbero potuto tirarci addosso grossi guai, mettendosi i loro piani in esecuzione, un intervento straniero sarebbe stato certo in Italia; difatti una squadra francese sorvegliava ostilmente i paraggi dello Stato del Papa. Oltre di che gl'incitamenti sediziosi di que' due capi settarii avevano vieppiù esaltato il partito d'azione, che già cominciava a comandar da padrone co' suoi soliti mezzi. In effetti in Milano non era permesso a' pacifici cittadini di uscir di casa, pena il pugnale, senza portare scritto al cappello: *abbasso Napoleone III, abbasso il Papa-re!* La *Stampa*, rivoluzionario di Torino scriveva e pubblicava: « Non vi sono più autorità, tutto fa la gente di piazza ».

In Sicilia più d'ogni altra provincia incrudeliva l'anarchia, essendo una necessaria conseguenza dell'opera di Garibaldi; dappoichè costui diceva a' siciliani di non obbedire al governo, ma a lui, che dava la libertà (del male). Lo stesso Crispi in pieno Parlamento affermò e dimostrò, che, in soli 20 giorni si erano perpetrati in quell'Isola 262 gravi e crudelissimi delitti. La sopra citata *Stampa* di Torino fece in quei giorni una descrizione orribile dello Stato della Sicilia.

Mentre quell'Isola, ed anche l'Italia tutta, era ridotta in quello stato desolante, cioè all'interno col governo di piazza, all'estero discreditata e minacciata di un intervento straniero, che cosa facevano Rattazzi e gli altri ministri? Oh! (sia detto in parentesi) quel sapientissimo ministero era tutto dedito a combattere altri nemici immaginarii: i preti, i frati ed i vescovi erano il suo terribile incubo. Vi par poco? Difatti il ministro di grazia e giustizia, Conforti, emanava circolari, ordinando a' procuratori generali, di colpire *senza indugio*, i preti, i frati ed i vescovi, che avessero tendenze contrarie alle vedute del governo, cioè se si fossero permesso di confortare il tribolato Pontefice con indirizzi, che incoraggiavano la sua resistenza a non cedere il potere temporale. Ordinava eziandio a' medesimi procuratori generali d'incoraggiare con ogni assistenza i preti ribelli a' proprii vescovi; e ciò in conseguenza dell'*ordine morale* inaugurato in Italia da' *moralissimi nostri redentori*.

Garibaldi, profittando della vera o finta debolezza de' ministri, i quali in cambio di *far rispettare la legge* si occupavano di affari di sagrestia, e quali novelli D. Chisciotti, combattevano contro i mulini a vento, con istancabile solerzia formava un esercito di camicie rosse; ed il prefetto di Palermo, Pallavicino, conscio forse della commedia recitata da Rattazzi, l'aiutava con tutt'i suoi mezzi. Egli poi girava varii paesi e città della Sicilia, predicando ovunque i nuovi *vespri* contro i francesi di Roma, e continuando ad eruttar contumelie contro Napoleone III. Volle visitar Marsala – la vanità è anche merce degli eroi – ed ivi, con discorso violento, tante ne disse contro il Bonaparte, che lo stesso giornale il *Diritto* non credette conveniente riportar tutte intere quelle filippiche. Ivi si fecero da' garibaldini stravaganti e sagrileghi giuramenti; in fine, tutti, con la destra sul cuore, gridarono: *Roma e Venezia son nostre!* e poi: *o Roma o morte!* [1]

La ridicola scena di Marsala fu scimiottata dai rivoluzionarii di Milano, di Firenze, di Livorno e di Genova. In quest'ultima città i mazziniani andarono a rinnovare la scena di Marsala sotto il palazzo del console francese; senza essere stati impediti degli agenti del governo. Colà urlarono: *Vogliamo Mazzini! viva Garibaldi! abbasso Napoleone! Napoleone all'inferno! o Roma o morte!*

Il governo nulla vedeva, nulla udiva di quelle selvagge e pericolose scene. Vi pare! I *padri della patria* poteansi occupare ad impedire que' saturnali dei loro aderenti, mentre essi trovavansi affaccendati in affari di sagrestia, elaborando leggi draconiane contro il clero italiano, ritenendolo qual novello Annibale alle porte di Roma?

I vituperii, le minacce e le spavalderie di Garibaldi contro Napoleone non aveano scosso costui, e neppure il giornale *ufficiale* di Parigi ne avea fatto motto; però i clamori e le proteste dell'esercito e de' cattolici di Francia, fecero conoscere a quel tristo imperatore, che non sempre, ed impunemente, si poteva trascinar nel fango l'onore di quella grande nazione per favorir la setta rivoluzionaria. Fu allora che il fattore e tutore dell'Italia rivoluzionaria diede ordine a' governanti di Torino di far finire la commedia garibaldesca di Sicilia, se i medesimi non avessero voluto farla degenerare in tragedia.

Rattazzi, obbedientissimo al papà di Parigi si affrettò di dare i primi ordini opportuni, ingiungendo al prefetto di Palermo, generale Pallavicino di chiedere le sue dimissioni, perchè il medesimo avea coadiuvato le pazzie e le fanfaronate di Garibaldi, sostituendolo col de Ferrari, col titolo di reggente la Prefettura di Palermo. Costui pubblicò il suo bando come al solito, ad acqua di rose; in cui diceva, che le camicie rosse ritornassero alle loro case, e che il gene-

[1] Non ebbero nè Roma nè Venezia, come appresso vedremo; e per non adempiere alla seconda proposizione del loro dilemma, fuggirono più che lepri. Quelle due città le acquistò poi il governo: Venezia, a premio della disfatta di Custoza e di Lissa; Roma, profittando del capitombolo del suo *magnanimo alleato*, e delle sventure della Francia.

rale Garibaldi *era un nome caro all'Italia.*

Siccome gli ordini fioccavano da Parigi per infrenare la tracotanza di Garibaldi, Rattazzi spedì a Palermo il generale Cugia, accompagnato da varii battaglioni, ma senza dargli quelle istruzioni energiche che richiedevano le circostanze; sperando di ritrar qualche eventuale profitto dalle stesse intemperanze e pazzie dell'ex dittatore. Nel medesimo tempo, senza alcun bisogno, solo per ingraziarsi il padrone di Parigi, fece partire la flotta da Napoli, per recarsi nel porto di Palermo in atteggiamento ostile: così giuocava a doppia partita *aspettando gli avvenimenti.*

Garibaldi, che sa evitare le zuffe serie, al sentir l'arrivo di Cugia in Palermo e quello della flotta, raccolse la sua gente, e si recò nel bosco della Ficuzza, ove formò un campo che volle chiamar militare. Da colà emanò un ordine del giorno a' suoi dipendenti, ben condito delle solite stomachevoli frasi, rammentando eziandio i suoi facili trionfi del 1860 – Ma disgraziatamente per lui i Landi, i Lanza, i Clary, i Gallotti, i Briganti, i Ghio e simili generali avevano ricevuto il meritato guiderdone, e diggià avevano venduto le loro uniformi e le loro spade a' rivenditori di bassoporto in Napoli.

Cugia, essendo stato fatto prefetto, in sostituzione di de Ferrari, e comandante le armi, mandò ordini fulminanti a Garibaldi, dicendogli di sciogliere le sue bande; e per meglio avvalorarli minacciava pene esemplari a' subalterni del medesimo; e difatti spedì alla volta della Ficuzza alcuni battaglioni con cavalleria ed artiglieria. Osservate ora l'equità del generale Cugia; egli minacciava pene esemplari a' subalterni di Garibaldi, ed a costui, che si era ribellato a' poteri costituiti, ed era causa di tutti que' trambusti, lo lasciava tranquillo!

Taluni garibaldini, o impauriti o disingannati, depositarono le armi, e ritornarono alle loro case; Garibaldi, ostinandosi ne' suoi stolti propositi, respinse i consigli e le preghiere del duca della Verdura e di un suo amico, della Loggia, incaricati da Cugia; ricusò pure una lettera del generale Medici. In conseguenza di che, con soli 500 volontarii, che gli erano rimasti, si mosse verso l'interno dell'Isola. Non pochi personaggi, che bene conoscevano l'ex dittatore, sospettarono che tutto ciò altro non fosse che una delle solite commedie; e la marcia dell'esercito garibaldesco, dalla Ficuzza a Catania, confermò quel sospetto.

A tanta aperta ribellione del *generale* Garibaldi, il governo, che avrebbe potuto metterlo in sonno con pochi soldati, senza recar poi tanti danni a varie famiglie siciliane e del continente, altro non fece che pubblicare un bando del re, in data del 3 agosto, in cui si diceva in buoni termini, che al solo governo di Torino era concesso il diritto di portar la guerra e la rivoluzione negli altri Stati.

Anche il ministro della guerra, generale Petitti, diresse un ordine del giorno all'esercito, che si compendia in queste due frasi: « Soldati! vi sono ribelli in Italia, voi farete il vostro dovere ». Ordini e misure sempre ad acqua di rose, trattandosi d'infrenare i veri sovvertitori dell'ordine pubblico, cioè coloro indirettamente o direttamente esponevano l'Italia ad una memoranda e certa catastrofe, e gli stessi italiani a' cruenti effetti della guerra: ma si osava tutto, perchè erano freschi i ricordi de' facili trionfi del 1860.

Al bando reale il partito di azione rispose con un frenetico indirizzo a Vittorio Emmanuele, coperto di migliaia di firme; dicendosi allo stesso, che era tradito, e che, se avesse fatto aggredire l'uomo *provvidenziale* da' suoi soldati, sarebbe stato ciò il segnale della guerra civile, fatalissima alla monarchia.

Le cose erano giunte ad un punto, che il governo avrebbe dovuto prendere una risoluzione energica, lasciando le mezze misure; cioè o infrenar Garibaldi, o agevolarlo apertamente, ma invece rimase esitante ed indeciso, almeno in apparenza.

Rattazzi mentre minacciava di voler punire esemplarmente i garibaldini, permetteva che altri giovani accorressero da tutta l'Italia per ingrossar le file garibaldesche in Sicilia. Gli stessi giornali francesi ne designavano il numero ed i legni che li conducevano in quell'Isola. Soltanto il ministero di Torino fingeva di tutto ignorare; ed in tre mesi non trovò il mezzo di far finire quella commedia, cominciata contro il Veneto, e che diggià era prossima a degenerare in tragedia per l'Italia rivoluzionaria.

Come ho accennato; non a torto si supponeva, che Rattazzi avrebbe voluto dar soddisfazione a Napoleone III, anche fucilando Garibaldi; dall'altra parte però, approfittando delle circostanze, avrebbe eziandio voluto sfruttarle, con dire, essere una necessità il possesso di Roma per l'Italia, affin di soddisfare le aspirazioni degl'italiani. Tutto ciò lo confermavano i giornali governativi di allora; i quali non si peritavano di dire alto e senza reticenze, che l'Italia non troverebbe pace fino a che la città de' Pontefici non fosse abbandonata alla rivoluzione.

Garibaldi, poco curandosi de' bandi ministeriali e di quelli del re, marciava nell'interno della Sicilia, dopo di avere diviso la sua gente in tre bande, che moltiplicavansi sul loro cammino. Una di quelle comandata da suo figlio Menotti, la diresse alla volta di Castrogiovanni; l'altra sotto gli ordini di un Bentivenga, e la terza, sotto i suoi immediati comandi le avviò per Caltanissetta.

Giunto a Rocca Palumba, fu ricevuto con frenetiche acclamazioni da' suoi partigiani; ed egli, al solito, da un balcone, gridò: « *O Roma o morte! Voglio* Roma! *Vado* contro la Francia, perchè mantiene il Papa ed i briganti. L'Inghilterra ci aiuta. (Questi redentori invocano sempre il braccio dello straniero, e poi dicono che sono i preti e il Papa che lo invocano!) Se riesco, tanto meglio, altrimenti, piuttosto che cedere, *distruggerò l'Italia che ho fatta* ». Minacce da D. Chisciotte e voti di marinaro, come appresso sentirete.[2]

Da Rocca Palumba scrisse a' *bravi* calabresi, invitandoli ad armarsi, cioè di *prepararsi un ferro*, per seguirlo. Mandò un proclama a Parigi ed un altro agli ungheresi, incitandoli a ribellarsi contro i loro governi, affin di aiutarlo a compiere la sua missione. Altri simili discorsi e fanfaronate eruttò il nostro eroe in tutti i paesi che percorse fino a che giunse a Catania; nè mi darò la pena di ripeterli perchè sono tutti dello stesso stampo.

La banda di Bentivenga era seguita, a poca distanza, da 120 soldati di linea, e senza che costoro la molestassero. Però, presso Bivona, per un malinteso, si venne a sanguinosa zuffa; e questa sarebbe stata micidiale, se i 1200 *valorosi* di Bentivenga, convinti che si faceva davvero, non se ne fossero fuggiti a fiaccacollo, lasciando sul terreno qualche morto e 70 fucili. Ciò fu di avviso a Garibaldi; perlocchè costui riunì le sue bande, sotto il suo immediato comando, e marciò per Marianopoli, ove ebbe un abboccamento col console inglese.

Il 10 agosto giunse in Caltanissetta. Il de Mauro prefetto di quella provincia, dopo avergli organizzata una clamorosa acclamazione, se ne andò in campagna con l'altre autorità e con le milizie, per salvar le apparenze. In Castrogiovanni si recitò la stessa commedia, e così in tutti gli altri paesi e città fino a Catania.

Garibaldi, nella sua comoda marcia, era seguito da un buon numero di battaglioni, comandati dal generale Ricotti; il quale si studiava di non sbarrargli mai la via, ma invece sembrava che gli facesse corteggio. Si è perciò che il nostro eroe, senza esser profeta, rispondendo alle interrogazioni de' suoi dipendenti disse: « Non temete alcun conflitto co' soldati, perchè essi non riceveranno l'ordine di farci fuoco addosso, *e se lo ricevessero non sarebbe eseguito* ». Veramente fu quella una profezia a metà, e sarebbe stata intiera se gli ordini imperiosi del magno padrone di Parigi, non avessero spaventato i sotto padroni di Torino.

L'ex dittatore e redentore delle Due Sicilie, la sera del 19 agosto, giunse a Catania, dopo di essere stato incontrato fino a Misterbianco, quattro miglia lontano da quella città, con fiaccole ed acclamazioni clamorose; tutto preparato da quel buon prefetto. Il quale, dopo di aver dato ogni ordine e disposizione per ricevere il novello padrone, erasi ritirato sulle navi, ancorate in quel porto, e seguito da tutte le autorità.

In Catania Garibaldi volle riprendere il titolo di dittatore; dopo di che s'impossessò del castello, perchè le navi sarde finsero di voler bombardare la città: – che commedie!... Facendo uso della sua potenza dittatoriale, impose delle contribuzioni in danaro per la *santa causa*, in compenso abolì la tassa di *Registro e Bollo*; però questa si pagava a piccole rate e all'occorrenza, quelle dovettero pagarsi tutte in una volta ed a grosse somme; senza dire che l'abolizione della

[2] Se Garibaldi, per un dispetto da biricchino, avesse *distrutta l'Italia che aveva fatta*, oggi potrebbe godere dei due milioncini, insieme con la sora Checca?

suddetta tossa durò pochi giorni.

Saputasi telegraficamente in Torino l'occupazione di Catania fatta dalle bande garibaldesche, Rattazzi fece decretare dal re lo stato di assedio per tutta la Sicilia, e Cugia lo pubblicò, in Palermo, il 20 agosto, con un bando a' siciliani, questa volta molto accentuato contro Garibaldi, chiamandolo r*ibelle, seguito da una mano di anarchici*. Era questa la seconda edizione del 1860, quando Cavour diè del *filibustiere* al nostro *eroe*, in un dispaccio diretto al governo di Napoli.

Rattazzi, volendo fare sfoggio di grande energia, perchè gli veniva imposta da Parigi, mandò in Palermo il general Cialdini, reputato astioso al bis-dittatore, in sostituzione di Cugia, ed in qualità di commissario straordinario per l'isola di Sicilia. Mandò altri venti battaglioni, con batterie di cannoni e cavalleria; e per ultimo fece decretare il blocco effettivo per l'Isola, dandone partecipazione ai ministri esteri. Pur tuttavia era un chiedersi l'un l'altro, se tutto quell'apparato di forze contro Garibaldi, e tutte quelle disposizioni di estremo rigore non fossero una commedia. Tutto ciò dimostra in qual concetto di lealtà si aveva il governo italiano; il quale faceva soffrire tanti immensi danni alla sventurata Sicilia, in conseguenza di una politica fedifraga e scellerata, ed infine per dimostrar la sua pecoraggine all'attonita Europa.

Lo stato dell'infelice Sicilia in quel tempo specialmente moveva a pietà, ma a quanti non erano ministri del Regno d'Italia. Un gran numero di famiglie erano in un' ansia estrema; dappoichè giovanetti imberbi, adescati da' soffioni della setta, fuggivano dalle case paterne, ed andavano ad ingrossar le bande garibaldesche. Si vedevano sorelle, giovani spose, padri e madri piangenti, desolati, disperati, cercare i loro cari e non trovarli; quindi imprecazioni contro Garibaldi, mentre costui era freneticamente acclamato dagli ambiziosi e nullatenenti, che volevano pescar nel torbido per far rapide fortune, imitando gli altri *patriotti* affamati, e poi arricchiti nel 1860.

In Napoli dimostrazioni mazziniane-garibaldesche da insospettire il prefetto Lamarmora; il quale in un bando esortava i napoletani a star tranquilli, dovendo egli *star fermo e far rispettar la legge*. Per dare un saggio della sua severità, fece arrestare, come complici di Garibaldi, tre deputati, cioè Fabrizi, Mordini e Corvino, dippiù l'apostata Pantaleo, già *Cappellano maggiore* del dittatore delle Due Sicilie: tutti quattro furono chiusi nella segreta del Castel dell'Uovo.

Il deputato Ricciardi, in una lettera pubblicata dal *Movimento di Genova*, tra le altre cose diceva, riguardo all'arresto di que' deputati: « Era dunque riserbato al governo del re d'Italia, al ministero presieduto dal comm. Rattazzi, la gloria *di far ciò che Ferdinando II non ardì nel 1848?* L'arresto de' miei colleghi è certo l'atto più enorme che sia stato commesso in questi tristissimi giorni, la flagranza non potendo per verun modo essere dimostrata nel caso loro ».[3]

Come in Napoli, così nelle province si gridava: *viva Garibaldi!* e col ritornello, *o Roma o morte!* In Calabria si costituirono comitati garibaldini, e bande di volontarii si riunirono in Capitanata, in Terra di Lavoro e nel Chietino, pronte ad ingrossar l'esercito del bis-dittatore, appena costui fosse passato sul continente.

L'eroe, nel vedere che tutto andavagli a seconda i suoi fini, si affrettò di passare in Calabria, imbarcando 2000 de' suoi sopra navi americane, diggià noleggiate; sopra altro bastimento maltese riunì altri volontari, comandati da Menotti e da Nicotera. Dopo di avere usato l'astuzia e poi la forza, s'impossessò del piroscafo francese il *Generale Abbatucci*; sul quale imbarcò altra sua gente. Egli poi, la notte del 24 al 25 agosto, con una eletta legione, salì sul piroscafo *Dispaccio*, e tragittò a Melito, circa 13 miglia lontano da Reggio.

Gli uffiziali della squadra sarda, che vegliavano nel porto di Catania, e sorvegliavano quei paraggi, non videro l'imbarco di 3000 uomini sopra varii grossi bastimenti, neppure l'uscita de' medesimi da quel porto. Essi, per altre ragioni, imitarono que' traditori uffiziali della marina napoletana, quando il medesimo Garibaldi passò lo stretto dì Messina, ed essi tenevano crociera presso Reggio.

Saputosi in Napoli lo sbarco, lo stato di assedio si estese anche alle province napoletane; e così il *governo riparatore*, per la paura che mostrava avere di Garibaldi, sottometteva alla legge stataria dieci milioni di abitanti, che si erano dati a lui con *plebiscito quasi unanime*, e che in realtà poi, meno poche eccezioni, tutti abbominavano il *redentore* e la sua sacrilega spedizione contro Roma. Nelle altre città italiane si fecero simili e più violente dimostrazioni. Intanto le cose erano talmente intralciate da far perdere il bandolo al più sapiente o astuto diplomatico. Difatti mentre si riteneva esser quella una commedia rattazziana, purnondimeno sembrava che la *questione romana* fosse un mero pretesto, e che il moto rivoluzionario fosse direttamente contro Casa Savoia, come bene osservò la *Gazzetta del Popolo* di Torino. Confermava questa seconda supposizione lo stesso governo, che scioglieva *le società nazionali democratiche per l'emancipazione italiana*, dopo che per lo innanzi le avea tanto favorite.

Garibaldi, al suo sbarco in Calabria, fece precedere un bando agl'italiani, in cui diceva, che obbediva al re, ma dichiarava guerra al ministero Rattazzi, che, per ingraziarsi il despota della Francia, non rifuggiva d'involger l'Italia nella più truce guerra civile. Per la qual cosa chiamava tutti i veri italiani sotto la sua ban-

[3] Bravo! signor conte, voi siete stato uno dei pochi deputati e siete uno de' pochissimi liberali che io ammiro, perchè noi andiamo alla stessa meta: il bene della nostra patria; ma disgraziatamente andiamo per vie opposte. Però in voi l'errore non è l'effetto della pravità del cuore, ma vera allucinazione dell'intelletto; quindi non è difficile ricredervi...... ed io ho fede in Dio onnipotente che un giorno vi dia lumi, anche pel bene di questa nostra straziata Italia.

diera, dovendo entrare in Roma da vincitore; e che se mai fosse rimasto vittima, era certo che i suoi l'avrebbero vendicato. – Che baie!

Il bis-dittatore, dopo di avere strombazzato, come ho detto, che il governo voleva la guerra civile, rispondendo ad una deputazione di reggiani, per confortarli, soggiunse: che gli screzii fra lui e Rattazzi erano tutte commedie. Nonpertanto, saputo che in Reggio erano soldati che si dovevano battere contro di lui, se fosse passato da quella città, prudentemente prese la via de' monti, riflettendo che il mestiere di far l'eroe a quel modo non era esente da pericoli.

Le orde garibaldesche, la sera del 28 agosto, si accampavano affamate sopra Aspromonte, e propriamente al luogo detto i Forestali, sempre inseguite dalle truppe italiane e odiate dalle popolazioni, ricordevoli del bene che le si era arrecato nel 1860.

Il 29, dopo che si ebbe un poco foraggiato per quei vicini paesi, verso mezzo giorno, Garibaldi ordinò di levarsi il campo, e tutti si diressero dalla parte di una foltissima foresta di pini. Ivi appunto trovarono di fronte un battaglione sardo sotto gli ordini del generale Pallavicino, che sbarrava la via al bis-dittatore.

Il fatto di quella comica zuffa tra *fratelli* fu raccontato in vario modo; i garibaldini dissero, che i soldati furono i primi a far fuoco contro di loro, e gli scrittori di parte governativa assicurarono tutto il contrario. Però i giornali di altri colori pubblicarono, che i garibaldini tirarono le prime fucilate contro la truppa, e questa, dopo un accanito combattimento, prese alla baionetta le posizioni di quelli.

Io son di avviso che i garibaldini furono i primi ad attaccare; generalmente i volontari novelli son facili a faro uso delle armi alla minima circostanza. Difatti da un rapporto, scritto il 31 agosto dallo Stato Maggiore garibaldesco, a bordo della pirofregata *Duca di Genova*, si rileva, che Garibaldi aveva dato ordine di « non farsi fuoco contro i fratelli della truppa regolare, ma che taluni giovanotti, nuovi al mestiere delle armi, cominciarono a far fuoco di fila, malgrado che le trombe avessero suonato « *cessate fuoco* ». Poco importa sapersi da chi fu tirato il primo colpo di fucile, il certo si è che ambe le parti erano decise di venire alle mani, i soldati perchè avevano l'ordine di arrestare i garibaldini, e costoro perchè volevano andare avanti a qualunque costo.

In quella zuffa caddero morti e feriti varii combattenti dall'una e dall'altra parte. Garibaldi, che trovavasi all'impiedi, e dava gli ordini opportuni, fu colpito da due palle; una *già stanca*, lo colse nella coscia sinistra, l'altra *a tutta forza* nel collo del piede destro. Varii suoi uffiziali lo presero e lo adagiarono sotto un albero: la prima ferita fu giudicata di poco momento, la seconda grave e complicata.

Anche Menotti Garibaldi fu toccato da una palla stanca, che gli cagionò gravissima contusione da non potersi reggere in piedi: sicchè padre e figlio furono adagiati sotto lo stesso albero.

Il sopra citato rapporto dello Stato Maggiore garibaldesco assicura, che il bis-dittatore, dopo quelle ferite, fumava impassibile all'ombra dei pini. – Vi pare! un poco di meraviglioso o di romantico non è sempre necessario in tutti gli eventi di un eroe di quella fatta?

Mentre il nostro *eroe, fumava impassibile all'ombra de' pini*, la confusione e le violenti recriminazioni, scambiate tra i *fratelli belligeranti*, erano al colmo, ed io tralascio descriverle: vi dico soltanto, che gli stessi parlamentari arrestavansi a vicenda, sempre però in omaggio alla novella civiltà importata dagli uni e dagli altri. Garibaldi non voleva cedere, e si fece tanto trasportare dalla sua impotente ira, che minacciava col revolwer alla mano gli uffiziali delle truppe, perchè costoro gli disarmarono sotto i suoi occhi varii de' suoi più fidi. Gli presero eziandio tre bandiere delle quali una senza *nastro bleu*, e l'altra senza lo stemma di Savoia. Il nostro *eroe*, accorgendosi che non avea da fare con gli antichi suoi amici, Landi, Lanza, Clary, Gallotti, Briganti, Ghio ed altri simili vili o felloni, che fecero la disgrazia dell'esercito delle Due Sicilie, si argomentò inghiottire l'amarissima pillola, rendendosi prigioniero al generale Pallavicino, dopo di aver domandato ed ottenuto di essere imbarcato sopra un legno inglese per espatriare.

Ecco il risultato delle spacconate di Palermo e di Marsala, ecco ove andò a finire il selvaggio grido, inaugurato in quest'ultima città di *o Roma o morte!* nè Roma nè morte! Povero *eroe leggendario!* Questa volta però, avendosi buscato due palle, una delle quali gloriosissima, avrà la gloria di morire storpio per la patria; perlocchè a questo proposito si potrebbe dire: – *Quod non fecerunt barbari fecerunt Barbarini!*

Così ferito come trovavasi l'ex bis-dittatore, i *fratelli* del Piemonte lo condussero alla Spezia, chiudendolo nel forte di Varignano, e con tutte le possibili precauzioni, come se fosse un redivivo Orlando furioso.

Non pochi garibaldini, appena si attaccò il fuoco, si sbandarono, e da' soldati furono inseguiti a schioppettate, peggio che veri briganti; gli arrestati vennero eziandio condotti alla Spezia. Quelli che si arresero, malgrado che avessero protestato d'ignorare il bando reale, e che si dichiararono ingannati dal loro duce, non ebbero miglior fortuna; furono anche trasportati alla Spezia ed ivi custoditi.

Così ebbe fine quella tragicomedia, la quale confirmò due grandi verità, cioè quel che vale l'*eroe leggendario* ed i suoi volontarii, allorquando un generale, *con un sol battaglione* fa davvero; e che i generali napoletani del 1860 e 61, in cambio di agire come agì il Pallavicino si mostrarono quali traditori, molti vili, altri inetti.

Se mi si dicesse, che, nel 1860, Garibaldi trovò le popolazioni favorevoli a lui, e nel 1862 contrarie o indifferenti, risponderei: leggete i diarii di quel tempo, e vi confirmerete, che il movimento rivoluzionario era peggiore di quello del 1860. In quanto alle vere popolazioni, queste presero parte per Francesco II, appena s'insediò la rivoluzione. Del resto, secondo gli ordini de' governanti di Torino, sembra che la popolazione delle Due Sicilie sia stata favorevole a Garibaldi; in caso contrario, i medesimi non avrebbero proclamato lo stato di assedio per tutto il Regno, mantenendolo fin dopo la prigionia dell'*eroe*.

Nel 1860, Garibaldi *vinse* non per virtù propria, ma perchè fu coadiuvato da tre potenze, due delle quali prepotenti, e dagli stessi generali napoletani. Nel 1862 fu sbaragliato e cadde come corpo morto, insieme co' suoi valenti volontarii, seguiti, come si diceva, dalle popolazioni in armi, perchè trovò un generale che fece il suo dovere con un sol battaglione.

Dopo l'arresto e la prigionia di Garibaldi, il partito d'azione, in nessun altro modo seppe vendicarlo, che con ciarle, ovvero facendo sediziose dimostrazioni contro il governo. A Milano, a Brescia, a Como, a Firenze, a Livorno ed a Genova si gridò *viva la repubblica!* Ed i gridatori furono caricati dalla cavalleria, e messi in fuga con la punta della baionetta de' soldati di linea. In que' conflitti si trovarono varii innocui popolani feriti o morti dopo quelle *patriottiche repressioni*; il governo, sempre *leale*, dichiarò che i medesimi furono pugnalati da' garibaldini per infamare le regie truppe.

Si credeva che sotto il governo riparatore tutti i cittadini fossero uguali innanzi alla legge, onde che si riteneva con certezza che Garibaldi sarebbe stato sottoposto a processo, perchè ribelle agli ordini costituiti, alla voce del re, e causa di tanti trambusti, lagrime e sangue in quasi tutta l'Italia. I fatti però dimostrarono, che in questa terra *redenta* dalla *tirannide* de' principi spodestati, il cittadino pacifico ed onesto, massime il ministro del Santuario, che non vuol macchiare la sua coscienza, va in galera in forza della sola legge de' sospetti, e chi si ribella contro tutte le leggi umane e divine è glorificato da' custodi della medesima legge, o per paura o per cattiveria.

Ove governa un partito, non vi aspettate giustizia, dappoichè gli uomini insediati al potere vogliono distruggere i loro contrarii; ed è questa la ragione che ne' governi ammodernati si vede spesso perseguitata la virtù ed in trionfo l'infamia. A tutto ciò se si aggiunge che il governo non è indipendente, ma che deve eseguire gli ordini di un prepotente straniero, allora avrete il vero dispotismo che è tutto dire.

Garibaldi non poteva esser messo sotto giudizio, per le rivelazioni assai compromettenti che sarebbero venute a galla contro i governanti, avendo molti partigiani nella magistratura e nel Parlamento, che gridavano alto in suo favore: intanto non si poteva amnistiare perchè mancava il *placet* del padrone di Parigi.

Quando si ottenne l'imperiale *placet*, ecco come il governo sviò il processo contro il *gran ribelle*. Fece dichiarare dalla Corte di Cassazione di Napoli, che *per motivi di sicurezza pubblica* non si poteva agitare un processo dai tribunali di sua giurisdizione contro Garibaldi e complici. Invitata la Cassazione di Milano ad accettare tale incarico, questa a sua volta dichiarò la sua incompetenza giuridica e mise in mezzo altre difficoltà politiche. Il ministero, che non voleva trovar giudici per mandare avanti un processo che lo scottava, avendo avuto il *placet* del Bonaparte, si appigliò all'amnistia, che fu il vero trionfo dell'ex bisdittatore; perchè la stessa dimostrava la gran paura che i governanti avevano di costui: insomma *chi la fa più grossa è fatto priore*, secondo i nostri moralizzatori italici!

Il 5 ottobre il telegrafo si affrettò a *consolar* l'Italia e l'Europa, annunziando un decreto reale, proposto dal ministero Rattazzi al re, col quale si largiva piena e completa amnistia a tutti i garibaldini e al loro capo, che in agosto si erano ribellati contro la forza pubblica e contro il bando del medesimo sovrano. Furono messi anche in libertà i tre deputati e l'ex frate Pantaleo; si eccettuarono dall'amnistia i soli disertori dell'esercito e della flotta: costoro credevano ritornati i bei tempi del 1860!

Con quell'amnistia i portafogli de' ministri furono salvi, ed era questo quel che più interessava ai *redentori*; anzi Rattazzi riannodò il connubio tra il mazzinismo e la monarchia. Il potente nostro alleato di Parigi, che aveva mandato la flotta ne' nostri paraggi, per meglio farsi obbedire, ordinò che fosse ritornata a Tolone; i guai rimasero alle povere famiglie danneggiate, e particolarmente a quelle siciliane.

Si vedevano vecchi genitori, ed anche giovani donne, dopo venduto quel poco che possedevano, correre alla Spezia e cercare dei loro figli, che avevano seguito Garibaldi in quella pazza impresa; e molti non trovandoli, si sfogavano in disperato dolore, contro di chi ne era stato la causa. Che cosa importavano al nostro *eroe leggendario*, tanti orribili mali cagionati a quelle famiglie, se egli credeva di avere acquistata più celebrità nella sua sconfitta col danno di tanti infelici? Che cosa importava al governo *riparatore* se la sua politica subdola, fedifraga, scellerata aveva cagionati tanti innumerevoli disastri a' cittadini italiani, egli avea eziandio fatto ottenere lo scopo di scrivere a' gabinetti esteri: « Il Papa essere la causa di tutte le rivoluzioni e di tutti i mali d'Italia, perchè non cedeva Roma al governo italiano, essendo questa città necessaria al compimento della proclamata unità di tutta la Penisola? » Tutto ciò venne confirmato dalla nota del ministro degli esteri Durando, che mandò a' gabinetti europei, nella quale diceva: « Che la nazione intiera reclamava la sua capitale; e perchè il Papa non voleva cederla, era Egli la causa di tutti i mali che avvenivano in Italia ». Ecco il costume settario: infamar la vittima o assassinata o no.

A Garibaldi, dopo che fu messo in libertà, si apprestò una cura alle sue ferite con riguardi degni di un sovrano. I governanti, dopo che dalla Spezia lo fecero condurre a Pisa, gli mandarono i migliori medici; e di costoro ve ne erano anche inglesi e tedeschi. Quel che fece grande meraviglia si fu che anche il dott. Nelaton, primo chirurgo di Napoleone III, si recò a Pisa per curare il nostro *eroe*.

Fan poi nausea le descrizioni che facevano i corrispondenti de' giornali massonici di quel tempo; chi di costoro era beato per aver toccato la mano di Garibaldi, e non voleva più lavarsela; chi di avere ottenuto un amorevole sguardo – e questi avrebbe dovuto accecarsi per non vedere altro –, chi per aver prestato un servizio ignobile al medesimo; ed infine chi lo chiamava gran martire, chi S. Girolamo, chi S. Paolo ed anche Gesù Cristo: adulazioni e profanazioni degne di chi le profferiva!..

Se credete che il bis ex-dittatore se ne stesse ozioso in tutto quel tempo, v'ingannereste; egli anche voleva far parlar di sè col solito mezzo de' suoi *civilissimi pistolotti*. Difatti, il 28 settembre di quell'anno 1862, scriveva alla *Nazione inglese*, ed eccitava ad inaugurare colà la *dea ragione*, come la Francia l'aveva inaugurata sul finire del passato secolo. L'*eroe* desiderava che si rinnovassero i fatti di quell'*epoca gloriosa per l'umanità*, acciò *fosse distrutta quella mostruosità nefanda, immorale, che si chiama Papato* – Oh! se Cervantes fosse vissuto a' nostri giorni, egli non avrebbe avuto bisogno di immaginare il suo famoso Don Chisciotte, trovandone un tipo famosissimo e vivente in Garibaldi!

Mentre il governo faceva sbraitare, e trattava con tanta cura chi aveva messo a soqquadro l'Italia, apportandole infiniti mali, lasciava poi languire in carceri spaventevoli i sospetti di reazioni, e tanti sacerdoti e vescovi, a capo de' quali il Cardinal de Angelis, Arcivescovo di Fermo, senza aver commesso alcun delitto, ma solamente ne addebitava loro qualcheduno, che altro non era se non preclara virtù.

Qui dò fine alla mia narrazione, che ho intrapresa per soddisfare ad un desiderio della mia signora zia. La quale mi ha restituita la sua preziosa stima, dopo che ho fatto lunga penitenza de' miei trascorsi giovanili, essendo stato, fino al 1862, un ammiratore ed un commilitone del nostro *eroe* da commedia. Or lascio la parola al reverendo D. Ippolito, che ne sa più di me, anche in rapporto ai fatti che riguardano la Sicilia.

CAPITOLO VI

I nostri villeggianti, che avevano preso gran piacere a sentir que' racconti, interessanti per tutti, stabilirono che il cortese D. Ippolito avrebbe continuato la narrazione degli avvenimenti fino a tutto il 1865, quella stessa sera. Per allora approfittando che la pioggia era cessata, e che il sole abbelliva di rosea luce le amene colline di Sorrento, uscirono tutti per farsi una passeggiata, che durò fino all'ora del pranzo. Finito il quale, passarono nel salotto, e D. Ippolito incominciò la sua narrazione, dicendo:

– Lo stato di assedio, proclamato in questo Regno per infrenare le pericolose pazzie del bis-dittatore, dopo che si largì l'amnistia a costui ed a' suoi, lo si mantenne ancora in estremo rigore, per meglio perseguitar la gente onesta ed i preti specialmente. Le miserie alle quali furono ridotte queste province, dopo i fatti di Aspromonte, e le inconsulte persecuzioni governative, furono causa della resistenza cittadina. Perlochè si riaccesero le reazioni con più vigore e con maggiori crudeltà, esterminandosi a vicenda oppressi ed oppressori.

I governanti mentre ordinavano la mobilizzazione delle guardie nazionali faziose, per combattere il così detto brigantaggio, scioglievano quelle oneste, come praticarono in varie città. In Foggia, con decreto del regio Commissario straordinario, venne sciolta la Guardia nazionale, e con l'intimazione, che, entro 48 ore avesse dovuto consegnar le armi e le munizioni. Oh, a quali umiliazioni e prepotenze si condannava quella istituzione tanto encomiata, qual *Palladio* delle guarentigie cittadine, dai mercanti di libertà!

Il governo, predominato sempre dalla paura, che questo Regno gli fosse sfuggito di mano, ci regalò un'altra volta quel mostro sanguinario, il colonnello Fumel, che i gridi della stampa di tutta l'Europa l'aveano obbligato a richiamarlo a Torino. Quel feroce colonnello fu destinato nelle Calabrie, ed abusando dello stato di assedio, armò la gente più trista ed abbietta, scagliandola contro i pacifici cittadini. Il *Calabrese*, giornale liberale di Cosenza, annunziando il ritorno di Fumel in quella spaventata provincia, accompagnato da quell'orda di cannibali, ironicamente dicea: *I fatti, non ne dubitiamo, saranno al solito degni dell'egregio sig. Fumel.* Ma le spaventevoli repressioni, perpetrate da un tanto truce e pazzo carnefice, non ispaventarono i reazionarii, anzi li esaltarono, ed accrebbero l'odio contro i veri oppressori della patria. Facea spavento leggere in que' giorni le liste, che si pubblicavano sopra i giornali di tutti i colori, non escluso quello ufficiale di Napoli, de' paesi in reazione, degl'incendii e delle fucilazioni.

Tutta la canaglia raccolta da Fumel ed anche da Pinelli e dallo speziale de Luca, per opprimere le popolazioni, che venne chiamata guardia nazionale mobile, forse credendosi mal retribuita, volle essere licenziata, e lo fu. Però il governo, dopo di averla disarmata, ne carcerò una buona quantità, e lo stesso fece con quei tristi fuorusciti ungheresi. Di costoro ne imprigionò 500, malgrado che avessero bruciato varii paesi, e fucilati innumerevoli cittadini e preti del Napoletano, essendosi più di tutti distinti in ferocia nella repressione di Montefalcione.

Essi, così trattati, dalle carceri di Napoli mandarono una petizione al presidente della Camera di Torino, riportata dal *Diritto*, N. 320: in cui, dopo di avere esposto i loro sanguinosi servigi, resi contro i cittadini del napolitano, domandavano di essere lasciati liberi per ritornare in Ungheria. Da Turr si ebbero l'ordine ministeriale, che li metteva in libertà, e li sfrattava dall'Italia. Giusto compenso a quei carnefici; i quali, dopo di essere stati reietti dalla loro patria, erano venuti tra noi per accrescere i mali del 1860, e far poi il mestiere del boia contro cittadini innocenti.

Se il Regno al di qua del Faro era in preda alla reazione e alle feroci repressioni, lo stato della Sicilia faceva spavento, ove regnava sovrana sfrenatissima l'anarchia. Onde che pubblicava la *Perseveranza* di Milano, giornale ufficioso: « La sicurezza pubblica (in Sicilia) è del tutto sparita. Bande di malandrini percorrono le campagne. Incendiano, devastano, taglieggiando tutti i cittadini.... Il commerciò e le industrie vanno alla peggio, giacchè nessuno si arrischia di uscire per timore degli assassini ». Oh, che invidiabili delizie hanno acquistato i siciliani, *dopo di essere stati redenti dalla schiavitù borbonica!*

Quelle bande di malandrini di cui parlava la *Perseveranza*, la maggior parte, erano di volgari garibaldini amnistiati; i quali, non avendo potuto pescar nel torbido recandosi a Roma, e non volendosi sottomettere ad una onesta fatica, si diedero a *percorrere le campagne, incendiando, devastando, e taglieggiando tutti i cittadini*; e fu questo un altro regalo fatto direttamente dall'*eroe leggendario*.

Intanto perchè il governo non perseguitava ad oltranza il malandrinaggio di Sicilia, che *percorreva le campagne incendiando, devastando e taglieggiando tutti i cittadini*, mentre spiegava il più estremo rigore contro il così detto brigantaggio del Napoletano? La risposta è facile: – Il malandrinaggio non era politico; ed il brigantaggio lo era eminentemente. Questa osservazione non è mia, la fecero varii giornali esteri de' più liberali.

A tanti mali se ne aggiunse un altro, che neppure lasciava sicurezza a' cittadini nelle più popolose città della Sicilia, essendosi organizzata in Palermo la setta degli *accoltellatori*. Gl'individui che ne facevano parte vestivano tutti ad un modo; e la sera del 1° ottobre, come annunziò lo stesso *Giornale Ufficiale* del 2, uccisero a pugnalate, nelle principali strade di quella città, quattordici cittadini, feriti tutti al ventre. Il *Comitato degli accoltellatori*, lo stesso 2 ottobre, cacciò fuori una scritta, facendo l'apologia dell'uso del pugnale, minacciando anche di pugnalare in dettaglio tutti i militari.

Il generale Brignole, che era colà commissario regio per le province siciliane, altro rimedio non seppe trovare a tanti mali, che ordinare il disarmo; i buoni cittadini furono disarmati, i malandrini, gli *accoltellatori* rimasero armati. Quel generale, o perchè non avea facoltà d'infrenare tanta desolante anarchia, o perchè il buon militare detesta ogni atto di ferocia, diede le sue dimissioni, ed ebbe a successore il comm. Menale.

Lo stato orribile in cui trovavansi le ventidue province di questo tradito Reame non destò dal loro profondo letargo i gabinetti europei, che si vantano umanitarii, quando trovano il loro tornaconto. I medesimi non solo non vollero tutelare dieci milioni di cittadini della più bella parte d'Italia da' mali che lor faceva soffrire un governo fedifrago ed immorale, ma neppure dimostrarono quella interessata commiserazione, che avevano avuta pe' cristiani di Siria, straziati da' Drusi.

La stampa europea, anche la più liberale, gridava contro il malgoverno di Torino, pubblicando tutti gli spaventevoli abusi e le feroci repressioni che faceva subire a questo nostro disgraziato Regno; conchiudendo che doveva mantenere lo stato di assedio per poter soltanto sgovernar con la legge stataria. Non tralasciavano di dire eziandio che non eravi più sicurezza pubblica, ma tutto trovarsi a libito dei ladri e degli assassini; tanto che lo stesso prefetto di Napoli Lamarmora consigliò Vittorio Emnmanuele di non avventurarsi a venire in queste province.

Rattazzi, visto che lo stato di assedio incrudeliva le reazioni, e che era una solenne protesta contro il plebiscito, il 15 novembre, fece firmare dal re un decreto col quale lo si aboliva, dopo di esser durato 80 giorni. Nondimeno ai prefetti di Napoli e di Palermo non si abrogarono gli amplissimi poteri, di cui erano stati investiti co' decreti del 12 e 15 agosto: si è perciò che lo stato di assedio fu abolito in apparenza, in realtà rimase peggio che prima. Tutto ciò era una necessaria conseguenza della falsa posizione in cui trovavasi il governo di Torino a fronte di questo Regno; dappoichè dovendo continuare l'occupazione di queste province, aveva bisogno usar l'arbitrio ed il terrore. Intanto, dopo la pubblicazione del decreto del 16 novembre, poteva dire alla diplomazia ed a' suoi oppositori, che era cessato il bisogno di governarci con le leggi eccezionali.

Il ministro Rattazzi, malgrado che avesse voluto rimanere abbarbicato al potere, fu costretto dimettersi, prima che fosse stato assalito dal partito garibaldesco-mazziniano, fortissimo allora in Parlamento; il quale l'accusava di servilismo a Napoleone III, e quindi di voler rinunziare al possesso di Roma, diggià proclamata capitale del Regno d'Italia; accusandolo eziandio di tutti gli atti incostituzionali, e di tutte le violenze perpetrate nel tempo della sua amministrazione.

A Rattazzi successe il conte Ponza di San Martino; e non essendo stato accettato il suo programma governativo perchè voleva mantener buone relazioni con la Francia e con l'Austria, fu costretto anch'egli a dimettersi. Fu allora che il re chiamò Luigi Carlo Farini, l'eccelso, per formare un nuovo ministero; e l'11 dicembre, la *Gazzetta Ufficiale*, annunziò i nomi de' novelli ministri.

Così finiva quell'anno 1862, nefasto quanto gli altri due che lo precedettero; però apportatore d'immensa gioia a tutto il mondo cattolico, essendosi in Roma compito un atto di straordinaria solennità, che io voglio ricordare per consolazione di tutti voi, miei cortesi ascoltanti, dopo di avervi funestato con racconti di fatti inauditi, e che fecero fremere di orrore l'Europa civile.

Mentre la sètta di piazza e quella diplomatica arrabbattavansi con minacce e calunnie contro la S. Sede Apostolica, affin di toglierle l'ultimo lembo di territorio lasciatole, e ridurla serva della rivoluzione, e quindi distruggere – se fosse stato possibile – quella divina potestà conferitale dal Fondatore della Chiesa, l'Uomo-Dio; il mondo cattolico nel Pontefice Romano acclamava il Papa-re. L'Episcopato cattolico, riunito nell'eterna città, in occasione della canonizzazione de' martiri giapponesi, l'8 giugno di quell'anno, umiliava uno splendido indirizzo al Sommo Gerarca; indirizzo che tagliò i nervi alla rivoluzione diplomatica, insediata in varii gabinetti di Europa. Circa 250 vescovi, venuti in Italia e riuniti in Roma, con quell'indirizzo, proclamarono la necessità del potere temporale de' Papi, per esercitare con decoro ed indipendenza assoluta il supremo magistero della Chiesa universale, appoggiandola a splendide ed inconcusse ragioni. Dippiù facevano solenne plauso all'incrollabile costanza e al *non possumus* di Pio IX, sottomettendosi in tutto alle decisioni di questo gran Pontefice. Essi dicevano, nel medesimo indirizzo, a cui aderirono gli altri vescovi non presenti in Roma: SE TU PARLI UDIAMO PIETRO, SE TU DECRETI OBBEDIAMO A CRISTO.[1]

Or dirò brevemente degli avvenimenti più interessanti del 1863, 64 e 65; e sarò breve perchè in questi ultimi tre anni si ripetettero le stesse insipienze governative e rivoluzionarie, le medesime reazioni e feroci repressioni, conti-

[1] *Te loquente, Petrum audimus, Te decernente Christo obtemperamus.*

nuandosi la insensata e sacrilega persecuzione al Clero e alla Chiesa, e la spogliazione de' cittadini, con far debiti e con scaraventare tasse illogiche, insopportabili.

L'anno 1863, oltre di essere contraddistinto con l'attuazione delle nuove e più gravosissime tasse, toccò l'apogeo della più tirannica persecuzione contro il basso ed alto clero italiano. Pisanelli, ministro di grazia e giustizia, o meglio *di disgrazia e d'ingiustizia* lo vessò con un diluvio di circolari sulla disciplina ecclesiastica, sul regio *placet*, sull'*exequatur*, e con proporre leggi draconiane, tutte improntate alla scuola tanucciana; sicché neppure poteva vantarsi di originalità nel male.

Pisanelli, disgraziatamente nato nel Leccese, voleva farla proprio e sempre da vero antipapa, proteggendo i preti ribelli a' loro vescovi, i frati apostati e qualche disgraziato vescovo poco zelante de' sacrosanti diritti della Cattolica Chiesa. Incarcerò pii ed esemplari ecclesiastici, distinti per dignità e dottrina, dando i *trenta danari* a quelli che calpestavano la loro dignità, i loro giuramenti, e scandalizzavano il popolo cristiano. Al solo can. Brunone Bianchi, con decreto del 22 agosto, gli assegnò quattromila lire all'anno, sulla cassa dell'economato generale di Toscana, pe' suoi meriti letterarii e *civili*.

Fu allora che surse in Parlamento il liberalissimo deputato Boggio e disse al Pisanelli: « Il prete che sia stato sospeso *a divinis* dal suo Ordinario, non è quello che l'uomo e la donna andrà a consultare. Chi vuol far battezzare un bambino dee necessariamente rivolgersi al parroco. Ma lasciando ciò a parte, chi ha fede e sentimento cattolico, quando vuole aver direzione per la sua coscienza, non andrà dal prete, che sa essere sospeso *a divinis* » – E così di seguito.

L'on. Boggio parlava, come suol dirsi, al pari di un libro stampato, ma si dimenticò dire al Pisanelli, che simili preti in nulla possono giovare ai ministri, che la vogliono fare da antipapi; conciossiachè rimanendo per qualche tempo sospesi *a divinis*, quasi tutti hanno la smania di buttar via la sottana e prender *moglie*; e vivendo da *secolari*, manca lo scopo per cui sono stati protetti da un ministro, che vorrebbe tentare uno scisma.

Pisanelli si faceva un gran merito ficcar sempre il naso nelle sagrestie, per sapere financo quali orazioni recitassero i preti. Non pertanto, volendosi mostrar moderato, mandò una circolare a' procuratori generali, ordinando ai medesimi di *non obbligare* i parrochi a far loro recitare l'orazione *Pro Rege*. Egli mandava quella circolare per avere un documento della sua moderazione, e farlo valere in qualunque evenienza, come usano simili *nomoteti*. Del resto poi varii sacerdoti furono arrestati per non avere recitato quella orazione; e lo sa bene il canonico Margiotta di Palmi, che fu arrestato da un delegato di pubblica sicurezza e da un buon numero di birri, appena finì di celebrare una messa cantata. Se simili buffonate pisanelliane fossero state rappresentate sotto i Borboni, misericordia!

si sarebbe piagnucolato per la mancanza di libertà di coscienza, ed anche gridate al finimondo: ma a' *liberali*, pel bene della patria, già s'intende, è lecito tutto.

Mentre si perseguitavano e s'incarceravano esemplarissimi preti, vescovi ed anche cardinali, mentre si faceva di tutto per annientare, se fosse stato possibile, la santissima religione de' padri nostri, ch'è quella dello Stato, secondo il 1° articolo dello Statuto, si proteggevano le sètte acattoliche de' protestanti, de' presbiteriani, degli evangelici, concedendo alle medesime tutte le agevolazioni possibili, anche di erigere templi di perdizione, quando si destinavano ad uso più che profano le chiese cattoliche.

Non contenti di tutto ciò i nostri sapientissimi governanti, per secondare i vergognosi desiderii di qualche prete o frate scostumato, autorizzavano il matrimonio de' sacerdoti con qualche baldracca. Difatti Napoli, nel 1863, assistette con dolore a due di questi matrimonii celebrati con gran pompa.

Pisanelli, mentre trattava il clero cattolico a quel modo che sapete, non si vergognò d'imitare i ministri ed i generali cosacchi, che straziano la sventurata Polonia; cioè pretendeva che i preti ed i vescovi divenissero strumenti di polizia col predicare alle popolazioni la repressione del così detto brigantaggio; e tutto ciò mentre ordinava che i preti non s'immischiassero in affari di politica: I subalterni di quel ministro, ficcanaso nelle sagrestie, per farsi merito, lo imitavano. Difatti il de Ferrari, prefetto della Capitanata, mandò attorno una circolare ascetica, in cui era ampiamente svolta una predica, che i parrochi o i quaresimalisti doveano recitare dal pergamo a' popoli di quella provincia. Ah! quanto ci avrebbero fatto ridere questi buffoni, se non ci avessero fatto pianger tanto!

Mentre il basso e l'alto clero era perseguitato in tutti i più sconvenevoli modi da' governanti, un rinnegato, un *presbitero*, l'ex-gesuita Carlo Passaglia – tanto beneficato da Pio IX – il 23 marzo, volle inaugurare la sua carriera di deputato al Parlamento italiano, con presentare uno schema di legge pel giuramento del clero; che se fosse stato votato, si sarebbero rinnovate in Italia le spaventevoli persecuzioni di Francia, dopo la promulgazione della Costituzione civile del clero, a' tempi della prima rivoluzione.

Quello schema di legge passagliano era tanto anti-liberale, vessatorio e tirannico che fu combattuto dal deputato Mosca e dallo stesso ministro Pisanelli, che è tutto dire. Costui, dopo di aver combattuto quello schema di legge, il 15 aprile, annunziò agli onorevoli la prossima abolizione di tutti gli ordini religiosi; facendo luccicare agli occhi dei deputati i milioni che si sarebbero ricavati da' poderi e case di conventi e monasteri. Pisanelli fu applaudito dagli onorevoli *mangia-preti*, ma più di tutti dagli *affaristi*.

Pisanelli, ministro di grazia e giustizia, che con piacere faceva or l'antipapa ed ora il sagristano, non poteva sentire i *gridi di dolore*, che s'innalzavano da tutte le carceri del Regno d'Italia. Ivi si trovavano tanti detenuti che neppur sapevano la causa per cui erano stati arrestati, che spesso si riduceva ad una denunzia di un malevolo, o al capriccio di un birro liberale.

Quegl'infelici detenuti, rovinati nella salute a causa de' luoghi infetti, ove erano stati ammonticchiati, e del cattivissimo cibo, languivano da anni ed anni senza che si avesse lor fatto il processo, o che fossero stati interrogati almeno dal potere giudiziario; il quale a tanti e tanti negava di metterli in libertà, perchè ignorava la ragione per cui erano in carcere. Sono fatti incredibili, ma pur troppo veri, constatati dagli stessi deputati, riuniti nel Parlamento di Torino.

Tralascio di farvi note le spaventevoli rivelazioni, circa que' carcerati, fatte dagli stessi giornali liberali e da' deputati, mi limito soltanto ad accennarvi quel che disse l'on. Ricciardi nella tornata del 18 aprile. Questo deputato affermò che nelle carceri di Palermo imputridivano nelle sozzure e ne' vermini, non meno che mille e quattrocento detenuti seminudi, e che mille erano stivati nella sola Vicaria di Napoli; buon numero de' quali accusati di reato politico. E così fece la enumerazione de' detenuti che trovavansi nelle carceri provinciali, constatando che in quelle sole di Avellino se ne trovavano 1836, de' quali 410 accusati di reati politici.

Il medesimo deputato Ricciardi provò esser tre le principali ragioni per cui si trovavano tanti carcerati: la 1ª a causa della smania dei militari e della polizia a procedere ad arresti; la 2ª perchè non si sbrigavano i processi dalle autorità giudiziarie; la 3ª che tutti gli arrestati doveano essere giudicati dalle Corti di Assisie, anche pe' piccoli reati, invece che da giudici di mandamento o da' tribunali di circondario.

Il ministro Pisanelli non poteva vedere quegli spaventevoli mali, che straziavano tanti innocenti cittadini, non poteva sentire i *gridi di dolore* de' medesimi, perchè teneva il naso ficcato nelle sagrestie, dovendo badare alla recita dell'orazione *Pro Rege*, e scriver prediche per mandarle a' procuratori generali, e costoro a' parrochi, affin di recitarle dal pergamo.

L'altra caratteristica interessante del 1863 è il regalo che ci fecero i nostri sapientissimi governanti di 750 milioni di *deficit*. Sì, o signori, il ministro delle finanze Minghetti, il 14 febbraio, ci annunziò che nell'esercizio finanziario del 1862 e 63, si trovava un *deficit* calcolato nientemeno che di SETTECENTOCINQUANTA MILIONI di lire. E tutto questo ben di Dio, dopo che il governo riparatore si avea intascato un miliardo e più, ricavato dalle patriottiche tasse, dalla vendita de' beni demaniali ed ecclesiastici, de' canali e delle vie ferrate, oltre dei prestiti contratti a condizioni da scandalizzare gli ebrei e gli usurai più spietati.

A che cosa era servito tanto denaro? La domanda è troppo ingenua, trattandosi di finanze patriottiche, amministrate da quegli ominoni, che avevano stampato tante *insigni* opere sulla economia politica ammodernata. Del resto era troppo giusto che noi delle Due Sicilie, *ignoranti e barbari*, essendo stati *reden-*

ti e poi *annessi* al Piemonte *civilizzatore*, pagassimo i debiti piemontesi, non esclusi *centocinquantacinque milioni esclusivamente* contratti da Casa Savoia.

Minghetti conchiuse la sua esposizione finanziaria col solito ritornello patriottico, cioè chiese un altro imprestito di settecento cinquanta milioni effettivi, perchè l'altro, contratto nel 1861, sotto il ministro Bastogi, di ugual somma, se n'era ito in evaporazioni. In ultimo protestò ben chiaro, che coi settecento cinquanta milioni chiesti, le finanze dello Stato sarebbero ben lontano da essere ristaurate; ma che era necessario crescere i tributi per sorreggere il neonato Regno d'Italia. Per la qual cosa proponeva aumento sulla ricchezza mobile, estensione della tassa su' sali e tabacchi a quelle province che ne erano prive, soggettare a taglio vari beni che ne erano esenti, e cercare nuove sorgenti di rendita fiscale; però riprotestando, che malgrado tutte quelle patriottiche scorticazioni, le finanze nemmeno sarebbero completamente restaurate; e Minghetti fu veramente profeta di sventure finanziarie!

Minghetti nell'esposizione finanziera intuonò l'antifona e noi cominciammo a recitare i salmi penitenziali, che dureranno senza meno finchè durerà il Regno d'Italia. Gli onorevoli *nostri rappresentanti*, che tengono le torce al ministero, ossia gli fanno da accoliti, non solo votarono allegramente il prestito di settecento cinquanta milioni effettivi, ma tutte le altre tasse proposte da Minghetti. Questi poi per compensarli di tanta obbedienza o pecoraggine, permise a' medesimi di potersi un poco sbizzarrre, fulminando da Torino, a chiacchiere, lo Czar di tutte le Russie, perchè costui trattava secondo i loro meriti gli stranieri che avevano ribellata la Polonia. Oltre di che il medesimo ministro diè a tutti gli onorevoli le vacanze per sollazzarsi nel Carnevale, essendosi aggiornato quello del Parlamento.[2]

Intanto i *redenti* italiani seppero, che nel 1863 il debito pubblico del neonato Regno d'Italia ascendeva alla enorme cifra di cinque miliardi; e calcolando

[2] Fu in quel tempo appunto, che il deputato conte Giuseppe Ricciardi, nauseato dell'improntitudini ed utilitarismo del governo di Torino, come della passiva obbedienza di quasi tutti i deputati e degli *affaristi*, rinunziò al mandato di deputato al Parlamento italiano; e suppongo che non accetterà più di essere rappresentante di un Collegio elettorale, perchè governo e parlamento han falsato anche l'indirizzo rivoluzionario, rendendosi odiosi a tutti i partiti. Tutto al contrario operò Garibaldi; egli accettò il mandato di deputato quando il conte Ricciardi lo rifiutava. Il nostro *eroe* volle essere uno de' rappresentanti del popolo sovrano, non già per alzar la voce contro i dilapidatori e gli *affaristi* del Regno d'Italia, ma per isbraitare noiosamente contro i preti, i vescovi ed il Papa, tutti spogliati e perseguitati. Però, dopo 18 anni in circa, avendo conosciuto che l'Italia *è un paese ove la libertà è calpestata*, con lettera del 21 settembre 1880, diretta a' suoi elettori di Roma, dà la dimissione da deputato al Parlamento italiano. La libertà, secondo Garibaldi, è calpestata in Italia, soltanto perchè il magistrato penale ordinò l'arresto di suo genero Canzio, condannato a pochi mesi di carcere, per aver fatto resistenza alla forza pubblica in un *meeting* socialista-anarchico. *Il forte, il giusto, il moralissimo governo italiano*, rappresentato da un Tommaso Villa per la parte di *disgrazia ed ingiustizia*, dopo di avere emanato una

gl'interessi al sette e mezzo per cento, dovevamo pagare più di un milione al giorno, per allora: e a quale cifra si porterà quel debito, chi potrebbe dirlo? Sappiamo solamente che cresce in ragion diretta delle novelle tasse che ci vengono inflitte dai nostri padroni.

Nonpertanto tanti debiti che gravano sulle nostre povere spalle, non ci debbono spaventare; conciossiachè i ministri ammodernati sono eziandio alchimisti, essi finalmente han trovato il tanto ricercato mezzo di arricchire le nazioni da loro governate. E sapete qual sia questo mezzo? I medesimi vi assicurano, che un popolo quanto più debiti fa, tanto è più ricco. Sia benedetto Iddio! Allegramente dunque; dappoichè, siccome le nazioni sono l'aggregato di molti cittadini, costoro quanto più debiti fanno tanto sono più ricchi. Allegramente ripeto, che è questo un facilissimo mezzo per levarci da tanti guai; mano a' debiti, e diverremo milionarii, come tali son divenuti i nostri padroni, che prima desideravano novantanove centesimi per essere possessori di una lira.[3]

Il mezzo è bello e trovato per farla da epuloni, secondo i nostri luminari dell'economia politica; però vi è una sola difficoltà, e qui la voce mi vien meno, chi ci presterà danaro? L'affare è troppo serio; come seriissimo si fece pe' sullodati nostri governanti; quando cioè, non trovarono più credito sulle piazze di Europa, ad onta della protezione del *magnanimo alleato*, Napoleone III. A quali mezzi essi ricorressero per far danari a qualunque costo, tra non molto lo vedremo.

Le insipienze governative, la spogliazione dei proprietarii era un potentissimo alimento alle indomabili reazioni del Napoletano. Le prediche del ministro Pisanelli e del prefetto de Ferrari, imposte al clero, per convincere i briganti a farsi liberali, le circolari draconiane di Perruzzi ministro dell'interno, dirette ai prefettti, il terrorismo di Fumel nelle Calabrie, fomentarono di più l'odio contro il governo di Torino. Anche nel 1863 si perpetrarono spaventevoli saccheg-

circolare sciocca ed insieme draconiana di ostracismo contro i gesuiti per ingraziarsi Garibaldi, largisce l'amnistia al di costui genero Canzio, per abbonirselo a non far pazzie. Il suddetto governo è sempre il servile imitatore di quello francese: questo dopo di avere amnistiato e richiamato i truci petrolieri, perseguita e caccia gl'innocui e benefici ordini religiosi guarentiti dal diritto comune.

[3] Nella tornata del 17 gennaio 1880, mentre in Italia la povera gente moriva di fame, dalla Sicilia al Friuli, il senatore Giacomo Plezza ebbe l'impudenza d'insultare la maggior parte degl'italiani che languivano d'inedia, non solo pel cattivo raccolto, ma più di tutto a causa della enormezza delle tasse. Quel senatore osò affermare, che gl'italiani sono i più ricchi di tutti i popoli dell'Europa, *perchè hanno la coscienza di esser tali*, (che logica!) e *perchè pagano enormi tasse.* « Noi, disse il Plezza, paghiamo oggi un miliardo e quattrocentomila lire per le sole spese dello Stato, senza tener conto di quelle gravissime delle province e dei comuni. Paghiamo enormi imposte, mal distribuite, senza che ne sia stato depauperato e rovinato il paese ».
Ecco il criterio finanziario di uno de' padri della patria! Suppongo che l'on. Plezza abbia recitato in Senato quella tantafera in un momento di volo pindarico.

gi, arsioni di paesi e fucilazioni in massa tra reazionarii, soldati sardi e liberali.

I governanti, mentre voleansi mostrare umanitarii alla civile Europa, con far discutere in Parlamento l'abolizione della pena di morte, emanavano leggi sulla repressione del predetto brigantaggio, degne de' più feroci tiranni che deplora l'umanità. Essi, dopo che pubblicarono un decreto, il 22 agosto, col quale mettevansi in istato di assedio undici province del Napoletano, diedero ordine a' prefetti e capi militari di affogare nel sangue e nelle stragi la reazione.

Nelle provincie ed in Napoli si continuava ad incarcerare, alla impazzata, personaggi distintissimi per nascita, censo e talenti: costoro potevano esser conniventi co' briganti, che, secondo il governo, altro scopo non avevano che rubare, devastare ed assassinare? Così i governanti, confirmavano sempre più che il brigantaggio era politico.

Delle persone arrestate in quel tempo, mi piace nominarne due soltanto, cioè la principessa di Pescopagano, vedova del principe romano Barbarini Colonna Sciarra, e il noto letterato Quattromani, vecchio e cieco! La principessa, dopo otto mesi di prigionia, venne assoluta dalla Corte di Assisie, supposta rea perchè aveva accettato un plico suggellato, senza saper che cosa contenesse. Il cav. Quattromani per averlo soltanto consegnato alla stessa, ignorandone del tutto il contenuto, fu condannato *a dieci anni* di reclusione!

Oh! se simili carcerazioni e condanne fossero avvenute sotto la dominazione de' Borboni, come si sarebbero commossi gli *umanitarii* governi di Francia e d'Inghilterra, e *quanti gridi di dolore* sarebbero giunti al re galantuomo, fino a Torino! Ma perchè le perpetravano *i restauratori dell'ordine morale, i patriotti italiani*, nessuno alzò la voce in favore di una nobile e distinta dama italiana, e di un dotto e rispettabile vecchio cieco; tutti due innocenti!!..

Un altro fatto censurabile avvenne in quell'anno 1863. Cinque principali reazionarii, cioè Cipriano e Giona La Gala, con altri tre compagni, deposte le armi, volevano recarsi a Barcellona di Spagna; perlocchè s'imbarcarono a Civitavecchia sul piroscafo postale l'*Aunis*, muniti di regolari passaporti col visto degli ambasciatori di Spagna e di Francia. Que' cinque, che espatriavano, credevano di non esser molestati all'ombra della bandiera francese, non riflettendo che sulla Senna imperava un settario coronato, senza onore e senza fede. Difatti, appena imbarcati, il comitato rivoluzionario romano diede avviso telegraficamente al marchese Gualterio, prefetto di Genova; il quale, come giunse colà l'*Aunis*, fece arrestare i cinque reazionarii, consenziente il console francese.

A' gridi della stampa di tutti i colori, meno di quella pagata dal governo italiano, per l'oltraggio fatto alla bandiera di Francia e alla firma dell'ambasciatore di quella nobile nazione, quella brutta maschera di Napoleone III reclamò dal governo di Torino i cinque arrestati, che poi restituì, sotto pretesto di estradizione; e volendola fare da umanitario, mise la condizione che agli arrestati fosse fatta grazia della vita. Questa clausola dimostra in quale concetto era tenuto il governo riparatore, cioè fucilatore, dagli stessi amici e protettori.

Una scena ributtante di sangue avveniva in agosto del 1863 nel rinomato Opificio di Pietrarsa, qui presso Napoli. Essendo colà direttore un Bozzo lombardo,[4] questi maltrattava gli operai i più vecchi e più distinti, per cui tutti lo presero in odio. Quegli operai, un giorno non potendolo più soffrire, fecero una dimostrazione con semplici grida: *Fuori Bozzo!* E questi, impaurito, chiamò una compagnia di bersaglieri, comandati da un tenente; i quali, appena aperto il cancello dagli stessi operai dimostranti, fecero una scarica di fucilate contro i medesimi, e poi, da *valorosi,* li investirono con la baionetta. Parecchi di quegli infelici padri di famiglia rimasero uccisi, buon numero feriti, ed altri annegarono, essendosi gittati nel mare, ove speravano salvarsi da quel barbaro e vigliacco assalto.

Il governo finse voler punire Bozzo ed il tenente, che ordinò il fuoco e l'assalto; ma il fatto provò che nè l'uno nè l'altro furono mandati in galera; soltanto il primo ricevette una lieve punizione da un ignoto, che, in mezzo Toledo, in pieno giorno, gli trasse un colpo di arma da fuoco, e lo ferì nel braccio.

Le condizioni della Sicilia nel 1863 erano anche peggiori di quelle del continente napoletano; ivi l'anarchia era divenuta lo stato normale di tutta l'Isola, un dì tanto fiorente, sotto quel governo, che i suoi carnefici si compiacquero con Gladstone chiamare *negazione di Dio.*

Lo stesso giornale democratico, il *Diritto* di Torino, in un articolo, descriveva lo stato deplorevole in cui erano ridotti i siciliani, dopo che furono annessi al Piemonte, ed esclamava: *Que' popoli stavano meglio sotto il Borbone.*

– Ci voleva un grande acume per conoscere questa lampante verità! Ivi furti, ricatti, assassinii audacissimi, in pieno giorno, ed anche nelle strade più popolose delle principali città. Le bande de' renitenti alla leva, obbligate a vivere in campagna, erano costrette taglieggiare i proprietarii. Spesso venivano a sanguinose zuffe con le regie milizie, a cui era tutto lecito, anche seviziare innocenti fanciulli e misere donne, per sapere ove trovavansi i renitenti alla leva. Il governo, come ho già detto, fomentava quell'anarchia, temendo sempre che i siciliani si fossero uniti ed organizzati per fare un nuovo *vespro.*

Que' fieri isolani, che pel passato erano stati preservati dal tributo di sangue, figuratevi con quanto sdegno appresero che dovevano servir da soldati quel governo che lor toglieva il pane di bocca, con insopportabili tasse, e che trattavali peggio de' popoli barbari dell'America, conquistati da' superbi avventurieri spagnuoli.

[4] Era costui un antico corsaro e provveditore di schiavi per l'America spagnuola; gli *umanitarii* governanti italici prima lo destinarono direttore de' fogli ministeriali, e poi direttore dell'Opificio di Pietrarsa.

Pochi requisiti di leva, chi per paura, chi per fanatismo, si presentarono alle autorità, gli altri preferirono battere la campagna, e vivere da veri banditi. Varii generali, con forze imponenti non avendoli potuti sottomettere, inveivano contro paesi e città. Il *Dovere* di Genova, il *Diritto* di Torino, giornali niente sospetti, fecero descrizioni orribili delle repressioni consumate a danno delle famiglie de' renitenti: descrizioni che attristarono e spaventarono l'Italia e l'Europa. Il *Dovere* esclamava: *L'Austria medesima non fece mai tanto!*

Girgenti, Sciacca, Trapani, Salemi, Marsala ed altri paesi e città sperimentarono quelle spaventevoli barbarie. Secondo pubblicarono vari giornali ed il medesimo *Diritto*, nel N.260, i generali sardi, per aver nelle loro mani i renitenti alla leva, assediavano formalmente i paesi, togliendo a' cittadini financo l'acqua, rappresaglia che neppure è lecita praticarsi contro i nemici assediati. Carceravano vecchi genitori, sorelle, mogli ed anche bambini; oltre di che taglieggiavano quelle sventurate famiglie!

Per tacere di altre città e paesi trattati a quel modo da' generali sardi, basta dire, che nella rinomata Marsala, (ove Garibaldi, causa di quegli orrori, alzò la nefasta bandiera della rivoluzione) non trovandosi più carceri per ammonticchiarvi gli arrestati, le famiglie de' renitenti furono gittate in umide ed orride grotte, affinchè esse, avvilite dal disagio, dal freddo, dalla fame, dalla sete e dalle percosse, rivelassero ove i loro parenti, che doveano servir da soldati, si ascondessero. Non pochi di quei giovani fuggiaschi, e prima che i loro parenti li avessero denunziati, corsero in mezzo alle truppe, gridando di essere disertori, ed anche accusandosi di resistenza alla forza pubblica: essi si offrivano ad essere fucilati, affin di liberare i loro cari da quelle pene d'inferno. Il cuore non regge a tanto strazio; ma in questi fatti, se si rileva da un canto il disprezzo dei principii più cari all'umanità, dall'altro rifulge l'eroismo dell'amore, e fin dove può giungere lo slancio benefico de' sentimenti umanitarii e dell'affetto!

– Oh! reverendo D. Ippolito, esclamò Edoardo, voi ci raccontate fatti da far fremere i più stoici, io non ho letto mai simili immanità nelle storie de' popoli più barbari. Io voglio credere tutto ciò che voi ci avete raccontato ma se altri vi domandassero le prove come rispondereste?

– Mettendo sotto il naso degli increduli i giornali più autorevoli di quel tempo, non esclusi quelli uffiziali; sempre però che fossero persone di qualche garbo. Voi, signor barone, soggiunse D. Ippolito, siete venuto da poco in Italia, ed oltre che ignoravate i nostri incredibili mali, eravate mal prevenuto contro di noi; e noi abbiamo veduto co' nostri occhi, e spesso provate quelle sevizie, che vi sembrano o false o esagerate. Debbo dirvi ancora, e per l'onore di questa nostra misera Italia, che mi meraviglio perchè voi non avete mai letto *nelle storie de' popoli più barbari* simili immanità da me raccontate mentre son merce, importata dalla vostra Francia, ben preparata nei Clubs de' *giacobini* e dei *cor-*

delieri di Parigi sul finire del secolo passato: i generali sardi altro non han fatto che la scimia al vostro generale Manhès, di esecrata memoria.

Vi dico in ultimo, signor barone, che mi sorprendo della vostra meraviglia, dappoichè non dovreste ignorare, giacchè mi citate la Storia, che i *patriotti* e i rivoluzionarii, ad onta delle loro frasi altisonanti di *libertà, progresso, umanità* ecc. sono i veri barbari dell'attuale secolo. Or sentite quest'altra barbarie rivoluzionaria, che fece raccapricciare l'Europa intiera.

I cagnotti del governo, per farsi merito, usavano inaudite sevizie anche agli stessi giovani coscritti che volontariamente eransi presentati. Un tal Cappello, muto nato, cadde in sospetto che la sua disgraziata infermità fosse fittizia, affin di non servire da soldato, e perciò fu sottoposto ad esperimento da' chirurgi militari piemontesi. Costoro, secondo narra un tal Morrino (che ricorse alle autorità e nulla ottenne) senza prendere informazioni da' conoscenti di Cappelo, usarono un nuovo e scellerato metodo a scovrire il vero. Essi, per istrappare a quel misero infermo qualche voce articolata, lo martoriarono per più di un mese, con mezzi usati soltanto da' carnefici de' primi cristiani, e perfino applicando a' lombi di quel disgraziato, bottoni di ferro rovente, sperando che con quegli spasimi atroci, il paziente avesse parlato; ma nulla ottennero, se non lamenti strazianti; ed il suo corpo restò *tatuato* da bottoni di fuoco!

Quando si venne alla inquisizione giudiziale, il Cappello fu trovato con CENTOCINQUANTAQUATTRO FERITE, talune profonde ed esacerbate, che da altri chirurgi si dissero a maniera di *revulsivi*.

Simili barbarie non furono usate da' cosacchi generali Berg e Mourawieff contro i polacchi ribelli; sappiamo però che furono praticate in pieno secolo XIX in Palermo, la *città delle barricate*, dagli uffiziali di un governo, che con isfrontata audacia si proclama riparatore e civilizzatore in faccia alla stupida ed imbecillita Europa ufficiale.

Se quest'altro fatto, signor barone, vi sembrasse falso o esagerato, perchè un altro simile non avete letto nelle storie de' popoli barbari, potreste leggerlo con tutte le spaventevoli particolarità nel giornale il *Diritto* di Torino, e propriamente nei numeri del 9, 10 e 15 novembre del 1863.[5]

L'oprare a quel modo del governo *riparatore* e de' suoi uffiziali, che rincarivano la dose con aggiungere il disprezzo contro i siciliani, chiamandoli ingovernabili, barbari e peggio, indignò vari capi della rivoluzione del 1860, che avevano aperto la via a' piemontesi per impossessarsi di questo Regno. Onde che, vollero dare una lezione a parecchi uffiziali dell'esercito, che si atteggiavano a gradassi e civilizzatori della Sicilia. Siccome il duello è divenuto l'ultima *ratio de' ristau-*

[5] Il *Diritto* oggi si stampa in Roma, ed è organo officioso del presidente de' ministri, onorevole Cairoli.

ratori dell'ordine morale, dopo quello pur troppo ridevole, avvenuto fra due *padri della patria*, Rattazzi e Minghetti, que' giovani siculi si vendicarono sfidando ad una *partita di onore*, quegli uffiziali del regio esercito.

Un Turillo Malato, già aiutante di campo di Garibaldi, in Trapani, sfidò cinque uffiziali a duello; accettata la sfida alla sciabola, ne acconciò uno benone per le feste; ed era prontissimo acconciar gli altri, a condizione però che doveansi battere con la spada e fino a morte. Ma que' *valorosi*, vista la sorte toccata al loro compagno, dichiararono, che reputavano dopo l'avvenuto duello abbastanza vendicato l'*onore dell'esercito*. Uno squadrone di cavalleria circondava i duellanti, e vi assistevano tutti gli uffiziali del presidio di Trapani; ecco il vero progresso e la *ristaurazione dell'ordine morale*, cioè il ritorno in pieno medioevo!

Per essere completa la espiazione di tanti illusi rivoluzionarii siciliani, e per farsi dai medesimi de' salutari confronti, in quell'anno la Sicilia, ed anche le Calabrie soffrirono danni immensi, cagionati dalle alluvioni. I messinesi principalmente, ridotti alla miseria, a causa di que' disastri, non trovarono un *tiranno* al pari di Ferdinando IV e del nipote Ferdinando II che li avessero soccorsi, come in altri tempi praticarono que' due sovrani. Anzi il governo riparatore, profittando di quella pubblica sventura, agli eredi degli annegati in quelle alluvione, fece pagar la tassa della successione, allora allora attuata nella *redenta* Sicilia.[6]

Nel 4° anno della nostra *rigenerazione*, il presidente de' ministri Carlo Luigi Farini, l'ex medico, l'*eccelso*, uno dei principali persecutori del clero, uscì pazzo! ed il 22 marzo fu mandato in campagna, succedendogli nella presidenza il Minghetti.

La pazzia di Farini, addivenuta furiosa, pose in pericolo la vita del re Vittorio Emmanuele. Difatti, narrarono varii giornali di quell'anno, che quel ministro, trovandosi ancora in carica, ed esaltato da' fatti della rivoluzione di Polonia, siasi presentato al suo sovrano, e dopo di avergli puntata una pistola al petto, gli abbia detto, o di marciare con tutto l'esercito in soccorso de' polacchi, o di morire. Re Vittorio, conoscendo che aveva da fare con un pazzo, si mostrò condiscendente alla voluta marcia, e così lo potette disarmare.

La malattia di Farini inacerbì, tanto che cibavasi de' propri escrementi!!.. Il

[6] Che l'attuale governo mette eziandio a profitto le disgrazie popolari, per ghermir danaro da' suoi amministrati, lo provarono i criterii del ministro Magliani; il quale, nella previsione dell'entrate di quest'anno 1880, segnava un aumento della tassa di successione. — Ed avea pur troppo ragione, dappoichè, quest'anno essendo stato eccezionalmente rigido, tempestoso, incostante e poverissimo di raccolto, l'onorevole ministro delle finanze Magliani sperava nel suo patriottismo maggiori mortalità di pleurite, di naufraghi, di assassinii, oltre di ricchi proprietarii morti di fame per accidenti. Sembra che egli regoli i suoi criterii dell'entrate fiscali, sulle predizioni di Mathieu della Drôme e sul calendario di Barbanera!

Parlamento gli avea fatto dono di duecentomila lire *effettive*, e gli aveva assegnata una pensione di altri venticinquemila lire, e poi ne assegnò ottomila alla di lui moglie e alla madre: in questo modo fu soddisfatto l'antico desiderio dell'*eccelso*, che voleva morir povero!...

Tutti que' danari, che si davano a titolo di doni e pensioni nazionali erano stati rubati alle povere monache principalmente, a cui furono tolti i monasteri, con tutte le relative rendite e financo le doti private, che le medesime avevano ricevute dalle loro famiglie, riducendole a vivere con cinque soldi al giorno!

In quell'anno, quarto della ben provata nostra rigenerazione italica, il nostro *leggendario eroe* Garibaldi, si struggeva della solita smania di far parlar di sè, e maggiormente allora, perchè era addivenuto claudicante, regalo fattogli da' suoi amici, non avendogli potuto permettere che andasse a *redimere* i romani dalla *teocratica schiavitù*. Per darsi quindi un poco più d'importanza volle andare a Londra sopra un Yacht espresso. Si disse che fece quel viaggio per prendere le opportune intelligenze co' diversi capi della rivoluzione cosmopolita, che colà stavano sotto l'egida del governo.

Però i ministri brittannici, sia che non si fidassero in tutto di Garibaldi, sia pure che la gita di costui in Inghilterra avesse potuto guastare qualche cifra della loro proverbiale aritmetica, il fatto si fu che incaricarono il duca di Southerland ad offrire il suo palazzo al nostro *eroe*, affin di essere meglio sorvegliato.

Garibaldi in Londra ebbe grandi ovazioni da la sètta; e quando que' ministri cominciarono ad annoiarsi di quell'indecente baccano, gli fecero ordinare da' medici di ritornare sul continente. Egli ad onta che avesse protestato di star bene in salute, il medesimo duca di Southerland gli fece fare i bauli, e lo trasse, sotto il braccio, quasi di peso a bordo del suo Yacht, per farlo ritornare a Caprera. Così ebbe termine la strombazzata spedizione del nostro *leggendario*, da cui la sètta cosmopolita sperava mirabilia.[7]

Garibaldi, tornato a Caprera con le pive nel sacco, aveva maggior bisogno di far parlar di sè; e non avendo altro mezzo, ricorse a' soliti suoi laconici pistolotti, scritti senza consultare il Galateo; con i quali, questa volta la faceva proprio da gradasso, minacciando Roma, Austria e Francia. Poveretto! non erasi ancora disingannato in Aspromonte, ove disgraziatamente non trovò un generale, *di quelli napoletani*, che avesse contribuito a fargli rappresentare la solita parte di spaccamonti e di eroe leggendario. Egli, in quelle letterine, chiedeva nientemeno che un milione di fucili per cacciare il *barbaro tedesco* dal Veneto, il Papa da Roma e Napoleone III dalla Francia.

I francesi si erano annoiati della iattanza garibaldesca, e cominciavano ad alzar

[7] Vedi *Gazzetta Piemontese* nella prima quindicina di luglio 1880.

la voce, affinchè il loro Imperatore guarentisse il Papa, l'unico che poteva essere offeso materialmente, non già da Garibaldi, ma dal governo di Torino. Si è perciò che Napoleone III, per non gittarsi in serii imbarazzi, si argomentò trovare un mezzo, col quale avesse potuto puntellare l'unità italiana, e guarentire l'indipendenza della Santa Sede apostolica, lasciandola posseditrice di quel poco di territorio che ancor non era in mano della ingorda rivoluzione. Ma sia per malizia sia per disgrazia, quell'imperatore sceglieva sempre que' mezzi che non garbano a nessun partito, ed in quella circostanza ne scelse uno, che non contentò nè la rivoluzione nè il Papa.

Napoleone III si diresse al governo italiano, obbligandolo a rinunziare al possesso di Roma, dopo che il Parlamento aveva proclamata quella città capitale dell'Italia unita; ed egli in compenso si obbligava di ritirare gradualmente, in due anni, le sue truppe di occupazione dagli Stati della Chiesa.

Il ministro degli esteri di Francia, allora Drouyn de Luys, avendo fatto noto quel progetto a Pasolini, anche allora ministro italiano degli affari esteri, non ottenne un felice risultato. Quando però al posto di Pasolini salì il Visconti Venosta, arrendevolissimo alla politica napoleonica, e coadiuvato da Pepoli e da Nigra, si ripresero le trattative, e si conchiuse un solenne trattato fra la Francia e l'Italia. Questa rinunziò al possesso del patrimonio di San Pietro e di Roma, colla sanzione del Parlamento; e per dare una guarentigia materiale al Papa, si obbligò trasportare la sede del governo a Firenze, dichiarandola, con inganno, capitale definitiva dell'Italia.

La Francia, mentre prometteva che in due anni avrebbe ritirato le sue truppe dallo Stato romano, dichiarava in pari tempo, che quella promessa si sarebbe effettuita, dopo che il governo italiano avrebbe trasportato la sua sede a Firenze.

I cattolici di tutto il mondo ed il governo papale giustamente giudicarono essere quel trattato un tranello napoleonico a danno della Santa Sede Apostolica; e se non fosse stato tale, nonpertanto, conosciuta la *lealtà* liberalesca, si temeva, che, in un tempo più o meno lontano, i rivoluzionarii, profittando di qualche avvenimento a loro favorevole, si sarebbero impossessati con la violenza dal patrimonio di San Pietro e di Roma. Si è perciò che il Papa non aderì a quel pasticcio manipolato da coloro che erano stati educati negli antri settarii od usciti allora dalle galere, ed anche per la grande ragione che avrebbe dovuto rinunziare tacitamente a tutto quello che gli aveva usurpato il Piemonte, come erede della rivoluzione italiana. Neppure i rivoluzionarii rimasero contenti di quel trattato, perché i medesimi non volevano aspettare due anni per aver Roma, e regalarla di tutti que' doni che aveano a noi largiti.

In Torino, appena l'*Opinione*, giornale governativo, annunziò, il 17 settembre, il trattato franco-italiano, la di cui base era il trasporto della capitale a Firenze, la commozione fu generale e gravissima. Quella città, che si era arricchita con le spoglie degli Stati italiani annessi, e che faceva da padrona in tutta la Penisola, avendola eziandio inondata d'impiegati tutti piemontesi, non voleva inghiottire l'amarissima pillola con assoggettarsi a Firenze, su cui aveva dominato più anni; laonde i torinesi irruppero in clamorosi lagni, e dimostrazioni ostili al governo.

Silvio Spaventa, segretario generale del ministero dell'interno, ed ispiratore della *Gazzetta di Torino*, fece pubblicare dalla medesima un articolo, in cui si accusava Torino di municipalismo ed egoismo, lodandosi il trattato franco-italiano. Quell'imprudente articolo accese maggiormente l'ira popolare, ed una immensa folla corse in Piazza S. Carlo, per fare una dimostrazione contro i redattori della *Gazzetta*. Corsero birri e carabinieri con le armi in pugno; e dopo di aver dispersi i dimostranti, ne arrestarono un buon numero, che condussero in carcere.

Sembrava per allora scongiurato il pericolo di una zuffa fra la popolazione e la forza pubblica, maggiormente perchè il sindaco aveva ottenuta la libertà degli arrestati in piazza San Carlo. Ma il popolo, quando monta sulle furie, è una bestia feroce; sicchè corse adirato all'officio della questura, ruppe lo stemma sabaudo a colpi di pietra, e fece cadere in frantumi tutti i vetri di quel palazzo.

Si gridava da tutti di riunirsi la Guardia nazionale per rimetter l'ordine, ed il ministro dell'interno Peruzzi si oppose, temendo che la stessa si fosse unita al popolo. Un tal timore era accresciuto dal sapersi, che il Municipio, riunito all'infretta, aveva domandato spiegazioni al governo circa l'articolo pubblicato dall'officioso giornale l'*Opinione*.

La sera di quel giorno i chiassi della popolazione torinese si accrebbero, ed erano accompagnati da serie minacce contro il governo, e contro la forza pubblica; la quale, senza essere aggredita con le armi, diede i soliti segnali col tamburo, e fece fuoco contro i dimostranti; di costoro si contarono dieci morti e trenta feriti. Si disse che l'inglese lord Granville avesse impedito con la sua autorità, che si continuasse oltre il fuoco contro la inerme popolazione.

Il governo, dominato sempre dalla paura, che Torino si fosse levata un'altra volta a tumulto, chiamò ventimila soldati dal campo di San Maurizio, ed il 22 fece occupare da' medesimi varie piazze e strade di quella città. L'ira popolare si accrebbe alla vista di quell'apparato di forza; perlocchè si riunirono gran numero di cittadini; i quali, allo scopo di fare una dimostrazione ostile al governo, mossero dalla strada dell'Ospedale al palazzo della questura. Il 7° di linea sbarrò loro la via; e perchè i dimostranti volevano spingersi in avanti, fece contro i medesimi replicate scariche di fucileria: lo stesso praticarono altri reggimenti, uccidendosi anche fra loro, perchè schierati di fronte.

Si disse che i morti furono circa trecento, *senza che un solo soldato fosse stato ferito dai dimostranti*: fu un vero assassinio! Le vittime sarebbero state a migliaia, se non fosse corsa la Guardia nazionale per far cessare il fuoco al *valoroso* 7° di linea, comandato dal colonnello Colombini, che cadde da cavallo, avendo ricevuto una palla soldatesca alla guancia.

Re Vittorio Emmanuele, appena seppe che i suoi torinesi erano stati trattati da' suoi soldati con la *cura chirurgica*, simile a quella usata in queste province, licenziò il ministero, ed aprì una inchiesta su' fatti luttuosi avvenuti in que' giorni; ma senza que' risultati, necessarii per punire l'insipienza de' ministri, l'audacia e la crudeltà soldatesca. La responsabilità ministeriale in Italia è scritta nello Statuto per ironia! Difatti de' ministri nessuno fu mandato alla Corte di Assisie; e Peruzzi era il più reo, non avendo voluto permettere, che la Guardia nazionale si fosse frapposta tra soldati e dimostranti fin dal principio; mentre la medesima fu la sola che poi rimise l'ordine. Al colonnello Colombini non so se gli si diede la commenda dei soliti Santi!

Al Minghetti, presidente de' ministri, successe il generale Lamarmora; degli altri ministri rimase il solo Visconti Venosta, fabbro della convenzione franco-italiana, e causa de' massacri di Torino. Oh! se la centesima parte di quei massacri si fossero perpetrati sotto il governo di un Borbone, quante nenie e piagnistei si sarebbero uditi, e come e quante ire e minacce gli *umanitarii patriotti* non avrebbero eruttate? Anche i gabinetti esteri avrebbero dichiarato *incompatibili colla nuova civiltà* simili repressioni, ed infine avrebbero eziandio spedite note fulminanti e le loro squadre a Genova per guarentire i proprii connazionali dalle ire soldatesche e dalle provocazioni di un *governo negazione di Dio*. Ma pe' settarii di piazza e per quelli al potere, il bene ed il male consistendo in ciò che ad essi giova o nuoce, nulla si disse in contrario, circa i massacri torinesi; questi forse non giovavano al settario coronato della Senna e alle mire ambiziose de' governanti italiani? Ciò fu sufficiente per dichiararsi giusti anzi patriottici. Che cosa è l'umanità per costoro? Un mezzo soltanto per far sgabello e salir sublime.... cioè all'apogeo della infamia!

La notizia de' massacri di Torino fu nuova cagione di pietà in queste nostre meridionali province, malgrado che i piemontesi ci avessero annoiati ed inspriti, chiamandoci municipalisti, antitaliani ed anche briganti, sol perchè rimpiangevamo la perdita della nostra capitale, che era la prima d'Italia. Del resto i piemontesi, che erano stati nostri derisori ed anche calunniatori, se furono trattati con una *cura chirurgica alla Cialdini*, ricevettero un castigo ben meritato. Essi si mostrarono italianissimi fino a che trovarono il loro tornaconto, quando poi erano chiamati a far qualche sacrifizio per la loro *santa causa*, imbestialirono, ribellandosi a quel governo che lor diede in Italia una importanza, *ch'era follia sperar*. Quindi fu giustizia quella di essere stati trattati da' soldati loro connazionali, come costoro trattano noi, per una causa uguale. Era giustizia che i torinesi avessero provato gli effetti della ferocia soldatesca, acquistata ne' nostri distrutti paesi, per affogar nel sangue e nelle stragi le proteste di un popolo tradito dal Piemonte. Era infine la giustizia di Dio che li colpiva in pena di essere stati gli strumenti attivi (facendo sempre le dovute eccezioni) di una rivoluzione che desola l'Italia, tanto da essi ipocritamente encomiata, e che amareggia il mondo cattolico!

Dopo che la Camera dei deputati di Torino intese la desolante esposizione finanziaria, fatta dal ministro Sella, che approvò la vendita delle ferrovie italiane, oltre ad un *prestito forzoso*, che per maggior derisione fu detto *prestito nazionale*, si convalidò il trattato o *convenzione franco-italiana* del 15 settembre, e si cominciò il trasporto degli officii della capitale a Firenze.

Re Vittorio, abbandonata Torino, andò a stabilire definitivamente la sua residenza in Firenze, senza volgere un proclama di addio ai suoi antichi popoli, che avrebbe almeno mitigato l'odio destatosi ne' medesimi, dopo i massacri del 22 settembre.

I rivoluzionarii, dopo di avere strepitato tanto, perchè governo e Parlamento avevano rinunziato al possesso di Roma, qual capitale d'Italia, si acquietarono al sentire da' loro caporioni, essere quella rinunzia una gherminella, un pretesto per liberare lo Stato romano dall'occupazione francese; e che il trasporto della capitale a Firenze, non fosse altro che una *tappa* verso la città de' Papi: d'allora Firenze fu detta *la tappa*.

I medesimi rivoluzionarii erano però dolentissimi di dover aspettare due anni per esautorare il Papa dal potere temporale, e per poi più facilmente spogliarlo dello spirituale. Essi si struggevano d'impazienza, riflettendo che dovevano aspettare altri due anni per regalare ai romani tutt'i mali della rivoluzione, e fucilarli all'occorrenza; tutto ciò lo pubblicavano nei loro giornali e col solito gergo patriottico. Per la qual cosa un giornale di Roma, il *Progresso Sociale*, esclamava: Ma che, signori italianissimi, avete troppo fretta per venirci a fucilare!

Il governo italiano, giovandosi sempre dei *mezzi morali*, cioè de' tradimenti, per ottenere il suo scopo, faceva di tutto per addormentar la sua vittima, il Papa; anche chiedendo al medesimo, per mezzo del gabinetto francese, un *modus vivendi* con l'Italia rivoluzionaria. Napoleone III incaricò il suo ambasciatore Sartiges, accreditato presso la Santa Sede, per manipolare quest'altro pasticcio. Il Papa rispose con la pubblicazione del *Sillabo*, condannando 80 proposizioni, ed affermando la dottrina della Chiesa universale; e così furono dichiarati erronei e pericolosi i principii su cui si basano il governo italiano, e gli altri governi simili a questo.

La pubblicazione del *Sillabo* fece strabiliare anche i rivoluzionarii de' gabinetti esteri. Napolene III, sebbene si atteggiasse alla Carlomagno di fronte a' cattolici, non tralasciò di mostrarsi dolente nelle note diplomatiche, che fece dirigere dal suo ministro degli esteri al Cardinal Segretario di Stato di Pio IX.

Malgrado che il governo italiano fosse stato condannato dal Supremo Gerarca col *Sillabo*, ritentò la prova per istabilire un *modus vivendi* con quello di Roma. Per la qual cosa mandò in quella città il Vegezzi, credendo di combinar tutto a seconda i suoi desiderii; ma a costui fu ripetuto dal Papa lo storico e solenne *non possumus*, che corrisponde al *vade retro Satana*.

Quindi ire contro Pio IX; anche i cattolici liberali, che sono la più triste genia de' nemici della Chiesa, osarono dichiarare irreconciliabile il gran Pontefice dell'Immacolata, che tanto ama l'Italia nostra, e moderatissimo, conciliante e generoso il governo italiano.[8] Ma, Dio buono! si potran dire moderati coloro che han rubato un pover'uomo, e costui irreconciliabile, perchè, sapendo che quelli tentano togliergli quel che gli resta, non vuol farli bazzicare in casa sua, sotto un pretesto anche buono in apparenza?

I deputati della nuova Camera eletta per insediarsi nella capitale della *tappa*, erano stati quasi tutti rieletti, perchè ben conosciuti avversi alla Convenzione franco-italiana del 15 settembre. Onde che que' furibondi liberaloni altro non fanno in Firenze che declamare contro il Papa, perchè lo stesso non cede Roma a loro, e contro il governo, che non se ne impossessa con la forza, alla barba di tutti i cattolici, e specialmente della Francia, con cui hanno un solenne trattato, da essi approvato, col quale si sono obbligati di rispettare la capitale del Cattolicismo e farla rispettare dalla rivoluzione. Que' deputati declamano eziandio contro l'Austria, perchè questa non cede ad essi il Veneto; minacciandola di ribellarle l'Ungheria, e distruggerle gli eserciti che tiene in Italia. Queste ed altre bravate eruttano i nostri rappresentanti, riuniti in Firenze, mentre han poi tutta la cura possibile di non compromettere la loro onorevole pelle.

I nostri *moralissimi legislatori*, per essere conseguenti a' loro principii, fra tanti regali che ci largirono nel 1865, il più immorale è quello del *matrimonio civile*, che si riduce ad un concubinato da essi voluto, per togliere agl'italiani ogni sentimento religioso, allontanandoli dalla benefica autorità della Chiesa Cattolica. Al contrario questa sapientissima nostra madre ci insegna, che il contratto del matrimonio, dal suo Divin Fondatore fu elevato a Sacramento, e ch'è indissolubile per diritto divino; ed i rivoluzionarii al potere vogliono renderlo un contratto puramente umano, separandolo dal Sacramento; il che è contro la dottri-

[8] I così detti cattolici liberali, che ipocritamente si vantano ossequenti in tutto al potere spirituale del Papa, con quella loro dichiarazione contravvenivano pure all'ottantesima proposizione condannata nel Sillabo; la quale dice: *Romanus Pontifex potest ac debet cum progressu, cum liberalismo et cum recenti civilitate sese reconciliare et componere*. Del resto essi oggi non debbono ignorare, che l'attuale ministro dell'istruzione pubblica, Francesco de Sanctis, aveva detto nella Camera de' deputati di Torino, sin dall'8 luglio 1867: « Il partito liberale è comparso la prima volta in Europa per combattere la libertà della Chiesa... Si può dire che la nascita del partito liberale è contemporanea alla lotta di esso contro la libertà della Chiesa ».

na della Chiesa, e perciò fa pure a calci col primo articolo dello Statuto italiano.

Quella turpe legge sul *matrimonio civile*, preparata dal ministro di grazia e giustizia, Cortese, venne attuata il 1° gennaio corrente anno 1866, dal suo successore De Falco. Il quale, avendola promulgata con la solita vernice d'ipocrisia tanucciana, pretendeva che i vescovi l'aiutassero a bandirla, al clero e al popolo, con lettere pastorali; *per non creare*, come esso diceva, *impicci al governo*.

Vedete quanta impudenza liberalesca! Si pretendeva da un ministro di un cattolico Regno, che i Pastori del popolo avessero condotto il mistico grege loro affidato da chi ha potestà in terra ed in ciclo, a' pascoli avvelenati! Se il matrimonio, per essi è affare puramente civile, in che cosa ci possono entrare i vescovi? Eppure oggi anche que' liberali, che non han perduto il ben dell'intelletto, van ripetendo: Come mai osate pretendere signor ministro di grazia e giustizia, che i vescovi si facciano banditori di una legge sfolgorata dagli anatemi della Chiesa? Ma voi volete proprio rinnovare il truce dispotismo de' Neroni o de' Diocleziani, costringendo i ministri del Santuario ad adorare i vostri idoli!

E quel ministro liberale del Regno d'Italia, abusando dell'autorità che davagli la forza bruta, col fatto rinnovò in parte per quanto i tempi glielo permisero, il dispotismo degl'imperatori romani nei primi secoli della Chiesa. Egli incarcerava e seviziava que' parrochi e que' vescovi, che più si opponevano a riconoscere e bandire una legge, che facilita le turpitudini del concubinato, che annienta le basi della famiglia e dell'ordine sociale, e contrastando la divina istituzione del matrimonio, manomette l'autorità della Chiesa.[9]

Qui dò fine alla mia ben lunga narrazione de' fatti avvenuti dal 1861 al 1865. Ho accennato soltanto i principali avvenimenti degli ultimi due anni, perchè il resto altro non è, come ho già detto, che la ripetizione delle stesse insipienze ed arbitrii governativi, le medesime provocazioni e crudeltà soldatesche, e sempre con la solita spogliazione di noi miseri traditi e venduti ad un potere che ci opprime e vilmente ci disprezza.

[9] Si propose al Parlamento italiano, dall'or defunto onorevole Salvatore Morelli, il protettore delle *generose*, la legge sul *divorzio*, ch'è una necessaria conseguenza del *matrimonio civile*. Sembra che la stessa sia stata bene accolta dall'attuale ministero sinistro; dappoichè l'onorevole ministro di grazia e giustizia, Tommaso Villa, dichiarò di trovar ragionevole il *divorzio* in Italia « ANCHE PERCHÉ LA STESSA LEGGE ECCLESIASTICA NE DÀ L'ESEMPIO ».
Non par vero che un giureconsulto, un ministro di grazia e giustizia del cattolico Regno d'Italia ignori quel che non ignorano i puttini che vanno al Catechismo! Ma, signor Villa, avete studiato sì o no il diritto cano-

nico, la Storia ecclesiastica, i Concilii, almeno quello di Trento? Dopo il grossissimo sproposito che avete detto, sono autorizzato a credere, che neppure ne avete letto i frontespizii. Almeno leggete la *Sessione XXIV, Can. VIII* del suddetto Concilio di Trento, e vi convincerete che ne avete detto una troppo grossa da far ridere l'Europa alle vostre spalle. Ivi in quella *Sessione ed in quel Canone* approfondirete, che il *vincolo matrimoniale è indissolubile, secondo i principii del diritto naturale e gius divino.* E sappiate, giacchè non lo sapete, che la Chiesa cattolica apostolica romana non iscioglie il matrimonio, ma DICHIARA NULLO QUELLO CHE NON HA MAI ESISTITO.

Ma che! signor ministro Villa, ignorate pure la Storia profana? Come, non sapete che i Papi soffrirono perdite e persecuzioni, perchè non riconobbero, e nol potevano, il divorzio di Enrico VIII d'Inghilterra con Caterina di Aragona, e di Napoleone I con Giuseppina di Beauharnais?

Dionisio, tiranno di Siracusa, voleva passar per poeta, perlochè dava pranzi, invitava letterati, ed infine leggeva a' medesimi le sue poesie, che erano encomiate da quegli epuloni adulatori. Egli però pretendeva di essere lodato anche dal celebre poeta Filosseno, ivi presente; ed avendo un giorno domandato il di lui parere, questi gli disse, che quelle poesie erano pessime; per la qual cosa Dionisio lo condannò alle Cave. Dopo molto tempo lo fece ritornare, l'invitò a pranzo, indi gli lesse una sua nuova poesia, domandando al solito il di lui parere sulla stessa. Filosseno, senza rispondergli, si voltò alle guardie, ivi presenti, e disse impassibile alle medesime: *riconducetemi alle Cave.*

Sig. ministro Villa! scorticateci, metteteci in prigione, *mandateci pure alle Cave,* ma per l'onore della misera Italia, non c'insultate dal seggio ministeriale, eruttando spropositi madornali peggio di un Dionisio tiranno di Siracusa.

Lettori! io mi credevo assai piccino a fronte de' governanti de' popoli, nonpertanto, dopo il 1860, mi sono convinto e persuaso, che se mi facessero ministro, già si sa, ne direi e ne farei delle grosse, ma vi posso assicurare che non sarebbero poi tanto marchiane quanto quelle del ministro Villa e consorti.

CAPITOLO VII

Erano passati parecchi giorni dacchè i nostri villeggianti trovavansi presso Sorrento; e siccome si approssimava la Settimana Santa, si decisero di far ritorno a Napoli, tanto più perchè Edoardo e suo zio dovevano recarsi a Roma.

Il duca invitò Don Ippolito ad accompagnar gli amici; ma temendo delle solite carezze della polizia liberale, domandò ed ottenne dal prefetto di Napoli di condurlo qui, sotto la sua responsabilità.

Tutta la brigata, per far divertire Edoardo, fece il viaggio in varie tappe, affin di fargli osservare tanti luoghi ameni e memorabili, che trovansi sulla via che da Sorrento corre a Napoli. Passando da Castellammare i nostri viaggiatori fecero vedere ad Edoardo il celebre Cantiere, opera stupenda, fatta da' Borboni. Il duca fece osservare al suo giovine amico, il commercio di quella città, considerata come il magazzino de' viveri di Napoli. Edoardo gli domandò, se Castellammare fosse stata fabbricata sull'antica Stabia. Quegli rispose, che veramente il sito preciso ov'era Stabia non è ben conosciuto, essendo stata coperta interamente dalle ceneri vesuviane; ma essere opinione di antichi e moderni scrittori, che quella città avesse occupato il luogo ove è attualmente Castellammare. Da questa città salirono a Quisisana, nome dato da Ferdinando IV a quegli ameni e salubri luoghi, per indicare che in quel soggiorno si sanano coloro che sono ammalati. Ivi visitarono il Casino reale che torreggia sopra quelle incantevoli colline.

Dopo che ammirarono quelle delizie della schietta natura, abbellite dall'arte, respirando quell'aere imbalsamato dalla fragranza de' primi fiori di primavera, passarono a Pompei, cioè dalla più rigogliosa vita alla più trista e spaventevole tomba, ove tante umane creature, in poche ore, perdettero la luce del giorno e la vita. Entrarono in quelle rovine, passando dentro una macchina girante, posta all'ingresso; che conta i visitatori di Pompei, i quali pagano due lire per ciascheduno. Dazio simile a quello de' contatori meccanici de' molini, e che l'attuale governo ha imposto a coloro che vogliono visitar quelle rovine; riscuotendo da' custodi di quel luogo il prezzo corrispondente ai giri che trovansi segnati nella suddetta macchina. I governanti ammodernati sono sapientissimi ad estorquero danaro a' loro amministrati, anche giovandosi de' progressi della meccanica!

Pompei, città fiorente e voluttuosa, fu sepolta dalla lava e dalle ceneri vesuviane nell'anno 79 dell'era cristiana; e dissotterrata dall'immortale Carlo III di Borbone nel 1750. Ivi si ammira una città quasi intatta, con le sue vie dirette, co' palazzi ad un sol piano, e simili nella costruzione. Ivi ancor si vedono teatri, terme, prostiboli ed il tempio dedicato ad Isis quasi intatto. Edoardo osservò tutto con marcata attenzione; ed avendo letto *Les derniers jours de Pompei* di Bulwer, cercava que' luoghi indicati da costui nel far la descrizione della memoranda catastrofe pompeana.

I viaggiatori, da Pompei, passarono a Torre Annunziata, ove si trovano parecchie fabbriche degli storici maccheroni napoletani; ma il duca si limitò ad indicare ad Edoardo il luogo della stupenda fabbrica d'armi, fondata da' Borboni, e quasi obliata da' nuovi vandali, scesi dalle vallate delle Alpi Cozie.

Da colà si recarono a Torre del Greco, ove pernottarono. Ivi Edoardo si meravigliava in vedere quelle piccole casette nere, costruite di lava pietrificata e senza ordine alcuno. Il duca gli narrò la storia delle più terribili eruzioni del Vesuvio, e principalmente si fermò su quella del 1794; quando Torre del Greco, in una notte, fu quasi intieramente seppellita da una pioggia di arena e di cenere, accompagnate da un'orrida oscurità; e quando questa si diradò si vide il Vesuvio senza cratere, perchè sprofondate nelle viscere del tremendo vulcano.

Gli fece vedere il Molo, lungo 730 palmi, largo la quarta parte di un miglio, ed elevato sul livello del mare 24 palmi; e gli disse come era stato formato dalla lava vesuviana in una notte del medesimo anno 1794. Gli descrisse i grandi danni sofferti da' torresi, i paterni soccorsi dati a' medesimi da Ferdinando IV, e l'immenso amore di quegli abitanti verso il luogo che li vide nascere, tanto da rifabbricar la nuova città sulle ceneri ancora ardenti di quella seppellita.

Il duca si dilungò eziandio nel raccontare l'ultima e disastrosa eruzione de' tempi nostri cioè quella dell'8 dicembre 1861, che arrecò immensi danni alla medesima città di Torre del Greco. In quest'ultimo disastro, sebbene non si deplorassero perdite di persone, perchè la città fu salvata miracolosamente dalla lava, che già stava per seppellirla; nondimeno, ribollendo sotto il suo suolo le ignivome materie, queste screpolarono il terreno e fecero crollar le case: ventimila abitanti rimasero senza roba e senza tetto!

Il medesimo duca proseguì con dire, che Francesco II, sebbene esule e povero in Roma, mandò a' torresi un soccorso di mille ducati, per parte sua e della regina, deplorando, in una lettera diretta all'Arcivescovo Cardinale di Napoli, di non poter dare una somma importante, essendo stato ridotto povero da' suoi ingordi e sleali nemici. Deplorava eziandio di non poter correre in mezzo a' suoi amati torresi per mitigare le loro sventure, come avevano praticato i suoi maggiori in simili disgraziate circostanze.

La regina vedova Maria Teresa diede un soccorso di mille lire, cinquecento il conte di Trani, duecento il conte di Caserta, cento quel di Girgenti ed altre cento il conte di Trapani. Erano pochi que' soccorsi, attesa la proverbiale generosità e munificenza de' Borboni; erano però amorevoli, avuto riguardo che quelle somme si sottraevano all'amaro e scarso pane dell'esilio. Anche i napoletani, che avevano seguito il re a Roma, mandarono soccorsi a' torresi, facendo in seguito collette per soccorrere i più bisognosi. Il clero napoletano, e gli ordini religiosi, in quella deplorevole circostanza, si mostrarono all'altezza della loro santa missione, soccorrendo quegl'infelici rimasti senza robe e senza case, e con tutti que' mezzi e svariate risorse che soltanto sa immaginare ed attuare la carità cattolica.

Che cosa fecero, soggiunse il duca, i patriotti, ben ripasciuti, in soccorso de' miseri torresi? Mi limito a dirvi, che il già luogotenente di re Vittorio, l'*eccelso* Farini, che si aveva intascati migliaia e migliaia di ducati, appartenenti a questo Regno, diede un soccorso di dieci..... lire! E il *redentore* Garibaldi? Oh! costui consolò proprio tutte le sventure de' torresi; difatti, avendo preso la penna, scrisse da Caprera una brava lettera, dicendo, che i medesimi erano meno infelici de' romani e de' veneti, *perchè la lava e i tremuoti non possono ammiserire la razza umana, quanto i preti ed i tiranni.* – Ma s'è proprio un buffone! [1]

Da Torre del Greco i nostri viaggiatori passarono a visitare le rovine di Ercolano. Ivi Edoardo intese la storia dello scovrimento accidentale di quella città, sotterrata sotto la lava e le ceneri del Vesuvio, anche nell'anno 79 dell'era cristiana; e quella città sarebbe stata dimenticata, se Plinio il giovane non ci avesse lasciata una descrizione dell'ignivomo cataclisma, che la fece sparire dalla faccia della terra.

Ercolano fu dissotterrata anche da Carlo III di Borbone, dopo che, nel 1738, l'architetto Alcubierre ne studiò il sito, rimanendone una gran parte sepolta sotto Resina. Edoardo ammirò i ruderi di quella un dì fiorente città, e con più cura il teatro ed il Foro; apprendendo dagl'immancabili *ciceroni* le rarità, le anticaglie ed i papiri carbonizzati, ivi rinvenuti, e che oggi fan ricco il Museo di Napoli.

Dopo che il duca diede il segno della partenza, condusse la brigata a Portici, ove fece osservare al giovine barone il magnifico Palazzo reale ed il boschetto, disegnati ed eseguiti nel 1736, dall'architetto Antonio Cannevari, per ordine di

[1] Reggio di Calabria e molti paesi di quella fertilissima provincia sono stati, il 20 ottobre corrente grandemente danneggiati da un uragano terribile: circa 350 case più o meno minacciano rovine; campagne devastate, animali periti e vittime umane han portato colà il lutto e la miseria! — Il governo deridendo tanta sventura largisce un soccorso di L. 3000!
Io non fo commenti; però, acciò se ne faccia un confronto, ricordo solamente che S. M. Francesco II, esule e spogliato dei suoi beni, diede a' torresi ducati mille pari a lire 4250.

Carlo III; facendogli anche vedere i quadri che contengono i fiori artistici, eseguiti dalla venerabile Maria Cristina di Savoia, madre di re Francesco II.

I viaggiatori, dopo che visitarono il Boschetto, già privo di quella selvaggina che lo rendeva interessante, perchè distrutta dal vandalismo del 1860 e 61, proseguirono in varie vetture il viaggio verso Napoli.

Il duca, la duchessa e D. Ippolito indicavano ad Edoardo i luoghi più interessanti che si vedevano sul loro camino, gli narravano la storia de' fatti accaduti, de' monumenti e delle rovine, che s'incontrano e si vedono da chi da Portici viene a Napoli.

Giunti innanzi ai Granili, Edoardo mostrò desiderio di visitarli; perlochè tutti scesero dalle vetture, ed entrarono in quel monumentale fabbricato. Mentre il giovane barone si meravigliava, e non sapeva rendersi ragione della forma architettonica di quell'edifizio: D. Ippolito gli disse, che lo stesso era stato edificato nel 1779 da Ferdinando IV, e per uno scopo altamente umanitario. Ivi, gli assicurò, che conservavasi una immensa quantità di frumento, sufficiente a somministrarlo a tutta la popolazione del Regno ne' mesi di carestia; e così tenere in freno il monopolio de' proprietarii di grano.

Edoardo disse al suo *cicerone*, ricordarsi di aver inteso o letto che quel grande edifizio era crollato in parte, in un tempo non molto lontano.

– Ed io posso dirvi i particolari di quel disastro, risposegli D. Ippolito, perchè testimone oculare di quella sventura a cui voi alludete, essendomi trovato qui, quando facevo parte da sergente del 3° battaglione del 1° reggimento di linea, poi trasformato in 9° battaglione cacciatori, acquartierato in questo gran locale.

Questo grandioso edifizio, destinato a deposito di grani, fu poi tramutato parte in quartiere militare, depositandovi anche l'artiglieria pesante, e parte in bagno: al terzo piano eravi una fabbrica di corde, per le navi della marina reale, animata da venti paia di bovi. Laonde le sue mure, in varii punti, soffrirono uno spostamento che poco a poco divenne pericoloso e minacciante rovina, e massime i pilastri di sostegno di queste ampie volte.

Il generale Luigi d'Escamard, allora colonnello e direttore della 1ª divisione del genio in Napoli, fin da marzo 1850, fece conoscere al ministro della guerra generale d'Ischitella, che questo edifizio già minacciava rovina dalla parte orientale; e quindi proponeva di darvi subito riparo, per guarentirsi la vita dei soldati, quivi acquartierati, o de' servi di pena che trovavansi nel bagno. A tali premure e consigli, quel ministro della guerra, dopo di mesi, altro ordine non diede, che quello di fare intonacare ed imbiancare le parti lesionate: fece come que' fanciulli, che, alla vista di un pericolo imminente, chiudono gli occhi, credendo così di evitarlo!

D'Escamard, con un altro rapporto, nel mese di maggio, insistette sulla pronta e vera riparazione, prevedendo imminente la caduta di varie lamie, tanto da consigliar lo sfratto immediato da quel punto, e de' soldati e de' servi di pena. D'Ischitella, per ragioni inesplicabili, s'incocciò a nulla far riparare, e prese in uggia d'Escamard, tacciandolo di visionario ed importuno; e le cose si spinsero, tanto tra il ministro della guerra e il direttore del genio, che ne fu informato il re.

Ferdinando II, che ben conosceva i due contendenti, mandò il suo aiutante di campo, allora colonnello Alessandro Nunziante, e l'altro anche colonnello, Rodrigo Afan de Rivera, per verificare chi avesse ragione, se cioè il superiore o il subalterno. Però que' due colonnelli, uno certamente, che accendeva due lampade, una a Cristo e l'altra a Maometto, per non dispiacersi il ministro della guerra, per tutta risposta si limitarono a far comunicare dal capo dello Stato Maggiore, general Garofalo, l'ordine che essi ricevettero dal re, acciò il colonnello d'Escamard riferisse sullo stato preciso del fabbricato. Il sovrano, ricevuto il rapporto originale di detto Escamard, ed avendolo trovato ragionato e serio sull'imminente pericolo di questo edifizio, il 1° giugno, venne qui per accertarsi co' proprii occhi della verità dell'esposto.

Io fui spettatore di una scena indecorosa per parte del ministro d'Ischitella; il quale contrariò il d'Escamard, perchè costui non era della sua opinione, circa la solidità delle lamie già crollanti. Quest'ultimo, col rispetto di un subalterno, si soffrì le parole poco cortesi di quello; ma con la convinzione dell'uomo onesto, e conoscitore della sua partita, sostenne a fronte alta, tutto quello che aveva esposto ne' suoi rapporti,

Ferdinando II, che nel piano passava in rivista il 4° battaglione cacciatori, sentiva i rimproveri d'Ischitella e le ragioni calzanti d'Escamard; e finita la rivista volle vedere, con la prova del fatto, chi dei due contendenti avesse ragione. Perchè anche egli era un distinto ingegnere, si avvide subito, che il colonnello del genio davagli un buon consiglio, dicendo di non avventurarsi ad entrare sotto quelle lamie, che minacciavano di rovinare da un momento all'altro.

Intanto tutti gli uffiziali scientifici ivi presenti, per ingraziarsi il ministro della guerra, assicuravano non esservi alcun pericolo, e con particolarità il capitano Firrao; il quale disse: *Maestà, vivessi tanto io quanto vivranno queste fabbriche.* D'Escamard di rimando rispose: *Ed io sostengo che pochi giorni passeranno e l'edifizio in disamina crollerà.*

Il re, quasi a voler sbugiardare gli oppositori di d'Escamard, si fece dare un palo di ferro, e, con le sue mani, diè un colpo in un pilastro, che cedette come pasta frolla, introducendosi tutto intero il ferro in quella diruta fabbrica.

La maggior parte degli uffiziali presenti, che per cortigianismo aveano dato ragione al ministro d'Ischitella, rimasero mortificati, e questi più di tutti, abbassando un poco la cresta, e mendicando scuse e ragioni per giustificar la sua inesplicabile opposizione al direttore del genio, d'Escamard. Il quale, senza insuperbire del suo trionfo, disse, che la questione era ridotta, non a sapersi chi avesse operato bene in quella faccenda, ma a darsi i più pronti ripari. Onde che re Ferdinando diede a lui la facoltà di far tutto quello che avesse creduto necessario. D'Escamard accettò l'incarico, protestando però, che non era più in tempo di riparare il disastro, essendo prossima la caduta delle lamie, tanto che consigliò il sovrano ad uscir subito di sotto le medesime.

Il direttore del genio, visto che il ministro della guerra non volle dar l'ordine che i soldati ed i servi di pena sgombrassero lo edifizio crollante, ne' giorni 13 e 14 giugno si affrettò di riparare alla meglio, facendovi portare una gran quantità di legname, per puntellare quelle lamie che più minacciavano di cadere. Però il 16 dello stesso mese, cioè dopo 4 giorni che il re aveva visitato i Granili, repentinamente caddero, dalla parte orientale, varie lamie de' medesimi, schiacciando 45 soldati del 3° battaglione del 1° di linea, quivi accasermato, contro l'espresso consiglio del d'Escamard. Inoltre rimasero sotto quelle macerie 8 servi di pena, due agozzini del bagno, il garzone dell'oste, la moglie e la bambina di uno dei condannati; in tutto 58 persone, immolate al capriccio del ministro della guerra! E se quel disastro non fosse avvenuto di domenica, mentre il battaglione era nel piano, per andare alla messa, tutti i soldati sarebbero rimasti seppelliti sotto le macerie delle lamie.

Re Ferdinando, alla notizia di tanta disgrazia, corse subito a' Granili; Egli, trovandosi allora in Caserta, e non essendo pronta una locomotiva, per condurlo a Napoli, fece due miglia di strada a piedi, sotto la sferza del sole, per incontrarla a Maddaloni, donde partì a tutta velocità.

Potete supporre quale aiuto arrecò la presenza del sovrano a' sepolti vivi sotto quel fabbricato; anzi avendo egli saputo, che un servo di pena, in castigo al *puntale*, cioè incatenato al muro, era rimasto vivo, ma pensolone, essendogli mancato il pavimento che lo sosteneva, disse: *Iddio lo preservò da una certa e sicura morte, ed io gli dò la libertà* – E quel condannato fu messo in libertà.

Il direttore del genio d'Escamard, appena intese che erano crollate talune lamie de' Granili, fu sollecito di recarsi sul luogo; e non altro si ebbe dal re Ferdinando che veraci e meritevoli lodi; dappoichè quel sovrano tanto buono e religioso, aveva la disgrazia di non dar sempre ascolto ai consigli, che gli venivano dai suoi amici ed affezionati. Difatti d'Escamard, che con tanta preveggenza e coraggio aveva lottato contro la testardaggine del ministro d'Ischitella, facendo di tutto per salvar tante vittime da un già preveduto orribile disastro, nessun guiderdone si ebbe; come non ebbero alcun castigo tutti coloro che erano stati causa volontaria della morte di 58 individui, spenti miseramente sotto le macerie di questo fabbricato. Anzi vi dirò di più. Quelli stessi che avevano contrariato d'Escamard, sotto pretesto di dargli una onorificenza, lo mandarono a Messina; ma in realtà per allontanarlo dal re Ferdinando, che cominciava a trattarlo con marcata deferenza.[2]

Dopo che tutti i nostri amici uscirono dai Granili, proseguirono il viaggio per Napoli; giunti al ponte della Maddalena, anche opera di Carlo III di Borbone, D. Ippolito raccontò ad Edoardo, come in una eruzione del Vesuvio la lava era giunta fino a quel sito, e che Napoli fu preservata, con evidente miracolo, per la intercessione di S. Gennaro, patrono di questa città. Gli additò eziandio i luoghi ove il cardinal Ruffo, il 13 giugno 1799, diede battaglia e sconfisse i così detti repubblicani della *repubblica partenopea*. Non tralasciò di mostrargli i ruderi del fortino Vigliena, ove il prete Antonio Toscani, di S. Caterina di Calabria, diè fuoco alla polveriera, saltando in aria con gli amici e co' nemici per non consegnarlo a quest'ultimi.

La sera tutta la brigata de' villeggianti giunse a Napoli, aspettata dagli amici, che frequentavano i saloni del duca, ed anche attesa con grande ansietà da due giovani francesi, alloggiati all'*Hôtel de Rome*; i quali erano impazienti di conferire occultamente col loro amico Edoardo, barone di Desmet, per ragioni che appresso dirò.

[2] Il generale Luigi d'Escamard, il 6 settembre 1860, essendosi presentato a Sua Maestà Francesco II, come praticarono varii generali, tra cui il maresciallo Carlo Picenna, lo supplicò accordargli la grazia di seguirlo al di là del Volturno con l'esercito di operazione. Il re dopo averlo ringraziato con lusinghiere parole, gli disse che rendevagli maggior servizio rimanendo in Napoli, a capo del corpo reale del genio, avendo disposto che tutti gli uffiziali superiori, direttori di corpi facoltativi e tutti coloro che erano a capo di una amministrazione militare, restassero a' loro posti in questa città. Dopo l'entrata di Garibaldi, il sullodato d'Escamard, con lusinghe e promesse, fu invitato da Cosenz, ministro della guerra, garibaldesco, a mettersi al servizio della dittatura, ed egli rispose con chiedere il ritiro, che, dopo non poca insistenza, ottenne ne' primi giorni di ottobre di quell'anno; liquidando una pensione di ritiro circa la quarta parte di quanto percepiva all'attività; perchè giovane, mancavangli pochi mesi per compiere il biennio di generale, e il trentacinquesimo anno del suo servizio militare. Il generale Luigi d'Escamard trovasi nell'identica posizione in cui trovavasi il defunto maresciallo Carlo Picenna; e siccome questi era riguardato come il capo di quella superstite falange di soldati ed uffiziali senza alcuna macchia, per ragion di anzianità, è oggi il degnissimo successore di quell'intemerato e tanto compianto maresciallo.

CAPITOLO VIII

L'anno 1866 si prevedeva da tutti bellicoso a causa de' contrasti fra le due primarie potenze germaniche, Prussia ed Austria, che si accapigliavano pe' ducati di Schleswig e di Holstein, tolti al re di Danimarca Cristiano IX; la prima voleva annetterseli, e la seconda si opponeva all'accrescimento di territorio della sua emula, sostenendo i diritti del duca pretendente.

Il conte Bismarck, capo del gabinetto prussiano, voleva imitar la politica di Cavour, onde che veniva chiamato il *Cavour della Germania*. Da tutto quel tramestio si prevedeva una grossa guerra fra quelle due potenze; e fin dai principii della primavera di quell'anno la rottura si giudicava imminente.

L'essere l'Austria in guerra con qualsiasi potenza, e non trovarsi contro il governo italiano, era un affare politicamente impossibile; come lo sarà fino a quando non cederà alla rivoluzione il Tirolo, l'Istria, la Dalmazia, e chi sa quante altro provincie, mezzo tedesche e mezzo italiane. I rivoluzionarii italiani, dovendosi per allora impossessare della Venezia, non potevano trovar migliore circostanza, che assalir l'Austria al sud, mentre la Prussia l'avrebbe assalita al nord.

Già i caporioni della rivoluzione italiana si agitavano in piazza e nel Parlamento, perchè il governo del re Vittorio Emmanuele sembrava non volersi immischiare nelle contese germaniche; anzi faceva le finte di dar congedi illimitati ed assoluti a gran numero di soldati, e la disponibilità a molti uffiziali.

Il deputato Gioacchino Pepoli gridava contro il governo, perchè questo sembrava che non avesse voluto approfittare di una circostanza favorevolissima, per togliere all'Austria la Venezia; ed il presidente de' ministri Lamarmora rifiutossi dargli delle spiegazioni sulla condotta della sua politica, circa i fatti che allora si agitavano in Germania.

Ricordando che i rivoluzionarii italiani al potere, non solo avevano sempre approfittato di tutte le eventualità a loro favorevoli, ma avevano financo assaliti i principi italiani senza neppure intimar la guerra a' medesimi, nessuno era tanto soro da credere, che il gabinetto di Firenze fosse rimasto spettatore indifferente, mentre l'Austria si sarebbe trovata alle prese con la Prussia. Quando poi giunse a Firenze il general prussiano Schirmacker, e partì per Berlino il general

Govone, que' due viaggi gittarono un poco di luce, ed anche gl'increduli cominciarono a credere, che il presidente dei ministri Lamarmora, per meglio ingannare, fingevasi inerte, mentre già trattava o aveva conchiuso l'alleanza offensiva e difensiva con Bismarck contro l'Austria.

Il governo di Firenze, visto che Napoleone III non avversava, anzi proteggeva quell'alleanza, ad onta delle sue oberate finanze, cominciò a prepararsi alla guerra. Difatti chiamò le cerne militari del 1866, che aveva sospese, ed avviò una squadra a Taranto, con ordine di condursi nell'Adriatico; e provvide che una ragguardevole forza marittima si fosse riunita in Ancona. Oltre di che accostò un buon nerbo di truppe alla Lombardia, mettendo tutto in ordine per la mobilizzazione delle guardie nazionali, che dovevano succedere alla truppa di linea di presidio nelle fortezze. Lamarmora giustificava diplomaticamente quegli apparecchi di guerra col solito ed antico ritornello di essere l'Italia minacciata dall'Austria, mentre questa aveva i suoi grossi guai in casa.

Il partito garibaldesco, detto di azione, in vista degl'impicci del governo austriaco, e dei preparativi di quello italiano, si agitava, preparando arrollamenti di volontarii per ispingerli nel Veneto. Si è per questa ragione che gli amici del nostro Edoardo, i due giovani francesi, alloggiati all'*Hôtel de Rome*, l'aspettavano con ansia, affin di condurlo con loro, dovendosi unire alle legioni garibaldine. Essi volevano ad ogni costo averlo con loro per ottenerne parecchi vantaggi; il principale sarebbe stato quello, che Edoardo era entusiasta e ricchissimo. Appena l'ebbero in mezzo a loro, gli fecero conoscere la necessità di unirsi alle legioni di Garibaldi.

La causa, essi dicevano, essere una, la repubblica, e questa non potersi ottenere nè in Italia nè in Francia, se non cominciavansi a combattere le monarchie assolute, e quelle mascherate alla liberale. Inoltre dicevano, trionfando il partito repubblicano in Italia, essendo solidale con quello di Francia, questo si muoverebbe, ed acquisterebbe quella importanza e forza che attualmente non ha.

In ultimo toccarono la corda più sensibile del cuore di Edoardo, l'amor proprio; dicendogli, che sarebbe stata per lui una viltà, giovane, ricco, istruito, con un nome Storico non coadiuvare, anche con la persona, in favore di una causa, che era quella dell'umanità; che la sua condotta veramente patriottica sarebbe stata imitata da' pari suoi; e così il principio della vera libertà de' popoli avrebbe ottenuto quel risultato tanto desiderato da coloro che l'avevano iniziato pel bene delle oppresse nazioni.

Que' due giovani francesi erano emissarii della setta rivoluzionaria cosmopolita, per arrollar giovani che avessero avuto le qualità di Edoardo. Costui d'indole generosa ed insieme vanitosa, inconsideratamente piegò al discorso di que' tristi soggetti, flagello dell'incauta gioventù, promettendo che li avrebbe seguiti nei campi di battaglia, associandosi alle bande garibaldesche. Soggiunse però, che prima di dare un passo tanto grave, e dispiacente a sua madre era sua intenzione aspettare che la guerra tra l'Italia e l'Austria fosse intimata, e che i volontarii fossero riuniti sotto le armi, pronti per assalire quest'ultima potenza.

I due emissarii della setta, contentissimi di avergli strappata quella promessa, cioè di seguirli nei campi di battaglia, gli fecero le solite insidiose lodi. Si convenne fra loro che Edoardo sarebbe andato a Roma con lo zio, secondo lo stabilito itinerario, ma tostochè le legioni di Garibaldi si fossero riunite, o nella Lombardia o in altro sito, essi si sarebbero affrettati di raggiungerle.

Il povero visconte zio, era le mille miglia lontano di sospettar quel *guet-apens* che si ordiva contro l'incauto nipote, anzi era contentissimo che costui mostrava premura di recarsi a Roma, per vedere i monumenti di quella città, conoscere di presenza il gran Pontefice Pio IX e ricevere dallo stesso l'apostolica benedizione. Tutto ciò lo raccontava al duca e a Don Ippolito, gongolante di gioia; quegli divideva il contento del visconte, questi, che ben conosceva il suo amico Edoardo, e che nulla sfuggiva alla sua non ordinaria sagacia, non rimanea tranquillo al sentir que' discorsi, coi quali si voleva dimostrare una conversione istantanea e senza alcuno antecedente favorevole. Il reverendo non manifestò i suoi dubbii, che tanto l'amareggiavano, osservò soltanto, meravigliarsi di un repentino desiderio del suo carissimo barone, cioè di recarsi a Roma per ricevere la benedizione di Pio IX.

Il discorso fu interrotto dalla presenza di Edoardo, il quale, essendosi licenziato con tutti i suoi conoscenti di Napoli, recavasi in casa del duca, da cui aveva ricevuto tante amorevolezze, per passar colà l'ultima sera. Erano tutti mesti e sconfortati per la partenza del nipote e dello zio; e la conversazione sarebbe languita, se D. Ippolito non avesse cominciato a parlare delle grandezze di Roma, e non avesse indicato e descritto ad Edoardo i luoghi più interessanti che colà doveva visitare: in ultimo conchiuse col seguente discorso:

– Beati coloro, ei diceva, che si recano a Roma e son ferventi cattolici; ad essi solamente è concesso gustar lo sante delizie, che son negate a' tiepidi. Ivi è la fonte purissima, irradiata dalla fede, ove l'umano sapere trova acquiescenza all'insaziabile sua sete, che altrove cercherebbe invano.

Sento vantar Roma pagana, ma che cosa è quella vantata città a fronte di questa moderna? Dall'ultima stazione della ferrovia, prossima alla capitale del mondo cattolico, voi, Edoardo, vedrete un colle, il Palatino; ricordatevi che colà, or sono più di 2600 anni, un'orda di ladroni, in uno spazio quadrato, alzò le sue capanne, e diede al medesimo il fastoso nome di città della *Forza.* E la forza era il loro diritto, erigendo un solo altare; e quell'altare era sacro ad Ercole; il capo di que' ladroni, già fratricida, fu re e sacerdote.

Que' ladroni si fecero conoscere a' loro vicini con un atto il più abbominevole, un tradimento, la violazione delle donne di costoro, dopo di averli invitati alle feste della città della *Forza*, che già chiamavano Roma, in onore di Romolo, loro re e sacerdote.

Quella riunione di banditi ebbe successivamente sette re, essendosi estesa sopra sette colli prossimi al Palatino; e dopo 244 anni espulse l'ultimo de' suoi re sotto il frivolo pretesto, che il figlio di costui avesse violato la castità di una donna. La quale lasciò in sospeso il giudizio de' posteri, se veramente fosse stata qual si proclamò casta, o non avesse accordato liberamente i suoi favori a colui, che affermò averla oltraggiata, giovandosi dell'accordata ospitalità.

I discendenti de' ladroni della città dell'antica *Forza*, dopo che cacciarono il settimo ed ultimo loro re, proclamarono la repubblica. La quale fece servi i popoli ed i re, ma soffriva vilmente la tirannide spaventevole de' dittatori, tollerava la crapula, il lusso, le pretensioni e la superbia de' patrizii, le sedizioni e le improntitudini de' tribuni: alla fine cadde spossata a piè de' suoi sanguinosi triumviri, quale abbietta corteggiana, gridando: *viva l'imperatore!* Per la qual cosa, lorda di vizi, aspersa di tanto sangue innocente, scontò per tre secoli e mezzo i suoi misfatti. Essa soffrì padroni che erano mostri in forma umana, e superarono ogni nequizia dell'umana malvagità. Anzi fu tanto lurida che li deificò, ascrivendo fra i suoi dei un parricida; colui, che, dopo di aver reciso le teste di tanti distinti cittadini, fece bruciar Roma, cantando alla vista dell'incendio della medesima. Un tal mostro, da quella dispregevole repubblica, fu soprannominato *divo Nerone*: ecco che cosa era la tanto vantata Roma pagana!

Ma surse un'èra novella, dopo una lunga serie di altri spaventevoli tiranni ed imbecilli imperatori; cioè si alzò un imperio, in mezzo della viltà, delle ingiurie della fortuna e del sangue di milioni di martiri, divino e sempiterno; cresciuto senza usurpazioni, o tradimenti, confirmato dallo spontaneo consenso de' soggetti, estendendosi per tutto il mondo allora conosciuto, e con la sola persuasione, più efficace, ed anche più temuta delle formidabili legioni della repubblica e dell'impero. Al novello imperio s'inchinarono i più potenti vittoriosi monarchi di varie guerriere nazioni, a cui diedero regioni e tributi volontarii; ed i popoli i più indomiti, non solo volonterosi si sottomisero, ma si offrirono combattere per lui. L'attuale imperio di questa divina potenza dell'eterna città, contrastato da cieca tirannide per circa quattro secoli, nacque dunque ove quelle umane si spengono, cioè nella povertà de' beni della terra, nella deficienza della forza bruta, e nel sangue de' suoi campioni. Quest'era novella vanta ben XIX secoli, cioè dal povero pescatore di Galilea, crocifisso sul Giannicolo dal *divo Nerone*, all'umile ma temuto Pio IX: serie non mai interrotta di duecento cinquantasette benefici Papi, di cui ottanta veneransi sugli altari.[1]

[1] Secondo l'*Annuario Pontificio*, fin'oggi 258 Papi hanno occupato la Cattedra di S.Pietro, incluso l'attuale Regnante Pontefice Leone XIII, cioè 15 greci, 7 siri, 3 africani, 14 francesi; 4 spagnuoli, 4 tedeschi, 1 inglese

Mistero incomprensibile per coloro che non sono illuminati dalla fede! Tante dinastie, che ebbero il sostegno di formidabili eserciti, delle strepitose vittorie e conquiste, e dello stesso amore de' popoli, caddero e sparirono dalla faccia della terra, lasciando appena un'eco nella Storia. Al contrario Roma papale, inerme, perseguitata or da' suoi nemici che usano il sofisma, or da quelli che brandiscono le vittoriose armi contro di lei, rimane là sul maestoso colle de' vaticinii, amata e temuta; cangiando le più terribili persecuzioni in memorabili e splendidi trionfi. Parli un conquistatore, un monarca potente, un tiranno dal suo trono ed è ascoltato soltanto da quel popolo soggetto per la forza delle sue armi; ma se favelli il Pontefice, inerme e perseguitato, dal Vaticano ed anche dall'esilio, alla sua voce si commuove l'universo intiero, popoli e re si agitano, temono o sperano. La benedizione o l'anatema di quel sovrano di pace e di giustizia ha tanta potenza che non ebbero mai le forze di Alessandro il Macedone, di Cesare il romano, o di Napoleone il corso.

Quali furono le benefiche conseguenze della divina potenza del Pontificato romano? Sarebbe troppo lungo accennarle tutte, anche quelle che riguardano i beni temporali dell'uomo. Però prima di considerare quali furono i benefizii arrecati all'umanità da' Sommi Pontefici romani, è necessario volgere per poco lo sguardo alla società di Roma pagana. Ivi, in quella città tanto encomiata dagli uomini che oggi si vantano umanitarii, liberali e liberi pensatori, sul declinare della repubblica, si contavano un milione e duecentomila abitanti; ebbene, in sì gran popolo, Cicerone attesta, che appena trovavansi ventimila cittadini, *vix viginti millia sunt qui rem habeant*, ed un milione centottantamila erano schiavi! La regina della libertà non era dunque che il serraglio della schiavitù?

Nè i filosofi aprirono mai bocca per disapprovare e condannare quello stato di orribile degradazione in cui era ridotta l'umanità; anzi il filosofo Varrone chiamava il contadino *istrumentum rurale*; degnavasi però aggiungere che lo stesso fosse più utile del cane, del bove e dell'asino. Seneca definiva la compassione un *vizio dell'anima*; lo stesso poeta Orazio chiamava la povertà: *Magnum pauperies opprobrium*. Quei filosofi e poeti pagani neppure si commovevano, quando per ordine del governo repubblicano i poveri vecchi, in cambio di esse-

ed 1 belga, 49 in tutto di varie nazionalità. Gli altri Papi furono romani od italiani; 36 uscirono dagli Ordini religiosi. Tra Pontefici Santi si contano 35 martiri e 45 confessori della fede. Eugenio III ed Urbano V sono da tempo immemorabile onorati come beati, ed anche Urbano II, che proclamò la prima crociata; e nel secolo passato, sotto Benedetto XIV, fu introdotta la causa del venerabile Innocenzo XI, che apparteneva alla famiglia Odescalchi. Speriamo che anche il gran Pontefice Pio IX sia innalzato agli onori degli altari, per le sue straordinarie virtù e pel suo martirio di 33 anni, e proclamato Patrono dell'Italia nostra.

[2] Moreau-Christoph, nella sua opera *Probléme de la Misére*, tomo V pag. 286, dice: « Il fatto più notabile che

re soccorsi,[2] venivano precipitati nel fiume dall'alto di un ponte, come esseri superflui alla società, e si dicevano perciò *Senes depontani.*

Nella capitale del mondo pagano, mentre si era tanto crudeli cogli uomini, si proteggevano le bestie con leggi severissime, e principalmente i leoni, le pantere, le tigri ecc. destinate a divertire i cittadini. Anche oggi i così detti umanitarii liberali, perchè peggio de' pagani di allora, mentre non curano gli uomini che si muoiono di fame nelle vie delle più popolose città, son teneri per le bestie, istituendo *Società protettrici degli animali*, per guarentirli da' maltrattamenti: meno male che si mostrano filantropi co' loro prossimi![3] Per non recar poi onta alla società pagana di allora, distruggono, o meglio divorano, il patrimonio del povero, raccolto o lasciato dalla carità cattolica, con incamerare il capitale, o con tassar di *ricchezza mobile*, quella poca rendita, senza base, che rare volte *largiscono* all'umanità sofferente.

Ma dopo che i Papi uscirono dalle catacombe, in Roma s'intese il primo giulivo grido di vera libertà, congiunta colla carità; e che poi risuonò per tutto il mondo allora conosciuto. Furono i Papi, che, seguendo i precetti ed i consigli di Colui che rappresentano sulla terra, predicarono gli uomini uguali fra loro, e sfolgorarono la superbia del patriziato e dei ricchi, che avevano ridotto i loro simili nel più degradante servaggio. Essi, senza umani riguardi, fecero sentire per la prima volta ai prepotenti della terra, essere la servitù una soggezione indebita, illegale, ingiusta, perchè l'uomo, in quanto uomo, non può comandar l'uomo; che il solo uomo, investito di una legale o naturale autorità può comandare i suoi simili, pel maggior loro bene, e senza padronanza. Basterebbe questo sol bene, arrecatoci dal Pontificato romano per essergli grati, amarlo e benedirlo incessantemente. Sì: la libertà predicata da' Pontefici romani è soltanto la vera, e quella che desiderano gli uomini di buona volontà, perchè fondata sopra i veri diritti dell'uomo; e non già quella chiassosa, demagogica, spogliatrice ed oppressiva in tutti gli atti della nostra vita; accordandoci solamente l'ironico diritto di eleggere un deputato, a furia d'intrighi, e che spesso neppure conosciamo.

risulta dallo studio storico della miseria nei tempi antichi è, che non v'ha esempio in tutta l'antichità pagana della fondazione di uno stabilimento pubblico di beneficenza, destinato al sollievo dei poveri od alla cura degli indigenti cittadini ».

[3] L'Austria ha diggià 27 di queste animalesche società, la Germania 57, in Inghilterra, ove gli uomini muoiono di fame in più gran numero senza soccorso, 117; e così negli altri Stati ammodernati. In Italia abbiamo la *Società romana protettrice degli animali*, presieduta dal filantropo on. Luigi Pianciani; ed in ragion diretta degl'italiani morti di fame, aumenterà le sue società filiali. La nostra Italia, continuando ad essere governata come lo è attualmente, avrà fra non guari l'onore di gareggiar con l'Inghilterra nel numero delle suddette società; cioè quando i nostri governanti daranno fondo agl'istituti cattolici di beneficenza.

Io non ignoro che si calunniano i Papi e Roma papale, e dico, che i suoi calunniatori o sono ignoranti o di mala fede. Difatti varii scrittori protestanti o liberi pensatori han creduto dimostrare difettibile la Chiesa, sol perchè qualche Pontefice, secondo essi, non sia stato dotto o inappuntabile ne' costumi, e senza aver voluto riflettere, che i pontefici sono uomini come tutti gli altri. Però i medesimi non ne han potuto trovare un solo che abbia difettato nella fede, ossia che abbia promulgato, con una Bolla, qual Dottore del popolo cristiano, un errore contrario ai dogmi. Del resto se fosse vero che i Papi avessero difettato nella vita privata, ciò proverebbe quel che dice il vostro gran Bossuet, cioè che Iddio l'abbia permesso per far conoscere, che la sua Chiesa non sussiste principalmente per l'opera de' suoi ministri, che han lottato e lottano da tanti secoli, con la dottrina e co' sacriflzii contro ogni errore, ma per sua speciale assistenza. – Gesù Cristo non promise a S. Pietro ed a' suoi successori la dottrina e l'impeccabilità, ma invece l'infallibilità nelle decisioni di fede e di costumi, quando essi parlano quali dottori delle genti.

I detrattori poi di Roma papale non dovrebbero ignorare che sotto il benefico regime dei Papi surse in Roma il primo ospedale pe' poveri, il primo deposito di mendicità, quello pe' trovatelli, gli asili infantili, la prima casa penitenziaria, con tutti gli istituti di carità, il primo istituto di arti e mestieri, la prima biblioteca pubblica, ed anche la prima scuola politecnica: tutti questi grandiosi istituti vennero fondati dai munificentissimi Sommi Pontefici, e sconosciuti nel resto dell'Europa.[4]

Tutto ciò non dee sorprenderci, essendo quella la capitale del Cattolicesimo, informata alla vera libertà e carità evangelica; ed i Papi altre opere di beneficenza avrebbero create, se i loro nemici, che son quelli del povero e del vero progresso, non l'avessero impediti con le loro persecuzioni che han rinnovato in tutti i tempi. Si è perciò che desta nausea al sentir deplorare da' moderni farisei, che Roma papale non è all'altezza dell'attuale civiltà, che per essi si compendia nel saccheggiar quelli stessi istituti di beneficenza, fondati ed arricchiti da' Papi e dalla carità cattolica, per far rapide e scandalose fortune.

Edoardo, soggiunse D. Ippolito, io mi auguro che voi visiterete Roma papale senza prevenzioni; ed allora soltanto potrete conoscere quale essa è veramente, e non quale l'han voluto far credere i suoi detrattori. –

D. Ippolito si tacque, ed un silenzio successe di pochi minuti, conseguenza delle riflessioni, che ognuno faceva sul discorso che attentamente aveva ascoltato.

[4] Il signor Cerfberr, mandato dal governo francese nella città de' Papi, a studiarvi le opere di beneficenza, diceva, nella *Relazione officiale*, a pag. 20: « In nessun luogo gli ospedali e gli istituti, destinati al sollievo dell'infortunio, sono in più gran numero, nè più giganteschi di Roma ».

A proposta del medesimo D. Ippolito, il duca scrisse varie lettere a' suoi amici, emigrati a Roma, e le consegnò al visconte; e con lo scopo che questi avesse introdotto Edoardo presso quelle famiglie di signori napoletani, che trovavansi in quella città, al seguito di S. M. Francesco II; e così allontanar quel giovane, di variabili principii, dalle società pericolose, maggiormente in quel tempo di esaltamento rivoluzionario.

La dimane il visconte Luigi ed Edoardo si accommiatarono dalla duchessa; alla quale nello stringer la mano a' medesimi, due grosse lagrime le si affacciarono nella cavità degli occhi, da commuovere oltre ogni dire lo zio ed il nipote. D. Ippolito, essendosi dimenticato in quel momento dei precetti di Monsignor della Casa, forte si soffiava il naso, tenendo agli occhi il suo moccichino, vergognoso di far vedere la sua commozione e le sue lagrime. Egli e il duca accompagnarono fino alla stazione della ferrovia i due viaggiatori, e vollero da medesimi la formale promessa, che recandosi in Sicilia, dopo le feste di Pasqua, tutti due sarebbero passati da Napoli.

CAPITOLO IX

Il visconte ed Edoardo, giunti in Roma, andarono ad alloggiare all'*Hôtel Sarny*, in Piazza di Spagna; ivi trovarono i due francesi, amici di quest'ultimo, che già lo aveano preceduto.

Edoardo, in tutto il tempo che dimorò in Roma, fu sempre svogliato a visitare i luoghi più celebri, culla del Cattolicismo; invece si dilettava vedere i ruderi che rammentano qualche fatto o personaggio repubblicano. Si è perciò che bazzicava spesso al Campidoglio, al Campo Vaccino, al Foro romano ecc.; mostrandosi renitente con lo zio a visitare i signori napoletani, a cui aveva scritto il duca, per ammetterlo nella loro società. Egli, quanto più era avvicinato da' suoi amici francesi, tanto più evitava trovarsi insieme co' borbonici, coi papalini e con lo stesso suo zio; e questi, dopo tante preghiere, potette persuaderlo a presentarlo al Sommo Pio IX, in udienza particolare.

Il gran Pontefice dell'Immacolata si compiacque in sentire essere figlio del barone di Desmet il giovane presentatogli dal visconte di Peiter, avendo conosciuto il padre nel principio del suo Pontificato; e perchè costui era stato, nel 1849, tra i più affettuosi ed eloquenti difensori della S. Sede, ed uno de' tanti benemeriti deputati, che forzarono il Bonaparte a mandare a Roma le legioni di Francia, per conquidere la sanguinosa repubblica romana.

L'angelico Pio IX, poggiata la mano sul capo di Edoardo, già in ginocchio: oh! disse, è questa un'altra consolazione che mi manda il Signore; dappoichè con immenso piacere vedo il figlio di colui, che sempre difese, e con tutti i suoi mezzi, la giustizia e questa S. Sede Apostolica. – Poi soggiunse: L'unico e più bello augurio che io possa farti figliuol mio si è, che tu rassomigli in tutto al tuo nobile genitore; e che la benedizione di Dio scenda sopra di te, come io ti benedico con tutta la effusione del mio cuore.

Il visconte zio, a cui il Papa aveva dirette altre amorevoli parole, ed impartita l'apostolica benedizione, alla vista del nipote in ginocchio e con la mano del Sommo Gerarca sul di lui capo, versava lagrime di consolazione, e diceva a sè stesso: Oh, amatissima sorella! qual gioia celestiale non proveresti, se tu in questo momento vedessi l'amato tuo unico figliuolo?

Il bello e venerando aspetto di quel gran Pontefice sorprese Edoardo, destando in lui rispetto e simpatia; e le parole che aveva intese da quell'augusto labbro, gli fecero dimenticare la incauta promessa che avea fatto ai suoi amici. Se Pio IX gli avesse detto: Ho bisogno di te – egli non solo avrebbe messo a disposizione di quella gran vittima de' suoi stessi figliuoli tutta la sua immensa fortuna, ma avrebbe indossato l'onorata divisa di zuavo pontificio, per combattere contro i nemici dell'ordine e della S. Sede.

Uscì dal Palazzo Vaticano combattuto da vari opposti pensieri, uno però dominavalo più degli altri; egli era quasi deciso romperla col suoi falsi amici, che volevano trascinarlo in una via tutta opposta a quella, che lodevolmente avevano battuta i suoi illustri antenati ed il suo genitore con particolarità. Considerava eziandio il dolore di sua madre al sentire in quale abisso di perdizione si sarebbe gittato, se avesse seguito i consigli di chi forse preparavagli il più turpe de' tradimenti. Però, riflettendo che avea data la sua parola di far parte delle legioni di Garibaldi, veniva meno la sua salutare resipiscenza.

Il visconte era sorpreso nel vedere l'aspetto sconvolto, ed osservare la taciturnità del nipote, dopo la visita fatta al Papa; ma se quella visita fosse stata in tre, cioè se si fosse trovato D. Ippolito, questi gli avrebbe potuto spiegare in parte i contrasti di Edoardo. Non tutti abbiamo il bene di saper leggere ne' misteri del cuore umano; per leggerli ed interpretarli a nulla valgono gli studii, se la provvida natura non ci dà un istinto di fina investigazione, un giudizio che sappia confrontare le idee in apparenza contraddittorie, e tirar quelle conseguenze, che spesso sembrano opposte a' principe ritenuti intollerabili.

I due amici settarii spiavano i passi di Edoardo, e perchè furbi, già supponevano che la visita fatta all'affascinante Pio IX che sapeva farsi amici i più fieri suoi nemici, col solo mostrarsi ai medesimi, con dire una dignitosa parola, un motto di dolce e paterno rimprovero gli avesse fatto mutar parere: e quindi temevano, e con ragione, che la preda sfuggisse dai loro artigli. Si è perciò che si affrettarono di avvicinare la loro vittima, affin di dissipare le benefiche impressioni, che aveale potuto destar Colui, che è la luce, la verità, la vita, ed essi le tenebre, l'errore, la morte.

Edoardo, sempre franco e leale, non arrossì manifestare, a quei due emissarii della sètta rivoluzionaria, i contrasti che avevano suscitato in lui la presenza e le parole del gran Pontefice; e giunse a dire a' medesimi, quel che avrebbe fatto ad una semplice richiesta di Pio IX. Quelli, conoscendo il carattere della loro vittima, l'attaccarono col ridicolo; arma prepotente ne' francesi, ed usata sempre da coloro che non han ragioni, neppure speciose, per oppugnar la verità. Per la qual cosa cominciarono a canzonare quel traviato giovane, e con riso beffardo, rappresentargli la bella figura che avrebbe fatto, vestito con la divisa di zuavo papalino; e che poi, soggiungevano, in considerazione de' meriti acquistati, in una milizia, i di cui componenti altro non sapevano fare, che bazzicar fra gesuiti, servir messe, recitare orazioni ecc., avrebbe potuto ottener la porpora cardinalizia; e chiassosamente ridendo esclamavano: *oh, la jolie figure de notre cher ami Edouard, baron de Desmet, habillé en cardinal!* –

Dal ridicolo, passarono a solleticare il suo amor proprio, dicendogli: Saremo lietissimi di recar queste notizie ne' saloni di Parigi, ove tu propugnavi que' principii, che ti aveano fatto ammirare da tutti i veri amatori dell'umanità; e che poi rinnegasti, mancando alla dataci parola, perchè tanto debole da farti affascinare dalla presenza di un prete coronato. Va pure a vestire il saio dell'imbelle sanfedista zuavo papalino, o la tunica dell'ipocrita ed inutile frate; difenderemo noi, che abbiamo cuore francese, i popoli oppressi dalla tirannide scettrata e sacerdotale. Noi ti sciogliamo dalla data parola di batterti sotto gli ordini di Garibaldi; ma sappii, che se noi compiangeremo la tua turpe debolezza, altri non le daranno questo nome troppo mite, potrebbero anche darti del vile, dello spergiuro e del traditore a quella causa, che dovrà trionfare, perchè è nella coscienza dell'umanità. –

Veramente il grandissimo difetto di Edoardo era la debolezza morale, il facile impressionarsi delle apparenze, e quindi risentito ed entusiasta. Simili caratteri son proclivi a passare da una ad un'altra risoluzione diametralmente opposta. Onde che, quel tradito giovane esclamò: – Ebbene, partiamo questo stesso giorno per Firenze, che oramai è tempo; e vedremo su' campi del Veneto chi di noi è vile o valoroso. –

A que' due traditori dell'inesperta gioventù non sembrò vera la precipitata risoluzione della loro vittima; si è perciò che i medesimi, dopo che se la fecero ripetere, vollero ligarla con esecrandi giuramenti settarii. Dopo di che tutti tre si diressero all'*Hôtel Sarny*, indi partirono in ferrovia per Firenze.

Edoardo, prima di lasciar l'*Hôtel*, scrisse poche righe a suo zio, dicendogli, che per una scommessa fatta fra buoni amici, si recava in campagna per qualche giorno; quindi ne lo avvisava perchè non istesse in sollecitudine per lui. Ebbe però l'avvertenza di prendersi una grossa somma in biglietti della Banca di Francia, mandatagli dalla sua affettuosa madre.

Il nostro amico, nel soggiorno di Roma si era dato assiduamente a leggere i giornali francesi ed italiani, affin di seguire le fasi delle questioni fra la Prussia e l'Austria; sicurissimo che la guerra fra queste due potenze avrebbe spinto il governo italiano ad assalire gli austriaci nel Veneto. Non senza una ragione dunque disse a' suoi amici: Ebbene, partiamo in questo stesso giorno per Firenze, che *oramai è tempo*. Difatti si erano pubblicati allora varii documenti, in data del 27 aprile, che non lasciavano più dubbio essere la guerra imminente fra l'Italia e l'Austria.

Diggià il general Lamarmora, presidente dei ministri, aveva spedito una circolare a' rappresentanti italiani, accreditati presso le Corti straniere, in cui si atteggiava a vittima del governo austriaco, dicendo che questo faceva preparativi militari per assalir l'Italia. Epperò i gabinetti europei, nel leggere quella circolare, si dovettero ricordare dell'altre spedite da' ministri piemontesi nel 1848 e 1859; in cui costoro anche si dichiaravano vittime, mentre insidiavano l'Austria, e furono i primi ad assalirla in Lombardia, nel 59, sorretti potentemente dalle legioni di Francia.

Si era inoltre pubblicato un decreto del 1° maggio, col quale il governo, in virtù delle ampie facoltà conferitegli dal Parlamento, contraeva un prestito di duecento milioni di lire. Però siccome non trovava nè dentro nè fuori, chi glieli avesse prestati, a proposta del ministro dello finanze, il *celebratissimo economista* napoletano Scialoia, si ordinava d'impossessarsi del danaro in metallo che si trovava nella Banca sarda, detta Nazionale, ed in quelle de' varii Stati della Penisola; sostituendosi l'equivalente in *carta-moneta*.[1] Per la qual cosa ordinavasi il corso forzoso, che è tutt'ora causa di usura, dell'incarimento di tutti i generi di prima necessità, di fallimenti, e della comune miseria. Questo violento mezzo, preso da' ministri di Firenze per far danari, con ragione l'officioso giornale l'*Opinione* lo chiamò, *un provvedimento di guerra il più aperto, il più decisivo che fosse stato fin'oggi.* Ma un tal *provvedimento* era più contro di noi che contro l'Austria. Difatti appena si pubblicò, il Consolidato italiano scese al 37 per cento!

Scialoia, non contento di quel *provvedimento di guerra il più aperto e il più decisivo* presentò uno schema di legge, col quale s'ingiungeva a' contribuenti di anticipare il prodotto delle tasse del 1867, come in dicembre del 1864 si era fatto pagare il tributo prediale del 1865. Quello schema di legge fu accettato dalla Commissione e dalla Camera dei deputati con qualche piccola modifica. Per effettuirsi quest'altra *scorticazione nazionale*, i giornali governativi pubblicarono, che sarebbe stato un nuovo plebiscito anticipar le tasse dell'anno seguente. Però i contribuenti, ad eccezione di pochissimi, fecero orecchie di mercante, come le aveano fatte due anni prima.

Mentre che i liberali governanti della redenta Italia, contraevano debiti rovinosi, che saccheggiavano i pubblici Banchi del danaro sonante, sostituendolo con la *carta-moneta*, e quindi subissando il debito pubblico, l'industria e commercio, che costringevano i contribuenti a pagar le tasse con l'anticipo di un anno; il tirannico governo del Papa estingueva invece quattro milioni di scudi del Consolidato romano, malgrado che avesse la quarta parte dell'antico territorio, e

[1] Nella spogliazione de' Banchi italiani, il governo incassò duecento milioni di lire in *moneta sonante*; oggi, per quanto ci fan sapere i nostri padroni, in cambio di duecento milioni di *moneta cartacea* ne abbiamo, da oltrepassare il miliardo; e senza che l'Italia abbia sostenuta altra guerra in questi ultimi 14 anni.

pagasse i debiti per l'intiero. Ma tutto ciò doveva dirsi dispotismo ed oscurantismo pretesco, mentre le concussioni, il saccheggio nel resto dell'Italia perpetrato dai rivoluzionarii al potere, dovevasi chiamare *progresso, civilizzazione e redenzione dal servaggio* del Papa, e del re delle Due Sicilie, dei duchi e dei duchini!...

Il governo di Firenze, vista imminente la guerra fra la Prussia e l'Austria, proseguì gli armamenti, e spinse l'esercito in Lombardia e la flotta nell'Adriatico. Ordinò pure che si formassero venti battaglioni di volontarii, i di cui componenti dovevano giurar fedeltà al re Vittorio Emmanuele, e con l'obbligo di sottostare alla disciplina militare. Il comando dei medesimi si diede a Garibaldi, dipendente dal ministro della guerra e dal capo supremo dell'esercito.

Gli uffiziali ed i soldati di que' battaglioni di volontarii godevano di tutt'i vantaggi delle truppe regolari, con l'obbligo di servire un anno, potendo essere sciolti prima, con dar loro un *compenso di paga*: insomma erano trattati come i lanzichenecchi del medioevo!

Questa falange garibaldesca in principio venne formata per una invasione sulle coste della Dalmazia e dell'Istria, affin di assalir Pola e poi Venezia di rovescio; per la qual cosa si concentrarono varie navi della squadra militare e di trasporto ne' porti dell'Adriatico.

Le Provincie di tutta l'Italia furono sguarnite di truppe, che si mandarono in Lombardia; e siccome il governo temeva di quelle napoletane e sicule, in queste rimase un corpo di esercito, diviso in varie città, comandato dal generale Durando.

Inoltre, il 6 maggio, venne pubblicato un decreto reale, col quale si ordinava la mobilizzazione di cinquanta battaglioni di guardie nazionali, ciascuno di 600 uomini, e ciò per mantenere l'ordine all'interno.

Si organizzarono varii corpi speciali di volontarii, affin di proseguire la repressione del così detto brigantaggio. Le popolazioni del Napoletano si spaventavano più di que' volontarii che dei veri briganti.

Le guardie nazionali mobili avevano dal governo 80 centesimi al giorno di paga, e dovevano servir per tre mesi in sostituzione delle truppe regolari. Di modo che, non poche di quello guardie furono costrette lasciar chi l'impiego, chi il proprio mestiere, e la famiglia nella miseria; quel che poi fu di peggio, che a guerra finita non riebbero que' posti che prima occupavano, procacciati con lunghi anni di fatica.

I ministri di Firenze, per non lasciar tranquillo qualsiasi cittadino, con un decreto del 21 maggio, diedero facoltà agli agenti della pubblica forza di requisir cavalli e muli. I possessori di tre cavalli ne dovevano dare uno; pagato in carta-moneta, a prezzo stabilito dai periti dello stesso governo. I prefetti furono incaricati di stabilire il numero de' cavalli e de' muli, che ogni città o paese doveva presentare.

Quando Edoardo giunse in Firenze trovò un vero *caos*; i volontarii di mestiere, corsi in quella capitale provvisoria, facevano un baccano d'inferno, e la volevano fare da veri padroni. I medesimi, fra le altre intemperanze, avrebbero anche voluto che il governo avesse immediatamente assaltato l'Austria; vantandosi che essi soltanto sarebbero stati sufficienti per abbattere questa grande potenza militare. Ma i maggiori chiassi li facevano per ottener tutti il brevetto di uffiziale, o perchè fosse confirmato quello avuto da Garibaldi, nel 1860, o da loro stessi foggiato: ciò prova il grande patriottismo di que' puritani garibaldini. Perchè il governo non poteva far tutti capitani e colonnelli, organizzavano dimostrazioni sediziose contro gli stessi amici al potere. Pretendevano pure, che invece di venti battaglioni di volontarii, se ne fossero formati quaranta; e ciò per esservi più panno a costruire uniformi di uffiziali. Que' volontarii si erano resi tanto importuni e sediziosi, che il general Lamarmora, presidente de' ministri, disse, che venti battaglioni di garibaldini erano troppo, *abbisognandogli altrettanta truppa regolare per tenerli a dovere.*

Eduardo, com'è da supporsi, altro non chiese che di essere incorporato in uno de' venti battaglioni de' volontarii garibaldeschi, che allora si formavano in varie città d'Italia; e figuratevi se fu accettato a braccia aperte, perchè francese, perchè portava un nome storico fra i legittimisti di Francia, e perchè ricchissimo. Difatti protestò che non avrebbe accettato alcun grado nella milizia e la paga di volontario, ma che voleva soltanto militare sotto il duce Garibaldi ed a proprie spese. Dopo che si comprò il fucile di modello, ed indossò la camicia rossa, venne mandato al reggimento comandato da Nicotera, che allora trovavasi in Bari.[2] Ma poi, contro suo genio fu destinato a far parte della brigata sotto gli ordini del generale Haug, tedesco, e compagno di Garibaldi in varie imprese rivoluzionarie.

Il nostro Edoardo partì da Firenze con parecchi garibaldini, e per la via di Bologna, Milano e Brescia andò a trovare il corpo, comandato da quel generale tedesco, che trovavasi in Desenzano, presso il lago di Garda: ivi fu incorporato nel 5° reggimento sotto gli ordini del deputato garibaldino Chiassi. Colà vide per la prima volta il generale Garibaldi, che, in carrozza ben cautelato, ritornava da Salo, avendo in testa un berretto ricamato, dono della marchesa Pallavicino, che trovavasi anche al campo garibaldesco.

In Desenzano, il nostro nobile e ricco garibaldino si coricò per la prima volta sulla fetida paglia, e l'aspetto di quelle bande garibaldesche gli fecero un'orrida

[2] Quel reggimento, nel viaggio da Bari a Brescia, perdette diciassette volontarii, caduti sotto le rotaie de' vagoni. Da questo sol fatto si potrà supporre con quanta incuria erano condotti sul campo di battaglia que' traditi giovanetti, e quel conto si faceva della lor vita.
Vedi *Viaggio di un uomo senza testa* di Raffaele Villari.

impressione. Le medesime, senza niuna disciplina, avevano l'abitudine della parola scurrile e della bestemmia. Nel reggimento, comandato da Corte, vi erano volontarii scalzi e mezzo nudi: i soli carabinieri genovesi trovavansi mediocremente vestiti, perchè tutto aveva pagato il Municipio di Genova.

Edoardo, sin dal primo giorno, conobbe la dura vita del volontario garibaldino, ed imparò a sue spese qual sia il sacrificio per quel mestiere, per un giovane bene educato come lui. Pativa moltissimo pe' cibi e pel dormire, dovendosi coricare sulla paglia, quando se ne fosse trovata, ed in mezzo a compagni la maggior parte sudici, e talora brulicanti di schifosi e molesti insetti: varii giorni ebbe a restar digiuno, non trovando di che sfamarsi.[3]

Intanto i suoi due amici, che l'avevano spinto colà, erano rimasti in Firenze, col pretesto che aspettavano altri volontarii francesi. Però l'avevano consigliato di precederli al campo, che eglino l'avrebbero raggiunto; promessa che non venne mai adempiuta.

Edoardo, pieno di amor proprio, ne' primi giorni, si sforzò a far lunghe e rapide marce sopra gli alpestri monti del Tirolo; ma essendosi spedato, malgrado i suoi sforzi, non potette più caminare. Rimanendo sempre indietro, fu abbandonato dai suoi compagni in un burrone, ove lungamente penò, vessato dalla fame, dalla sete, e la notte assiderato dal freddo. Qualche volta chiedeva soccorso a' garibaldini che passavano in quelle vicinanze, per avere una bricciola di pane o un sorso d'acqua, pregandoli che lo trasportassero in qualche abitazione vicina che avrebbe pagato tutto generosamente.

I passanti, o perchè minacciati da' tirolesi, che li decimavano con le loro famose carabine, e perchè pressati di recarsi ai loro destino, poco si curavano del nostro Edoardo, avendo tutti i proprii guai. Qualcheduno tese gli orecchi nel sentire che il chiedente soccorso *avrebbe pagato tutto generosamente*: non ebbe il coraggio di ucciderlo, ed impossessarsi di tutto quello che portava addosso, ma se lo segnò.

Edoardo, vedendosi in quello stato deplorevole, più di una volta impugnò il revolver per uccidersi; ma l'immagine di sua madre, sempre presente al suo pensiero, quanto più trovavasi infelice, e più di tutto il ricordo di quei santi principii succhiati col latte, e poi sviluppati nel collegio de' gesuiti di Parigi, beneficamente lo dominavano ne' casi più perigliosi della sua vita, e gl'infondevano speranza e coraggio.

[3] Non sono questi fatti immaginati dallo scrittore del presente racconto, ma veri e reali; anzi meno di quanto pubblicò il garibaldino Raffaele Villari da Messina, nel citato *Viaggio* ecc., tanto di sè che di altri volontarii che fecero parte della campagna garibaldesca del 1866. Leggete la *Cronaca Grigia* ed il *Diritto* di quel tempo, ivi troverete fatti da spezzarvi il cuore per la compassione che destano que' poveri illusi e traditi giovani. Basta sapersi, che a' volontarii davasi vino misturato, che era un vero veleno, avendo rovinato la salute a non pochi di costoro; ed i medesimi lasciavansi fino a cinque giorni senza ordinario e senza pane, che del resto erano della più cattiva qualità.

Lasciamo il nostro povero amico, che già sta scontando le sue follie, ed andiamo a trovare in Roma il visconte zio. Questi, avendo veduto, che, scorsi tre giorni, il nipote non era ritornato dalla pretesa scampagnata, che far doveva *con buoni amici*, cominciò a sospettar qualche sinistro accidente; ma era le mille miglia lontano da sospettare il vero. Laonde ogni momento tempestava di replicate domande i camerieri dell'*Hôtel.* Uno di costoro, sapendo ove era andato Edoardo, perchè aveva inteso i discorsi di costui e de' suoi amici, timoroso delle minacce del visconte, che dichiarava non aver trovato una grossa somma di danaro, che aveva ricevuto pochi giorni innanzi da Parigi, rivelò tutto quel che sapeva.

Lascio immaginare il grande sbalordimento in cui cadde il povero visconte, e poi le smanie che l'assalirono; mille le congetture, mille i timori che lo colpirono e tutti eminentemente funesti. Ordinò subito la carrozza per recarsi alla stazione della ferrovia, e da colà partire immediatamente per Firenze; però nello scendere le scale dell'Hôtel, fu colto da svenimento e cadde privo di sensi. Fu necessario di condurlo nel suo letto, e chiamare in fretta un medico. Il quale, avendolo osservato, prescrisse che lo lasciassero tranquillo, e se fosse rinvenuto, gli s'impedisse la partenza. Il visconte, appena riavutosi, volle assolutamente partire. Oh, quanto gli sembrò lungo quel viaggio, e quanti dolori fisici e morali soffrisse, non è possibile descrivere!

Giunto nella capitale dell'Italia rivoluzionaria, cercò di Edoardo, e seppe che diggià era partito co' garibaldini pel Tirolo. Si recò subito dal ministro di Francia, barone Malaret, accreditato presso il governo del re Vittorio Emmanuele, e chiese la sua alta influenza per farlo richiamare. Molti gli risero in faccia. Il Malaret ed i ministri italiani, sapendolo antinapoleonista e clericale, gli dissero, che egli non aveva alcun diritto di reclamare un nipote, che era uscito di tutela, libero e padrone delle sue azioni. Gli consigliarono solamente, vedendolo in uno stato da non poter viaggiare, di recarsi nel Tirolo, cercar di suo nipote e persuaderlo di seguirlo; soggiungendo però che lo avrebbe intaccato nell'onore, perchè ognuno, dopo una quasi diserzione, poteva dargli del vile.

Il desolato visconte, persuaso che nulla poteva ottenere da que' settarii in veste ministeriale, e che pure lo deridevano, tentò recarsi nel Tirolo; ed un altro svenimento, peggiore di quello sofferto in Roma, lo rese totalmente impotente a tentar l'ultimo mezzo che restavagli per salvare suo nipote, com'egli diceva, da una macchia indelebile. Gli sopravvenne una atonia pronunziata, e fu costretto guardare il letto, senza speranza di poter viaggiare, maggiormente nel Tirolo, ove avrebbe dovuto caminare a piedi, essendovi montagne, che neppure si possono attraversare a cavallo.

Trovandosi senza persone affezionate, fece un supremo sforzo, scrisse e mandò un telegramma alla sorella, baronessa di Desmet, pregandola che gli mandasse subito uno de' suoi servitori, e che di tutti con particolarità avrebbe desiderato Francesco, quello nato e cresciuto nella sua casa. Nulla le disse di Edoardo, perchè aveva la speranza di mettersi in viaggio e ritornare fra poco tempo a Parigi, appena giungerebbe il servitore, e comunicarle egli medesimo la triste notizia, ma in maniera da non uccidere quella sensibile ed affettuosa madre di un traviato.

Dopo tre giorni dalla spedizione del telegramma, giunse il servitore in Firenze, portandole una lettera della baronessa, scritta all'infretta, ed in cui rivelavasi il grande spavento della medesima; non solo perchè si faceva correre in quella città un domestico, ma più di tutto perchè Edoardo non aveale scritto fin da quindici giorni. La spaventata genitrice diceva eziandio che sarebbe corsa anch'essa a Firenza, se non si fosse trovata gravemente ammalata. In seguito spedì varii telegrammi al fratello, per conoscere la causa di tanta sospettosa novità, e particolarmente chiedeva notizie del figlio. Il visconte non sapea che cosa rispondere, perchè non voleva lusingarla, per non farle poi provare più amara la trista notizia che doveale comunicare: sicchè rispose a que' replicati dispacci in termini vaghi e generali.

Il visconte, dopo varie piccole tappe, giunse a Parigi; e l'incontro tra lui e la sorella fu assai straziante. Costei credeva suo figlio già morto, non avendolo veduto ritornare; e quegli, per consolarla in parte, fu costretto dirle tutto di un fiato: « Vostro figlio è fuggito, e trovasi nelle bande di Garibaldi, che combattono nel Tirolo ». E per darle prova di quanto asseriva, le fece leggere una lettera del ministro Melaret, dalla quale rilevavasi la presenza di Edoardo in quelle bande.

Quell'infelice madre si consolò per un momento, pensando che l'unico ed amato suo figlio non fosse morto; ma quando la riflessione riprese l'usato imperio su di lei, il cordoglio della medesima fu tale da arrossire quasi di aver dato vita al suo Edoardo, tanto deplorava che egli militasse tra le file rosse garibaldine, pugnando per una causa tutta contraria a quella per cui era stato ucciso il suo nobile consorte.

Contraddizioni dell'amor materno! Mentre ella protestava in faccia agli amici e parenti, di non riconoscere più per figlio, chi dicevasi garibaldino, dolevasi co' medesimi enumerando gli orribili patimenti che soffrir dovea Edoardo in mezzo a gente disordinata, in guerra disastrosa e con compagni poco sicuri; quindi piangeva a calde lagrime sulla fatal sorte dell'unico ed idolatrato figliuolo. Ma lasciamo anche la madre di Edoardo e ritorniamo a Firenze per vedere ed ascoltare ciò che facevano, in quel tempo di serii trambusti, i ministri ed i generali di questa misera Italia.

I governanti di Firenze, mentre impudentemente vantavansi di aver con sè il consenso unanime di tutti gl'italiani, ben sapevano che costoro, presentandosi l'occasione favorevole, dal brontolare sarebbero passati a qualche attacco improvviso contro il nuovo ordine di cose. Laonde, nella tornata del 4 maggio, chiesero al Parlamento poteri eccezionali, per regalare leggi draconiane a coloro *che li sostenevano con unanime consenso*; onde che proposero ed ottennero il seguente articolo di legge: « Fino a tutto luglio del corrente anno sono accordate facoltà al governo del re, per provvedere con decreti reali alla difesa e sicurezza pubblica dello Stato ».

In conseguenza di quell'articolo di legge il *gran liberale* deputato Francesco Crispi, disgraziatamente nato in Sicilia, propose altri articoli di legge, copiati da quelli della Convenzione di Francia, elaborati sullo scorcio del passato secolo da que' mostri in sembianza umana, chiamati Robespierre, Marat e Saint-Juste; cioè volle proclamata in Italia, *redenta ed una*, la più feroce legge de' sospetti, che fu detta Crispina, in *omaggio* d'imperitura memoria del gran patriotta deputato Francesco Crispi che la propose.

La legge crispina, detta dei *sanculotti* italiani dell'attuale secolo di *civilizzazione e moderazione* rivoluzionaria, fu votata da duecentotrentaquattro onorevoli deputati e rigettata da quarantaquattro. Quella legge era tanto feroce, che lo stesso ministro guardasigilli dichiarò in Senato, che si sarebbero servito della medesima, con *accorgimento* e *prudenza*. Ma fu quella una ipocrita dichiarazione di un ministro senza pudore e senza umanità; dappoichè la legge *crispina* fu applicata con le forme lo più inumane ed inique.

Che disgrazia! Due deputati, nati in queste province meridionali, lasciarono a' posteri i loro nomi in due leggi le più feroci che deplora l'umanità, cioè quella detta *Pica* e l'altra *Crispina*. Almeno la prima in apparenza fu proposta contro il così detto brigantaggio, ma la seconda espressamente contro tutt'i cittadini italiani.

In Napoli era allora prefetto un Gualterio, che poi uscì pazzo, e questore un Luigi Indelli; costui specialmente rese esecrato il suo nome pel modo come usò della legge *crispina*, arrestando antichi ed onorati militari, gentiluomini, onore del nostro paese, frati, preti, canonici, parrochi e vescovi. A costoro i subalterni d'Indelli intimavano con modi villani o l'esilio o il carcere, e senza dar loro il tempo di aggiustare le proprie faccende, o di vedere i parenti, se i medesimi avessero scelto l'esilio. Però pochissime persone *godettero il beneficio dell'esilio*, la maggior parte furono ammonticchiati in luridissime prigioni.

Mentre gli agenti della così detta sicurezza pubblica imprigionavano o esiliavano la più distinta cittadinanza del Napoletano, eran costretti a dichiarare, che nulla avevano da dire in contrario sul contegno degli sfrattati o imprigionati dal 1860 in poi. E volendo addurre una ragione speciosa e birresca, affin di legittimare quelle violenze, non seppero altro dire, che sfrattavano dal Regno o incarceravano que' cittadini, allo scopo di preservarli dalle violenze del popolo ne' prossimi e perigliosi avvenimenti a cui andava incontro l'Italia.

Nella sola Vicaria di Napoli, il carcere più orribile, furono rinchiuse centinaia di persone, che erano il fior fiore della cittadinanza napoletana, tra cui settantadue sacerdoti, cioè frati, preti, canonici e parrochi, soltanto rei di non essere liberali ammodernati.[4] Tutti questi ecclesiastici, benemeriti per dottrina e per tanti benefizii largiti al popolo, affin di essere meglio seviziati, furono racchiusi in cameracce oscure, umide, e se ne mettevano dieci, ove appena lo spazio si prestava per cinque. Tutti i bisogni, i più imperiosi della vita, dovevano soddisfarsi in quel luogo ristrettissimo ed in utensili di legno, luridi e fradici, che mandavano pestilenziali miasmi. Era lor proibito di scrivere a' parenti ed agli amici; e quando costoro, dopo varii giorni d'insistenza, ottenevano il permesso dalla regia procura, recandosi presso que' sacerdoti, non potevano avvicinarli, ma dovevano parlar co' medesimi da lontano, fra gridi, chiassi e confusione indescrivibile; tanto che la maggior parte di quelle vittime rinunziarono all'ottenuto permesso di vedere e parlare co' loro amici e parenti.

A que' prigionieri appena si permetteva *mezz'ora* per uscir dalle loro bolge, e passeggiare in un salone oscuro; ed in quell'ora appunto che ivi gl'inservienti facevano la pulizia dei vasi immondi. Era tutto previsto; e così, con raffinata barbarie liberalesca, opprimevansi anche in quel modo que' prigionieri, che erano e sono la gloria del nostro paese.

Da tutto ciò chiaro si vede, che Indelli e compagni non avevano imprigionate quelle persone per guarentire il fortissimo Regno *da' terribili assalti* de' medesimi, ma per isfogare il loro satannico odio contro ecclesiastici e contro altri uomini rispettabilissimi. Dappoichè trovandosi prigionieri i supposti nemici del minacciato Regno, quelle sevizie non avrebbero avuto più scopo per magistrati, che non fossero quelli usciti dal fango rivoluzionario.

Fra quegli ecclesiastici imprigionati eravi un cappellano del passato governo, che contava gli anni 84; nel tempo che lo tennero in carcere, rimase sempre a letto, perchè gravemente ammalato. Eravi eziandio fra que' sacerdoti un muto, e perchè non creduto tale, i carcerieri lo seviziavano per farlo parlare; ed egli guaiva a segno da destare grande pietà.

[4] Ecco pochi nomi de' più distinti e popolari personaggi, incarcerati e seviziati qui in Napoli in quel tempo nefasto, ed in omaggio alla scellerata legge *crispina*:
D. Antonio de Magistris, Canonico della Cattedrale — D. Giuseppe Montuori, Parroco di San Liborio — D. Giuseppe Carbone, Parroco della Pietrasanta — D. Gaetano Guida, Parroco di S. Caterina al Mercato — D. Giacinto Bova, Maestro del Collegio de' teologi e canonico — Padre D. Gaspare De Luise, Pio Operaio, e Parroco di San Giorgio Maggiore — D. Gennaro Formicola, parroco di Portici — Comm. Don Gennaro Radente, Rettore della Chiesa di S. Antonio Abate a Foria — Padre Maestro de Donato, Superiore de' Domenicani — Cav. Stefano Mancinelli — Cav. Alfonso Mastrocinque — Cav Moscati, già Commissario all'immediazione di S. M. Ferdinando II.

Sarebbe andar troppo per le lunghe se si volessero raccontare tutte le pulcinellate e gli arbitrii perpetrati in quella circostanza dalla polizia liberale, i di cui componenti aveano messo in caricatura la persecuzione delle barbe sotto il passato governo.[5]

Molti di quelli arrestati in forza della legge crispina languirono lungo tempo in carcere, un buon numero furono messi in libertà dopo due mesi di quella orribile prigionia, e senza che si fosse detto a' medesimi il perchè di tanto arbitrio liberalesco. Solamente un delegato di pubblica sicurezza, dalla fisonomia patibolare, fece a quelle vittime un fervorino, condito d'insulti plateali, per dire alle medesime, che rispettassero il nuovo ordine di cose.

In conseguenza della feroce legge crispina, i giornali cattolici più presi di mira, in gran parte, sospesero le loro pubblicazioni; perchè i loro direttori e redattori erano bersaglio di una legge di sospetti, che aveva promulgata un governo senza principio e senza decoro; in forza della quale legge, senza ragione poteano essere mandati o a domicilio coatto o in carcere.

L'iniqua legge *crispina*, applicata iniquamente dal potere esecutivo, il 16 maggio 1866, strappò dal labbro del deputato francese Pelletan un'invettiva contro la stessa, che fece meravigliare il corpo legislativo di Parigi e la Francia rivoluzionaria. Quel deputato, protestandosi amico dell'Italia rivoluzionaria, deplorava però che la medesima aveva voluto usare « *la funesta arma delle leggi eccezionali* contro coloro che non hanno altro delitto che di guardare e vagheggiare il passato. Quando, soggiungeva, *si commettono tali iniquità*, non importa sotto quale governo e quale pretesto, *bisogna sempre marchiarle d'iniquità* ».

In quello stesso tempo, il giudaico giornale, l'*Opinione*, venduto al governo della *legge dei sospetti*, all'ingiusta persecuzione di tanti innocenti cittadini, aggiungeva la calunnia, dicendo che i personaggi incarcerati o sfrattati dal Regno erano complici di una congiura, avente per iscopo la ristaurazioue del legittimo sovrano sul trono delle Due Sicilie.

In que' giorni di terrore liberalesco, i liberali dichiaravano tirannico il gover-

[5] Un tale comprò, al magazzino *À l'Abeille d'Or*, una pipa di terra cotta, in cui eravi un piccolo giglio; e siccome la medesima piacque a varie persone, se ne fecero fabbricare una buona quantità sullo stesso modello. Saputosi ciò dalla polizia liberale, gli agenti della stessa andavano in cerca di quelle *terribili* pipe, giudicate forse capaci da mandare in frantumi il *Regno della rigenerazione*. Un padre gesuita (misericordia!) si dilettava di farsi la sua fumatina. La polizia sospettò che si servisse di una di quelle pipe; detto fatto, corre in casa di quel padre e gli fa una minuziosa visita domiciliare; e dopo di avergli messo tutto a soqquadro, finalmente trova una pipa vecchia ed annerita. I poliziotti, tutti occhi, cominciarono ad esaminarla con una attenzione, con un'ansia estrema, e non trovando quel benedetto giglio, rimasero con tanto di naso. Il povero gesuita guardava come un allocco, non sapendo spiegare a sé stesso che sorta di diavoleria si potesse trovare in quella sua pipa, da far correre una caterva di birri in casa sua, per cercarla ed esaminarla con tanta attenzione e premura, e da coloro che si dicono agenti di sicurezza pubblica!!..

no del Papa, perchè lo stesso in cambio di carcerare e processare i più sfacciati cospiratori, non essendo romani, dava loro il passaporto per ritornare donde i medesimi erano venuti. Tutto ciò si strombazzava, però senza dire che Pio IX, in occasione dell'anniversario della sua incoronazione, aveva largito l'amnistia pe' condannati politici. Le pretensioni e la sfrontatezza de' così detti liberali fan perdere anche la pazienza ad un redivivo Santo Giobbe!

Dopo che i *liberalissimi* governanti, insediati in Firenze, saccheggiarono i Banchi del Regno d'Italia, consolandoci col regalo del corso forzoso della cartamoneta, uno de' più terribili flagelli de' tempi moderni; dopo che decretarono di pagarsi un anno di tasse anticipate, facendo eziandio requisizioni di muli e cavalli; dopo che ci fecero l'altro dono della legge *crispina*, i medesimi governanti diedero l'ordine, alla erede de' crocifissori di Gesù Cristo, all'officiosa giudaica *Opinione*, di pubblicare senza reticenze la necessità di assalire l'Austria nel Veneto, mentre la Prussia l'avrebbe assalita dalla Boemia. Siccome allora Napoleone aveva messo innanzi il suo solito ciarlatanesco cosmetico di un Congresso europeo per accomodar le questioni fra l'Austria da una parte, e fra la Prussia e l'Italia dall'altra, la medesima *Opinione*, imboccata dai suoi padroni, dichiarava che quest'ultima non avrebbe accettato il Congresso, se quella non avesse ceduto deffinitivamente il Veneto.

La guerra era dunque inevitabile; le truppe regie, la flotta ed i garibaldini già erano pronti per assalire gli austriaci. Però i governanti insaziabili di persecuzioni, e nell'estorquere danaro, in quel parapiglia, operarono anche in modo da spogliar totalmente una classe eletta di cittadini, che furono sempre benemeriti all'Italia. Mentre si correva alle armi per assalir l'Austria nel Veneto, eglino, i governanti, perpetravano un'altra iniquità da loro vagheggiata da molto tempo, cioè l'abolizione di tutti gli Ordini religiosi e la *conversione dell'asse ecclesiastico*.

Dal 1864 in poi, sei disegni di legge si erano presentati all'uopo in Parlamento, ed or per una ragione, ed ora per un'altra erano rimasti senza effetto. Ne' primi di giugno di quell'anno 1866 se ne presentarono ancor sei da altri deputati; e dopo di essersi ristretti in un solo, il 19 dello stesso mese, posto a' voti fu approvato da centosettantanove onorevoli e respinto da quarantacinque. Con l'approvazione di quella legge e col relativo decreto, firmato dal reggente principe reale, Eugenio di Carignano, cugino del re, si spogliarono migliaia e migliaia di benemeriti italiani di una proprietà, lor lasciata da pii benefattori con determinati obblighi da soddisfare. Legge tirannica e di vero comunismo, fatta a vantaggio di pochi gaudenti; e costoro oggi strepitano contro i comunisti, i quali si vogliono impossessare di tutto quello che essi rubarono agli ordini religiosi! Si sa, che tutti i ladri, dopo che si fan ricchi col loro mestiere, vorrebbero impiccati i loro antichi complici e colleghi.

Due furono le cause per cui si vollero aboliti i frati, i monaci e le monache:

l'odio satannico contro la religione di Gesù Cristo, e l'ingordigia del *governo riparatore* e di varii deputati *affaristi*, per impossessarsi de' beni de' conventi e de' monasteri. Ed invero si voleva da molti deputati che si lasciassero almeno le suore della Carità, gli ospedalieri di San Giovanni di Dio ed il monastero di Montecassino;[6] governo ed *affaristi*, evangelici e liberi pensatori mostrarono la più ributtante intolleranza, non avendo voluto che una sola vittima fosse sfuggita al loro odio diabolico, alla loro rapacità.

Quelle vittime ebbero dipoi una meschina pensione, come elemosina patriottica,[7] riducendosi elemosinanti i possidenti di ragguardevoli proprietà, specialmente le povere monache; le quali, nella loro condizione, non potevano, come non possono, trovar fatica ad esse conveniente, per procacciarsi il puro bisognevole alla sussistenza giornaliera. A queste sventurate fu rubata, da un governo immorale, anche la dote, che le medesime avevano portata dalle proprie famiglie.

Il governo *riparatore*, per mostrarsi sempre ingiusto, negò a' benemeriti padri della Compagnia di Gesù quella pensione governativa, che assegnò agli altri religiosi degli Ordini monastici soppressi. Ciò dimostra un partigianismo, un dispetto da biricchini da chi vuol darsi l'importanza di reggitore di *popolo sovrano*. A' gesuiti non si tolse pure la loro roba? Non sono essi anche italiani? Non hanno i medesimi il diritto a vivere? Per qual ragione dunque li avete messi fuori di una legge comune? Forse perchè questi dotti ed esemplari padri han difeso, non meno degli altri, la Santa Sede Apostolica, l'ordine, la morale cattolica e cit-

[6] Nella tornata del 9 giugno 1866, il deputato Giuseppe Massari pregò i suoi onorevoli colleghi, che si facesse un'eccezione per l'Abbazia di Montecassino, dicendo: « Signori, io vi raccomando l'Abbazia di Montecassino, e ve la raccomando a nome delle lettere, a nome della civiltà, a nome dell'Italia ». Il Massari invocava eziandio l'autorità del conte di Cavour, che si era mostrato favorevole fin dal 1861, quando si parlò la prima volta dell'abolizione degli ordini religiosi. Però il deputato Raeli, relatore di quella iniqua legge, e poi guardasigilli, rispondeva al Massari « che, escludere dalla legge universale l'Abbazia di Montecassino sarebbe in vero una vivente protesta contro il *progresso* ». Il deputato Brunetti soggiungeva: « È necessario che prima di far guerra all'Austria noi dovessimo dare una battaglia ancora più aspra e decisiva alla potenza civile della Chiesa ». E Crispi sentenziava: « Il Cattolicismo, come ogni opera umana, ha fatto il suo tempo ». Ma Crispi e compagni, oggi, dopo 14 anni, si sono avveduti, che essi han fatto il loro tempo ed in Montecitorio e dappertutto; e che invece il Cattolicesimo è sempre rigoglioso di fede e di carità; e che in Montecassino accorrono, mentre scrivo, i cattolici di tutto il mondo, ed anche gli onorevoli deputati italiani, per celebrare il quattordicesimo secolare anniversario del fondatore del monachismo in Occidente.

[7] Il deputato Luzi propose che i religiosi soppressi, tornati al secolo, per godere la pensione, cessassero d'indossare l'abito monastico. Questa proposta fu combattuta dal deputato Crispi, e fra le altre ragioni ne aggiunse una birresca, degna dell'autore della *legge de' sospetti*. Il Crispi avvertiva, che, « vietando a' frati di vestire secondo le regole del loro Ordine, commettevasi un atto altamente impolitico; giacchè, diceva a' deputati, vorrete a togliere dalla sorveglianza, ove sieno pericolosi, gli individui che intendete perseguitare, e che con la tonaca sarebbe più facile riconoscere ». (Atti officiali della Camera pag 5624).

tadina, i principii eterni della giustizia? Ma volevate forse che si fossero ribellati contro il Papa e contro tutte le leggi umane e divine? I Neroni, i Diocleziani, che credevano loro nemici i primi cristiani, li martirizzavano con gli eculei e con farli sbranare dalle bestie feroci; voi, perchè i tempi non ve lo permettono più, oggi seviziate, chi supponete vostri oppositori, con toglier loro il necessario alla sussistenza. E via, signori governanti, per l'onore di questa misera Italia, mostratevi meno partigiani e più dignitosi.

A chi giovarono tutti questi pingui furti? A' soli *affaristi*! Il governo incassò grosse somme, che sperperò prima che avesse distrutta la proprietà de' conventi e de' monasteri: i soli *affaristi* se ne videro bene: da miserabili divennero ricchissimi proprietarii.

Si disse che co' beni ecclesiastici si sarebbe abolito il corso forzoso, cioè il debito fatto con le banche; ma oggi dopo 14 anni abbiamo ancora l'odiato corso forzoso della *carta-moneta*, che ammonta a più di un miliardo.[8]

Non la finirei più, se volessi dire ed enumerare gli sfacciati furti che si perpetrarono da' patriotti, in quel piglia piglia, detto abolizione degli ordini religiosi. Lo stesso governo, e varii municipii, mentre ammiserivano i frati e le monache, con la roba di costoro facevano doni a taluni *meritevoli*: si regalavano a medesimi mobili, fondi rustici, conventi e monasteri di gran valore, come state fossero cose di poco momento. In Napoli, perchè due liberali di occasione presentarono il risultato del plebiscito del 21 ottobre 1860, al re V. Emmamuele, ebbero in compenso, dopo sei anni, regalati due grandiosi conventi, che con poca spesa, oggi sono addivenuti due de' migliori palazzi di questa città. Intanto il governo dell'*ordine morale* pretende, che coloro i quali pagavano canoni a'

[8] Secondo le statistiche governative, de' beni detti di *mano-morta*, fino al 31 dicembre 1872, eransi venduti per circa cinquecento quarantadue milioni di lire. Che cosa si fece con tutto questo danaro? Sappiamo che il governo l'ha erogato per le spese dell'amministrazione; insomma l'ha *liquidato*! Gli *affaristi* han fatto i loro affari, e ciò basti alla rigenerazione italiana. Che migliaia e migliaia di famiglie vivevano con que' beni, ed oggi si muoiono di fame, tutto ciò non è previsto dall'economia politica ammodernata; del resto, *de minimis non curat Praetor*.

Oggi a' rigeneratori italici altro non resta che *annettere, liquidare, convertire* ecc. (traduci rubare) i beni delle Opere Pie; e diggià l'attuale governo sinistro ha creato una Commissione, presidente l'onor. Correnti, per la *conversione* de' suddetti beni in credito consolidato, come avvenne de' beni ecclesiastici. Uno de' tanti funestissimi mali che ci arrecherà detta *conversione* è, che la beneficenza diverrà un aggravio a' contribuenti; i quali saranno sovraccaricati d'altre tasse per quante sono le rendite delle Opere Pie. Queste hanno un capitale di seicento milioni; calcolando la rendita al 6 per cento, avremo un dippiù di trentasei milioni all'anno, che dobbiamo pagare. Però i governanti aggiusteranno i fatti loro, poco importa se danneggiano i nostri, essendo noi buoni soltanto ad essere *tosati di prima e di seconda mano*. Dopo le Opere Pie, non essendovi più in Italia *mano-morta*, restano quelle vive, cioè le proprietà private, con le quali si farà, siatene certi, in un tempo più o meno lontano, qualche *operazione finanziaria*: insomma fra non molto saremo *a' frutti* del banchetto patriottico.

frati per celebrazione di messe, lasciate da pii testatori, li pagassero a lui, *per farle celebrare alla Uccìria,*[9] come dicevano argutamente i palermitani.

Si potrebbe supporre che il governo *riparatore* avesse saziato la sua patriottica fame dopo tanto saccheggio nazionale, niente affatto. Il 28 giugno di quello stesso anno 1866, con decreto del medesimo reggente, principe di Carignano, s'imponeva agl'italiani un prestito forzoso di quattrocento milioni di lire; però nella ripartizione delle varie province, Torino fu la meno angariata.

[9] I palermitani chiamano *Uccìria* uno dei principali mercati di commestibili, che trovasi quasi nel centro di Palermo.

CAPITOLO X

Il dì seguente alla votazione del grande furto officiale, perpetrato da' rigeneratori italici, a danno degli Ordini religiosi, il governo annunziò la guerra contro l'Austria, accusando questa potenza che voleva tenere a sè con la forza delle armi le provincie venete, e che minacciava l'Italia co' suoi armamenti.

Fu pubblicato in pari tempo un bando del re, il quale raccomandava, che l'Italia si mantenesse ordinata e composta, mentre l'esercito e l'armata navale ne rivendicavano i diritti contro le minacce e le provocazioni dell'Austria. Quindi, commesso lo Stato alla reggenza del suo cugino principe di Carignano, egli, il re, si metteva alla testa dell'esercito, riprendendo, come esso diceva, le spade di Goito, di Pastrengo, di Palestro, di Solferino ecc. Certamente tutte quelle spade gli dovevano dare un poco d'impaccio; e difatti si disse che andiedero perdute nella ritirata di Custoza.

Il generale Lamarmora, avendo rinunziato alla presidenza del ministero, perchè doveva seguire il re al campo in qualità di capo dello Stato Maggiore, fu supplito dal barone Bettino Ricasoli.

Lo stesso giorno 20 agosto, il medesimo Lamarmora spedì un uffiziale dello Stato Maggiore a S. A. I. l'arciduca Alberto, comandante l'esercito austriaco nel Veneto, intimandogli la guerra, e giustificandola con le solite aspirazioni degl'italiani, co' diritti de' medesimi e con le provocazioni austriache.

Si sa che quella guerra finì in breve tempo con la rotta di Custoza, e colla ridicola notizia di Persano, mandata dal canal di Lissa; e se fu salvo l'onore italiano pel valore de' soldati, la nullità de' capi resterà incisa a caratteri di sangue. Non è mio compito descrivere quelle due battaglie, soltanto riporterò qui i più interessanti *Bollettini*, pubblicati dalla *Gazzetta Uffiziale del Regno d'Italia*.

« Dal quartier generale principale 24 giugno, ore 10,45 di sera. Oggi accanito combattimento che durò dall'alba sino al cadere della notte ». (Ora incominciàn le dolenti note!) « Il primo corpo di armata, che dovea occupare posizioni tra Peschiera e Verona, non riuscì nell'attacco. Il secondo e terzo corpo non poterono liberare il primo dall'assalto, che questo ebbe a sostenere di forze preponderanti. E però sono quasi intatti ».

Meno male! Ma ciò dimostra la poca previdenza de' capi e la nessuna conoscenza della tattica e strategia; dappoichè il secondo solamente, o il terzo corpo di esercito, unito al primo, tutti due sarebbero divenuti forze preponderanti contro gli austriaci, ed avrebbero potuto batter costoro, se fossero stati ben diretti, in cambio di essere stati battuti, o come dice prudentemente il *Bollettino: il secondo e il terzo corpo di esercito non poterono liberare il primo dall'assalto, che questo ebbe a sostenere di forze preponderanti.*

« Dalla Prefettura di Brescia 25 giugno, ore 12.25 antimeridiane. – Il primo corpo di armata ha attaccato le posizioni presso Peschiera. La divisione Cerale ebbe perdite molto gravi: il generale stesso ferito. Lotta lunga: il risultato definitivo, poichè furono impegnati gli altri due corpi a sostenere validamente la loro posizione, *può dirsi non isfavorevole.* È giunto in Brescia il principe Amedeo ferito leggermente ».

Se fosse stata tale la ferita, son sicuro che quel principe sarebbe rimasto al suo posto sul campo di battaglia. Del resto in questo dispaccio di Brescia si vuole occultare la rotta dell'esercito italiano, ma la stessa rilevasi chiarissima; anzi il medesimo dispaccio fa sospettar di peggio. Difatti eccone un altro del Comando generale di Milano che dice molto:

« Dal Comando generale di Milano 25 giugno, ore 12,30 antimeridiane. Un distaccamento di austriaci, discendendo dallo Stelvio, occupò ieri nelle ore pomeridiane varie posizioni ». – Quali posizioni? Forse quelle occupate dall'esercito italiano?

« Quartier generale di Milano, 25 giugno, ore 4 pomeridiane. Passato il Mincio l'ala sinistra e il centro delle truppe reali dirigevansi ieri alle posizioni di Valeggio e Villafranca. Furono attaccate dagli austriaci con tutte le loro forze. Le posizioni furono prese e riprese, spiegando le truppe reali molto valore contro *le forze preponderanti degli austriaci.* Nella sera le truppe reali tenevano ancora Goito e Valeggio, *oggi si dispongono ad una energica difesa di Goito,* di Volta, di Cavriano e Solferino. Nella giornata di ieri si ebbero a lamentare gravi perdite. Il principe Amedeo, il generale Cerale, Dho ed altri rimasero più o meno gravemente feriti. Il generale Willarey morto. Il principe Umberto ha fatto prodigi di valore, e la sua divisione, quantunque abbia sofferto, è in buon ordine. Le notizie del principe Amedeo sono rassicuranti. Il generale Cialdini, con tutto intiero il suo corpo, continua ad occupare le sue posizioni sul Po. (Perchè non fu assalito dagli austriaci!) Si dirigono su Milano seicento austriaci prigionieri, tra soldati ed uffiziali ». – *Quid inter tantos?*

Questo dispaccio da Milano si contraddice grossolanamente; difatti mentre dice: « Nella sera (del 24 giugno) le truppe reali *ancora* tenevano Goito ecc. ».

Vuol dire che questa posizione fu poi abbandonata quando si spiccò il dispaccio; come mai soggiunge poi il medesimo dispaccio: « Oggi (25) si dispongono (le reali truppe) ad una energica difesa di Goito ecc. ». – O che il Comando generale di Milano voleva mistificare gl'italiani sulle vere condizioni di quella guerra, o avea perduto la testa in quello scompiglio della ritirata.

Bisogna fare un'altra osservazione. L'esercito italiano, ripetono spesso que' dispacci, si trovò ne' varii attacchi sempre a fronte di forze preponderanti degli austriaci; mentre che costoro, come appresso si vedrà, non erano nel Veneto più di ottantacinquemila, inclusi quelli che presidiavano le quattro fortezze, dette il Quadrilatero. L'esercito italiano contava in tutto il Veneto cento novantamila combattenti, oltre di ventimila garibaldini. Come mai gli italiani si trovarono sempre a fronte di forze preponderanti? Que' dispacci oltre di essere una mistificazione per giustificare la rotta di Custoza, provano sempre più l'insipienza de' comandanti l'esercito italiano, che si fecero battere in dettaglio, presentandosi al nemico con poco numero di soldati; i quali si sa che si battetterono con coraggio, facendo veramente prodigi di valore.

Altro dispaccio: « Comando militare, 25 giugno ore 9,10 pomeridiane. Il Comando della divisione di Brescia telegrafa che oggi fuvvi uno scontro fra volontarii ed austriaci, fra ponte Caffaro e Landrone. Gli austriaci furono respinti, lasciando alcuni morti e feriti; i volontarii non ebbero alcuna perdita. (Forse perchè quelli sparavano con le palle di stoppia?) Dal ministero dell'interno: pel ministro – Bianchi ».

Da' riportati dispacci, o *Bollettini di guerra*, rilevasi eziandio che l'esercito italiano, sempre per l'insipienza de' capi, avendo passato il Mincio per assalire gli austriaci, in cambio fu assalito da costoro, e stette sempre sulla difensiva, fino a che ripassò il medesimo Mincio, inseguito da un corpo di esercito austriaco, comandato dal generalissimo arciduca Alberto. Questi si fermò presso quel fiume, che divideva i possedimenti dell'Austria da quelli italiani, perchè così volle l'imperatore Napoleone III.

La ritirata dell'esercito italiano fu senza alcun ordine; varie divisioni corsero all'impazzata, ed i componenti delle medesime presero quella strada che vollero. Il solo generale Pianelli, napoletano, con quelle poche truppe, che gli erano rimaste sotto i suoi ordini, ritardò un poco la marcia degli austriaci, e diede il tempo agli altri soldati italiani di ripassare il Mincio. Io lessi una lettera di un soldato italiano, scritta da Cremona a' suoi parenti, il quale diceva a' medesimi: « Io ed i miei compagni non fummo uccisi o fatti prigionieri dai tedeschi, perchè insieme agli altri, *fuggimmo una intiera notte* ».

Dopo quella sconfitta, e tale fu ritenuta in Firenze ed in tutta l'Italia, l'esercito si riconcentrò fra Cremona e Piacenza. Il re, per tranquillizzare gli animi, scrisse così al presidente dei ministri, Ricasoli: « Avrà ricevuto i dispacci che le feci fare dal quartier generale. È la pura e semplice verità. *Sia di buon'animo, come me.* Questa battaglia non fu perduta nè guadagnata ecc. ». Il re aveva ragione di stare *di buon'animo*, perchè già sapeva le secrete cose, cioè che agli austriaci era inibito di passare il Mincio, e che il Veneto sarebbe stato ceduto a Napoleone III, e questi ne avrebbe fatto un regalo alla rivoluzione.

Taluni italiani, vergognosi del risultato di quella guerra, per giustificare la rotta di Custoza, dissero e dicono ancora, che la stessa fu una combinazione fra il governo italiano e quello austriaco, paraninfo il Bonaparte; tutto ciò per salvar l'onor militare dell'Austria, che fu battuta contemporaneamente in Germania dai prussiani; e che l'imperatore austriaco, in compenso di tanta docilità, anzi pecoraggine dei governanti italiani, cedeva il Veneto.

Quanto sia disonorante per gl'italiani questa giustificazione circa la rotta di Custoza, non è necessario che io qui dimostri. Chi ha un briciolo di buon senso e di onor nazionale, comprenderà benissimo che non si salva l'altrui onor militare, strascinando il proprio nel fango, per ottenere ciò che si poteva conquistar con la forza delle armi.

Dicono i medesimi sostenitori di quella combinata rotta, che il Papà Napoleone III la impose a' governanti italiani. Ma chi sostiene simili spudorate menzogne, non sa che il Bonaparte aveva tutto l'interesse e la smania di umiliare l'Austria, anzi che salvar l'onor militare della stessa? Lo sbaglio della politica di Napoleone, come gli rinfacciò Thiers, era di voler indebolita ed umiliata l'Austria; ed il medesimo non volle capire, che, oprando in quel modo, avrebbe rinforzato ed esaltato la Prussia sua vicina e nemica naturale.

Coloro che sostengono simili combinazioni, illogiche ed anche disonoranti per la più meschina nazione del mondo, dovrebbero dir piuttosto che fu Napoleone III che salvò l'Italia dall'invasione delle truppe austriache; intimando all'arciduca Alberto di fermarsi al Mincio; in caso contrario l'esercito francese sarebbe corso in aiuto di quello italiano. L'Austria umiliata a Sadowa dalla Prussia, avendo bisogno della mediazione della Francia, per non essere schiacciata, non solo si fermò al Mincio, ma cesse il Veneto al Bonaparte, e questo all'Italia.

Il generale Enrico Cialdini, con sessantacinquemila uomini, che doveva operare sul Po, contemporaneamente all'esercito del Mincio, nulla fece contro gli austriaci; solamente mosse in avanti la divisione, comandata dal duca di Mignano, Alessandro Nunziante; e secondo i dispacci di Asola, costui assalì la testa del ponte di Borgoforte, senza espugnarla, avendo ricevuto il danno di due morti e circa trenta feriti.

I dispacci di Vienna assicuravano che in Borgoforte furono uccisi cinque soldati tedeschi e dodici feriti. Ecco il grande sforzo che fece Cialdini con sessantacinquemila uomini! I generali terroristi, che si prestano ad incendiare paesi e fucilare i pacifici cittadini, si mostrano e sono poi i più ignoranti e vigliacchi nelle guerre ordinate: abbiamo l'esempio del generale Manhès, che fuggì a fiaccacollo da Macerata nel 1815, appena vide avanzare le colonne austriache per invadere questo Regno.

Cialdini aveva passato il Po con una parte delle sue truppe, perchè non aveva trovato resistenza nel nemico. Quando però intese, che gli affari del resto dell'esercito italiano, operante sul Mincio, andavano male, in cambio di spingersi avanti per soccorrerlo, ritornò indietro, ed andò ad occupare comodamente le antiche posizioni: le mosse guerresche sul Po del *duca di Gaeta* potrebbero accrescere gli episodii dell'eroe di Cervantes. Cialdini che avea fatto il *guappo* qui in Napoli, ma riparato nella Reggia, volle far pure il gradasso quando gli si diede un numeroso corpo di esercito per combattere gli austriaci. Egli si vantava che sarebbe andato fino a Vienna, per dettar da colà la legge al *barbaro tedesco*; riflettendo però che in quella guerra non trattavasi di fucilar preti, frati, donne e fanciulli, ma che doveva esporre la preziosa sua pelle, *usò prudenza*; per la qual cosa i suoi più benigni critici lo fregiarono col titolo di *Fabius cunctator*.

Tutto l'esercito italiano ascendeva a centonovantacinquemila combattenti, oltre di ventimila garibaldini;[1] e secondo la *Gazzetta ufficiale del Regno d'Italia*, dell'8 luglio 1866, ebbe 303 uffiziali feriti ed 83 mancanti – cioè morti o prigionieri. Riguardo ai sott'uffziali e soldati soffrì la perdita di 7812 uomini; dei quali 651 morti, 2909 feriti e 4252 prigionieri o mancanti.

Tutto l'esercito tedesco, operante nel Veneto, inclusi i soldati che presidiavano le quattro grandi fortezze, dette il Quadrilatero, ascendeva ad ottantacinquemila uomini; meno della metà di quello italiano; ma quello fu costretto correre in Austria, ove le sorti della guerra combattuta co' prussiani erano contrarie alla sua patria.

I rapporti del general Lamarmora e dell'arciduca Alberto differiscono in varii punti; il certo si è che quest'ultimo, avendo indovinato il disegno di guerra dell'altro, potette batterlo opponendogli meno della metà di combattenti di quelli spiegati in battaglia dal suo avversario, maggiormente che il *bravache* Cialdini nulla fece in quella guerra co' suoi 65 mila uomini, come poi gli rinfacciò il Lamarmora.

I generali italiani, dopo che riunirono i soldati sbandati tra Cremona e Piacenza, si atteggiarono a voler di nuovo assalire i tedeschi nel Veneto, perchè sapevano che ivi trovavansi pochi soldati nelle fortezze, essendo corso in

[1] Taluni dissero che ne' battaglioni garibaldini eranvi ventimila uomini, altri quaranta ed altri sessantacinquemila; io ho ritenuto la cifra minore, memore che il generale Lamarmora si oppose quando que' volontarii si voleano portare al doppio di ventimila.

Austria il nucleo dell'esercito che li aveva respinti al di là del Mincio. Essi sapevano pure che la guerra ora finita; dappoichè l'imperatore d'Austria, a causa de' rovesci del suo esercito in Boemia, per aver favorevole l'imperatore Napoleone III, gli aveva ceduto il Veneto, e così salvar Vienna dall'invasione prussiana. Quell'atteggiamento de' generali italiani, ed in quelle circostanze, fece ridere l'Europa a spese di questa straziata Italia; mentre la medesima aveva fatto tanti sacrifizii di danaro e del sangue dei suoi figli,e per rendersi ridicola agli occhi degli stranieri a causa dell'insipienza de' suoi duci; i quali, se avessero soltanto approfittato delle vittorie prussiane sarebbero senza meno andati fino a Vienna, avuto riguardo allo Stato in cui trovavasi allora l'Austria.

Napoleone III, il 9 luglio, per telegrafo, invitò Vittorio Emmanuele a contentarsi di un armistizio; questi, dopo di aver consultato i ministri, rispose che non poteva accettar quella sospensione di armi, avendo un trattato con la Prussia di lega offensiva e difensiva: unico e solo atto di lealtà compiuto dal governo italiano dacchè ebbe esistenza! Ma per essere giusti dobbiamo pur dire, che si mostrò leale in quella sola circostanza, perchè non temeva più degli austriaci, dopo che costoro avevano lasciato il Veneto, rinforzando soltanto le fortezze del Quadrilatero.

Fu allora che l'*eroe* Cialdini, sicuro di non trovar nemici, gonfio e pettoruto, valicò il Po e, il 10 luglio, entrò *trionfante* in Rovigo, abbandonata dagli austriaci, dopo di avere demolite le fortificazioni, e bruciato il ponte sull'Adige: in seguito, senza bruciare una cartuccia, occupò, sempre *trionfante*, Padova, Vicenza e Treviso.

Una divisione, comandata dal generale Medici, marciò da Bassano per Val Sugana alla volta di Trento; e Medici fu il solo generale che in quella marcia ottenne qualche vantaggio a danno de' tedeschi, Bixio, seguendo Cialdini, davasi aria da Rodomonte e senza incontrare il nemico nel suo cammino.

Altra vergognosa disfatta toccava all'armata navale italiana nel mese di luglio di quell'anno 1866.

La flotta italiana comandata dall'ammiraglio conte Carlo Persano, partì da Taranto il 21 giugno, e navigò lentamente fino ad Ancona, temendo di essere assalita da quella austriaca, formata di sole sedici navi, delle quali cinque soltanto corazzate, comandante in capo l'ardito ammiraglio Tegetoff. Costui andò a provocare a battaglia la squadra italiana, fin sotto le batterie di Ancona. Persano si soffrì in pace quell'insulto, mentre aveva sotto i suoi ordini il doppio delle navi di Tegetoff; adducendo la scusa che mancavagli il carbone; scusa, se pur vera, che dimostra la sua imprevidenza. Fu necessario che la sfinge Depretis, allora ministro della marina (?) si fosse recato ad Ancona per farlo uscire da sotto le batterie di quella città fortificata.

L'ammiraglio Persano, il bombardatore dei pesci sotto Gaeta,[2] finalmente si avventurò a spingersi rimpetto le coste della Dalmazia e propriamente presso l'isola di Lissa; ivi, il 6 luglio, cominciò a bombardare il piccolo forte S. Giorgio. Erano passati già quattro giorni, che il grande ammiraglio italiano si aggirava intorno a quell'Isola, senza scopo militare e senza nulla conchiudere, quando un suo legno esploratore annunziò vicina la squadra austriaca. Persano, nel comunicare i comandi per disporre in battaglia la flotta da lui comandata, volle fare un po' il buffone, dicendo: *Giacchè vengono i pescatori austriaci lor faremo pigliar buoni pesci....* – Egli però, in cambio di rimanere sulla nave ammiraglia, il Re d'Italia, senza alcuna ragione, si trasbordò, insieme a suo figlio, sull'*Affondatore*, giudicato il legno più solido e formidabile della squadra italiana, perlocchè i comandi dell'ammiraglio, per mezzo di segnali, arrecarono immensa confusione tra' marinai italiani.

L'attacco fra le due squadre fu terribile. Il *Kaiser* (l'*Imperatore*), vascello austriaco, con 90 cannoni, e che portava la bandiera di Tegetoff, fu quello che fece più danno alle navi italiane. Si disse che quell'Ammiraglio avesse divisa in due la linea di battaglia, ordinata da Persano, e che arditamente fosse entrato nel mezzo, combattendo a doppie fianconate.

La nave ammiraglia corazzata, il *Re d'Italia*, andò a picco come per incanto; vi perì eziandio il deputato Boggio, che trovavasi imbarcato sulla stessa; salvandosi soli 11 uffiziali e 175 soldati.[3] Lo stesso avvenne all'altra pirofregata *Palestro*, che s'incendiò ed andò pure a picco; onde che il resto della squadra lasciò le acque di Lissa e si ritirò in Ancona.

Nondimeno l'ammmiraglio conte Persano, il 10 luglio, ebbe la sfacciataggine di mandare il seguente avviso al Depretis, ministro della marina: « L'ammiraglio Persano inalberò la bandiera sull'*Affondatore*, e si gittò contro la squadra austriaca in mezzo ad una tempesta di proiettili (?). *La flotta italiana rimase padrona delle acque del combattimento.* I danni del nemico furono gravi (?). Si attendono maggiori particolarità ».

Le *maggiori particolarità* ci furono comunicate più tardi; ed ogni italiano, deplorando che l'onore della misera Italia era stato affidato a capi vili e saltimbanchi, non potette fare a meno di dire, che Persano doveva annunziar piutto-

[2] Costui, nel bombardar Gaeta dalla parte del mare, stava sempre prudentemente fuori il tiro de' cannoni di quella Piazza; per la qual cosa i suoi proiettili cadevano nel mare, ed uccisero una buona quantità di grossi pesci, che poi venuti a galla sotto le batterie, furono una provvidenza per gli assediati.

[3] Si disse che qualche caporione italianissimo avesse fatto lucrosi affari nella costruzione di quella nave ammiraglia; e difatti era stata corazzata con sottilissime lamina di ferro. E forse per questo Persano si trasbordò sull'*Affondatore.*

sto che il *Re d'Italia* ed il *Palestro erano rimasti padroni delle acque*. Depretis appena ricevette quell'avviso di Persano, per mezzo del telegrafo, lo fece conoscere all'Italia ed all'attonita Europa.

L'*Affondatore*, anche danneggiato, andò ad affondarsi nel porto di Ancona, ove rimase. Per la qual cosa, il mio carissimo amico, l'emerito professore Giuseppe Giannuzzi, in una sua bellissima poesia sull'*Affondatore*, in ultimo esclama: *Che Affondator si disse e, ... fu affondato!!!*

Gl'italiani, in quella disgraziata battaglia navale di Lissa, malgrado che fossero stati diretti da un ammiraglio ignorante e vile, confirmarono che sono i veri pronepoti degli arditi e valorosi marini di Pisa, di Genova e di Venezia: essi si battettero da valorosi.

Varii scribacchini italiani, non trovando altro modo come smaltire il loro corruccio, ricorsero alla calunnia la più sfacciata ed inverosimile, dicendo, che i marini austriaci avessero fatto fuoco contro quelli italiani, mentre costoro lottavano con le onde per salvarsi dal disastro del *Re d'Italia* e del *Palestro*. Si sa che in grazia de' soccorsi austriaci si salvarono la maggior parte de' naufragati: e ciò basti per rispondere a quei sistematici declamatori, i quali credono atto patriottico calunniare il nemico, qualunque esso si fosse.

Ora ritorniamo un poco indietro per trovare il nostro amico Edoardo, che lasciammo in mezzo i monti del Tirolo, spedato e digiuno, senza ricevere alcun soccorso da' suoi compagni che passavano a lui vicino. Dopo che egli penò molto in quella triste posizione, e già sentivasi venir meno pel disagio e per la mancanza di nutrimento, passò presso di lui una squadra di garibaldini che ritornava da una ricognizione. Fra quegl'individui eranvi due distinti giovani, il principino siciliano G. ed uno studente bolognese, che, malgrado di essere stanchissimi, aiutati da altri, a braccia, lo portarono con loro, dandogli qualche sorso d'acqua ed un poco di pane, Edoardo fu consegnato ad un povero pescatore del lago di Garda, che lo condusse nella sua casipola, ove fu ben trattato, per quanto il luogo e le circostanze l'avessero permesso; fu pure visitato da varii medici garibaldini. Egli però, divorato da un malinteso amor proprio, avrebbe voluto raggiunger subito il suo reggimento, ad onta che avesse conosciuto, con una fatale esperienza, che la vita del volontario garibaldino non faceva per lui. Desiderava ristabilirsi al più presto possibile, affin di prender parte a' combattimenti che avvenivano in quei giorni, fra volontarii ed austriaci; e ciò pel timore che si avesse potuto sospettare del suo coraggio; e difatti, dopo di aver guardato pochi giorni il letto, volle ritornare al suo reggimento.

I garibaldini avevano sostenuto varii combattimenti e con varia fortuna, cioè allo Stelvio, nelle valle di Ledro, al Caffaro, al Landrone, ed in altri luoghi presso il Lago di Garda.

Dopo l'armistizio tra l'esercito italiano e quello austriaco, sembravano finite le sanguinose lotte, ed i garibaldini avrebbero dovuto desistere dalle offese; nonpertanto essi proseguirono ad assalire gli austriaci nel Tirolo, e la guerra continuò colà con più accanimento, quando le truppe regolari italiane stavano tranquille ne' loro quartieri provvisorii.

Si disse che in que' giorni il ministro Ricasoli avesse avuto un abboccamento con Garibaldi, e che si fosse convenuto fra que' due caporioni, che mentre il primo avrebbe trattato o fatto trattare pe' preliminari di pace, tra l'Italia e l'Austria, il secondo, rendendosi indipendente dal ministro della guerra e dal generale in capo, avesse dovuto proseguir le offese, ed impossessarsi di tutto il Tirolo, acciò questo fosse rimasto all'Italia, in forza del diritto moderno, che dicesi *fatto compiuto.*

Nè Ricasoli nè Garibaldi si davano pena sapendo a qual pericolo esponevano i volontarii, non riconosciuti più per belligeranti dallo stesso ministro italiano e dal Comando in Capo: i tedeschi li avrebbero potuto fucilare prendendoli prigionieri. È certo però che se quell'abboccamento fra Ricasoli e Garibaldi non avvenne, la convenzione tra i medesimi è un fatto certissimo; conciossiachè i battaglioni garibaldini proseguirono a combattere gli austriaci, senza che il governo italiano li avesse impediti o disapprovati; e ciò mentre l'Italia e l'Austria trattavano diplomaticamente per la pace definitiva.

Edoardo, ritornato al reggimento, si distinse nell'assalto del fortino di Ampola, che fu preso da' garibaldini; i quali ne menarono gran vanto, come se avessero debellata Mantova. Il fortino di Ampola è posto in cima ad un monticello, dominato da montagne vicine, ed allora era armato da quattro cannoni e difeso da 150 austriaci: era un semplice posto d'antiguardia. Gli uffiziali, che comandavano que' pochi soldati, si arresero dopo che ebbero il danno di un uomo ucciso e cinque feriti. Ecco il grande assedio fatto da' garibaldini per quattro giorni, tanto encomiato in prosa ed in versi dai Livii e dagli Omeri in camicia rossa!

Edoardo si battette da valoroso nel fatto d'armi di Bezzecca, donde Garibaldi, il 21 luglio, pomposamente telegrafò: *Vittoria su tutta la linea, gli austriaci cacciati per tutto a punta di baionetta.* Ivi fu ucciso il colonnello del 5° reggimento garibaldesco, il deputato Chiassi, due maggiori e sette capitani. Edoardo, appartenendo a quel reggimento, nella mischia, si spinse tant'oltre per offendere il nemico, da cader prigioniero, insieme ad altri suoi compagni; ma colse l'occasione di svignarsela, mentre i tedeschi accudivano a respingere gli assalti. Quando ritornò al suo reggimento, con un fucile austriaco, gli si fece una vera ovazione; dappoichè in quella giornata era stato l'ammirazione di tutti, avendo varie volte assalito i nemici con una temerità senza esempio. Garibaldi lo chiamò a sè (egli era sempre in carrozza, e ben cautelato in tutto) gli strinse la mano, dicendogli: *Monsieur le baron, je suis content de vous, vous étes un vaillant et gioire de nos frères de France.*

Mentre trattavansi le condizioni di pace, il governo italiano voleva far valere l'*uti possidetis*, o meglio il *fatto compiuto*; ma s'intese intimar dall'Austria di sgombrare subito il Tirolo dalle truppe regolari e da' garibaldini; e per meglio avvalorare quella intimazione, mossero da Vienna quattro corpi di esercito, capitanati dallo stesso arciduca Alberto. Uscirono pure le truppe che presidiavano Peschiera, ed occuparono le alture di Solferino in atto di ricominciar le ostilità: il governo italiano, sapendo finita la guerra in Germania, e vedendosi minacciato, dovette sottoscrivere le pretese del *barbaro tedesco*.

Si temeva che Garibaldi, circondato com'era da teste esaltate, non si fosse facilmente piegato ad obbedire; ma appena ricevuta una lettera dal Capo dello Stato Maggiore dell'esercito regolare, general Lamarmora, scritta da Padova, il 9 agosto, intimandogli di abbandonare il Tirolo, gli rispose: *Obbedirò*.

Ma si, che doveva obbedire, perchè quella volta gli si disse davvero di sottomettersi senza esitare; ed egli malgrado che avesse più di ventimila volontarii sotto i suoi ordini, non ardì atteggiarsi a Don Chisciotte. Il merito di Garibaldi consiste nell'essere stato scelto come strumento per l'attuazione di un piano, *che era follia sperar*, se il medesimo non fosse stato coadiuvato in tutt'i modi da tre potentissimi settarii che dominavano tre nazioni.[4]

Dopo quel tempo, che si potrebbe dir favoloso, la Storia altro non potrà registrare di lui, che la farsa di Aspromonte, le spacconate e l'obbedienza nel Tirolo, e la fuga di Mentana. Inoltre essa dirà di lui, che, dopo di essere fuggito di fronte *a' soldati de' preti*, la volle fare or da Cincinnato ed ora da Spartaco; e che più di tutto si dedicò a meditare sulla materia metallica e cartacea facendone acquisto in tutti i modi per coronare la sua *gloriosa vita*, non tralasciando di gridar repubblica e socialismo.

Credo inutile riportar qui tutt'i vituperii che pubblicarono i giornali garibaldini contro il governo, perchè il medesimo conchiuse la pace con l'Austria, facendo abbandonare quella parte del Tirolo occupata da' volontarii; basta dire che la conclusione costante di tutte quelle plateali catilinarie era, che Garibaldi al posto di Vittorio Emanuele, co' suoi soli volontarii, si sarebbe impossessato anche di Vienna. Solite rodomontate che fan ridere gli stranieri a discapito dell'onore italiano. Tutto l'esercito italiano e la flotta battuti a Custoza ed a Lissa,

[4] Pisacane, che fu ucciso dalle guardie urbane nel tentativo di Sapri, nel 1857, se si fosse trovato nelle identiche condizioni di Garibaldi nel 1860, sarebbe riuscito meglio che costui, come sarebbe riuscito qualsiasi rivoluzionario che avesse avuto un poco di energia. Dopo il 1860, l'eroe, tutte le volte che ha creduto *redimere* altri popoli dalla *schiavitù*, non ha fatto che ridevoli e solennissimi fiaschi. In che dunque si basa tutto il gran merito del *leggendario*? Si dica piuttosto che in Garibaldi, si è voluto incarnare dalla massoneria uno straccio di bandiera, con la quale si tenta mettere a soqquadro la società: che non si parli più de' suoi meriti civici o militari, ed allora saremo di accordo.

e l'Italia non invasa dall'Alpi al Lilibeo dal vincitore, perchè impedito da Napoleone III; e si osava dire poi di volersi distruggere quello stesso nemico vittorioso, ch'è una delle prime potenze militari di Europa, fino ad occupargli la capitale, e con un pugno di camice rosse!

L'ingerenza di Napoleone III, dopo Custoza e Lissa se valse a pro dell'Italia rivoluzionariaa, fu anche provvidenziale per la vita de' garibaldini. Ebbene costoro, in cambio di ringraziarlo e di adorarlo, che non dissero e non scrissero contro di lui? Non potendo fargli altro male, da veri biricchini, inveirono contro i suoi ritratti o statue. In ciò si distinse un principino palermitano, in Vestone nel Tirolo, perchè trovandosi nella casa ov'era alloggiato il maggiore Trasselli, ed intesa la conchiusone dell'armistizio fra l'Italia e l'Austria, diede tale una legnata ad una statua del Bonaparte, che serviva di ornamento ad una *sciffoniera*, da ridurla in mille schegge.

La cifra vera de' morti garibaldini non si seppe; i feriti però ingombravano varii ospedali, conventi e chiese dal Tirolo a Brescia; e secondo i rapporti austriaci duemila furono fatti prigionieri. Ad onta di tutto ciò i superstiti furono costretti di ritirarsi da que' paesi che avevano conquistati, seminandoli di cadaveri.

Il ministro della guerra diede il congedo illimitato a' componenti i reggimenti garibaldini, e la maggior parte de' colonnelli ed uffiziali chiesero le loro dimissioni. Si disse che si sarebbero conservati i quadri di que' reggimenti, ma si ridusse ad un desiderio di quegli uffiziali e volontarii nullatenenti, che avrebbero voluto continuare nel servizio.

CAPITOLO XI

Edoardo, dopo che fu lodato da Garibaldi, si recò al suo alloggio militare, che altro non era se non una chiesa contaminata ed a metà distrutta; ove trovavansi gran quantità di garibaldini. Ivi, stanchissimo ed avvinto dal sonno, si coricò su lurida paglia, e dormì saporitamente. Quando fu desto, volendo accertarsi quanto tempo avesse dormito, cercò il suo magnifico oriuolo con ricchissima catena di oro, ma non lo trovò nella solita saccoccia. Naturalmente frugò in tutte le sue tasche, e neppure trovò un portafogli, ove conservava varie migliaia di franchi; si avvide d'essere stato rubato perfino delle monete che aveva nelle medesime tasche, nel tempo che aveva dormito, avendo tutto ispezionato prima di coricarsi.

Quel brutto tiro eragli stato fatto da qualche volontario, bene esercitato nel mestiere dei borsaiuoli. In altri tempi quella perdita appena avrebbe attirato la sua attenzione, perchè faceva poco conto del danaro; ma nello stato in cui trovavasi, l'amareggiò oltre ogni dire, essendo quasi nudo e scalzo ed in quelle marce aveva perduto il piccolo bagaglio, portato da Roma. Il suo stato ora deplorevole, maggiormente che vergognavasi chiedere un soccorso pecuniario a chicchessia.

Che fu rubato non lo disse ad alcuno, neppure a' superiori di quelle disordinate masse, certissimo che nulla avrebbe ottenuto oltre alle recriminazioni de' suoi compagni; e pensava eziandio, chi sa che altra cosa si sarebbe detto di lui, in occasione del denunziato furto. Intanto gli conveniva dimettersi dal servizio, prima che avesse ricevuto il congedo; nondimeno, malgrado il suo orgoglio, fu costretto dalla imperiosa necessità a rimanersi nel reggimento.

Avrebbe potuto avvalersi di un prezioso anello di brillanti, che gli era rimasto al dito, ma non si decise di venderlo, perchè era un caro ricordo del padre suo. Del resto si sarebbe vergognato andare in cerca di un usuraio per pegnorarlo; nel qual caso si poteva sospettare che l'avesse rubato: erano e sono tanti i ladri sostenitori della libertà! Che fare? Non altro che seguire il reggimento in ritirata, affin di *godere* ancora di quell'orribile ordinario e dell'alloggio che gli si dava.

Era una meraviglia in tutti vedere il barone di Desmet seguire il suo reggimento, senza colonnello, con pochi uffiziali ed un centinaio di volontarii, i più poveri e di mala condotta, mentre gli altri, meno eleganti di lui, erano partiti in carrozza. Quella meraviglia ed i comenti non isfuggivano alla sua sagacia; si è perciò, che giunto a Brescia, risoluto anche a morir di fame, abbandonò quella larva di reggimento, senza nulla domandare a chi lo comandava, come avea praticato in tutta la campagna, rifiutando la paga, che davasi a' volontarii.

Il nostro ex garibaldino, vestito ancora in camicia rossa, passeggiava Brescia come un ebete, mal vestito e digiuno, non sapendo a qual partito appigliarsi. Stanco, come trovavasi, entrò in una chiesa, la quale era una parrocchia, e con lo scopo di sedersi e riposarsi. Ivi vide un sacerdote di aspetto venerando ed insieme gioviale, che distribuiva delle piccole monete a' poverelli; e sentiva poi dire a costoro, esser quello la Provvidenza de' bisognosi e de' disgraziati. Un pensiero gli traversò la mente, ma immediatamente gli fece montare il sangue al viso per la vergogna. Nonpertanto sia l'imperiosa necessità, sia che quel caritatevole sacerdote spiravagli fiducia, sia pure che il suo primo pensiero lo esaminò sotto un altro aspetto, si decise avvicinare quel simpatico padre de' poveri. È da osservarsi che gli stessi liberi pensatori, i *mangiapreti*, quando trovansi avvolti in qualche sventura, son più proclivi a confidarsi ad un prete, anzi che ad un loro amico; lo stesso praticano se debbono fare un deposito o porre in sicuro oggetti per essi preziosi.

Il nostro Eduardo non tralasciava di rispettare i preti, anche come buoni cittadini, perchè giovane bene educato, e perchè aveva sperimentato, che gli ecclesiastici, in generale, furono e sono sempre migliori de' secolari, reputati di buona morale. Non deve dunque far meraviglia se si decise di confidarsi con quel venerando e gioviale sacerdote, che, con maniere soavi, soccorreva i poverelli. Avendogli detto che desiderava parlargli a solo, fu subito dal medesimo menato in sagrestia. Ivi gli raccontò le genuine sue avventure, come se si fosse confessato. Conchiuse dicendogli: – Padre, voi avete tutto il diritto di non credermi, perchè, in questi tempi specialmente tanti cavalieri d'industria raccontano delle storie inventate, dandosi per persone importanti allo scopo di truffare la gente onesta e generosa. Io altro non chiedo da voi, se nulla trovate in contrario, che ricevervi quest'anello, che vale più di quattromila franchi; farlo prima vedere da un gioielliere, e poi, se volete soccorrermi in tanta avversità, pegnorarlo per soli trecento franchi, che mi saran sufficienti per vestirmi alla meglio e recarmi a Milano, ove trovasi un ricco negoziante francese che mi conosce, e da cui avrò quella somma che mi occorre. Spero per telegrafo soddisfare il mio debito; e voi, padre mio, mi farete giungere l'anello con que' mezzi che v'indicherò, ove io non potessi ritornare a Brescia. –

Il prete, con cui parlava Edoardo, era il parroco, e alle tante virtù che adornavanlo, non difettava di un colpo d'occhio scrutatore, che faceagli conoscere le qualità delle persone al solo vederle. Quel buon ministro del Signore, prima che avesse intese le avventure del nostro protagonista, già l'aveva giudicato per quello che era. Si è perciò che gli disse: Figlio mio benedetto, stringendogli le mani, Iddio vi ha visitato, ciò non sarà senza frutto. Povera madre vostra! Ma pensiamo, soggiunse, all'affare più necessario del momento. Venite, venite su nelle mie stanze. –

Difatti dalla sagrestia salirono una scaletta, e passarono in una camera, dalla quale s'introdussero in altro stanze, con mobili semplici ma pulitissimi. In quella ove il parroco riceveva e studiava, si respirava un'aria, che faceva tanto bene ai cuori tribolati. Eravi sopra la scrivania, una bellissima statuetta di bronzo dorato dell'Immacolata Maria, ed un Crocifisso in atto di spirare. Oh, quante lagrime di pentimento e di santa gioia ivi si erano versate, e quante occulte restituzioni si erano fatte!

Edoardo, indovinando il perchè quel buon prete l'aveva condotto nelle sue stanze, si vergognava di se medesimo; e questi, anche indovinando i pensieri di quello, gli disse giovialmente: animo, bel giovinotto, sedetevi: dovete essere stanco. Mi avete detto che fino a quattro anni addietro frequentavate i Sacramenti, nè vi siete vergognato di manifestare l'intimo dell'animo vostro al confessore, or forse vi vergognereste pranzar con me pure in *confessione*, essendo anch'io confessore, e voi senza danaro per una fatale circostanza?

Edoardo abbassò la testa, e nulla rispose.

– Bene, bene, soggiunse il parroco, siete novizio ne' mali della vita, ed io vi considero. Però ricordatevi che l'imperatore Napoleone I, facendo una passeggiata a piedi per Parigi, accompagnato dal maresciallo Duroc, tutti due in privato, avendo fame, entrarono in un caffè, e Napoleone chiese delle cotelette ed una frittata, che erano le sue vivande favorite. Finita la colazione nè l'uno nè l'altro trovarono danaro nelle loro saccocce, ed eccoli quindi a guardarsi taciti e penosamente. L'imperatore infine prende il suo oriuolo, e voleva darlo in pegno al cameriere, per gli otto franchi che gli doveano qual costo della colazione. Costui rifiutò dicendo, che essi avrebbero potuto pagare al ritorno, avendo l'aria di persone oneste e distinte.

– Che cosa state facendo voi bel giovinotto? soggiunse il parroco. Offrite il vostro anello, non avendo moneta, come Napoleone offrì il suo oriuolo; e siccome il cameriere lo rifiutò, del pari sarà rifiutato il vostro anello ricevendo qui tutto quel che vi abbisogna. L'imperatore avea qualche colpa per aver pranzato senza prima fare una delle sue famose riviste anche nelle sue saccocce; voi non ne avete alcuna, (in atto s'intende) trovandovi senza danaro, perchè ve l'han rubato que' *redentori lì*... Basta, non son discorsi da farsi adesso, ma piuttosto pensiamo a quel che più urge in questo momento. –

Avendo sonato un campanello, si presentò una donna su' cinquant'anni, con abiti modesti e puliti; era la Perpetua del parroco, alla quale parlò sotto voce, e poi ritornò al suo ospite, introducendo varii discorsi opportuni ed anche faceti.

Dopo circa mezz'ora ritornò la Perpetua, accompagnata da un garzone della vicina trattoria, con uno scaldavivande di latta, dentro cui era un pranzetto, a dirvi il vero, niente disprezzabile; il grato odore che tramandava, faceva venire l'acquolina in bocca a' più schifiltosi: il vino poi era in fiaschetti di quel di Chianti.

In breve fu imbandita la mensa e decentissima. Edoardo quasi aveva perduto l'appetito, per la troppa commozione, cagionata dalla posizione in cui trovavasi, e che non credeva possibile nella sua vita. Il parroco, fingendo di nulla osservare, con piacevoli parole, lo forzò dapprima ad assaggiar la zuppa, indi con piattini stuzzicanti, preparati allora allora dalla Perpetua, lo indusse a pranzare, ciò che egli fece per benino.

Finito il pranzo, per un piccolo corridoio, il reverendo lo condusse innanzi la porta di una cameretta, ov'era preparato un buon letto; e senza altro dire, lo prese per la mano e ve lo spinse, dicendogli soltanto: Buon riposo.

Edoardo, dopo tante dolorose emozioni che aveva provate, tutto quel che vedeva e sentiva sembravagli un sogno tra il piacevole ed il triste. Eppure la carità senza ostentazione di quel buon prete non giungevagli nuova, perchè, quando trovavasi nel collegio de' gesuiti di Parigi, era stato più volte spettatore non osservato, della delicata maniera con cui que' caritatevoli padri soccorrevano a chi loro si fosse diretto ne' più gravi bisogni. Intanto, come trovavasi vestito si gittò sul letto e dormì per varie ore.

Appena destato, si condusse nella camera del parroco; il quale aspettavalo, avendo fatto portare da un mercante sarto, suo conoscente, varii abiti completi, i migliori che si trovavano in Brescia. Oltre di che aveva pur pensato a camice di tela di Olanda, mutande, calzettini, stivaletti e cappelli di varia foggia. Quel buon prete, fu tanto preveggente, che neanche trascurò di far comprare de' buoni sigari. Invitò il suo ospite a scegliere fra quella roba tutto a suo gusto; e costui, penetrato da tanta bontà, mentre ringraziavalo con la non dubbia eloquenza de' suoi sguardi, misuravasi varii di que' vestiti, scegliendone uno, il migliore che si adattava alla sua taglia.

Dopo che Edoardo si svestì de' luridi cenci garibaldeschi, la Perpetua li prese con un legno, e ne fece un falò sulla terrazza. Egli avrebbe voluto manifestare al suo benefattore il desiderio che avea di partir subito per Milano; questi indovinando quel desiderio, dissegli: Qui potete star quanto vi piace, ma se volete partire, eccovi duecento franchi; non ho altro, se più ne avessi, ve l'avrei dati. – Difatti quel danaro neppure era del parroco, ma un deposito che servir dovea per alcuni piccoli ristauri della parrocchia; ed il vestito, con tutto l'occorrente, l'avea preso a credito. Quell'ottimo servo del Signore trovavasi spesso senza danaro, perchè tutto distribuiva a' poverelli; e spesso, per soccorrere talune sventure pericolose ed occulte, faceva debiti.

Edoardo voleva accettare soli cinquanta franchi, dicendo che gli erano sufficienti per recarsi a Milano; ma il buon parroco gli fece osservare, che poteano darsi mille combinazioni, ed una sarebbe stata quella, che non avesse trovate il banchiere suo conoscente; laonde con amorevole garbo glieli pose tutti in saccoccia. Non si parlò più dell'anello; nè Edoardo credette riparlarne, perchè giudicò che sarebbe stata una offesa fatta al suo benefattore offrirglielo in pegno.

Il parroco avrebbe voluto fargli una dolce paternale sulla condotta tenuta da lui per lo spazio di quattro anni, e sulle tristi conseguenze che aveva sofferte; ma se ne astenne per quella delicatezza, insita nelle anime nobili, che non sanno e non vogliono approfittare di taluni vantaggi, che la loro posizione o il caso le presentano. Dissegli soltanto, mentre abbracciavalo ed accommiatavalo: – Mi auguro che non farete più piangere l'ottima vostra signora madre.

Edoardo comprese che in quelle poche parole d'augurio, si compendiavano le sue colpe, e quel che avrebbe dovuto fare per consolar la sua genitrice; ed infine non gli sfuggì la estrema delicatezza di quel pio sacerdote.

Partì la stessa sera; giunto a Milano si recò subito dal banchiere francese, già suo conoscente, da poco stabilito in quella città. Questi fece le meraviglie vedendolo, e quegli, conoscendo i principii politici del suo compatriotta, gli disse che ritornava dal Tirolo, ove si era battuto contro gli austriaci, sotto gli ordini di Garibaldi. In seguito gli chiese una forte somma di danaro, in biglietti della Banca francese, che ricevette, dopo di aver firmato una cambiale a vista per altro banchiere, a cui pagar la dovea sua madre in Parigi.

Appena ricevuto il danaro, corse all'officio telegrafico, e spedì dei vaglia al parroco suo benefattore per lire tremila. Indi gli scrisse una compitissima lettera, e fra le altre cose diceagli; che prelevasse il suo credito ed il resto servirebbe pel restauro della Chiesa, o per dividerlo a' poverelli.

Il nome di Edoardo barone di Desmet si era reso celebre fra i garibaldini, dopo gli elogi prodigatigli da Garibaldi; si è perciò che varii de' suoi amici e conoscenti, non vedendolo più in cattivi arnesi ma in ottime condizioni, l'affiancarono, facendogli grande festa, ed onorandosi della sua compagnia. Egli era tempestato da due opposte risoluzioni, cioè o di ritornare immediatamente a Parigi, per consolare sua madre o rimanersi ancora in Italia.

I garibaldini, suoi novelli amici, lo persuasero a rimanere con loro a Firenze, assicurandolo che in breve avrebbero assalito quel poco di territorio che restava al Papa, per istabilire definitivamente la capitale d'Italia in Roma. Egli, perchè facile a piegare a' cattivi consigli, sia anzitutto perchè avendo incontrato uno de' camerieri dell'*Hôtel Sarny* di Roma, anche esso volontario garibaldino, dal quale seppe lo stato deplorevole in cui era partito suo zio per Firenze, si decise recarsi in quella città, detta capitale della *tappa*, per averne notizie. Intanto ebbe però il torto di non iscrivere prima neppure un rigo di lettera all'afflitta sua madre, convinto che costei avrebbe ricevuto sue notizie dal banchiere a cui dovea soddisfar la cambiale, che egli avea firmata. Oltre di che si asteneva di scriverle, temendo che la stessa, sapendo il luogo ov'egli si trovava, si fosse recata in Italia, per costringerlo a ritornare in Francia.

Giunto a Firenze accidentalmente incontrò il servitore di suo zio, ritornato in Italia per cercarlo e condurlo a Parigi. Dal medesimo intese le smanie di suo zio e di sua madre, ed in quale stato quegli era partito per Parigi.

I discorsi ed i racconti di quell'affettuoso servitore lo commossero, e già decidevasi a ritornar fra le braccia di coloro che tanto l'amavano. Però i garibaldini, che non lo lasciavano un momento, gli fecero vedere già imminente la loro invasione nello Stato pontificio; e quindi, gli diceano, che sarebbe stato un disertar la bandiera, che tanto strenuamente aveva difesa nel Tirolo; ed abbandonarla in quel modo ed in quel momento, gli avrebbe nociuto presso i suoi stessi amici di Francia.

Que' discorsi, diretti sempre a quel malinteso suo amor proprio, lo tenevano in bilico. Egli rifletteva, che ritornando a Parigi, senza far parte dell'invasione di Roma, che si riteneva l'affare più interessante della setta rivoluzionaria cosmopolita, i frequentatori de' saloni, ov'egli presentavasi nella sua patria, avrebbero avuto tutto il diritto, di credere procacciate o esagerate le lodi a lui dirette da Garibaldi, e per lo meno, che fosse divenuto poi un clericale. Bastò questa sola supposizione per far abbassar la bilancia dalla parte della cattiva risoluzione.

Volendosi sbarazzare del servitore, dissegli, che ritornasse a Parigi, per consolar la baronessa sua madre, e che egli avrebbe scritto alla medesima, assicurandola, che sarebbe colà ritornato fra un mese al più; dappoichè, soggiungeva, non mi conviene ritornare in questo momento in patria, quando si parla tanto di me, mentre non voglio essere più importunato da' miei amici parigini. –

Il servitore, sia pel rispetto verso il suo padroncino, sia che rimanesse persuaso dalle ragioni dello stesso, se ne partì, dopo di aver ricevuto una lettera per la signora baronessa; in cui Edoardo, dopo tante scuse, a causa dei dispiaceri che aveale dati, dicevale quel che avea detto al servo Francesco, circa il suo prolungato soggiorno in Firenze.

E pur verissimo, ed è una desolante verità, che il primo passo in fallo obbliga agli altri! Non c'illudiamo; chi gode di una vita tranquilla ed onorata, in cambio potrebbe essere oggi anche un malfattore, o per lo meno, un uomo senza lealtà e senza coscienza, se una fatale combinazione l'avesse sorpreso nella gioventù, specialmente quando si giudica senza criterio, quando si è facile ad essere strascinato nel male. Umanamente parlando, son di avviso che le circostanze fan l'uomo buono o cattivo; sempre però cattivo quando si trascurino i santissimi principii del codice dell'umanità, che è il Vangelo; il quale ci prescrive precetti e consigli di giustizia, di moderazione, di carità e di abnegazione. L'allontanarci per un momento da que' principii, sotto qualsiasi specioso pretesto, si cammina nel buio, ed ecco che si dà il primo passo in fallo, obbligandoci agli altri, finchè si rotola nell'abisso e se non nell'iniquità, certo nell'indifferentismo, buttando via i più cari e dolci sentimenti del nostro cuore, che fan quaggiù sentir meno amare le avversità della vita.

Edoardo, tanto leale, tanto puntiglioso, ed anche estremamente affettuoso verso la sua nobile genitrice, la ingannava crudelmente! L'aver prima frequentati i saloni poco commendevoli di Parigi, l'avere ascoltato i progetti de' suoi finti amici dell'*Hôtel de Rome* in Napoli, lo spinsero nella trista via, donde non seppe uscirsene. Guai a chi ha la sventura di cadere in simili agguati, che i malvagi tendono alle loro vittime, cosperse di rose e di lauri, la sua vita sarà una non interrotta via di triboli, trovandosi sempre in una falsa posizione di fronte alla gente onesta ed a' suoi cari.

Egli rimase in Firenze, ove la confusione era degenerata in caos. Ivi si accapigliavano governanti contro governanti, generali contro generali, rivalendosi a vicenda, e senza carità di patria, delle più turpi vergogne; ed i garibaldini, reduci allora dal Tirolo, gridavano contro tutti, minacciando ruine e morte, se non si fosse marciato subito contro Roma. Però, i così detti rivoluzionarii moderati, che temevano il papà di Parigi, volevano persuadere quegli irrequieti volontarii di attendere, mentre essi avrebbero preparati i *mezzi morali*, cioè la rivoluzione nella santa città, per avere il pretesto di correr là, e rimettervi l'ordine.

Intanto mentre i *padri della patria*, si accapigliavano fra loro e si accusavano vicendevolmente, erano però concordi nel preparare mine nello Stato pontificio, restandogli ancora a scorticare in tutta l'Italia il solo popolo romano, ossia que' pochi abitanti del ristretto territorio lasciato al Papa. Difatti appena insediati nel Veneto, si affrettarono a pubblicare varii decreti per estender colà le *patriottiche tasse*; aumentando pure in quel tempo il *Registro e Bollo* per tutta l'Italia, costringendo gli antichi e nuovi contribuenti a cacciar danaro in tutti gli atti della lor vita civile e naturale. Pubblicarono altri decreti per un prestito forzoso di quattrocento milioni, e per l'alienazione de' beni confiscati a' frati ed alle monache. Inoltre, per acquietare i garibaldini, a proposta del ministro di grazia e giustizia Borgatti, si pubblicò un decreto, col quale si largiva completa amnistia per tutti i reati politici, in favore di coloro, che, anche militari di terra e di mare, avevano abbandonate le reali bandiere, e seguito Garibaldi nella spedizione che andò a finire ad Aspromonte.

Quell'amnistia estendevasi pure a Giuseppe Mazzini. Siccome costui, per ben due volte era stato eletto deputato del 1° collegio di Messina, e per altre tante scartato dal governo, pendendo su di lui una condanna di morte, speravansi che, godendo dell'amnistia, fosse stato rieletto per la terza volta da' messinesi, e così finalmente si fosse seduto noi Parlamento italiano in qualità di rappresentante del popolo.

Quell'agitatore repubblicano, che si fece ammirare, malgrado i suoi delitti, perchè sempre conseguente a' suoi principii, ed onestissimo in fatto di appropriazioni di danaro dello Stato, per quanto si fa detestare dalla gente onesta quel fantoccio ingordo di Garibaldi, ecco come rispose alla largitagli amnistia, in una lettera, diretta al giornale l'*Unità Italiana*: – « Nessuno, che sappia alcun che dell'animo mio, si aspetti che io contamini gli ultimi miei giorni ed il passato, accettando *oblio e perdono*, per aver amato sopra ogni cosa la patria, e tentato la sua unità quando ogni uomo ne disperava. Ma, se anche io potessi, non mi darebbe il cuore di riveder l'Italia il giorno stesso in cui ella accetti tranquilla il *disonore e la colpa* ».[1]

Edoardo, nauseato da quel caos, che chiamavasi capitale provvisoria dell'Italia, e trovandosi in compagnia di varii garibaldini siciliani, qualcheduno appartenente all'aristocrazia sicula, da' medesimi fu consigliato a recarsi in Sicilia, per visitare la più grande ed importante Isola del Mediterraneo, celebre fin da' tempi preistorici, ed ivi attendere gli avvenimenti, circa l'invasione dello Stato pontificio. Egli, che tanto desiderava di veder Palermo e l'Etna principalmente, decise recarsi in quella città; e non volendo passar da Napoli, temendo l'incontrarsi col duca di C. o con D. Ippolito, s'imbarcò a Livorno, e direttamente partì per la capitale della Sicilia.

[1] Mazzini qualificava per colpa e per disonore dell'Italia, ossia de' suoi governanti, l'insuccesso di Custoza e di Lissa, e l'avere costoro accettato il Veneto, dopo che questo fu ceduto dall'Austria a Napoleone III.

CAPITOLO XII

Edoardo, entrando nel golfo di Palermo dall'estrema punta del monte Pellegrino, provò una sorpresa poco inferiore a quella che avea avuta entrando nel golfo di Napoli, essendo ameno e variato anche quel magnifico panorama. Però quella città, guardata dal mare, da chi giunge da Napoli, sembra assai piccola, perchè si vede a sbieco, tutto il contrario guardata da Capo Zaferano. Palermo ammirasi fabbricata in una estesa ed amena pianura, fertilissima, circondata di alti monti, che trovansi in lontananza della stessa, lasciando un vuoto dalla parte di levante, ov'è il mare.

Il nostro viaggiatore restò sorpreso appena entrò in Palermo, vedendo una imponente città con le sue belle e pulite strade diritte, che sboccano quasi tutte nelle due principali, dette una Cassero, dall'arabo Alcaster, o Toledo, e l'altra via Nuova o Macqueda, che le s'incrociano in una magnifica Piazza ottagona, detta Villena, avendo quattro colossali statue[1] sulla facciata de' quattro belli fabbricati che le fan corona.

Circa la fondazione di Palermo, conosciuta dagli antichi sotto il nome di *Panormus, multi multa dicunt*; il certo si è che rimonta a' tempi preistorici. Subì quasi sempre la sorte del resto della Sicilia, e le vicissitudini politiche sono state frequenti in quell'Isola. Palermo fece parte delle possessioni de' cartaginesi 254 anni prima dell'era volgare, e divenne colonia romana, dopo che L. Metello vinse sotto le sue mura i medesimi cartaginesi. Belisario vi cacciò i goti nel 534; gli arabi la conquistarono nell'831, dichiarandola capitale dell'Isola; Roberto Guiscardo la tolse a costoro nel 1072, e Ruggiero I re di Sicilia la dichiarò capitale di tutto il Regno: i sovrani di Napoli e Sicilia s'incoronavano in Palermo.[2]

Fin d'allora i privilegi di Palermo e quindi della Sicilia furono rispettati da tutte le dominazioni, anche straniere; era però riservato ad un *piccolo paese a pié*

[1] E sono di Carlo V, Filippo II, Filippo III e Filippo IV.

[2] Palermo fu dichiarata: *Prima sedes coronae regis, et regni caput.* Ivi s'incoronarono diciannove sovrani delle Due Sicilie; il primo Ruggiero II, il 25 dicembre 1130, l'ultimo Carlo III di Borbone il 3 luglio 1735.

dell'Alpi, dicentesi italiano, distruggerli tutti, nel 1860, e ridurre quella rinomata città a semplice capo luogo di provincia: tutto ciò con l'aiuto de' matricida, detti liberali!

Palermo, prima dell'ultima rivoluzione, era la città più popolosa d'Italia dopo Napoli, oggi è ridotta la quinta, cioè dopo Roma, Firenze e Torino. Quella maestosa e cara città, da 20 anni a questa parte è migliorata materialmente, facendosi, al solito, debiti municipali; però è assai decaduta in tutt'altro.

Edoardo volle visitare tutto ciò che ivi trovasi di bello e di buono; e non si stancava di ammirare i dintorni di Palermo, che non sono secondi a' più ameni delle altre città italiane. L'Olivuzza, la Favorita e tutta la riviera, fino a Bagaria, sono luoghi veramente incantevoli.

Non mancava mai alla deliziosa passeggiata della marina, detta *La Banchetta*, che alla parte orientale va a finire con l'altro passeggio, che chiamasi la Flora o Fiora, uno dei migliori giardini pubblici d'Italia.

Mentre il nostro viaggiatore ammirava il basso popolo di Palermo, che trovava assai vivace ed intelligente, e che ama a preferenza l'estrema pulitezza, osservava che in quella città vi era una pronunziata antipatia contro i piemontesi e piemontisti. Ivi, più che a Napoli, non eravi alcuno che parteggiasse pel governo detto italiano, se pure non si volessero eccettuare gli *affaristi*, o quelli, che prima stentavano la vita, ed oggi con isfolgoreggiante lusso insultano la miseria generale, e più di tutto quella de' cittadini onorati, che prima del 1860 erano ricchi. Egli si ricordava allora di quel che avea inteso raccontare in Sorrento da D. Ippolito e dal nipote della duchessa di C. Onde che non riusciagli difficile la soluzione del problema, cioè perchè i siciliani, dopo di essersi mostrati tanto rivoluzionarii ed entusiasti per la dinastia di Savoia, abbominavano poi il governo che si proclamò riparatore. La perdita di tanti privilegi, che godevano sotto i Borboni, la perduta sicurezza pubblica, l'obbligo imposto della leva, le pazze e spaventevoli crudeltà della soldatesca, l'azione veramente feroce della polizia liberale, che agiva senza criterio, le nuove ed enormi tasse imposte loro, avevano generato la disillusione, l'odio e la vendetta; laonde non trovansi in quell'Isola che repubblicani o borbonici.

Edoardo aveva sperimentato in Napoli che, alle oppressioni ed ingiustizie governative, si rispondeva con articoli di giornali più o meno violenti. In Palermo cominciava ad osservare tutt'altra tattica contro il governo; non ignorando che i siciliani son simili a' francesi, bastando talvolta un motto, un puntiglio per farli insorgere, sia contro il governo assoluto o costituzionale, sia pure contro la repubblica di qualunque gradazione.

Osservava eziandio, nel cominciar di settembre, che colà spirava un'aura niente rassicurante al governo; e sebbene i borbonici soffrissero in pace le angarie e le prepotenze governative, varii repubblicani si arrabbattavano contro il nuovo ordine di cose; ed erano spalleggiati da coloro che aveano indossato la camicia rossa e poi congedati: varii di costoro, non volendo vivere con l'onesta fatica, andavano briganteggiando.

Il 16 settembre, que' rivoluzionarli di mestiere si riunirono in grosse bande armate, con bandiera rossa, e col grido di *viva la repubblica*, assalirono la guarnigione di Palermo, ed in varii punti. Questa fu costretta battere in ritirata, e quelle s'impossessarono della città, alle quali si unirono altri insorti che le aspettavano, ed il combattimento prese vaste proporzioni in tutti i quartieri.

Fu chiamata la Guardia nazionale, ed appena si presentarono cinquanta individui; degli altri chi fuggì, chi cesse le armi a' ribelli, e chi si unì a costoro. Le bande rimasero padroni di tutto Palermo, ad eccezione del palazzo del Municipio, di quello reale, e della Vicaria. Il primo fu aggredito, ed i difensori, tra cui il prefetto Torelli e il sindaco Rudinì, dopo una valida difesa, furono costretti ritirarsi al Palazzo reale, ove si era riunita la maggior parte della truppa, organizzata a disperata difesa contro i terribili assalti degl'insorti.

Varii battaglioni tentarono prendere l'offensiva, e furono respinti con gravi perdite, rimanendo assediati per quattro giorni. Si disse che i generali Cardarini e Righini, essendosi avviliti, già parlavano di resa.

Fu assalita eziandio la Vicaria, ove trovavansi migliaia di detenuti, che fecero ogni sforzo per evadere; però 150 tra carabinieri e soldati che li custodivano, non solo li tennero in freno, ma furono financo fortunati, attesa la posizione, guarentita dal forte di Castellammare, di respingere gli assalti delle più feroci bande: ivi fu ucciso il famigerato capobanda, fin dal 1848, Salvatore Miceli di Monreale.

Dal 16 al 20 settembre, Palermo rimase in potere degl'insorti, combattendo nelle strade, da' palazzi, da' conventi e monasteri, che essi avevano invasi e ridotti in fortezze, cacciandone i proprietarii. Lo stesso avvenne in varii paesi circonvicini. In Misilmeri, 28 carabinieri, dopo di essersi valorosamente difesi, furono sopraffatti dal numero dei ribelli, e da costoro scannati con modi barbarissimi; praticando lo stesso co' soldati, che cadevano nelle loro mani, maggiormente se piemontesi.

Le bande, scorazzanti e combattenti dentro Palermo, arsero il palazzo della Questura, con tutti gli archivii, l'altro del sindaco Rudinì; impossessandosi degli oggetti di qualche valore che ivi trovarono. Arsero eziandio l'ospedale e la biblioteca militare, e varie altre abitazioni.

Coloro, che volevano veramente la rivoluzione per emanciparsi da' piemontesi, non approvavano que' saccheggi e quegl'incendii; non essendovi capi, si argomentarono costituire un governo provvisorio, eleggendo a capi i principi di Pignatelli, di Linguagrossa, di Niscemi, di Galati e di Rammacca, i baroni Riso e Sutera, monsignor Bellavia ed il dottor Francesco Bonafede di Gratteri: erano il fior fiore dell'aristocrazia e della sicula cittadinanza. I componenti il governo provvisorio s'impegnarono ed ottennero, che le bande non saccheggiassero le case de' così detti piemontisti.

Si disse poi che que' signori avessero accettato quel difficile e compromettente incarico, perchè violentati dagl'insorti; ed io dico, che questa scusa è vecchia quanto tutte le rivoluzioni non riuscite. Anche nel 1849, dopo che Filangieri entrò in Palermo, la maggior parte di que' personaggi, che avevano preso parte nel governo rivoluzionario, protestando devozione ed attaccamento al re Ferdinando II, scusaronsi che figurarono quali capi de' ribelli, perchè costoro li avevano obbligati con la forza. Nonpertanto, nel 1860 se ne fecero un vanto ed un merito col governo *riparatore*, per essere stati i capi della rivoluzione del 1848; però stendendo un velo sull'attaccamento, devozione e scuse fatte a quel sovrano.

Si disse e si pubblicò per le stampe, che il governo stesso di Firenze avesse organizzato in Palermo una larva di rivoluzione contro sè medesimo, per ischiacciarla poi facilmente, ed avere così il pretesto di proclamare in tutta l'Isola lo stato di assedio; compiendo col favore delle leggi eccezionali la presa di possesso de' beni de' frati, de' monaci e delle monache: e tutto ciò perchè si sapeva che i siciliani erano avversi a quella spogliazione.

Ed invero, varie ragioni provano quel supposto turpissimo ed infame operare del governo; prima di tutto atteso la sua morale, dimostrata in venti anni che ci sgoverna; secondo perchè un corpo di esercito del Veneto, e senza alcun motivo, lo si teneva pronto per mandarlo in Sicilia, terzo l'affettata svogliatezza del prefetto Torelli e de' generali Cardarini e Righini, mostrandosi men che codardi. Giunse a tale l'ostentata svogliatezza del prefetto, che poteasi tradurre per connivenza con gl'insorti. Difatti non volle permettere al generale Camozzi, comandante la Guardia nazionale, di chiamarla sotto le armi a tempo opportuno, cioè quando le bande si organizzavano, e poi accennavano ad entrare in città, essendo giunte Porta Nuova.[3]

E poi sembra inverosimile, attesa la perspicacia de' siciliani, che i medesimi si fossero ribellati per moto proprio, quando le regie truppe si erano organizzate, dopo i disastri di Custoza e di Lissa, e quando già erano disponibili, essendosi conchiusa la pace con l'Austria.

Il governo avrebbe voluto un simulacro di rivoluzione, e per quelle ragioni che già ho dette; nondimeno, a coloro che dovevala rappresentare, si unirono tutti i renitenti alla leva di que' paesi, i repubblicani, i garibaldini, ed i malcontenti per emanciparsi da chi aveali traditi e manomessi, aggiungendo alle feroci repressioni il disprezzo.

[3] Vedi *Storia de' sette giorni* ossia *Cenni degli avvenimenti di Palermo nel settembre 1866-1867.*

In quella rivoluzione di Palermo, tutte le autorità eransi chiuse nel Palazzo reale; e si disse, che ivi si ridussero a nutrirsi di carne di cavallo, non avendo più provvisioni. Esse, col telegrafo, annunziarono a' governanti di Firenze il loro triste stato, conseguenza della imponente ribellione di quella città e de' paesi circonvicini; quindi domandavano pronti soccorsi di armi ed armati.

I *riparatori*, insediati nella capitale della *tappa*, non istettero oziosi; avendo saputo scatenar l'Idra rivoluzionaria, vollero poi far vedere che avevano forza d'incatenarla, poco curandosi de' mali che avrebbero arrecato alle innocenti popolazioni. Per la qual cosa ordinarono col telegrafo al vice-ammiraglio Ribotty, che trovavasi a Taranto, di muovere subito per Palermo con otto navi di suo comando. Costui, appena, arrivato in quel porto, sbarcò 1500 uomini, comandati da Enrico Acton; i quali si avanzarono por la via del Cassero con militare baldanza, ma furono respinti dagl'insorti e danneggiati, salvandosi alla corsa ai Quattroventi, sotto il cannone di Castellammare.

I medesimi governanti, avendo fatto sequestrare varie barche di trasporto ne' porti di Genova, Livorno ed Ancona, fecero imbarcare sulle stesse due intiere divisioni, con cavalleria ed artiglieria, agli ordini del generale Raffaele Cadorna. Questi giunto presso Palermo, dispose in modo lo sbarco della sua gente, da assalire quella città da varii punti. La soldatesca fu accolta da' ribelli con energica resistenza, malgrado che le principali vie fossero spazzate dalla mitraglia e da un crudele bombardamento. Lo stesso generale Angioletti, comandante una di quelle divisioni, dice nel suo rapporto: « Le barricate si dovettero espugnare a forza di cannonate, di mitraglia e di cariche alla baionetta ».

Tutto ciò dunque dimostra che i difensori di Palermo non erano nè briganti, nè preti, nè frati, nè monaci, nè monache, come asserì poi il Cadorna ed i suoi plagiatori, per far credere alla stupidita Europa, che tutt'i siciliani amano teneramente il governo *riparatore*, e che quella rivolta fosse stata fatta da un'orda di malandrini, coadiuvata dagli ecclesiastici.

Il 21 settembre, le due divisioni, comandate da' generali Angioletti e Longoni, dopo tanti guasti e stragi, riuscirono a prendere il Palazzo del Municipio, ed altri luoghi interessanti della città. La lotta si prolungò fino al 22; e quando gl'insorti non ebbero più forti posizioni per sostenersi, visto che le truppe manovravano in modo da circondarli, man mano uscirono dalla città e si ritirarono su' monti. Da quel momento cominciarono le feroci e pazze repressioni del generale Raffaele Cadorna contro gl'innocenti ed atterriti cittadini.

Questo generale, in cambio di ordinare che i ribelli armati fossero inseguiti, simile a Silla, dopo le proscrizioni contro gli aderenti di Mario, fece custodire le porte della città, pena la fucilazione a chi avesse tentato di uscire per qualsiasi causa. Animato dall'odio satannico contro la religione, e per secondare le turpi mire governative, inveì contro gli ecclesiastici dell'uno e dell'altro sesso. Era egli incoraggiato in quell'opera codarda anche dal giornalume sedicente moderato: basta sapersi che la giudaica Nazione di Firenze, giornale governativo, scriveva e pubblicava: « Il monachismo, il partito autonomista e il malandrinaggio, stretti in mostruoso connubio fra loro, sono degni di tutto il rigore della legge. L'usar loro condiscendenza sarebbe, più che debolezza, una colpa ». E simili pubblicisti osan dare del tiranno al governo de' Borboni!

Finita la lotta con le bande armate, Cadorna cominciò l'altra più facile e vile contro i preti, i frati e contro le stesse monache. Ordinato il disarmo della Guardia nazionale, perchè essa non si volle battere contro gl'insorti, procedette a numerosissimi arresti di rispettabili cittadini, di preti, frati ed anche di monache, fucilandone un gran numero; ed asserendo sfacciatamente, che gli ecclesiastici combattevano colle bande; e che le monache animavano ed aiutavano i combattenti, anche con caricare i fucili e porgerli a' medesimi. Insomma secondo i rapporti di Cadorna le monache palermitane si erano tramutate in tante brigantesse!

I conventi ed i monasteri furono dati in balìa della feroce soldatesca, maggiormente quelli invasi dalle bande, e trasformati in fortezze; ma colà non trovandosi tutti i proprietarii, furono uccisi o manomessi soltanto gl'infermi ed i vecchi, che non potettero fuggire quando avvenne la invasione de' ribelli. Si assaltarono eziandio le case religiose che ne' quattro giorni della rivolta erano state rispettate dalle squadre; ed ivi trovandosi i proprietarii, avvennero fatti da fare inorridire e fremere, e che io non oso descrivere, anche per decenza.

Cadorna intanto fucilava in forza di una semplice denunzia; al suo *tribunale militare* era sufficiente l'accusa di un suo cagnotto per mandare a morte gli ecclesiastici principalmente. Quelli poi che non erano denunziati come insorti, o aderenti a costoro, perchè religiosi, davali in balìa degl'insulti de' suoi feroci satelliti. Un uffiziale dell'esercito, ecco quel che scriveva da Palermo, il 24 settembre 1866, al giornale il *Progresso di Vicenza*: « Oggi continuano a fucilare; ne ammazzano da cinque a sei la volta... (ad uso de' moderni macelli!) frati e preti sono lasciati in balìa dei soldati. *Potrete immaginare il massacro che si fa!* » Questa corrispondenza, al *Progresso di Vicenza*, fu anche riprodotta dal *Diritto* il 1° ottobre di quell'anno.

Tutti ricordiamo gli spasimi umanitarii della diplomazia inglese e francese, e le furibonde smanie de' mille giornali *patriottici* contro Ferdinando II, perchè costui permise a' tribunali napoletani di condannare, dopo maturo giudizio, i superstiti della banda Pisacane, partita dal Piemonte e scesa sulle coste di questo Regno a bandiera spiegata, assalendo le R. truppe, ed uccidendo, tra gli altri, il tenente Balzano. E tutte quelle smanie, piagnisteri ed accuse si facevano quando quel sovrano amnistiò i condannati, non escluso Nicotera, che era uno de' capi! Intanto la suddetta diplomazia ed i giornali *patriottici* si mostrarono soddisfattissimi e contenti dell'*energia* del governo italiano, plaudendo alle mitragliate, al bombardamento, alle fucilazioni in massa di tanti innocenti cittadini, rei soltanto, la maggior parte, d'indossare uno straccio di tonaca o di sottana, e di avere diritto ad una pensione governativa, dopo di essere stati rubati delle loro proprietà. Vituperio di questo secolo, che è detto dello incivilimento! Se i nostri posteri saran meno tristi di noi, si vergogneranno di essere i nostri discendenti. Gli *umanitarii patriotti* fingono ancora d'inorridire alla ricordanza dei così detti massacri di Napoli del 1799; e quei massacri, anche ritenuti quali furono raccontati da Ceco e Colletta, sono un nulla a paragone di quelli di Palermo del 1866, perpetrati da un generale piemontese, sedicente liberale.[4]

Tutti quegli orribili eccidii, che la penna rifugge narrare con tutte le spaventevoli particolarità, furono voluti da un governo, che si dice italiano, *riparatore e ristauratore dell'ordine morale!* Difatti il medesimo governo, mentre ancora Cadorna fucilava in Palermo, ordinò la totale confisca de' beni ecclesiastici, e lo sfratto de' frati, de' monaci e delle monache da' loro conventi e monasteri. Dopo la mitraglia, le bombe e le fucilazioni, entra sul campo dell'esterminio il *riparatore*, sozzo di delitti e di sangue, per ispogliare i morti! E per provare sempre più che egli volle quelle scene di esterminio, affin d'impossessarsi dei beni delle sue vittime, estese le leggi eccezionali per tutta la Sicilia; laonde la spogliazione degli altri religiosi dell'Isola, obbligandoli anche a dimettere l'abito del loro ordine, neppure si poteva orpellare come rappresaglia della supposta ribellione. E simili governi han poi l'impudenza di condannare i veri briganti!

[4] E dopo tutte queste infamie ed assassinii, che soffriamo da venti anni, se ne viene il romanziere F. Mastriani, con le sue *Due feste al Mercato* e con la *Spia*, per raccontarci noiosamente *le tirannie e le torture* che soffrivamo sotto il governo da' Borboni! *Torture e tirannie*, che egli, il Mastriani, aveva diggià confutate nel *Tempo*, essendo redattore di quel giornale eminentemente reazionario che si pubblicava nel 1849, e poi nel *Giornale uffiziale*. È però vero che si deve *lavorare e vivere* (come dicono simili romanzatori) ma non mai assassinando la storia e calunniando coloro che il Mastriani difese ed encomiò con troppo servilità.

CAPITOLO XIII

Il nostro Edoardo si era trovato presente a tutte quelle scene di orrore. Più volte fu sul punto di essere ucciso or da' proiettili degl'insorti ed or da quelli de' soldati. Spesso esponevasi a morte quasi certa, non solo per soddisfare la sua imprudente curiosità, ma più di tutto per salvar qualche vittima.

La sera del 22 settembre, allorquando assaltavansi conventi e monasteri, ed assassinavansi gl'innocenti cittadini per ordine di Cadorna, il nostro giovane amico, trovandosi in via del Cassero, fra quel tratto che si estende da piazza Bologni al piano della Cattedrale, intese in un vicolo vicino un tafferuglio di più persone e grida soffocate di donna. Avanzatosi col revolver alla mano, vede quattro soldati che si contendevano una donna; la quale lottava disperatamente or contro l'uno or contro l'altro; or pregava pietosamente, or dava pugni e morsi da furente. Al lume del vicino fanale si vedeva scarmigliata, con le vesti in disordine; pur tuttavia distinguevasi essere una monaca.

Edoardo risoluto si slancia nella mischia, e con altera voce, dice: Codardi! son queste le vostro prodezze? Vituperio del nome italiano! ritiratevi, e lasciate libera quest'infelice! –

Quel modo imperativo, il suo acconto straniero, impose a que' quattro manigoldi; costoro forse lo credettero un uffiziale dell'alto Piemonte in borghese; laonde nascondendo il viso, fuggirono, prendendo varie direzioni.

Appena Edoardo si slanciò nella mischia, e pronunziò le prime terribili parole contro quei soldati, la donna che si era a lui avviticchiata, gridò con voce straziante: Salvatemi!...

Rimasti soli il salvatore e la salvata, questa che ancor teneasi stretta a quello, guardando spaventata i suoi assalitori, che fuggivano, in un attimo distaccandosene, esclamò: Ah! Voi? Che cosa volete da me? perchè mi avete salvata?... Perchè non ve ne andate?... No, no per carità... non vi allontanate, potrebbero ritornare!... –

Quella tribolata era una fanciulla non remota del diciottesimo anno, ornata di modesto contegno e decoroso costume. Le nere e lunghe sue chiome scendevano in disordine alle tempie e su gli omeri quasi nudi, perchè l'abito di monaca erale stato sgualcito. Le sue pupille erano irrequiete, ma splendevano di dolce lume allor tremulo, per le lagrime. Il suo volto, sebbene sconvolto e cadaverico, ancor mostrava angelica bellezza.

Edoardo con rispetto ammiravala come una fantastica visione, temea che quella cara apparizione si fosse dileguata dagli occhi suoi. Sentiva piegarsi le ginocchia per adorarla, tanto imponevagli rispetto e venerazione quell'immagine di fanciulla. per quanto bella, altrettanto trambasciata.

– Signorina!... disse in fine, con pronunzia balbuziente per la troppo commozione che provava in quel momento, Signorina... io sono qui a' vostri ordini, farò tutto quello che voi vorrete... –

Ah! soggiunse quella... mi hanno assalita... si questionavano fra loro... che cosa volevano da me? Mio Dio! ritornano! (era gente che passava) e si strinse di nuovo ad Edoardo, gridando: Salvatemi ! –

Ma sì, che vi salverò, disse costui, con entusiasmo, meno che non si volesse passare sul mio cadavere! Eccomi a voi signorina. Ditemi intanto dove volete esser condotta, e non temete: farò tutto quel che mi è dato di fare per difendervi. –

Oh! ripetè la fanciulla, quanto siete buono... Io pregherò tutta la mia vita per voi, pe' vostri genitori. Iddio vi compenserà, vi benedirà. Oh, Signore, io son divenuta demente: salvatemi, perdonatemi. Mia madre! Oh, mi ricordo di mia madre! Essa non sa la sventura della sua povera figlia. Or mi ricordo.... Mia madre non trovasi in Palermo!–

Dopo breve pausa, soggiunse: – Sì, conducetemi in casa dell'amico dell'infelice mio padre, è un santo prete, che ha una nipote, che mi ama come sorella: sì, come tale mi ama la mia Giulietta. – E qui diè in uno scoppio di pianto. –

Eccomi a voi, disse Edoardo: ove abita codesto prete? Se lo sapete, avviatevi ed io vi seguirò. –

So che abita nella strada dell'Albergheria, seguitemi: io andrò a trovare quell'uomo di Dio, e quell'adorabile amica. –

Edoardo e la giovane monaca si diressero per la via che mena alla piazza di Ballerò; ed incontrando persone, specialmente se militari, la spaventata giovanetta ne tremava. Giunti alla estremità di quella piazza, voltarono a destra; e dopo un breve tratto di strada, la fanciulla, sprigionando un lungo sospiro, ecco, disse, la casa della mia amica, ancor la ricordo: tempi felici, oh! come potrò dimenticarvi? –

Spiccò un salto, e salì gli scalini di un piccolo portone, e cominciò a bussar forte, l'uscio di fronte, chiamando: Giulietta! Giulietta!

Dopo pochi istanti, si vide affacciare da un finestrino di quella casa una testa di donna, che, dopo di aver guardato con precauzione, emise un grido, e scomparve. S'intese però un calpestio di persona che scendeva la scala precipitosamente. La porta si aprì con fracasso, ed una giovanetta si presentò gridando: Rosolina?! tu qui? a quest'ora? in questo stato?! Mio Dio, quale sventura ?!... – e nel tempo stesso le due amiche si gittarono l'una nelle braccia dell'altra.

Tronchi detti, incoerenti parole, prolungati sospiri e niente altro s'intese in quell'abbracciarsi. –

Oh! finalmente! disse Rosolina. Chi l'avrebbe mai detto, che dovevamo abbracciarci in questo luogo ed in questo stato, per soddisfare il nostro desiderio ? –

Edoardo, fattosi indietro, intese che due calde lagrime scendeangli sulle gote. Egli in quel momento provava una gioia ineffabile, nuova per lui, ad onta di tutti i beni che gli offriva la fortuna: ora quella gioia la conseguenza ed il compenso alla sua buona azione.

Le due amiche teneansi strette abbracciate, e Giulietta già tempestava Rosolina con domande senza attendere la risposta; quando questa le disse: Sarebbe lungo il mio racconto, e per ora ti basti sapere, che il monastero fu invaso da' soldati; ed io, che tentai di fuggire, fui raggiunta sulla strada da' medesimi. Questo signore.... voltandosi verso Edoardo, generosamente espose la sua vita per salvarmi: la mia gratitudine per lui sarà eterna. –

Signore, soggiunse Giulietta con voce commossa, ah! voi siete l'ideale personificato degli uomini di cuore e di onore. Mi duole che non trovasi in casa mio zio, che da più giorni è fuggito alla campagna per salvarsi dalle persecuzioni de' ribelli e de' soldati. Oh! egli avrebbe saputo ringraziarvi meglio di me, e come merita la vostra virtuosa azione, salvando questa mia adorabile amica, quest'orfanella sempre perseguitata dalla perfidia degli uomini: ma vi è Dio, che protegge l'innocenza e la virtù sventurata. –

Signorina, rispose Edoardo, io ho fatto quel che deve fare un uomo qualunque, messo nella circostanza in cui mi son trovato stasera... Vi prego di ritirarvi; e non occorre dirvi di consolare la vostra amica. Io altro non desidero, che sapere nuove della stessa, ed anche i particolari della sua fuga. Sarei fortunatissimo se potessi renderle altri servizii. – Ma voi chi siete? dimandò Giulietta. – Sono il barone di Desmet, francese; viaggio per diletto, ed abito all'*Hôtel Trinacria*. –

Ah, voi siete francese! esclamò Rosolina, io me ne era accorta dalla vostra pronunzia: i francesi o son pessimi o sono ottimi; voi siete fra quest'ultimi; e Maria Immacolata, mia speciale protettrice, vi scelse per salvarmi. –

Fu convenuto fra que' tre giovani, che appena fosse ritornato D. Carlo, così chiamavasi lo zio di Giulietta, lo stesso sarebbe andato a trovare Edoardo all'*Hotel Trinacria*. Dopo di che si accommiatarono, non senza dispiacere, scambiandosi affettuosi segni di premura e riconoscenza,

Edoardo scese un'altra volta verso piazza Ballerò, voltandosi ad ogni istante, per guardare il luogo ove si era accomiatato dalle due fanciulle. Egli camminava or lento or rapido, e senza sapere il perchè andasse a quel modo, assorto in un solo pensiero. Egli contemplava la immagine di Rosolina, restatagli scolpita nell'anima, e con segni che presentiva di essere indelebili. Non aveva mai provato simili preoccupazioni, quindi più lo impressionavano; destando in lui or l'entusiasmo di un giovane a 23 anni, pieno di vita e di spirito, ed ora il dubbio, il timore ed altri sentimenti oscuri, indefiniti.

Domandava a sè stesso, se quella preoccupazione, che provava per colei che poco prima aveva salvata da certissima sventura, fosse quel che si addimanda *amore*: e rispondeva con riso beffardo, credendosi superiore agli agguati ed a' colpi terribili, inaspettati di un sentimento onnipossente, che vince e prostra i più savii ed i più scettici. Conchiuse baldanzosamente, che la sua preoccupazione per Rosolina, che l'immagine di costei nel suo pensiero fosse affetto della pietà, che destavangli i casi straordinarii della medesima.

Infelice! egli ignorava che quando amore assale le sue vittime più avvedute o robuste, si camuffa sotto svariati sentimenti, anche nobilissimi; e particolarmente sceglie la pietà, l'ammirazione, la riconoscenza. Appena ha tutto conquistato, togliendo alle medesime sue vittime anche la speranza di combatterlo, si strappa arditamente la maschera, spiega trionfante la sua bandiera *rosacea-bruna*, e domina da tiranno.

Edoardo credette spiegare a sè stesso la lotta che sentiva nell'animo suo, ricorrendo alla pietà, che destavagli la sua novella conoscenza. Ma la pietà, se è generosa ed ingegnosa, non lascia d'esser calma, infondendo in noi una dolce compiacenza, perchè sentiamo di esser pietosi verso i nostri simili; al contrario egli sentivasi agitato, sprezzava altre sensazioni, e non era contento di sè medesimo.

Giunto alla strada Nuova, si avvide che caminava a zonzo, e decise ritirarsi al suo alloggio; ove sperava di dormire e liberarsi da ciò che egli chiamava molesti pensieri. Anche questa speranza gli venne meno; le coltri del suo soffice letto sembravangli più pesanti del solito, e lo scottavano come i suoi pensieri. Passò una notte insonne; e quando l'alba cominciò a farsi rosea dalla parte del pittoresco Capo Zaferano, uscì dall'albergo, e si diresse alla *Banchetta*, sperando che la dolce aura mattutina avesse rinfrescato l'agitazione del suo sangue e dato un altro corso a' suoi pensieri.

Passeggiando in quella incantevole riviera, faceva mille progetti come allontanarsi da Palermo. Tra le altre cose diceva a sè stesso: Io venni in Sicilia per visitarvi le principali città, e salire fin sul cratere dell'Etna. Oh, adesso ho un altro vulcano nel cuore!...

E finiva sempre con un *ma* a tutti i suoi progetti di abbandonare la sicula capitale.

– *Ma* se quella derelitta giovanetta, diceva, avesse bisogno un'altra volta di me?

Se le mancassero i mezzi? Non potrei lasciarle una grossa somma e partire, continuando il mio viaggio per l'Isola, e poi imbarcarmi a Messina, per ritornar sul continente, senza passar da qui? *Ma* essa è contegnosa, e come tale si reputerebbe offesa della mia offerta. E poi, soggiungeva, l'appuntamento di ier sera di andarla a trovare, per aver notizie di lei? Se io partissi, mi si potrebbe dire che sono un ciarlatano, un uomo che manca alla data parola. Lo stesso prete, appena ritornato dalla campagna, prenderebbe informazioni di me; e quale opinione non si formerebbe, sapendomi partito da Palermo come un malfattore perseguitato dalla giustizia?

Oh! mi viene un'idea, magnifica per liberarmi da queste preoccupazioni, che potrebbero farsi più moleste, e senza mancare all'appuntamento. Sì, il trovato è magnifico! Andrò in quella casa, appena mi si mandi l'invito; sentirò i casi di quella fanciulla... ed alla circostanza, potrei pure soccorrerla, senza offendere il giusto suo amor proprio; quindi partirò: e così sarà tutto finito. –

Edoardo, senza saperlo, correva a passi giganteschi per inviluppparsi totalmente in quella rete amorosa, che già avealo preso quasi per intiero. Il suo *magnifico ritrovato*, per liberarsene, era suggerito da quella passione irrompente, gagliarda ed entusiastica, che egli non volea confessare a sè stesso, e che volea combattere con *magnifici ritrovati*, atti soltanto ad ingigantirla. Difatti, senza avvedersi, giunto alla Villa Giulia, ossia alla Flora, entrò nel magnifico Orto botanico; ma nulla osservò, preoccupato com'era, invece prese la via dello stradone di S. Antonio, voltò a destra per la via Macqueda, e per l'arco de' Cutò, s'intromise nel quartiere dell'Albergheria.

Giunto presso la chiesa del Carmine, non sapeva spiegare a sè stesso perchè si trovasse in quel sito, sembrandogli che non l'avesse pensato. Avendo riflettuto un poco pacatamente, conchiuse che non sarebbe stato conveniente rivedere que' luoghi, e così presto, testimoni degli avvenimenti, che erano causa di quell'agitazione che tanto lo martirizzava. Nonpertanto trovò un pretesto, suggeritogli dalla sua passione per rivedere la casa ove abitava Rosolina. Disse a sè stesso: È necessario che io ben me ne segni il sito; in cambio di venir da me il prete, costui potrebbe invitarmi con lettera; e dovendomi forse recar colà di sera, potrei non trovarlo. – E risoluto si diresse verso que' luoghi che tanto desiderava rivedere, e che trovò senza molte difficoltà.

Non contento di passarvi la prima volta, ripetette le sue passeggiate, guardando il piccolo portone, il finestrino, ove si era affacciata Giulietta, ed i balconi laterali. Non vide anima vivente; però fu egli scorto da dietro le persiane dalle due giovanette e conosciuto.

Il nostro povero amico passò cinque giorni in quello stato angoscioso d'interna violenza, immaginando progetti contraddittorii, che tutti ingigantivangli la passione, in ragion diretta dello difficoltà che incontrava. Pensò più volte recarsi alla casa del prete, sotto qualche pretesto, e per quanti ne immaginò, tutti gli sembrarono inopportuni e frivoli, e quel ch'è più, in opposizione all'appuntamento datogli.

Il 27 settembre, mentre gli si serviva la colazione nella sua stessa camera, un cameriere dell'*Hotel* gli presentò una letterina. Si alzò con tanta furia per impossessarsene, che poco mancò di buttare a terra tutto il vasellame, che trovavasi sulla tavola innanzi a lui. Aprì con grande ansia la lettera, che lesse rapidamente. Era D. Carlo che gli scriveva poche righe, dicendogli, che per ragioni facili a supporsi, non credeva conveniente recarsi ad un *Hotel*, ove sarebbe stato notato in que' tristi giorni. Quindi domandavagli scusa, se in cambio invitavalo per quella stessa sera in casa sua, dovendogli rendere infinite grazie. – Era tutto quello che Eduardo desiderava: non mangiò più.

Lesse e rilesse varie volte quella preziosa lettera, ed in tutto sembravagli aleggiare i pensieri di Rosolina. Passeggiava nella camera con passi lunghi e concitati, ora incespicando in una sedia, ed ora in un altro mobile.

– Come passar questa giornata?! chiese a sè stesso, quasi atterrito nel vedere l'oriuolo che segnava le dieci antimeridiane. Decise di uscir subito, avendo bisogno di aria aperta. Appena in istrada, saltò in una carrozza. Il cocchiere gli chiese più volte ove voleva esser condotto; e del tutto distratto gli rispose: ove ti piace, basta però che farai ben trottare i cavalli, ed avrai doppia mancia. –

Signorino, Eccellenza, volete andare a Monreale? –

Sì, sì a Monreale. Oh, da quel sito si vede il quartiere dell'Albergheria, magnifica idea di quest'uomo! – [1]

La vettura partì di buon trotto per la via del Cassero, ed uscì per porta Nuova; correndo in quelle amene stradone; da principio fiancheggiato da magnifici palazzi dietro i quali si estende una verdeggiante pianura, che va a finire co' monti lontani, che le fan corona.

Avanti il maestoso Albergo de' poveri, opera stupenda di Carlo III di Borbone, il cocchiere, per far riposare i cavalli, si voltò e disse; Eccellenza, volete vedere quest'Albergo, che visitano tutti i forestieri? –

Edoardo, che stava leggendo, forse per la cinquantesima volta, la lettera di Don Carlo, senza nulla capire, rispose: – Sì, sì a Monreale. –

Giunto in quella città fu assediato da varii ciceroni. Chi di costoro voleva fargli vedere la Cattedrale, chi il Monastero de' Benedettini, e chi ov'era il sito della famosa campana, che la tradizione vuole essere stata la prima a sonare l'allarme dei *vespri siciliani*, il 30 marzo 1282.

Eduardo neppure volle vedere la stupenda cattedrale, che ha tutto l'interno a

[1] Monreale dista poco meno di quattro miglia da Palermo.

mosaico, ed i mausolei di varii antichi re di Sicilia; ma disse a' ciceroni che lo circondavano:

Conducetemi al punto donde meglio si vede Palermo. –

Fu condotto sopra lo spianato di Porta Palermo, ove Ferdinando IV di Borbone fondò il bellissimo Collegio militare; dal quale gli alunni uscivano sott'uffiziali dell'esercito, e molti addivenerro poi distintissimi uffiziali superiori.[2]

Da quel sito Palermo offre ammirabile panorama in forma quasi rotonda; estendendosi sulla diritta riviera varii paesetti, che, a semicerchio, vanno a finire a Capo Zaferano. Tutto si ammira in mezzo ad una pianura verdeggiante, che si estende per più miglia attorno, interrrotta soltanto dalla parte di greco e levante, perchè bagnata dal mare.

A sinistra, come a far contrasto a tanta rigogliosa vegetazione, si vede il nudo e roccioso monte Pellegrino, quasi baluardo per difendere' la città dal gelato Borea. Ivi, su quel monte, trovasi il Santuario di S. Rosalia, patrona di Palermo, tanto venerata da' palermitani; i quali, per due volte all'anno, vi si recano, affin di pregare, in quella grotta, ancor nello stato primiero, sebbene inclusa nella chiesa, ove si ritirò e morì quella nobile e santa verginella palermitana. Quel pittoresco monte è isolato, da una parte bagnato dal mare, e dall'altra vi è la bellissima pianura della Favorita, ammirevole per varie principesche ville e casini.

Edoardo, senza tanto curarsi di quella veduta sorprendente, che infonde dolce letizia negli stessi animi agitati, fecesi additare ov'è il quartiere dell'Albergheria, e con particolarità la chiesa del Carmine, trovandosi ivi vicino l'abitazione di Rosolina. Non tralasciava di guardare ogni momento l'oriuolo, e sembravagli che lo stesso congiurasse contro la sua impazienza: egli avrebbe desiderato la virtù di far miracoli, per farne uno tutto al rovescio di quello di Giosuè.

Distratto, impaziente andò a trovare la sua vettura, e diede ordine di partir subito per Palermo. Giunto a' Quattrocantoni, cioè a piazza Vigliena, ove s'incrociano le due principali strade della città, essendo il centro della medesima, voltò a sinistra, perchè vide varie carrozze e pedoni che si dirigevano verso porta Macqueda per andare al bel passeggio della Favorita, oggi, come nel 1848, detta strada della *Libertà* (che conduce alla disperazione). Anch'egli, per uccidere il tempo, volle andare a quel delizioso passeggio; ma non girò il bel giardino inglese, che si ammira in fondo a diritta. Nè volse lo sguardo a quegl'incantevoli giardini di aranceti, sottoposti al largo stradone, che lo fiancheggiano per tutta la sua lunghezza. Neppure attirarono la sua attenzione que' simmetrici marciapiedi, ornati di alberi ombriferi, di esotiche piante rampicanti e di roseti, che pro-

[2] Fra cui il noto Salvatore Maniscalco, maggiore di gendarmeria, e poi Direttore di Polizia, ed il colonnello Nunzio Ferrante.

ducono rose, in tutt'i tempi, e di svariati colori. Egli invece guardava sempre il suo oriuolo e spesso rileggeva la lettera di D. Carlo.

Vedendo che il sole si avvicinava al tramonto, ordinò al cocchiere di ricondurlo al suo alloggio. Ivi giunto, si vestì con più ricercatezza ed eleganza del solito; ed appena sonato l'Angelus, montò sulla prima carrozza che vide vuota, e si fece condurre all'Albergheria, scendendo presso la casa da lui tanto desiderata.

Don Carlo l'attendeva, e andò ad incontrarlo, fino a piè della scala. Si strinsero la mano, e con moto spontaneo d'ambe lo partì, si abbracciarono come vecchi amici.

Il prete era un uomo su' cinquant'anni, un poco pingue; sembrava burbero a primo aspetto, ma poi era ameno, festevole ed anche simpatico. Sarebbe superfluo ridire i ringraziamenti che fece al salvatore dell'orfanella, sua protetta, figlia del suo più caro ed infelice amico. Avendolo preso per la mano lo condusse per le scale.

In sala si fecero trovare Giulietta, Rosolina e la madre di costei. La prima era una giovanetta a diciassette anni, bella di aspetto, di una regolare statura e di forme delicate; facile al pianto e al riso; un pochino ardita, di umor faceto, e spesso satirica; difatti la chiamavano la *maliziosetta.*

La madre di Rosolina sembrava una donna di cinquant'anni, e non ne avea che trentotto. Sul volto della stessa apparivano gli avanzi di una straordinaria bellezza, ma fugata da tante sofferte disgrazie, e da una malattia che le progrediva di giorno in giorno. Era corsa dalla campagna al sentire il caso stranissimo accaduto a sua figlia, trovandosi colà presso una famiglia aristocratica, in qualità di governante di due nobili giovanette. Rosolina[3] aveva deposto l'abito di monaca camerista, perchè quello che aveva addosso quando fu aggredita da' soldati, non era più usabile. Del resto, D. Carlo giudicò prudente non farla comparire vestita da religiosa, per non far notare la sua casa in que' tristissimi giorni, quando il *prode* Cadorna faceva guerra alle tonache e alle cocolle.

Edoardo fu abbagliato dalla bellezza e dal modesto contegno di Rosolina, avendola trovata mille volte più bella che non le parve la sera fatale. Essa, con amabile verecondia gli strinse la mano, e con le lagrime agli occhi ringraziavalo di avere esposta la di lui vita, per salvarla da una orribile sventura; ripetendo che avrebbe sempre pregato per lui la sua carissima madre, Maria Immacolata, per proteggerlo e farlo santo.

[3] Essendo stato un intimo amico del padre di Rosolina, conobbi costei quando ella compiva appena gli anni otto; cioè quando (come dice il buon Pellico): « Pargoletta ell'era — Tutto sorriso, tutta gioia: ai fiori — Parea in mezzo volar nel più felice — Sentiero della vita ». — Nell'ottobre del 1879, trovandomi di passaggio in Palermo, vidi la fotografia di Rosolina, fatta poco tempo dopo che fuggì dal monastero, quella di Edoardo, in grande dimensione e l'altra di Giulietta. Di quest'ultima vidi pure un ritratto, eseguito da Rosolina.

La madre gli porse i suoi ringraziamenti, e con quelle parole ed espressioni di sentita riconoscenza, che sa dire soltanto una distinta signora, una madre a cui si salva da una orrenda sventura l'unica ed idolatrata figliuola.

Anche Giulietta lo ringraziò, avendole ricondotta in casa la più cara delle sue amiche; promettendogli che avrebbe unite le sue alle preghiere della medesima.

D. Carlo introdusse il giovane nel suo modesto salotto, ammobigliato *sans coquetterie*, ma con gusto, e tutti due si assisero sul divano e le donne sulle poltrone laterali.

Il prete fece le scuse al suo ospite perchè non era andato a visitarlo, e di averlo fatto cercare dopo cinque giorni dall'avvenuta liberazione della sua protetta. Soggiungeva pure che sarebbe rimasto in campagna, se non fosse accaduto quel caso tanto strano alla Rosolina, trovandosi colà al coperto delle violenze di Cadorna. Diceagli eziandio, che non aveva condotto con sè la nipote, perchè la madre di lui, vecchia ed ammalata, non poteva muoversi dal letto, ed erale necessaria una persona affezionata per assisterla.

Giulietta, sapendo che Edoardo desiderava conoscere i casi di Rosolina, disse a suo zio: È naturalissimo che il sig. barone sappia come colei, da lui generosamente salvata, si fosse trovata in mezzo a' quattro cattivi soldati, che volevano seco loro strascinarla. Difatti egli ci disse la sera del 22, che desiderava venire in casa nostra per aver notizie di Rosolina, e per sapere i particolari di quell'avventura. Si è perciò che, col permesso di tutti, invito la mia carissima amica di soddisfare il giusto desiderio del suo liberatore. –

Questi mostrò segni troppo palesi, che quell'invito di Giulietta, era ciò che desiderava. Laonde D. Carlo disse a Rosolina: Giacché il signor barone non si annoia di sentire i casi vostri, raccontateli pure, e dite qual foste fino alla sera in cui egli vi salvò tanto generosamente.

Rosolina non era una di quelle ragazze, che fanno le schifiltose, quando le si pregano di fare qualche onesta cosa, credendo di rendersi interessanti, col farsi pregare e ripregare, mentre, in tal caso, si rendono piuttosto noiose, ridicole ed antipatiche. Ella era stata dotata dalla natura di un fino buon senso, ed educata con distinzione: e le stesse sventure sofferte, a diciott'anni incompiuti, l'avevano purificata di qualche antico difettuccio proprio negli *énfants gâtes*. Per la qual cosa, senza farsi ripetere l'invito per la seconda volta, incominciò il racconto della sua vita.

CAPITOLO XIV

– Son figlia, ella disse, di un militare, nato in Palermo, discendente da una lunga stirpe di professori e letterati. Mio padre giovanetto, avendo mostrato inclinazione al nobile mestiere delle armi, fu ammesso nel collegio militare di Monreale, donde uscì sott'uffiziale; e perchè istruito, tosto divenne uffiziale, grado che largivano i nostri sovrani a' più distinti giovani dell'esercito. Conobbe mia madre in una eletta società; essendo costei di nobile famiglia palermitana. La chiese in isposa ai parenti, e dopo non poche difficoltà, l'ottenne co' buoni officii del generale Giovanni Salzano[1], trovandosi allora alla sua immediazione.

Da quel matrimonio nacque una sola figlia, e son'io; e fui amata da mio padre fino al delirio. Ah! voi non sapete come i militari amano le figlie principalmente; sembra che il coraggio e la forza simpatizzino con la naturale debolezza. Vedete infatti il buono e valoroso soldato a carezzare i bambini ed a soccorrerli, con prodigalità, all'occorrenza. Mio padre poi mi amava, anche perchè sotto la spoglia del fiero e burbero militare, nascondeva un cuore angelico. Egli fuggiva al racconto di una sventura, quando non poteva soccorrerla, perchè vergognavasi farsi vedere con gli occhi pieni di lagrime. Io ero la sua consolazione, il suo tutto. Oh! mi ricordo con quale ansia egli ritornava dal campo per vedermi, abbracciarmi e tenermi sulle sue ginocchia.

L'amore di mio padre verso di me non era egoista, ma vero amor paterno, che sagrifica le sue più care gioie della vita, per dare una convenevole istruzione

[1] Non so come il signor Borgon Fort-Rion abbia potuto asserire, in un racconto inesattissimo, circa i fatti del 1860 e 61, pubblicato nel giornale la *Civilisation* di Parigi, che il tenente generale comm. Giovanni Salzano « una a' generali Lanza e Landi agevolò la rivoluzione del 1860 ». Vi è tanta differenza fra quei due volgari traditori e Salzano, quanto (mi permetta il paragone) fra gli angeli ribelli ed un Raffaele Arcangelo. Io feci quasi insieme tutta la campagna da Palermo a Gaeta col Salzano; il quale si dimostrò sempre, con fatti incontrastabili, buon soldato e fedelissimo al suo amato sovrano Francesco II. Del resto mi rimetto in tutto a quanto pubblicarono a questo proposito il comm. Giovanni de' Torrenteros, uffiziale superiore dello Stato maggiore dell'esercito delle Due Sicilie, in una lettera del 12 agosto 1880, riportata dalla *Discussione*, e l'emerito pubblicista A. de Juannon, in un'articolo inserito nella valorosa e benemerita *Sicilia Cattolica* di Palermo il dì 30 ottobre 1880.

all'oggetto dello sue premure. Egli, conoscendo che in famiglia non poteva educarmi a seconda i suoi desiderii, si indusse a supplicare re Ferdinando II per essere ammessa nel Real Educandato de' Miracoli di Napoli. Quel clemente sovrano, che conosceva la fedeltà ed i servizii resigli dal mio genitore, decretò che io fossi accolta a piazza franca, come alunna, in quel distinto Convitto. Ivi le alunne non potevano entrare in età minore di sette anni nè maggiore di dieci; ed io allora appena ne compiva otto.

Tutti gli amici stranizzarono al sentir la risoluzione di mio padre, sapendo che il medesimo non sapeasi distaccar da me, ed intanto mi mandava a Napoli. Il solo reverendo qui presente approvò e patrocinò quella risoluzione, anche calmando le smanie di mia madre; facendole notare i grandi vantaggi ed i profitti che io avrei potuto ricavare, dall'educarmi in un Convitto come quello de' Miracoli.

Io piansi al pianto di mia madre e non volevo distaccarmi da lei. Mio padre però confortavami, con dire che mi avrebbe condotta a Napoli sopra il piroscafo; ed in quella città avrei veduto delle belle cose, migliori di queste di Palermo; che mi avrebbe fatto conoscere il re, la regina, le principesse ed i principi reali, anche piccoli come me. Nel Convitto poi, soggiungerà, troverai tante care ragazze di nobili famiglie, ben vestite e tutte allo stesso modo, che studiano, mangiano, e vanno insieme al passeggio, accompagnate sempre da buone maestrine, che le amano tanto.... Che la superiora di quel Convitto, da lui conosciuta, avrebbe fatto per me le veci della mia genitrice; e quando divenuta grandetta e bene istruita, sarei ritornata in famiglia. Consolavami pure assicurandomi, che il battaglione cacciatori, ov'esso serviva, fra non molto tempo sarebbe stato destinato a Napoli; ed allora avrei potuto vederlo spesso insieme a mia madre.

Al sentir que' discorsi e quelle promesse di mio padre, come suole avvenire in tutti i fanciulli, io passai di un salto ad un'altra opposta risoluzione; divenni smaniosa di partir per Napoli; e tempestava la povera madre mia, perchè costei sembravami lenta e svogliata nell'apprestarmi il bisognevole alla partenza.

Giunse il giorno tanto da me desiderato; ma nel dividermi dalla mìa affettuosa genitrice, piansi a calde lagrime, e non voleva più distaccarmi da lei: fu quello il primo dolore della mia vita! Purnondimeno confortavami la presenza di mio padre; il quale, oltre di essere tutto amore per me, mi divertiva anche co' suoi racconti e le sue facezie.

Giunta in Napoli, io fui sorpresa nel vedere quell'amena e popolosa metropoli; e col fatto mio padre mi presentò al re e alla regina: il primo accarezzandomi ebbe la clemenza di dire delle lusinghiere parole a mio riguardo.

Dopo che ammirai per quindici giorni tutto ciò che può interessare una ragazzina di otto anni, entrai nel Reale Educandato de' Miracoli; e qui non trovo parole per descrivere il dispiacere che provai nel dividermi dall'affettuoso padre mio. Ohimè! io presentiva che non sarei ritornata mai più sotto la sua paterna tutela: fu quello per me un dolore dei più acerbi della mia vita.

Però quell'affettuosa e santa direttrice, la signora Giovanna Nini, che non posso ricordare senza lagrime di riconoscenza, abituata a quelle scene, mi consolò in parte, e veramente mi fece poi le veci di amorevolissima madre; ed a poco a poco io divenni una delle sue predilette, perchè la secondava in tutto ciò che, alla fine, ridondava in mio vantaggio.

Quel Convitto de' Miracoli, fondato nel 1828 dalla munificenza della regina Maria Isabella di Borbone, moglie di S. M. Francesco I, era montato con tutta eleganza. Le alunne venivano educate alla vera morale, e senza ostentazione; perchè la direttrice essendo schietta e fervente cattolica, secondava le mire sovrane. Ivi potevamo apprendere tutto quello che richiedesi per formare una distinta giovanetta da divenir poi madre di famiglia.

Nulla vi dico del modo rispettoso con cui eravamo trattate dalle domestiche e da' professori. Circa al nostro trattamento di vittitazione e dell'uscita al passeggio, non si poteva desiderar di meglio: tutto ciò era una conseguenza della munificenza del re e della solerzia della direttrice. Appena compii l'anno tredicesimo, fui destinata a maestrina delle alunne più piccole di me, per esercitarle nel disegno, e far ripetere alle medesime le lezioni dell'italiano e del francese, prima che esse si fossero presentato a' rispettivi professori. –

Edoardo, che ascoltava Rosolina, senza perdere una sillaba ed in grande commozione, quando intese le ultime parole di costei, esclamò: Ah! voi dunque conoscete il francese?... – La narratrice abbassò gli occhi. Però rispose Giulietta con precipitazione, dicendo: Sì, sì, signor barone, conosce benissimo il francese, lo parla e lo scrive a perfezione; e potrebbe continuare la sua narrazione nella vostra favella.

Edoardo, fuori di sè per la contentezza, perchè in Rosolina trovava una giovanetta bene educata ed istruita, scoperta che egli reputava interessantissima, pregò costei di proseguire il discorso in francese – Ah! signorina, dissele, vi supplico, fatemi sentire la favella della mia cara genitrice: nella vostra bocca sarà incantevole.... – E Rosolina, rossa come una brace, rivolgendo uno sguardo di amorevole rimprovero alla sua amica, proseguì il racconto dei casi suoi in quell'idioma, e che io traduco in italiano.

– In tutto quel tempo che io rimasi in Convitto, i miei genitori vennero varie volte a vedermi. Scoppiata la rivoluzione del 1860, non vidi più mio padre; egli, con tutto lo slancio del suo coraggio e del suo attaccamento ai principii dell'ordine e del suo sovrano, si trovò in varii fatti d'armi, ed ebbe immense lodi dai suoi superiori. Si distinse nelle fazioni di guerra in Palermo e ne' dintorni; fu in Milazzo; indi fece la campagna del Volturno; ed infine apparteneva a que' valorosi che sostennero la memoranda difesa di Gaeta. Egli cadde con la spada in pugno, insieme con la dinastia e l'indipendenza di questo disgraziato Reame. Ma prima che la bandiera nazionale delle Due Sicilie, che ancora orgogliosa sventolava sopra Torre Orlando, fosse stata consegnata al nemico, ne staccò un brano, e se lo messe sul cuore... Infelice! così spirò, dopo un anno, assassinato da que' manigoldi che ci chiamarono fratelli...

Mio padre, dopo la capitolazione di Gaeta, e dopo che fu trattenuto 34 giorni prigioniero di guerra nell'isola d'Ischia, ritornò a Napoli, e veniva spesso a vedermi. Io facevo di tutto per consolarlo, e finivo con piangere insieme a quell'abbronzito e valoroso soldato. Egli non davasi pace pensando che questo, un dì florido Regno, dovette essere distrutto da chi valeva meno assai di noi, perchè unito con la rivoluzione mondiale, e coadiuvato da tutti quei giuda, che lo vendettero a' suoi invidiosi detrattori.

Negli ultimi tempi del suo soggiorno in quella città io lo vedevo sempre preoccupato, e non osava scandagliare i suoi segreti. Però mi furono poi rivelati da una sua lettera che mi mandò, a mezzo di persona fidata, sul finire di luglio del 1861; con la quale diceva, che, essendo stato complicato nella così detta *congiura di Frisio*, era costretto allontanarsi da Napoli e recarsi a Roma, per evitare le prime e più feroci persecuzioni: dolevasi soltanto di non potermi vedere prima di partire.

Lascio considerare a voi il mio dolore per quella inaspettata partenza, certa che non l'avrei più potuto rivedere, e chi sa per quanto tempo, lo piansi a calde lagrime; consolavami però perchè il mio genitore pativa per una nobile causa, e pel suo amato sovrano. Non trovando sicuro imbarco per Civitavecchia, ardito qual'era, accompagnato dalla sua fida ordinanza, che dopo Gaeta ritenne presso di sé in qualità di domestico, prese a piedi la via de' monti, sempre evitando le strade maestre, e traversando i più inospitali boschi. Giunto in quelli del Matese, incontrò una banda di reazionarii bene organizzata, di cui facevano parte varii antichi militari, che lo conoscevano. I medesimi, dopo di avergli fatto gran festa nel rivederlo, lo pregarono, in nome di quella fede che inalterata conservava pel suo giovine sovrano, di rimanersi con loro, ed il capo cesse a lui il comando.

Mio padre era un ottimo militare, ma non sapeva se fosse riuscito a far la guerra da partigiano. Altre ragioni lo consigliavano di non accettare quell'offerta; però, siccome gli bolliva il sangue contro gl'invasori della patria, accettò; e quella banda si rese lo spavento de' battaglioni sardi. Dal momento che egli prese il comando di quella gente, fece trattare i prigionieri ad uso di guerra regolare, e dava la caccia a qualche comitiva di veri briganti; i quali, sotto pretesto di difendere la causa del re, andavano rubando, in cambio di battersi contro i soldati piemontesi.

In un combattimento fu ferito al piede e rimase a terra, senza essere stato veduto da' suoi compagni, che presero ad inseguire un'orda di guardie mobili. Era con lui il fedel servitore, al quale ingiunse, che se mai fossero stati sorpresi da' nemici, dicesse a' medesimi che avealo trovato ferito, e soccorrevalo per sentimento di umanità.

La dimane, mentre il servitore aiutavalo a camminare, per condurlo in luoghi sicuri, furono sorpresi dalle perlustrazioni di guardie mobili, quasi tutti garibaldini. Costoro, che tanto volte erano fuggiti innanzi alla punta della spada di mio padre, vedendo il leone abbattuto, sfogarono contro li lui la vile loro rabbia, seviziandolo in tutti i più atroci modi. Dopo di averlo martirizzato per varie ore, lo ligarono ad un albero, sforzandolo a gridare: viva Garibaldi! ed egli invece ripeteva; viva Francesco II!

Un giovanotto, per quello che mi si disse, straniero, e per quanto bello altrettanto feroce, comandante quell'orda di assassini, irritato per la costanza del mio infelice genitore, volle finirlo egli solo a colpi di baionetta; deliziandosi nel vedere la sua vittima lottar con gli spasimi della morte.– [2]

Rosolina, sopraffatta da dolore per tante ricordanze, si tacque, e seguì un breve religioso silenzio fra gli ascoltanti. Indi riprese: il servo fedele ebbe salva la vita, essendosi annunziato per un villico di que' dintorni, e perchè accettò in apparenza di servir da guida a que' manigoldi. Appena però gli si offerse il destro, fuggi a Napoli, ove io tutto volli raccontato da lui, dopo che la direttrice mi dispose a ricevere il colpo fatale.

In seguito dell'entrata di Garibaldi in Napoli, il Convitto de' Miracoli cominciò a subir la sorte di tutti gli altri, che erano il decoro e la meraviglia di questo Regno. Ci si voleva imporre anche come dovevamo pensare, pretendendosi da' nostri *riparatori* che ci si fosse data un'educazione anticattolica. La valente e religiosissima direttrice lottò contro le mene e gli ordini governativi; ed imponeva rispetto a quei venuti su, taluni dalle galere, sedicenti capi dell'istruzione pubblica, perchè i suoi talenti, il suo contegno, la sua morale ed il suo passato erano inappuntabili.

Ma siamo in tempi che la forza bruta si ride cinicamente di tutto, e tutto abbatte ad eccezione della virtù; laonde que' medesimi governanti, dicentisi *ristauratori dell'ordine morale*, nelle prime tentarono d'introdurre nel Convitto libri d'istruzione acattolici ed immorali; ma la direttrice respingevali risolutamente. Visto che la medesima era inaccessibile a qualunque promessa e minaccia, e che invece proseguiva ad educar le alunne ne' sani principii della fede e della morale, si argomentarono disfarsene.

Luigi Settembrini, allora il *factotum* dell'istruzione pubblica, non avendo motivi di cacciar via la direttrice con tutte lo maestrine, sapendo i principii delle

[2] Quest'atroce assassinio fu divulgato in varii giornali di que' tempi e con tutte le particolarità.

medesime, voleva costringerle ad un giuramento, che esse rifiutarono risolutamente. Allora cominciò ad introdurre nel Convitto maestrine toscane e piemontesi, libere pensatrici e svenevoli, che la volevano fare da dottoresse, mentre l'ultima delle nostre alunne poteva far loro la scuola.

Settembrini, mentre diceva che doveasi fare stretta economia, dava alle nuove venute doppio mensile; e quando vide che ogni cosa era preparata al gran colpo, insistette sul giuramento, obbligando tutte a giurare, e direttrice e maestrine. Io ero inclusa fra quest'ultime, sebbene ancora non contassi gli anni 14; dappoichè la medesima direttrice, temendo che io fossi messa alla porta, perchè godeva della piazza franca, prima dell'entrata di Garibaldi, già mi aveva ottenuta la nomina di maestrina.

Il *martire* dell'ergastolo di S. Stefano Settembrini, malgrado i miti consigli del signor Cenni, uno della Commissione, c'impose o di giurare al nuovo ordine di cose, o di uscir subito dal Convitto; minacciando di farci sfrattare con la punta della baionetta. Tutte protestammo che non potevamo uscir subito, perchè mancavanci i mezzi, e perchè varie di noi non avevamo nemmeno parenti in Napoli. Quel sedicente *martire*, abusando vilmente della sua posizione e della nostra debolezza, ci fece sfrattare dalla soldatesca in un modo codardo e barbaro.

Ma vi è Dio *che affanna e che consola*; e se cinque giorni or sono mi fece trovare un protettore per salvarmi da un caso spaventevole, anche allora mandò in mio soccorso una donna, povera sì, ma di cuore. Era costei una serva esterna del Convitto, che trovavasi piangente in que' dintorni, per la pietà che destavale la sventura delle maestrine e della signora direttrice. Era di sera, il tempo imperversava, ed io rimasi in mezzo la strada, senza mezzi e senza conoscenze: in quel parapiglia neppure potei trovar la direttrice. E mentre trovavami in quella per me terribile posizione, mi si avvicinò la benefica donna, mi abbracciò, dicendomi: figlia mia! E pianse al mio pianto, e mi condusse nel suo povero tugurio!!

Come passai tre giorni in quella mia nuova dimora, a pian terreno, quasi oscura, occultandomi alla curiosità di tutti, appena si potrebbe immaginare, giammai descrivere. Dopo due giorni potetti avere un mezzo foglio di carta ed un pessimo calamaio con penna, per iscrivere a mia madre lo stato in cui mi trovavo; pregandola di lasciare subito Palermo e venire a Napoli.

Io ero vestita con l'abito del Convitto dei Miracoli, e non mi feci vedere che da due amiche della mia benefattrice. Nondimeno in quel vicolo, ov'io abitavo, si sparse la voce che in casa della *Sie Menica*, così chiamavasi la donna che mi raccolse, si trovava una ragazza di quelle cacciate dal Convitto dei Miracoli; e quindi la gente spesso accalcavasi avanti quel tugurio; e taluni anche volevano entrare con la forza per vedermi. Suppongo però che non si parlasse male di me; conciossiacchè da dentro sentivo ingiurie contro l'attuale governo.

Il terzo giorno della mia *prigionia*, intesi un rumore di carrozza che entrava nel vicolo, fermandosi poco lungi dal mio abituro: avvenimento veramente straordinario, perchè ivi appena entravano le piccole vetture da nolo. Mentre io era tutta orecchie dietro la porta, questa tirata da fuori si aperse, e mi trovai faccia a faccia con una signora di aspetto aristocratico, vestita con estrema eleganza, ma di pietosi sguardi.

Io rimasi interdetta, mi venne meno il fiato per la sorpresa cagionatami da quella inaspettata apparizione. La visitatrice se ne avvide, e senza nulla dirmi, mi gettò le braccia al collo. Mi abbracciava e mi baciava singhiozzando, ed in quello stesso modo che soleva far mia madre, quando mi rivedeva dopo lungo tempo; indi con voce commossa, diceami: figlia mia, figlia mia! –

La Menica era orgogliosa di quella scena; essa dava della signora duchessa a quell'amabile dama. La quale, avendo chiamato un servitore, che stava pronto lì vicino, prese dalle mani del medesimo un grandissimo e magnifico scialle, e dopo che me lo accomodò sulle spalle, mi disse: Volete venire con me? vi condurrò in casa mia; io sono la duchessa di C .... –

Edoardo fece un moto involontario al sentire quel nome da lui ben conosciuto; ma dissimulò la sorpresa.

– Signora, io risposi, la carità che usate verso di me mi confonde, scusate se non trovo espressioni convenienti per ringraziarvi come meritate; io mi reputo indegna del grande onore e dell'inaspettata fortuna che mi proponete. –

Taci, non dir queste parole, soggiunse la duchessa, facendomi una carezza. Indi mi prese per la vita, mi condusse alla carrozza, aiutandomi a salire sulla stessa, facendomi sedere al posto di onore. Mi abbracciò e mi baciò alla presenza di tante persone ivi raccolte, che guardavano con crescente stupore. Quando la vettura si mosse, parecchie voci s'intesero, che gridavano: *viva la duchessa di C.!*

Mi condusse al suo magnifico palazzo; e come colà fui trattata, non è necessario che lo dicessi: una gran dama non poteva essere alloggiata e servita con isplendidezza e rispetto maggiore.

Quando il portiere diede il segno che ritiravasi il duca, la duchessa corse da me, messe il mio sotto il suo braccio, e tutte due andammo verso la sala incontro al suo nobile consorte. Costui, nel vederci mise fuori un lungo e vibrato, oh!... E poi, bravo, bravo, disse, signora duchessa, ho capito, un'altra delle vostre. –

Essendosi avvicinato a me, dopo che mi guardò con amorevole attenzione – E questa volta, soggiunse, ne avete fatto una proprio delle migliori; una maestrina del Convitto de' Miracoli! Ma non trapazzate più oltre questa povera figlia, che dovrà essere molto abbattuta, dopo tutto quello che le han fatto soffrire quei galantuomini lì... Avete pensato a tutto ciò che le occorre?.... Ma voi mi guardate con certi occhi, come se vi facessi pietà! Sì, sì avete ragione è una offesa far simili raccomandazioni o domande a voi.

Lo credereste, signora duchessa? Mentre mi ritirava a casa, non era contento di me; perchè al Club del Wist si parlò a lungo delle povere maestrine cacciate, così, all'uso tartaro, dal Convitto de' Miracoli. De' miei amici chi ne accolse una e chi due di quelle derelitte giovanette, ed io (che non manco di un pò di ben di Dio) non potei raccoglierne neppur una.

Ma ditemi, carissima duchessa, come avete fatto per pescare, dopo tre giorni, questa cara piccina? –

Credete che tutti sieno poltroni al pari di voi, rispose ridendo la duschessa. –

E quegli: È troppo vero! Ma... eh! se avessi saputo l'ora in cui que' birbanti cacciavano via quelle buonissime figliuole, mi sarei messo lì di piantone. Ed allora, carissima signora duchessa, vi avrei condotto in casa una schiera di maestrine. Adesso il bravo tocca a voi, pazienza... ed io ve lo dò con tutto il cuore; anzi protesto, che sempre più vi ammiro, perchè voi siete il tipo della donna cattolica. –

Basta, basta, soggiunse la duchessa. E voltandosi a me, disse: andiamo; quando il duca la comincia in questo tono, non la finisce più – e mi condusse nel suo *boudoir*.

Io piangeva di tenerezza nel sentire quell'amabile gara di carità. Quella *santa invidietta* del duca, verso la moglie, sublimavalo agli occhi miei. Oh! se i ricchi sapessero quanta consolazione si trova nel soccorrere gl'infelici, sarebbero più caritatevoli, e men duri nell'interessarsi de' mali che flagellano l'umanità. Non pochi di essi, che menano una vita parassita nel loro desolante ozio, altro frutto non raccolgono che esiziale noia. Se i medesimi, in cambio di andare in cerca di emozioni, ove spesso trovano la colpa, soccorressero la povertà vergognosa, quante ineffabili e sante emozioni non si desterebbero ne' loro cuori!

Or dovrebbero lottare con accorgimento e carità contro il naturale orgoglio di una ricca e nobile famiglia caduta nella miseria, per farle accettare de' soccorsi, senza umiliarla; or riunire due virtuosi coniugi, che le circostanze o l'avversa fortuna hanno divisi; or proteggere l'innocenza da un turpe prepotente; or salvare dalla vergogna la tradita giovanetta, o la sposa abbandonata; ed ora sfamare l'orfanello, che amorevolmente stende le sue stecchite braccia, sorridendo con mesta ed angelica espressione, a chi gli porge soccorso. Così i ricchi caritatevoli spesso divengono parti o protagonisti di un intreccio di circostanze straordinarie, che saranno ad essi care anche nelle loro agitazioni, trovando spesso le più rare gemme della virtù e dell'eroismo ne' più luridi tugurii. Oh! sì, l'esercizio della carità, oltre di essere una virtù tanto accetta a Colui che disse: chi soccorre i bisognosi soccorre me; ha della poesia e varie volte del romanzesco.

Oh! signor barone, voi al certo mi perdonerete se vi ho fatto questa lunga digressione al mio racconto, riflettendo che per gl'infelici la carità è la più eminente delle virtù, ed essi ne parlano sempre con entusiasmo.–

Edoardo, che estatico ascoltava la narrazione di Rosolina, altro non seppe rispondere: *Tres-bien, mademoiselle, tres-bien, oh, que de jolies choses vous dites! je suis vraiment charmé et ètonné de votre récit.* –

Come vi dicevo, riprese Rosolina, la duchessa mi condusse nel suo *boudoir*; ivi mentre io raccontavale il modo inumano ed indecente con cui tutte le maestrine fummo espulse da' Miracoli, entrò il duca in veste da camera, e volle narrato tutto, come egli diceva, *ab initio.* Al mio racconto si contorceva, rideva ironicamente, e proferiva delle parole poco lusinghiere all'indirizzo de' redentori d'Italia; parlava tanto, che la duchessa gli domandò: ma dobbiamo sentir voi o questa ragazza? –

Sì, sì, avete ragione le rispose. E voltandosi a me, con amabile bonarietà, soggiunse – Dici, dici figlia mia; e non ti scandalizzare se dico cattive parole contro que' birbanti. –

Io proseguii a narrare i fatti avvenuti nel Convitto, prima o nell'istante dell'espulsione della direttrice e delle maestrine.

Quegli adorabili coniugi, spinsero tant'oltre la loro delicatezza, che neppure mi chiesero de' miei natali; e quando intesero che io son parlermitana, tutti due, con modo spontaneo, si alzarono e mi abbracciarono.

Ah! siete di Palermo, esclamò la duchessa, radiante di gioia; anch'io ho parenti in quella cara città; e sapervi nata colà mi fa maggior piacere. –

Que' signori conoscevano mia madre, quando questa era giovanetta, e sapevano tutte le sventure della sua famiglia. Il duca poi rammentava il nome di mio padre, avendolo inteso nominar con lode circa i fatti d'armi del 1860 e 61: e qui un'altra sfuriata contro *que' birbanti*, ed elogi a mio padre, che aveali ben combattuti.

Avendo manifestato che avevo scritto a mia madre, ed il timore che la lettera non fosse stata impostata a tempo opportuno, il duca prevenne la duchessa; prese un foglio di carta e scrisse un lungo telegramma diretto a suo cognato in Palermo. Nel quale diceagli, di trovar subito la mia genitrice, dandogli l'indirizzo, assicurandola di restare tranquilla sulla sorte della figlia, perchè questa trovavasi presso di lui; e se mia madre mancasse di mezzi per recarsi a Napoli, lo pregava di fornirle tutto il bisognevole.

Dopo che mi fece leggere il telegramma, guardava trionfante la duchessa. Non contento di ciò, ricordandosi della buona azione che aveva fatta verso di me la *sie Menica*, ordinò al maestro di casa, che quella donna fosse ricevuta nel suo palazzo, dandole asilo e vitto. – Mentre dava quegli ordini, la duchessa rideva; e difatti il maestro di casa gli rispose, che tutto ciò eragli stato diggià ordinato dalla medesima signora duchessa. Allora con un moto d'impazienza, voltandosi verso la moglie, esclamò: Voi mi prevenite, e poi, non so come, mi date del poltrone, perchè non faccio il bene come lo fate voi; basta, sarebbe più conveniente dividerci simili poteri, e poi vedrete... –

Lo stesso giorno che io entrai in quella benefica famiglia, vennero colà sarte e modiste, portando bellissime stoffe, merletti, cappotti ed altro. La duchessa volle che io scegliessi due abiti, co' corrispondenti ornamenti e due cappelli. Io, che indovinai le caritatevoli premure della stessa, scelsi i più modesti; ma essa, dopo di avermi carezzato la guancia, con incantevole grazia, disse: Eh.... la maliziosetta! Adesso sceglierò io. – E difatti scelse quel che eravi di meglio.

La dimane di quel giorno, io era in carrozza con la mia benefattrice, che conducevami ai principali passeggi di Napoli. I suoi amici divennero curiosi, vedendola insieme ad una giovanetta ad essi incognita, e varii si avvicinarono a noi, per domandarle chi io mi fossi; ed essa rispondea: Una delle maestrine de' Miracoli. –

Parecchi signori e signore, quella stessa sera, vennero al palazzo del duca, per meglio vedermi, e farsi raccontare da me i particolari del modo come fummo espulse da quel Convitto.

Alla povera madre mia, trovandosi ammalata, neppure si comunicò la notizia, che io era stata espulsa da' Miracoli; la rividi in Napoli dopo un mese da che trovavami presso i miei nobili benefattori. Marito e moglie volevano che io restassi presso di loro. Il duca non trovava sufficienti le mie ragioni per lasciar la sua benefica casa; e per togliermi qualunque protesto, come egli dicea, voleva che mia madre rimanesse anche ella presso di me.

Credetti conveniente ostinarmi, ma con tutta quella garbatezza, che trovai nella mia riconoscenza verso quegli adorabili coniugi. I quali si decisero a farmi partire, quando io manifestai a' medesimi, che desiderava rivedere quei luoghi, che tanto mi ricordavano il padre mio e le sue amorevolezze verso di me; e che, amando la vita delle comunità religiose, avrei cercato un monastero, per esservi ammessa, sotto qualunque titolo.

Que' due signori, dopo tale mia dichiarazione, l'uno e l'altra non più si opposero alla mia partenza, anzi l'affrettarono. La duchessa scrisse ad una sua cugina monaca, pregandola di farmi ricevere nel monastero, ove costei trovavasi, e tenermi presso di sè come una figlia.

Quando partii da Napoli piansi, come quando mi divisi da mia madre la prima volta. Il duca e la duchessa, dopo di avermi corredata di tutto il bisognevole per entrare nel monastero, mi accompagnarono a bordo il piroscafo. Fu una scena straziante vedere il duca piangere al pari della moglie!

Giunta in Palermo, dopo otto giorni entrai in monastero, ove fui accolta con amorevolezza dalla signora monaca, cugina della duchessa. Siccome era colà necessario che si entrasse con una qualità, mi si diede quella di camerista della religiosa, mia novella protettrice. In quel monastero io era felice per quanto lo possono essere quaggiù i figliuoli di Adamo; e trovandosi colà varie giovinette educande, io fui elevata a loro maestrina.

La mia signora monaca, sin da più di un mese a questa parte era uscita dal monastero. I suoi parenti l'avevano condotta in un altro paese, ove il clima è dolcissimo, perchè minacciata da consunzione polmonare.

Ne' primi giorni di questo spirante mese di settembre, quando già cominciavasi a buccinare, che i ribelli si volevano impossessare di Palermo, la maggior parte dello monache si ritirarono presso i loro parenti. Restammo in monastero poche religiose, perchè non avevamo parenti in questa città, ed anche per non abbandonare tre vecchie inferme, bisognevoli di assistenza.

Lascio a voi immaginare quale spavento fu il nostro nel sentire il fischio delle palle, il fruscio della mitraglia, lo scoppio delle bombe, che anche danneggiavano il monastero, ed i proiettili entravano dalle aperture fin dentro le nostre camere.

Mentre quegli uomini si uccidevano, noi, prostrate con la faccia a terra, pregavamo Iddio misericordioso per la loro salvezza temporanea ed eterna.

Il monastero non fu invaso dalle bande armate per trasformarlo in fortezza contro i soldati; e ciò sembra che per noi fosse stato un male relativo, dappoichè in caso contrario noi saremmo tutte uscite, mettendoci in salvo, quando era tempo, come praticarono le religiose di altri monasteri, invasi da' ribelli; e così io e le mie compagne non avremmo assistito a quella scena di orrore del 23 settembre.

Erano due ore di notte quando sentimmo dei forti colpi alla porta, dalla quale s'introducevano nel monastero legna, carboni ed altri oggetti materiali. Appena abbattuta, i soldati alla corsa salirono nelle nostre stanze. Noi, sebbene spaventate oltre ogni dire, purnondimeno avevamo avuto l'avvertenza di smorzare i lumi e dividerci l'una dall'altra. Però, a causa dello spavento, ognuna correva senza sapore dove andasse.

Io, scendendo, senza volerlo, una scala segreta, mi trovai nel magazzino del carbone: ero fuori di me! Intesi realmente, o mi sembrò di sentire un passo pesante che m'inseguiva; e vedendo la porta aperta, d'onde erano entrati gli assalitori del monastero, con due salti fui in mezzo la via, e cominciai a correre all'impazzata. Ma quattro soldati, che sopraggiungevano, forse per introdursi nel monastero, mi videro e m'inseguirono, minacciando anche di uccidermi, se non mi fossi fermata. Io però proseguii la disperata corsa, fino a che fui da essi raggiunta: il resto... voi lo sapete meglio di me...

Quel che accadde alle mie compagne mi è ignoto, perchè disperse, e ricoverate in varie case di amici e benefattori. Un amico di Don Carlo, stamane appunto, mi ha detto, che le mie compagne si erano occultate nello stesso monastero; e mentre i soldati le cercavano, dopo di avere accesi varii lumi, sopraggiunsero parecchi buoni uffiziali, e li cacciarono a colpi di sciabola. –

Quando Rosolina finì il suo racconto, vi furono pochi istanti di silenzio, che fu interrotto da Giulietta, la quale, voltandosi ad Edoardo, disse: Or prego il signor barone, a nome di tutti, a raccontarci qualche avvenimento straordinario de' suoi viaggi. –

Troppo giusto, signorina, rispose costui; ma i miei viaggi non son tali da potervi interessare. Io ho visitato le città italiane per ammirarne i monumenti, che noi forastieri amiamo tanto, perchè i medesimi ci rammentano la culla del nostro incivilimento. –

Egli però aveva compreso che si voleva sapere qualche cosa sul conto suo; e poichè in quella famiglia la corrente mostravasi contraria al nuovo ordine di cose, imposto a tutta l'italica penisola, si argomentò raccontar quei fatti che non potevano urtare i principii dei suoi ascoltanti; quindi disse:

– Già sapete il mio nome, io son figlio unico e solo, mia madre è vedova; ho perduto il padre quando ancora io ero bambino; e la mia affettuosa genitrice, fin dall'età di dodici anni, mi fece educare nel Collegio de' gesuiti di Parigi, donde uscii dopo sei anni.

Una esclamazione di comune compiacenza s'intese fra quegli ascoltanti; e Rosolina, senza pensarlo, avvicinò la sua poltrona al divano, dalla parte ov'era seduto Edoardo.

Dunque siete de' nostri? gli chiese D. Carlo. – Ma sì, che sono de' vostri. – Nondimeno nel dir ciò l'agitò un crudele rimorso; perchè costretto a mentire ed a camuffarsi, contro la sua naturale lealtà.

Conoscete, soggiunse D. Carlo, qualche gesuita siciliano? –

Ne conosco varii, tra cui padre Luigi del Previti e padre Romano. Quest'ultimo amico della mia famiglia, ove spesso conducevami, quando ero in collegio. Oh, mia madre lo rispettava come un santo! Trovasi forse in Palermo? Oh, quanto desidero di rivederlo! –

E D. Carlo rispose: Domani sera, se non vi dispiace di ritornar qui, sarete soddisfatto nel vostro ammirevole desiderio. Gli scriverò un biglietto, so dove egli si è rifugiato in questi tristissimi giorni, e lo inviterò a venire in casa mia; annunziandogli, che il signor barone di Desmet, sua antica conoscenza, desidera rivederlo. –

Edoardo, trovandosi in quell'incontro sopra un buon terreno, e volendo far conoscere la sua lealtà a' suoi novelli amici, aggiunse: Padre, desidererei che fosse tolto dal biglietto il mio nome, per far maggior sorpresa al nostro illustre amico. Siccome son passati otto anni che non mi vede, vorrei provare se mi ravvisa; in caso contrario gli rammenterò taluni fatti avvenuti fra me e lui. –

Tutti approvarono la proposta, perchè a tutti giovava; ad Edoardo, per provar la verità di ciò che avea detto; a' suoi amici per meglio conoscerlo e stimarlo;

dappoichè se il salvatore di Rosolina fosse un giovane di sani principii, sarebbe stato per essi il *non plus ultra* della loro contentezza.

La conversazione essendosi protratta fino alle undici pomeridiane, Edoardo credette conveniente accommiatarsi, e non senza suo grandissimo dispiacere. Tutti si alzarono, accompagnandolo fin dove l'avevano ricevuto.

CAPITOLO XV

Il povero nostro amico era fuor di sè pel piacere; camminava urtando la poca gente che incontrava a quell'ora, e da parecchie persone fu preso per ebbro. Egli meditava i casi di Rosolina, ed in tutto ammirava i talenti, la modestia e la bontà della bella sua amica. Ne' quattro anni della sua vita poco regolare, egli nella donna altro non aveva ammirato che quella parte di civetteria e di orpelli, imbellettati di affetti senza sentimenti, conseguenza di atrofizzata civilizzazione; si è perciò che non avea un'idea ben vantaggiosa della donna. Quando però il caso gli fece incontrare una giovanetta pura e candida, una radicale rivoluzione avvenne nelle sue idee e ne' suoi convincimenti, e già presentiva che la donna, tal quale la creò Iddio per l'uomo, da lui fino allora non era stata conosciuta.

Giunto al suo alloggio, si coricò; ed altro non sognò che scene selvagge nel Convitto dei Miracoli, tugurii, palazzi, abiti di alunne e di gran dame, monasteri, monache, schioppettate, fughe ed assalti di genti in armi. Ed in mezzo a quelle immagini oscure ed incoerenti, ne primeggiava una chiarissima, smagliante di luce, ed era quella di Rosolina.

La sera seguente, com'è da supporsi, Edoardo non mancò all'appuntamento, e fu ricevuto in casa del prete con la stessa cordialità e con maggior confidenza, circostanza che gli arrecò grandissima gioia. Non trovò il padre Romano, ma gli si disse, che a momenti sarebbe giunto; difatti mentre si parlava dell'illustre gesuita, questi entrava con quel suo amabile contegno.

Tutte le donne si alzarono e si fecero intorno per baciargli la mano, così pure Edoardo. Quel buon padre, dopo di averlo guardato con attenzione, si voltò a D. Carlo, domandandogli: È questo il viaggiatore francese, mia antica conoscenza? –

Per l'appunto, quegli rispose. –

Il suo nome Signore? domandò ad Edoardo. –

Io sono un suo antico penitente; mi confessava a lei, quando trovavami nel Collegio dei padri gesuiti di Parigi, e spesso Ella conducevami in casa mia. –

Scusate, riprese padre Romano, io non mi ricordo di voi. Del resto tutto ciò è naturalissimo; tra tanti penitenti e convittori, che io conobbi nel Collegio di Parigi, e dopo molti anni, come volete che ne ricordassi e ne ravvisassi uno, che, allora era ragazzo, ed oggi ha la barba?–

Si ricordi, proseguì Edoardo, di quel convittore, che sempre voleva raccontata da lei la vita di S. Rosalia, e che ella, oltre di essere stata tanto compiacente di appagarlo, gli regalò una statuetta in avorio di quella santa, e che la genitrice dello stesso la espose in uno scarabattolo, dandole il posto distinto nella camera da letto!

Oh...! esclamò allora padre Romano, Edoardo, il barone di Desmet?! e gli gettò le braccia al collo, dicendogli: figlio caro, qual consolazione rivederti, ed abbracciarti! Come ravvisarti, se ti sei fatto un bel giovane, mentre ti lasciai ragazzo? E l'ottima baronessa, tua madre? E il caro Visconte Luigi, tuo zio?

Coloro che assistevano a quella scena di riconoscimento erano commossi, e più di tutti Rosolina; la quale aveva notato con piacere, che Edoardo, essendo ancor ragazzo, s'interessava conoscere la vita edificante di quella santa di cui ella portava il nome.

Padre Romano, dopo di aver richiesto al suo piccolo amico di un tempo tante e tante notizie e particolari, riguardanti sua madre e suo zio, rivolgendosi a D. Carlo, gli disse: Io mi compiaccio che siate amico di questo caro giovine, discendente da una delle più nobili famiglie di Francia; egli, unico erede d'immense ricchezze, è idolatrato dalla madre e dallo zio. Ma oltre a questi beni e questi vantaggi naturali ed accidentali, quelle che veramente onora questo nostro amico si è, di appartenere ad una famiglia di ferventi cattolici, e quindi legittimisti, tanto dalla parte paterna che materna. Egli poi seguì que' principii, che i suoi genitori gli trasfusero nel sangue. Difatti il mio caro Edoardo, baronetto di Desmet, come allora lo chiamavamo in collegio, era il giovane che più si distingueva per talenti, assiduità allo studio e per pratiche religiose. – Basta, basta padre, esclamò Edoardo, e scusi se le dico, che il troppo affetto verso di me, le fa ingigantire qualche mia comune qualità. –

No, figlio mio carissimo, le tue non sono comuni qualità, ed io voglio predicarlo dappertutto, perchè le medesime dimostrano, che la gente più distinta dell'attuale società è col Papa, ed otta per l'ordine pubblico e per la giustizia e soltanto coloro che desiderano far parlar di sè, mostrando eziandio una problematica religiosità, e gli *affaristi* vogliono farla da liberali, perchè nulla han da perdere, e tutto da guadagnare, mettendo a soqquadro la società.–

Mentre così parlava padre Romano, come se gli fosse passata per la mente una idea straordinaria, si voltò tutto ad un tratto verso Don Carlo, domandandogli: – Come mai conoscete questo caro giovine? –

Allora il prete gli raccontò la triste scena del 22 settembre, e quel che Edoardo aveva fatto per Rosolina.

L'illustre gesuita si alzò e corse ad abbracciare il suo giovine amico; dicendogli: Ecco, figlio mio, i frutti della buona educazione. Felice la madre tua, quando sentirà la bella azione, compiuta da chi essa ama fino alla adorazione! La sua gioia sarà immensa, riflettendo che le sue amorose cure verso di te son già coronate da splendidi risultati, vantaggiosi agli infelici, alla stessa società; e quindi benedette da Dio; tu salvando in quel modo quest'orfanella, mostrasti di essere giovine religioso e valoroso cavaliere. – Quegli elogi avvelenavano Edoardo, egli sentiva di non meritarli tutti. Quella sera la conversazione, essendo cominciata con una sorpresa, continuò parlandosi di varie cose, che spesso non avevano una stretta connessione; dappoichè le cinque persone che la sostenevano, desideravano più di riflettere che di parlare.

Padre Romano fu il primo ad accomiatarsi; Edoardo giudicò conveniente accompagnarlo; e tutti due furono invitati da D. Carlo e dalle donne, dicendo, che sarebbe stato per loro un grandissimo piacere riceverli nelle seguenti sere per intrattenersi in amichevoli conversazioni.

D. Carlo soggiunse: Venite a trovarci padre Romano, e voi pure, signor barone; qui parleremo degli avvenimenti della giornata, ed ove occorra, faremo anche i nostri commenti; e se non vi dispiace faremo pure un poco di musica: mia nipote e Rosolina suonano il pianoforte e cantano mediocremente: insomma passeremo la sera alla meglio. Io capisco benissimo che il signor barone, godendo di un nome illustre, potrebbe essere presentato nelle società aristocratiche di Palermo; ma tra noi, mi auguro, forse si trovi un poco più cordialità. E poi in questi tempi meglio farcela tra noi *sanfedisti e clericali*, secondo ci chiamano i mercanti di libertà.[1]

Edoardo, com'è da supporsi, accettò l'invito; egli avrebbe avuto a gran fortuna passeggiar notte e giorno nella strada dell'Albergheria, per vedere sol le mura ove abitava Rosolina. Padre Romano promise che qualche volta sarebbe andato a trovarli, cioè quando non avesse avuto da sbrigare degli affari interessanti.

Edoardo continuò le sue visite in casa di D. Carlo, ed ivi era da tutti ricevuto cordialmente. I palermitani son facili a farsi amici, e sono eziandio affettuosi. Le donne poi sono gentili e spesso spregiudicate, serbando però sempre un modesto contegno. Egli era trattato con tutti i riguardi, meno perchè fosse ricco e nobile, che di lui non si aveva bisogno, ma perchè sembrava un giovine bene educato; scorgendosi in lui tutte le buone qualità annunziate da padre Romano, e perchè aveva salvato la Rosolina.

In quella casa si riunivano varii amici del prete, e spesso parlavano delle notizie del giorno; principalmente del modo dispotico e barbaro, con cui i governanti di Firenze trattavano i palermitani ed i siciliani, per mezzo del poco ono-

[1] In Palermo volgarmente si dà del *surci* a' borbonici, ed anche a' clericali.

revole Cadorna.

Ivi si facevano le meraviglie, perchè *a 'veri gridi di dolore de' siciliani*, si rispondeva dall'altro estremo della Penisola con feste e giubilo per l'annessa Venezia. –

Nondimeno, diceva Don Carlo, se la Sicilia piange sotto il bastone del furibondo Cadorna, non tutti quelli della Venezia ridono. Se qui si arrestano e si mandano a domicilio coatto i siciliani di ogni condizione, sesso ed età, negandosi financo a' religiosi e religiose di vestir l'abito del loro ordine, i veneziani fatti italianissimi, sono fraternamente spolpati, partecipando a' nostri debiti ed a' nostri balzelli, ignoti ad essi, come lo erano a noi.

In mezzo al tripudio della regina delle lagune, soggiungeva D. Carlo, già si cominciano a fare i confronti; e per adesso si dice soltanto che l'amministrazione del *barbaro croato* era migliore di quella del *riparatore* governo italiano. Aspettate altro pochino, bellimbusti spasimanti dell'unità italiana, ed annessionisti imbecilli, e noterete altre differenze spaventevoli tra coloro che vi *tiranneggiavano* ed i vostri liberatori. Noi siciliani ne abbiamo fatta la prova! Ora tocca a voi, carissimi fratelli veneti: alla circostanza vi si largirà anche un Cadorna! In quanto a me abborro qualunque dominazione straniera, ma mi torna più doloroso vedermi maltrattare e spogliare da' miei fratelli anzi che dagli stranieri.

Quando l'Austria si ebbe la Venezia dalla Francia, in cambio di altri Stati, non si atteggiò a riparatrice, non promise il ritorno dell'età dell'oro; nonpertanto i veneti potevano sol dolersi di stare sotto una dominazione straniera, ma del resto erano governati con giustizia ed equità; oltre di che le utili novità, circa i lavori pubblici, prima si eseguivano nel Veneto ed in Napoli e poi nel resto d'Italia. –

In quelle conversazioni serotine si parlò a lungo del come i *liberatori* della Venezia trattavano gli ecclesiastici, malgrado che costoro avessero cantato il *Tedeum* in tutte le chiese, appena entrarono le truppe piemontesi nel Veneto, riconoscendo in Vittorio Emmanuele il re legittimo, dopo ceduto dall'Austria a Napoleone III, e da questo a quel sovrano. Il basso e l'alto clero, temendo sempre la tempesta che gli rumoreggiava alle spalle, credette scongiurarla mostrandosi progressista; senza riflettere, che la massoneria non vuole affatto ecclesiastici, perchè il suo programma è anarchico in politica, ateo in religione.

Una di quelle sere, trovandosi nella conversazione il padre Romano, raccontò come fu fischiato ed insultato da' *liberali* il Patriarca di Venezia, mentre il medesimo recavasi nella chiesa di S. Marco per inaugurare, con solenne rito, il nuovo ordine di cose, e benedire la bandiera della rivoluzione. Disse eziandio che il comandante la Guardia nazionale sig. Pollatis, perchè protestò contro quell'insulti, fu costretto dar le sue dimissioni, accettate dal governo.

Un giovane di quella brigata, che tutti chiamavano dottor D. Piddu

(Giuseppe) disse: Or vorrei sapere la vera ragione per cui i così detti liberali, appena compiono una rivoluzione, si scatenano principalmente contro gli ecclesiastici e contro il Papa? –

E padre Romano rispose: Perchè gli ecclesiastici ed il Papa possono essere spogliati impunemente, quando la società è dominata dalla rivoluzione. L'altra ragione si è, che i medesimi professano dottrine contrarie alle mire de' così detti liberali; dottrine che son la base del cattolicismo, e quindi d'ogni ben'ordinata e civile società. Vi par poco la predicazione del Decalogo, in cui vi è tra gli altri un precetto, se non erro il settimo, che specialmente urta i nervi degli umanitarii ed onesti liberali? –

Noi qui, soggiunse D. Carlo, abbiamo l'esempio del poco onorevole generale Cadorna; il quale si servì della calunnia per ispogliare e perseguitare i religiosi e le religiose; non vergognandosi di asserire che quest'ultime aiutavano i ribelli a far fuoco contro i soldati regi. Soprattutto prese di mira le monache del monastero delle Stimmate; ma la superiora delle medesime pubblicò una protesta, che venne assai lodata persino dal *Nuovo Diritto* (nel numero 196); in cui dimostrò quanto fossero assurde le calunnie cadorniane, lanciate gratuitamente contro le sue religiose e le altre di questa città.

Cadorna, dopo di avere sottomessa la ribellione di Palermo, purnondimeno ancora fa venire dal continente armi ed armati. Onde che cinto da quaranta mila soldati e da un gran numero di cannoni di nuovo modello, può impunemente calunniare, spogliare, deportare, carcerare e fucilare. Quello però che più urta i siciliani si è, atteso il loro carattere fiero, il disprezzo con cui son trattati da quel generale e da' suoi padroni. –

Ma Cadorna ed i suoi padroni han ragione di disprezzarci, disse dottor D. Piddu. Non avete letta la lettera del Sindaco di Palermo, marchese di Rudinì, diretta al ministro Ricasoli, e pubblicata nel *Giornale ufficiale* del 18 ottobre ultimo? In essa lettera l'aristocratico Rudinì, disgraziatamente palermitano, dopo di aver rivelato di essere stati i ladri e gli assassini, che diedero braccio forte per far la rivoluzione del 1860, non si perita di affermare, che buona parte del popolo di Palermo e dei paesi circonvicini *è la più corrotta d'Italia.*

Mi dicono che il Rudinì è giovane di talento, ma nella sopra citata lettera si mostra senza amor di patria e senza senno; dappoichè oltre che calunnia il popolo di questa città mostrandolo abbietto, svela i mezzi nefandi di cui si servì la rivoluzione contro il passato governo, e dice che, gli uomini, che la compirono, o la coadiuvarono, *erano ladri ed assassini, a cui gli onesti* (i liberali) *stendevano la mano.*

Dopo tutto questo fango che ci butta in faccia un marchese sindaco, nato e cresciuto in Palermo, pretendete che Cadorna ed i suoi padroni non ci disprezzino, e non aggravino la mano sopra di noi? –

Una di quelle sere, mentre la solita conversazione era riunita, entrò dottor D. Piddu, tenendo in mano il *Giornale ufficiale*; stasera, disse, abbiamo una notizia, che dimostra sempre più il *galantomismo* de' nostri onorevoli ministri: leggete. –

Diteci, risposero tutti ad una voce, diteci in quattro parole di che cosa si tratta. –

Nientemeno che il fatale ministro delle finanze Scialoia, colui che ci regalò la cartamoneta, presentò un progetto di legge, col quale si cede a' vescovi tutto il patrimonio de' frati, de' monaci e delle monache della Sicilia. E sapete a quali condizioni? Prima: che i medesimi vescovi debbono provvedere al sostentamento delle religiose e religiosi da loro spogliati. Seconda: mantenere le spese del culto. Terza: pagare (ahi!) al Regno d'Italia *seicento milioni*: dopo di che i vescovi restino padroni di que' beni, anche con la facoltà di testare in *favore de' loro successori.*

Avete capito? *de' loro successori!* Poi, già s'intende, si potrebbe fare un'altra rivoluzione, simile a quella di settembre ultimo, per dirsi che i vescovi han consigliato e coadiuvato i malandrini a far fuoco contro i soldati regii; per conseguenza un'altra incamerazione, annessione, liquidazione, spogliazione, e che so io, di que' beni, comprati da vescovi, anche per togliersi dalle mani di chi avversa la gran patria italiana. –

Dopo che si fecero altri commenti al progetto di legge del ministro Scialoia, si parlò della miseria sempre crescente, che desolava l'afflitta Sicilia, a causa del deperimento dell'industria e del commercio; e del perchè varie ricche famiglie, temendo le violenze di Cadorna, ed un'altra rivoluzione, emigravano sul continente.

– Senza monasteri e conventi, diceva dottor D. Piddu, con cui vivevano domestici, artigiani negozianti e professori, oltre di migliaia di famiglie povere, che andavano a sfamarsi alle porte di quelle fraterie e di que' cenobii; senza ricchi, con cui vivevano ogni ceto di persone, che cosa ci resta a noi siciliani? La disperazione!

Come volete, soggiungeva, che qui progredissero il commercio e l'industria, anche perchè i nostri *paterni* governanti ci regalarono il colera, con l'invasione soldatesca, mandata qui da due luoghi, ove infieriva il feral morbo, e che fan di tutto per fomentarlo? Difatti il Mourawieff piemontese, l'on. Cadorna, mentre abbiamo il colera in Palermo, ha violentato questa Vicaria con ammonticchiare nella stessa 3500 detenuti politici, essendo la medesima soltanto capace di riceverne 800, come asserisce lo stesso *Telegrafo di Palermo*, giornale liberalissimo. Ebbene, in tre giorni, di que' miseri detenuti ne morirono più di cento col colera. Immagini chi può lo spavento dei superstiti e de' loro amici o parenti! Oh, la bella libertà che ci portò quel fantoccio ingordo di Garibaldi, che noi acclamammo, in cambio di prenderlo a colpi di pietra! –

Le conversazioni serotine, in casa di D. Carlo, continuarono per tutto l'inverno e la primavera del 1867. Si parlò del colera, che mieteva vittime in Napoli, ed in Sicilia principalmente; e si deplorò la carestia di quell'anno, raccontandosi i tristissimi fatti, avvenuti in conseguenza della stessa. D. Carlo fece il confronto tra le beneficenze che soleva largire il governo de' Borboni, in simili sventure popolari, e quelle del *riparatore*, tanto indifferente ed egoista. Descrisse inoltre gli scioperi della redenta Venezia a causa della fame, ed i morti d'inedia della Sardegna.

Dottor D. Piddu raccontava le reazioni, che in quell'anno infierivano nel Napoletano, e le repressioni, alla Mourawieff e alla Berge, che perpetravano gli uffiziali sardi. Enumerava gli omicidii, le grassazioni, i furti che desolavano tutta l'Italia, presentando a' suoi amici le statistiche offciali de' reati commessi, che ammontavano ad una cifra quattro volte più di quelle de' governi passati. Oltre di che ne' suoi racconti seguiva tutte le fasi del Parlamento e del ministero di Firenze, citando e presentando tutte le leggi e decreti di persecuzioni, allora emanati contro i privati cittadini, contro gli ecclesiastici e contro la Chiesa. Enumerò le novelle tasse regalate in quel tempo agl'italiani da' loro *redentori*; le vendite a casaccio de' beni degli ordini religiosi, di quelli del demanio e di tutto ciò che eravi in Italia di ricchezza pubblica. Noi non seguiremo passo a passo que' discorsi e commenti, perchè andremmo troppo per le lunghe; ci basti di averli accennati semplicemente: del resto quelle leggi e decreti li conosciamo benissimo, avendoci disseccata la carne che avevamo addosso, non restandoci che le ossa stecchite.

CAPITOLO XVI

Edoardo prendeva poca parte ne' discorsi politici, temendo sempre di tradirsi con qualche mal ponderata parola; egli amava meglio ragionare or con Giulietta ed or con Rosolina, raccontando loro i costumi della Francia, le mode e le fatuità parigine, che tanto divertivano le amabili ascoltatrici. Si deliziava sentir suonare e cantare a pianoforte quelle due giovanette. Giulietta con una voce di soprano che giungeva fino al si, Rosolina da contralto, che modulava con cadenze di una grazia incantevole.

I discorsi di Edoardo, la sua ammirazione per Rosolina erano tali da poterli sentire e vedere gli stessi angeli. Egli, amando col trasporto di un primo amore, il più puro, il più santo, era conseguente a sè stesso; anche perchè giovane bene educato, e quindi peritoso alla presenza di una virtuosa giovanetta. Giammai, con discorsi allusivi o con sguardi provocanti, tentò di farle conoscere la gran passione che lo martoriava, anzi era estremamente guardigno di occultarla, ad onta che avesse dovuto fare erculei sforzi, per contener sè stesso.

Nasce naturalmente la curiosità di sapersi, se Rosolina si fosse accorta dell'amore di Edoardo verso di lei, e se sentisse per lui altro affetto che non fosse la semplice dovutagli riconoscenza. Alla prima domanda si potrebbe rispondere, che malgrado l'usata dissimulazione del suo amante, è difficile che, attesa la femminea scaltrezza in simili rincontri, quell'avveduta fanciulla, non avesse letto negli occhi del giovane appassionato i bramosi pensieri. Per la seconda domanda è da tenersi conto di quel che fa dire il divin poeta alla Francesca da Rimini: *Amor ch'a null'amato amar perdona.*

Edoardo avrebbe voluto soccorrere la decorosa povertà di Rosolina; maggiormente perchè la madre di costei, per non esser anche di peso a Don Carlo, volle ritornare alla campagna, presso quella famiglia, ove facevala da governante a due nobili signorine, e la divisione con la figlia fu dolorosa. Egli desiderava riunire quelle due disgraziate, e renderle felici. Era poi suo ardente desiderio che Rosolina vestisse con eleganza, andasse a' passeggi ed a' teatri, ma non ardiva nulla offrire, temendo un rifiuto. Una sola volta, alla presenza di Don Carlo, disse avere un palco al *Bellini,* che dovette prendere per convenienza, e che sarebbe rimasto vuoto... – E poichè si ebbe una risposta indifferente, non ritentò più la prova; restando addoloratissimo di non saper come soccorrere quella che tanto amava; per la qual cosa si decise affrettare una spiegazione, che non ammetteva più indugio. Dopo di aver calcolato la sostenutezza di Rosolina e la bonarietà del prete, si argomentò parlarne a quest'ultimo, anche perchè lo giudicò conveniente sotto tutti i riguardi.

Una mattina, sapendo ove Don Carlo celebrava la S. Messa, si fece trovare in quella chiesa; e dopo che costui finì l'incruento sagrifizio, e recitò le consuete orazioni, gli si fece innanzi, pregandolo di ascoltarlo per un poco a solo: sicchè passarono in una cameretta e ne chiusero la porta.

– Padre, dissegli Edoardo, io qui parlo a voi come se mi confessassi; nel caso, che per qualsiasi circostanza non approverete la mia risoluzione, che ho fermamente presa, vi supplico di ritenerla sotto suggello di confessione.

Voi già sapete che ho ventitre anni compiuti, che sono padrone delle mie azioni e de' miei beni, quindi non vi fate meraviglia se io mi sono determinato di sposar Rosolina, quante volte costei aderisse con suo pieno piacere ad una unione da me tanto desiderata, senza la quale sarei il più infelice de' mortali. Io non ho ardito parlarne a Rosolina per tutte quelle convenienze che voi potete supporre; e poi un rifiuto di lei mi ucciderebbe. A tutto ciò aggiungete, che sarebbe stata poca delicatezza, da parte mia, chiedere a lei stessa la sua mano e il suo cuore, come se io volessi essere ricompensato di un servizio che le resi, e che non merita alcuna considerazione. Or che vi ho aperto il mio cuore, attendo da voi la risposta, che per me sarà o di vita o di morte. –

D. Carlo pacato rispose: Mi permettete, signor barone, che io vi parli da padre, che consiglia un suo caro figliuolo? –

Si, sì, rispose quello, io vi ho fatta la mia confessione; or consigliatemi, sgridatemi, maltrattatemi pure, perchè son sicurissimo, avendovi ben conosciuto, che voi lo farete per mio vantaggio e per quello di Rosolina. –

Non occorre, signor barone, sgridarvi o maltrattarvi; nè voi lo meritate, nè io l'oserei, anche occorrendo. Voi mi avete manifestato una vostra importantissima risoluzione, e perchè tale, merita di essere ben maturata da voi stesso, per trovarvi sempre bene in tutti i triboli, che assediano questa nostra misera esistenza. Badate, figlio mio, che la vostra passione per Rosolina non sia un fuoco fatuo di gioventù... –

Edoardo si alzò con veemenza, voleva protestare contro le ultime parole del reverendo; e questi con calma soggiunse: sedete; mi avete autorizzato a dirvi tutto.–

Ah! si, è pur vero; perdonatemi, padre mio. Ah, voi non sapete quel che vi è qui dentro! (e metteva la mano sul petto) Oh, quante notti insonni ho passate per lei, confortato soltanto dalla sua cara immagine e dalle sue celestiali virtù!

Io l'amai dal primo momento che la vidi; io l'adorai ne' miei pensieri e nei miei sogni. No, padre mio, non fu, non è fuoco fatuo il mio amore, ma è inestinguibile, immutabile. Non occorre maturar più oltre la mia risoluzione: io non posso vivere senza di colei... –

E vostra signora madre? gli domandò Don Carlo –

Oh! se non vi è altra difficoltà, io son felice; Rosolina sarà mia. Se essa lo vuole, se lo volete voi; mia madre verrà anche a Palermo, affin di chiedere la mano di quell'adorabile fanciulla, per l'unico ed amato suo figliuolo; io ve ne dò la mia parola di onore. –

Ed il mondo che cosa dirà? replicò Don Carlo. –

Il mondo! Che cosa intendete per questa parola? –

Che cosa dirà il mondo, che voi, discendente da una illustre famiglia della Francia, che è stata splendida gemma della corona di que' magnanimi sovrani; voi, giovane, adorno di tante qualità, possessore incontrastato d'immensa fortuna, sposate una ragazza tenuta a piazza franca nel Convitto de' Miracoli, ove fu ammessa per munificenza sovrana, e poi rifugiata in un monastero, in qualità di camerista di una signora monaca? –

Illustri miei natali! esclamò Edoardo con amarezza, onori, ricchezze, io vi rinunzio e vi abbomino, se per voi dovessi rinunziare alla mia Rosolina! Oh, voi, padre mio, dunque non avete ammirate le grandi e peregrine virtù di costei, che ecclisseranno quelle delle dame della stessa colta Parigi? Ma se il mio titolo e le mie ricchezze si opponessero al suo possesso... io sarei pronto a tutto rinunziare con immensa gioia, trasformandomi in un modesto negoziante, ed anche in uno artigiano, come meglio piacerà a voi e alla Rosolina. Mia madre e mio zio non hanno che la mia volontà; la loro esistenza è consacrata a farmi felice; e qualunque sacrifizio io potessi domandar loro, dessi lo compirebbero contentissimi –

Nel profferire queste ultime parole, l'animo s'intese dilaniare da un cupo rimorso; e padroneggiando quest'altra emozione, soggiunse con voce soffocata:

Per quell'incruento sagrificio che poco prima avete immolato, rispondetemi, non mi opprimete con un silenzio che mi travolge in un dubbio desolante; dubbio che anche leggo sulla vostra fronte. –

Signor barone, tranquillizzatevi. Considerando tutto quel che mi avete detto, il solo ostacolo, che trovo alla vostra unione con la Rosolina, è la vostra stessa esaltata passione; dappoichè l'esperienza, maestra della vita, c'insegna, che le passioni entusiastiche, esagerate, irrompenti, come la vostra, non son durature; e un giorno forse voi potreste non esser contento di quanto oggi desiderate, con uno slancio, debbo dirlo, che ha del meraviglioso, se pur non fosse irragionevole. –

Son pazzo! –

No, non ho voluto dir questo: mi sono spiegato assai male. Io voleva dirvi, che le passioni nobili, per essere durature, debbono aver per base la stessa ragione, non solo, ma trovarsi in armonia col nostro stato e con le nostre condizioni; in caso contrario si dileguano, e spesso lasciano un triste retaggio ed una dispiacevole rimembranza da confinare col rimorso. –

Che cosa debbo dire dunque? domandò il giovane, con ansietà. Che cosa debbo fare per essere degno di quell'adorabile fanciulla? –

Esser calmo e ragionevole; chiedere lumi a Dio, perchè conosciate qual sia il vostro vero bene, per la maggior sua gloria. –

Farò tutto quel che voi dite. Già lo sento, i vostri consigli son quelli di un amorevole padre. Io sarò calmo, ragionevole; tutto quel che vorrete, io adempirò quel che mi prescriverete purchè non rinunzii a Rosolina. –

E se lo volesse Iddio? gli domandò il prete. –

E quegli: Iddio, ch'è tanto buono e misericordioso, non potrà volere il mio eterno martirio. Io non chiedo da Lui una cosa contraria alle sue adorabili leggi; io intendo contrarre una legittima e santa unione che lo stesso suo divin figliuolo elevò a sacramaento. –

E se Egli il volesse per provare la vostra obbedienza verso di Lui, come provò quella di Abramo, ordinandogli di uccidere con le sue proprie mani l'unico ed amato figlio? –

Oh! padre, io non son teologo, il cuore però mi dice, che siccome Iddio non permise che un padre, tanto affettuoso, sacrificasse l'unica sua prole, cosi non potrà volere che io rinunziassi a colei... che amo con l'amore degli angeli. –

Basta fin qui, signor barone. Scusate, io ho voluto provarvi; e vi ripeto, che, giusta le vostre assicurazioni, l'ostacolo maggiore, che io trovo alla vostra unione con la Rosolina, è la vostra stessa ardente passione. Io comunicherò alla medesima la vostra risoluzione, per darmi una deffinitiva risposta, dopo che essa avrà consultato Iddio con la preghiera. –

Ah! padre mio, voi mi ridonate la vita. Oh! sì; questo mio amore, come voi dite entusiasta irrompente, è impossibile che non siasi trasfuso in colei... In simili slanci, le anime s'intendono.... Ma se quell'adorabile fanciulla rifiutasse, me disgraziato!.. ditele pure, che io vivo per vederla felice, anche a danno della mia felicità. –

Bravo, signor barone, or ritornate ad esser quel che siete stato sempre, generoso cavaliere; quest'ultima vostra dichiarazione vi onora, e mi anima più a contentarvi in tutto ciò che dipendo da me. –

Scusate, un'ultima domanda, replicò Edoardo, quando potrò sapere una riposta?... –

Avete atteso varii mesi, secondo quel che mi avete detto, non sarà poi un sacrificio aspettare altri tre giorni. –

Ah! beato voi, padre, che ignorate simili passioni! Sapete però quanto valgono i momenti da cui dipende una vita di paradiso o d'inferno. –

I due amici si accommiatarono, stringendosi la mano; quella del giovine era gelida e tremula, e l'altro lo compianse con paterno affetto.

Il nostro protagonista uscì da quella chiesa con l'animo sollevato, come se si avesse tolto dal petto un peso enorme. Egli respirava più liberamente; alla fine gli era concesso poter parlare di Rosolina, e dir che l'amava, che voleva farla sua; e dire tutto ciò a persona di cui egli tanto temeva. Tra la speranza, che trasportavalo ne' rosei sentieri dell'avvenire, anche un indefinibile dubbio faceagli vedere un ignoto abisso sotto i suoi piedi. Così avviossi all'Hôtel, ed ivi si gettò sul letto, come colui che ha sostenuto una rude fatica materiale. Non trovando ristoro, saltò a terra, e cominciò a passeggiare or lento or rapido, secondo erano i pensieri che gli attraversavano la mente. Gli sembravano eterne le ore che doveano passare per recarsi in casa di D. Carlo.

– E se il prete, domandava a sè stesso, dicesse subito a Rosolina tutto quello che gli ho detto? Ah, sì, stasera si deciderà il mio destino. –

Laonde, or confortato dalla speranza, i lineamenti del suo maschio viso divenivano più belli, i suoi occhi splendevano di luce benigna; or assalivalo il dubbio, e tramutavasi in un atteggiamento da metter paura a chi l'avesse veduto in quel momento. Intese il bisogno di respirar l'aria aperta; per la qual cosa passò quella giornata camminando fuori le mura di Palermo, senza nulla sentire o vedere di tutto ciò che lo circondava.

Con quale ansia ed insieme peritanza si fosse diretto alla casa di Don Carlo, potrebbe supporsi da chi siasi trovato in simili difficili circostanze. Giuntovi, in ogni viso gli sembrava leggere ora il rimprovero, ora il disprezzo, ed ora tutto quanto ardentemente desiderava.

Il prete lo accolse con la solita bonarietà e garbatezza; Giulietta, sempre vivace, gli fece festa; Rosolina gli strinse la mano con l'abituale amorevolezza dignitosa e riservata: essa nulla ancor sapeva della domanda fatta da lui. Quella sera tutti gli amici, che frequentavano la casa di D. Carlo, notarono una preoccupazione più del solito nel barone di Desmet, e fu eziandio notata dalle ragazze. Quando costui si licenziò per andarsene, il prete lo accompagnò fino a piè della scala, e gli disse sotto voce: Domani comunicherò la vostra risoluzione a Rosolina; è necessario perciò che vi pregassi di privarci dell'onore delle vostre visite, fino a che non sarete avvisato da me. –

Questo breve discorso, semplicissimo ed anche prudentissimo, desolò il giovane innamorato, che stava per venir meno; ma D. Carlo, essendosene accorto, soggiunse: Domani vi attenderò in sagrestia, ivi vi spiegherò la ragione di questa preghiera, che vi ho data.

Queste ultime parole furono un balsamo pel trambasciato cuore di Edoardo.

D. Carlo, la mattina seguente, prima di uscir di casa, chiamò a se Rosolina, alla presenza di Giulietta e della vecchia sua madre.

Dopo breve preambolo, le manifestò, che Edoardo aveala chiesta in matrimonio; e che avendo egli fatto al medesimo delle difficoltà, circa quell'unione, il giovane aveva risposto in modo soddisfacente. Conchiuse con dirle: Voi siete libera e padrona di accettare o rifiutare, perchè vostra madre approverà la vostra risoluzione, qualunque fosse. È perciò che vi prego di darmi una diffinitiva risposta, infra tre giorni, contando da oggi; ed in questo spazio di tempo, vi consiglio di consultare il Datore de' lumi, con l'umile preghiera. Edoardo si asterrà, per mio consiglio, di recarsi in casa nostra, fino a che non riceverà risposta che voi l'accettate per compagno della vostra vita. –

Appena D. Carlo finì di parlare, andò via. Giulietta, che a stento si era trattenuta, diè in uno scoppio di pianto, gettandosi nelle braccia della sua amica, che aveva gli occhi empiti di lagrime; le due giovanette rimasero abbracciate singhiozzando.

Era pianto di gioia o di dolore, dovendosi dividere? Chi potrebbe entrare ne' misteri del cuore umano, e specialmente in quello della donna? Il certo si è che Giulietta, non lasciando di esser festevole e satirica, anche nelle grandi emozioni, si sciolse dalla braccia di Rosolina, e le fece un inchino in caricatura, dicendo: *Signora baronessa di Desmet, a' vostri ordini.* – L'amica rise alla celia della sua carissima compagna.

Questa, sempre facile a passare dal pianto al riso, e viceversa, dal motteggio alla serietà, esclamò: Povero baronetto! io già me ne ero accorta che era *cotto.* Come farà senza vederti per tre giorni? –

Taci Giulietta, io te ne supplico, tu mi fai male con questa tua celia. –

Io dico davvero; proprio mi fa pietà il povero Edoardo; mio zio è stato crudele: tre giorni! E tu scioccarella, perchè non gli dicesti: Ho già pensato e pregato, accetto per compagno della mia vita il barone di Desmet? – E cosi tutto sarebbe finito, senza che alcuno soffrisse e senza smorfie. –

Mia dolce Giulietta, te ne supplico un'altra volta, non celiare. Tuo zio ha benissimo operato in questa, per me, interessantissima faccenda. –

Si, tutto va benone per voi, perchè non pensate alle smanie, al martirio di quel poveretto, lasciandolo per tre giorni sulla brace –

Egli sol?! esclamò Rosolina.–

Ah! tu pure?! soggiunse quella. Bene, bene, ho capito; tocca a me di trovare il rimedio. –

Giulietta, per l'anima benedetta de' tuoi genitori, replicò Rosolina, tra il serio e l'affettuoso, tu non darai un passo che non sia di compiacimento di tuo zio e mio. –

Io non mi muoverò di casa, rispose quella, e te lo giuro. –

Giulietta, profittando che la sua amica erasi ritirata nella sua stanza, scrisse in fretta, sopra un piccolo foglio di carta, le seguenti parole:

« Sig. Barone – Sappiamo tutto. Rosolina piange, non vi martirizzate; tre giorni passeranno, il primo già è in corso: più vi dico, che anche essa è sulla brace. Io sono una cattivissima amica, scrivendovi contro il volere della buona Rosolina. A rivederci G. M. »

Piegò quel foglietto in forma di lettera, suggellandola, e scrivendo l'indirizzo. Si affacciò ad una finestra sporgente sopra un cortile; tossì varie volte, per far guardar verso di lei una vecchia che filava innanzi la propria abitazione; e quando questa alzò gli occhi alla finestra, la chiamò a sè col segno della mano, mettendosi il dito indice sulla bocca. Scese la scala in punta di piedi, e consegnò la lettera alla vecchia, dicendole: Rosa, va subito all'*Hotel Trinacria*, più giù dello *square* Garibaldi..... –

Sciatri-e-Matri......[1] esclamò la vecchia. Indi soggiunse: Signorina, voi avete sbagliato; io andar da Garibaldi?! Ah, voi siete picciotta, non potete ricordare la pace, il ben di Dio in cui nuotavamo prima che fosse venuto tra noi *ddu scuscenziatu*, dicendoci tutte quelle scomunicate parole; E poi, e poi! Non si può più vivere! L'olio, il pane e tutto costa un occhio. *Chi focu granni! Signurina mia, chi focu granni! Oh, commu si sciurtiò mali! E unni eru ddi beddi pezzi di carrini? ora cchiù! Inveci stu guvernu pidderinazzu ci purtò i cintimmuli: Nienti poi vi dicu...* –[2]

Zitto sciocca, io non ti mando da Garibaldi; questi, grazie a Dio, non trovasi in Palermo, ma da un signorino, che si chiama il barone di Desmet, e che abita in una locanda nella strada di Butera, sotto il piano della Marina, che oggi si chiama *Villa Garibaldi*. –

Ah! ora capisco, disse la vecchia. –

Dunque, come diceati, porterai questa lettera a quella locanda detta *Trinacria*; qui vi è l'indirizzo: se non trovi il signor barone, la lascerai al portiere. –

Oh, per quest'affare, signorina mia, vi servirò con tutto il cuore! Si sa, che i *picciotti* si vogliono maritare; anch'io, quando ero *picciotta*, pel mio povero Brasi (Biagio) *requiescat in pace*.... –

Va va, non perder tempo con le tue interminabili ciarle, e poi ti farò un bel regalo, se tu... –

[1] Espressione energica del basso popolo palermitano; taluni ritengono che sia un motto arabo, e che significhi; *Gesù e Maria*.

[2] Che disgrazia! Signorina mia, che disgrazia! Oh, come ci fu avversa la sorte! E dove andarono que' bei pezzi di carlini, (cinque grana) or non se ne vedono più! In cambio questo governo povero-abbietto ci portò i centesimi. Niente poi vi dico...

Signorina, io vi voglio bene come una figlia... E poi *pipa*! son secreta come una morta. –

La Rosa si diresse per la via del Cassero, e per iscendere a porta Felice. Al primo borghese, che incontrò, gli fece leggere la soprascritta della lettera; il quale avendo dato una occhiata alla stessa, disse: *Al signor Edoardo barone di Desmet – Hôtel Trinacria.*

Signorino, gli domandò la vecchia, lo conoscete? è bello? è ricco? è generoso? Fa all'amore con la mia signorina, essa abita qui vicino; è nipote di un santo prete. –

Quegli passò senza neppure darle ascolto.

Fino a che la ciarliera giunse nel piano del bellissimo *Reclusorio dello Spirito Santo*, fece leggere a varii individui la soprascritta; domandando a' medesimi tutto quello che aveva domandato al primo, e dicendo di che si trattasse. Giunta all'*Hôtel Trinacria*, si presentò a quel portiere come persona di alta importanza, e gli fece leggere la soprascritta della lettera, senza consegnargliela; domandandogli se quello a cui era diretta si trovasse in casa.

Il portiere rispose affermativamente.

– Ah! esclamò la vecchia, con un risolino grinzoso, voi lo conoscete? è bello? è ricco? è generoso? è di Palermo? Sapete? Egli fa all'amore con la mia signorina, che abita nel quartiere dell'Albergheria: che bella picciotta! ha pure un zio prete che dice la messa nella chiesa... –

Il portiere, annoiato di quelle ciarle, le strappò di mano la lettera, e stava per consegnarla ad un cameriere, per farla portare al barone. Ma Rosa cominciò a gridare come un'ossessa, dicendo di voler darla con le sue proprie mani *al signorino della sua signorina che abita nell'Albergheria.* –

Edoardo, che in quel momento scendeva le scale, ed era giunto al primo piano, avendo inteso le ultime parole della vecchia, affrettò il passo, per un indefinito presentimento. Appena il portiere lo vide disse: Eccolo – e gli presentò la lettera.

La Rosa raddoppiò i suoi gridi, dicendo che essa aveva portato la lettera della sua signorina, per darla nelle proprie mani del signorino.

Edoardo, che capiva tutto in confuso, con una mano s'impossessò della lettera, e con l'altra diede una piastra di argento alla Rosa, uscendo fuori all'infretta, come se fosse stato inseguito.

Alla prima rapidissima lettura che ne fece nulla comprese; ma il nome di Rosolina, replicato per ben due volte, lo avvertì di che cosa trattavasi. Tre volte lesse quella lettera e sempre rapidamente: finalmente comprese che parlavasi di un fatto posteriore all'ultimo e breve abboccamento, avuto con D. Carlo, la sera precedente. Però non sapeva spiegare perchè la lettera, che supponeva di Rosolina, fosse scritta in terza persona. Quando si fermò sulle iniziali della firma

G. M. si diede un gran colpo in fronte con la palma della mano destra, esclamando: Giulietta! Anima bella e cara! Tu sei degna amica di colei.... per cui vivo. Ah! io non ti avea ben conosciuta. Questa lettera, in cui tu mostri compassione per me, poserà sul mio cuore, e per tutta la mia vita. Ah! sì, non ti aveva ben conosciuta; tu sei un tesoro di sublimi affetti. In questi tre giorni, io avrei evitato di passar sotto i balconi della tua casa, temendo il tuo riso beffardo. –

Dopo questa enfatica apostrofe, lesse altre volte la lettera, e non comprendeva bene il significato dello frasi: *Rosolina piange, non vi martirizzate*, e davale varie interpetrazioni; però consolavanlo le altre: cioè *Tre giorni passeranno, anch'essa è sulla brace*. Dunque, esclamava, fuor di sè per la gioia, dunque, elassi tre giorni, il mio martirio finirà? Dunque Rosolina accetta di esser mia, perchè mi ama! –

Così freneticando passò quella giornata, ora a piedi ed ora in carrozza, correndo per le strade della città, che tutto per lui andavano a spuntare all'Albergheria, e propriamente sotto la casa di D. Carlo; dimenticando anche di recarsi presso di costui, secondo l'appuntamento della sera precedente. Quella stessa sera, si vestì con abiti e cappello che non soleva usare, e stette come a sentinella sotto i balconi, sperando di veder Rosolina, o almeno la sua ombra, riflessa dal lume in qualche parete.

La vecchia Rosa, appena si ebbe la piastra, finì di brontolare contro il portiere della *Trinacria*; non le sembrava vero di essere posseditrice di dodici tarì (dodici carlini in Napoli, pari a cinque lire e dieci cent.) guadagnati per portare una lettera. Per la qual cosa spesso la guardava, o la palpava con le dita, tenendola in saccoccia: sicchè il signorino della sua signorina era per lei un essere sovrumano. Affrettò il passo per giungere al quartiere, ove abitava, sentendosi una indicibile smania di raccontare le sue avventure di quella, per essa, memorabile mattinata.

Difatti, appena giunta, riunì quante più comari potette, e confidò alle stesse, già s'intende, *sotto suggello di confessione*, la chiamata di Giulietta, la commissione datale, e come essa l'avea adempiuta con accorgimento e secretezza. Infine disse pure della piastra, ricevuta dal bel giovane, fidanzato con la nipote di Don Carlo; soggiungendo che essa ben sapeva, che già il matrimonio era bello e combinato.

Dopo che raccomandò per la centesima volta alle sue comari il secreto di quanto le aveva confidato, girò varii viculi e cortili dell'Albergheria, raccontando sempre in secreto, anche a chi non voleva saperlo, l'imminente matrimonio della nipote di Don Carlo, con un bel giovane, ricchissimo, chiamato barone Edoardo Demè; e che essa era stata quella che avea combinato tutto, avendo ricevuto in regalo dodici tarì, ed in conferma faceva vedere la piastra. –

Quelle comari (che non son poche nel quartiere dell'Albergheria) ripeterono le confidenze della Rosa ad altre comari, e queste ad altre: di modo che i secreti, di cui era posseditrice quella vecchia ciarliera si seppero in confidenza, in tutto quel quartiere, e forse in altri.

Era l'una pomeridiana di quel giorno, e Don Carlo ritiravasi a casa, preoccupato perchè Edoardo era mancato all'appuntamento. Essendo popolare in tutta l'Albergheria, per le sue beneficenze a prò del popoletto principalmente, si vide venire incontro una caterva di femminucce, allegre, consolandosi con lui, perchè la nipote Giulietta già sposava un gran signore, giovane, bello, ricchissimo, chiamato barone Edoardo *Demè*, e che abitava alla locanda della *Trinacria*; a cui la Rosa aveva portato, quella stessa mattina, una lettera della medesima nipote, avendo ricevuto in regalo da quel signorino una piastra di dodici tarì. –

Figuratevi la confusione, il disappunto, il dispiacere del povero prete, per causa dell'imprudenza delle due ragazze che stavano in casa sua! Egli, che avrebbe voluto trattare il matrimonio della Rosolina con Edoardo con tutta la scrupolosa secretezza, fino a che fosse stato diffitivamente conchiuso, in caso contrario, per non far parlare della ragazza da tutta la gente sfaccendata, or se lo sentiva ripetere da tutte le comari dell'Albergheria, e con tutti i particolari, che tanto l'angustiavano. Dopo di essersi a stento sbarazzato da quelle donne, affezionate sì, ma ciarliere, sotto quelle dispiacevolissime impressioni, rientrò in casa sua, e si chiuse nella sua camera; ma rimesso in calma, chiamò a sè le ragazze.

Rosolina e Giulietta nulla sapevano delle chiacchiere della Rosa e delle femminuccie del quartiere, onde che, senza sospetto, passarono nella camera di D. Carlo. Il quale, voltosi a Rosolina, le disse bonariamente: Io non avrei mai creduto, che tu figlia mia, tanto buona e sagace, avessi commessa la imprudenza di mandare al barone di Desmet, con la Rosa, una lettera all'*Hôtel Trinacria*. Avresti piuttosto dovuto dirmi, sin da stamattina, che accettavi il suo progetto di matrimonio; allora l'affare sarebbe andato come merita. Il barone non sò quale idea potrebbe formarsi della tua precipitazione, e del tuo agire imprudente; ed in una faccenda tanto delicata, io non avrei sofferto l'umiliazione (che accetto pe' miei peccati) di sentirmi ripetere dalle ciarliere dell'Albergheria tutte le particolarità, che credevo un secreto tra me e te, e cotest'altra ciarliera – accennando a Giulietta.

Rosolina, al sentir que' pacati e paterni rimproveri di D. Carlo, ne provò tale vergogna da farsi prima lo guance di porpora, e poi da sentirsi venir meno: quell'amorevole rimprovero più l'afflisse. Ciò sembra un controsenso a chi non conosce i delicati sentimenti delle anime nobili. Ella in quel momento desiderava piuttosto di essere sgridata; il suo benefattore credevasi offeso veramente da lei, ed intanto mostravasi benigno. Tutto ciò più innalzavalo nella bella opinione che aveva di lui, e quindi più sentiva il peso della supposta offesa fatta a chi meritava illimitata fiducia ed ossequio. Per la qual cosa quella tribulata e sensibile giovanetta non potette profferir un accento il cordoglio e la vergogna le strozzarono in gola le parole; il sangue le affluì al cuore, e sembrava un cadavere, ma prima di abbandonarsi sulla poltrona, diede uno sguardo indescrivibile di dolce rimprovero alla sua Giulietta.

Questa, mentre si fa a soccorrerla, si volge incollerita verso suo zio, e dice: Ella è innocente, e voi l'avete uccisa!... Io sola sono la rea; io mandai quella lettera contro l'espresso divieto suo. –

E voi signorina, che sapevate quel che si era combinato, perchè vi siete immischiata in un affare che non vi riguarda? –

Non mi riguarda avete detto?! Sappiate che io vivo in Rosolina e questa in me. lo ho creduto riparare anche al vostro errore, che ha gettato in una brace ardente due che si amano davvero. –

Rosolina faceva segni, con la mano, alla sua amica per farla tacere, ma costei continuò dicendo: Voi signor zio, che con tanto successo predicate sempre la carità, praticandola il primo a prò degl'infelici, l'avete poi obliata per quel povero barone di Desmet, condannandolo tre giorni ad un supplizio, peggiore di qualunque altro, perchè supplizio di cuore!

Ah! voi non sapete forse qual tesoro di delicati affetti egli nutre nel suo cuore! Io lo sperimentai in varii discorsi che non ci riguardavano. Or che vi ho detto tutto, castigatemi, scacciatemi pure dalla vostra casa; non per ciò cesserò di rispettarvi sempre e benedirvi, per tutto quel bene che faceste a me ed a mia madre, vostra sorella, rimasta vedova, e poi morta, dopo che il mio nobile genitore si fece uccidere per difendere la più santa delle cause, là, su' campi di Castelfidardo! –

Don Carlo, in cambio di adirarsi alle franche parole della nipote, era oltre ogni dire commosso; e per nascondere le sue lagrime, che già scorrevangli sul viso, in apparenza burbero, si alzò; e prima di andar via dalla stanza, disse a Giulietta:

Tu sei una folle imprudente, ma benefica; se non ti conoscessi, dopo questo fatto non so quale risoluzione avrei presa. –

Giulietta accudiva a far rimettere Rosolina; e questa, appena potette parlare, stendendole le braccia disse: Adorabile amica, tu mi ami troppo, e per me commetti imperdonabili imprudenze: tuo zio ha ragione. –

Tutti avete ragione, rispose Giulietta, lo so; io sono la sola rea, perchè pensai di consolar quel poveretto. –

Le due ragazze si ritirarono nella stanza di Rosolina, ed il prete ritornò nella sua.

Quel giorno non si pranzò in casa di Don Carlo; il quale verso sera chiamò la nipote, domandandolo se Rosolina si fosse rimessa. – È nella sua stanza, gli rispose, e non ha alcun male che sia positivo; soltanto, come se colpa mia fosse la sua, si vergogna di compare alla vostra presenza. –

Quello si alzò, e si diresse nella camera ove trovavasi Rosolina, e prendendola per la mano, la fece sedere vicino a lui, indi le disse:

Figlia mia, io in nulla posso lagnarmi di te, anzi, ho infiniti motivi di lodarti; sii quindi confidente con me, come se ti confessassi. Vuoi che stasera stessa io facessi conoscere al barone di Desmet, che tu accetti la sua mano? –

Rosolina chinò la testa, come se avesse voluto evitare gli sguardi del prete, e non rispose.

– Dunque? replicò questi. –

Non vi sono dunque, rispose Giulietta, che stava ritta in mezzo la porta, non vi sono dunque. Se non volete andar voi dal barone, scrivetegli che Rosolina accetta; e così saran finiti questi dispiaceri che vi procurate, e che potrebbero danneggiar la vostra salute. –

Taci, Giulietta; io nulla farò se non me lo dice Rosolina. –

E tu parla, soggiunse quella, dì sì; dillo pure a mio zio, che ami Edoardo, che accetti la sua mano, ed io non mi lagnerò della mancatami confidenza. –

Rosolina, alzò gli occhi con peritanza, ed avendo incontrati quelli di D. Carlo, li abbassò instantemente, sì che questi le disse:

Tu non hai più confidenza e fiducia in me, e non so che cosa io abbia fatto, per non meritarle, come pel passato: ciò mi addolora. –

Ah! padre mio, non dite questo, che davvero mi uccidete, esclamò Rosolina. Or paleserò tutto: il vostro giusto rimprovero mi fa ardita, forse più del convenevole.

Padre, dopo quella sera fatale, in cui Edoardo mi liberò generosamente da una terribile sventura, la mia riconoscenza per lui divenne un culto. Io cominciai ad... amare il mio liberatore, per arcano sentire, che si mutò in vera passione, quando, ragionando seco lui con lieta semplicità, avvertiva talvolta un dolce affetto in tutta me stessa; ed a poco a poco una vampa improvvisa, accesa nel cuore, salivami alle gote. Ahi! io non sapeva che quei palpiti nuovi al mio cuore fossero forieri di un amore onnipossente!

Mi avvidi che l'amava, quando egli era lontano da me, perchè rimanevami un vuoto nel cuore senza poterlo colmare con que' sentimenti che fino allora mi erano stati i più cari: quando egli però ritornava, sembravami che mi fosse stata restituita gran parte di me stessa.

Padre, quando fui certa di amarlo, non era più in tempo di combattere il mio amore; esso già dominavami con dolce tirannide. Ma chi il vede e non l'ama?! – esclamò, alzando la testa con entusiasmo, locchè fece impressione alla stessa Giulietta.

– Padre mio, perdonatemi, riprese, se ho trasceso mostrandomi troppo ardita. Vi supplico a credere, che se pe' traviati l'amore non può essere puro e santo, perchè essi non altro sono che amanti, quel che io sento per Edoardo, altri vincoli non ha, che quelli della tenerezza, della fede, della religione; è appunto quello che santifica la castissima sposa di Gesù Cristo, la Chiesa cattolica. Oh! è cosa divina l'amore, quando nessuna colpa lo macchia, nessun timore l'attrista, nessun rimorso lo turba, insomma, quando è benedetto da Dio. –

E perchè avreste voluto combattere un amore che può divenir legittimo? domandò con bonarietà D. Carlo.

Perchè simili affetti si deono combattere, rispose Rosolina, anche per conoscere la volontà di Dio, e perchè in sè stessi sono pericolosi, e possono degenerare in triste e fatalissime passioni. Io tentai combattere quell'affetto, che avea cangiata tutta me stessa; dappoichè, sebbene mi fossi avveduta che Edoardo amavami con puro e santo amore, io mi credeva e mi credo immeritevole di lui. Egli, soggiunse con entusiasmo, giovane e bello, cavalleresco e virtuoso, egli ricchissimo ed io poverissima... Ahi! questo pensiero avvelena la mia esistenza. Padre che cosa si potrebbe dir di me? ditelo voi; io aspetto la vostra inappellabile sentenza per sottomettermi ciecamente, dovessi anche sacrificare i più cari e dolci affetti della mia nuova esistenza. –

Giacchè volete sentire la mia *inappellabile sentenza*, per chiamarla come voi la chiamate, vi dico: Accettate la mano di Edoardo, barone di Desmet, senza pensare, se per una combinazione di fortuna, egli è ricchissimo e voi poverissima. –

Giulietta spiccò un salto per la gioia, rovesciando rumorosamente una sedia; ed il prete esclamò: Sempre la stessa!... Indi soggiunse:

Quel che si potrebbe dir di voi da' malevoli o dagl'invidiosi, non vi dovrà punto preoccupare, lo sappiamo noi di questa famiglia, lo sanno quelli che vi conoscono, lo sapete voi, lo sa Iddio, che sposando il ricchissimo e nobile barone di Desmet, lo fareste senza alcun fine venale: ciò basti.

Io ho già scritto a vostra madre fin da ieri; appena avrò il suo consentimento, che non potrà mancare, concerterò tutto l'occorrente con il signor barone; e gli dirò pure, che da domani in poi le sue visite in casa nostra dovranno essere rare, e son sicurissimo che questo mio progetto sarà anche approvato da voi e da lui. –

Sì, padre, rispose Rosolina, vi avrei pregato su questo riguardo, se non mi avreste prevenuta. –

Adesso possiamo pranzare, disse Giulietta; ed io, che tutto avea preveduto, ho preparato il pranzo. Andiamo dunque sig. zio *scommoda ed accommoda*, che siete digiuno per tutta la santa giornata: – E voltandosi all'amica: Signora baronessa di Desmet, *pronto in tavola*. –

Ma s'è pazza! – esclamò Don Carlo. Rosolina, non ti prender collera; tu già la conosci meglio di me.

Mentre pranzavano, giunse l'atteso riscontro della madre di Rosolina; la quale, nel mostrarsi contentissima del proposto matrimonio, si rimetteva in tutto al giudizio e prudenza di Don Carlo. Per la qual cosa lo asciolvere de' nostri tre amici fu de' più gai, per quanti palpiti e dispiaceri si erano sofferti in quella giornata. Rosolina soltanto, perchè rientrata nella sua calma abituale, e riflettendo lo parole che avea dette nel suo esaltamento per Edoardo, vergognavasi di guardare in faccia agli altri due commensali.

La mattina seguente, Don Carlo invitò Edoardo di recarsi in sua casa; e questi prontissimo vi accorse. Il medesimo, nel presentarsi, mostravasi peritoso. Giulietta l'accolse con le solite franche dimostrazioni di cortesia, Rosolina con timida amabilità. D. Carlo, dopo di averlo abbracciato, con le lagrime agli occhi, gli disse, che il suo progetto di matrimonio era stato accettato con riconoscenza dalla ragazza e da sua madre, e per celebrarsi altro non mancavano che i necessarii documenti ed il debito consentimento della signora baronessa di Desmet. –

I futuri sposi ascoltavano dimessi quel discorso, come se fossero stati due rei; ma ciò è proprio degli animi pudici e riservati.

Edoardo, con voce commossa, promise che in breve tempo tutto sarebbe pronto.

Le visite di Edoardo in casa di Don Carlo divennero rare; ma egli non tralasciava di passar varie volte in una stessa giornata per la strada dell'Albergheria. Quando recavasi in quella casa, nelle ore che trovavavisi il prete, d'altro non si parlava che della sua prossima partenza per Parigi, affin di annunziare a voce alla sua nobile genitrice, l'impegno di sposar la Rosolina, e di preparare tutto il bisognevole.

Erano passati circa due mesi dacchè Edoardo aveva chiesta la mano di quella giovanetta; nè si decideva lasciar Palermo, perchè ivi infieriva il colera; riuscendogli doppiamente doloroso allontanarsi nel pericolo di esser quella colpita dall'asiatico morbo. Anche D. Carlo consigliavalo a procrastinar la partenza per la Francia, temendo che il cambiamento dell'aria avrebbe potuto fargli del male in quel tempo di epidemia. Del resto, diceagli, non credo tanto facile, che in Marsiglia si faccia sbarcare un passaggiere, proveniente da Palermo, senza assoggettarlo a vessazioni e quarantene. –

In quel tempo il giovine fidanzato fece varie offerte a Rosolina, anche per mezzo dello stesso D. Carlo, allo scopo di metterla in miglior posizione; ma nè quella nè questi vollero accettare il minimo regalo, ad eccezione di un piccolo crocifisso di corallo di gran valore artistico, che fu accettato dalla fanciulla, e col permesso di sua madre e del suo protettore: oltre di che si scambiarono i rispettivi ritratti in fotografia.

CAPITOLO XVII

Edoardo, allontanato dalla sua promessa sposa, essendo sfaccendato, era spesso assediato da' garibaldini, che l'avevano conosciuto ed ammirato nel Tirolo; egli univasi con costoro per lo più la sera tardi, ed in que' luoghi ove giudicava non potersi incontrare con persone che l'avevano veduto in casa di D. Carlo.

Dopo che conobbe Rosolina aveva giurato a sè stesso di non dare più ascolto alle insinuazioni settarie. Ma noi già conosciamo il suo debole, cioè il facile impressionarsi ed il difetto di fermezza morale; oltre di che il suo orgoglio si risentiva, se avesse creduto passar per giovane dappoco; onde che non ebbe la virtù di sprezzare il suo malinteso amor proprio.

I volontarii del Tirolo, suoi antichi commilitoni, gli palesavano le loro speranze d'invadere Roma; raccontandogli tutti i preparativi che si facevano a tale scopo, dopo che quella città era stata abbandonata dalle truppe francesi e lasciata in balìa della rivoluzione e di un governo senza fede, e sotto l'egida di una larva di Convenzione, buona soltanto a gabbare i gonzi. Edoardo udiva que' discorsi senza palesarsi, condiscendenza che poi gli fu fatale.

In quelle riunioni garibaldesche si parlava del modo come doveasi assalir Roma armata mano, cioè col partito di azione, capitanato dallo zoppo Garibaldi; il quale avrebbe finto di rendersi indipendente dal governo di Firenze, per far da sè. Questo avrebbe anche finto di protestare, come si era praticato allo sbarco di Marsala, dando di bel nuovo del filibustiere all'*eroe de' due mondi* e del brigante a' garibaldini, arrestandoli e facendoli condurre in qualche fortezza, per metterli poi in libertà a tempo opportuno, fornendo a' medesimi i mezzi per far guerra contro la Santa Sede Apostolica.

In quelle riunioni fecero eziandio conoscere ad Edoardo i *mezzi morali*, che usavano i governanti italiani per ispodestare il Papa, prima dal potere temporale e poi da quello spirituale. Gli nominarono gli emissarii, mandati nella tranquilla Roma, per far proseliti alla rivoluzione, per suscitar trambusti, corrompere i popolani, e, se fosse stato possibile, anche i soldati papalini. Gli dissero che già in Firenze si era stabilito un *Comitato centrale dell'emigrazione romana*; il quale era stato autorizzato da Garibaldi ad emettere *carta-moneta*; e che costui aveva diretto una lettera agl'italiani per agevolarlo in tutti i modi.

In quelle medesime riunioni notturne, ove bazzicava Edoardo, si ragionò in seguito dei primi tentativi garibaldeschi contro il territorio pontificio; cioè di quello del 18 giugno di quell'anno 1867; in cui centinaia di volontarii, partiti da Terni, ov'erano stati provvisti d'armi, giunti presso Fava, si trovarono di fronte ai Soldati del Papa; i quali, senza usar le armi, li fecero fuggire, arrestandone quaranta, i meno lesti di gambe.

– È pur vero, dicevano gli amici di Edoardo, che i governanti di Firenze ne fecero arrestare qualcheduno di que' volontarii, sbandati in Fava, ma per gittar polvere negli occhi dei cattolici di Francia, mostrandosi così ossequenti alla Convenzione del 15 settembre 1864. Nel tempo stesso vollero provare quali impressioni facevano nell'opinione pubblica francese que' tentativi contro la suddetta Convenzione e contro il Papa. –

Circa poi a Napoleone, assicuravano che costui voleva forzata la mano, con minacce ed anche con dirgli vituperii, per contentare le aspirazioni rivoluzionarie, ed insediare in Roma i suoi antichi compagni di setta, a cui aveva fatto esecrandi giuramenti, pena la morte, se li avesse rinnegati o trasgrediti. In conferma di che si lesse una lettera di Garibaldi, stampata la prima volta sul giornale la *Riforma* di Firenze, dell'8 luglio, che era un vero bando di guerra contro il Sommo Pontefice, chiamandosi Napoleone III *imperatore menzogna* e consigliando gl'italiani di esecrarlo, perchè nemico dell'Italia e della sua unità.

– Vedete, dicevano que' giovani garibaldini, i governanti italiani, tanto ossequenti all'*imperatore menzogna*, permisero che si pubblicasse varie volte questa lettera, senza sequestrare i giornali che la pubblicarono: basterebbe questo sol fatto arditissimo per provare l'accordo fra essi e il Bonaparte. –

Ma si sa, disse uno della brigata, trattandosi di spogliare il Papa, le male parole, le minacce tra antichi e moderni amici son fisime ed orpelli, orditi a conseguire un fine, da tanto tempo agognato, tra protetti e protettori. La stessa alleanza già compiuta tra il bonapartista Urbano Rattazzi, presidente de' ministri e il rivoluzionario malcreato Garibaldi, è una prova evidentissima, che per far guerra alla Chiesa, monarchici, imperialisti, garibaldini e mazziniani ci mettiamo subito di accordo, sacrificando sull'altare della patria i nostri principii; ma, si sa, per discuterli poi a tempo opportuno.

Allegri dunque fratelli, noi, tra non molto, faremo una specie di passeggiata militare nel così detto Patrimonio di S. Pietro, per andarci a riposare in Roma, dopo di aver dato a quei mercenarii stranieri, dicentisi soldati del prete coronato, una lezioncina ad uso garibaldino. –

Nonpertanto, soggiungeva un altro, che sembrava de' caporioni, è necessario che noi qui in Palermo ci organizzassimo, imitando le patriottiche città di Genova, Bologna. Firenze, Perugia ed altre; le quali, appena intesero che il

Comitato Romano (già s'intende, consigliato dal nostro governo che lo paga), il 13 luglio, bandì un manifesto di guerra contro il Papa, e sotto i baffi de' governanti di Firenze, aprirono arrolamenti di volontari, e fecero accurati apparecchi per l'invasione dello Stato pontificio; mentre in realtà l'esercito italiano è destinato ad appoggiarci in tutti i casi, come avvenne l'anno 1860 nelle Marche, nelle Umbrie e negli Abruzzi.

Che Garibaldi, Mazzini ed il governo italiano sieno tutti una cosa, lo conferma eziandio una officiosa corrispondenza diretta ad un giornale di Bruxelles, l'*Indipendence Belge*, e si sanno le attinenze che i nostri governanti hanno con quel giornale, pagandolo generosamente. In quella corrispondenza si dice: « Garibaldi e Mazzini son di accordo; il governo italiano si lava le mani (ed è necessario, perchè le ha troppo sporche!) ma prende bastevoli precauzioni per guarentire le frontiere dello Stato pontificio; tuttavia se avverrà un sollevamento, l'*Italia interverrà per mantener l'ordine* e proteggere il Papa (?) È difficile che la Francia e l'Austria si oppongano in tali congiunture a siffatto intervento, e voi ne vedrete le conseguenze. –

L'affare è bello e combinato, esclamarono i garibaldini, attorno ad Edoardo: *il governo italiano si lava le mani!* ciò vuol dire che imiterà Pilato: questi mandò Cristo a morte; quello opprimerà il Papa. Francia ed Austria brontoleranno, protesteranno e si riserveranno libertà di azione, accommodandosi poi a riconoscere il *fatto compiuto*. –

Allegramente bravi *picciotti*, disse il garibaldino caporione, *prepariamoci un ferro*, come dice il nostro duce Garibaldi, *et en avant monsieur le baron de Desmet*, soggiunse voltandosi verso costui.

Indi riprese a dire: Diggià i più ardenti volontarii italiani e stranieri, nostri compagni, ci han preceduto, avviandosi al confine romano, lasciando famiglie ed amanti; resteremo noi, quali effeminati Achilli nell'isola di Sciro, accanto alle nostre damine? No, cento volte no; mentre l'Europa liberale si commuove per abbattere il piedistallo de' troni, che è quello del prete coronato, noi, nati dalle barricate di Palermo del 1860, dobbiamo trovarci in prima fila nel combattere l'ultima battaglia della novella civiltà.

Tu Edoardo, se in Italia hai un'amante, ed ove non fosse patriotta come le nostre, dalle pure un addio e dille: *Una patria aveva pria – Che donassi a te il mio cor.* – Sì, l'Italia nostra è tua patria, perchè è dessa che attualmente propugna la emancipazione dei popoli oppressi; e la caduta del trono papale sarà il segnale di quello di tutti gli altri troni di Europa, restando senza base. –

Edoardo trovavasi impacciatissimo per quella seconda spedizione garibaldesca; egli non aveva motivi di negarsi, secondo dettavagli il solito suo malinteso amor proprio, in faccia a coloro che lo spingevano nell'abisso. Dall'altra parte rifletteva, che se la sua fidanzata avesse saputo quel che egli era stato in politica pel passato, e la novella campagna rivoluzionaria, che andava a fare contro il Sommo Pontefice, l'avrebbe sicuramente bandito da sè, vergognandosi di lui.

Intanto i garibaldini suoi amici l'assediavano, e non sapevano spiegare la sua freddezza in una spedizione, che era il compimento dei voti di tutti i rivoluzionarii di qualunque gradazione. Messo, come suol dirsi, tra l'uscio e il muro dalle preghiere, dai frizzi ed anche dalle coperte minacce di diffamazione, presso i patriotti francesi, a lui sfuggì dal labbro la fatal promessa che li avrebbe seguiti nella campagna rivoluzionaria, per battersi contro i diritti della S. Sede Apostolica.

Egli, con quella promessa, si argomentò conciliare l'inconciliabile, cioè la falsissima sua posizione, col seguente capzioso ragionamento: Dirò a Rosolina e a Don Carlo che parto per Parigi, affin di avere il consenso di mia madre al tanto sospirato matrimonio, e ammanire colà le carte necessarie alla celebrazione dello stesso; ed in cambio di andare direttamente a Marsiglia, sbarcherò in Livorno. Se veramente avverrà così presto l'invasione garibaldesca nello Stato pontificio, io vi prenderò parte, ma senza quell'ardore che mostrai nel Tirolo. Se morrò... non saprò quel che si dirà di me... Oh, infelice madre mia, e più infelice quell'adorata fanciulla!... Ma è necessario che io compia quest'ultimo atto della mia vita politica *per non macchiare il mio onore*, e per non essere deriso da' miei pur troppo fatali amici italiani e parigini. Se resterò in vita, ed entreremo in Roma, io senza assistere a quegli strani trionfi, ritornerò indietro, proseguendo la via per Parigi. Ivi domanderò perdono a mia madre, otterrò il suo non necessario ma onorevole consenso per isposar la mia adorabile Rosolina, dippoi ritornerò a Palermo, per affrettare la celebrazione del matrimonio, e per condurre subito a Parigi chi farà della mia vita, un paradiso.

Allora sarà il tempo di consacrarmi tutto alla mia Rosolina, a cui fiducioso confiderò le mio passate vicende, o traviamenti. Lo domanderò perdono di averla ingannata circa i miei principii politici, e le spiegherò l'impegno che mi spinse ad andare contro il Papa, a cui ella è tanto ossequente. Son sicuro che mi perdonerà, promettendole un assoluto distacco dal passato e dalle cattive società. Le dirò finalmente, che sarei rotolato nel più terribile abisso della umana infelicità, se non avessi avuto la gran fortuna di conoscerla ed amarla. –

Il nostro Edoardo, a causa della falsa posizione in cui si era messo, trovavasi in due opposte correnti, o meglio in due fuochi. Egli, dopo di avere intesi i cinici discorsi de' garibaldini, era eziandio condannato a sentirne altri diametralmente opposti, quando recavasi presso Rosolina. Una di quelle sere il dott. Don Piddu era proprio adirato contro le improntitudini de' garibaldini e de' governanti di Firenze.

– Avete inteso? diceva, entrando in casa di D. Carlo. Diggià tutto è pronto, per compiersi l'ultimo assassinio politico: governanti, garibaldini, mazziniani ed il galeotto di Napoleone III sono tutti di accordo per togliere al Papa l'ultimo lembo di territorio, che i medesimi gli han lasciato; e ciò col pretesto della civilizzazione, del progresso e del benessere del popolo sovrano.

Mi fan poi rabbia que' pochi garibaldinacci, che han da perder tutto e nulla da guadagnare con le rivoluzioni, ed intanto si stanno organizzando, anche qui in Palermo, per andarsi a fare sbudellare nello Stato pontificio, combattendo contro la causa della vera civiltà. Or dessi sono doppiamente colpevoli; dapprima potevano dirsi ingannati, ma oggi, che han provato quali sono costantemente i risultati delle loro rivoluzioni, cioè il totale assassinio di ogni ceto di persone, meriterebbero di essere tutti impalati.

Difatti, soggiungeva dottor Don Piddu, mentre i rivoluzionarii italiani e stranieri si arrovellano con tradimenti, con finzioni, con armi ed armati per *rigenerare* Roma, strappandola dal regime paterno del benefico Pio IX, non si vergognano, non si commuovono de' gridi di dolore, non dico della nostra Palermo, ma della Venezia di fresco *redenta alla libertà!* Essi sanno, che la regina delle lagune ove credeva trovar la libertà, trovò il dispotismo, ove il lauto vivere, la miseria e la fame, ove l'alleviamento alle miti tasse la totale spogliazione, ove la giustizia l'arbitrio e così di seguito, essendo costume de' rivoluzionarii al potere di far tutto il contrario di quanto promettevano prima di ghermirlo, cioè quando congiuravano sotto i passati governi. Or, tutte queste delizie, i garibaldini le vorrebbero regalare a' romani!

Re Vittorio Emmanuele, credendo di far cessare i *gridi di dolore* de' veneti rigenerati dall'italianità, si recò in mezzo a loro; però si convinse che in cambio della sua persona si desiderava colà la sua augusta figura, impressa sopra prezioso metallo, essendo sparita quella dell'austriaco imperatore. –

Quella sera, gli amici riuniti in casa di Don Carlo, per maggior martirio di Edoardo, parlarono delle conseguenze fatali, arrecate a' popoli italiani, dalla rivoluzione del 1860, voluta dal Napoleone III, da Palmerston e da Cavour, servendosi del garibaldinismo, fino a che essi giudicarono opportuno togliersi la maschera e far vedere le loro laide facce di settarii.

Fra le altre cose si parlò dello sperpero dei beni ecclesiastici, patrimonio dell'orfano, della vedova indigente e del povero mutilato. Si disse, che il ministro dello finanze Ferrara andava offrendo per poco que' beni ora a' banchieri Rothschild, ora a Fremy ed ora ad Erlanger, a Schreder, mentre contrattava con l'altro banchiere Langrand-Dumonceau, ricevendo risposte poco onorevoli, maggiormente da quest'ultimo per mezzo del suo incaricato Brasseur. Insomma que' beni erano schifati anche dagli ebrei più spregiudicati. Degl'italiani pochi furono quelli che comprarono a vil prezzo il bottino fatto dal governo moralizzatore, e la maggior parte chiesero il permesso al Papa che ottennero, ma sotto talune condizioni.[1] Intanto quel ministro delle finanze, per meglio corbellare il popolo sovrano, annunziava schemi di leggi da presentare al Parlamento per la soppressione del corso forzoso della carta-moneta. Così facendo, voleva far credere che facesse buon uso del danaro ricavato dalla vendita de' beni ecclesiastici; ma questi si sperperarono, e sparirono in dettaglio, ed il corso forzoso rimase.

– Mentre i governanti italiani, disse D. Carlo, si arrabbattano per intascar danaro, per insidiare il Papa, scagliandogli contro il garibaldinismo, ed accapigliandosi tra loro, in Roma si ammira uno spettacolo che commuove il mondo intero. Alla voce del gran Pontefice Pio IX, già l'episcopato delle cinque parti del mondo si riunisce intorno a Lui, per solennizzare il decimottavo centenario del martirio dei Santi Apostoli Pietro e Paolo e la canonizzazione di venticinque beati. Questo meraviglioso slancio del cattolicismo fa allibire que' medesimi settarii che dicevanlo già morto.

In quest'anno 1867, mentre si vuole rigenerar Roma, in Firenze, capitale provvisoria dell'Italia, regna e governa il disordine, il caos, ed in quella città domina l'ordine, la pace, e la meravigliosa concordia dell'episcopato cattolico. Quivi nell'alma Capitale del cattolicismo la sottomissione de' veri credenti in Gesù Cristo al suo Vicario in terra, al grande Pio IX, i di cui atti pontificali sono già tradotti in trecento lingue parlate da' popoli del globo;[2] ivi, in Firenze, i governanti del caos, atteggiati a filantropi, assordano l'Europa, chiedendo danaro, facendo leggi draconiane e deplorando i mali della Roma papale. Essi or col permesso del loro degno capo, or con la violenza vogliono impossessarsi dell'eterna città per *ristabilire l'ordine morale*, cioè per importarvi la spogliazione, lo scompiglio, la discordia, il caos! –

[1] I liberi pensatori dicono essere una combinazione, l'osservarsi che la maggior parte di coloro, che comprarono o s'impossessarono dei beni ecclesiastici, si trovino oggi o più disagiati di prima, o con grossi guai in famiglia mentre pel passato godevano vita agiata e tranquilla. Noi cattolici compiangiamo i suddetti liberi pensatori, e rimontiamo ad altra causa che non sia la combinazione o il caso.

[2] Fu in quel tempo che il gran Pontefice Pio IX compì un atto di desiderata energia, con la *Bolla Suprema universi Dominici gregis*, abolendo la mostruosa *Legazia apostolica* e il *Tribunale della Monarchia di Sicilia*. La suddetta Bolla, il 10 ottobre di quell'anno 1867, venne affissa alle porte delle Basiliche Lateranense e Vaticana. In essa sono esposte le inappuntabili ragioni di quell'abolizione. Del resto quando non vi fossero altre cause, sarebbe bastata quella solamente, che i nuovi padroni della Sicilia, con un frego di penna, abolirono tutti i concordati, fatti tra la S. Sede ed i sovrani di tutti gli Stati italiani. La *Legazione apostolica e il Tribunale della Monarchia di Sicilia* sussistevano in forza di un concordato, in tempi quando si giudicarono di qualche necessità a quel popolo. Il canonico Rinaldo Cirino, che erasi insediato delegato apostolico e giudice della Monarchia siciliana, ammonito da Roma, volle continuare nell'usurpato seggio fino a che fu scomunicato dal Papa. Oggi di quella *Legazia apostolica e Tribunale della siciliana Monarchia* rimane un ricordo storico: con Roma papale non si lotta, anche quando sembra oppressa da' suoi potenti nemici.

Que' governanti del caos, seguitò a dire Don Carlo, che guardano i trionfi della Chiesa universale, come Satana i nostri primi progenitori, nell'Eden beato, preparando agguati e tradimenti, poi da veri biricchini, han creduto svelenirsi con sottoporre a noiosissime vessazioni di visite e suffumigi le migliaia e migliaia di pellegrini, reduci dalle feste del Centenario, celebrato in Roma;[3] ove appena fino allora erasi avverato qualche caso di colera sporadico. Intanto que' medesimi governanti non curano guarentire le province italiane, non attaccate da quel morbo, ma invece le lasciano in liberissimo commercio con quelle orribilmente infette. Difatti a causa che i medesimi debbono pensar soltanto ad intascar danaro, con la vendita de' beni ecclesiastici, ed impossessarsi di Roma per mezzo de' garibaldini, varie province italiane sono desolate dal colera, avendo mietuto finora più di centomila vittime, la maggior parte della Sicilia e del Napoletano, come rilevasi da una statistica, pubblicata dalla *Gazzetta uffiziale*.

La Camera de' deputati di Firenze autorizzò il governo ad erogare centocinquantamila lire in soccorso de' colerosi poveri di tutta l'Italia. Il governo del S. Padre Pio IX, ridotto povero dalla rivoluzione trionfante, per mano di un migliaio di colerosi poveri, erogò somme maggiori, come lo provò trionfalmente il *Giornale di Roma* del 12 agosto di quest'anno. –

Don Carlo si tacque per pochi istanti, indi prese a dire: Con dolore debbo annunziarvi una tristissima notizia; io mi ero deciso comunicarvela un'altra sera, per non attristarvi di più. In agosto, mentre il colera faceva stragi nelle provincie napoletane e sicule, repentinamente si manifestò nella piccola città di Albano, presso Roma; ove trovavasi a villeggiare la regina Maria Teresa Isabella, arciduchessa d'Austria, vedova del defunto re Ferdinando II di Napoli. Ivi furono colpiti dal feral morbo due figli di quell'augusta donna; ed Ella, con quell'amore tenerissimo di madre, che tanto la distingueva, tutta si dedicò ad assisterli. Nel tempo stesso che provava la consolazione di vedere che il più grandetto trovavasi fuori pericolo, anch'essa fu attaccata violentemente da quel morbo crudele, ed i più efficaci rimedii non valsero a salvarla. Munita dei Santi Sacramenti, e confortata dalla benedizione del S. Padre, che con ardore domandò appena conobbe il suo pericolo, il giovedì 8 agosto, alle ore 8 pomeridiane, con edificante rassegnazione, rese l'anima a Dio.

Quell'affettuosa madre, fino a che potette parlare, domandò sempre conto dello stato dei suoi due figli, attaccati di colera. Uno de' quali morì, cioè S. A. R. il principe Don Gennaro, conte di Caltagirone, nato il 28 febbraio 1857: aveva compiti 10 anni.

Il Papa mandò ad Albano Monsignor Borromeo Arese, suo Maggiordomo,

[3] I pensionisti del felice Regno d'Italia, che si recarono a Roma in occasione di quella straordinaria festività, ebbero tolta la pensione per tutto quel tempo che ivi dimorarono.

per manifestare a S. Maestà Francesco II ed alla real famiglia i sensi di sua condoglianza e di conforto.

Maria Isabella Teresa, arciduchessa d'Austria, figlia del celebre arciduca Carlo, l'emulo di Napoleone I, era nata il 18 luglio 1816, ed andò sposa di Ferdinando II il 9 gennaio 1837 essendone rimasta vedova il 22 maggio 1859. Fu donna istruita, e caritatevole, e lo sanno tutti que' napoletani che da Lei ricevevano pingui pensioni, e lo rammentano gli emigrati poveri in Roma. Fu moglie e madre amorosissima, e poco s'immischiò negli affari del Regno, checchè ne dicano i suoi detrattori. La setta, avendo calunniato la più splendida figura di questo secolo, Pio IX, non dee far meraviglia se dipinse quell'augusta signora come avara, cattiva matrigna e tiranna. Oggi è ancora calunniata, o per lo meno ricordata con discorsi ambigui, da' suoi stessi beneficati, che ne' tempi felici la corteggiarono e la lodarono. Io, che nulla mai ebbi da quella regina, la lodo giustamente ora, quando nulla potrà darmi.

Sua Maestà Francesco II assistette incessantemente, e senza precauzione alcuna la inferma vedova Maria Teresa, sua buona matrigna, ed il piccolo fratello, che tanto prediligeva. –

Tutti gli ascoltanti, chi più chi meno, deploravano quelle due disgrazie, che tanto amareggiarono il nostro giovane ed esule sovrano; e Don Carlo conchiuse dicendo: che Iddio benedetto visitavalo nella sua misericordia, per purificarlo e renderlo più degno dei suoi favori. –

Or mi resta a dire a' lettori i fatti più importanti, che precessero la catastrofe rivoluzionaria di Mentana, che allora nè dott. Don Piddu, nè Don Carlo potevano conoscerli tutti, per raccontarli a' loro amici nelle serotine conversazioni.

Mentre l'asiatico morbo infieriva nella maggior parte delle province italiane, Garibaldi peggio dello stesso colera, avendo lasciato Caprera, si recò nelle province romane, occupate dal Piemonte, ed in Orvieto bandì guerra contro il Papa; i giornali venduti alla rivoluzione gli fecero plauso. Dopo di quella sacrilega burattinata, smanioso sempre di voler far parlare di sè, partì per Ginevra, ove si era riunito un Congresso rivoluzionario, detto della pace. Ivi fu egli eletto presidente onorario, ed in cambio della pace predicò la guerra, facendo quel solennissimo fiasco che tutti sanno. Le ingiurie e le suo bestiali parole, eruttate contro il Papato, l'unica gloria italiana che ci resta, indisposero la stessa *Suisse radicale*; tanto che i giornali locali non vollero riportare le sue contumelie in tutta la integrità come furono dette.

Garibaldi, dicentesi italianissimo in faccia agli stranieri di quel conciliabolo, detto Congresso della pace, chiamava il Papato *istituzione pestilenziale*, bestemmia che non eruttò Voltaire, ma invece affermò tutto il contrario. Ciò non dee far meraviglia, perchè se questi era empio, pur tuttavia fu reputato uno dei migliori letterati della Francia, e Garibaldi, quando non fa male a' popoli con le sue smargiassate, è buono soltanto a far candele di sego, unico mestiere che seppe fare in America, quando il suo *eroismo* nulla gli fruttava.

Gli abitanti di Carouge, nella Svizzera, sprezzarono il nostro *eroe*, e non vollero sentir le sue empie e noiose arringhe; d'allora cominciarono a chiamarlo l'*eroe zoppo*. Egli, visto come lo si trattava, anche dalla *Suisse radicale*, quatto quatto se ne ritornò in Italia; ove i gonzi ed i suoi ammiratori interessati lo accolgono sempre con istucchevole entusiasmo.

Diggià la così detta *Giunta del Comitato Romano*, che fingevasi di esistere in Roma, e stava in Firenze, dopo di aver ricevuto varie delle solite letterine dell'*eroe zoppo*, bandì guerra contro il Papa, ed in Orvieto si riunirono le bande garibaldesche. Colà si mandarono armi, munizioni e camice rosse, come pure in altri paesi limitrofi allo Stato romano, cioè dove si cominciavano a riunire i volontarii garibaldini.

Il governo di Firenze, che avrebbe facilmente potuto impedire quello riunioni e quegli armamenti, fingeva di nulla vedere; erogava però milioni, mettendo in moto le regie truppe, in apparenza per far rispettare il territorio rimasto alla S. Sede; ma non andava allo scopo cui fingeva mirare, perchè il suo realmente era quello di tener pronte le milizie, per appoggiare il movimento garibaldesco contro il Papa.

L'agglomeramento delle bande alle frontiere romane era tale e tanto sfacciatamente fatto, che il Sire della Senna, pauroso per le proteste de' cattolici francesi, fu costretto dare da Parigi ordini energici e decisivi a' suoi pupilli di Firenze, nostri padroni. Costoro, altieri e tiranni co' frati e colle monache, umili e dimessi co' forti, il 21 settembre, pubblicarono nella *Gazzetta Ufficiale* una cicalata condita con le solite ipocrisie, cioè che volevano a qualunque costo *custodire inviolata la fede pubblica* riguardo alla Convenzione del 15 settembre 1864; e quindi minacciavano pene esemplari a chi avesse voluto violarla.

Garibaldi, credendo sempre che continuassero ancora i bei tempi del 1860, quando rappresentava la facile parte di eroe nella tragicomedia delle Due Sicilie, non volle sottomettersi all'ingiunzione governativa di rispettare il territorio pontificio, proseguendo ad urlare: *O Roma o morte*. Dopo di avere urlato in quel modo in Aresco, passò in Asinalunga, e qui gli cascò l'asino, perchè quando meno se l'aspettava, gli amici ed i *fratelli*, per far la volontà del padrone di Parigi, furono costretti ad arrestarlo, e condurlo nella fortezza di Alessandria in Piemonte; ed i volontarii garibaldini ricevettero il gentile invito di ritornar tosto allo loro case: commedie tutte foriere di sanguinose tragedie!

Questi fatti li pubblicava la *Gazzetta Ufficiale* del 24 dello stesso mese di settembre; e mentre diceva che il governo aveva fatto il debito suo, arrestando l'*eroe zoppo*, e disperdendo le bande garibaldesche, si sentiva che aveva il veleno in corpo ed il miele sulle labbra.

Appena si conobbe in Firenze l'arresto di Garibaldi e la dispersione della sua gente, che in realtà rimase dove trovavasi, i deputati garibaldini, e la solita aderente cricca anarchica, fecero chiassi in favore dell'*eroe*.

La stessa sera del 24 settembre avvennero in quella città gravissimi disordini, accompagnati da delitti di sangue ed aggressioni alla pubblica forza. Dissero i critici che fossero stati suscitati dal medesimo governo; a cui non dispiacevano quegli eccessi, perchè erano un attestato della sua obbedienza agli ordini del papà Napoleone, e nel medesimo tempo una protesta, una dimostrazione d'impossessarsi di Roma, voluta assolutamente dagl'*italiani*, senza di che non poteasi mantener la pace in Italia.

Nel tempo stesso che il governo faceva arrestar Garibaldi e strombazzare che aveva disperse le bande dei volontarii, in esecuzione degli ordini napoleonici, consegnava a quello romano alcuni malfattori, che erano fuggiti dagli stati della Chiesa. I medesimi erano ladri di mestiere, come rilevasi da' loro processi; intanto la stampa patriottica li celebrò eroi. Il deputato Zizzi stampò una lettera nel *Diritto* qualificando que' volgari malfattori come appartenenti a famiglie cospicue romane (povere famiglie cospicue romane!). Il deputato Nicotera, che non aveva trovato una parola in favore de' suoi innocenti compatriotti napoletani, deportati, carcerati e fucilati da' piemontesi, si commosse della sorte toccata a 21 *ladri di mestiere*, perchè consegnati al governo del Papa. Egli forse scorgeva in quegli annessionisti una magnifica disposizione, per farla da ministri del Regno delle annessioni; difatti pubblicò le sue geremiadi e le sue minacce nel medesimo *Diritto* compiangendo que' fratelli appartenuti a *cospicue famiglie romane*.

L'*eroe zoppo*, dopo 58 ore di arresto in Alessandria, fu mandato libero nella sua isola di Caprera. Appena giunto colà, tentò fuggire e ritornar sul continente. Visto però dalla ciurma di un legno da guerra italiano, fu preso per l'orecchie, come si fa con *les enfants gâtés*, e ricondotto a *domicilio coatto* dal capitano di quel legno; il quale gli disse, ma sotto voce: Sta cheto per adesso, perchè ancora non è giunto il tempo di far la parte di *eroe*. –

Costui, giunto in Caprera schiccherò un proclama agl'italiani, in cui prometteva a' medesimi: « Domani noi avremo posto il suggello alla nostra bella rivoluzione, con l'ultimo crollo al tabernacolo dell'idolatria (che bestia!) dell'impostura e delle vergogne italiane. » e così di seguito, anche qualificando il governo pontificio qual *piedistallo di tutti i tiranni*. Bestia per la seconda volta, e per mille volte; dappoichè mente senza senno può eruttare simili bestialità. Iddio però ha permesso, che dopo la provvisoria caduta del potere temporale del Sommo Pontefice, l'*impostura e le vergogne italiane*, non escluse quello dell'*eroe zoppo* col Banco di Napoli ec., han fatto meravigliare l'Europa civile. Quello poi che egli chiama *piedistallo de' tiranni*, giusto perchè lo stesso fu scosso, i sovrani vacillano su' loro troni, e la società tutta trovasi in uno stato di tremenda crisi.

In quel medesimo proclama, pubblicato dal *Diritto*, rivela, che egli, il fanfarone di Caprera, era stato ricondotto libero in quell'Isola « *con la promessa*, che gli si sarebbe mandato dal governo di Firenze un piroscafo perchè lo riconducesse sul continente. » Basterebbe questa sola confessione per convincerci di più, che l'*eroe*, in quella vergognosa faccenda altro non era che un sudicio manubrio del presidente de' ministri di allora, Urbano Rattazzi. Per la qualcosa non dobbiamo maravigliarci se dopo la pubblicazione di quel tronfio e sacrilego proclama, il giornalismo rivoluzionario ed officioso, atteggiato a profeta, predisse una prossima invasione, anche dell'esercito regolare, nel territorio pontificio, e nella stessa Roma. Epperò si fecero le profezie ed i conti, senza tener *conto* della cattolica Francia!

Garibaldi venne arrestato e ricondotto a Caprera, perchè il governo non era ancor pronto ad appoggiarlo nella malagevole impresa contro Roma. Difatti nel settembre di quell'anno non aveva tutto in ordine; quando però riunì una buona quantità di truppa al confine romano, e col pretesto di guardarlo dalla invasione de' garibaldini, oprò come nel 1860, cioè lasciò passarli tenendo lor dietro in pieno assetto di guerra. Dopo di che permise, che l'*eroe zoppo* in camicia rossa sfuggisse all'*occhio linceo* de' capitani delle navi da guerra, che custodivanlo in Caprera; donde *evase* il 15 ottobre, recandosi difilato a Firenze in forma pubblica, e facendosi precedere da parecchi frenetici bandi di guerra contro il Papa. Tutto ciò avveniva quando i giornali officiosi di Parigi, e lo stesso *Moniteur*, lodavano il governo italiano di aver fatto arrestar Garibaldi e disperdere le sue bande, che trovavansi ai confine romano.

Garibaldi, dopo di essersi sfogato, sotto gli occhi de' governanti di Firenze, eruttando vituperii contro Napoleone III, e predicando la guerra per ischiacciare il Papato, senza essere menomamente impedito dalle autorità, insieme a' suoi due figli, il 23, si diresse alla stazione della ferrovia; ove trovò un treno speciale disposto per lui, e partì per Terni. Da colà passò a Scandriglia, e vi prese il comando delle bande ivi riunite, a poche miglia lontano da Monterotondo. Il general Ricotti, comandante le truppe regolari, che dovevano impedire la riunione de' garibaldini, e di passar nello Stato romano, non vide costoro, nè il loro capo, che in distinta carrozza gli passò sotto i baffi; come nulla avevano inteso e veduto *i governanti della fede pubblica* in que' giorni che l'*eroe* fece il diavolo a quattro nella capitale della *tappa*.

Dopo che il presidente de' ministri Rattazzi preparò l'invasione delle bande garibaldine e delle regie truppe negli Stati del Papa, si dimise; ed il re galantuomo incaricò il *bravache* general Cialdini di formare un nuovo ministero. Erano purtroppo necessari que' colpi di scena ministeriali; al ministro congiuratore doveva succeder quello che portava nella sua mano il pugnale. Però Rattazzi lasciò il potere e Cialdini non potette afferrarlo, perchè si giudicò prudente il temporeggiare, temendosi sempre un intervento francese in favore del Papa. Difatti, dopo l'infelice prova, fu chiamato al potere il generale Menabrea, l'uomo giudicato opportuno a disdire quel che aveva detto e fatto il Rattazzi. Con tal gioco, governi ammodernati possono perpetrare qualunque canagliata o infamia, basta che il ministro che sale al potere nega, rinunzia, ritratta tutto quello che ha fatto il suo predecessore; *così l'onore è salvo*, e tutto si accommoda, senza badarsi al danno arrecato alle popolazioni.

Prima che Garibaldi fosse giunto a Scandriglia, ed avesse preso il comando delle sue bande, già dirette da uffiziali dell'esercito regolare, le medesime avevano sostenuto vari scontri coi Zuavi pontifici; cioè in Canino, Acquapendente, San Lorenzo, Ischia, Valentino, Morione, Monte Libretti, Bagnorea ed in altri luoghi, e sempre riportandone la peggio. Ed invero que' garibaldini, che non erano lesti di gambe, venivano fatti prigionieri e condotti a Roma.

Que' *redentori dell'Italia* dovunque giungevano, impossessavansi delle casse pubbliche; e difatti cantavano: Le casse d'Italia – son fatte per noi. – Oh, bella! perchè dunque si fa la rivoluzione? Oltre di che inveivano contro conventi e monasteri; maltrattavano i pacifici cittadini, che non si fossero prestati a dargli tutto quel che domandavano, o non l'avessero proclamati liberatori della tirannia pretina. In Bagnorea, secondo narra una corrispondenza dell'*Osservatore Romano* del 9 ottobre, scritta dal magistrato municipale, que' liberatori, oltre di essersi impossessati del danaro pubblico, e distrutta la Caserma de' gendarmi pontificii, saccheggiarono il Convento de' padri Conventuali, minacciando di morte i frati e di distruzione l'Episcopio ed il seminario.[4]

Quando però giunsero i Zuavi pontificii, fuggirono a fiaccacollo, malgrado che fossero più del doppio in numero. Essi temevano perchè avevano visto che quelle popolazioni li guardavano in cagnesco; ed in vero ricevettero i difensori del Papa-re con dimostrazioni di straordinaria consolazione ed entusiasmo.

Anche i garibaldini napoletani, guidati dal deputato Nicotera, assaliti da' soldati papalini in Favalterra, fuggirono sopra i monti del confine napoleta-

[4] Circa la spedizione del 1867 contro lo Stato pontificio e della maggior parte de' volontarii che la componevano; ecco quel che disse il deputato Paolo Fambri in piena Camera, il 15 dicembre 1879: « Chi erano (i volontari) ve lo possono dire in parte le statistiche del Regno, ridotte durante il tempo della spedizione a non costatare quasi altre contravvenzioni (e questo può essere documentato) che quello dei vetturali per corsa affrettata.... Vi sono statistiche di provincie intere dell'Italia meridionale, le quali costatano una forte diminuzione, ed alcune di esse una quasi cessazione del brigantaggio. Questo vuol dire, che *in que' tafferugli i briganti avevano trovato il loro interesse di frammischiarsi.* » (Atti uff. pag. 1981).

no; ed il 5 ottobre, avendo invasa Vallecorsa, varii vi lasciarono la vita, e molti rimasero prigionieri.[5]

Menfre si invadevano da ogni parte i confini del territorio pontificio, in Roma si mettevano in esecuzione i *mezzi morali.* Essendosi introdotti in quella città varii rivoltosi, non romani, tentarono di turbar l'ordine pubblico; acciò i governanti *della fede pubblica* avessero avuto il pretesto di far marciare le truppe italiane contro la pacifica città de' papi, per *rimettere l'ordine.*

Sul principio il movimento rivoluzionario cominciò lanciandosi una bomba-orsini in piazza Colonna; ciò avvenne il 22 ottobre. Indi, due sicarii, Monti e Tognetti, avendo ricevuto venti scudi di paga, fecero scoppiare due barili di polvere, situati in un condotto immondo, sotto l'angolo della Caserma Serristori. Quella Caserma andò in rovina, rimanendo vittime ventiquattro militi della fanfara de' Zuavi, e tre persone che a caso trovavansi di passaggio. Contemporaneamente una bordaglia corse al Campidoglio per aggredire e disarmar la guardia; ma bastarono poche fucilate per porla in fuga: varie di tali scene accaddero in parecchi luoghi della città.

Però, il 26 di quel mese, un serio trambusto avvenne in Roma, e si disse, per opera del deputato Cuochi: il quale, dopo di essersi introdotto in quella città, menando seco un buon numero di garibaldini, si occultò co' medesimi nel lanificio di Giulio Aiani, alla Lungaretta; ove eravi un deposito d'armi e munizioni. La polizia romana scoprì quel che si faceva in quel lanificio; per la qual cosa vi accorse un distaccamento di zuavi e di gendarmi, per sequestrare le armi e le munizioni a' garibaldini, a cui intimarono la resa in cambio si ebbero schioppettate e bombe all'orsini, lanciate dalle finestre. La lotta si attaccò con furore dall'una e dall'altra parte; il lanificio fu preso d'assalto, dopo un'ora di combattimento; rimanendo uccisi 10 garibaldini, 5 fonti e 34 prigionieri: de' zuavi venne ferito un sergente.

Ognuno potrà supporre i piagnistei, i vituperii e le minacce che eruttò la stampa rivoluzionaria contro il Papa; perchè il medesimo non lasciò liberi i garibaldini, riuniti nel lanificio di Alani, per mettere a soqquadro la pacifica Roma; e perchè non fece fucilare i zuavi ed i gendarmi, che si erano battuti contro coloro che l'avevano assaliti a fucilate e con le bombe all'orsini: son pretensioni settarie e ciò basti! Intanto se que' militari non si fossero battuti, sarebbero stati proclamati vili, *buoni soltanto a servir messe, ed a recitare orazioni.*

[5] Que' volontarii, illusi o traditi, erano lasciati digiuni da' loro capi, e dovevano briganteggiare per infamarsi. Parecchi de' medesimi, miei conoscenti, mi raccontarono, che fatti prigionieri da' zuavi pontificii, costoro li facevano bere nella loro fiaschetta, e lor davano quel poco di pane che trovavansi nel sacco.

CAPITOLO XVIII

Come già ho detto altrove, a causa del colera, Edoardo si trattenne in Palermo, dopo che si era conchiuso il matrimonio con la Rosolina; egli partì da colà con l'ultima spedizione de' volontarii garibaldini, cioè nella prima quindicina di ottobre, col pretesto di recarsi a Parigi, per sistemare gli affari del suo matrimonio. Descrivere la sua divisione da D. Carlo, da Giulietta e più di tutti dalla sua fidanzata, sarebbe opera superiore alle mie povere forze, non potendo il mio dire giungere a far conoscere neppure l'ombra di quell'amara dipartita, sebbene moderata dal pensiero di rivedersi tra breve tempo. Edoardo, prima di partire, volle varie misure del personaggio di Rosolina, dovendola ordinare tutto il corredo di nobile sposa; anche ottenne quelle di Giulietta, che questa gli diede, col permesso di suo zio. Questi voleva accompagnarlo fino a bordo del piroscafo; ma quello usò pretesti, in apparenza ragionevoli, per dissuaderlo; dicendogli che rimanesse con le ragazze, affin di confortarle per la sua partenza. La vera ragione, per cui non volle essere accompagnato dal suo amico, è facile indovinarsi; egli temeva, che i garibaldini suoi amici avessero fatto comprendere al prete ov'egli si recasse.

Edoardo, giunto a Firenze, scrisse una lettera a Rosolina, datata da Parigi, in cui diceale, che non aveva potuto scriverle da Marsiglia, perchè, appena sbarcato, fu costretto correre alla stazione della ferrovia, per non perdere il vantaggio di partire col treno diretto; tanto da non aver avuto il tempo di spiccarle un dispaccio telegrafico. Diceale eziandio che era giunto felicemente nelle braccia di sua madre e di suo zio; i quali avevano accordato con piacere quant'egli ardentemente desiderava. Diffondevasi così in altre amorose espressioni facili ai miei lettori di supporre.

Quella lettera, scritta in Firenze, l'accluse in un'altra, che diresse ad un suo amico in Parigi; pregandolo d'impostarla da colà, appena gli fosse giunta. In oltre lo pregava di far subito un telegramma alla persona cui era diretta la lettera, e dirle, di essere giunto felicemente in famiglia. Però quella lettera o non giunse al suo indirizzo, o l'amico non si curò d'impostarla; come appresso vedremo.

Dopo di aver così regolato quest'affare, per lui tanto interessante, si presentò ad un notaro, a cui consegnò un testamento; col quale istituiva sua erede universale Rosolina; una metà dei suoi beni da consegnarsi immediatamente alla medesima dopo la sua morte, e l'altra metà dopo quella di sua madre: dippiù lasciava un vistoso legato a Giulietta. Dopo aver dichiarato a quel notaro di pubblicare il testamento, se scorsi due mesi non si avesse notizia di lui, depositò il suo bagaglio presso il medesimo, indossò la camicia rossa, bestemmiando in cor suo, a causa della falsa posizione in cui trovavasi, e partì insieme ad altri volontarii, dirigendosi al campo, ove trovavasi Garibaldi.

Giunse al campo garibaldesco il 25 ottobre, subito prese parte all'attacco contro Monterotondo; ove quattromila garibaldini, diretti dal loro duce, assalirono trecentocinquanta soldati del Papa. Costoro li respinsero per ben quattro volte: ma poi oppressi dal numero, essendo giunte altre bande di volontarii sul luogo del conflitto, al quinto assalto cedettero, dopo di essersi mantenuti per 24 ore nelle loro non fortificate posizioni.

Edoardo si distinse con la solita sua bravura, sebbene avesse combattuto più per amor proprio, che per sostenere un principio, che già cominciava a conoscere essere iniquo e maledetto dalla immensa maggioranza degl'italiani de' suoi compatriotti.

Com'è da supporsi, i giornali rivoluzionarii, non esclusi quelli officiosi, pagati da' governanti di Firenze, riportarono il fatto d'armi di Monterotondo come se si fosse espugnata una altra Sebastopoli. Fa nausea il leggere quelle descrizioni che han del favoloso e del grottesco; ove l'*eroe zoppo* si vede sempre impassibile in mezzo ad una miriade di proiettili nemici, che fa prodigi di valore; mentre in quel combattimento personificò la vera araba fenice.

Varii altri fatti d'armi ebbero luogo sul territorio rimasto al Sommo Pontefice, e con varia fortuna; cioè ove non prevaleva l'esorbitanza del numero de' garibaldini, i soldati pontificii erano sempre vincitori.

Intanto il piccolo esercito del Papa non poteva sostenersi a fronte di tanti assalitori; mentre batteva i nemici alla frontiera toscana, altri se ne avanzavano da quella napoletana. Per la qual cosa il proministro della guerra generale Kanzler si argomentò di riunirlo, anche per difendere Roma da qualche colpo di mano; ove diggià i garibaldini si avvicinavano, sboccando da varii punti mentre l'esercito regio aveva invaso parte dello Stato romano.

Fu allora che i deputati Acerbi e Nicotera, alla testa di parecchie squadre di volontarii, il primo in Viterbo, il secondo in Velletri, fecero recitare alla marmaglia di quelle città la solita commedia del plebiscito, per annetterle al Regno d'Italia: plebiscito che poi fu dichiarato nullo, perchè così volle il papà Napoleone.

La cattolica Francia rassicurata un poco dalle proteste del re galantuomo a favore del Papa, e dal finto arresto di Garibaldi, non si era opposta al disbarco delle truppe già pronte sulle navi in Tolone, onde partire per Civitavecchia, affin di soccorrere la S. Sede apostolica. Quando il telegrafo segnalò il ritorno di Garibaldi nel continente toscano, e ricevuto in Firenze con ovazioni, senza che il governo si fosse commosso a' suoi bandi di guerra contro il Papa, e alla sua partenza pel campo, si comprese da tutti, che i governanti italiani volevano gabbar l'Europa e più di tutti la Francia.

Un grido di esecrazione si alzò allora contro il governo fiorentino, e Napoleone fu costretto di ordinare la partenza della squadra da Tolone, portante a bordo circa duemila soldati ed una batteria di cannoni, sotto gli ordini del generale De Failly.

Il *Moniteur*, del 21 ottobre, dichiarava essere « un dovere di dignità per la Francia far rispettare la sua firma, apposta alla Convenzione del 15 settembre 1864 ». Le truppe Francesi, appena sbarcate in Civitavecchia, marciarono alla volta di Roma, ove il 1° reggimento giunse alle 4 pomeridiane del 30 ottobre; ed il generale in capo De Failly fece affiggere, per le piazze di quella Metropoli un proclama; in cui, fra lo altre cose, diceva: « L'imperatore Napoleone manda un nuovo corpo di esercito a Roma, per proteggere il Santo Padre e il trono pontificale, contro gli attacchi delle bande rivoluzionarie. »

Non diceva però che a quella protezione era ligato il governo di Firenze, secondo gli obblighi contratti per la Convenzione del 15 settembre 1864. Il Bonaparte oprava così da furbo settario, essendo state sempre enigmatiche le sue azioni, per uscirsene all'occorrenza dalla maglia rotta, e perpetrare le solite sue canagliate.

Le truppe francesi e quelle papaline uscirono da Roma la notte del 3 al 4 novembre, e si diressero a Monterotondo, quartier generale di Garibaldi; ove costui aveva riunito sotto i suoi ordini buon numero di volontarii, tra cui trovavansi non pochi bersaglieri della regia truppa, vestiti in camicia rossa, come poi fu provato dagli stessi francesi.

Il 4 novembre, circa l'una pomeridiana, i primi, ad assalire i garibaldini in Mentana, paesetto non molto lungi da Monterotondo, furono i zuavi pontificii; in seguito, dopo tre ore dacchè ferveva la zuffa, i papalini, e poi i francesi.

Le camice rosse, forti di numero,[1] ed occupando fortissime posizioni, si

[1] I garibaldini, combattenti, in Monterotondo ed in Mentana, erano nove mila approssimativamente, come rilevasi dal rapporto del generale Kanzler, del 12 novembre 1867. Ecco le testuali parole di quel generale: « Secondo le notizie avute dagli abitanti di Mentana e dai prigionieri, ed arguendo anche dalle migliaia d'armi rinvenute tanto in Mentana che in Monterotondo, i garibaldini ascendevano a nove mila. »
Gli scrittori garibaldini, che vogliono giustificar quella rotta a causa del poco numero dei loro amici combattenti, dicono che costoro erano circa cinque mila; non pertanto anche ammessa questa cifra, i cinquemila volontarii avrebbero potuto controbilanciare l'ugual numero dei franco-romani. Il certo si è che tra

difesero con bravura, ed in qualche punto ottennero non lievi vantaggi, essendo muniti di artiglieria, diretta da' soldati e dagli uffiziali regii. Dopo di avere sofferto immense perdite di prigionieri, feriti e morti, la sera del medesimo giorno 4, si ridussero dentro Mentana, che fu circondata dalle truppe franco-romane.

La mattina seguente un parlamentario garibaldino si presentò agli avamposti, e propose la resa di Mentana a condizione, che i garibaldini fossero fatti ritirare con armi e bagagli: condizione che venne rifiutata. Per la qual cosa, que' volontari cominciarono a svignarsela, alla spicciolata, al di là della frontiera, la più parte senz'armi; maggiormente che quella stessa mattina, del 5 novembre, il colonnello Fremont, con un solo battaglione di cacciatori, si era impossessato di Monterotondo.

Circa le imprese de' garibaldini e del loro duce zoppo, in quella per essi troppo infausta campagna, io nulla voglio asserire che non sia officiale; laonde riporterò un brano di rapporto del 12 novembre 1867, che il generale Kanzler, pro-ministro delle armi pontificie, umiliò al Santo Padre Pio IX; eccolo:

« Dolorosissimo fu lo spettacolo, che offriva allo sguardo dello nostre truppe la città di Monterotondo; le chiese spogliate, profanate: i cittadini atterriti dalle estorsioni e sevizie sofferte. Le truppe alleate vennero salutate dai cittadini con evviva festosi, siccome a loro liberatori. Garibaldi, il quale, co' suoi figli, fu presente all'azione di Mentana, *non si mostrò mai in prima linea*; ed allorquando vide ripiegare i suoi su tutti i punti, incalzati dalle valorose nostre truppe, ci veniva riferito, che *in tutta fretta*, si ridusse a Monterotondo, da dove, nelle prime ore della notte (che paura!) ripassò la frontiera, cambiando in tal modo l'empio grido: *O Roma o morte*, con l'altro: SI SALVI CHI PUÒ. »[2]

Son questi gli eroi che celebra la rivoluzione! Vergogna! Garibaldi fa lo spaccamonti fuori del suo proprio pericolo, e quando questo comincia a mostrarsi per lui, fugge vilmente, co' suoi due figli, riparandoci dietro il cordone delle

Monterotondo, Mentana, frontiera napoletana e Viterbese vi erano più di quindici mila garibaldini, e tutti fuggirono a rotta di collo e più di tutti l'*eroe* Garibaldi, come qui appresso sentiremo.

Da documenti officiali risulta, che le forze franco-romane erano le seguenti: Colonna Pontificia — Zuavi 1500 — Carabinieri esteri 520 — Legionarii romani 540 — artiglieri (con sei pezzi) 117 — Dragoni 100 — Zappatori del genio 80 — Gendarmi 50 — Totale 2913 combattenti.

Colonna francese — 1° battaglione cacciatori a piedi — 4° battaglione fanteria di linea — 1° plotone cacciatori a cavallo — Un plotone dragoni pontificii — Mezza batteria di artiglieria. — Totale 2000, — Totale combattenti franco-romani 5000, con 10 cannoni — I battaglioni francesi, trovandosi sul piede di pace, non contavano la metà del loro effettivo.

[2] Questo rapporto del generale Kanzlor, e confermato dall'altro del generale francese De Failly, dell'8 novembre, diretto al Maresciallo Niel, e rende eziandio immense lodi a' zuavi pontificii. Il sopracitato rapporto del De Failly fu riportato dalla benemerita *Civiltà Cattolica*, nel fascicolo del 21 dicembre 1867.

regio truppe, e lasciando nel terribile cimento tanto fiore di gioventù italiana, illusa e tradita!

Giacchè Garibaldi, co' suoi mille entrò in Palermo, difesa da ventiquattro mila uomini, perchè co' suoi cinquemila di Mentana e Monterotondo, non ischiacciò e stritolò i franco-romani di ugual numero? La risposta potrebbero darcela completa i generali Landi e Lanza, e così altri generali circa la sua favolosa marcia da quella città fino a Napoli; risposta che in cambio di essere gloriosa per Garibaldi e per coloro che lo mandarono in questo Regno a farla da pagliaccio, sarebbe assai vituperosa. Io mi appello al fatto d'armi di Montana, che finì di smascherare, dopo Aspromonte, il valore ed i meriti militari del nostro eroe da commedia.

Che fatalità pel povero eroe de' due mondi! Egli tanto nemico de' preti, è costretto a fuggire a rotta di collo innanzi ai soldati de' preti! Che la finisse dunque cotesto ciarlatano, ed anche la finissero i suoi aderenti; or sappiamo quanto valgano quegli e costoro, e quel che turpemente agognano.[3]

Un sol fatto è ammirevole, in Garibaldi, in tutta quella campagna dello Stato pontificio, cioè che trattò con umanità i prigionieri, che i suoi fecero in Monterotondo, il 25 ottobre. Ordinò che si dessero quattro lire agli uffiziali e due ai soldati; indi li fece condurre al di là della frontiera, e consegnare alle autorità civili e militari del governo italiano. Il quale li seviziò in vari modi, in cambio di lodare la loro bravura e la fedeltà a quella bandiera che avevano difesa. *Le Journal de Paris, L'Univers, Lé Monde*, del 19 novembre, denunziarono al mondo civile le sevizie, onde furono torturati quegli eletti campioni della più giusta e santa causa, per aver ricusato di lasciarsi imprimere l'ignominioso marchio de' disertori.

Così finì quest'ultima campagna garibaldesca, ove perirono seicento giovani italiani, illusi e traditi dalla tristissima setta rivoluzionaria, ed entusiasmati, credendo di combattere sotto gli ordini del *Capitano del popolo*, mentre costui fu il primo ed abbandonarli, quando più avevano bisogno di esempio e di direzione.

Gli stolti e vili governanti di Firenze, al cenno di Napoleone III, non solo sof-

[3] Garibaldi, trovandosi con la sua metà, la sora Checca, nel piccolo paese di Alassio, il 29 novembre 1880, schiccherò un' altra delle sue solite letterine, diretta a *miei cari amici* in cui si lagna, in occasione del progettato Comizio di Roma, che « Coloro che tentarono di far defezionare i mille di Talamone, e non riuscirono; fecero disertare 4000 volontari di Monterotondo; quindi la catastrofe di Mentana. » I *coloro* potrebbero rispondere al marito della sora Checca di Alassio, che fu egli il primo, la sera del 4 novembre, a disertare da Monterotondo mentre ivi si combatteva, strascinandosi seco i suoi due figli; e che i volontari in cambio di disertare si battettero da valorosi, fino alla mattina del cinque ed in Mentana ed in Monterotondo, mentre egli già era in salvo dietro il cordone delle regie truppe. Sicchè raccomandiamo alla lealtà dell'*eroe zoppo* quei poveri *coloro*.

frirono l'umiliazione di ritirare le regie truppe da quella parte dello Stato romano, che avevano invaso, ma furono obbligati di arrestare il loro complice Garibaldi, facendolo scortare prigioniero in Varignano, nel Golfo della Spezia. Però, al finir dell'uragano, cioè quando lo permise il medesimo Napoleone, lo fecero ritornare a Caprera a spese del governo.

Perchè fu veramente comico l'arresto dello *eroe zoppo*, mi piace dirne le principali particolarità. Mentre costui trovavasi in compagnia de' suoi due figli e di Crispi, ed in viaggio da Terni a Figline, giunto in quest'ultima stazione della ferrovia, ebbe intimato l'arresto dal tenente colonnello de' carabinieri cav. Camozzi; il quale dichiarò che aveva ordine di condurlo alla Spezia.

Crispi sentenziò, che quell'arresto era illegale: e l'*eroe* umilmente soggiunse, di non essere colpevole di alcuna ostilità contro il governo, poi, animato dalle ciarle di Crispi, protestò le qualità di deputato al Parlamento italiano, di *generale romano* eletto da un *governo legalmente costituito* e di *cittadino americano*; infine dichiarò che non avrebbe ceduto se non ad un atto di violenza...

Malgrado che avesse dissotterrato due rancidi suoi diplomi, il Camozzi lo fece afferrare da quattro carabinieri, che lo trasportarono di peso dalla sala di aspetto della stazione di Figline alla carrozza. Crispi gridò, protestò, e cantò il proverbio: – *I dator di stati – sono co' ferri – e con la forca – ricompensati.* In ultimo avendo capito che *contava la ragione a' birri*, telegrafò al generale Menabrea, allora presidente de' ministri, per revocarsi l'arresto del *dator degli Stati*, perchè ingiusto ed illegale; ma non s'ebbe risposta. E così il povero *eroe zoppo* fu condotto in Varignano dalla *benemerita*, accompagnato dal solo Canzio.

CAPITOLO XIX

Edoardo si battette da valoroso, contro le truppe papaline, in Mentana, in Monterotondo ed in altri luoghi; quando però vide avanzare i soldati francesi, posò a terra il suo fucile, e dichiarò di non volersi battere contro le milizie della sua patria, unito con compagni che non fossero francesi, e per una causa non tutta francese.

Quella dichiarazione suscitò l'ira de' suoi commilitoni e di varii uffiziali garibaldini; e qualcheduno ardì di dargli del traditore. Egli riprese il fucile, e si scagliò a calata baionetta contro coloro che l'avevano offeso, e qualche volontario fu battuto e ferito. Una terribile zuffa era inevitabile, ove Edoardo avrebbe dovuto lottar contro più di trenta garibaldini, e con la certezza di essere fatto a pezzi; quando una granata nemica, lanciata dall'artiglieria papalina, scoppiò in mezzo a' contendenti, ed uccise varii di coloro che inveivano contro il nostro amico, restando costui miracolosamente incolume con gli altri, che cercarono riparo altrove, perchè ivi le granate proseguivano a fioccare con insistenza.

Il nostro protagonista, dopo quella disuguale lotta, armato e vestito come trovavasi, la mattina del 5 novembre, partì per Firenze: ivi giunto, prese stanza al solito *Hôtel*, ov'era stato altre volte. A causa de' trapazzi della campagna, fu costretto guardare il letto per varii giorni.

Ivi struggevasi d'impazienza; e per due ragioni: primo perchè voleva correre a Parigi, affin di abbreviare il tempo che tenevalo lontano da Rosolina; donde aveva deciso scriverle, e dirle che non aveva potuto mandarle una altra lettera perchè indisposto, e non voleva scrivere di alieno carattere. In secondo luogo lo martoriava il pensiero, che i garibaldini, testimoni e parte della questione avuta in Mentana, avrebbero potuto dire, che si nascondesse o fosse partito per la Francia col vile scopo di evitare qualche *partita di onore*. Intanto la sua malattia, avendo prese serie proporzioni lo costrinse a guardare il letto; ebbe però l'avvertenza, appena giunto in Firenze, di ritirarsi dal notaro il bagaglio ed il testamento, che aveagli lasciato prima di recarsi al campo garibaldino.

Sul finir di novembre, quando appena reggevasi in piedi, usci dall'*Hôtel*, e per meglio farsi conoscere, indossò la divisa garibaldina; girando tutti i caffè e luoghi di riunioni, ove bazzicavano i suoi camerata; e ciò con la speranza d'incontrare qualcheduno di quelli con cui si era questionato in Mentana. Non ne incontrò alcuno; sia che i volontarii non fossero ritornati in Firenze, sia perchè ritornati nelle loro famiglie, od infine perche fatti prigionieri dalle truppe franco-romane. Egli intanto non tralasciava sovente di girar la città, e sempre con lo scopo d'incontrare a chi voleva dare una lezione *cavalleresca*.

Un giorno che trovavasi al passeggio lungo l'Arno, si sente battere una mano sulla spalla, e voltandosi quasi adirato, si trovò faccia a faccia del dottor D. Piddu, giunto allora in Firenze per un suo affare, che guardavalo maravigliato dalla testa a' piedi in quel costume garibaldino: figurarsi la confusione di Edoardo!

E quegli, senza badargli, disse: Ancora vestito con questa livrea.... ?! –

Dopo di essersi guardati pochi istanti in silenzio espressivo, Edoardo esclamò: Come? Voi già sapevate...?! –

Sì, io lo seppi or sono varii giorni, cioè prima che fossi partito da Palermo; e la prima a conoscere, che voi eravate in Mentana, tra le file garibaldesche, fu la povera Rosolina. Sa pure che l'anno scorso faceste parte delle bande de' volontari del Tirolo, ed altre notizie che ne prostrarono lo spirito... –

Mio Dio! soggiunse Edoardo, Ella dunque sa..?! –

Sì, sa tutto. –

Quel disgraziato giovane impallidì dapprima, e vacillò dippoi; onde che dottor D. Piddu dovette sorreggerlo, non senza sentir pietà di un amico, che tanto aveva stimato.

Edoardo, dopo di essersi un poco riavuto dall'emozione sofferta, disse: Signore, io merito il vostro disprezzo; ma vi prego, in nome dell'umanità e degli atroci rimorsi che soffro in questo momento, di accompagnarmi all'allogio. Non crediate però che io sia un avventuriero qualunque, ma realmente sono il barone di Desmet –

In ciò non cade alcun dubbio, dopo tutto quello che ci assicurò padre Romano, rispose dottor Don Piddu; quello che nè io, nè vostri antichi amici di Palermo sappiamo spiegare è la vostra misteriosa condotta. –

Venite, accompagnatami all'*Hôtel*, ve ne supplico, e tutto saprete. I vostri dubbi si dilegueranno, e senza che io giustifichi la mia condotta, che or condanno ed abbomino. –

Giunti all'*Hôtel*, Edoardo gli raccontò la veridica sua vita, senza nulla occultare, e che noi già sappiamo. Il dottore, avendo notato il pentimento del giovane traviato, gli strinse amorevolmente la mano, confortandolo a sperare la sua riabilitazione in faccia alla buona società, ed in Dio misericordioso. Però lo prevenne a non nutrir più speranza di sposar la Rosolina.

Allibì Edoardo, e con animo affranto disse: Ah, voi mi uccidete! A che vivere senza lei? –

Dopo pochi istanti, soggiunse: Ma, ditemi, come mai quella fanciulla ha conosciuto il mio passato e il mio presente ? –

Son pronto a soddisfarvi, rispose l'altro: ascoltatemi e tutto saprete. Voi, prima di partir da Palermo, prometteste a Rosolina che appena giunto in Marsiglia, le avreste dato nuove del vostro viaggio con un telegramma. Figuratevi con quale ansia erano aspettate le vostre notizie: si contavano le ore ed i minuti. Rosolina, dopo la vostra partenza, era ridotta che facea pietà; ella altro sollievo non trovava, che parlar sempre di voi con la sua Giulietta e piangere insieme.

Considerate la loro desolazione, quando trascorso il tempo più che sufficiente, non giunse, nè il vostro telegramma, nè la vostra lettera. D. Carlo ed io confortavamo quelle due spaventate e buone giovanette, dicendo loro, che voi, per qualche impreveduta circostanza, appena sbarcato in Marsiglia doveste forse proseguire subito il vostro viaggio per Parigi. La confortavamo pure con la supposta dispersione del vostro telegramma, ma che non potevate ritardare oltre di scriverle appena giunto nello braccia di vostra madre, della quale, senza dubbio, avreste annunziato eziandio il pieno consentimento al progettato matrimonio. A dirvi il vero, nè io nè D. Carlo eravamo sicuri di tutto quello che assicuravamo a quelle sconfortate, il vostro silenzio non era punto rassicurante: noi prevedevamo qualche disgrazia; però eravamo le mille miglia lontani da sospettare il vero. Si attesero quindi vostre notizie da Parigi, e neppure giunsero, quando già era passato un tempo più che necessario a riceverle. – (Edoardo, essendosi ricordato della lettera mandata al suo amico, si morse lo labbra, e sospettò che questi non si fosse curato delle sue raccomandazioni.)

– Fu allora che Rosolina vi scrisse, e la sua lettera cadde nelle mani di vostra madre. La quale, avendo rilevato dalla stessa le relazioni che passavano tra voi e quella giovine, credendola pure di sentimenti liberali, le rispose subito con una ben lunga lettera, che avrebbe spezzata l'anima la più indurita e scettica nelle sventure della vita.

La vostra nobile genitrice, fra le altre cose, scriveva, che voi non eravate andato a Parigi, ma sospettava che vi trovavate alla frontiera dello Stato romano, per combattere contro i difensori del tribolato Pio IX e della S. Sede Apostolica. Aggiungeva, che, nell'està dell'anno passato, combatteste altresì nel Tirolo, sotto gli ordini di Garibaldi, ove disgraziatamente deste prove della vostra bravura. Quindi la pregava ricercar di voi nell'Italia centrale, anzi che in Francia. Davale eziandio la notizia, che diggià aveva spedito un suo fedel domestico, per rintracciarvi nello Stato romano, e nella stessa Roma, per prender conto se vi trovavate tra' prigionieri, o tra' feriti, ed anche tra coloro che non comparvero in nessun luogo, dopo il 5 novembre.... Voi mi comprendete, tra' morti....! Finiva quella straziante lettera, supplicando la Rosolina, con le più care e dolci espressioni, che se mai avesse ascendente su di voi, doveva indurvi a ritornare nelle braccia di una madre, che altro non desiderava, prima di morire, che rivedere ed abbracciare un figlio, per quanto traviato, altrettanto idolatrato.

Quella lettera fatale giunse in un giorno festivo nelle mani di Rosolina, che trovavasi poco bene in salute, e Giulietta era andata alla vicina chiesa, per ascoltar la messa. Immaginate voi lo spavento di costei, quando ritornando a casa, vide la sua amica priva di sensi per terra!!... Essa senza por tempo in mezzo manda subito persone per chiamar D. Carlo; questi corre immediatamente, e trovando la sua protetta in quello stato, fece chiamare un medico per soccorrerla; ma non sapendosi la causa del male, si ordinano rimedi blandi.

D. Carlo, nel passare e ripassare per la sala di sua casa, vide per terra una lettera; un aspetto gli attraversò la mente, la prese e la lesse. Giunto ove vostra madre svelava, che voi, garibaldino, combatteste nel Tirolo, s'intese venir meno, ed a stento potette ritirarsi nella sua camera, ed abbandonarsi sopra una poltrona.

Il mistero fu noto a tutti coloro che vi conobbero, e vi amarono; quel colpo giunse inaspettato e fatale a Rosolina, e di sorpresa e meraviglia agli altri.

Rosolina cominciò a riaversi ed a conoscere le persone che l'assistevano non prima della sera di quel tristissimo giorno; ed il suo passaggio dallo stato letargico a quello de' sensi ed alle rimembranze, fu straziante: le sue parole, le sue smanie spezzavano il cuore a tutti coloro che la sentivano. Essendo però di una volontà energica, a poco a poco domò sè stessa, e riprese una specie di calma; calma taciturna e misantropa da destare serie apprensioni.

In que' giorni ritornò da Mentana, un giovane, figlio di un amico di D. Carlo; non sò per quale incidente avvicinò Rosolina; a cui disse di avervi veduto nelle bande di Garibaldi in Monterotondo. Dicendosi vostro antichissimo amico, le raccontò tante altre particolarità sul conto vostro; ed una fra le altre, che la fece divenir furibonda contro di voi. Quale sia stata quest'altra particolarità, che le fece tanto male, l'ignoriamo: ella neppure volle rivelarla a Giulietta.

Io volli parlare con quel giovane, reduce da Mentana, facendomi ripetere tutto ciò che aveva detto a Rosolina, e nulla trovai d'interessante, oltre a quelle che già si sapeva sul vostro conto. Chi sa! forse qualche circostanza, che a me non fece alcuna impressione, lasciò scoprire ad essa un terribile segreto, che vi riguarda. Le donne, particolarmente quando amano, acquistano, direi quasi, un senso arcano, che fa loro percepire e conoscere talune cose, che sfuggono agli osservatori più attenti ed avveduti. Quello che posso dirvi è, che quella giovanetta, sì buona, sì amabile e pia, addiviene un aspide maltrattato al solo sentire il vostro nome. Ella giunse a dire, in mia presenza: Oh! detesto quel mostro, che mi salvò da orrenda sventura ; meglio che fossi morta in quell'istante, che averlo conosciuto......! –

Ella.... ha detto?.! esclamò Edoardo, con voce soffocata. Indi soggiunse:

Giustizia di Dio, io ti riconosco; alla fine, mi hai raggiunto! Sì, io merito di essere abbominato ed odiato da colei, per cui ancor vivo; ed Iddio stesso non poteva infliggermi in questa vita una maggior punizione. Sì; io la merito! Io figlio snaturato, io ribelle all'amico del padre mio, al grande Pio IX, l'onore del nostro secolo, a Colui che mi carezzò e mi benedisse. Sì, io sono un mostro, e Rosolina ha purtroppo ragione di odiarmi; ma io non l'ho offesa personalmente; soltanto le occultai il mio passato per interessarla ad amarmi. Oh! un mistero terribile contamina forse e schiaccia la mia vita, il mio onore di gentiluomo. Oh, giustizia di Dio, io ti riconosco!

Io non posso vivere con questa macchia sul nome che porto, è necessario lavarla con l'aborrito mio sangue. Io corro a Palermo immantinenti, mi getterò ai piedi di Rosolina; voglio provarle, che se sono stato traviato da un falso e fatale amor proprio, di cui si giovarono quei perfidi, che si dicevano miei amici, non sono poi un malvagio, e non l'ho offesa personalmente. Se non sarò ascoltato da lei, cercherò la morte; ed allora sarà paga. –

Il dottore aveva gli occhi pieni di lagrime, e con voce tremebonda, gli disse: Non approvo che voi ritorniate a Palermo; poichè, son sicuro, non vedrete Rosolina; essa ed i suoi amici vi fuggiranno, malgrado tutto quello che voi potreste fare, per avere con essi un abboccamento.

Ritornate piuttosto a Parigi, andate a consolare l'afflitta vostra genitrice, riparando così il primo vostro torto; e date tempo al tempo che tutto svela. –

E prendendogli la mano, con commozione indefinibile soggiunse: Contate su di me, sebbene a nulla valgo; e non dimenticate che in Palermo avete un difensore, un amico.... –

Edoardo si abbandonò nelle braccia di quella uomo sensibile, e trovò il conforto delle lagrime. Oh, disse, è pur vero, che ne' grandi dolori giunga quasi sempre qualche consolazione, ed io la trovo in voi generoso amico! Però non posso seguire i vostri amorevoli consigli; è necessario che si compia il mio destino; io non posso vivere in questo stato di tremenda ambascia. Io corro a Palermo, e se non potrò giustificarmi, il mio partito è già preso ed irrevocabilmente... –

Pronunziò questo ultime parole con tale convinzione e fermezza, da far giudicare al dottore, essere vana qualunque altra ragione, per distoglierlo dalla presa risoluzione. Onde si tacque; lo riabbracciò; e prima di accomiatarsi gli disse: Domani partirò per Palermo, avendo trovato qui un caos in tutta l'amministrazione del governo; e quindi non posso disbrigare gli affari miei per cui era venuto: vi rinnovo quindi la promessa, che in me troverete sempre un affettuoso amico; contateci. –

Edoardo, dopo che si divise dal dottore, rimase con gli occhi vitrei e fissi in un punto del pavimento della camera; sembrava statua marmorea, anzi che un uomo vivente. Egli tanto irrequieto, impaziente nelle lotte del suo amore per la Rosolina, or, perchè sapevasi abborrito, è addivenuto inerte. È pur verissimo che i grandi dolori dell'animo nostro non uccidono, perchè ci snervano e ci stupidiscono. Il contrario avviene nelle grandi ed inaspettate gioie; allora il sangue si dilata, affluisce al cuore ed al cervello, e spesso di un tratto ci uccide.

Non pertanto quell'infelice giovane, mentre guarda il suolo come un ebete, tutto ad un tratto, sorride con amaro sogghigno; i suoi occhi già risplendono di tetra luce, ed il suo atteggiamento somiglia a quello dell'angelo ribelle cacciato dall'Eden, giusto come lo descrive Milton. Edoardo rimase lungo tempo in quell'atteggiamento; ma fu scosso da un colpo dato all'uscio della sua stanza, che lo richiamò dal suo fatale riconcentramento.

Un cameriere annunziò, che una persona cercava di lui.

Che entri, rispose con indifferenza. –

Si sorprese nel vedere il fedel domestico Francesco, mandato da sua madre, che, piangendo, gli si gettò a' piedi; e stringendo le sue ginocchia, esclamò: Alla fine, dopo lunga ed anelante peregrinazione, mi è concesso rivedervi! Ora posso morir contento. – Altro non disse perchè commosso e singhiozzante.

Edoardo lo rialzò e se lo strinse al seno. Era quella un'altra consolazione che Iddio gli largiva, trovando tanto affetto in un domestico; indi dissegli:

A che ne viene amico fedele ed affettuoso? Ecco, tu trovi l'ombra di colui che un tempo chiamavi tuo bel padroncino. Ah, io sono assai infelice, un maledetto, in odio a colei.... ed a me stesso! –

No, padroncino, voi non potete essere infelice, voi non potete destar che amore in chi vi conosce. E quando il mondo intiero, perchè ingannato, vi odiasse, il vostro fedel servo Francesco è qui e si farà uccidere per voi, e se fosse possibile, le mille volte. E dopo che io avrò spesa così bene la mia vita, vi resta ancora sulla terra un essere, che vi ama assai più di me: la desolatissima signora baronessa, vostra madre......

Ah, mia madre! Orrenda fatalità! Io l'aveva dimenticata! Il primo mio pensiero, nel vederti non fu per lei! –

Calmatevi, ella vive per voi; ella altro non desidera, che rivedervi, abbracciarvi e morire nelle vostre braccia. Partiamo per Parigi; la vista di que' luoghi, l'amore di vostra madre e di vostro zio, e di quanti vi conoscono e vi amano, cancelleranno qualche trista rimembranza, che oggi avvelena la vostra vita.

Venite, abbandoniamo l'Italia, ove trovaste il dolore e la infelicità, in cambio de' godimenti che speravate.... –

No, Francesco, non dir così, esclamò Edoardo: non parlar così di questa terra, creata nel sorriso di Dio. Guarda laggiù, all'oriente; colà vi è un' Isola, ed i poeti dissero il vero, quando fantasticarono essere stata abitata dagli dei. Ivi, in una notte terribile, incontrai un angelo, assalito da quattro demoni, ed ebbi la fortuna di liberarlo. Io l'amai, egli mi amò, come sanno amar gli angeli; ahi sventura! esso or mi odia, e si vergogna di avermi amato. Oh, la vita, se pure mi resta, lo sarà per piangere il mio traviamento, la mia disgrazia!

Parigi! colà m'inocularono quel veleno che ancor mi serpeggia nell'anima, e che mi fece addivenir ribelle alla memoria di mio padre, abbandonar la più affettuosa delle madri, mi rese bugiardo verso colei, ed infine mi spinse ad impugnar le armi contro la più santa delle cause, contro Colui che onora questo secolo, che mi aveva carezzato e benedetto: Oh, io sono un mostro! ben disse colei...... –

Il povero Francesco si struggeva in amare lagrime, nulla comprendendo dell'esaltato discorso del suo amato padrone, e quel che è peggio, non solo credevalo trafitto al cuore, ma colpito all'intelletto.

Edoardo n'ebbe sospetto, e soggiunse: Consolati amico fedelissimo, io non son pazzo; oh, lo desidero, perchè sarei meno infelice! Tu non puoi comprendere quello che ho detto, ignorando gran parte delle vicende, per le quali son passato in due anni da che mi trovo in Italia. Consolati, la ragione non mi ha abbandonato; anzi è dessa che rimprovera crudelmente le mie colpe da rendermi odioso a me stesso.

Io non posso ritornare a Parigi; ho una missione da compiere in Sicilia; missione di onore, di vita o di morte. Risparmia le tue preghiere, io sono irremovibilmente deciso: vada a soqquadro l'universo, io debbo squarciare il velo che ricopre un orribile mistero, che forse contamina la mia vita di gentiluomo.

Ritorna presso l'afflitta mia genitrice; consolala; dille, chi sa! forse colei..... mi accorderà il suo perdono; ed allora, oh, incantatrice idea!.... la sua casa diverrà un paradiso sulla terra. Io le scriverò, ed anche all'ottimo zio Luigi, a colui che tutto fece per non farmi rotolare nell'abisso in cui mi trovo; e senza tacere all'uno e all'altra, i miei attuali dolori, e le speranze.... farò la promessa di scrivere a' medesimi da dovunque mi trovo. –

Il servo fedele, uso ad obbedire, chinò la fronte, e nulla più disse per persuadere l'amato padrone di ritornar con lui a Parigi. Consegnò le lettere della madre e dello zio, ed ognuno potrà supporre in che modo erano scritte, e con quante dolci preghiere que' trambasciati, lo chiamavano fra le loro braccia. Gli consegnò eziandio una grossa somma di danaro in biglietti della banca di Francia; dappoichè la signora baronessa temeva che suo figlio avesse debiti ed obbligazioni da soddisfare.

Dopo che Edoardo consegnò a Francesco due lunghissime lettere, questi partì per Parigi.

CAPITOLO XX

Dottor D. Piddu, appena giunto a Palermo, si recò nella chiesa ove D. Carlo celebrava la S. Messa, e gli raccontò l'incontro avuto con Edoardo, la stato in cui questi trovavasi, e la sua risoluzione di recarsi in quella città, per domandar perdono a Rosolina. Il prete, sentendo che il barone di Desmet era sulla buona via, e che detestava specialmente di avere impugnato le armi contro la S. Sede Apostolica, avrebbe voluto che Rosolina l'avesse perdonato. Sapendo però che costei più non voleva sentir parlar del suo fidanzato di un tempo, e che era irremovibile nella presa risoluzione, non diede alcun passo per tentare una conciliazione; invece affrettò i preparativi per farla partir da Palermo.

Ho già detto altrove, che la madre di Rosolina era affetta di una malattia lenta e perniciosa, causa i tanti dispiaceri, sofferti con cristiana rassegnazione. Nell'autunno di quell'anno, andò peggiorando di giorno in giorno, tanto che i medici ordinarono fosse trasportata in un clima più dolce; dappoichè il male che la vessava, tendeva alla consunzione.

D. Carlo, avendo consultato il padre Romano, a cui raccontò tutto quel che noi sappiamo sul conto di Edoardo e della sua protetta, que' due ottimi ecclesiastici decisero di mandar la madre e la figlia in un paese della Sicilia, lontano da Palermo; quella per curarsi, questa per isfuggire le ricerche del suo amante.

Il prete ed il padre Romano raccolsero una mediocre somma di danaro, che servir doveva a quelle due infelici donne pel viaggio e pel mantenimento sul luogo che sarebbe stato prescelto. La piccola città di Naso fu preferita a rifugio dell'ammalata e della giovane fuggitiva. Ivi respirandosi un'aria purissima e balsamica, sarebbe stato di giovamento alla madre; ed essendo quel sito lungi tre miglia dalla strada rotabile, che da Palermo corre a Messina, era da supporre che Edoardo non avrebbe potuto trovar la Rosolina.

A tutto ciò bisogna aggiungere, che in Naso D. Carlo aveva un carissimo amico, cioè l'arciprete D. Gaetano Lo Sardo, che aveva conosciuto in Palermo, fin da quando questi studiava nel convento dei padri cappuccini; a cui poteva affidar la sorte delle sue protette, essendo quell'arciprete un uomo istruito, caritatevole, ed insieme semplice ed ameno.

Il 2 gennaio 1868 fu il giorno destinato alla partenza da Palermo della Rosolina e di sua madre; D. Carlo e Giulietta le accompagnarono fino al piroscafo. Qui tralascio di descrivere lo strazio di quella desolante divisione fra le due amiche; perchè sono scene indescrivibili. Il lettore, che sà come si amavano quelle due giovanette, potrà in parte immaginare i pianti, lo smanie e le promesse che le medesime si scambiarono. D. Carlo avrebbe mandato a Naso anche sua nipote; ma come rimediare, avendo la madre vecchia, a cui era necessaria una persona affezionata come Giulietta, per servirla in tutto, trovandosi inchiodata nel letto?

La mattina del 3 gennaio, dopo una notte di mare tranquillo, mentre il sole sorgeva dietro il monte di Calavà, il piroscafo, che conduceva le due nostre conoscenze, trovavasi a vista del pittoresco monte di Capodorlando, che ha la forma di un piccolo vulcano. Alla cui sinistra si estende una pianura di quindici miglia in lunghezza, lussureggiante di verdura come in maggio, perchè tutta smaltata de' sempre verdi aranceti. A destra e a tergo gli fan corteggio una catena di colline irregolari, ma che formano un tutto armonico, addossate a maestosi monti, che par si appoggino a quello stupendo dell'Etna. Sopra la cima di quel monte si ammira un Santuario, detto della Madonna di Capodorlando, che sembra sospeso in aria dalla parte dell'est; e veramente, il mantenersi incolume dopo tanti secoli ed in quel sito, con le mura senza fondamenta sopra un abisso, è un evidente miracolo che non rovini nel sottoposto mare.

A piè del suddetto monte, a sinistra, trovasi l'interessante Villaggio di Capodorlando, con casini bellissimi e con casucce di pescatori: per la sua posizione, potrebbe addivenire un vasto centro di commercio. Difatti da colà si è cominciata una strada rotabile, che metterà in comunicazione varii paesi, ricchi di prodotti agricoli, e che si trovano fra Capodorlando e Randazzo, nella provincia di Catania, ove quella arteria dovrà congiungersi. Il sig. Gaetano Parisi – Parisi, deputato del Collegio di Naso, ricco proprietario, ed uno de' pochi onesti onorevoli, lottò col ministero per parecchi anni, affin di ottenere quel tronco di strada rotabile. Quel disgraziato lembo della provincia di Messina difetta anche di strade vetturali e rotabili interne. Così il governo riparatore tratta i siciliani, mentre in Piemonte, ed anche in Lombardia, in questi venti anni, ha fatto una rete di ferrovie, da superarla soltanto quella di Francia: date uno sguardo alla carta geografica, e vi convincerete.[1]

[1] Non più lungi di un miglio da Capodorlando, sorgeva la famosa ed antichissima città di Agatirio, o Agatirso, tanto encomiata dagli storici Tolomeo, Strabone, Plinio, Diodoro, e Livio. Diodoro narra nel sesto libro, che Agatirio fu fabbricata da Agatirso, figlio di Eolo, dandole il suo nome. Livio afferma, che ancora era in piedi quando Marcello e Livinio soggiogarono la Sicilia all'Impero Romano, cioè 212 anni prima dell'Era cristiana. Oggi di quella città si vedono soltanto alcune reliquie, e propriamente in quella campagna, che addimandasi piano di S. Martino; ove si trovano mattoni, pietre quadrate, e si vede un antico aquidotto.

Rosolina e sua madre furono incontrate a bordo del piroscafo dall'arciprete e dalla sua giovane nipote, di nome Carmela. Le due ragazze, appena si scambiarono i loro nomi, l'una si gettò nella braccia dell'altra, come se si fossero rivedute dopo di essere rimaste divise lungo tempo; Rosolina, nell'abbracciare la sua novella amica, sembravale di aver trovata la sua Giulietta.

Dopo lo sbarco in quella marina di Capodorlando, ov'è un porto naturale ed abbandonato, l'arciprete condusse le donne a Naso,[2] nella propria casa; assegnando alle due ospiti una modesta, ma pulitissima, camera al mezzogiorno; donde si affaccia sopra un aranceto, il quale sembra sospeso su di un abisso, la cui vista è sorprendente.

In que' paesi, il giungere di una bella giovanetta, proveniente dalla sicula capitale, è sempre un avvenimento straordinario; si è perciò che tutti volevano vederla e sentirla parlare essendo già corsa la fama, che ella fosse istruita nella letteratura italiana e francese nel disegno, nella musica e nel canto. Non pochi giovani, ed anche adulti, si recarono in casa dell'arciprete col pretesto di visitarlo; ma Rosolina non comparve; al contrario, quando varie giovanette civili andarono a visitarla, le ricevette cordialmente; facendosi ammirare per la sua estrema modestia, e per quel simpatico velo di malinconia, che tanto rendevala interessante, dopo che aveva amato Edoardo.

Ella usciva di casa per andare alla Chiesa, e per far qualche passeggiata con sua madre e con la nipote dell'arciprete, sol quando l'aere era tiepido, ed il sole splendeva in tutta la sua maestà.

In que' mesi che Rosolina dimorò in Naso, confortata dalle lettere di Giulietta, che si studiava di non parlarle mai di Edoardo, o di qualche circostanza che potesse rammentarlo, si attirò le simpatie di tutti; e varie famiglie l'avrebbero voluta in casa, anche con l'inferma genitrice.

Le giovanette più distinte del paese, quando l'avvicinavano, le manifestavano la più gran simpatia ed affetto. Ella, modesta ed umile, con parole di sentita

[2] La piccola città di Naso, o castel di Naso, come la chiamano gli antichi storici, non è molto antica, ma venne fabbricata dalle rovine dell'antichissima Nasida, posta in una vallata alla sinistra del fiume Naso, quasi rimpetto all'attuale paese di Ficarra.

Quella città fu resa illustre dall'Abate basiliano Conone Navacita, uomo piissimo, che fiorì a' tempi del re Ruggiero; e colà si conservano le sue reliquie, essendo state innalzate agli onori degli altari, e scelto a patrono dei nasitani, che, sul luogo ove era la sua casa quando morì, gli eressero un magnifico tempio, oggi, per vetustà, crollante.

Naso soffrì molto sotto il dominio baronale. Taluni baroni la dominarono con asprezza ed ingiustizia; però nè nel loro castello, oggi trasformato in bellissimo teatro, nè in altri luoghi, ardirono usare di taluni infami *privilegi*. Grazie all'immortale Carlo III di Borbone, che senza versare una goccia di sangue, liberò la Sicilia da que' vituperosi tirannelli, dando la prima spinta all'attuale vera civiltà, prima che la Francia del 1789 avesse eliminato la sua feudalità, versando un mare di sangue, e perpetrando delitti sparentevoli.

riconoscenza, rifiutava, tutte le offerte che le si facevano.

Avendo inteso che nelle chiese di Naso si trova qualche capolavoro artistico, volle vederlo e studiarlo. Nella parrocchia del SS. Salvatore la sorprese uno stupendo quadro di S. Girolamo che traduce la sacra Bibbia. Ammirò nell'altra chiesa matrice l'antichissimo crocifisso in legno, opera di celebre autore, e la statua in marmo della Madonna, detta della Neve, di sorprendente bellezza. Nella parrocchia di S. Conone osservò con crescente stupore le catacombe, oggi ridotte a chiesa, con bassorilievi in marmo degni di ornare una delle Basiliche di Roma.

Un giorno volle visitare gli affreschi pregevolissimi nel chiostro de' padri Osservanti, dipinti nel 1600 dal torinese Paucena, e rappresentanti i miracoli di S. Francesco di Assisi, i fasti, ed i martirii inflitti dagl'infedeli a que' santi religiosi, che seguirono la regola di quel gran santo. Nel tempio di que' padri, la fecero meravigliare i sontuosi mausolei in marmo degli antichi baroni nasitani, e con particolarità quello de' signori Piccolo; ove trovansi varie figure in bassorilievo, domestici e familiari in atto di sublime malinconia. Ai due lati dell'altare maggiore ammirò gli avelli de' conti Codorna e Cibo, ricchi di lavori in marmo, eseguiti nel medio evo. La Rosolina, giudicò siffatti artistici lavori tanto interessanti che di varii, come capolavori, se ne fece delle copie su tela e ad *acquarello*.

Volle eziandio dipingere il sorprendente panorama di quella ridente città, fabbricata sopra un ameno colle; donde si vede un fiume serpeggiante in mezzo ad una continua verdura dalla foce alla sorgente; dietro di cui sembra sorgere il gigantesco monte Etna. Dalla parte dell'est, si ammira una catena di pittoresche montagne, seminate di paesetti, diramazione del sistema appenninico, che si parte dalle Alpi, traversa la lunghezza dell'Italia, e dell'estrema Calabria prosegue per la Sicilia, dividendosi in tre braccia, che si abbassano a' tre promontorii della stessa, formando il famoso *Delta*.

Al nord vi è un mare ceruleo e ridente ove sorgono come Nereidi le incantevoli isole Eolie, formando un piccolo arcipelago.[3] In fine all'ovest si estende una gran pianura, spesso interrotta da montagnuole e valloncelli, verdeggianti di rigogliosa vegetazione.

Mentre Rosolina ammirava e ritraeva quei luoghi, ove la natura prodigò tutti

[3] Ecco i nomi delle isole che formano quell'ameno arcipelago. Lipari, che è l'isola più grande, ha un circuito di 19 miglia e due vulcani estinti; è rinomata por la prelibatissima malvasia. Stromboli l'antica *Strongylo*, ivi i poeti immaginarono che fosse il famoso palazzo di Eolo. Panaria, piccola isoletta, abitata da poveri pescatori. Vulcano, l'antica *Hiera*, poco abitata. Vulcanello, avente un piccolo vulcano che spesso getta fiamme e lava. Alicuri, l'antica *Aricusa*, Filicuri, la *Phènicusa* de' greci, Salina o *Didyma*. Vi sono altre isolette e grandissimi scogli, i più notevoli sono Basiluzzo, Dattilo, Tilanovi ed altri; tutto presentano tracce di vulcani estinti.

i suoi favori, il suo cuore era trafitto da un altro dolore, vedendo che sua madre andava sempre a deperire; ed essendo in aprile, i medici vollero che la inferma fosse condotta in campagna, presso la marina.

L'arciprete si fece cedere, da famiglia a lui amica, una modesta casinetta, in un tenimento detto Scafa; ed ivi presero stanza la madre e la figlia, visitate spesso dall'arciprete, da sua nipote Carmela, e d'altre poche persone, con cui aveano stretta più cordiale amicizia.

Quivi la Rosolina era più libera di accudire amorevolmente la sua diletta madre e di riflettere sul suo passato e sul suo avvenire.

La immagine di Edoardo, da essa detestata dopo la terribile scoperta che aveva fatta sul conto di lui, spesso presentavasi cara ne' suoi sogni; ed essa le stendeva ansiose le braccia, proferendo l'amato nome. La sua genitrice destavala, e con benignità materna, la rimproverava, perchè le sue parole dette nel sogno, smentivano ciò che dicea quando era desta.

Rosolina, interrogando il suo cuore, rimaneva spaventata; ad onta sua, trovava che il suo non era odio contro Edoardo, ma risentimento. Quando l'assaliva la rimembranza delle virtù e del dolce e maestoso aspetto del suo fidanzato di un tempo, passava subito a rassegna i torti di lui, e che noi sappiamo; ma trovandoli perdonabili, allora fermavasi sul ricordo del gran delitto del medesimo, ch'ella sola conosceva, e che neppure aveva confidato a Giulietta. Quella fatale rimembranza le destava un sentimento, che direi quasi, feroce, ed essa compiacevasi dargli il nome di odio.

Essendo però di cuore angelico, pia e religiosa, spesso, come accade nelle anime trambasciate, inorridiva di sè medesima; ma finiva col credere, essere un suo dovere odiare Edoardo. Nondimeno i consigli del suo direttore spirituale, la sua bell'anima ed il suo naturale buon senso le suggerivano, che odiare, sia pure il più feroce nemico, è sempre una colpa; si è perciò ch'ella promise a se stessa di perdonare Edoardo, e far di tutto per allontanare la ricordanza di lui. In conseguenza di questa risoluzione, si sforzava dimenticar le virtù ed i torti di chi tanto aveva amato, or con la preghiera, or con le cure che prodigava alla inferma genitrice, ed or conversando con le forosette di quella contrada, che sempre la visitavano e le facevano festa al solo suo comparire.

Quando Rosolina giunse in quella villa di Scafa, perchè non parlava siciliano, ma italiano, tutte le villanelle la fuggivano, chiamandola la piemontese, e quasi la odiavano; supponendola una avventuriera, una spia del governo, ivi mandata, per notare se fossero ricche, quanti animali domestici allevassero, quali industrie esercitassero, onde aggravarle di tasse.

Oggi, come allora, in Sicilia vi è un'antipatia pronunziatissima verso i continentali dell'alta Italia; difatti nella gente un poco rozza, l'idea di parlare italiano è associata a quella del ricevitore demaniale, dell'agente delle tasse, dell'usciere, che fa i sequestri, e del carabiniere, che spesso, essendo continentali, parlano quella lingua in cambio del dialetto siciliano. Dippiù l'idea di parlare italiano è pure associata alla irreligiosità, al malcostume. Ed invero quando i figli di que' contadini, partiti da colà accostumati e religiosi, dopo che han servito da soldati, ritornando in patria, sono smaniosi di parlare un italiano che fa ridere la gente colta, ma ritenuto testo di lingua dal contadini; da cui si nota, come insieme a quello eloquio, i reduci soldati portano pure i vizii, e spesso, l'empia derisione verso la nostra augusta e santissima religione cattolica.

Visto che Rosolina non era intrigante, invece religiosissima, e che accudiva soltanto ad assistere sua madre, anche conducendola amorevolmente sotto il braccio al passeggio, quelle villanelle cominciarono ad avvicinarla, e ne conobbero le peregrine virtù. D'allora per quanto l'avevano evitata, altrettanto si fecero un piacere, un onore di corteggiarla, ad assisterla in tutte quelle faccende di cui essa avesse avuto bisogno.

Nelle feste quelle forosette si vestivano delle robe della domenica, e conducevano Rosolina ad una chiesetta rurale non molto lontana; ivi cantavano delle canzoncine a Maria Santissima e al Santissimo Sacramento. La sera si riunivano presso l'abitazione della signorina, così chiamavano la giovanetta; e quando la madre di costei soffriva meno, in uno spiazzo, detto l'Aria, ballavano sul tamburello e cantavano delle concettose e simpatiche canzoni, adattandovi una musica, che è antichissima in que' luoghi, e prediletta alla gente di campagna.

Da quel sito la Rosolina, e da un altro, detto il Pizzo, consueta sua passeggiata, ritraeva a pennello que' paesaggi, folti boschetti, apriche valli, deliziose montagnuole, rigogliose di vegetazioni, che nell'insieme presentano un quadro della vera Arcadia felice, descritta dai poeti del seicento.

Oltre di che dipinse quel gran panorama a nessuno secondo per l'incantevole bellezza. Ed invero se quivi fosse stata una interessante città, oh! quanti scrittori, in prosa ed in versi, ne avrebbero celebrato le meraviglie: come han fatto del golfo di Genova, di quello di Napoli, e del Bosforo di Costantinopoli.

Da quel colle, detto il Pizzo, elevato sul mare, circa un chilometro, si vede a destra una estesissima pianura di vigneti, gelsi ed agrumi, interrotta dalla vista di un paesetto, colla sua storica torre baronale, ed intersecata da due maestosi fiumi, che si scaricano in un mare ceruleo, seminato d'isole e d'isolette, che son quelle Eolie. Quell'amena pianura è chiusa, dalla parte del sud, da un semicerchio di altissime e verdeggianti montagne, che vanno a finire all'est con quella rocciosa di Calavà; la quale sembra un gran mostro con la testa stesa sul mare, come se volesse avventarsi contro quelle isolette che ha di fronte.

Alla parte di Calavà, la mattina, pria del sorgere del sole, si vedono le Calabrie, e qualche sera dopo il tramonto, dalla parte dell'ovest, il capo Zaferano. Ivi spesso la trambasciata Rosolina volgeva mesto ed ansioso lo sguardo; colà, dietro quel capo, aveva respirato le prime aure di vita, ed il suo cuore per la prima volta palpitato di un puro e santo amore, e provato il più terribile disinganno delle ineffabili gioie della vita, che una giovinetta sa crearsi con la sua immaginazione quando ama la prima volta.

Spesso con la matita ritraeva la effigie di quello contadinelle che si affrettavano di chiuderla in qualche lettera, e che mandavano chi al fratello, e chi al fidanzato, che trovavasi sotto lo armi. Così quella mesta fanciulla impiegava il tempo che rimaneale, dopo di avere accudito a tutti i bisogni della sua amata genitrice; la quale, a poco a poco, andava sempre a deperire.

L'arciprete e sua nipote, oltre che le fornivano tutto il bisognevole, spesso la visitavano; il primo non tralasciava mai di mandare alla Rosolina il giornale l'*Unità Cattolic*a e l'altro la *Sicilia Cattolica.*

Quella povera giovanetta, confortata da' suoi studii, dalle lettere dell'affettuosa Giulietta, dalle paterne cure dell'arciprete e dalla compagnia di quelle amorevoli contadine, avrebbe passata colà la sua vita, ben tranquilla, se lo stato poco rassicurante di sua madre, e se una immagine or fatale or cara, non si fosse, suo malgrado, presentata sovente al suo pensiero, da renderla diffidente del suo avvenire.

Or lasciamo per poco la Rosolina, e torniamo al nostro protagonista, che lasciammo in un Hôtel della città de' fiori, in preda alle sue smanie.

CAPITOLO XXI

Edoardo non partì subito per Palermo, dappoichè era certissimo che dottor D. Piddu giunto in quella città, avrebbe preso le sue difese per lo meno presso D. Carlo; e così sperava trovar la via da percorrere spianata, affin di giungere ad una giustificazione verso la Rosolina. Dopo pochi giorni che costei partì per Naso, egli giunse a Palermo; e la sera stessa, travestito, andò girandolando attorno la casa di D. Carlo, ove appena vide qualche lume. Quell'abitazione, che ricordavagli tante ineffabili gioie provate, perchè ora gli era interdetta una visita, lo rendeva più mesto ed abbattuto.

La mattina seguente si recò presso dottor D. Piddu; e questi, appena lo vide, esclamò: Troppo fretta, sig, barone, troppo fretta! Vi dissi di dar tempo al tempo, ed ancor siamo nella crisi; la vostra presenza in Palermo non potrà giovare al vostro scopo. –

E Rosolina? domandò quello. –

Rosolina è partita con sua madre. –

Partita?!.. Perchè? Per dove? –

Rispondo alla prima e seconda vostra domanda, replicò il dottore. È partita, perchè i medici vollero che sua madre respirasse un clima più caldo e balsamico, essendo minacciata di consunzione; e perchè.... io nulla vi occulto, perchè si giudicò convenevole per la tranquillità di quella ragazza, ed anche pel suo decoro, allontanarla da quì, dove si sospettava imminente il vostro ritorno: Ove sia andata, credetemi sul mio onore, io l'ignoro. –

Lo saprò io, esclamò Edoardo, fuor di sè, dovessi discendere negli abissi, io la troverò, scortato dalla sagacità dell'amore e dalla mia disperazione......! –

Sig. barone, voi, che amate tanto quella disgraziata orfanella, perchè volete perseguitarla, s'ella vi fugge? Ciò non è cavalleresco, ed è indegno di voi, che dichiaraste a D.Carlo, quando gliene chiedeste la mano, che l'unico e solo caso, che vi avrebbe costretto a rinunziarvi, sarebbe stato una negativa di lei. Or siamo al caso: adempite la vostra promessa, e sperate nel tempo e nelle svariate eventualità. –

Quanto sono infelice! esclamò Edoardo, con voce cupa e rauca, mordendosi le mani. Io perseguitare quell'angelo di orfanella! Ah, voi neppure lo pensate, dottore, come non lo può pensar Rosolina, qualunque sia l'idea che or abbia potuto formarsi di me. Io non voglio tormentarla ad unirsi meco in matrimonio, contro la sua volontà; voglio però vederla, per giustificare la mia condotta; per chiederle, qual sia quel segreto che mi tolse il suo amore.... e che mi rende oggi un mostro agli occhi suoi. Io son sicuro che èvvi un malinteso, o una vile calunnia, che io dovrò distruggere o distruggermi. –

Sig. barone, voi siete nel vostro diritto di difendere la vostra reputazione; ma vi dissi, che ancor siamo nella crisi, e vi converrebbe di aspettare. Io considero la vostra impazienza; bisogna non aver cuore per rimproverarvi in tutto; solo vi prego di attendere, se pur lo potrete. –

No, dottore, io dovrò veder Rosolina a qualunque costo e presto. Io non posso vivere di quest'orribile vita, abbominato da lei per un malinteso, per una calunnia! Ah, dottore, se sopra l'anima mia pesassero altre colpe, a voi le manifesterei! E voi oramai conoscete la mia storia: io ve la raccontai candidamente in Firenze: altre colpe non mi rimprovero che quelle da voi conosciute, e non son tali da essere odiato da colei, che tanto.... mi amava...! Giorno per sempre funesto, in cui ascoltai le infami proposte di que' vili che diceansi miei amici! Allora io mi spaziava nelle celestiali delizie, ed ora son piombato ne' più crudeli tormenti, che mi fan desiderare l'annientamento anche dell'anima mia.

Dottore, soggiunse Edoardo, or vi supplico dirmi il nome di quel garibaldino, figlio di un amico di D. Carlo, che si diceva mio amico, onde mi ripeta le notizie che diede sul conto mio a Rosolina; tutto ciò è necessario per sapermi regolare. –

Il suo interlocutore si aspettava questa domanda, ed era diggià preparato, quindi rispose, che egli lo conosceva poco, ed aveva inteso che quel garibaldino, sempre girovago, era ritornato sul continente; perciò sarebbe stato inutile declinare il nome, e dar causa a maggiori complicazioni. –

Del resto, soggiunse il dottore, il discorso da esso fatto alla Rosolina, e che io mi feci ripetere, nulla ha d'interessante, e nulla di nuovo aggiungeva a quanto noi sapevamo dalla lettera di vostra signora madre sul conto vostro: io vi parlai in Firenze di questo fatto, e mi sembra superfluo ritornarvi sopra.–

Però il dottore, per isviare quella questione tanto pericolosa, si argomentò di cedere nella ricerca di Rosolina, decisa da Edoardo. Era egli sicuro che costui non l'avrebbe trovata tanto facilmente; ma che sarebbero passati mesi e forse anni, prima che l'avesse rinvenuta, e la crisi, come esso chiamavala, o sarebbe passata o almeno minorata; o quindi otteneva il beneficio del tempo, creduto da lui necessario, per venire ad un possibile felice risultato. Per la qual cosa disse al suo amico:

Cercate pure di Rosolina; vi prego però di non ispaventarla trovandola, anzi presentatevi a lei in un modo conveniente alla vostra distinta educazione ed al vostro cavallerismo. –

Questo ve lo prometto, e ve lo giuro. Io in altro modo non potrò presentarmi a colei.... che simile al reo pentito innanzi al suo giudice: e siatene pur sicuro, che se avrò la fortuna di parlarle per pochi istanti, la mia causa sarà vinta. –

I due amici si abbracciarono cordialmente, promettendosi l'un l'altro rivedersi di nuovo in Palermo.

Edoardo rimase varii giorni in quella città; il mattino girava i paesi circonvicini, in cerca di Rosolina, la sera travestito, bazzicava presso la casa di D. Carlo; evitando e temendo sempre di incontrarlo, perchè lo aveva ingannato in un modo che egli stesso giudicava turpe. Quelle sere le utilizzò a prender conto nel quartiere dell'Albergheria, da persone da lui conosciute, per scovrire ove fosse andata Rosolina. Scrisse varie lettere a Giulietta, descrivendole il suo stato di angosce, e diggià pentito di non essere stato leale. Dippiù pregavala, con espressioni le più commoventi d'indicargli la dimora della sua amica; con la quale altro non ambiva che giustificarsi, per essersi reso colpevole verso di lei; e che alla fine le sue colpe non erano tali da renderlo un malvagio, facendolo odiare da chi era stato amato. Quelle lettere e quelle preghiere non ottennero alcun risultato; Giulietta non gli rispose: e tutto ciò era forse l'effetto delle raccomandazioni fatte da Rosolina, prima di partire, prevedendo il ritorno di Edoardo in Palermo, ed i mezzi che costui avrebbe usati per trovarla.

Dopo infinite ricerche, perdendo tempo e danaro, quel trambasciato giovine seppe infine, da un facchino conoscente della Rosa (quella vecchia che avevagli portato la lettera all'Hôtel Trinacria) che Rosolina e sua madre erano partite dal porto di Palermo, sopra un piroscafo della Compagnia Florio, ma che ignorava ove fossero approdate.

Questa notizia fu sufficiente per farlo correre alla Direzione di quella Compagnia; ed essendo quasi convinto che la Rosolina trovavasi in Sicilia, volle sapere in qual punto era andata.

Verificati i registri, ove sono scritti i passeggieri, non si trovarono que' nomi che egli desiderava trovare; dappoichè anche questo caso era stato preveduto, e quindi si erano presi due biglietti sotto nomi supposti. Per maggior disgrazia, neppure il facchino ricordavasi il giorno preciso della partenza delle due donne; per la qual cosa il contrariato Edoardo dovette contentarsi del solo programma de' viaggi che fanno que' piroscafi intorno la Sicilia, e de' luoghi di approdo.

Dopo varie riflessioni, si decise cercar Rosolina dalla parte occidentale dell'Isola, e quindi partì per Monreale. Oh, quanto gli sembrò cambiata quella città, avendola riveduta in un giorno che trovavasi tanto infelice! Ivi non sorridevagli più la speranza, come la prima volta che la visitò, per ammazzare il tempo, ma lo desolava un tremendo dubbio, la prospettiva di una catastrofe.

Passò diritto e continuò la via per Partinico città di ottomila abitanti, situata in fondo ad un bacino fertilissimo; donde si ammira, sopra un'alta rupe, la casina reale, un tempo di proprietà del principe D. Leopoldo di Borbone, fratello di Francesco I. Da quel sito l'occhio si spazia sull'amena pianura che circonda Palermo, e sembra, in ogni tempo, un mare azzurro, essendo tutta messa ad aranceti.

Da Partinico si condusse ad Alcamo, città edificata nell'828 dal saraceno Alkamah, dandole il proprio nome.

Ivi pernottò e prese informazioni dal suo oste e da varii individui, se si fosse trovata Rosolina, dando a' medesimi i necessari connotati. Nessuno seppe dargli notizia, in cambio tutti offrirono a rendergli qualche servizio, allo scopo di guadagnar danaro; raccontandogli la disperazione che regnava in quella, un dì ricca città, dopo che fu redenta dall'*eroe* Garibaldi.

In Alcamo tutti maledicevano il general Francesco Landi, ed il suo turpe tradimento, essendosi trovato colà alla testa di tremila soldati, i quali fremevano di battersi contro i così detti *mille* di Marsala. E ciò avveniva mentre quattro compagnie (meno di 500 uomini) dell'8.° battaglioni cacciatori, comandante dell'aiutante maggiore Alessandro Maring, avevano sconfitto i *mille*, (che erano 1300 in circa) poco lungi donde trovavasi quell'ingrato ed abietto generale, che da fuggiasco riparò a Palermo, quando i soldati, sotto il suo comando, ancor si battevano.

Que' lamenti e quelle imprecazioni de' popolani di Alcamo erano amari rimproveri ad Edoardo, riflettendo che anche egli aveva per ben due volte indossata la camicia rossa per *redimere* altri popoli alla libertà settaria.

Da Alcamo si diresse a Calatafimi, piccola città di diecimila abitanti, fabbricata sul pendio di tre colli, presso le rovine della famosa Segesta; la quale fu edificata da Egesto troiano ad insinuazione di Enea, dopo la distruzione di Troia. La stessa non attirò la curiosità del nostro viaggiatore, preoccupato di una sola idea; solamente passando, vide le rovine di un magnifico teatro e di un maestoso tempio, questo dedicato dagli antichi a Cerere: oltre di che, vide grandissime colonne infrante, ed altri ruderi, che testimoniano esservi stata in quel luogo una stupenda città.

Calatafimi a torto è celebrata dai garibaldini, perchè ivi i medesimi sperimentarono la prima volta il valore delle truppe napoletane, e fuggirono su' monti vicini. Ed è storico che Garibaldi si credette perduto, vedendo i suoi rotti da 500 soldati napoletani, mentre se ne trovavano altri 500 nella vicina Alcamo, pronti a stritolarlo; gli diè però animo la combinata inerzia del general Landi, il quale gli spianò la via a' facili trionfi.

Se Edoardo si fosse trovato in altre disposizioni di animo, avrebbe potuto visitare il colle de' romani, detto del *Pianto*, donde cominciò il vero pianto d'Italia.

Ivi, sopra quel colle, ove estendevasi la fumosa Segesta, si versò il primo sangue tra garibaldini e soldati borbonici; sangue che fu il semenzaio di lagrime, sventure ed infamie!

L'amante ramingo, dovendosi recare a Trapani prese la via di Salemi. È questo un paese anche rinomato ne' fasti garibaldeschi; perchè colà Garibaldi, il 14 maggio 1860, si dichiarò dittatore della Sicilia, in nome del re di Piemonte V. Emanuele, e *sull'invito de' notevoli dopo la liberazione de' comuni dell'Isola.*[1]

Edoardo, giunto in Trapani, fece minuziose ricerche per rinvenir Rosolina, sperando che costei fosse approdata in quel porto. Girò la città, e prese conto da varie persone, senza tovar le tracce dell'amata giovanetta. Egli era quasi certo di trovarla colà, perchè non molto lungi da Palermo, perchè bel clima, ed infine perchè vi approdano i piroscafi della Compagnia Florio.

Delle cose speciali di Trapani, celebrata da Virgilio per la morte e sepoltura di Anchise, padre di Enea, nulla osservò; ascese soltanto, per le sue ricerche, sul monte Erice, oggi piccola città di diecimila abitanti, detta Monte S. Giuliano. Ivi trovansi le più belle donne della Sicilia, ed un tempio già dedicato a Venere ericina.[2] Da quel monte si vedono varie isole, fra cui una denominata del Malconsiglio; luogo di riunione tra Giovanni da Procida e l'Abate Palmerio di Trapani, per combinare i famosi *vespri siciliani.*

Dopo varii giorni, passati in inutili ricerche, il giovane barone partì alla volta di Marsala, edificata da' saraceni, sopra le rovine dell'antichissima città di Lilibeo. Anche Marsala è oggi in rinomanza pel primo sbarco in Sicilia di Garibaldi, nel 1860, e per la ridicola burrattinata, che ivi il medesimo rappresentò dopo due anni, urlando insieme a' suoi aderenti: *o Roma o morte!* che in Mentana cambiò con l'altro grido: *Si salvi chi può!*

Malgrado tanta celebrità garibaldesca, Marsala, città di 25 mila abitanti, è oggi assai decaduta da quell'agiatezza di cui godeva sotto i Borboni, quando poco o nulla pagava per la sua industria; e se non fosse per la gran fabbrica de'

[1] Quali erano i *comuni liberi dell'Isola*, se secondo voi, messer l'eroe de' due milioni in prospettiva, la Sicilia tutta trovavasi sotto la *tirannide* borbonica?

[2] Una fitta nebbia involve sovente Monte S. Giuliano, onde gli abitanti son costretti di giorno accendere i lumi; e si dice, che da qui ha origine la bianchezza della carnagione ed il colorito vermiglio degli abitanti. È antica tradizione, che, nel mese di ottobre, i più famosi guerrieri erano ammessi nel tempio di Venere, ed ivi si abbandonavano ad ogni voluttà. Le sacerdotesse della dea, che adornavansi il collo di amuleti e scarabei, credendo di sfuggir le febbri autunnali, erano provocanti ed impudiche. Tutto quel popolo era dedicato al turpe culto di Venere. Oggi, dopo che la divina luce del Vangelo rischiarò le menti ottenebrate dal sozzo paganesimo, sul monte S. Giuliano, si celebra con più particolare devozione la festa di Maria Immacolata; ed assai edificante è vedere tante belle giovanette, vestite in bianco, raccolte e modeste, sfilare a due a due in processione, quando si conduce attorno al paese la statua della purissima gran madre di Dio.

vini, che vi fu stabilita da molto tempo dall'inglese Goodheuse, di essa forse non si rammenterebbe il nome.[3] Quegli abitanti, checchè se ne dica in contrario, sono i più avversi de' siciliani, alla largita libertà garibaldesca.

Anche in Marsala il nostro viaggiatore fece le solite minuziose ricerche, pagando guide e spie, ed essendo riuscite vane, partì per Mazzara, che trovasi presso i ruderi della famosa città fenicia, detta Salinunto. Mazzara è celebre per aver dato il nome ad uno dei tre valli della Sicilia, e per essere stata scelta dal conte Ruggiero qual sua residenza, dopo che scacciò i saraceni. Ivi fabbricò la prima chiesa, dedicandola al SS. Salvatore, e dandole il primo vescovo, che fu Stefano Roam.

Da Mazzara passò a Sciacca, o Sacca, patria di Agathocle e del famoso storico siciliano Padre Tomaso Fazzello dell'ordine de' predicatori; bella città, ove ammiransi gli antri, tra cui vi è quello di S. Calogero, spedito colà da S. Pietro, Principe degli Apostoli; e dove ancor sorge la maestosa cattedrale, fondata dalla principessa Giulietta, figlia del conte Ruggiero.

Edoardo, senza nulla osservare di quei monumenti, dopo di aver girato anche le campagne di quella città in cerca di Rosolina, partì per Girgenti, l'antica *Agrigentum*, un tempo abitata da ottocentomila cittadini, posta tra' due storici fiumi Acragas ed Ipsa. Sarebbe troppo lungo enumerare le glorie di Agrigento e le sue famose antichità; imitando il nostro smanioso viaggiatore, soltanto osserveremo in passando, che ivi trovansi financo le pitture di Zeusi nel tempio di Apollo, senza altro dire di tutto quello che esiste di grande e di straordinario nella città di Empedocle.

L'amante desolato, non trovando tracce dell'amata giovanetta, spinse le sue ricerche fino a Naro, visitando varii paesi di quella costiera; e non avendo alcuna notizia di chi tanto agognava trovare, si diresse a Siracusa, visitando così la costiera che guarda il mezzogiorno, cioè le città di Alicata, presso l'antichissima Gela e del fiume Salso, distrutta da' turchi nel 1533; Terranova, che, vuolsi, fu fabbricata sull'antichissima Eraclea; Vittoria presso il fiume di Camerino, celebrata da Orfeo e da Pindaro, e Noto, Nea secondo Diodoro, Neeto secondo Tolomeo, anche nominata da Cicerone in una orazione contro Verro, edificata da Ducenzio re de' Siculi.

Edoardo aveva percorso due capi del famoso *Delta* della Trinacria, cioè il Lilibeo ed il Pachino, e senza trovar tracce dell'amata giovanetta. Un altro avrebbe abbandonato l'ardua impresa; ma egli di ferrea volontà avea promesso a sè

[3] Oggi il vino, detto di Marsala, si fabbrica dovunque, cioè si falsifica; ecco perchè l'industria di quella città è venuta a menomarsi. Nelle principali città di Europa e di America vi sono grandi depositi, si dice, di quel vino, consumandosene tanta quantità, che se il fiume presso Marsala scorresse di quel liquore, non potrebbe punto bastare.

stesso ed al dottore di trovar Rosolina, scortato dalla sagacità di amore, anche se avesse dovuto scendere negli antri più cupi e spaventevoli del temuto Etna. E quindi le difficoltà, che trovava in quella malagevole impresa, in cambio di arrestarlo, raddoppiavano la sua energia; e fu questa la ragione che lo decise a far tutto il giro de' paesi marittimi; e nel caso poi che non l'avesse trovata, era risoluto internarsi nel centro della Sicilia.

Giunto in Siracusa, malgrado che fosse preoccupato nelle sue ricerche, pur tuttavia fu sorpreso dallo squallore di quella città, tanto celebre per la sua opulenza, e tanto rinomata ne' tempi antichi e moderni. L'attuale governo *riparatore* ad onta di averla costituita di bel nuovo capo provincia, in premio che pochi siracusani nel 1837 uccisero l'intendente e varii magistrati, a causa della sciocca e maligna credenza, che costoro avessero sparso il veleno-colera, oggi abborre e detesta i suoi rigeneratori, che, per altra parte, la ridussero priva di commercio, ed in uno stato miserabile, obbligandola a pagar tasse enormi ed illogiche. Fortuna per la patria di Archimede, che è padrona di un territorio feracissimo, produttivo principalmente di olio e di prelibatissimi vini; in caso contrario, sarebbe la sicula Missolungi, distrutta da' turchi nel 1826. Difatti il vasto e sicuro suo porto, che rammenta Nicia e Marcello con le loro navi, oggi è abbandonato: i governanti italiani, con le tasse e con l'accentramento, avendo rovinato il commercio e l'industria, han fatto peggio che non fecero i sèguaci di Maometto con le loro formidabili scimitarre.

Sarebbe lungo ripetere le note opinioni sull'origine di Siracusa, che, secondo Plutarco, i primi abitanti della stessa furono gli etoli. Del resto delle sue remotissime antichità rimangono pochi ruderi informi; basta dire che la tanto celebrata fontana Aretusa, nell'isoletta Ortigia o Naxos, luogo di delizia de' sovrani, ove l'infame Verre aveva il suo palazzo, è ridotta ad un vero pantano.

Il nostro amico viaggiatore, a causa della sua preoccupazione, appena diede uno sguardo a quegli archeologici siti, che hanno illustrato anche la storia greca. Dopo le sue consuete e diligenti ricerche in quella città e ne' dintorni, con particolarità in Floridia, e nella penisola di Magnisi, si decise recarsi in Augusta.

Era questa città piazza forte di seconda classe sotto i Borboni, ed ha un porto sicurissimo; ma nulla presenta di rimarchevole,[4] all'infuori delle tracce del tremuoto del 1693 che la distaccò dalla terra ferma, sprofondando nel mare gran parte de' suoi palazzi. Ha pure di ammirevole lo scoglio, che si eleva nel centro del suo porto, e sul quale ergesi il bagno di espiazione de' delinquenti.

Edoardo in quella città si diede alla ricerca di Rosolina, con tutta cura ed insistenza; dappoichè vi approdano i piroscafi della Compagnia Florio. Spinse

[4] Sebbene alcuni storici assicurano di essere l'antichissima Megara.

eziandio le sue ricerche ne' vicini paesi di Mililli e di Carlentini, facendo una corsa fino a Lentini. È questa una rinomata città, perchè fondata da' Lestrigoni i primi abitatori della Sicilia, secondo Tolomeo. Ivi si vedono ancora que' monumenti classici di cui parla Tucidide, cioè il palazzo di Bricinnia, le grotte de' ciclopi, scavate nel vivo sasso, e le vestigie di Xuthios, soggiorno di Xutho, figlio di Eolo. Il nostro viaggiatore giunse fino al famoso lago, detto *Biverio* di Lentini, tanto celebrato da Diodoro; la di cui superficie presenta sovente il curioso fenomeno della fata Morgana nel Faro di Messina, cioè spesso riflette qualche città del Globo. Quel lago, che ha la circonferenza di circa 16 miglia, è abbondante di pesci; si vuole che abbia comunicazioni sotterranee col mare: oggi a stento si può avvicinare in pochi siti, perchè le spiagge son divenute paludose.

Dal lago di Lentini si diresse al più gran fiume della Sicilia, la Giarretta; passandovi sopra un ponte, che è una delle tre maraviglie di quell'Isola.[5] Prima però di giungere a quel fiume, salì sopra un'alta collina sabiosa; e da colà fu straordinariamente sorpreso nello scorgere la gran montagna dell'Etna, in tutta la sua altezza, di 3532 metri sul livello del mare, e con le tracce spaventevoli delle principali eruzioni, che appaiono sopra i suoi fianchi dalla parte di Paternò, Catania e Riposto. Quel sito rende più sorprendente il panorama scorgendovisi eziandio la più grande pianura della Sicilia, detta Piana di Catania, feracissima di grano.

Catania, antichissima città, edificata da' calcidesi, secondo Eusebio, ha ora belle strade con istupendi edifizii. Essa in varie epoche è stata sepolta or dall'eruzioni dell'Etna, ed or distrutta da' tremuoti. Quello del 1693 la rovinò interamente, perlochè fu rifabbricata più regolare e più bella di prima.

È questa l'unica e sola città sicula che Edoardo trovò in uno stato florido; infatti dopo il 1860 Catania è migliorata, ma a detrimento di Messina, attirando a sè il commercio della regina del Faro; mentre questa era stata l'emporio del commercio di tutta l'Isola. Però Catania, dopo il 1860, perdette la sua rinomata industria delle seterie; e ciò per due ragioni; perchè il governo *riparatore*, in cambio di proteggere quell'industria l'aggravò di tasse, e perchè stipulò que' trattati di commercio, tanto rovinosi all'industrie italiane, per il solo scopo d'ingraziarci i governi di Francia e d'Inghilterra. Ferdinando II, perchè non volle addivenire a que' trattati commerciali, e perchè protesse l'industria patria, dagl'inglesi il suo governo fu proclamato *negazione di Dio*, ed i cosidetti liberali napoletani e siciliani, risposero a coro: *negazione di Dio!*

Il nostro viaggiatore prolungò di più il suo soggiorno in Catania e ne' dintorni, perchè colà approdano i vapori di Florio. Dopo che eseguì, senza felice risul-

[5] Volgarmente si diceva essere tre le maraviglie della Sicilia, cioè « Un fonte, un ponte, un monte. » Il fonte è il *Bivero* di Lentini, il ponte quello sul fiume Giarrettu, il monte l'Etna.

tato le consuete sue ricerche anche in que' paesi a piè dell'Etna, dalla parte del sud, spingendosi fino ad Adernò, si decise continuare il viaggio, sempre sulla costa dell'Isola.

Spesso rivolgeva lo sguardo attonito a quel famoso monte, che i saraceni chiamavano *Gibel*, montagna per antonomasia; alla cui sommità vi è un cratere del circuito di quattro miglia. Quello spaventevole vulcano spesso lo si vede tranquillo, e quasi sonnolento; ma il suo risveglio atterrisce gli abitanti di quasi tutta la Sicilia. Le sue eruzioni han del sublime, e non èvvi potenza di parola a ben descriverle; quelle del Vesuvio, al paragone, non sono che un quadro in miniatura.

Di quel gigantesco monte si distinguono tre regioni, cioè la *piedimontana*, seminata di paesi e città, di vigneti e fichi-d'india; la *nemosa*, gremita di foltissimi boschi, e quella *deserta*, invasa da cenere e da eterni ghiacci.

La storia rammenta settantasette delle più spaventevoli e devastatrici eruzioni dell'Etna; dodici prima dell'èra cristiana. Il filosofo Empedocle, si dice, che pel desiderio di far parlar di sè, sia salito su quel cratere, e siasi precipitato nelle visceri dell'ignivomo vulcano. Oh! Garibaldi che ha lo stesso desiderio di quell'antico filosofo, se l'avesse imitato la prima volta che si recò in Sicilia, quanto bene avrebbe fatto a' siciliani, e quanto si sarebbe parlato di lui, senza che avesse fatto male ad alcuno! Oh! sì, quegl'isolani gli avrebbero pure inalzato un tempio, meglio di quello che edificarono al loro compatriotta Empedocle.

Edoardo, dopo che visitò varii paesi al sud dell'Etna, sì recò ad Aci-Reale, una delle più belle ed abbondanti città della Sicilia; celebre per essere stata il teatro di tante azioni favolose, inventate e cantate dagli antichi poeti. Colà il ciclope Polifemo fu invaso da' furori della gelosia, per la bella e crudele Galatea; ivi è la grotta ove costei pianse la morte del suo amato Aci, ucciso da quel terribile mostruoso rivale, secondo si legge in Virgilio, nel III libro dell'*Eneide*; descrivendoci quelle rive incantate. Sotto quella grotta, come dice Omero, nel IX canto dell'Odissea, Polifemo prese a colpi di pietra Ulisse, appena costui sbarcò su quella spiaggia.

Que' luoghi furono con interesse visitati ed ammirati dal nostro viaggiatore; egli, versato ne' classici poeti della Grecia e del Lazio, compiangeva il mostruoso Polifemo fuggito dalla bella Galatea, perchè anche lui, per altra supposta mostruosità, era fuggito da Rosolina.

In Aci-Reale ed in que' paesi vicini si trattenne varii giorni, sprecando tempo e danaro senza trovare indizio dell'amata giovanetta; per la qual cosa proseguì il suo viaggio per Taormina, passando per Riposto, Giarre e Giardini. Questi tre grossi paesi son situati a piè dell'Etna, in una ferace ed amena pianura, ove scorre il fiume Acesine, oggi detto Alcantera, il quale, prima di giungere alla sua foce passa sotto un magnifico ponte, detto di Calatabiano.

Taormina, città delle più rinomate di Sicilia, per le sue antichità, si estolle sopra un monte, sporgente sul mare, che gli antichi chiamarono *Tauro*, perchè ha la forma di un toro; ed avendo quella città delle fortificazioni, (moenia) si disse *Tauromoenia*. Si vuole che S. Pancrazio sia stato colà vescovo fin da' tempi apostolici; il certo si è, che Taormina era vescovato a' tempi di S. Gregorio Papa, e ne fa fede un libro chiamato *Registro*. Oggi è sottoposta all'arcidiocesi di Messina.

Taormina fabbricata dalle relique dell'antichissima Nasso, fu accresciuta da Giulio Cesare, mandandovi una colonia romana; ivi si ammirano varii interessanti monumenti di antichità, ed i più notevoli sono, un vasto anfiteatro, che può contenere sessantamila persone, la naumachia, ed i sepolcreti di vario stile.

Ne' tempi vicini a noi, Taormina la si ricorda anche pel valore di un semplice pelottone di soldati napoletani, sotto gli ordini dell'alfiere Michele Bellucci; il quale, il 2 aprile 1849, se ne impossessò, mettendo in fuga un gran numero di rivoluzionarii che la difendevano. Il Polacco generale Miarolascki, avendola fortificata, vi lasciò un tale Benois a comandarla. Ma tutti que' rivoltosi all'udire il primo squillo di tromba del giovine soldato Cuomo, e minacciati da mare da' borbonici, sotto gli ordini del prode generale Filangieri, abbandonarono quella imponente posizione, e meritata gloria ne venne al distaccamento de' cacciatori, e soprattutto al valoroso alfiere Bellucci che lo guidava.

Edoardo visitò Taormina, ed anche il sovrapposto paesetto di Mola, in cima ad un altissimo monte, accedendovisi per una scala tagliata nel masso; ivi trovasi una statua in marmo della Maddalena, che è un portento d'arte e di bellezza.

Da Taormina si diresse a Messina, che dista 30 miglia, percorrendo una riviera, che è il vero Eden della Sicilia. Passò per famoso promontorio, che gli antichi chiamavano di argento ed i moderni capo S. Alessio. Anche qui, forte posizione, un pugno di soldati napoletani, sotto gli ordini del Marchese generale Ferdinando Nunziante, la mattina dello stesso 2 aprile 1849, sbaragliarono numerose bande rivoluzionarie, coadiuvate da un battaglione bene organizzato di francesi.

Sopra que' monti, che da quel capo si estendono verso Messina, vi sono i paesi di Savoca, Limina, Casalvecchio ed altri, tutti visitati dal nostro Edoardo, in cerca sempre di Rosolina. In que' luoghi eranvi parecchi ricchi monasteri di benedettini, edificati e dotati dalla pietà di Ruggiero, conte di Sicilia, oggi saccheggiati e distrutti dai *restauratori dell'ordine morale*.

L'amante viaggiatore, dopo di aver visitato que' paesi, ed anche le campagne, scese nel fiume di Dionisio, oggi detto di Nisi, ed il paese, che trovasi alla foce, Fiumedinisi. Nelle arene di quel fiume trovasi dell'oro; e difatti sopra i monti vicini eranvi varie miniere di questo prezioso metallo, come anche di argento, ferro ed allume; vi si cavava eziandio il porfido: tutt'ora si vedono le grotte a causa degli scavi fattivi.

Vicino Fiumedinisi, dalla parte di Alì s'innalza un maestoso monte nettuniano, oggi detto Spreverio, dalla cui cima si vede il mar Tirreno e l'Adriatico. Sopra la sommità di quel monte vi è una larghissima e profondissima voragine, donde escono venti impetuosi, che vengono dalle viscere della terra.

Edoardo proseguì il suo viaggio alla volta di Messina, visitando que' paesi che incontrava nel suo camino; ove trovansi tanti monumenti, che ricordano la munificenza e la pietà del conte Ruggiero. Giunto in Messina fu sorpreso di vedere una delle più amene città, non solo dell'Italia ma dell'Europa, in uno stato di desolante squallidezza, mostrando tutti i segni di una povertà recente. Quelle ridenti strade, larghe, diritte, selciate di pietra piuttosto bianca, e fiancheggiate da bellissimi palazzi, erano quasi deserte, rare volte si vedeva una carrozza. Nella bellissima strada della Marina, nell'ora del passeggio, si contavano pochissime vetture; ed il porto tetro, stante il mancato commercio; le navi pochissime e di nessuna importanza.

Messina, vista la prima volta, dopo la sua *rigenerazione alla libertà*, dà l'idea di una città di gran commercio, però allora abbandonata da' trafficanti e da' commercianti. Circa poi alla popolazione fa supporre, che i più agiati cittadini trovansi a villeggiare. Oh, ricca e bella regina del Faro, come ti ridussero i riparatori italici, uniti ai giuda figli tuoi!

Il panorama di Messina è de' più sorprendenti tra le città del mondo; la sua posizione, la più gaia e ridente; il suo clima il più dolce e salubre. Sarebbe troppo lungo dir la sua origine; dirò soltanto, che, secondo Diodoro, seguendo l'opinione di varii antichissimi storici, ne' tempi del re Zanclo, gigante di smisurata grandezza, Orione architetto, anche gigante, edificò una città, ore oggi trovasi la Cittadella, e la chiamò Zancla, dai nome del re. In seguito i Messeni, popoli della Grecia, dopo che furono vinti da' lacedemonii, si rifugiarono in Sicilia stabilendosi in Zancla, e, cacciando i Zanclei, la chiamarono Messina.

L'antica città venne distrutta dal tiranno de' reggini Anassila, e fabbricata alla parte opposta del porto, sotto amene colline, ove oggi trovasi.

Edoardo dimorò molto in Messina. Egli credeva probabile trovarvi la Rosolina; onde che girò pure i quaranta casali, che trovansi attorno, visitando quegli amenissimi luoghi, e tutta la infinità di casini, disseminati in quelle campagne. Intanto lo mordeva il sospetto che l'amata donna si fosse potuto trovare in qualche luogo della vicina Calabria; stimò egli quindi visitare i paesi marittimi della provincia di Reggio, ed avendo passato il Faro, in meno di un'ora, sbarcò in quella bellissima capitale delle Calabrie.

Reggio, varie volte devastata da' turchi, è rinomata per parecchie industrie, principalmente per le sue svariate essenze ed olii odoriferi. Fu visitata da Cicerone, da S. Paolo e da S. Girolamo; Giulia, figlia dell'Imperatore Augusto, finì nell'esilio di Reggio la sua vita scandalosa.

Il nostro amico spinse le sue ricerche, dalla parte del nord-ovest, fino a Monteleone, costeggiando quella incantevole riviera fino a Palmi, e S. Ferdinando, paesetto edificato dal generale marchese Vito Nunziante, visitando tutti que' paesi e villaggi con una esattezza e perseveranza straordinaria. Da Monteleone, traversando i monti, scese alla marina di Squillace, e fece il giro di quei paesi che trovatisi sul littorale del mare Ionio, cercando, sempre ma invano, di Rosolina.

Ritornato a Reggio, lo mordeva un altro sospetto, cioè che Rosolina, da lui cercata dopo un sì lungo tempo, fosse ritornata a Palermo; per la qualcosa ripassò il Faro, ed appena giunto in Messina, s'imbarcò sopra un piroscafo, e partì direttamente per la capitale della Sicilia. Giunto in quella città, non si fece vedere dal dottor D. Piddu, ma seppe, dalle persone, che abitavano presso la casa di D. Carlo, che Rosolina non era ritornata.

Non iscoraggiato da tante inutili ricerche, si decise ritornare a Messina, per la stessa via di mare, e da colà continuare il resto del giro della Sicilia. Difatti arrivato in questa città, praticò nuove e diligenti ricerche; indi, avendo preso la via de' monti, e visitati varii paesi, scese a Milazzo, l'antica Myla, ove approdano i vapori della Compagnia Florio. Quella piccola città, oggi molto migliorata materialmente, è fabbricata sul principio di un istmo di una penisola che molto si estende nel mare, e che Federico II voleva ridurre ad isola, e ne avea fatto cominciare i lavori.

In Milazzo il nostro viaggiatore si ricordò della prima vittoria navale romana, riportata dal console Duilio, contro le flotte cartaginesi, e dell'ultimo fatto d'armi del 20 luglio 1860, sostenuto da una parte da mille soldati napoletani comandati dal Colonnello Ferdinando Beneventano del Bosco, dall'altra da dodicimila garibaldini, tra cui erano pure bersaglieri dell'esercito piemontese, oltre delle bande siciliane, sotto gli ordini di Garibaldi, o meglio di Cosenz e di Medici, dappoichè l'eroe, al principio della zuffa, riparavasi sulla pirofregata il *Veloce*, e senza alcun suo pericolo, da colà, col binocolo, osservava quella scena di sangue. La pianura, tra Milazzo ed il paesetto di S. Pietro, fu coperta di cadaveri; de' garibaldini ne caddero ottocento, secondo disse Garibaldi, perchè mietuti dalla mitraglia; de' napoletani ne perirono meno di cento.[6]

L'amante ramingo da Milazzo si recò in Rametta, in S. Lucia, in Barcellona, e

[6] Gli scrittori garibaldini ci raccontano spesso il grosso fatto d'armi di Milazzo in vario modo, e sempre inesatto; non tralasciando d'ingemmarlo con le solite esagerazioni e millanterie liberalesche. Il giornale *La Lega Democratica*, del 21 luglio 1880, dice, tra le altre inesattezze: « Bosco chiamò il Battaglione, dal Gesso (paesetto presso Messina) e disponeva di 5000 soldati. » Bosco non richiamò quel battaglione, anche perchè non era nelle sue attribuzioni, e disponeva di duemila e seicento uomini, come rilevasi da un documento officiale

salì fino a Castroreale; non tralasciando di visitare tutti i paesetti, che sembrano seminati su quegli ameni monti e colline. Riuscite infruttuose le sue ricerche, proseguì la via per Patti, ove approdano i piroscafi della Compagnia Florio. Sei miglia prima di giungervi si vede il celebre Capo Tindaro, ov'era l'antichissima città di Tindaride, edificata da' lacedemonii e poi sprofondata nel mare.

Di Patti, che resta mezzo miglio lontana dal mare, non ne parla alcuno storico antico, la sua esistenza si conosce dopo il secolo XII; cioè quando il conte Ruggiero le accordò varii privilegi, in occasione di essere stato colà deposto il cadavere della moglie di lui Adelasia, madre di Ruggiero I re di Sicilia.

Dopo che Edoardo espletò in que' luoghi le solite sue ricerche, prese la via di Capodorlando, passando per Calava, Gioiosa e Brolo.

Eccolo giunto ove trovavasi colei che andava cercando, con tanta persistenza e dopo tanto tempo; non restandogli che sole cento otto miglia, per compiere tutto il giro della Sicilia, che è di settecento diciotto.

Sembra giunto il momento che Rosolina non potesse sfuggire alle ricerche del suo amante, che praticava minuziose, maggiormente in quei luoghi, ove approdavano i piroscafi della Compagnia Florio. A ciò bisogna aggiungere, che essa abitava poco lungi da Capodorlando, ed era conosciuta da varii marinari e da' contadini di que' dintorni. Ma è necessario fermarci qui, e ragionar di lei, mentre un'altra sventura minacciavala, e che la potrebbe costringere ad altre risoluzioni e ad altro modo di vivere. Egli è perciò indispensabile che ripigliassimo il racconto donde l'abbiamo lasciato.

riportato nel libro che ha per titolo: *Un Viaggio da Boccadifalco a Gaeta* ecc. Anche la Lega ci descrive le terribili cariche della cavalleria borbonica, ed in Milazzo non si trovavano che soli cinquanta cacciatori a cavallo, e la maggior parte di essi servivano per comunicar gli ordini del comandante in capo. In Milazzo non tutti i soldati comandati da Bosco entrarono in azione il 20 luglio, più della metà rimasero in posizione su' punti strategici; affin di guarentire il resto da un possibile sbarco di nemici alle spallo de' combattenti. De' giornali liberali, il solo *Piccolo* di Napoli, nella necrologia del compianto generale Bosco, raccontò, in parte, il fatto d'armi di Milazzo senza le solite esagerazioni, e disse molte verità.

CAPITOLO XXII

Rosolina rimase lungo tempo nella villa Scafa, corteggiata ed amata da tutti coloro che l'avvicinavano. Ella avrebbe colà passata una vita tranquilla, se il timore di perdere sua madre, e dippiù se una or cara or funesta immagine, non avessero turbato i suoi sogni e le sue veglie. Il male che lentamente distruggeva la sua cara genitrice, diggià era stato dichiarato mortale da' medici; e difatti costoro, visto che il beneficio dell'aria marittima non le aveva recato alcun giovamento, la fecero ritornare a Naso, per prodigarle le ultime e problematiche cure. Madre e figlia ritornarono in casa dell'arciprete; questi, sua nipote Carmela e gli amici, che le visitavano, facean di tutto per consolarle e tener loro grata compagnia.

In quella riunione di amici si parlava spesso di politica: ed ove non si parla oggi di politica, essendo divenuta una delle fatali passioni de' nostri tempi? Beati i nostri antenati, che vivevano tranquilli e contenti all'ombra delle patrie leggi, eque e stabili! Oggi tutto è cambiato; i cittadini, anche de' piccoli paesi, si bisticciano, si accaneggiano, sia per lo idee politiche, sia anche per l'amministrazione comunale. Dal Parlamento si fan leggi per abolirsi, con un frego di penna, quelle antiche e sapientissime, senza tenersi conto dell'indole, de' costumi e de' bisogni de' popoli, ma soltanto per avvantaggiare il partito che trovasi al potere; di modo che cadendo questo, un altro, disfà le leggi già fatte, e ne fa altre nuove; Quindi malcontento, confusione e caos!

In conseguenza tanto i rivoluzionarii come i cattolici parlano spesso di politica; i primi augurandosi che il loro mal connesso carro del *progresso* vada avanti trionfalmente, schiacciando popoli e sovrani; i secondi per deplorare il male, che la rivoluzione debaccante ha fatto, sta facendo, e si prepara di fare, confortandosi con qualche barlume di miglior avvenire, e sperando nella sola misericordia di Dio. L'Arciprete, perchè buon sacerdote, aveva sofferto delle ingiustizie; difatti nel principio dell'attuale libertà settaria, in omaggio alla stessa, era stato arrestato e condotto nel castello di Milazzo; ove penò qualche tempo, per essere poi lasciato libero, e con la solita dicitura giudiziaria, trattandosi di buoni ecclesiastici: *Non vi è luogo a procedimento penale.* Nonpertanto essendo egli uomo che rispetta le oneste opinioni politiche, non isdegnava conversare con persone, che non la pensavano come lui; anche perchè spesso, co' fatti più evidenti, convinceva quelle ingannate in buona fede.

A questo scopo ammetteva nella sua conversazione qualche liberaluccio, non ancora bene scottato dall'attuale *progresso*; col quale ragionava pacatamente de' fatti del giorno, anche per distrar Rosolina e l'inferma dalle loro triste meditazioni. In quella casa leggevasi ogni sera in società, l'*Unità Cattolica*, la *Sicilia Cattolica*, e consultavasi qualche giornale liberalesco moderato.

Nel 1868, si parlò a lungo in quella riunione delle triste conseguenze, che arrecò all'Italia l'impolitico e sacrilego tentativo di spodestare il Papa, finito in Mentana con la morte di seicento giovani italiani, speranza ed amore delle loro desolate famiglie. Speravasi che dopo la caduta del congiuratore ministero Rattazzi, il generale Menabrea, dicentesi cattolico, e che ne avea raccolta l'eredità, avesse riparato a' tanti mali che affligevano l'Italia, facendo rispettare la convenzione del 15 settembre 1864. Però l'arciprete faceva riflettere a' suoi amici, citando fatti officiali, parlamentari e ministeriali, che si erano svolti in otto anni, che i ministeri di destra e di sinistra, maggiormente ne' governi surti dalla rivoluzione, son semplici evoluzioni di partiti, orpelli per ingannare i gonzi, senza che il *popolo sovrano* ci entrasse minimamente, o che ne ricevesse alcun sollievo.

– Destri e sinistri, diceva quell'ottimo ecclesiastico, sono della stessa risma afferrando il potere, fanno a gara per essere gli uni più tristi degli altri; cioè fedifraghi, intolleranti e scorticatori; rinnegando i loro programmi esposti da deputati, per solo intento di ghermire il potere. E difatti sotto il ministero Menabrea il sistema di dilapidazione si aumentò spaventevolmente. Le tasse furono accresciute; pubblicandosi regolamenti, per l'esazione delle medesime eccessivamente fiscali, che le rendevano arbitrarie ed illogiche.

Sotto quel ministero principalmente si vendettero, ossia si sperperarono i beni tolti ai frati ed alle monache; barattandosi, ancor viventi quest'ultime, anche le doti, che le stesse avevano portate dalle loro famiglie. Io non capisco, soggiungeva l'arciprete, come un governo, che giunge a tanta impudenza, nell'appropriarsi la roba altrui, faccia poi condannare da' suoi tribunali il borsaiuolo, il truffatore, il brigante.

A queste ed altre iniquità fanno eco nella Camera di Firenze gli scandali parlamentari; ove i deputati *affaristi* si arrabbattano per la concessione del monopolio de' tabacchi, ad una società di regia cointeressata. In conseguenza di che scene vergognosissime, e rivelazioni turpissime si son fatte dal deputato Lobbia; e senza che il ministero, e gli altri complici di quel turpe affare *patriottico*, si siano giustificati; anzi, se pure è vero quanto asserì il Lobbia, tentarono di farlo assassinare.

Nel medesimo tempo, i governanti, avidi sempre di spogliare il *popolo sovrano*, per riempir le casse dello Stato, sempre vuote, e le loro, gravano la mano sopra il dazio del macinato; e sono quegli stessi *patriotti* che io avevano chiamato *tassa della fame*, quando era meno gravoso e fiscale sotto i legittimi principi.

Nelle regioni calde, soggiunse l'arciprete, trovasi un uccello che si ciba di formiche, detto *Lingualunga.* Questo volatile ha il becco lungo ed acuminato, quindi non può beccare la sua preda; usa però l'astuzia dell'usuraio cioè ove trova formiche, stende verso di loro la sua lunga lingua, ed essendo assetate, si attaccano alla stessa per istinto e così quel furbo animale se le ingoia.

I rivoluzionarii, appena ghermiscono il potere, anch'essi usano l'astuzia di quell'uccello; ed infatti, nel 1860, abolirono quasi tutte le miti tasse, che ci facevano pagare i governi caduti; però col triste scopo di quadruplicarle e decuplarle anche assorbendo il frutto delle nostre fatiche, delle nostre rendite, della nostra proprietà e se il potessero, anche ingoiandosi le stecchite nostre ossa, e da veri uccellacci *lingualunga*, dopo di averci dato un illusorio sollievo.

Nel 1859, appena occuparono e tolsero al Papa le Marche, il capo rivoluzionario Lorenzo Valerio, abolì la tassa del macinato, dichiarandola *vessatoria ed immorale.*

Lo stesso praticò poi Gioacchino Pepoli nelle Umbrie e Giuseppe Garibaldi in Sicilia; e quelle abolizioni furono sanzionate nel 1861 dal celebre ministro delle finanze Bastogi. Nonpertanto, il 13 dicembre 1865, il ministro Sella fu il primo a proporre il ristabilimento di quella tassa *vessatoria ed immorale* ed in tutta l'Italia, cioè anche in quello province che non l'aveano mai pagata, rendendola quattro volte più gravosa. Il ristabilimento della tassa sul macinato, non escluso il granone, fu approvata da' deputati il 21 maggio e da' senatori il 21 giugno dell'anno passato.

Perchè le popolazioni rurali de' comuni di Bologna, Arezzo, e più di tutte quello de' comuni di S. Donato e di Sorbolo fecero delle dimostrazioni contro la *tassa della fame*, che colpisce anche la *polenta*, cibo usuale de' poverelli, furono trattati all'uso tartaro, con mandarle contro il celebre general Cadorna il *prode vincitore* de' frati e delle monache di Palermo. Costui, da fratello liberale, usò ed abusò delle facoltà concessegli dal governo riparatole; difatti dopo di aver dichiarato in un proclama la *dolorosa necessità di agire*, cinto d'armi e di armati, *rimise l'ordine* a schioppettate contro i dimostranti inermi. Nello stesso modo operò contro le popolazioni dell'Emilia, cioè in S. Martino, in Rubiera, in Forlì, in Clavesana, in Carrù ed in altri comuni. Chi domandava pane, o moderazione e giustizia nell'esazione della *tassa della fame* riceveva palle di moschetto, colpi di sciabola o di baionetta. Oh! se la millesima parte di queste iniquità fossero successe sotto il governo dei Borboni o del Papa, come si sarebbe commosso il re galantuomo e con esso Palmerston e il Bonaparte! Però tra i mercanti di libertà e filantropia è tutto lecito, trattandosi specialmente di doversi riempir l'epa![1]

I *Patriotti* come gli uccellacci *ligualunga* adoperano l'astuzie, ed atteggiati a patriotti e riparatori della *tirannide* de' governi passati, non contenti di aver quadruplicato la *tassa della fame*, rendendola *vessatoria ed immorale*, hanno innalzato il prezzo del sale, che è il condimento della minestra del povero, a centesimi 55; mentre in Germania si paga a 20, in Francia a 15, ed in Inghilterra nulla si paga sul sale. In un tempo più o meno lontano aspettiamoci in Sicilia quest'altro patriottico regalo, per ricordarci meglio della *tirannide* borbonica. Attualmente abbiamo in prospettiva la tassa sui tabacchi, che per quest'Isola è una sventura, anche perchè ne rovinerà l'agricoltura e l'industria, con cui vivono varie delle nostre provincie.

Circa poi la politica e fede pubblica del governo dell'*ordine morale* è un altro paio di maniche. Il *cattolico* ministro Menabrea, mentre scagiona il governo della solidarietà co' garibaldini, circa la convenzione del 15 settembre 1864, non tralascia di sottomettere al gabinetto francese, che la città de' papi è necessaria al compimento dell'unità italiana. –

Oh sì, questa è spiritosa! – esclamò uno della brigata, non sarebbe curioso sentire i reclami di un ladro, il quale, dopo avervi spogliato, pretenda la vostra camicia, l'unica che vi ha lasciata addosso, perchè dovrà completare il suo vestito? –

Veramente il Bonaparte, prosegui l'Arciprete, fa gli occhi dolci a' reclami di simili ladri, nondimeno, costretto d'altri reclami della cattolica Francia, ebbe ad ordinare al suo portavoce, il ministro Rouher, che pronunziasse nel corpo legislativo di Parigi, parole amare e minacciose per ribattere le pretese di Menabrea, dando una pepata lezione al re galantuomo. Ecco quel che disse quel ministro:

« La conquista delle Due Sicilie fu compiuta da Garibaldi, ed accettata da

[1] Oggi abbiamo la sinistra progressista al potere, la quale finse di abolire la tassa sul macinato, e dopo due anni di quistioni e pettegolezzi; mentre destri e sinistri han votato i balzelli più esiziali senza discussione. L'abolizione della tassa sul macinato fu votata, ma per la sua attuazione si debbono aspettare le calende greche, cioè il 1884! Intanto la progressista e democratica sinistra, per adesso, in compenso del macinato, ci ha regalato le seguenti tasse, che diggià paghiamo. 1° aumentato il dazio sullo zucchero, caffè ed altri generi coloniali; 2° ritoccata la legge di registro e bollo, aggiungendo anche una delizia di regolamento fiscale e vessatorio; 3° aumentata una prima volta i dazii sugli spiriti; 4° modificata in senso fiscale la tariffa su' tabacchi; 5° aumentato il dazio sul petrolio, che è il lume del povero; 6° aumentato una seconda volta il dazio sugli spiriti, quasi al punto di raddoppiarne il prezzo, ed a costo di ferire molte industrie specialmente l'enologica; 7° circondato di nuove o inusitate cautele il beneficio del gratuito patrocinio dei poveri, fino a renderle illusorio. — E tutta questa tassomania in compenso, che ad altri quattro anni avremo ribassato il pane di un centesimo a chilogramma; beneficio che godranno i monopolisti anzi che la popolazione, dato pure che veramente sarà abolita quella tassa!

Vittorio Emanuele: essa stabilì una pesante solidarietà, di cui V. Emmanuele porta oggi largamente il castigo. *Questa conquista* (niente meno conquista!) *fu un mezzo biasimevole di costituire l'unità italiana.* » Infine conchiuse col famoso *jamais*, cioè che i rivoluzionarii italiani *giammai* si sarebbero impossessati di Roma, perchè lo vietava la Francia.[2]

Quell'arringa e quel *jamais* di Rouher conturbò i settarii italiani, facendoli sbraitare un poco: però i governanti di Firenze, tanto coraggiosi quando hanno da fare con frati e con monache, alla tirata di orecchie del papà di Parigi, si fecero piccini piccini, e si tacquero, come i novizii cappuccini alla paternale del loro superiore.

Nonpertanto bisogna tener presente che quelle riprensioni e minacce sono i soliti orpelli napoleonici, per ingannare la cattolica Francia, indegnatissima contro le improntitudini de' rivoluzionarii italiani e del governo fiorentino. Quel vile imperatore non sa fare che l'arte del settario, e barcamenarsi tra il bene ed il male; ma la stella polare che lo guida è sempre la malvagità, la paura di farsi nemici aperti i cattolici, o di essere spodestato e pugnalato da' suoi antichi consettarii. Difatti mentre vuole l'osservanza della Convenzione di settembre, scrive lettere al Papa, *consigliandolo* a subire un *modus vivendi* col governo fiorentino, che lo insidia in tutti i modi, e riconciliarsi con l'Italia.

Arrogante di un imperatore settario! E vi è italiano che ama l'Italia più del grande Pio IX? E le sue persecuzioni non sono una conseguenza del suo amore verso questa terra prediletta da Dio, destinandola ad essere la maestra e la vera civilizzatrice del mondo intero? Oh! questo linguaggio, o meglio *gergo* settario, è per noi inintelleggibile, perchè con esso si chiama bene il male e viceversa.

Un giorno il nostro Arciprete ritiravasi alla sua abitazione, ed era fuor di sè per la gioia; egli camminava or concitato or lento, e spesso fermavansi pe rileggere un giornale. Quando entrò in casa sua, si rivolse alle sue ospiti, e loro disse: Finalmente il gran Pontefice Pio IX ha convocato il Concilio Ecumenico, era già tempo; lo stato morboso dell'attuale società lo richiedeva: sia benedetto Iddio e il suo Vicario. Dopo più di tre secoli avremo un altro Ecumenico Concilio: Viva Pio IX! Ecco l'*Unità Cattolica* che ci reca la consolantissima notizia. –

Rosolina e sua madre perchè religiosissime, e quindi ossequenti al Sommo Gerarca, si rallegrarono al sentir quella fausta notizia e chiesero talune spiegazioni al loro protettore, circa l'Ecumenico Concilio.

– Il S. Padre, rispose l'Arciprete, ha pubblicato le Lettere Apostoliche, date sotto il giorno 29 giugno; con le quali convoca il Concilio l'8 dicembre di que-

[2] Oggi, i padroni dell'Italia, con Roma capitale, dicono che quel *jamais* di Rouher fa ridere; ciò è verissimo per chi la pensa come loro, ma essi invece dovrebbero piangere e vergognarsi se fossero uomini politici e di onore.

st'anno 1869. In quelle lettere, dopo di aver fatto la succinta storia di tutti i mali che ha sofferto e soffre la Chiesa di Gesù Cristo, e quindi la società, dichiara, che il detto Concilio si occuperà di tutto quello che riguarda la fede, la disciplina ecclesiastica e l'istruzione del clero; affin di arginare la irrompenti irreligiosità ed immoralità; ed in conseguenza far rifiorire la vera credenza, la pietà, la giustizia e tutto le virtù cristiane.

Sentite questo breve squarcio delle Lettere Apostoliche, soggiunse l'arciprete, riportato dall'*Unità Cattolica*:

« Avvegnachè (dice il gran Ponteficie Papa Pio IX) nessuno potrà negare che la forza della Chiesa cattolica e della sua dottrina riguarda non solo la salute eterna degli uomini, ma giova ancora al temporale vantaggio de' popoli, alla loro vera prosperità, all'ordine, alla tranquillità ed anche al progresso delle scienze umane ed alla loro solidità, come provano evidentemente, e costantemente dimostrano gli annali della Storia. » –

Nella conversazione di quelle sere, l'Arciprete si mostrò felice parlatore, più del consueto: era la sua partita. Egli fece conoscere a' suoi ascoltanti i grandissimi beni spirituali e temporali che ci hanno arrecato diciotto concilii ecumenici; e nella sua dotta arringa non tralasciò di nominare gli insigni dottori e Santi che ne fecero parte.

In quelle conversazioni, mentre seguivansi con attenzione le notizie, riguardanti la preparazione del Concilio Vaticano, non si tralasciava eziandio di seguire con ansia sospettosa il gran rumore, che faceva la stampa rivoluzionaria e governativa, per que' preparativi, che faceansi in Roma. I rivoluzionarii di tutte le gradazioni dichiaravano senza orpelli, che si doveva impedire quella riunione di prelati di tutto il mondo nella città de' papi, ed a qualunque costo. Onde che volevano, che si invadesse lo Stato pontificio, e si spodestasse il Papa; per impedire, come essi dicevano, un Concilio, che sarebbe stato funesto all'Italia.

A questo proposito, l'arciprete diceva: ciò prova sempre più la necessità del potere temporale de' papi; affin di guarentire la loro assoluta indipendenza, e governare senza ostacoli la Chiesa universale. Ciò prova, qual conto farebbero i rivoluzionarii di quelle così dette guarentigie, che vogliono dare al Sommo Pontefice, se il medesimo cedesse il possesso di Roma.

Gli urli e le bestemmie de' rivoluzionarii, soggiungeva l'arciprete, contro il Concilio Vaticano, impressionano i cattolici di tutto il mondo; perchè presto o tardi si prevede, che il governo italiano ne farà una delle sue, contro il Sommo Gerarca; maggiormente che le relazioni tra la Prussia e la Francia cominciano ad essere poco cordiali. Imperocchè, trovandosi quest'ultima potenza impegnata in qualche grossa guerra, la rivoluzione italiana ne approfitterebbe, impossessandosi armata mano di Roma; e tra gli altri mali, ne avverrebbe quello della dispersione de' Padri del Concilio.

Difatti non tralasciasi da' rivoluzionarii nessuna occasione per gridare contro il Papa, e con più accanimento del solito. Confrontando il passato col presente, nasce il fondato sospetto, che si prepara qualche ardito e sacrilego colpo di mano contro l'eterna Città. –

Le conversazioni politico-religiose continuarono per varii mesi in casa dell'arciprete; ragionandosi di tutti gli avvenimenti che allora svolgevansi in Italia ed in Europa, che erano le legittime conseguenze della rivoluzione del 1860. Intanto, in cambio di far conoscere ai miei lettori tutto quello che ivi diceasi in proposito, per maggior loro comodo, riassumerò quegli avvenimenti di cui ragionavasi in quelle riunioni, necessarii a conoscersi, perchè precessero la guerra franco-prussiana e l'altra sacrilega contro Roma.

Le previsioni ed i timori manifestati dal nostro buono arciprete, non erano punto infondati; dappoichè i rivoluzionarii carpivano qualunque occasione per inveire contro Roma e contro il Papa, credendo discreditarlo ed alienargli l'appoggio del mondo cattolico. Ed invero si gridò al finimondo perché Pio IX non impedì a' tribunali romani di condannare a morte que' due volgari sicarii, Monti e Tognetti, che, per venti scudi, fecero saltare in aria la caserma Serristori, rimanendo vittime ventisette persone innocue.

Que' gridi di compassione e di dolore, per la morte di due assoldati assassini, erano emessi da coloro che avevano consigliati ed applauditi gl'incendii d'intieri paesi e le fucilazioni in massa nel Napoletano.

Il deputato Ferrara osò dire in pieno parlamento, in Firenze: « Ci hanno gettati due teschi, noi li prendiamo sotto la nostra bandiera; *sono cosa nostra.* » Questo deputato Ferrara, in poche parole, fotografò la rivoluzione italiana![3]

Malgrado che in quel tempo le primarie potenze di Europa accennassero ad accapigliarsi fra loro, circostanza che secondava le mire della rivoluzione italiana, il gran Pontefice Pio IX, il 2 dicembre 1869, pronunziò l'Allocuzione preparatoria, e l'8 dello stesso mese aprì solennemente il Concilio Ecumenico Vaticano. Erano ivi presenti un numero straordinario di Patriarchi, Arcivescovi, Vescovi, Abati e teologi; e tutti questi insigni personaggi rappresentavano la

[3] In quella stessa tornata, varii deputati, che avevano applaudite le parole del Ferrara, proposero un progetto di legge, il di cui primo articolo dice così: « Alla vedova di Giuseppe Monti, decapitato *d'ordine del governo pontificio* (?) per causa politica, (sic) nel giorno 24 dicembre 1868 in Roma, è assegnata, sull'erario nazionale, a cominciare dal 24 novembre 1868, una pensione di lire due mila annue. » E nell'articolo terzo si assegnava pure un'altra simile pensione al padre dell'altro sicario Gaetano Tognetti. In quella tornata, i poco onorevoli deputati sbizzarrirono, eruttando ingiurie plateali contro il mansueto Pio IX. I giornali esteri, anche i rivoluzionarii, rintuzzarono la protervia di quegli onorevoli. L'officiosa *France* di Parigi esclamava: *Le sang legitimement versé des assassins Tognetti et Monti trouble la vue des patriotes italiens. Ce n'est plus de la passion, est de la folie!*

Chiesa Cattolica di tutte le cinque parti del Mondo. Spettacolo sorprendente ed edificante, mai veduto in altri concilii, e che la sola Chiesa Romana potè dare all'attonito universo. Si trovavano pure presenti i ministri di varie potenze, accreditati presso la Corte romana: i duchi di Parma e di Modena, il granduca di Toscana, la regina del Wurtemberg, tutta la real famiglia di Napoli e l'imperatrice di Austria.[4]

Nel Concilio Vaticano, da dotti e rinomati prelati si discussero, con tutta la dovuta libertà, le materie da definirsi. Mi restringerò a dir le cose principali.

Fu decretato, che in caso della morte del Papa, la nuova elezione fosse stata fatta al solito da' Cardinali; nella terza e quarta sessione furono condannati varii errori sul naturalismo; finalmente proclamata, con decreto conciliare, la infallibilità del Sommo Gerarca, diggià riconosciuta di fatto da tutta la Chiesa, fin da' tempi apostolici.

A causa dagli avvenimenti, che si successero in Europa, il Concilio fu sospeso, come appresso dirò; e tutta la cristianità venne defraudata di un bene immenso che le avrebbe apportato, se fosse continuato. Però la proclamazione a dogma dell'infallibilità pontificia raffermò la fede nella cattedra apostolica; la quale venne premunita di un'arma potentissima a lottare contro gli antichi errori de' miscredenti, oggi resuscitati, sotto varie forme, e da coloro che si dicono liberi pensatori.

La proclamazione dell'infallibilità pontificia, in materia di fede e di costumi, suscitò l'ira settaria, segno certissimo che tagliò i nervi a coloro, che credono abbattere la dottrina della Chiesa cattolica, con pestare e ripestare antichi errori, vittoriosamente confutati dai SS. Padri, dai Dottori della Cattolica Chiesa, e da uomini insigni per dottrina e virtù.

I nemici del nome cristiano, com'è loro costume, ricorsero alle solite viete

[4] L'imperatrice d'Austria, trovavasi allora colà in occasione che la sua augusta sorella, Maria Sofia, regina del Regno delle Due Sicilie, era prossima a partorire; e difatti, il 24 dicembre 1869, diede alla luce una bambina, a cui vennero imposti, per primi, i nomi di *Cristina, Pia, Maria.* Le funzioni di Padrini furono compiute dal Cardinale Antonelli a nome del gran Pontefice Pio IX, insieme a S. M. I. imperatrice d'Austria-Ungheria, delegata dall'augusta imperatrice Marianna d'Austria a rappresentarla come Madrina; mentre il Cardinal Patrizi, Vicario di Sua Santità, nella cappella del Palazzo Farnese, conferì solennemente il S. battesimo alla reale infante. Assistevano undici Cardinali, varii Vescovi, l'aristocrazia Napoletana, emigrata in Roma, tutte le persone della corte e della real famiglia, l'ambasciatore d'Austria ed il ministro di Baviera.

La principessa Cristina, Pia, Maria, figlia del re e della regina del Regno delle Due Sicilie, visse tre mesi e quattro giorni: sull'annottare del 28 marzo 1870 volò al cielo. Iddio benedetto, pe' suoi inprescrutabili fini, volle privare anche di quest'altra consolazione quei reali ed esuli genitori. Il cadavere della reale infante, con accompagnamento splendido, fu trasportato alla regia chiesa dello Spirito Santo de' napoletani; ove il 31 marzo, con solennità di pompa, furono eseguiti i riti, che la Chiesa stabilisce pel funere de' bambini, pontificandovi la messa degli angeli di Monsigr. Gallo, arcivescovo di Patrasso. Vi assistevano pure i duchi di Parma a di Modena.

calunnie, che ridunconsi a sciocchezze, e che neppure meritano di essere accennate. Nulla poi dico del giornalume settario, che spropositò a meraviglia, perchè la maggior parte de' redattori dello stesso erano forse giovanastri; i quali non si fidarono esporsi all'esame ginnasiale, o che ne furono riprovati. Essi credevano che il Papa fosse stato proclamato infallibile in tutto, anche negli atti della sua vita privata, e confondevano eziandio l'infallibilità con l'impeccabilità; ma in tutti questi strafalcioni eravi pure della malizia.

Tant'è; bisogna convincerci di quest'altro male della società moderna, cioè nessuno, che non sia della partita, osa parlar di medicina, di materie legali, di architettura ec; intanto si vuole ragionare, ed a sproposito, a con una sicumera da far perdere la pazienza ad un S. Giobbe, di Teologia dogmatica, e spiegare la Sacra Scrittura; su di cui gli uomini più dotti, che vanta l'umanità, han logorata la loro vita nello studio, per apprendere quanto è necessario ad un distinto ecclesiastico.

I *liberi pensatori napoletani*, volendosi opporre, da matti, al Concilio Vaticano, convocarono in Napoli un *anticoncilio*; di cui era presidente il noto conte Giuseppe Ricciardi, e segretario Giorgio Imbriani, giovane ventenne. Fu destinato a giornale officiale, per pubblicare gli atti *anticonciliari*, il *Popolo d'Italia*, mazziniano puro sangue.

L'*anticoncilio* fu inaugurato, il 9 dicembre nel teatro S. Ferdinando (essendo affare teatrale) dal presidente Ricciardi; il quale recitò un'*allocuzione* repubblicana, non tralasciando le solite frasi di rito, cioè *il Papato essendo cancro è mestieri che da noi si spenga.*

Per aversi l'entrata *libera* in quella riunione, si dovevano pagare cinquanta centesimi; ma si fecero pochi affari; dappoichè l'*anticoncilio* visse soli tre giorni, meno delle farfalle. Due sedute si tennero nel Teatro S, Ferdinando, e furono tempestose, del Vecchio non combinava in tutto col presidente. La terza riunione si tenne in una locanda di Napoli, Quivi si lessero telegrammi e lettere di adesioni di molti stranieri; vere o false, lo lascio alla considerazione de' lettori. Vittor Hugo, Quinet Michelet, Lettré e Malescott, gli encomiatori dell'*uomo-scimia*, mandarono le loro brave lettere di adesione, sperando mirabilia dall'*anticoncilio* ricciardiano. Lo stesso fece Garibaldi, allora eroe solamente de' saputi due mondi, oggi come ben sapete, di que' poveri due milioncini, *et reliqua*; ebbe pure la degnazione d'incoraggiare i *padri dell'anticoncilio.*

In quell'*anticoncilio* si encomiarono, dagli italiani, quegli stranieri presenti, che dissero bestemmie e corbellerie contro il Papato; di quel Papato che è la vera ed unica gloria italiana.

Il governo *riparatore e moralizzatore* fece sbizzarrire quegli energumeni contro la religione dello Stato, contro il Papa e contro lo stesso Dio. Ma quando il conciliabolo entrò nel campo della politica, e gridò: *Viva la repubblica!*

Abbasso Napoleone III! lo fece sciogliere da' birri, i quali poco mancò non venissero a vie di fatto contro que' *prodi inconciliabili.* Insomma, finì in una vera *pulcinellata.*

Quell'*anticoncilio,* si sa, fu inagurato pel solito volere del popolo; intanto ecco quel che scriveva il corrispondente della moderata *Perseveranza* di Milano, il 13 dicembre: « So che c'era voglia tra la nostra plebe di fare qualche tiro a quell'assemblea; ma la Questura ha provveduto a tempo, e bene, per questa volta. »

Io mi auguro, che il conte Giuseppe Ricciardi senta oggi una salutare vergogna al ricordo di essere stato a capo di una riunione di quella fatta, ed essendo un gentiluomo, e versatissimo nella storia, abbia riflettuto che le parole dette: *Il Papato è un cancro, è mestieri che da noi si spenga,* non altrimenti le profferì, che per trovarsi in uno stato di eccitamento nervoso, e per semplice frase rettorica.

Anche il governo *moralizzatore* fece la sua brava pagliacciata contro il Concilio Vaticano; non contento di *avere impedito a tempo, e bene* che i popolani di Napoli *avessero fatto qualche tiro a quell'assemblea* di energumeni, insultanti la religione dello stato e lo stesso Dio, a spese dell'erario, e col bollo del ministero degli esteri, fece pubblicare nella *Nuova Antologia* di Firenze, nel vol. XII, una cicalata, intitolandola: *Del Presente e dell'avvenire del Cattolicismo a proposito del Concilio ecumenico.* È una rapsodia di menzogne e di calunnie, che fanno onta e vergogna a chi le scrisse, e a chi le pubblicò; giovando agli stessi calunniati, perchè stomachevolissime ed incoerenti: altro danno non arrecarono che i quattrini erogati dalle casse governative, entrati a furia di tasse e di violenze, esercitate contro i contribuenti dagli agenti fiscali.

Sullo scorcio di quell'anno 1869, la madre di Rosolina andava peggiorando sempre più, vessata dal suo male, che lentamente la consumava. Ella rimase sempre in casa, dopo che ritornò dalla villa di Scafa, e la figlia non lasciolla sola un momento. Lo stato di costei era veramente deplorevole; malgrado che l'arciprete e gli altri amici si adoperassero a consolarla, essa già sentiva tutto il peso della sua disgrazia, che minacciavala di restar sola sulla terra. Ma l'infelice giovane, fissando gli occhi al cielo, si uniformava, non senza gemiti, a' voleri di Dio.

La inferma volle munirsi de' conforti religiosi, e ne era già tempo; l'arciprete le somministrò pure il sacramento dell'Estrema Unzione. Tutto quel paese, che tanto apprezzava le virtù di quelle infelici donne, era addoloratissimo; maggiormente nel riflettere, che rimanea sola e derelitta una povera e bella giovanetta, che, senza appoggio, andava incontro a tanti innumerevoli disastri. Le persone notevoli di Naso le visitavano, e le si offrivano in ciò che potevano essere utili; Rosolina però, con l'espressioni della più sentita riconoscenza le ringraziava, senza nulla accettare; dappoichè nè a sua madre poteano dar la sanità, nè a lei alleviare dei due mali che la opprimevano.

Il giorno dell'Epifania del 1870 fu l'ultimo per la madre di Rosolina; la quale se la vide spirare nelle sue braccia, confortata dalle parola di vita eterna, che le suggeriva l'arciprete. Questi volle che i funerali fossero splendidissimi, ed in ciò contribuirono eziandio i notabili del paese. Varie Signore offrirono all'orfanella la loro casa, per allontanarla da quella in cui era spirata la sua amata genitrice; ella si negò, ringraziandole con tutta l'effusione di una vera riconoscenza.

Dopo i funerali, l'arciprete e molti suoi amici pensarono di stabilire una posizione alla Rosolina; sapendola istruita e virtuosa, cooperaronsi a farla eleggere maestrina delle scuole femminee di Naso, e con uno stipendio quasi doppio di quello che si dava all'altre. Ella gentilmente rifiutò, dicendo che diggià avea presa la sua irrevocabile risoluzione; e mentre ringraziava tutti con le lagrime agli occhi, li assicurava, che non istessero in sollecitudine sul suo avvenire.

Dopo tre giorni che la sua genitrice era scesa nella tomba, Rosolina, vestita a bruno, ed accompagnata da parecchie distinte giovanette vestite anch'esse allo stesso modo, si recò al Camposanto, mezzo miglio lontano del paese. Questo luogo, della mesta dimora delle ceneri de' trapassati, ombreggiato dai mesti cipressi e dal rigoglioso eucalyptus, sorge sopra una romantica collinetta, donde scorgesi un panorama de' più variati e sorprendenti. Quivi vicino èvvi ancora un magnifico convento, or mezzo rovinato, ove i figli del Serafico di Assisi facevano sentire le loro notturne salmodie al non lontano paese, che tanto amava quegli umili fraticelli, i quali vivevano elemosinando, e facendo elemosina.

Giunta la Rosolina, a piè del freddo marmo, che rinserra gli avanzi mortali della sua diletta genitrice, s'inginocchiò, pianse e pregò; e con lei piansero e pregarono quelle care giovanette che l'accompagnavano. Dopo vi depose una corona di *semprevive*; con una iscrizione, che tuttora si conserva, e si conserverà, anche in memoria del soggiorno fatto in Naso di quella cara e virtuosa orfanella.

Al ritorno dal Camposanto, trovò schierate sulla via un buon numero di persone d'ambo i sessi, che meste e dolenti la seguirono in religioso silenzio sino alla casa dell'arciprete.

Scorsi due altri giorni, si accomiatò da' più intimi amici, e partì per Capodorlando, accompagnata dalla nipote dell'arciprete, da costui e da altre persone a lei affezionate. Ivi, tra lagrime e scoppi di pianto, si divise da tutti, imbarcandosi per Palermo, raccomandata ad una signora, che recavasi pure in quella città; essendo stata pregata di condurla in casa di D. Carlo.

Ora è tempo che i miei lettori sappiano, che Edoardo giunse in Capodorlando circa un mese dopo che Rosolina ne era partita. Il tempo perduto per correre a Palermo ed il soggiorno colà, gli furono fatali; se, dopo il suo ritorno da

Calabria, avesse continuato il viaggio, senza tante minuziose ricerche, l'avrebbe incontrata forse in Capodorlando. Egli prese alloggio in una modesta locanda di quel Villaggio. L'albergatrice avendolo accompagnato nella migliore stanza di quell'albergo, quasi per farsi merito, gli disse: Vi dò questa bella camera, che fu pure abitata, or non è un mese, da una bella e virtuosa signorina palermitana; alla quale, poveretta! dopo di aver dimorato lungo tempo in Naso, le morì la madre, e se no ritornò sola a Palermo. –

Edoardo ascoltava quelle parole tutte orecchie, e con tale un palpito di cuore, da sentirsi venir meno. Sforzandosi di parlare, con respiro affannoso e con parole interrotte, domandò: Come chiamavasi quella signorina....? –

Se non erro, rispose quella, la nipote del nostro arciprete la chiamava Rosolina e... – Ma fu interrotta da un orrendo grido di Edoardo; il quale balzando in piedi, con voce terribile gridò: Disgraziato...! errai la via, ma la troverò. –

La locandiera uscì atterrita dalla stanza, gridando, essere indemoniato il passaggiere che allora era giunto. Nel medesimo tempo, l'altro, in grande disordine, nello scendere le scale, andava gridando: Presto, a Palermo, conducetemi a Palermo; sì, questa volta Rosolina non mi potrà sfuggire, la troverò colà. Ahi, disgraziato! perchè non presi prima questa via in luogo dell'altra? Presto, conducetemi a Palermo, vi compenserò generosamente. – Coloro che l'ascoltavano, sebbene persone un po' rozze, si persuasero che quegli non era un indemoniato, ma un giovane innamorato, che andava in cerca di quella giovinetta, che aveva lungo tempo dimorato in Naso, e che ne era partita da circa un mese, diretta per Palermo. Per la quale cosa gli dissero: Signore, il piroscafo è partito: eccolo fuori S. Agata; se ci pensavate prima, sarebbe stata per voi una bella occasione, mentre il vapore passa da qui soltanto due volte la settimana; se non vi dispiace, vi condurremo in barchetta fino a Termini; e da colà potrete continuare il viaggio per Palermo in ferrovia. –

Si, si, andiamo, purchè si parta, e subito. Io la troverò questa volta, non mi sfuggirà.... –

Nel medesimo tempo, seguito da varii marinari, e senza cappello in capo, correva verso la marina, e senza neppur pensare alla valigia, che aveva lasciata nella locanda.

In generale, i marinari di Capodorlando, oltre di essere intelligenti, son pure onesti. Essi, avendo la certezza, che conducendo Edoardo a Termini, avrebbero ricevuto un generoso compenso, si affrettarono a preparar la barchetta, nella quale portarono la valigia, e senza che avessero ricevuto all'uopo alcun ordine.

Intanto Edoardo fremea al più piccolo indugio, anche pe' neccesarii preparativi della partenza. Alla fine si mise alla vela, scorso poco il mezzogiorno, e con un buon vento di levante, che spingeva il piccolo naviglio verso la meta, tanto desiderata dal nostro impaziente viaggiatore. Il quale, la mattina seguente, avendo compiuto un viaggio di ottanta miglia, giunse a Termini. Dopo che ricompensò generosamente i marinari, accompagnato da due di costoro, corse alla stazione della ferrovia, partì per la capitale della Sicilia, col cuore palpitante or di speranza, ed ora di un indefinito dubbio.

Giunto in Palermo, si diresse all'Hôtel Trinacria, al cui portiere lasciò la valigia, ed in fretta corse alla casa di dottor D. Piddu.

Appena Edoardo vide l'amico, gli rivolse una domanda: Rosolina?! –

E questi rispose: È partita. –

Un urlo sconfortante e selvaggio emise l'alante infelice, ed immediatamente soggiunse:

Perchè?! Per dove.....?! –

L'ignoro, disse il dottore. –

Il giovane innamorato si lasciò cadere sopra una sedia, e per la prima volta mostrò indizii di scoraggiamento. Successe un silenzio di pochi istanti; indi con voce pietosa domandò: La vedeste? –

La vidi.

Era mesta? Era bella?... –

Infelice! esclamò il dottore, dunque quella tremenda lebbre, onde tutto ardì, e che ha sepolto nel pianto e nella disperazione i tuoi anni più cari, nè la ragione, nè il tempo hanno mitigata? A che più cerchi di quella fanciulla, se ti fugge? Bando una volta alla puerilità, mostra alla fine di essere uomo, superiore alle debolezze umane: il vero coraggio sta nel saper lottare contro le proprie passioni, e vincerle.–

Dottore, ignorate forse che vi è Dio? –

Io non l'ignoro, soggiunse l'altro. Egli mi parla al cuore e all'intelletto: io lo credo e lo adoro. E che sarebbe la vita senza Dio? L'aspettazione del nulla! il mondo? uno spaventevole deserto! e lo stesso mio pensiero? una contraddizione! –

Giacchè credete in Dio e l'adorate, prostratevi dunque, e riconoscete la terribile giustizia che Egli esercita in me. Le mie non sono nè puerilità nè debolezze, ma tremendo castigo a' miei delitti, che voi già conoscete. Oh! la giustizia di Colui che tutto può, non potea essere più spaventevole e completa contro di me. Ah! sì, qualunque altro castigo alle mie colpe, in paragone, sarebbe stato un nulla.

Io paralitico e cieco, io disprezzato da tutto il mondo; ma sentir l'alito di Rosolina, e la sua voce ripetermi: io t'amo, come ne' primi giorni del nostro felice amore – Oh, quanto sarei beato......! –

Il dottore, commosso, e con gli occhi pregni di lagrime, gli prese la mano, e stringendola, gli disse: Giovine purtroppo infelice, fate cuore, non vi abbandonate alla disperazione. Tutto ciò che mi avete detto prova, che Iddio misericordioso vi vuol salvo; Egli vi fa scontare in questa vita il sacrilegio di aver voi impugnato le armi contro il suo Vicario in terra, mentre agli altri riserva un più terribile castigo al di là della tomba. –

Sì, replicò Eduardo, ciò potrebbe essere; ma io non rinunzierò mai alla speranza di trovar Rosolina, per sapere quel terribile secreto, che mi tolse il suo amore... per giustificarmi, ed ottenere a qualunque costo il suo perdono. Oh, la speranza! è dessa che sopravvive a tutte le mie perdite, ed alle stesse mio illusioni; è il solo conforto al mio cuore esulcerato: e se fu la prima a nascere, scenderà con me nel sepolcro.

Addio, dottore. Io sarò eternamente riconoscente alla vostra cordiale amicizia, e grato a' vostri consigli, ma non posso seguirli; una forza arcana mi spinge, forse, verso una tremenda catastrofe: è necessario che si compie il mio destino. O Rosolina, o la morte!... –

Uscì da quella casa, malgrado, che il suo amico l'avesse voluto trattenere con obbliganti preghiere. Lasciamo il disgraziato giovine, che va cercando l'amata donna, ed in preda alla disperazione, perchè riuscivangli vani tutti i mezzi, che sa escogitare un amore furente e contrariato, per rinvenirla.

E Rosolina? mi si dimanderà, dov'è andata? Or l'ignoro, lettori cortesissimi; ma se mi seguirete la troveremo. Intanto due guerre terribili preparansi, una sul Reno, e l'altra sacrilega sul Tevere, conseguenze le più funeste del fatale anno 1860; mancherei al titolo di questo mio povero lavoro, se, per seguire le tracce di una fuggitiva giovinetta, non vi facessi conoscere le cause, i preparativi, lo scoppio e le conseguenze di quelle guerre. Attendiamo, che pure a noi gioverà il tempo; dappoichè i principali personaggi di questo racconto li abbiamo trovati quasi sempre avvolti negli avvenimenti di quel tempo. Si è perciò che seguendomi saprete, qual sarà la fine di un amante disperato, che va in cerca dell'amata donna, e di una orfanella, che corre il mondo alla ventura, per trovar protezione e pace.

CAPITOLO XXIII

Il frigio Gordio, che da semplice lavoratore de' campi divenne re, consacrò nel tempio di Giove, in Juliopoli, il carro, che conduceva quando gli fu offerta la corona reale. Però il giogo di quel carro era ligato al timone ed in un modo tanto artisticamente e difficilmente combinato, che nessuno il potè sciogliere in tutta l'Asia; onde fu chiamato nodo gordiano; e l'oracolo prometteva l'impero dell'Asia a chi l'avesse sciolto. Alessandro il macedone, non avendolo potuto sciogliere, lo tagliò con un colpo della sua spada; ed in questo modo giunse ad eludere l'oracolo.

Napoleone III creò ne' campi lombardi e nel congresso di Parigi[1] la questione italiana, complicandola con l'altra più celebre ed intricata di Roma. Fu detto che aveva imitato il frigio Gordio, con cui aveva molta rassomiglianza; formando di quella questione un nodo, tanto intricato, che non poteva sciogliere ei medesimo; del resto, non tornandogli conto, nemmeno aveva il coraggio tagliarlo come Alessandro. Quel nodo fatale fu la principale causa di tutti gl'infiniti guai, piombati sopra l'Europa, e con particolarità sull'Italia, sulla Francia e su di lui medesimo.

La questione italiana, e quella romana, portarono con sè la rivoluzione cosmopolita, l'altra questione germanica, lo scadimento dell'influenza austriaca in Italia e nella stessa Germania, la preponderanza della Prussia in Europa, ed il trionfo de' principii sovversivi in tutto il mondo. In conseguenza di che, quell'imperatore subiva gli effetti del nodo fatale che aveva fatto, essendo minacciato dalla Prussia, mentre la Francia gli sfuggiva di mano; e la rivoluzione, da lui suscitata, minacciavalo pure in varii modi. Difatti il corpo legislativo francese, tanto obbediente alla assoluta volontà di lui, cominciava a ribellarsi; sinistri e destri non ne volevano saper più di governo personale, ma chiedevano con alterigia un ministero responsabile.

Le dimostrazioni sediziose, come quella dell'anniversario della morte di Baudin, ucciso sulle barricate, combattendo il colpo di Stato del 2 dicembre; gli

[1] Lamartine chiamava quel Congresso: *La pierre d'attente du chaos européen, la fin du droit pubblique en Europe.*

scioperi in varii dipartimenti della Francia e nella stessa Parigi, forieri sempre di rivoluzioni; l'assassinio di Victor Noir, commesso dal principe Pietro Bonaparte, che esasperò tutti i francesi, erano tutti prodromi di una prossima rivoluzione. istigata da Gambetta e Rochefort, agitatori capi di quel movimento.

Luigi Buonaparte, riflettendo che la rivoluzione contro di lui era imminente, ad onta del procuratosi nuovo plebiscito, si argomentò salvarsi con far guerra alla Prussia, e con lo scopo principale di fissare altrove l'attenzione de' francesi; poco curandosi de' mali che sarebbero piombati sulla Francia, in caso di un probabile disastro. Egli pensava soltanto a scongiurare la tempesta che minacciavalo personalmente; senza curarsi che la Prussia erasi armata in modo formidabile, ed aspettava di essere provocata per passare il Reno.

Quell'egoista e stolto imperatore, senza preparare i necessarii armamenti, tolse a pretesto contro la Prussia, che la corona spagnuola era stata offerta dal general Serrano a Leopoldo di Hohenzollern, largo parente del re prussiano: per tal modo cadde nella rete che egli aveva preparata a Bismarck. Costui e il suo sovrano si atteggiarono a vittime della prepotenza napoleonica; e conoscendo che la guerra era inevitabile, per gettar la colpa sopra il Sire francese, fecero in modo che Hohenzollern rinunziasse a quella corona.

Il Bonaparte, che andava cercando pretesti per far la guerra, neppur di tanta condiscendenza si dichiarò soddisfatto; ma volle dal medesimo re prussiano l'assicurazione, che, per l'avvenire, non avrebbe affacciata alcuna pretensione sulla Spagna, per parte del suo parente.

Re Guglielmo, che tutto aveva preparato per la guerra, giudicò opportuno mostrarsi sdegnato di quelle per lui umilianti esigenze. Difatti ad Ems non volle ricevere l'ambasciatore francese Benedetti; facendogli sentire, che era annoiato dalle pretensioni del suo imperatore, che non aveva alcuna risposta a dargli, e che non l'avrebbe ricevuto in qualità di ambasciatore. Ecco il *casus belli*, per cui si vollero sacrificare migliaia e migliaia di vite umane; causa d'infinite lacrime, fatte versare ad innumerevoli vittime innocenti, della distruzione di campi e città, e del baratto di tanti miliardi!

Napoleone III intimò, la guerra alla Prussia malgrado che l'ambasciatore francese in Berlino gli avesse fatto sentire anticipatamente di non dare un passo tanto compromettente per la Francia; dappoichè oltre che quella militare nazione, trovavasi armata in modo formidabile, si avrebbe trascinato con sè tutti i piccoli stati della Germania. Ed in vero i calcoli de' politici francesi furono senza preveggenza ed erronei; nè l'Austria si mosse per vendicar Sadowa, nè la Danimarca per rivendicare lo Sleswig-Holstein, anzi la Baviera e gli altri piccoli stati del sud si collegarono con la Prussia.

Il Belgio, l'Olanda e la Svizzera in quella guerra dichiararonsi neutrali per dovere o per necessità, altre nazioni per elezione, come la Russia, l'Austria e l'Inghilterra, e l'Italia per ingratitudine, e pe' suoi fini niente onorevoli, come in seguito vedremo. Però i nostri rivoluzionarii in trionfo, mercè il sangue francese versato sopra i campi lombardi, e di tutti gli altri aiuti avuti dalla Francia, per riunir l'Italia e mantenerla in piedi, avrebbero voluto che il governo si fosse dichiarato favorevole alla Prussia. Per la qual cosa organizzarono dimostrazioni e *meetings* in varie città della Penisola, gridando: *Viva la Prussia! Abbasso Napoleone III!* Dovuto compenso alla perfidia di costui contro i principi italiani! In Milano, la sera del 25 luglio 1870, a causa di quegli *evviva ed abbasso*, corsero fucilate tra dimostranti e la forza pubblica.

Lo scoppio della guerra fu rapido; gli eserciti tedeschi si riversarono come un fulmine sulle frontiere francesi. Il 28 luglio, Napoleone III e suo figlio si recarono al quartier generale di Metz, ov'era l'esercito di operazione; ed il 13 agosto Guglielmo di Prussia partì da Berlino per recarsi al campo, accompagnato dal suo primo ministro Bismarck.

La presenza del Bonaparte, sul campo della gigantesca lotta, fu il segnale delle prime zuffe. I francesi erano assai inferiori in numero, rispetto a' loro avversarii; i quali fronteggiavano i nemici sul Reno con tre numerosi corpi di esercito, oltre della riserva di ottanta reggimenti di *Landwher*, che la Prussia organizza in tempo di guerra.

La flotta francese, incoraggiata dalla presenza dell'imperatrice Eugenia, nel muovere dai porti, augurandosi gran cose, si recò nel Baltico, e nulla operò di rilevante, contro le coste e le fortezze prussiane!

Parecchi piccoli scontri si ebbero prima del 2 agosto. In quel giorno però avvenne il grosso fatto d'armi di Saarbruk; ove i francesi riportarono vantaggi sopra i loro avversarii. Colà trovavasi il Bonaparte con suo figlio, allora dell'età, di anni 14. È storico il dispaccio dell'imperatore inviato a Parigi: cioè che il giovanetto principe *giocava con le palle*.

Dopo Saarbruk seguì il combattimenio di Wissemburg, la battaglia di Wörth, e l'altro attacco di Forbach, ed in tutti tre questi scontri i francesi furono battuti, ad onta del loro ammirevolissimo valore personale,[2] e cominciarono a ritirarsi su Metz.

Il Maresciallo Bazaine, che trovavasi a venti chilometri con un formidabile corpo di esercito, non si mosse per correre sul campo di battaglia, malgrado le notizie che gli giungevano, circa il pericolo in cui versavano i suoi compagni d'armi. Eppure gli si lasciò il comando di quel corpo di esercito, forse il più importante in quella guerra! Que' rovesci produssero quella fatale demoralizzazione, che è il segno precursore delle rovine degl'imperi e de' troni.

[2] Il principe ereditario di Prussia, quando vide sfilare innanti a sè i primi soldati francesi prigionieri, si tolse il *kepy*, e gridò, rivolgendosi a' suoi: Salutiamo questi valorosi!

Appena i francesi accennarono di ritirarsi su Metz, ed i Prussiani si atteggiarono a voler marciare sopra Parigi, cominciarono i timori ed i trambusti di questa città. I veri patriotti, perchè videro la patria in pericolo, alzarono la voce, raccomandando la concordia, ed i mestatori della repubblica aizzavano la plebaglia all'anarchia, per essere eglino capi del disordine. Quando si seppe in Parigi la rotta di Wissemburg i magazzini si chiusero, ogni lavoro fu sospeso, alla Borsa avvennero scene deplorevoli, e la gente, che più temeva, fuggì in lontani paesi. I ministri Ollivier e Grammont, dimessi dallo loro cariche, furono insultati, perchè reputati causa di que' disastri: fin dal giorno 8 agosto, Parigi cominciò a mostrare un aspetto spaventevole. In que' trambusti surse il duca di Polikao e formò un ministero di bonapartisti, e tutti ci cooperarono pel buon ordine, raccogliendo intorno a loro gendarmi, truppe di marina e soldati doganali, per opporli alla plebaglia ed a' demagoghi, pe' quali era giunto il tempo di pescar nel torbido e far fortuna. Quel ministero prese altri provvedimenti specialmente per rinforzar l'esercito e far danaro, che molto ne aveva di bisogno per sostenere quella guerra disastrosa.

La lotta tra prussiani e francesi continuò accanita sulla Mosella, mentre quest'ultimi si ritiravano parte sul campo trincerato di Metz e parte a Verdun, sulla Mesa, venti miglia più indietro de' primi.

Il 14 agosto avvenne un grosso fatto d'armi proprio quando i francesi passavano sulla sponda sinistra della Mosella a Pont-à-Mausson. Circa questo combattimento i dispacci di Napoleone e del re di Prussia si contraddicono; ambedue si attribuiscono la vittoria.

I francesi seguivano due vie divergenti, una all'ovest, verso Verdun, col grosso delle loro forze, e l'altra al nord ovest, per Briey col rimanente. Per la qual cosa, il 16, accaddero due combattimenti contemporanei; uno tra il principe Federico Carlo di Prussia e il grosso dell'esercito francese, l'altro tra il medesimo esercito e quello del prussiano generale Steinmetz; il primo a Mars-la-Tour, il secondo a Briey.

I prussiani volevano ricacciare dentro Metz i francesi; a tale scopo avevano ammassato tre corpi di esercito intorno a Gorzi; i quali si tenevano nascosti nella campagna imboschita. Dopo che lasciarono sfilare l'esercito nemico, l'assaltarono all'improvviso, e la mischia fu sanguinosissima, combattendosi d'ambo le parti con valore e tenacità.

La parte più trista di quelle carneficine era, che i cadaveri rimaneano insepolti, e si putrefacevano. Sotto Metz i prussiani gettavano gli uccisi nella Mosella, ed in si gran numero, che in cambio di essere trascinati dalla corrente, si ammassavano in varii punti del fiume; mostrando a' superstiti l'orribile spettacolo della putrefazioae de' loro compagni d'armi. La città di Metz era un vasto ospedale; sessantamila feriti ingombravano i campi; la maggior parte di quegl'infelici morivano fra dolori atroci senza alcuna assistenza, e non pochi anche di fame Oh! allontaniamoci da questa scena di orrore non potendo soccorrere que' miseri, che spezzano il cuore co' loro strazianti gemiti.

In que' due combattimenti, di Mars-la-Tour e di Briey, i prussiani ottennero il loro scopo strategico, ed era di tagliare la miglior linea di ritirata verso Parigi ad un corpo di esercito di centosessanta mila uomini, comandati da Bazaine, ricacciandoli nella fortezza di Metz. Però costui, il 18 agosto, facendo fronte indietro, assalì i corpi di esercito del principe Federico Carlo e del generale Steinmetz; quegli si sostenne nelle sue posizioni, perchè superiore in numero, questi fu respinto verso le cave di Lomord.

Anche pe' combattimenti del 18 agosto, le due parti belligeranti si appropriarono la vittoria. Il certo si è, che i soldati francesi perdevano sempre terreno, e più non combattevano con la fiducia di vincere: circostanza fatale per tutti gli eserciti e specialmente per quello di Francia.

I combattimenti del 14, 16 e 18 agosto furono micidialissimi. Le statistiche le più moderate assicurano, che i belligeranti lasciarono trentamila morti ne' dintorni di Metz. Gli stessi prussiani confessarono di avere avuto, nella sola giornata del 18, ottomila morti, undici mila feriti e settemila dispersi; in compenso fecero seimila prigionieri.

Dopo quelle tre sanguinose fazioni di guerra, i tre corpi di esercito prussiani si riunirono, cioè quello dei principe Federico Carlo, con gli altri due del principe ereditario e di Steimnetz. Bazaine rimase sotto Metz, aspettando i soccorsi, che si preparavano in Parigi ed in Châlons; e siccome il suo esercito aveva mostrato di valer molto, gli alemanni, prima di marciar su Parigi, si argomentarono riordinare i loro eserciti, scomposti da tanti sanguinosissimi combattimenti; tanto più che quello di Steimnetz era quasi in dissoluzione, sicchè fu incorporato negli altri due.

Riordinati adunque i due corpi di esercito, e ricevuti poderosi rinforzi dalla Germania, donde accorsero eziandio le riserve del *Landwher*, quello comandato dal principe Federico Carlo, venne destinato ad osservare Metz, e l'altro, sotto gli ordini del principe ereditario, forte di duecentomila combattenti, ebbe l'incarico più difficile di avanzarsi, dalla Mosa per la Marna, sopra Châlons e Parigi. Nel medesimo tempo, cento sessantamila francesi, una cinquantina di miglia più al nord-ovest seguivano una strada inversa, marciando da Parigi a Châlons, verso la Mosa e la Mosella.

Le condizioni dei belligeranti erano a un di presso le seguenti. Due eserciti francesi di circa cento sessantamila uomini ciascheduno, distanti un ottanta miglia italiane l'uno dall'altro, tentavano ricongiungersi; ed in mezzo ad essi quattrocentomila prussiani, che adoperavansi ad impedir la riuscita di quella tattica guerresca; i primi alle due estremità della linea, cioè a Metz e Châlons, i secondi scaglionati lungo la medesima linea.

I francesi di Metz, assediati nel campo trincerato da forze preponderanti, non potevano aprirsi la strada; quelli di Châlons, sebbene liberi ne' loro movimenti, a' fianchi e alle spalle, erano affrontati da tutte le forze del nemico, e perchè esorbitanti, non potevano attaccarlo in battaglia campale. L'unica probabilità di battere l'avversario, stava dunque nella loro rapida congiunzione; ma i prussiani manovravano in modo da tenerli divisi, per combatterli separatamente e con più faciltà. In tale stato di cose, si conobbe la grande preveggenza de' generali prussiani, e gli errori madornali di quelli francesi.

Mentre questi fatti si svolgevano al nord della Francia. Napoleone III, quasi esautorato, fece partire il figlio dal campo (stanco forse di giocar con le palle), ed egli seguiva il corpo di esercito di Mac-Mahon, che potea considerarsi in dissoluzione, dopo la battaglia di Worth.

L'imperatrice Eugenia, dopo che assistette all'imbarco de' soldati sulle navi, destinate ad operare nei Baltico, appena intese i rovesci francesi, con coraggio ammirevolissimo, corse a Parigi; nulla temendo che questa incostante città era in positivi trambusti, e gridava contro i napoleonidi. Quella buona signora, tanto ossequente al sommo Pontefice, e benefica con tutta la Corte imperiale, negli ultimi momenti, fu abbandonata da tutti coloro, che si erano strisciati a' piedi ne' beati giorni dell'impero; non trovò al suo fianco, per dividere i pericoli, che la principessa Clotilde, tanto religiosa, figlia del re V. Emmanuele, e moglie del principe Napoleone.

Costui, vero *Plon Plon*, mentre ne' felici giorni della potenza napoleonica faceva il rodomonte, insultando tutti e tutto quel che vi è di onorevole e sacro, ne' momenti di gran pericolo per la Francia, lasciò il campo, e se ne venne in Italia. Si disse, che si recò a Firenze per compiere una missione diplomatica, cioè impegnare il governo italiano di correre in aiuto de' francesi, o di cooperarsi per la pace; ma nessun rovescio militare era ancora avvenuto quando egli lasciò il campo. Il certo è, che un militare di cuore non lascia la guerra per farla da diplomatico, maggiormente quando i pericoli si avanzano,

È poi certissimo che il principe Napoleone, il democratico alla Bonaparte, due volte che si trovò nella circostanza di battersi, due volte se ne volle esimere con futili pretesti. Nel 1859 trovandosi generale in capo del corpo di esercito, che invase la Toscana (però di nome, in realtà era il napoletano Girolamo Ulloa) pretestò una malattia, quando doveva battersi contro gli austriaci; nel 1870 abbandonò gli eserciti francesi, e corse sull'Arno; per mettersi sotto la protezione di suo suocero, il re galantuomo. Anche un altro codardo pretesto trovò quando venne sfidato a duello dal duca di Aumale, dicendo: *Io non mi batto co' nemici della Francia.* – Sicchè, conseguente a sè stesso, questa volta, trovando che i prussiani invadevano da nemici implacabili il territorio francese, evitò di combatterli! *Plon Plon*, con la sua teoria spiega che accetta combattere non i nemici, ma gli amici della Francia! Oh! povero *Plon Plon*, a che ti giovano tutte le catilinarie contro i Borboni e contro il Sommo Pontefice? Il disprezzo di tutti i francesi!

Intanto organizzavasi la difesa di Parigi, affidata al generale Trochu, che, per non essere simpatico all'imperatore, non aveva avuto il comando di un corpo di esercito in quella guerra. Il medesimo trattamento si ebbe il distintissimo generale Changarnier, che accorse al campo, dopo la ritirata su Metz; e malgrado che a lui fossero rivolte le simpatie de' soldati, si lasciò in ozio. Napoleone III non seppe imitare Napoleone I che onorava il merito, specialmente militare, dovunque l'avesse trovato, anche ne' borbonici più pronunziati, ed usava tutti i mezzi per farseli amici. Costoro che in que' momenti avrebbero potuto liberarsi da padrone intruso, unendosi con Favre e compagni per esautorarlo dall'impero, invece andavano ripetendo: *Bando a' partiti, pensiamo a salvar la Francia.*

Il comitato della difesa di Parigi, composto quasi tutto di generali, fece giganteschi preparativi, che dimostrarono sempre più la vitalità della Francia. Si raccolsero in quella capitale una immensa quantità di vettovaglie, tra cui cinquantamila bovi, affin di resistere ad un lungo assedio. E perchè siffatte provviste servissero a' soli difensori ed a' francesi benestanti, si ordinò lo sfratto de' tedeschi. che trovavansi in Parigi, circa dodici mila, e vennero anche espulsi tutti coloro a cui mancavano i mezzi di sussistenza.

Parigi si circondò di fortificazioni, la maggior parte erette co' magnifici alberi del bosco di Boulogne; e per difenderla si fece assegnamento sulle truppe di mare, sulla gendarmeria, sopra i doganieri e sopra i pompieri, in tutto, circa quarantamila uomini, oltre della Guardia nazionale, che ascendeva a centomila combattenti.

Si formò a Châlons, dal generale Mac-Mahon, un altro esercito co' varii reggimenti, che avevano combattuto in quella campagna, co' soldati tratti da' depositi, con quelli in congedo, allora chiamati, con le guardie mobili, meglio disposte, e co' volontarii.

Il comitato della difesa mandò per tutta l'Europa, e con la rapidità dell'elettrico, ordine a tutti i francesi validi, residenti all'estero, di recarsi subito in Francia per opporsi all'invasione prussiana. Pochi di essi non risposero all'appello della patria in pericolo, anzi la maggior parte corsero per difenderla, prima che fosse stato emanato quell'ordine.

Si formarono varii corpi franchi con missione di molestare il nemico nelle Argonne, nelle Ardenne, nella Sciampagna, ne' Vosgi ed in tutti i luoghi ove si presentasse, maggiormente in quelli montuosi.

Il 26 agosto, Mac-Mahon, che trovavasi a Châlons si decise andare in soccorso di Metz, prendendo la via delle Argonne, passando sulla destra de' prussiani;

dopo tre giorni di faticose marce, la sua avanguardia, comandata dal generale de Failly, si trovò fra Méziéros e Sédan. Quivi cominciarono i primi combattimenti tra l'avanguardia ed i bavaresi, mentre il grosso de' due eserciti nemici si avvicinava al luogo del conflitto; quello tedesco era di circa duecento quaranta mila uomini, e l'altro francese assai inferiore in numero, e non bene organizzato.

Il 31 agosto, mentre si combatteva nelle vicinanze di Metz, il generale Bazaine uscì dal campo trincerato, e col suo corpo di esercito, tentò aprirsi la via verso Sédan; ma, dopo un sanguinoso combattimento, ritornò difilato a Metz, rinchiudendosi in quella fortificata città. Tutto ciò sembrò un mistero, mentre, con una marcia forzata, avrebbe potuto condurre le sue truppe o a Toul o a Strasburg, la prima libera, la seconda guardata da pochi soldati bavaresi. Nondimeno, checchè si dica, Bazaine è scusabile fino a certo punto, perchè aveva ricevuto ordini precisi, che in tutti i casi dovea soccorrere Mac-Mahon, e tra' generali francesi mancava l'uniformità del disegno di guerra, cioè il piano di assalto e di difesa.

Però Bazaine, ricacciato dentro Metz da' prussiani, non potette in nessun modo soccorrere Mac-Mahon; il quale, la mattina del 1° settembre, già trovavasi intieramente circondato dal nemico intorno alla piccola fortezza di Sédan.

Ivi avvenne quella celebre battaglia, vinta da prussiani, in grazia della superiorità numerica, ed anche per la valentia dei loro generali. In essa battaglia fu ferito lo stesso Mac-Mahon, ed il suo esercito, in grandissima confusione, dopo la sconfitta, volle capitolare il dì seguente, restando prigioniero di guerra insieme all'imperatore Napoleone III. Costui, dopo di aver presentata la spada al re di Prussia, lorda soltanto di sangue francese, venne confinato nel Castello di Wishemsohe, presso Cassel; là appunto ove lo zio Napoleone 1° aveva tenuto Corte sessant'anni prima, circondato ed ossequiato da tutti i sovrani della Germania.

La reggenza dell'impero era stata affidata all'imperatrice Eugenia; ma i repubblicani francesi, che su' campi di battaglia aveano dato esempii desolanti di indisciplina e di viltà, profittando della catastrofe di Sédan, proclamarono la repubblica in Parigi, dando così il più vergognoso saggio del loro egoismo. Favre e Gambetta, i più accaniti oppositori all'impero napoleonico, finalmente il 4 settembre ghermirono il tanto agognato potere, creandosi tutti due il primo ministro degli esteri, il secondo dell'interno. Il deputato repubblicano Keratry si nominò ministro di polizia, idea veramente repubblicana nella scelta della carica! Ecco lo scopo vero ne' governi rappresentativi; ecco perchè si vuole da' mercanti di libertà or la Monarchia Costituzionale, or la repubblica ed or la Comune.

Per convincersi sempre più che i così detti patriotti si ridono del popolo sovrano, e fanno sempre la rivoluzione per conto proprio, è necessario leggere i documenti pubblicati dal giornale francese il *Figaro*, ne' suoi numeri dal 9 al 14 febbraio 1880; e riportati dalla *Discussione* di Napoli dal 10 al 17 marzo dello stesso anno.

Fa veramente nausea osservare che i suddetti patriotti, i più spasimanti pe' vantaggi del popolo sovrano, domandavano impieghi i più lucrosi, anche pe' loro parenti ed amici con lettere e telegrammi, diretti al Gambetta; vantando *meriti*, che altro non erano, che fellonie e canagliate. In que' telegrammi e lettere, mentre que' catoni in sedicesimo chiedevano alti impieghi e magistrature, non dissimulavano velate minacce.

Un Bremond domandò a Gambetta un alto impiego, e conchiuse dicendo: « È impossibile che non troviate un posto vacante ». In buon volgare intendeva dirgli: cacciate colui che ha stentato la carriera, e date a me quell'impiego. – Difatti il prefetto Marco Dufraisse scriveva al guardasigilli: « Mio caro amico – mi abbisogna *assolutamente* un posto di procuratore generale. Avete una vacanza? *se no, fatene una* ».

Bastano questi soli saggi patriottici, per non dilungarci di più, onde conoscere di quale spirito sono animati generalmente i così detti liberali di tutte le nazioni. L'*umanitario* Garibaldi, nel 1860, qui in Napoli, metteva sul lastrico innumerevoli vecchi ed onestissimi impiegati e magistrati con la commodissima formola: *destituito in omaggio all'opinione pubblica*; e quell'omaggio si riduceva a far posto a' suoi tristissimi cagnotti. Leggete il *Giornale Uffiziale* di que' deplorevoli tempi, e vi convincerete di quest'altra scelleraggine del *redentore* delle Due Sicilie.

Però i patriotti francesi, mentre si dividevano gli alti impieghi e le magistrature, pensavano pure a far buona vita a danno del popolo sovrano. Difatti quando i soldati di Francia, in novembre e dicembre, trovavansi ne' campi di fronte a' prussiani, senza scarpe, senza vesti, ammalati e feriti, privi di medici e di medele, il prefetto di Marsiglia faceva la seguente patriottica nota: « Sei *bouquets*, due dozzine di uccelli, pernici, quaglie, gamberi, tartufi ec, 235 franchi. – Sogliole, locuste ec. 98 franchi – *Punch*, bottiglie di sciroppo, gelati franchi 96 – *Château-LafitteMargaux* a 7 franchi la bottiglia, franchi 404 - Duecento londre 100 franchi – Otto ore di *Mylord* in città 33 franchi. » E bisogna sapersi che il prefetto di Marsiglia faceva quella nota, nello stesso tempo che il chirurgo maggiore dava indispettito le sue dimissioni, perchè, malgrado le reiterate richieste, gli mancava tutto per curare i soldati feriti.

In quel tempo di cuccagna patriottica, anche il dittatore della Francia, Leone Gambetta, figlio di un povero caffettiere di Genova, spiccava il seguente telegramma: « Bourges 16 dicembre – Interno, al direttore generale de' telegrafi, Bordeaux – Sigari scelti. Siate sempre giulivi e buona unione. Salute e fraternità a voi, al prefetto ed a tutti i nostri ».

Gambetta aveva ragione nel voler comunicare a' suoi amici la sua contentezza; dappoichè dallo stesso direttore de' telegrafi riceveva il seguente dispaccio: – « Bourges – sono stato a vedere questa mattina i vostri appartamenti, *vi si nuota in onde di porpora e di oro.* » Erano questi i telegrammi che si scambiavano coloro, nelle cui mani erano cadute le sorti della Francia, mentre questa era invasa da' prussiani, ed i soldati morivano di freddo, di fame e di ferite non curate!

Nondimeno Gambetta, perchè pensava al suo avvenire, mentre trascurava i veri figli dell'eroica Francia, faceva di tutto per ingraziarsi gli amici, i patriotti. Molti di costoro, essendosi riuniti in varie falangi di volontarii, con lo specioso pretesto di opporsi al nemico vittorioso, ricevevano dal loro amico dittatore, il superfluo di quanto realmente loro occorresse in una campagna militare; e lo prova questa nota per l'esercito gambettiano: « Compra di stivali, stelle di oro, sciabole dorate, briglie di dragoni in oro, centoquarantamila franchi. Dippiù pe' cacciatori del Rodano: Berrettoni, trombe, bandiere, galloni, elmi con E. R. note di alberghi, tabacco, costumi per vivandiere.... (che buffoni!) Totale parecchie centinaia di migliaia di franchi. » Il cui dettaglio non si conosce, perchè il capo di quei volontarii, Monlinier, è attualmente al bagno penale, Lutz, capo degli esploratori repubblicani, in prigione per *iscrocco*, e il comandante Malicki, già condannato in Russia a sei mesi di carcere per furto di danaro, trovasi fuori la Francia, ed avendo disertato in faccia al nemico, si portò quarantacinque mila franchi del soldo dei volontarii, diggià scaduto.

Questi difensori della sventurata e nobile Francia, prima di disertare in faccia al nemico, da *valorosi* facevano guerra agl'innocui cittadini, agli ecclesiastici specialmente, saccheggiando eziandio le loro case. Vale per tanti altri fatti di simil genere il contenuto della seguente lettera, diretta al prefetto Delpech.

« Noi vorremmo sapere con quale diritto una cinquantina di volontarii son venuti oggi a rubare e devastare nella casa tutto quel che hanno trovato. Si sono fatte dare le chiavi, e sono andati soli in tutte le camere; si son presi la somma di quattrocentosettantacinque franchi, quattro paia di orecchini, degli anelli, una catena di argento, una croce di oro. Questi diversi oggetti appartenevano alle nostre pensionarie; ed essi se ne sono andati dicendo, che sarebbero ritornati. Noi vi preghiamo, sig. prefetto di farci rendere giustizia, e provvedere perchè questi atti non si rinnovino. Ho l'onore di essere ecc. Suora Angiolina superiora delle suore del Ritiro. »

Il comandante *dell'ordine e della pace*, Paolo Gavard, scriveva al prefetto Esquiros, premurandolo di dargli ampia facoltà di arrestare tutti que' cittadini, che egli avesse giudicati nemici della repubblica, ed in pari tempo impossessarsi de' loro danari ed oggetti preziosi. Diceagli pure che teneva ad occhio i gesuiti, provenienti da Avignone, portanti una cassetta piena di danaro; e conchiudeva con dire: « Quel danaro sarebbe di gran sollievo a' nostri bisogni. »

Che cosa fanno di più i briganti? Con ragione dunque esclamava il poeta Giovenale: *Committunt eadem diverso crimina fato, – Ille crucem sceleris pretium tulit, hic diadema.*

Il ministro dell'interno Gambetta chiudeva l'unico occhio che ha, in sentire quelle violenze e que' saccheggi, perchè trattavasi dei suoi fidi amici, che cortigianescamente lo premuravano ad affermarsi nella dittatura. Ed invero varii prefetti gli scrivevano di non isperare una Camera favorevole a lui, essendogli contraria l'opinione pubblica; quindi che si consolidasse nella dittatura con l'aiuto degli amici; – che erano quella gioia di saccheggiatori, veri briganti brevettati.

Intanto il dittatore della Francia, in quel parapiglia, da vero patriotta, non trascurava di far fortuna. Si disse, e si pubblicò, ed oggi lo ripetono ancora i giornali di varii colori, che Gambetta abbia fatto sparire ventisette milioni di franchi dalle casse dello Stato, e che non abbia voluto dar conto della mancanza di quella ingente somma. Lo stesso Emilio Gauthier, il 18 ottobre 1880, in una riunione di repubblicani nella sala Graffard, rammentò la sparizione di que' ventisette milioni di franchi, sotto la dittatura di Gambetta, chiamando costui *l'uomo de' ventisette milioni*, e fu applaudito da' suoi numerosi ascoltanti.

Non è mio compito dir tutto ciò che avvenne a Parigi, in conseguenza della proclamata repubblica; basta sapersi, che i repubblicani, anzi che opporsi al nemico, che marciava senza ostacoli contro quella città, pensavano ad incarcerar pubblici funzionarii dell'impero, gesuiti e le guardie nazionali, che non si erano mostrate faziose: così facevano la causa dei prussiani, diminuendo le braccia de' veri difensori della patria.

Si disse che il re di Prussia avesse detto, che non faceva guerra alla Francia, ma all'imperatore Napoleone III, che l'avea provocato ed insultato. Intanto dopo che costui capitolò e cadde prigioniero, e fu proclamata la sua decadenza dall'impero, si sperava che la guerra fosse finita; tanto più che re Guglielmo, il 1° settembre, fu ricevuto da' suoi soldati con le grida, di *viva la pace*. Nondimeno la guerra continuò più accanita, perchè i repubblicani al potere, mentre inveivano contro l'egoismo e l'imprudenza del Bonaparte, continuavano l'opera distruggitrice della Francia, dichiarando guerra ad oltranza alla Germania, e questa accettò la sfida.

La difesa di Parigi, essendo stata affidata al generale Trochu, questi nulla omise per mettere quella città in istato di resistere agli assalti de' tedeschi. Come si sà, Parigi è città fortiticata, avendo una cinta murata di 45 chilometri di circuito; composta da una serie di bastioni ligati da cortine e da varie opere esterne; in modo che, se il nemico non s'impossessa di queste, non può bombardarla. Per la qual cosa Trochu fece ristaurare varii fortini, specialmente quello sul monte Valeriano, che è il più interessante; e dentro Parigi riunì circa trecentomila armati, ma tutta gente tumultuante.

Nel medesimo tempo gli eserciti tedeschi, sotto il comando del re Guglielmo, marciavano sopra Parigi, rimanendo sotto Metz, per assediarla, quello agli ordini del principe Federico Carlo. Il 14 settembre giunsero a Fontainebleau, ed il giorno appresso avveniva uno scontro interessante ad Athis sulla Senna, a pochi chilometri al sud di Parigi. Malgrado la resistenza de' francesi, i prussiani passarono la Senna; e il corpo comandato dal generale Vinoy, abbandonato il campo, lasciando in potere del nemico sette cannoni, rientrò in città nella più grande confusione, recando disordini e spavento.

Dopo tal combattimento, re Guglielmo stabilì il suo quartier generale a Versaille, cominciando l'assedio e l'investimento di Parigi dalla parte orientale e meridionale: questo assedio onora il genio strategico e militare tedesco.

Mentre si combatteva ne' dintorni di Parigi, assediavansi Strasburg e Metz, quest'ultima formidabilmente fortificata, essendo antemurale della Francia, dalla parte del Reno. Bazaine, appena sostenuto il primo assalto, cominciò a parlare di capitolazione; egli, caldo bonapartista, era esasperato contro i repubblicani, che avevano detronizzato il suo padrone. Credette quindi far dispetto a' medesimi repubblicani abbandonando quella fortezza al nemico; ma fu un infame dispetto, fatto alla straziata Francia.

Difatti, appena resa Metz, il principe Federico Carlo, che assediavala, col suo corpo di esercito andò a rinforzare il grosso dell'esercito prussiano che combatteva presso Parigi, e che assediava quella città, guardandogli così le spalle.

Quando i repubblicani al potere, videro altri rovesci, che prostrarono la grande nazione, e che gli alemanni assediavano Parigi con accorgimento e vigoria, cominciarono a parlar di pace; e sempre pel tristo ed egoistico fine di non farsi sfuggir di mano il potere. Il ministro degli affari esteri, Favre, andò da Bismarck, con cui ebbe un abboccamento; ma la pace non si conchiuse, perchè la Prussia voleva ritenersi l'Alsazia e la Lorena, diggià occupate da' suoi eserciti. I repubblicani dichiararono altamente, che non avrebbero ceduto una pietra della Francia.

Dopo quell'infruttuoso abboccamento, Favre e Bismarck spedirono varie note a' gabinetti europei, accusandosi l'un l'altro, e smentendo a vicenda quello che fra di loro avevano stabilito. Si fecero altri infruttuosi tentativi per la pace, ma presero un andamento regolare e dignitoso, quando entrò in iscena l'illustre diplomatico Adolfo Thiers. Però, dopo la capitolazione di Falsburg e Metz, le condizioni della Francia divennero peggiori; e le pretese prussiane si aumentarono tanto, che tutta l'Europa le giudicò esagerate, vessatorie e vendicative.

È oramai tempo di ragionar de' fatti avvenuti in Italia, in conseguenza della guerra franco-prussiana e de' rovesci francesi. Io accennerò soltanto a' fatti principali, come ho fatto degli avvenimenti di quella memoranda guerra, che umiliò la grande nazione.

CAPITOLO XXIV

La missione diplomatica in Firenze, affidata dal governo francese al principe Napoleone, di cui speravansi mirabilia, rimase senza alcun risultato favorevole, perchè a' nostri governanti, in compenso di essere in auge per la Francia, non dispiaceva che questa fosse sconfitta, e così cogliere l'occasione di stracciare la convenzione del 15 settembre 1864 per impossessarsi di Roma. Essi, non sapendo ancora i risultati della gran lotta franco-prussiana, si limitavano ad osservare la neutralità al pari dell'Austria, senza aiutare in alcun modo il *magnanimo alleato*.

Varii uomini politici ed alcuni generali, tra cui nominerò con piacere il generale Cialdini, avendolo spesso flagellato giustamente, volevano assolutamente che l'Italia avesse preso parte in quella lotta contro la Prussia, al fianco della Francia che aveva potentemente aiutato il Piemonte nel 1859 contro l'Austria, causa prima delle catastrofi francesi.

Intanto il partito repubblicano, o di *azione*, si agitava in tutta la nostra Penisola, perchè ne' trionfi prussiani vedeva l'anarchia in Francia, e la sperava pure in Italia. Con questo intendimento si facevano clamorose dimostrazioni a favore della Prussia e contro il governo di Firenze, perchè questo non s'impossessava subito di Roma in un momento tanto propizio, essendo anche partiti da Civitavecchia, il 14 agosto, i pochi battaglioni francesi, per correre in difesa della loro patria.

Per la ragione detta di sopra, il governo di V. Emmanuele aspettava l'esito della gran lotta franco-prussiana per ismascherarsi; onde che, per meglio infingersi, da un lato teneva il Garibaldi guardato a vista in Caprera; arrestava Mazzini a Palermo, facendolo condurre nella fortezza di Gaeta, e così comprimeva il partito d'azione. Dall'altro lato poi chiamava i soldati in congedo, ammassava truppe alle frontiere dello Stato del Papa, col pretesto di proteggerlo, ma in realtà per trovarsi pronto ad invaderlo, appena si sarebbe verificato il previsto rovescio del *magnanimo alleato ed amico*, Napoleone III.

Intanto lo stesso governo, per trovarsi bene in tutti i possibili eventi, curando più il profitto che l'infamia, ecco quel che faceva dire nella camera de' deputati dal ministro degli esteri Visconti-Venosta: « La sicurezza del S. Padre e l'integrità del suo territorio hanno per guarentigia l'onore delle popolazioni italiane e l'energia del governo. Gli obblighi che *c'imponeva* (notate quest'*imponeva*, in cambio *di impone*) la Convenzione *erano* (erano?!) il pagamento del debito pubblico pontificio, e l'impegno di non invadere *volontariamente* (?) la frontiera dello Stato pontificio. Io trovo stranissimo che si crede esser questo per l'Italia un impegno eccessivo. Ogni governo si considera responsabile della tranquillità alle proprie frontiere. *È una responsabilità dalla quale non sono esonerati neppure i sultani degli Stari barbareschi* » (Benissimo a destra).

Accennato poi, come evidente e fuor di dubbio di ogni discussione, l'obbligo di pagare il debito pontificio, soggiungeva: « Il governo francese e l'Europa intiera avrebbero creduto, che noi volessimo valerci delle difficoltà in cui trovasi la Francia, e che volessimo con un calcolo fallace ed ingegnoso, cogliere il primo momento, in cui non ci sentiamo contenuti da un ostacolo di forza materiale; (mormorio a sinistra) poiché questo mi sembra il coraggio che voi mi consigliate, (rumore a sinistra) per abbandonare come un'ipocrisia quel programma liberale che l'Italia........ » Quì fu interrotto da un turbine di proteste e di villanie eruttate dagli onorevoli di sinistra.

Quel turpe ministero, di cui facevano parte i tre caporioni Lanza, Sella,[1] e Venosta, nelle loro fedifraghe dichiarazioni, facevano eziandio intervenire il *gran Re, il Galantuomo, il Padre della patria.* Ed invero ecco quel che pubblicava l'officiosa *Patrie* di Parigi, e ristampava la ministeriale *Opinione* di Firenze: « La Francia ha ricevuto personalmente dal re d'Italia la promessa che la città di Roma sarà rispettata, e che la Convenzione sarà scrupolosamente eseguita. »

Tutte queste belle proteste *di onestà, e di principii di diritto internazionale*, sciorinate dal Visconti-Venosta, ministro degli esteri, da Sella, ministro delle finanze, da Lanza, presidente de' ministri, e dal Re galantuomo e padre della patria, andarono a finire, che, appena si seppe la catastrofe di Sèdan e la prigionia del *magnanimo alleato*, Napoleone III, si fecero marciare cinque divisioni dell'esercito italiano, già pronte a' confini, per invadere Roma. Tutto ciò avveniva in ossequio *a quella responsabilità dalla quale non sono esonerati neppure i sultani degli stati barbareschi.*

[1] Sella che aveva dichiarato al deputato Crispi: « Se i miei colleghi non si risolveranno ad andare a Roma, io uscirò dal ministero e voi ritenterete ciò che altra volta tentaste; » e poi, in pubblico parlamento dichiarava solennemente, di *ritenere in vigore la Convenzione di settembre.* Anche il presidente de' ministri, Lanza, protestava altamente dicendo: « Noi vogliamo rispettare quello che venne stipolato, *quello che porta la firma del nostro augusto sovrano.* » Non pertanto, dopo circa dieci anni, il 16 marzo 1880, quando gli fu rinfacciata quella subdola, anzi inqualificabile politica, come fiacca e reazionaria, egli rispose: « Io credo che in politica criticare i *mezzi*, coi quali si arriva ad uno scopo, quando lo scopo è raggiunto, non sia molto serio, nè molto ragionevole. » Insomma, secondo l'on. Lanza, già presidente del ministero del Regno d'Italia, si potrà ingannare il mondo cattolico, la diplomazia e tutta la gente onesta, purchè si raggiunga uno scopo qualunque!

Or giudicate voi, lettori cortesissimi, se non sia qui il caso di ripetere quello parole, che Cavour già disse, e che Massimo D'Azeglio, il 9 marzo 1865, da Pisa, ricordava a Carlo Persano: « Se facessimo per noi quello che facciamo per l'Italia, saremmo GRAN BRICCONI! » – Ma non perciò non siete degni di ergastolo, soggiungo io.

Norpertanto quel turpe ministero, dopo che dichiarò in parlamento, per mezzo del ministro Visconti-Venosta: *Che la sicurezza del S. Padre e l'integrità del suo territorio hanno per guarentigia l'onore delle popolazioni d'Italia e l'energia del loro governo*, rimase abbarbicato al potere, quando l'integrità di quel territorio fu totalmente distrutta.

E sapete, lettori miei, con qual curialesco pretesto il Visconti-Venosta *si esonerò dalla risponsabilità dalla quale non sono esonerati neppure i sultani degli stati barbareschi?* Eccolo, sentitelo da lui medesimo: « Le congiunture si sono cambiate, e l'Italia, rimanendo in pieno possesso della sua libertà di azione, ha il diritto di attuare il voto del 1861, pigliandosi le poche province che le mancano e la capitale. »

Le congiunture, secondo il ministro Visconti-Venosta, erano *cambiate* sol perchè *il magnanimo alleato* trovavasi prigioniero de' prussiani e la nobile Francia impotente di far rispettare con la forza la Convenzione di settembre; o meglio, come aveva detto ipocritamente il medesimo ministro: « Che noi, valendoci delle difficoltà, in cui trovasi la Francia, vogliamo, con un calcolo fallace ed ingegnoso cogliere il primo momento, in cui non ci sentiamo contenuti *da un ostacolo di forza materiale.* » I ladri di mestiere, innanzi alle autorità si mostrano onestissimi, rubano però quando *non hanno l'ostacolo* della forza materiale.

Dopo tanta *lealtà* mostrata del governo italiano, si potrà giudicare quanta ragione abbiano i così detti cattolici liberali, di dar dell'ostinato al Papa, perchè il medesimo non si fida nelle leggi e nelle guarentigie proposte e votate da simili ministri e deputati.

Il ministro Visconti-Venosta, non contento di avere ingannato i cattolici di tutto il mondo e la gente onesta, con le sue protestazioni *di onestà e di risponsabilità, della quale non sono neppure esonerati i sultani degli stati barbareschi*, volle eziandio calunniare l'afflitto ed amareggiato Pontefice Pio IX. Difatti incaricò l'ambasciatore italiano, residente a Parigi, di far noto al governo francese: essere nell'interesse della Francia, che quello italiano fosse libero nello sciogliere la questione romana; giacchè la Corte di Roma, non solo aveva chiesto soccorso ad altre potenze, per interessarle al mantenimento del potere temporale, ma che non nascondeva la speranza di ristaurazione, *fondata sulle sventure della Francia.* – Infame calunnia! È fuvvi mai Pontefice che amò la Francia più di Pio IX, malgrado la politica tenebrosa di Luigi Bonaparte?

Lo stesso ministro Visconti-Venosta, libero della soggezione del *magnanimo alleato, e cogliendo il primo momento in cui sentivasi libero da un ostacolo di forza materiale, e fondandosi egli sulle sventure della Francia*, il 7 settembre 1870, diramò una circolare a' gabinetti esteri, a' quali diceva: « Le condizioni dello Stato pontificio, costituendo un pericolo ed una minaccia contro la tranquillità e la sicurezza dell'Italia, essere necessario che l'esercito italiano occupasse Roma, per impedire lo spargimento di sangue tra romani e le soldatesche straniere. »

Io non so con qual viso il Visconti-Venosta abbia potuto presentare tali ragioni a' gabinetti esteri, *per essere necessario che l'esercito italiano occupasse Roma*; dopo che aveva detto, giorni prima, al cospetto di tutta l'Europa: « che la sicurezza del S. Padre e l'integrità del suo territorio hanno per guarentigia l'onore delle popolazioni d'Italia e l'energia del loro governo. » – L'onore italiano e l'energia del suo governo consistevano dunque nel far occupar Roma da cinque divisioni di truppe, e spodestare il Papa, col pretesto inverosimile d'impedire lo spargimento di sangue tra romani e le soldatesche straniere? Sarebbe stato meno impudente e disonorevole pe' governanti italiani, se dessi avessero dichiarato: Noi, approfittando delle sventure della Francia, ed avendo un esercito assai superiore in numero di quello del Papa, andiamo a Roma per ispodestarlo, in omaggio al moderno rivoluzionario principio, che *la forza vince il diritto.* –

La maggior parte de' gabinetti esteri risposero alla circolare del ministro Visconti-Venosta, che, atteso lo stato anormale dell'Europa, essi non potevano impedire al governo italiano d'impossessarsi di Roma; ma lasciavano a suo carico tutta la risponsabilità di un atto ostile, contro un sovrano con cui erano in buoni rapporti, e di cui dipendevano molti loro sudditi per la parte spirituale. – È d'ammirarsi quel che fece la nobile a cattolica Francia pel S. Padre, oppresso da suoi traviati figli italiani, in quel momento che essa subiva le vittorie del potente straniero. Sì, la Francia, questa figlia primogenita del cattolicismo, dimentica de' suoi terribili rovesci, alzava la voce a favore del tradito e perseguitato Pontefice Pio IX. Settanta, tra deputati e senatori, fecero proteste energiche contro la violata Convenzione dal 15 settembre 1864, e contro l'occupazione di Roma per parte del governo del re V. Emmanuele.

Quando il re Galantuomo fu sicuro che nessuna potenza umana poteva soccorrere il Papa, spedì a Roma il conte Ponza di S. Martino,[2] con una lettera diretta a Pio IX; il quale lo ammise alla sua udienza il 9 settembre. Re V. Emmanuele incominciava quella lunga lettera, con la dichiarazione *di figlio affettuoso, di fede cattolica e di regia lealtà*; indi manifestava, che non potendo

[2] La *Gazzetta Piemontese*, in un numero del mese di marzo 1880, dà tutto il *merito* dell'invasione di Roma al re Vittorio; asserendo, che egli, appena vide la Francia ed il suo *magnanimo alleato* sotto il bastone tedesco, chiamò a sè il conte Ponza di S. Martino, e gli chiese consiglio; il quale lo diede in conformità del conosciuto desiderio del suo sovrano. Allora il *gran Re* scrisse un biglietto a' ministri, manifestando loro la sua ferma

resistere al *partito di azione e alle ispirazioni nazionali,*[3] si era già determinata la presa di possesso del poco che rimaneva di territorio alla S. Sede apostolica.

Il gran re non diceva il vero; difatti il partito di azione nulla valeva senza l'appoggio del governo; e tutte le volte che questo lo volle infrenare, quello fu schiacciato: in conferma di ciò basterebbe citare il solo fatto di Aspromonte. Circa poi alle aspirazioni nazionali, esso non avevano più ragione di esistere, dopo che il parlamento, organo di tutte le aspirazioni nazionali, (secondo le teorie de' governi ammodernati) sanzionata aveva la Convenzione del 15 settembre 1864; con la quale riconosceva il potere temporale del Papa, garantendo il possesso di Roma e del Patrimonio di S. Pietro.

Il Papa, per mezzo dello stesso conte Ponza di S. Martino, rispose con la seguente lettera: « Al re Vittorio Emmanuele – Maestà – Dal conte Ponza di S. Martino mi fu consegnata una lettera, che V. M. ha voluto dirigermi; ma non è degna di un figlio affettuoso, che si gloria di professare la Fede Cattolica, e si pregia di lealtà regia. Non entro ne' dettagli della lettera stessa, per non rinnovare il dolore che la prima lettura mi ha cagionato. Benedico Iddio, che ha permesso a V. M. di ricolmare di amarezza l'ultimo periodo della mia vita. *Del resto, non posso ammettere certe richieste, nè conformarmi a certi principii contenuti nella sua lettera.* Nuovamente invoco Dio, e rimetto nelle sue mani la mia causa ch'è la Sua. Lo prego a concedere molte grazie alla M. V. liberarlo da' pericoli, e dispensarle le misericordie di cui abbisogna. Dal Vaticano, 11 settembre 1870 – Pio P.P. IX. »[4] Lettori, in questa semplicissima lettera non vi par di sentire il lin-

volontà di andare a Roma, e detronizzare il Sommo Gerarca della cattolica Chiesa. I ministri non erano tutti dello stesso parere, maggiormente Lanza e Visconti-Venosta; ma furono costretti piegarsi all'espressa volontà del Capo dello Stato; non tralasciando poi di farsene un *merito*.

Questo *merito* del re galantuomo ci venne confermato dal comm. Marco Minghetti, varie volte ministro e presidente de' ministri del Regno d'Italia. Difatti costui, il 9 gennaio 1881, in occasione che celebravasi in Bologna l'anniversario della morte di V. Emmanuele, recitò un discorso encomiastico, e fra le altre cose disse, che la Convenzione del 15 settembre 1864, stipulata tra la Francia e l'Italia, per guarentire al Papa il possesso di Roma ec. fu quella che aprì a Vittorio Emmanuele le porte della santa città. Insomma, dimostrò che con quella Convenzione si ordì un turpe inganno contro il S. Padre. Dunque secondo Marco Minghetti, che allora trovavasi presidente dei ministri, si era formata un'associazione..... (lo lascio nella penna) di *uomini politici*, per ingannare il Capo della Chiesa cattolica e tutta la gente onesta? E poi i governanti del Regno d'Italia si lagnano ne' loro giornali officiosi, perchè le loro dichiarazioni non son credute nè da' popoli, nè dalla diplomazia! Tutto ciò porterà de' frutti amarissimi, che disgraziatamente avveleneranno i popoli innocenti.

[3] Sella, allora ministro, il 16 marzo 1880, rivelò in pubblico parlamento, che, nel 1870, per salvare il governo dalle rimostranze diplomatiche, si dovette far credere, che il re era trascinato a Roma dall'opinione pubblica. — Ecco perchè il re galantuomo diceva al Papa, che non poteva *resistere al partito d'azione e alle aspirazioni nazionali*: era tutto ciò l'effetto del suo galantomismo?

[4] È questa la genuina lettera che il Sommo Pontefice Pio IX scrisse in risposta a re V. Emmanuele, in quella

guaggio de' primi martiri della Chiesa?

Mentre il Papa scriveva quella lettera, diggià la invasione dello Stato pontificio era cominciata. L'11 settembre le truppe italiane invasero Orte, e nel dì seguente Montefiascone, Viterbo, Civita-Castellana, ed all'opposta estremità, Ceprano e Veroli. La soldatesca invaditrice era ricevuta con freddezza, ed un gran numero di cittadini fuggiva al suo apparire.

Si avanzavano tre colonne, che ascendevano a cinquantamila combattenti; e con un materiale di guerra per fare un vigoroso assedio. Tre divisioni sotto gli ordini di Raffaele Cadorna, generale in capo di quella spedizione, (messo sempre innanzi tutte le volte che doveasi perpetrare qualche iniquità!) avanzavasi da Rieti; un'altra, comandata da Nino Bixio, (quello che aveva detto in parlamento di voler gettare nel Tevere i Cardinali) marciava da Orte; ed una quinta divisione, sotto gli ordini del generale Angioletti, entrava per Ceprano. E tutta quella soldatesca era destinata a schiacciare meno di ottomila combattenti, raccolti sotto la bandiera delle Sacre chiavi! Mi reca meraviglia che non si fece poi duca di Porta Pia il Cadorna, e Nino Bixio di Trastevere, una volta che il Cialdini fu fatto duca di Gaeta!

Il generale Kanzler, comandante in capo delle truppe pontificie, per evitare conflitti troppo disuguali, le riconcentrò in Roma; però ove i suoi ordini non giunsero a tempo opportuno, i zuavi papalini si battettero, senza esitare, uno contro dieci.

Era stato stabilito ne' consigli del governo *moralizzatore*, nientemeno, che si dovessero introdurre in Roma cinquemila tra carabinieri e soldati travestiti, *per rappresentare l'opinione pubblica*, con grida *di viva e di abbasso*; e siccome la polizia romana fu avvertente, quell'*opinione pubblica* rimase un desiderio.

Mentre queste cose avvenivano, in omaggio sempre all'*opinione pubblica, o alle aspirazioni nazionali*, come scriveva il galantuomo alla vittima del Vaticano, il ministro di grazia e giustizia, Raeli, indirizzava da Firenze, sotto il giorno 12 settembre, una Circolare a tutti i Vescovi italiani; prevenendoli di guardarsi bene di alzar la voce in difesa del padre comune de' fedeli, iniquamente spogliato ed insultato. – Se l'Episcopato italiano si fosse messo paura delle minacce neroniane di Raeli, i governanti di Firenze, ed il giornalume settario avrebbero strombazzato a' quattro venti, che la presa di possesso di Roma fu pure approvata da' vescovi italiani col loro silenzio.

In Roma, in cambio di farsi chiassi e trambusti, come suole avvenire in altre

tristissima circostanza. Intanto, sul cominciare di quest'anno 1881 dopo più di dieci anni, sulla gratuita asserzione di un giornale tedesco, la *Norddeutsche Allgemeine Zeitung*, il giornalismo della rivoluzione italiana menò vanto, asserendo che Pio IX avesse risposto a quel sovrano, essere convinto delle ragioni di lui, ma che in faccia al mondo non poteva fare diversamente da quello che faceva. — La rivoluzione dopo di avere *ricolmato di amarezza l'ultimo periodo della vita* di quel gran Pontefice, or tenta calunniarne la memoria intemerata!

città investite dal nemico, si facevano preghiere ed un triduo a Maria SS. venerata sotto il titolo della *Colonna*, per liberare la città santa dagli orrori della guerra.[5] A quel triduo intervenne il Papa ed una immensa folla di romani di tutti i ceti; i quali, con quell'atto religioso, mostrarono le vere loro aspirazioni politiche, e quindi quale sì fosse la genuina opinione di Roma.

Cadorna, giunto sotto le mura di Roma, malgrado che avesse trentamila soldati a' suoi ordini, non ardì investirla, ma attese tre giorni; cioè fino a che non seppe che Bixio si era impossessato di Civitavecchia, essendo stata assalita da terra, come pure da mare dalla flotta italiana, e che il medesimo marciava contro Roma dalla parte opposta. Egli, Cadorna, stando fuori Porta Pia, sperava qualche rivoluzione de' suoi partigiani contro il Papa; ma dentro la città assediata regnò la più perfetta tranquillità, finchè non entrarono i soldati italiani, seguiti da una masnada di commedianti *dell'opinione pubblica.*

In que' tre giorni, Cadorna mandò due lettere al generale Kanzler, intimando a lui di cedergli Roma, e facendo appello a' sentimenti d'umanità. – (un Cadorna!) L'entrata di costui in quella città senza resistenza de' soldati papalini era ne' calcoli del governo del re galantuomo; per dirsi poi, che il Papa aveva fatto entrare bonariamente le truppe italiane, e quindi che cedeva il potere temporale, o che i romani le avevano aperte le porte. Ed io son di avviso, conoscendo la *lealtà* de' nostri galantuomini, che anche si sarebbe detto, che il Papa fece pregar Cadorna ad entrare subito in Roma per difenderlo dalle aggressioni dei romani, già in rivolta, e dalle stesse truppe pontificie, dette *mercenarie.*

Il generale Kanzler rispose pacatamente, dicendo a Cadorna, che nessun dovere o convenienza obbligavalo a farlo entrare in Roma; e che spettava invece al Cadorna mostrarsi animato da' sentimenti di umanità, desistendo da una ingiusta aggressione.

Il S. Padre, per evitare la effusione del sangue, la sera del 19 settembre, aveva scritto al generale Kanzler una lettera, che è uno splendido ed imperituro monumento di lode alla truppa che difendeva i dritti della S. Sede apostolica, con tanta disciplina, coraggio ed abnegazione. In quella lettera ordinavagli che la difesa di Roma doveva durare tanto per quanto fosse constatata la violenza; e quindi di aprire trattative per la resa, appena il nemico avesse aperta la breccia, in un luogo qualunque delle mura della città.

Alle 6 a. m. del 20 settembre, Bixio, dalle alture di villa Panfili, assalì a cannonate i bastioni di Porta S. Pancrazio; tempestando eziandio di granate il

[5] In que' tristi giorni, il *Giornale di Roma*, che era l'uffiziale, riportava tutte le mene settarie ordite contro l'eterna città, e l'avanzarsi delle truppe nemiche, nei paesi dello Stato pontificio, con una calma, tanto ammirevole, che sembrava di dar notizie, riguardanti i paesi degl'infedeli dell'Oceania.

Trastevere, incendiando case ed edifizii monumentali in gran numero.

Cadorna, alla medesima ora dello stesso giorno, si avanzò da villa Albani presso Porta Salara; ivi appostò sedici cannoni di assedio, che traevano contro le mura di Roma; mentre altri cannoni fulminavano Porta Pia; e dall'altro lato del mezzogiorno egualmente il generale Angioletti assaliva con la sua divisione.

Le vecchie mura della investita città erano battute da più di cento cannoni. Porta Salara e l'altre due Pia e S. Giovanni venivano guaste e sfondate, la caserma di Castro Pretorio rovinata dalle granate e dalle bombe, le difese erette agli archi della ferrovia distrutte, e l'incendio già divampava nella villa Bonaparte: le palle e le granate giungevano fino al Quirinale. Il solo Bixio si asteneva poi di guastar le mura della città, in cambio, da vero liberale progressista, regalava granate esplodenti alle abitazioni de' *fratelli* romani di Trastevere. Erano tempi felicissimi per que' *prodi* generali, che facevano la guerra senza alcun loro pericolo!

Pio IX, intorno a cui si era riunito il corpo diplomatico, accreditato presso la S. Sede, come seppe che a Porta Pia erasi aperta la breccia, volle evitare lo spargimento del sangue, che ne sarebbe conseguito, attesa lo ostinata resistenza delle sue valorose truppe; e quindi fece spiegare la bandiera bianca sulla cupola di S. Pietro, ed in altri punti, per trattarsi della resa. I soldati del Papa cessarono il fuoco, in obbedienza agli ordini sovrani, mostrandosi una volta dippiù valorosi e disciplinati, quali sempre furono.

Però i soldati di Cadorna, senza aver riguardo alle leggi di guerra, cioè che spiegandosi bandiera bianca, le parti belligeranti debbono rimanere ove si trovano, profittando del cessato pericolo da *valorosi*, fecero a gara chi di loro avesse potuto entrare il primo in città dalla breccia aperta lateralmente a Porta Pia.

Questo fatto ben vituperoso, per chi lo compiva, Cadorna prendevalo a pretesto per non addivenire ad una capitolazione, dicendo, che già era entrato in Roma; e quindi negava ai difensori della medesima quelle franchigie che essi avrebbero potuto esigere da lui, con una difesa energica, se il S. Padre l'avesse permesso. Quel turpe fatto servì eziandio al borioso Bixio, per insultare codardamente quei valorosi difensori della S. Sede, chiamandoli *vili*, perchè non fecero una resistenza ad oltranza; mentre se l'avessero fatta, come essi desideravano, li avrebbe proclamati *sgherri della tirannide papale!*

Il soldato, che insulta il nemico vinto, mostra animo villano e codardo, rendendosi indegno della vittoria. Io avrei voluto vedere l'insolente Bixio, se si fosse trovato in Mentana col suo fuggitivo eroe Garibaldi; son sicuro che avrebbe tenuto altro linguaggio. Però il 20 settembre 1870 trovavasi in mezzo a cento cannoni, e cinto da cinquanta mila uomini, contro un pugno di prodi, a cui fu trattenuto il braccio per dargli una lezione soldatesca, prima di farlo passare per vincitore.

È costume de' generali sardi insultare i vinti. La Rocca insultò de Cornè, governatore della Piazza di Capua, de Sonnaz i generali e gli uffiziali napoletani in Terracina, Cialdini Ritucci in Gaeta e Fergola nella Cittadella di Messina, Bixio volle fare la scimmia a' colleghi. Tutti costoro stabilirono un bruttissimo antecedente contro le necessarie cortesie nella guerra; eppure dovevano ricordarsi, che i generali francesi, dopo la battaglia di Jena, nel 1806, insultarono i vinti uffiziali prussiani, e costoro se ne ricordarono, onde che dopo Sèdan li umiliarono in vario modo.

Il corpo diplomatico, accreditato presso il Papa, si recò a villa Albani, ove trovavasi Cadorna, per trattar della resa di Roma; e costui disse, essere inutile parlar di resa e di capitolazione, dopo che le sue truppe erano entrate in città con *ammirevole slancio*. Fu allora che que' diplomatici fecero conoscere a quel millantatore e terribile vincitore de' monaci e delle monache di Palermo, e dei villici affamati delle Romagne, come e perchè la sua soldatesca era entrata in città con *ammirevole slancio*. Cadorna, non avendo che cosa opporre a tanta autorità, addivenne ad una capitolazione; però determinato a non adempire i patti, com'è stato sempre costume de' generali piemontesi dal 1860 in poi: Capua e Gaeta ne sono un deplorevole esempio.

Quello stesso giorno, 20 settembre, il cardinale Antonelli, Segretario di Stato del governo pontificio, diresse una Circolare al Corpo diplomatico, accreditato dalle Corti estere presso il Sommo Pontefice Pio IX, protestando per quella violenta occupazione del Patrimonio di S. Pietro e di Roma, per parte delle truppe del re Vittorio Emmanuele.

Nell'assalto di Roma, perchè il S. Padre diede ordini veramente paterni, affin di risparmiare il sangue de' suoi difensori e de' traviati suoi figli, atteggiati a nemici, i morti della parte regia, secondo annunziò la *Gazzetta uffiziale* di Firenze, del 23 settembre, furono una quarantina, tra cui un maggiore e due luogotenenti, e centodiciassette feriti; de' papalini pochi morti e cinquanta feriti.

Le truppe pontificie, la stessa sera del 20 settembre, bivaccarono nella gran Piazza del Vaticano; e la mattina seguente, si mossero in bell'ordine per partire alla volta di Civitavecchia, donde doveansi imbarcare pe' loro paesi. Il cannone diede il segnale della partenza, ed a que' valorosi difensori della S. Sede Apostolica, comparve su' loro visi maggiore ambascia e corruccio. Tutti i loro sguardi pietosamente si rivolsero al vicino Palazzo del Vaticano. Ivi, affacciato ad un balcone, si trovava l'angelico Pio IX, che, commosso sino alle lagrime, benediva que' suoi fedeli e prodi difensori; i quali facevano risonare alto e concorde il loro prediletto e consueto grido di *viva Pio IX!* Chi l'intese, ed è figlio della Chiesa cattolica, non potrà mai ricordarlo senza commozione e senza lagrime.

Que' diletti figli del cattolicismo sfilarono con contegno ammirabile in faccia a' loro nemici, che li attendevano fuori porta S. Pancrazio. Bixio avrebbe voluto insultarli, ma fu trattenuto da Cadorna. Ecco una corrispondenza romana, pubblicata dall'officiosa *Italie* fiorentina, del 24 settembre, e che io traduco dal francese letteralmente.

« I zuavi pontificii han fatto la loro sfilata con una fierezza, una dignità che imponeva rispetto. Nessuna trivialità, nessun grido, un ordine perfetto inimitabile. E ciò spiega il fatto, che gli uffiziali de' zuavi appartengono a famiglie illustri della Francia, e soprattutto della Brettagna; la maggior parte ancora dei soldati escono dalle famiglie più illustri dell'Inghilterra, dell'Irlanda, della Francia e dell'Olanda. Quegli poi che ha attirato l'attenzione di tutti è stato il de Charette. (colonnello comandante de' zuavi.) La sua divisa pittoresca, la sua figura nobile, imponente, destava un certo rispetto, anche ai nostri soldati. Il suo viso, alquanto tristo, mal tratteneva la collera che gli bolliva in cuore. »

Erano tali i difensori della S. Sede Apostolica, chiamati mercenarii, e che il ridicolo e borioso Bixio voleva vilmente insultare; erano quelli stessi che l'*Italie* aveva ingiuriati, ed il Guerzoni calunniati. Que' valorosi, come vedremo, corsero sopra i campi di battaglia della straziata Francia; ed ivi fecero prodigii di valore, lasciando que' campi seminati de' loro cadaveri, vestiti ancora con l'onorata e nobile divisa del zuavo pontificio, e recando a' prussiani incalcolabili danni.

Alla coda de' soldati italiani, entrava per la breccia di Porta Pia una masnada di giornalisti specolanti, di garibaldini, di venditori d'immagini e libri luridi,[6] di ladri e manigoldi; tutti costoro rappresentavano il popolo romano, con *evvi-*

[6] Dopo che entrarono nella città santa tutti que' luridi ed empi libri, era naturale che i *ristauratori dell'ordine morale* avessero distrutte sessantatre ricchissime biblioteche di frati; di cui il ministro dell'istruzione pubblica, Ruggiero Bonghi, nel 1873, credette formarne una di primissimo ordine, intitolandola: (per mera adulazione) *Biblioteca Vittorio Emmanuele*, erogando circa centomila lire pel solo impianto. Quella Biblioteca fu poi fatta saccheggiare dallo stesso ministro Bonghi; il quale fece, o lasciò, vendere a varie persone, e con particolarità al libraio Bocca, undicimila chilogrammi di libri (uso stracci) pel prezzo di 40, 35 e perfino di 25 lire il quintale! Dippiù fece vendere migliaia di volumi come *cartaccia* a cent. 20 il chilogramma; in cui trovavansi una predica inedita del Savonarola, rivenduta poi a carissimo prezzo; i *Frammenti* della famosa lettera di Cristoforo Colombo *de insulis nuper inventis*, rivenduti per TRENTAMILA LIRE, sebbene fossero scritti su di un foglietto di sei pagine; il *Processo degli untori di Milano*, libro preziosissimo e raro, trovandosene sole altre due copie nella Biblioteca di Milano, di cui una guasta. Eranvi eziandio in quelle *cartaccie*, fatte vendere dal Bonghi, *lo Gieta e Birria del Boccaccio*, e la *Biblioteca ordinis minorum* del di Waddingo, in 22 volumi, che costa 1500 lire. La *Biblioteca orientale* dell'Assemani, che costa lire 400, fu cambiata con la *Magna Rabbinica*, che ne vale 50. Si vendettero per cartaccia anche gli *Editti contro i Gesuiti* d'Isabella d'Inghilterra; e tante altre opere antiche, preziose e rare. Oltre di che dodici quintali di libri della famosa *Biblioteca Vittorio Emmanuele*, nel 1877 furono trovati nel fondaco di un pizzicagnolo di Firenze!

Mentre il ministro Bonghi, *letterato e scienziato*, vedeva o non curava che si vendessero a' pizzicagnoli tanti preziosi tesori scientifici e letterarii, faceva comprare opere inutili col danaro dello Stato, per agevolare i suoi amici librai; acquistandone pure, per alcune migliaia di lire, di quelle pubblicate da suo zio, il comm. Diego Bonghi: quest'operazione *patriottica*, oggi si potrebbe chiamare *ziismo*.

Dalla *Relazione d'inchiesta*, peeseduta dall'on. Baccelli, rilevasi, che il suddetto ministro faceva pagare, col danaro dello Stato, quegli stessi libri che riceveva in cambio dal libraio Bocca. Quest'altra operazione, sempre *va ed abbasso*, obbligando i romani a cacciar fuori delle finestre bandiere, e la sera lumi: il 20 settembre, e la sera di quel medesimo giorno, fecero in Roma una indecentissima e ributtante baldoria.

Però i giornalisti non fecero che pochi affari; i tipografi non si volevano prestare, vedendo che i veri romani non compravano que' giornalacci, che altro non contenevano, che basse adulazioni, scempiaggini, menzogne e calunnie. Taluni garibaldini entrarono al seguito dell'esercito per vendicarsi de' zuavi, che in Mentana li avevano picchiati di santa ragione; altri per rubare a nome della libertà e del progresso; altri *opportunisti* fecero lo stesso. Onde che il governo, entrato pure per la breccia di Porta Pia, dopo che fece rappresentare da' suoi amici la parte *del popolo romano e dell'opinione pubblica*, fu costretto sfrattare que' malviventi a 150 e a 200 al giorno.

Io qui non narrerò tutte quelle nefandezze ed infamie, perpetrate da' tristi ne' primi giorni e ne' primi mesi, che in Roma s'insediò il governo *moralizzatore*; basta leggere i giornali officiosi, cioè il *Fanfulla*, la *Nazione*, l'*Opinione* e la stessa *Gazzetta Uffiziale* del Regno, per esser ben convinti dello stato miserevole ed anarchico in cui fu ridotta quella un tempo pacifica e florida città, cioè quando era *governata dai preti.*

La Sede del *Grande Oriente della Massoneria* venne trasferita subito nella capitale del cattolicesimo, come rilevasi da una circolare del 23 settembre 1870, firmata da L. Frapolli.

patriottica, si sa come chiamasi in buono italiano.

Quella *Relazione d'inchiesta*, del 21 aprile 1880 firmata dal presidente Baccelli e d'altri tre membri, couchiude con queste testuali parole: « L'animo si tormenta ripensando a lungo tempo quali mani profane ed ignobili si tesero su questa suppellettile sacra agli studii; *se la spartirono come bottino, e la insaccarono come merce di conciaiolo.* »

Quando il deputato Martini fece conoscere il vandalismo bonghiano, il ministro De Sanctis fu costretto a dire, che *arrossiva non per sè, ma per Bonghi che lo precedette.*

Oggi, su quasi tutti i giornali ed in qualche tribunale, si parla del saccheggio, perpetrato in Roma, sotto l'amministrazione bonghiana, nel magnifico Museo Kircheriano, appartenente a' Padri Gesuiti.

Or si potrebbe domandare al *letterato e scienziato Bonghi*, ex ministro dell'istruzione pubblica del Regno d'Italia: che cosa fecero di peggio i barbari quando scesero in Italia, a petto di tutto quello che faceste voi della *Biblioteca Vittorio Emmanuele*, o meglio de' libri che rubaste a' frati? Egli risponderà, ripetendo la tantafera, recitata in Montecitorio, il 14 maggio 1873, cioè che saccheggiò e fece saccheggiare i libri de' frati, per l'odio che porta a costoro — Benissimo! È questa un'altra ragione per rubare impunemente, oltre dell'altra, già in voga presso la giuria: la *forza irresistibile*. Oggi il ladro, secondo Bonghi, potrà addurre in sua difesa, che rubò il tale, perchè l'odiava: si vede che il *progresso* non corre più col vapore, ma con l'elettrico.

Ecco che cosa sono i nostri *padri della patria*, che si atteggiano a sapienti e nostri civilizzatori! Essi inorridiscono se sentono che un disgraziato padre di famiglia ruba un pane per isfamare i suoi figliuoli, e lo mandano in galera; a loro poi è lecito *liquidare* impunemente i milioni e saccheggiare il patrimonio dell'Italia!

È questa la vera ragione per cui, questi liberali da tre cotte e mezzo dichiararono tiranni i Borboni; perchè sotto il regime di costoro non si poteva rubare, essendovi anche pe' ministri la salutare galera.

S'invasero conventi e monasteri; si cacciarono i cardinali dalle loro residenze, e si minacciò di assaltare lo stesso Palazzo Vaticano, residenza del Sommo Pontefice. Per la qual cosa il Segretario di Stato, cardinale Antonelli, fu costretto dall'imperiosa necessità, per guarentire la vita del S. Padre, rivolgersi a Cadorna; il quale, atteggiandosi a protettore, destinò un battaglione di soldati a custodia esterna del Vaticano. Tutto ciò rilevasi anche dalla lettera, del 6 ottobre, che il Papa diresse a' cardinali, descrivendo lo stato miserevole dell'alma città, ed i pericoli a cui Egli medesimo trovavasi esposto.

Per questi ed altri motivi, il 20 ottobre il Sommo Gerarca, con un Breve, prorogò il Concilio Ecumenico Vaticano, che aveva tenuto quattro solenni Sessioni; adducendo le ragioni perchè l'aveva prorogato.

Mentre queste cose avvenivano, il re galantuomo ringraziava i generali, che erano entrati *vittoriosi* per la breccia di Porta Pia; accompagnati da quanto si trovasse di più anarchico in Italia, accorso e colà riunito per compiere la totale spogliazione del Papato, sciogliendo così il voto della rivoluzione cosmopolita.

Essendosi stabilita in Roma la *Giunta di Governo provvisorio*, essa fu sollecita di far pervenire al re V. Emmanuele le sue congratulazioni, per l'ingresso delle truppe italiane in quella città; truppe *apportatrici di libertà, e sicuro pegno del compimento de' destini d'Italia.*

Anche gli ebrei del Ghetto di Roma mandarono un lunghissimo indirizzo al galantuomo; esprimendo gli stessi sentimenti della *Giunta di Governo provvisorio*, ed altri ancora sottintesi, cioè che da allora in poi potevano esercitare impunemente il mestiere di usurai, *spoglia popoli!*

La Giunta fu sollecita pure di decretare ricompense a' *martiri* viventi, e lapidi e monumenti commemorativi a quelli morti, compreso il famigerato carrettiere Ciceruacchio.[7]

Il 2 ottobre si recitò la solita commedia del plebiscito; le formole dello stesso furono svariatissime, ed in alcune eravi la frase, che guarentiva al Papa l'indipendenza sovrana ed il potere spirituale; ma ciò fu causa di grande discordia, anche tra' ministri: il dissidio si compose con la soppressione dell'inutile frase.

Il plebiscito di Roma fu simile a quello di Napoli del 21 ottobre 1860. È pur

[7] La *Gazzetta Uffiziale* del 21 ottobre 1870 pubblicò, con l'approvazione del luogotenente del re, un invito di speciale commissione da eleggersi; la quale doveva eccitare i romani a contribuire, con offerte spontanee, all'erezione di un suntuoso monumento, che ricordasse Ciceruacchio. Il quale, altro merito non aveva, se non quello di essere stato nel 1848 e 49 il capo degli anarchici, ed il vile assassino di tanti distinti ecclesiastici romani e forestieri.
Quel turpe delirio potea scusarsi in parte, perchè gli animi erano esaltati ancora dalla rivoluzione e dal possesso di Roma; ma nel 1879 fece schifo il sentire svolgere nel parlamento italiano, insediato nella santa città, un progetto di legge autorizzante la inumazione delle ceneri di Ciceruacchio al Gianicolo proposto e difeso calorosamente da varii deputati, tra cui il Baccelli.

vero che si pubblicarono minuziosi regolamenti, che guarentivano la libertà del voto, designando quelli che avessero avuto il diritto di votare; ma nel fatto poi votò chi volle, e non una, ma più volte, ed in varie urne di parecchi quartieri.

Presso l'urne stava un amabile personaggio, che a' votanti presentava il *Sì* e il *No*; chi prendeva il primo, strepitosi applausi; il secondo nessuno lo chiese; e se qualche cittadino avesse avuto il coraggio di prenderlo e metterlo nell'urna, è da supporre facilmente quel che sarebbe avvenuto.

Il risultato del plebiscito fu *splendido*, cioè quale doveva essere. La Giunta di scrutinio, fior fiore di setta, e quindi di *onestà*, annunziò che i *Sì*, per l'annessione di Roma all'Italia, erano *quarantamila ottocento trentacinque*, i *No* QUARANTASEI!! Al quale annunzio la campana del famoso Campidoglio suonò a distesa, per far sapere a Roma e al mondo intero, che in quella città eranvi soli quarantasei papalini, tutti gli altri romani appartenevano alla schiera degli annessionisti, degli unitarii e de' liberaloni di tre cotte!

E questa commedie si mettono a base di un diritto di possesso o dominio? E questo si dice progresso, o secolo de' lumi? In quanto a me sceglierei essere martoriato da tutti i sovrani che si dicono di diritto divino, assoluti e tiranni, anzi che essere corbellato in questo turpe modo da chi si vanta liberale e progressista, il quale altro non è che commediante di progresso e di libertà.

Un'altra domanda: Se per caso, direi impossibile, in luogo de' *Sì*, fossero stati i *No quarantamila ottocento trentacinque*, Cadorna se ne sarebbe andato da Roma co' suoi cinquantamila soldati ed i cento cannoni, lasciando in pace il Papa e quella città? Certissimamente no; anzi Cadorna avrebbe dichiarato Roma in istato di assedio, trattandola come trattò Palermo nel 1866. Dunque perchè si rappresentano simili commedie? Per aggiungere lo scherno all'oppressione o per ingannare la sonnacchiosa diplomazia?

Quel famoso plebiscito de' *cinque numeri* fu presentato al re V. Emmanuele dal duca di Sermoneta, presidente di una commissione, formata *ad hoc*. Questi nel presentarlo fece un discorso cortigianesco; e tra le altre cose disse, che Roma era stata liberata dall'oppressione straniera mercè il *valore* dell'esercito italiano. Fa veramente meraviglia come quel sig. duca abbia potuto dire tanti strafalcioni e menzogne in poche parole!

Re Vittorio rispose: « Io come re *cattolico*, nel proclamare l'unità italiana, rimango fermo nel proposito di assicurare la libertà della Chiesa e l'indipendenza del Sommo Pontefice;[8] e con questa dichiarazione solenne, io accetto dalle

[8] Qual'è, e qual sarà l'indipendenza del Sommo Pontefice in Roma ove sta ora altro re, ce l'ha detto il Settembrini, uno de' caporioni dell'Italia una, nel suo libro: *Ricordanze della mia vita*, pag. 98, stampato in Napoli nel 1873: « Fintanto che in Italia vi sarà un Papa, vi deve essere un re, che solo può tenerlo in freno, anche essendo cattolico. » — *Tenerlo in freno* è lo stesso che tenerlo soggetto a sè, ed addio indipendenza!

vostre mani, egregi signori, il plebiscito di Roma, e lo presento agl'Italiani; augurando che sappiano mostrarsi pari alle glorie de' nostri antichi e degni delle presenti fortune. »[9]

Il gran re, recitando quel discorso, supponeva, che nessuno avesse capito, che chi riceve la libertà e l'indipendenza da un pari suo, rimane sotto il dominio del medesimo, perchè suo dipendente; e quindi chi dà la libertà e l'indipendenza può anche ritoglierla. La Circolare del ministro de' culti Raeli, del 12 settembre 1870, diretta all'Episcopato italiano, in cui minacciava e trattava tutti i vescovi come suoi dipendenti e scolaretti, facea ben conoscere in che consiste il *proposito di assicurare la libertà della Chiesa.* Il sequestro poi dell'Enciclica del Papa, data dal Vaticano il 1° novembre di quell'anno, che cominciava: *Respicientes ea omnia,* dimostra eziandio in che conto si teneva e si tiene *l'indipendenza del Sommo Pontefice.*

Appena entrate in Roma le truppe italiane per la breccia di Porta Pia, si videro gli effetti della libertà e dell'indipendenza accordate alla Chiesa e al sommo Pontefice dal re galantuomo; e più di tutto dopo che questi fece quella *solenne dichiarazione* alla Commissione che gli presentò il plebiscito. In omaggio a quella dichiarazione il Papa rimase moralmente prigioniero in Vaticano; ed il governo di quel sovrano s'impossessò de' palazzi apostolici, aprendoli, come fa il ladro, co' grimaldelli, e di varii conventi e monasteri, per finire d'impossessarsi di tutto, cacciando i frati e le monache, per appropriarsi la roba di queste vittime e barattarla.[10] La santa città fu inondata da tutti i mali, che sono la legittima conseguenza della libertà settaria. Si pubblicarono codici, leggi, regolamenti e balzelli, che soltanto i mercanti di libertà sanno regalare a' popoli da loro *redenti*; e tutti quei regali si compendiano nella spogliazione non solo della Chiesa, ma d'ogni ceto di cittadini, nella persecuzione della virtù e nella apoteosi del vizio.

Or lascio considerare come il Capo della Chiesa universale possa governarla senza gli ordini monastici, che gli erano tanto necessarii per la conversione degl'infedeli, per propagare e mantenere il culto nelle lontane regioni, e per adi-

[9] L'augurio del re galantuomo è oggi un *fatto compiuto.* Per non dire altro, gl'*italiani,* cioè gli amici o protetti di quel sovrano, in tutte l'elezioni politiche, si sono svergognati l'un l'altro, basta ricordar quella del 16 maggio 1880. In questo ed in altri simili modi, han saputo mostrarsi *pari alle glorie de' nostri antenati e degni delle presenti fortune.*

[10] La Storia di Roma cristiana ci rammenta, che quella Metropoli del cattolicismo ha sofferto sei saccheggi; il primo l'ordinò il re dei Goti Alarico, a' tempi del Papa S. Innocenzo 1°, nel 409, l'ultimo il contestabile di Borbone nel 1527, sotto il Pontificato di Clemente VII. Nell'entrata in Roma, nel 1870, de' barbari della novella civiltà, se non vi fu nella forma un vero saccheggio, simile a quello del 1527, nella sostanza se ne sta facendo uno che dura da dieci anni; perciò assai peggiore di quelli ricordati.

birli in tante e tante cariche e missioni di cui non può farne a meno.[11] Oltre di che le leggi ed i regolamenti, oggi imposti alla capitale del cattolicesimo, in gran parte, fanno a calci con quelli ecclesiastici. Ivi una stampa sbrigliata ed atea, che mette in caricatura ed insulta tutto e tutti, non risparmiando nè il Papa nè lo stesso Dio. E per non essere prolisso, dirò, che a canto di un Breve del Capo della Chiesa universale, si legge una circolare del *Grande Oriente della Massoneria*; questi liberissimo, il Papa confinato nelle stanze del Vaticano, prigioniero e spiato in tutti gli atti di supremo pastore delle anime.

Nonpertanto i rivoluzionarii ed i *galantuomini*, con queste ed altre ingiustizie e persecuzioni, *non praevalebunt*; anzi altro non fanno, che preparare un altro strepitoso trionfo alla cattolica Chiesa. Conciossiachè « essa vince quando percossa; è meglio compresa quando è redarguita, e fa maggiori acquisti quando è abbandonata. » Lo disse S. Ilario, nel trattato *de Trinitate*, or sono 14 secoli, e la Storia gli ha dato ragione.

Tutto il mondo cattolico, vedendo il Sommo Gerarca in quello stato, in cui trovasi anche oggi, protestò contro tutte le violenze perpetrate dal governo italiano.

L'Episcopato ed i popoli cattolici gli mandarono rispettosi indirizzi, promuovendo pellegrinaggi continui a parecchi santuarii, e protestando in vario modo, pure con l'Obolo di S. Pietro, contro l'insediamento della rivoluzione nella città santa, e contro la morale prigionia del Sommo Pontefice.

Il primo prefetto che s'insediò in Roma fu il *cattolico* generale Lamarmora, che vi giunse l'11 ottobre di quell'anno 1870; pubblicando un bando a' romani di

[11] *Incredibilia sed vera*! La *Gazzetta uffiziale* del Regno d'Italia, in un supplimento del 20 maggio 1880, pubblicava in Roma un bando, col quale si mettevano all'asta pubblica le case ed i poderi appartenenti al Collegio di Propaganda fide; le prime pel valore di lire 865,200, i secondi per 482,800, e per primo prezzo d'asta. La Congregazione di Propaganda fide venne istituita, nel 1622, dal Pontefice Gregorio XV, e col concorso della carità cattolica; nel 1627, Urbano VII fondò il magnifico Collegio di quella stupenda opera. Qual lustro, quale splendore e vantaggi spirituali e materiali abbia sempre ricavato l'Italia e la vera civiltà da quella mondiale istituzione, per non dire altro, mi limito a citare poche parole dello storico Carlo Botta e del filosofo Vincenzo Gioberti. Il primo, nella sua Storia d'Italia dal 1780 al 1814, libro XXIV, dice.... « Sebbene suo principale fine sia la propagazione della fede cattolica in tutte le parti del mondo, l'opera sua non è totalmente ristretta a questa parte che non mirasse a diffondere le lettere le scienze, la civiltà fra genti ignare, barbare e selvagge, che anzi una cosa aiuta l'altra, poichè la fede serve d'introduzione alla civiltà e questa a quella ».
Gioberti poi dimostrava il Primato d'Italia sull'altre nazioni anche con la Propaganda chiamando questa : « Congregazione di uomini cosmopoliti, di cui non v'ha alcuno esempio antico e moderno, che destò la maraviglia e l'invidia del più illustre conquistatore che sia vissuto da molti secoli, Napoleone 1°. »
Anche Alessandro Verri, nella penultima delle sue *Notti Romane*, enumera i grandi beni che ha arrecato all'umanità la Congregazione della Propaganda. — Ed un governo sedicente italiano, riparatore e civilizzatore, per l'ingordigia di appropriarsi poco più di un milione di lire, distrugge quell'opera stupenda, civilizzatrice e di primato agl'italiani! Vituperio del governo italiano...... ?

tripudio *per l'ammirabile contegno osservato da' nuovi sudditi del re V. Emmanuele.* Quel bando, sebbene imbeccatogli da' ministri, fa poco onore alla memoria del generale Lamarmora, discendente di nobile e cattolica famiglia; ma a quali passi inconsiderati non ci conduce l'ambizione?

In Roma si facevano grandi preparativi per l'ingresso trionfale del re V. Emmanuele; ma egli vi andò la prima volta quasi da privato, il 31 dicembre, ed a causa di una inondazione del Tevere, dimorandovi sole 12 ore. Quando quel sovrano giunse in Roma, le prime parole che disse a coloro che andarono ad ossequiarlo alla Stazione della ferrovia, furono lo seguenti: *Siamo in Roma e ci resteremo.* – [12]

Però la terra di Roma sembrava scottargli sotto i piedi, perchè giungeva e partiva da quella città quasi sempre da fuggitivo. Iddio volle esaudire le prime parole che disse, giungendo nell'alma città de' papi. Egli rimase in Roma; e quella terra che scottavagli sotto i piedi oggi copre il suo cadavere! Vanità delle vanità..... e tutto è vanità!

[12] I rivoluzionarii di piazza e quelli del governo credettero esauditi tutti i loro settarii voti; essendosi questi ultimi insediati nella Metropoli del cattolicismo, ritennero più che infallibile colui che disse: *Siamo in Roma e ci resteremo.* Nonpertanto varii deputati i più rivoluzionarii ed insieme i più avveduti, dichiararono assai problematica l'asserzione del *gran re.* Io qui potrei riportare tutto quello che i sopra lodati onorevoli han detto circa l'insediamento della rivoluzione in Roma, ma per essere breve mi limito a dire, che il deputato Giuseppe Ferrari asserì in pubblico parlamento fin dal 1861, che « senza idee non si rimane in Roma, *e che è fatale ai Re.* » L'on. Civinnini diceva il 25 gennaio 1871, in Montecitorio: « In Roma voi siete entrati a colpi di cannone. Dove siete entrati con la forza, vi dovete mantenere con la forza. *Non so se il Regno d'Italia nell'ora del pericolo possa sperare di trovare aiuti ad amicizie sicure nel mondo.* » Lo stesso Civinnini, il 25 gennaio 1875, soggiungeva: « Se alcuno mi dice che il Papa è disarmato, e non ha una sovranità nominale, io rispondo che le *idee finiscono sempre per essere più forti della spada.* » L'on. G. Mussi, il 20 marzo 1872, diceva a 'suoi colleghi in pieno Parlamento: « Voi lottate corpo a corpo con una grande potenza. *Credete voi che quattro chilogrammi di polvere, bruciati a Porta Pia abbiano bastato a domarla e spegnerla?* »

CAPITOLO XV

Fece veramente maraviglia come l'*eroe* Garibaldi non fosse andato a Roma per entrare anche egli dalla breccia di Porta Pia, o per associarsi al suo Nino Bixio e fare un poco il rodomonte, *spazzando col calcio del fucile le milizie pontificie e smorbando il mondo del cancro e del vampiro.* E tutto ciò per essere consono alle sue famose epistole, scritte non con l'inchiostro, ma col fango dell'anima sua. Ciò, replico, fa maraviglia, maggiormente che trattavasi di facili trionfi, tanto agognati dal nostro *eroe* del 1860. Ma cessa la maraviglia, sapendosi che il governo non aveva bisogno di lui, perchè deciso a non osar più i soliti *mezzi morali* ed orpelli per impossessarsi di Roma.

Caduto Napoleone III, la Francia dibattevasi fra i ferrei artigli dell'aquila prussiana, e Bismarck, per neutralizzare l'Italia, e non farle porre duecentomila uomini in difesa del creatore e benefattore dell'unità italiana, aveva promesso l'invasione di Roma al governo italiano, al quale fu facile gettar la maschera e farsi vedere in tutta la sua bruttezza d'ipocrita, ingrato e sacrilego, abbandonando la sua vera alleata la Francia e Napoleone, ed entrando in Roma a furia di cannonate. Si è perciò che il ripetuto nostro *eroe* (di che, lo sapete) rimase in Caprera, sottomettendosi agli ordini della consorteria, che lo adopera sempre qual vituperoso manubrio alle sue manovre poco onorevoli. Egli poi, date talune circostanze, e combinati certi patti...... si presta alla commedia di farsi guardare a vista nel suo romitaggio ed anche di riceversi in pace qualche fraterna schioppettata, per zoppicare tutto il tempo della sua preziosa vita, e all'occorrenza, si sottomette pure a' soliti benevoli arresti.

Il nostro *eroe* però, nella sua Caprera, agognava ad altri immortali allori; soltanto conturbavalo il pensiero che non gli era tanto facile il mieterli: egli meditava recarsi in Francia e combattere i prussiani. L'osso era duro pe' suoi denti, sebbene anch'essi eroici; ma filando fu invitato a correre in difesa della nuova tumultuosa repubblica francese da' rappresentanti di quel governo, cioè da Gambetta e da Crèmieux, allora si decise combattere contro i prussiani, che avevano permesso l'entrata in Roma a' suoi amici; sempre però con l'intendimento del nostro storico *guappetiello du quartiere*.[1] Ciò è quanto in seguito vedremo; or seguiamo i suoi passi, anzi che avventurare giudizii.

Egli partì da Caprera senza rumore; e dopo di aver raccolto il fior de' suoi carabinieri genovesi, s'imbarcò per Marsiglia. Giunto colà si recò a Tours, ove fu accolto con grandi onori dal ministro Gambetta, uscito allora da Parigi in un aereo pallone. Essendo stato destinato a prendere il comando dell'esercito dell'est, i reggimenti francesi si rifiutarono combattere sotto i suoi ordini; ed ivi altro non potè fare che raccogliere un piccolo esercito cosmopolita di volontarii, che appena oltrepassavano i dieci mila.

Intanto, osservate l'ingratitudine de' francesi, che, dopo di averlo chiamato in loro soccorso, giunto colà, lo guardavano in cagnesco. Voi, lettori miei, potreste supporre che io esagero, o che vi volessi raccontar favole; no, io scrivo sopra documenti, attinti a fonti non già *clericali e sanfediste*, ma sibbene a quelle de' liberaloni da tre cotte; e per provarvelo, prima riporterò una corrispondenza di un garibaldino, pubblicata, il 30 novembre 1870, dalla *Gazzetta d'Italia*, e poi altri documenti officiali.

« Il volontario italiano è odiato dalle popolazioni, che gli applica gli odiosi epiteti di filibustiere e di reietto dalla sua patria; mal vestito, scarsissimamente nutrito e pessimamente armato ».

Per meglio provare quanto i garibaldini ed il loro degno capo erano amati da' francesi o dagli stessi governanti, che intendevano liberare dall'invasione prussiana, voglio qui far noti taluni documenti, raccolti e pubblicati dal giornale parigino il *Figaro*, e riportati dalla *Discussione* di Napoli, come ho già detto altrove.

Tra Lione ed i Vosgi, campeggiavano i cacciatori del Rodano, gli esploratori repubblicani ed i *Vengeurs*, questi ultimi comandati dal famigerato truffatore Melicki, ma questi tre corpi erano sotto il supremo comando di Garibaldi. Tale esercito, detto anticlericale, vantavasi di distruggere, esso solo, tutti i prussiani entrati in Francia; mentre costoro, in ordinate battaglie, avevano sconfitto e quasi distrutto il valoroso esercito francese.

I volontarii, riuniti sotto gli ordini di Garibaldi, avevano ricevuto un milione di franchi: lo Stato maggiore, aveva a capo Bordone, il quale, in dicembre, volle chiederne altri centocinquantamila per gl'italiani, trecentomila pei *Vengeurs* e

[1] Dicesi in Napoli *guappetiello du quartiere* colui che fa il gradasso ne' bassi fondi sociali, che pretende una determinata parte delle vincite sul gioco delle carte ed anche sulla vendita in alcune bettole; s'intriga in tutte le questioni della bassa gente, facendola per interesse sempre da paciere. Però mentre fa il gradasso, quando vede qualche rissa un poco seria, si occulta, e comparisce tutto affacendato e corrucciato dopo che è finita; volendo così far capire che anche egli ha dato legnate, o che ha fatto finire la zuffa con la sua temuta autorità. Il commediografo Altavilla ci lasciò il vero tipo *du guappetiello du quartiere*.

quattrocentomila pe' cacciatori; senza contare, come dice il *Figaro*, il prodotto de' saccheggi de' conventi e delle chiese, che i fratelli, insediati in Lione, loro accordavano generosamente. Oh bella! mi si dirà, perchè dunque si chiamavano eserciti anticlericali?

Nonpertanto se le *autorità* francesi abbandonavano al saccheggio i conventi e le chiese a' fratelli, che dovevano combattere ne' Vosgi, la sentivano troppo male, quando costoro chiedevano danaro. Difatti, l'11 dicembre, il delegato della guerra, Challemel-Lacour, telegrafava a Gambetta: « Ho dato ancora danaro per l'armata de' Vosgi, ma vi sono molti disordini ed avventurieri intorno a Garibaldi. Epuratemi tutto questo; non pagherò più fino a nuovo ordine. » E il 15 dello stesso mese scriveva: « Sono qui da lungo tempo novecento garibaldini, che si pagano e nulla fanno. Essi sono qui arrivati col pretesto di formare un esercito, e si danno a tutti i disordini: hanno testè assassinato due uomini nella stessa notte. Vogliate dunque ordinare a' vostri garibaldini, che stanno qui, di organizzarsi altrove. A tutto costo Lione *deve essere purificata da questa cattiva gente.* »

Gambetta si scosse a questi ed altri reclami, perlochè telegrafò al delegato della guerra, dicendogli: « Leggo un gran numero di dispacci, firmati « Bordone. » Non ignorate quello che si dice di costui, *è lui che comanda, taglia e pesa*, fa tutto presso Garibaldi; da ordini ai prefetti, *ordina arresti.* Tengo a mettervi in guardia contro coteste imprese smisurate. »

Gambetta non voleva chiudere l'altro occhio, trattandosi d'italiani, che in nulla influivano sull'elezioni de' deputati; ma poi lo chiuse, perchè vi è la massoneria sopra di lui.

Ecco la risposta del delegato della guerra: « La condotta di Bordone è causa de' lamenti di tutti; meriterebbe un *consiglio di guerra.* Mantenere un tal capo di Stato maggiore È UNO SCANDALO. Garibaldi è cieco, (oltre di essere sciancato? che orrore...!) voi non poteto esserlo. (era a metà!) »

I governanti della Francia fecero sentire a Garibaldini di licenziare Bordone, e l'*eroe* volle continuare nello scandalo, segnalato dal delegato della guerra. Il ministro della guerra scrisse a quello di giustizia: « Garibaldi, non volendo separarsi da Bordone, senza prove, vi prego inviarmi il suo casellario giudiziario »

Ecco una copia di quel casellario di Bordone: « 13 luglio 1858 – Lancheste, *colpi*, 10 franchi di ammenda, – 2 luglio 1858, *distrazione di oggetti presi,* 50 franchi di ammenda, – 24 luglio 1860 – Corte di Parigi, *scrocco,* due mesi di prigionia e 50 franchi di ammenda. »[2]

[2] Gambetta, in un ordine del 15 novembre 1870, in occasione che Garibaldi tolse Frapolli da capo del suo Stato maggiore, e vi pose Bordone, dice di costui: .... « *Dont les antècedents judiciaires et la conduite ne sauraient se conciler avec le caractère de rappresentant du gouvernement français.* »

Quel casellario giudiziario non convinse Garibaldi, forse perchè Bordone aveva *scroccato* poco, e quindi non volle licenziarlo; anzi profittando dello stato deplorevole in cui trovavasi la Francia, quasi impose a quel governo di settarii, che Bordone fosse nominato generale: e Gambetta dovette chiudere l'altro occhio!

Or vediamo, secondo il citato *Figaro*, ciò che fecero di bello i *prodi* garibaldini in quella lotta franco-prussiana. Il delegato della guerra, il 21 gennaio, scriveva al *generale* Bordone: « Non comprendo le difficoltà che sorgono sempre nel momento in cui voi dite, che siete per far qualche cosa... (Prego i lettori di ricordarsi *du guappetiello du quartiere*) *Voi siete il solo* che continuamente invochiate difficoltà e conflitti, per giustificare, senza dubbio, *la vostra inazione*. Se ciò debba continuare, declino innanzi al governo ogni responsabilità nella vostra cooperazione. Confesso che attendeva altro da voi (cioè da Garibaldi) in questa campagna, e deploro di avere così caldamente preso le vostre parti, sperando, che ciò vi avesse deciso ad un'azione patriottica, *e che avesse fatto tutto obliare.* »

Il delegato della guerra a torto rinfacciava la *inazione* al Bordone, e quindi a' garibaldini; dappoichè costoro si davano da fare e molto. Difatti il generale francese Bressles scriveva al delegato della guerra: « Ricevo dispacci d'ogni banda, che mi annunziano fuggitivi in disordine di Garibaldi e di altri corpi franchi. Essi vengono ad inondare la città, portando il disordine e l'indisciplina. I capi mi scrivono, che vengono ad organizzarsi, cioè *a vuotare i magazzini dello Stato.* Sarei di avviso di nulla dare a costoro, e tradurre i capi in corte marziale. »

In pari tempo, il colonnello Colonejeon scriveva al medesimo delegato: « La condotta di tutti questi uomini è ridicola, vergognosa, infame. Riflettendo sopra questa sequela *di attentati, di furti e di scroccherie* si prova un sentimento di disgusto ec. »

Per amore di brevità, tralascio il resto delle lettere e de' dispacci pubblicati dal *Figaro,* ed anche quel che scrisse il ministro Giulio Favre, circa la condotta de' volontarii garibaldini, comandati da Garibaldi.

Costui per più di due mesi, come rimproveravagli il delegato della guerra, rimase nella *inazione*, e quindi non potè segnalarsi con veruna delle *sue strepitose vittorie.* Ivi non si trattava nè di Landi, nè di Lanza, nè di Clary ecc. e quindi l'affare era serio per lui; per la qual cosa stava guardingo, e ne' suoi piani strategici la base principale era la ritirata. Nondimeno un *eroe* della sua tempra non poteva rimanere inoperoso, onde che, in que' due mesi, fece altri eroismi, riportando strepitose vittorie, delle sue solite; cioè cacciò i gesuiti di Dôle, devastò la magnifica cattedrale di Autun, convertendola in istalla pe' cavalli e pei suoi volontarii; i quali arsero per riscaldarsi, confessionili, quadri stupendi, statue e croci di legno: altro che vandali!

L'eroe vantò un sol fatto d'armi, secondo lui ben riuscito, e fu una sorpresa contro un drappello di avanguardia tedesca a Châtillon; ove i suoi volontarii trovarono a terra una bandiera prussiana[3], per la quale si spifferarono poi cose magne sul valore garibaldesco. Però si seppe in seguito che quella sorpresa, fatta dal *nostro eroe*, fu una corbellatura che gli fece il generale prussiano Manteuffel, a cui giova richiamare l'attenzione de' garibaldini in un punto opposto, acciò egli avesse potuto più facilmente gettarsi sopra i fianchi dell'esercito francese, comandato da Bourbaki. Quell'azione di guerra garibaldesca, tanto encomiata dalla *ditta di mutua lode*, lasciò scoperto un fianco dell'esercito francese; il quale, per non essere fatto prigioniero, trovandosi, quasi accerchiato da' prussiani, passò la frontiera, e si rifugiò nella Svizzera. Finalmente, il garibaldinismo tentò assalire i prussiani in Digione, e si ritirò più che di fretta, battuto e disfatto.[4]

Dopo quella solenne corbellatura, fatta da Manteuffel *al nostro eroe*, e dopo la fuga da Digione, nessun'altra *vittoria*, venne strombazzata da' prodi garibaldini; e fu questo tutto lo sforzo che fece l'Italia rivoluzionaria, per compensar la Francia delle giornate di Palestro, di S. Martino, Magenta, di Solferino e per l'aiuto prestatole nelle annessioni dal 1859 al 1870.

Purtuttavia la spedizione garibaldesca in Francia, pose il governo italiano in falsa posizione rispetto alla Prussia ed alla stessa Francia. Questa fece energici richiami, perchè in Nizza erano scoppiati de' moti sediziosi, in grazia della cooperazione de' garibaldini; la Prussia si risentì dell'aiuto che prestava l'Italia a' suoi nemici, ad onta della bandita neutralità.

I governanti italiani, che in quel tempo facevano i rodomonti con l'Episcopato ed il clero italiano, al sentire i richiami di quelle due potenze, si fecero piccini piccini, e con menzogne e strisciamenti, diedero soddisfazione all'una e all'altra. Essi ordinarono a Garibaldi di ritornar subito in *Italia con la*

[3] Si disse, che il garibaldino Stocchi si fosse impossessato della bandiera del 61° reggimento di linea prussiano, mentre fu trovata parecchi giorni dopo una zuffa, avvenuta tra soldati francesi e prussiani, e propriamente sotto un mucchio di cadaveri. In Digione, in Lione ed in Savona vi furono varii franchi-tiratori che si disputarono l'onore di *aver trovato* quella bandiera. La quale, essendo stata trovata anzi che portarla in trionfo, qual trofeo di vittoria, si dovea piuttosto depositare nell'officio di polizia municipale, fra gli oggetti perduti e rinvenuti.

[4] La *Lega della Democrazia*, giornale repubblicano di Roma, il 20 gennaio 1881, in commemorazione de' garibaldini, caduti sul campo di quella guerra, osava dire: « I terribili soldati di re Guglielmo, che avevano fatto tremare l'Europa *fuggirono ignominiosamente* davanti a pochi giovani, animati dalla Fede nella repubblica e nella umanità. » E una disgrazia per questa straziata Italia, che gli stranieri dovranno rider sempre a causa delle rodomontate italianissime. Perchè dunque, io domando, i vincitori di *que' terribili soldati, che aveano fatto tremare l'Europa*, erano fuggiti più che ignominiosamente a Mentana davanti a' vinti di Worths, di Meta e di Sèdan? Quando si pretende glorificare in questo modo il valore de' figli d'Italia, è meglio tacere!

sua gente e di scrivere a' suoi compatriotti di Nizza una delle sue solite epistole, affin di acchetarli, e l'*eroe* si prestò volenteroso; smentendo così con quella epistola tutto quello che aveva detto e scritto contro Cavour e Napoleone III, circa l'annessione di Nizza.

In Francia oltre de' tre corpi di esercito prussiano, altrove nominati, e che poi ascendevano a seicento mila uomini, se ne aggiunsero altri tre, formati in Berlino, nella Slesia e nella Germania del nord, con la chiamata anticipata delle leve e con le riserve della *Landweher*; tutta quella forza oltrepassava un milione di combattenti, coadiuvata da numerosissima cavalleria ed artiglieria.

Dopo la capitolazione di Strasburg e di Metz, la maggior parte di quegli eserciti piombò sopra Parigi, il resto si diresse per la province meridionali. La Francia non avea più esercito, ma soltanto corpi militari, parte indisciplinati e parte disorganizzati: però la terribile lotta era impegnata ad oltranza, tra un popolo fiero della sua indipendenza e gli eserciti disciplinati e vittoriosi della Germania. L'esito di quella gigantesca e memoranda lotta avrebbe potuto essere fatale a' vincitori di Worths e di Sèdan, se l'infamia del partito repubblicano ed anarchico francese non avesse indirettamente, e forse, come si disse, direttamente, aiutato i nemici della Francia.

Il governo della sedicente repubblica francese, prima che Parigi fosse stata assediata da' prussiani, si trasferì a Tours, per essere più libero di riorganizzar l'esercito, e per tenersi in comunicazione co' dipartimenti e coi gabinetti esteri.

Dal settembre in poi varii sanguinosi combattimenti avvennero tra francesi e tedeschi, spesso con la peggio de' primi. Sarebbe per me opera ardua e lunga, non che descrivere, accennar soltanto i fatti d'armi e le battaglie, combattute sul suolo francese da Sèdan sino alla definitiva pace; basta sapersi che gran parte della Francia fu devastata e bagnata di sangue, sia de' suoi stessi figli, che de' suoi nemici.[5]

I difensori di Parigi fecero parecchie sortite per impedir l'assedio, mentre

[5] Ecco una statistica spaventevole, pubblicata dal reputatissimo giornale l'*Economista Français*. Quella guerra costò alla Francia circa quattordici miliardi a mezzo di franchi. In questa somma vi sono anche inclusi i cinque miliardi che volle Bismarck. Gli eserciti francesi ebbero sul campo di battaglia 116,925 morti, e durante la prigionia 17,240, altri 1,701 morti in Isvizzera, e 124 nel Belgio; totale 135,990; feriti 143,066. I tedeschi ebbero 118,673 morti sul campo di battaglia, altri 11,510 par ferite, 12,301 morti di fatica e di malattie, 4,009 scomparsi, 127,867 storpiati, a cui la Francia fu obbligata pagar le pensioni, come pure alle famiglie dei morti. Totale dei morti e storpiati francesi e tedeschi, de' primi 270,056, de' secondi 274,366. Quella guerra dunque mise fuori combattimento tra morti e feriti, o rimasti storpii, l'enorme numero di 553,422 uomini! Pio IX scrisse due memorande lettere, una al re di Prussia e l'altra a Napoleone III, offrendosi mediatore di pace per impedire quel terribile massacro, che vanta l'umanitario nostro tempo, e non fu ascoltato. E si osa poi chiamar barbaro il medioevo, quando i papi impedivano con la loro benigna autorità le guerre tra regnanti e regnanti, tra popoli e popoli!

qualche corpo di esercito francese avvicinavasi a quella città, affin di assalire i tedeschi alle spalle. Epperò che furono sempre respinti e battuti, perchè mancava loro l'energia ed il sicuro comando, mentre gli assedianti, superiori in numero, combattevano con mirabile matematica unità.

Il governo della difesa nazionale, visto che il nemico stringeva sempre più il cerchio intorno Parigi, che le bombe già devastavano questa città, che i suoi eserciti erano dovunque battuti, e che la popolazione domandava la pace, si argomentò di capitolare, ad onta dello pretese esagerate del re prussiano; per la qual cosa Favre ritornò presso Bismarck a Versailles.

In quelle ultime trattative di pace, i due ministri si posero di accordo sopra i principali patti; quindi si stabilì un armistizio, desiderato d'ambo le parti. Siccome Bismarck impose per patto della pace il possesso della Piazza forte di Belfort, bene approviggionata, che eragli necessaria, come antemurale dell'Alsazia, dovendo questa rimanere alla Prussia, fu convenuto tra i belligeranti, che si sospendessero le ostilità presso Parigi, e continuassero dalla parte dell'est della Francia: convenzione niente affatto ragionevole ed umanitaria! Però dopo la ritirata dell'Esercito di Bourbaki nella Svizzera, essendo stato battuto da Mantueffel presso Dòle, rimase la sola città di Belfort a tenere la bandiera della Francia dalla parte dell'est, ma che poco dopo fu costretta a capitolare.

Intanto mentre trattavasi dell'armistizio, avvenne, il 28 novembre, la celebre battaglia detta di Orlèans; ove combatterono settantamila francesi, sotto gli ordini del generale Paladine, contro centoquarantamila tedeschi, che formavano gran parte del corpo di esercito del principe Federico Carlo. Quivi i zuavi pontifici, vestiti ancora della stessa simpatica uniforme che indossavano in Roma, si coprirono di gloria, difendendo la loro patria con lo stesso valore, con cui avevano difeso il Padre comune de' fedeli.

Il nemico sebbene assai superiore in numero, purtuttavia venne attaccato con uno slancio maraviglioso. I prussiani già cominciavano a cedere, malgrado che combattessero tre contro uno; ma accorse il principe Federico Carlo, in aiuto, col resto del suo corpo di esercito, e la battaglia divenne più fiera e sanguinosa, durando una intera giornata. Il giungere sul luogo del conflitto di altri rinforzi prussiani, costrinse i francesi, già decimati e stanchi, a ritirarsi dal campo di battaglia, coperto orridamente di cadaveri. Fu allora che il generale prussiano Manteuffel burlò Garibaldi, attirandolo ad un facile combattimento dalla parte di Châtillon, mentre egli passava libero dalla parte opposta per assalir di fianco il corpo di esercito di Bourbaki.

CAPITOLO XXVI

Le tenebre della notte del 28 novembre coprivano gli orrori di una spaventevole carneficina, su' campi presso Orlèans. Tirava un vento agghiacciato, il cupo rombo del tuono rumoreggiava dalla parte del nord. La luna splendeva mesta e ad intervalli: essa sembrava or fuggire ed or coprirsi di nubi, per non vedere quella suprema scena di esterminio di tante vittime del dovere e della barbarie umana. La notte, il tempo minaccioso, l'aere freddissimo, l'atteggiamento ancor truce che l'ire ed il dolore avevano lasciato in quei cadaveri, avrebbero attonito qualunque uomo di spirito e di coraggio.

Nonpertanto due suore della Carità,[1] portando ognuna in mano un lanternino, animate soltanto dalla fede e dal guiderdone, che sol può dar Colui che sta ne' cieli, intrepide si aggiravano in mezzo a quello spaventevole campo di battaglia, esposte a tutte le intemperie, per cercare con premurose cure qualche ferito o moribondo. Esse, dopo che prodigavano le prime e più necessarie cure a' feriti, chiamavano due uomini zelanti, mandati dal Vescovo di Orlèans, Mons. Dupanloup, e da costoro li facevano portare sopra una branda al vicino ospedale provvisorio, ove trovavansi altre sorelle della Carità.

Di quelle due suore, che per una santa missione giravano il campo di battaglia, una sembrava avere appena oltrepassati gli otto lustri l'altra era assai più giovane: la prima, suor Geltrude, chiamava suor Matilde la compagna. Questa, svolta e spigliata, percorreva attentamente il teatro della strage, e con più celerità dell'altra; fermandosi là ove vedeva giacenti ed ammonticchiati i caduti nella pugna, spiando se sentisse qualche gemito di moribondo. Così fu che da sotto un mucchio di cadaveri, intese venire un debolissimo lamento ad intervalli. Chiamò suor Geltrude, e tutte due si affaticarono per trovare l'infelice che gemeva.

[1] Queste sacre vergini, durante la guerra franco prussiana, prestarono immensi servizii alle due parti belligeranti, e varie di esse furono ferite ed uccise; la prima cadde sul campo di Forbach. Del pari innumerevoli ecclesiastici, francesi e stranieri, si distinsero per patriottismo e carità; e sarebbe troppo lungo nominar soltanto tutti coloro che caddero feriti o morti, sopra i campi di quella gigantesca lotta, o fucilati da' prussiani, col pretesto che quelli spiavano i loro movimenti guerreschi.

Trovarono un zuavo dalla divisa pontificia, immerso in un lago di sangue, che spesso emetteva qualche fievole gemito. Le suore si affrettarono ad osservargli le ferite, che ne aveva parecchie e profonde. Dopo di avergli apprestati i primi e più necessarii rimedii, chiamarono i due uomini che portavano la branda, e ve lo fecero collocare, per mandarlo all'ospedale provvisorio. Però vedendo che il zuavo mandava gran copia di sangue dalle ferite, si persuasero che sarebbe morto per la strada; quindi lo fecero lasciare presso una casupola, in parte devastata, ed ivi l'adagiarono sopra un poco di fieno, lasciato da' cavalli dell'esercito di Paladine; e con tutto le cure possibili, si adoperarono ad arrestare l'ulteriore uscita di sangue dalle ferite.

Quel misero soldato appena dava segni di vita; ma ad intervalli sentiva una voce, che non giungevagli punto nuova. Tutto ad un tratto, e con supremo sforzo, si alza a sedere; con una mano prende il lanternino, che stava presso di lui e l'alza in faccia a suor Matilde, che inginocchiata, stava fasciandogli le ferite, con l'altra mano le strappa di testa il bianco cappello, ossia *cornetta*, ed esclama: Rosolina...!!

E questa: Edoardo....!

Il primo ricadde semivivo sul fieno, e l'altra quasi priva di sensi, nelle braccia di suora Geltrude, che si affaticò a soccorrere or l'una or l'altro.

Qui è a sapersi che Rosolina, dopo la morte di sua madre, aveva effettuito la sua irrevocabile risoluzione, proprio come disse ai suoi amici di Naso. Ella, vedendosi orfana e abbandonata, appena giunta in Palermo, protetta da D. Carlo e da Padre Romano, si presentò alla superiora dello suore di Carità, e questa raccolse con piacere fra le angeliche figlie di S. Vincenzo di Paoli, avendola conosciuta svelta ed istruita. Allo scoppio della guerra franco-prussiana, fu mandata in Francia, insieme ad altre suore. Si trovò a Sèdan ed in varii luoghi, ove si combattette con accanimento dopo il 2 settembre, e finalmente nella battaglia di Orlèans.

Edoardo poi, dopo di avere girato Palermo, direi quasi, casa per casa, cercando sempre Rosolina, si recò nell'interno della Sicilia, visitando parecchi paesi e città; ma non trovò tracce di lei; quindi, quasi scoraggiato, non sapeva a qual partito appigliarsi. Avendo inteso i primi rovesci militari della Francia, e che in Italia i rivoluzionarii si preparavano ad invadere Roma con le truppe regie, si argomentò combattere o in favore della sua patria, o in difesa della S. Sede Apostolica. Si decise per quest'ultima, perchè in Francia imperava ancora, sebbene di nome, Napoleone III, che non gli era punto simpatico; anche perchè combattendo in difesa del Papa avrebbe cancellato la colpa di Mentana, e fatta cosa grata a Rosolina. Partì per Roma, ove appena giunto si presentò al colonnello de Charette, comandante il reggimento de' zuavi pontificii, e gli svelò di essersi battuto in Mentana sotto gli ordini di Garibaldi; ma volendo cancellar quell'onta ed espiare quel sacrilegio, desiderava indossar l'onorata divisa del zuavo pontificio e combattere in difesa del Papa: e tutto ciò anche per ritornare a' sani e santi principii de' suoi antenati. Quel prode e cattolico colonnello, se lo strinse al seno con trasporti di una santa gioia, e volle vestirlo egli medesimo della divisa che il ricreduto giovane tanto desiderava.

Il nostro Edoardo si trovò quindi tra quei valorosi che difesero Porta Pia; dove fu ammirato pel suo valore. Indi seguì il reggimento di de Charette; ed essendo caduto Napoleone, si distinse in varii fatti d'armi, combattuti contro i prussiani; finalmente cadde da valoroso nella battaglia di Orlèans.

Tostochè Edoardo ricuperò i sensi, con voce fievole, ripetè: Rosolina...! e si stropicciava gli occhi, non sapendo ancora se si destasse da uno di que' sogni, che sempre lo visitavano; ma convinto che nè sognava nè delirava, disse: Oh, Rosolina, in qual momento io ti ritrovo, o meglio mi trovi! Ah, io son perdonato! La divisa de' prodi difensori di Pio IX, e il sangue versato per l'infelice patria mia, han cancellato le mie colpe di Mentana. Si la giustizia cede il luogo alla divina misericordia; io ti ritrovo, segno non dubbio che sono stato accolto sotto le grandi ali del perdono di Dio. Si, Rosolina, io non morrò, e non voglio più morire. Ieri, furente mi scagliai tra i nemici ferri, cercando la morte; or giacchè ti trovo, voglio vivere. Tu mi conforterai, angelo benefico della mia vita, a sostener la vista della mia sventurata Francia, serva dello straniero. –

La commozione di Rosolina era estrema; la presenza inaspettata di Edoardo, il luogo, le circostanze che glielo facevano incontrare, e mortalmente ferito, e le parole di lui, l'avevano quasi annientata. Però in un baleno le si presentarono alla mente i torti di colui che aveva amato fino al delirio, e credendolo un mostro d'iniquità, esclamò: Scellerato...! lordo ancora del sangue del mio infelice genitore, tu suo vile assassino, che godesti negli spasimi e nell'agonia del più onesto degli uomini, del più affettuoso dei padri, osi tu ancora sperare...?! Va, io ti abbomino.... – E tentò uscire da quella casupola.

Suor Geltrude la trattenne, rimproverandola per la sua inumanità e pel suo rancore verso un moribondo. Suor Matilde non rispose che gettandosi nelle braccia della sua compagna, dando in uno scoppio di pianto.

Edoardo, ricaduto sul suo giaciglio, ed in tremenda convulsione, quando potè parlare, disse: Suore, s'è pur vero che siete caritatevoli, sciogliete le mie ferite; e se queste non mi danno subito la morte, compite l'atto più umano verso di me, uccidetemi; toglietemi da questa insopportabile ambascia, e la mia è tale che uomo abbia mai provato sulla terra: ah, io son fulminato dall'ira di Dio! –

Dopo una breve pausa, soggiunse: Rosolina! or conosco il terribile secreto per cui tu mi odiavi con tanto furore, e mi fuggivi con tanta perseveranza; ma ti giuro sul nome di quel Dio che tra momenti dovrà giudicarmi per l'eternità, che io sono innocente. Io non uccisi il padre tuo; tu sei stata orribilmente ingannata da qualche genio malefico, sbucato dall'inferno. Il tuo infelice e nobile genitore, come tu stessa mi raccontasti, fu assassinato nel Napoletano nel 1862; io allora non compiva gli anni 18, e trovavami ancora nel collegio dei gesuiti in Parigi, donde uscii poco dopo: tu, che sei giusta, ammetterai la mia innocenza. Se non vuoi credere a me, disgraziato, e ne hai ben donde, se io non potrò vivere altri pochi giorni, per giustificarmi di tanta vergognosa ed enorme accusa, Rosolina, senti l'ultima preghiera di un morente. Dopo che sarò morto, recati a Parigi presso mia madre, essa ti darà le più inconcusse prove di quanto ora ti asserisco. Essa ti proverà, che io trovavami ancora in collegio, quando il tuo infelice genitore fu seviziato e spento da que' manigoldi, e che io scesi in Italia, per la prima volta, scorsi quattro anni dalla catastrofe, che ti rese orfana ed infelice.

Rosolina! dopo che sarò morto, ed avrai conosciuto la mia innocenza, altro non chiedo da te, che un dolce ricordo, quando starommi al fianco tuo, ombra beata, adorandoti ognora. –

Rosolina, scossa dalle ragioni di Edoardo, e dallo stato miserando in cui vedevalo, avvicinandosi a lui amorevolmente, gli disse; Se sei innocente di tanto orribile delitto, io ti chiedo perdono, se ti abborrii qual vile assassino del padre mio, e se ho amareggiato la tua vita anche in questi fatali momenti. Ma dimmi, soggiunse, tu stesso non raccontasti in Mentana ad un garibaldino palermitano, a Federico Airò, che, trovandoti a capo delle guardie mobili, nel Napoletano, uccidesti su' monti del Matese un così detto capobanda, narrandogli financo tutte le circostanze, che coincidono con l'assassinio dell'infelice mio genitore? –

Mio Dio! esclamò Eduardo, bene ho detto, che la tua giustizia ha dato luogo alla tua misericordia; ecco l'angelo benefico della mia vita, che mi domanda perdono, trovandomi innocente; ed io pur troppo lo sono, tu lo sai, Dio di verità e di misericordia: ah! si, tu diggià mi hai perdonato l'orribile sacrilegio di avere impugnato le armi contro il tuo Vicario in terra.

Si, Rosolina, io sono innocente; io altra colpa non ho verso di te, che quella di averti ingannata, occultandoti le mie passate opinioni politiche, per le quali corsi a Mentana, prima di recarmi a Parigi affin di affrettare la nostra tanto desiderata unione. Colpa orrenda, che ho scontata con circa tre anni di trepidanze e di dolori, sempre anelante in faticosa peregrinazione, cercandoti in tutta la Sicilia ed in altri luoghi; e ti confesso che avrei dato fine all'odiosa mia vita, se, in fondo ad un abisso di mali, non mi avesse sorriso la dolce speranza di trovarti e di essere da te perdonato.

Io sono innocente dell'orribile delitto che mi addebita quel vile garibaldino, Federico Airò. Costui, ben picchiato da me in Mentana, perchè si avventò per uccidermi, quando dichiarai, che io, francese, non mi sarei battuto contro le truppe di Francia; dopo che sfuggì alle mie ricerche; giunto in Palermo, si vendicò vilmente e con satannica calunnia. Egli indubitatamente doveva sapere le circostanze della morte del tuo infelice genitore, e le relazioni che passavano fra noi due. La sua diabolica arte gli riuscì, rendendoci infelici: meritato castigo alle mie colpe, e la principale fu quella di essermi cacciato in mezzo ad una congrega di scellerati settarii, capaci di qualunque delitto e di qualsiasi infamia. Ma tu, innocente e pura, perchè tanto patire? Ah! inchiniamoci agli adorabili fini di Colui che tutto predispone pel maggior nostro bene: i gaudii ed i dolori dell'uomo, non son ristretti nel tempo, ma si spaziano nell'eternità.

Ecco, Rosolina, spiegato l'arcano, il mistero, la calunnia, per cui mi odiavi con tanto furore, e con ragione mi fuggivi con tanta perseveranza. Io muoio contento, se tu mi assicuri del tuo perdono. Vedi questa gloriosa divisa de' valorosi difensori del Vicario di Gesù Cristo? Dessa ti prova eziandio, che io abiurai le mie desolanti opinioni, i miei fatali errori: or potresti concedermi il tuo perdono, per farmi morire contento. –

No, Edoardo, son'io che ho bisogno del tuo perdono, rispose Rosolina, piangendo ed inginocchiandosi a' piedi del ferito. Perdonami Edoardo; se ingiustamente ti abborriva, e sopratutto se ho amareggiato la tua vita in questi momenti assai perigliosi per te. Ma, no tu vivrai; la nobile e desolata tua genitrice vive soltanto per te, e tu dovrai vivere per lei..... –

E per te ancora, soggiunse Edoardo.–

Mentre questa pietosa scena svolgevasi nella casupola, si vedevano, al chiaror della luna, quattro individui sul campo di battaglia. Uno era un prete, un altro in livrea portava un fanale, il terzo sembrava malaticcio, ed a stento trascinavasi dietro una donna, che pareva demente; la quale con istrazianti grida, chiamava Edoardo! Edoardo! – Or frugava dove i cadaveri erano più ammonticchiati, ed ora incespicando in quei sanguinosi e mutilati corpi, era rilevata da colà, a stento, lorda di fango e di sangue, dagli altri tre personaggi, che, mesti e piangenti, l'accompagnavano.

Quest'altra scena, veduta da' due uomini che portavano la branda, li mosse a pietà; e dirigendosi al prete, gli dissero: Sembra che qui non vi sieno più feriti o moribondi; ma in quella casupola, là in fondo, trovasi un ferito che, un'ora fa, venne raccolto da due suore della Carità; potrebbe essere colui che cercate. – Ciò fu sufficiente, per far dirigere in fretta i quattro incogniti verso la diruta casupola, ove trovavasi Edoardo.

La donna che correva avanti a tutti, gridava sempre: Edoardo! Fu intesa da costui, il quale esclamò: Gran Dio, mia madre! – Più non si resse, e ricadde in deliquio.

La donna entrò in quella casupola scarmigliata, inzaccherata di loto e di sangue, con gli occhi sbalorditi, con le braccia aperte, e con voce tremante ed affannosa, chiese alle suore: È desso....?! È mio figlio? È Edoardo mio?–

Suor Geltrude, le rispose: È desso........ –

La madre, che i miei lettori han conosciuta al suo apparire sul campo di battaglia, stava per precipitarsi sul figlio, come se l'avesse voluto straziare. Suor Geltrude fu sollecita frapporsi, gridando: Signora, finirete di ucciderlo!

L'infelice madre, come se avesse esaurite le sue forze, si gettò a terra presso il figlio svenuto; gli prese una mano, che baciò e ribaciò con quell'affetto, con quell'ansia, che sol le madri potranno immaginare. Spesso con voce fioca ripeteva: Si, è desso, è mio figlio, il mio Edoardo; egli vivrà all'amore di sua madre; egli dovrà chiudermi gli occhi, pria che io scenda nel sepolcro.

Attorno ad Edoardo erano inginocchiati, oltre delle due suore della Carità, il fido servitore Francesco, il Visconte Luigi ed il prete D. Ippolito, nostra antica conoscenza; e tutti si adoperavano a richiamarlo ne' sensi.

D. Ippolito, nel giugno del 1870, erasi recato a Parigi per compiere una commissione affidatagli dal duca di C, altra nostra antica conoscenza. Dopo di averla esattamente adempita, cercò della madre di Edoardo; e non avendola trovata in quella città, si disponeva di ritornare a Napoli, quando scoppiò la guerra franco-prussiana. Egli, vedendo che tanti ecclesiastici distintissimi, francesi e stranieri, correvano ai campi di battaglia, per soccorrere i feriti ed i moribondi, si associò a loro: e da Vörths fino ad Orlèans seguì la ritirata de' francesi. Trovandosi all'ospedale provvisorio, incontrò la baronessa di Desmet, che andava cercando il figlio, e che diggià sapeva trovarsi nel corpo dei zuavi ponteficii. Essa, accertatosi che Edoardo non era ne' feriti e neppure tra' prigionieri, lo supponeva morto; e quindi ognuno potrà supporre il dolore e le smanie di quella affettuosissima madre. Essa riempiva di lamenti l'ospedale provvisorio; e mentre trovavasi in quel terribile stato, seppe da un zuavo ferito, che Edoardo era caduto al suo fianco sul campo di battaglia, indicandole approssimativamente il luogo. D. Ippolito, che conosceva tutte le avventure del suo amico, dopo la di costui partenza da Napoli, anche per far cosa grata alla baronessa, l'accompagnò sul campo di battaglia, affin di aiutarla nelle ricerche.

Alla fine il ferito emise un gemito, ed aprì gli occhi, girandoli attorno, guardando Rosolina e sua madre. Questa aiutandolo a sedere, baciavalo ora in viso ed or sul capo, dicendo: Figlio mio idolatrato e benedetto, ecco tua madre. Oh, in quale stato io ti trovo dopo cinque anni.....! Ma il rivederti anche così....... mi compensa di tante lunghe ed inconcepibili pene che ho sofferto per te. –

Le altre cinque persone piangevano in religioso silenzio.

Madre diletta, madre mia, disse Edoardo, anche tu mi hai perdonato? –

Sì, figlio mio benedetto. Ma di qual colpa doveva io perdonarti, se nessuno sdegno ho mai provato contro di te? invece ti ho sempre amato e benedetto! Ed hai potuto sospettare dell'amore di tua madre, che ha vissuto fin'ora con la speranza di rivederti, abbracciarti e benedirti ?

Ah! soggiunse Edoardo, io son contento, e nulla più mi resta a temere, ora che tu, mare mia, mi perdoni e mi benedici, come pure mi ha perdonato quest'angelo, (additando Rosolina). Madre dilettissima, abbraccia quell'infelice orfanella; e tu Rosolina, avvicinati a lei che tanto mi ama, essa ti amerà perchè anche io t'amo..... Si, abbracciatevi; è questo il giorno della mia redenzione, che mi ha procacciata la gloriosa divisa de' prodi difensori di Pio IX, e il sangue versato per l'infelice patria mia... –

Rosolina! esclamò la baronessa, come... ella trovasi quì? e sorella della Carità! –

Madre mia tutto saprai da lei stessa. –

D. Ippolito si appressò piangendo al suo amico, il quale si maravigliò di vederlo in quel luogo; ed avendone avuto gli schiarimenti, gli disse: Padre mio, oh, se avessi fatto tesoro delle vostre benefiche insinuazioni! –

Edoardo, rispose il prete, adoriamo i decreti della Provvidenza, che sempre opra pel maggior nostro bene. Io credeva ricondurti all'ovile del gran Pastore delle anime, da te abbandonato, per quelle vie che giudicava più sicure; ma Dio benedetto, per confondere quella che noi chiamiamo dottrina e prudenza umana, volle guidarti Egli medesimo, e per altre vie straordinarie; servendosi dello stesso male da te fatto, per ricavarne il maggior tuo bene. Io sono a conoscenza di tutte le tue avventure. Se il largitore della vita e della morte, ti toglie quella per darti questa, rifletti che la prima è passaggiera, piena di triboli e di disinganni, mentre la seconda te la concede gloriosa e santa, circondato da' tuoi più cari. –

Padre mio, ripigliò Edoardo, poichè siete qui, compirete l'ultimo atto di carità, confessandomi. Sebbene, dacchè entrai nel corpo dei zuavi pontificii, ho frequentato spesso i sacramenti, pure or credo necessario far l'ultima confessione generale. Però, prima di apparecchiarmi alla morte, so che non è colpa rivolgere l'ultimo e mesto mio pensiero a coloro che mi amarono e tanto amai......

Sì, sento che la mia fine è vicina, e pria di avviarmi per l'eternità, voglio raccomandare quelle persone, per le quali mi è amara la dipartita. –

Uno scoppio di pianto di tutti gli astanti, seguì le parole del ferito. La baronessa, con suprema ambascia, esclamò: Come, Edoardo mio, figlio adorato, dunque debbo perderti?! O razza fatale de' Bonaparte! Il primo mi fucilò il padre in Brettagna, il terzo mi assassinò il marito in Parigi, ed or che è tramontata la sanguinosa stella del crimine coronato, e che ti trovo ravveduto, quale ti desiderava, dovrò perdere anche te, mia unica e sola speranza, che rendevami la vita un paradiso, anche circondata da insopportabili mali? –

Madre mia, anch'io ho trovato Rosolina, dopo tre anni di lunghe e faticose peregrinazioni, e pur dovrò dividermi da lei, per cui mi era anche un paradiso la vita. Madre mia fa cuore; Iddio ci ricongiungerà lassù nel suo immenso amore e per sempre. E tu Rosolina non pregherai per me, fino a quando ci riuniremo nell'amore di un Solo? –

Rosolina, in ginocchio presso Edoardo, con la testa abbassata, piangente in eloquente silenzio, rispose con straziantí singhiozzi.

Il ferito volgendosi poi al Visconte, gli disse: zio Luigi, mio secondo ed amorevolissimo padre, perdonatami se mal corrisposi al vostro affetto, abbandonandovi slealmente in Roma, ed amareggiando la vostra vecchiaja, per correre in quell'abisso dal quale amorevolmente volevate allontanarmi. –

Il trambasciato Visconte si avvicinò di più all'amato nipote, gli prese una mano che baciò e ribaciò; e, sopraffatto dalla commozione altro non potè dire, che: figlio mio! figlio benedetto. –

Or senti madre mia, soggiunse Edoardo, le ultime mia raccomandazioni: Nulla ti dico delle qualità di D. Ippolito; giovati di lui se mai ti trovassi in qualche difficile congiuntura. Egli è uomo energico, affettuoso: è il vero sacerdote di Colui che morì per noi sulla Croce.

A Francesco, non mai nostro servitore, ma nostro fedelissimo amico, darai una pensione, per renderlo indipendente dopo la tua morte.

Farai rifabbricare la Parrocchia di P. di Brescia, ove fui soccorso in una dello mie procacciate sventure, corredandola di tutto il necessario, e dando a quel cortese e caritatevole parroco un annuo assegno, per dividerlo a' suoi cari poverelli.

Darai una dote vistosa, in ragion della sua condizione, a Giulietta, l'adorabile amica di Rosolina.

Stabilirai tu stessa una somma mensile per l'obolo di S. Pietro, che sarà bene accettata dal Sommo Pontefice, perchè lasciata da uno di coloro che i tristi chiamavano suo soldato mercenario. –

Mettendo poi la mano sul capo di Rosolina, riprese: Orfana infelice, io ti raccomando mia madre; ed a te, madre mia, affido questo immenso tesoro. Rosolina farà presso di te le mie veci, e saprà adempirlo meglio del tuo traviato ed infelice figlio. Amatevi, come io doveva amarvi; e se nel seno di Dio i gaudii potessero essere maggiori, il vostro scambievole amore mi renderebbe doppiamente beato. Ora a noi, padre, confessatemi. –

Gli astanti si allontanarono un poco; e mentre Edoardo si confessava, la baronessa e Rosolina sembravano le statue del dolore. Esse già prevedevano imminente la morte di colui, che con diverso affetto avevano amato tanto, per quanto può essere suscettibile l'umana natura in questo faticoso viaggio che addimandasi vita.

Suor Geltrude, l'unica fra tutti, che avrebbe potuto volgere una parola di conforto, si taceva. Essa, avendo passati i migliori anni suoi in mezzo le figlie della Carità, e quindi assistito a tante sciagure domestiche, per lunga esperienza aveva appreso, che i grandi dolori, per le perdite irreparabili, se si vogliono lenire, si esacerbano dippiù, perchè debbono fare il loro corso. Si è perciò che, in quella lurida e mezzo diroccata casupola altro non si sentiva, che qualche gemito del moribondo, mentre il medesimo si confessava, e l'imperversare del temporale.

D. Ippolito, dopo di avere adempito una parte del suo sacerdotale ministero, somministrò ad Edoardo il Sacramento dell'Estrema Unzione; dappoichè, in conformità alla sua missione, portava con sè un vasettino di argento, in cui serbava poca bambagia, intrisa nell'Olio Santo.

Tutti si appressarono al moribondo; il quale disse: Già sento troppo vicina la mia fine; la vista mi si oscura; avvicinatevi: *nelle tue mani, o Signore, raccomando il mio spirito:* recitate le preghiere degli agonizzanti. –

Si cominciò a recitare la Litania, ed egli stese la mano, e prese il crocifisso dal petto di D. Ippolito, e spesso lo baciava, e ripeteva con gli altri: *ora pro me*. –

Non era ancor finita la Litania, quando Edoardo posò sui suo petto il crocifisso; stese una mano alla madre, che la strinse e la coprì di baci convulsivi, l'altra poggiò sul capo di Rosolina, presso di lui inginocchiata; e pronunziando i nomi di Gesù e di Maria, spirò....

Era quasi giorno, ed imperversando il temporale, le tenebre ancor coprivano le sciagure di tant'infelici. Il continuo balenare orridamente illuminava quella casupola. Ivi, al tristo chiaror del baleno, si vedeva un pietoso gruppo di sei persone, inginocchiate, attorno ad un cadavere, vestito da zuavo pontificio; il quale avea sul petto un crocifisso, e le mani, una tra quella di una donna, che sembrava esanime, e l'altra, sulla testa di una bellissima giovane convulsa, vestita con l'abito delle figlie di S. Vincenzo di Paoli.

Quando il baleno prolungò la trista sua luce, suor Geltrude diede un rapido ma eloquente sguardo a D. Ippolito. Questi barcollando uscì dalla casupola, e parlò a' due uomini che portavano la branda. Dopo più dì un'ora, in cui i nostri amici erano rimasti nello stesso atteggiamento, giunsero a tutta corsa tre carrozze, e si fermarono presso la casupola.

Non riuscì difficile a D. Ippolito e suor Geltrude staccar la baronessa e Rosolina dal cadavere di Edoardo; esse furono condotte in una dalle vetture come corpi morti. In un'altra entrarono il Visconte e Francesco, abbassandosi le tendine, dell'una e dell'altra. Indi, il prete e la suora presero il cadavere del barone di Desmet, e lo deposero nella terza vettura, quasi seduto. Suor Geltrude prese posto presso le due donne; D. Ippolito, dati gli ordini opportuni a' vetturini, andò a sedere al fianco dell'amico estinto; e dopo che diede il segnale della partenza, cominciò a recitare l'officio de' trapassati.

Le tre carrozze partirono alla volta di Orlèans, e giunte che furonvi, una si diresse al Camposanto, l'altre due ad uno de' migliori *hôtels*. D. Ippolito, come ebbe convenientemente deposto il cadavere di Edoardo, raggiunse la baronessa; che trovò insieme a Rosolina sopra un *canapè*, senza emettere un lamento, ma tutte due in uno stato di spaventevole apatia. Egli, in cambio di confortarle della crudele ed immatura morte di Edoardo, fece alle medesime una descrizione vivissima e pietosa delle qualità dell'estinto, de' dolori sofferti, e quanto ragionevole fosse il dolore degl'infelici superstiti.

La prima a scuotersi fu Rosolina, indi la baronessa; tutte due levaronsi in piedi, e smaniose cominciarono a girar la camera in atteggiamento di chi non sa che cosa fare; indi diedero in uno scoppio di pianto. Era tutto quello che desiderava, in quella triste circostanza, l'affettuoso ed accorto D. Ippolito; il quale esclamò: Esse son salve! Il pianto è il sollievo degl'infelici trafitti all'anima! –

Ad Edoardo vennero fatti splendidi funerali, per quanto lo permise lo stato della città di Orlèans, oppressa da' prussiani.

La baronessa di Desmet fu sollecita di adempire gli ultimi desiderii dell'amato figlio. Protetta dal vescovo di Orlèans, Monsignor Dupanloup, ottenne dalla superiora delle suore di Carità, che Rosolina e suor Geltrude rimanessero presso di lei, dovendo essa fondare varii ospizii di carità, e case delle figlie di S. Vincenzo di Paoli.

Ed in vero, quella religiosissima baronessa, sebbene non vestì l'abito di quelle angeliche figlie, ne seguì però lo spirito e le regole, per le quali formano esse l'ammirazione degli stessi nemici della Chiesa di Gesù Cristo; perchè sublimano la donna, spargono il buono esempio, facendo amare la religione; sollevano gl'infelici dalle miserie e da' dolori, senza far distinzione di principii politici: esse *non quaerunt quae sua sunt.* Queste angeliche suore sono spessissimo perseguitate, giusto perchè fanno amare la religione di Gesù Cristo, e perchè la loro santa missione sta in antitesi a quella de' liberali, de' liberi pensatori e quindi de' governanti ammodernati.

D. Ippolito, pregato dalla baronessa e da Rosolina, rimase presso di loro, e serviva di guida e di consiglio nella fondazione delle opere pie, sempre coadiuvato dal fido Francesco nella parte esecutiva.

Il Visconte Luigi, inconsolabile per la perdita dell'amato nipote, non poteva trovar sollievo al suo dolore, neppure nella distrazione pietosa col beneficare i poveri e l'umanità sofferente, perchè sempre ammalato. Però volle che si cominciasse a spendere dal suo pingue patrimonio, per la fondazione di ospizii di carità e case delle figlie di S. Vincenzo di Paoli. Egli trovava soltanto un gran sollievo ai suoi dolori fisici e morali, tutte le volte che Rosolina gli teneva compagnia; e questa, con affetto filiale, spesso lo visitava, e lo confortava anche col suo pianto.

Giulietta, avendo appreso l'immatura morte di Edoardo, che aveva amato da fratello, ricusò il legato; e non essendo più necessaria nella casa di suo zio, perchè erale morta la nonna, ottenne da D. Carlo di recarsi ad Orlèans, ove giunta vestì l'abito delle suore della Carità. Essa, insieme alla sua carissima amica, a suor Geltrude ed alla baronessa, si consacrò al sollievo dell'umanità sofferente. Spesso le quattro donne, accompagnate da D. Ippolito, visitavano la tomba che racchiude ancora gli avanzi mortali del zuavo pontificio, del valoroso soldato di

Pio IX e della sua patria; e dopo di aver pregato pace all'anima di chi tanto avevano amato, tra lagrime e singhiozzi depositavano su quell'amato sepolcro una corona di freschi gigli, sormontata dallo stemma delle sacre chiavi.

CONCLUSIONE

Lettori! il mio protagonista è morto, il mio lavoro è oramai finito. Che cosa potrei dirvi di più circa le fatali conseguenze della rivoluzione del 1860? Potrei descrivervi gli orrori della Comune di Parigi, l'abbassamento morale della Francia, le miserie, le ingiustizie e le prepotenze che abbiamo subite in Italia dopo il mio racconto, dal 1870 al 1880, e che si sono centuplicate in questi ultimi dieci anni. Potrei pure farvi un quadro desolante dello stato in cui si trova la Chiesa, sotto il dominio della rivoluzione, della prigionia del Vicario di Gesù Cristo,[2] delle amarezze e de' sacrileghi e vigliacchi insulti a cui è fatto segno da' suoi spogliatori. Tutto ciò sarebbe lo stesso che ripetervi la medesima mala fede, la perversità e l'infamia de' rivoluzionari di qualunque gradazione; i quali, dopo che ghermirono l'agognato potere, or con l'ipocrisia, or col tradimento ed or con la violenza, ammiserirono e demoralizzarono l'Italia, osando financo di voler distrugger l'opra del divino riscatto.

Dopo tutto quello che vi ho detto, circa le conseguenze della rivoluzione del 1860, mi sembra superfluo descrivervi i mali che presentemente soffriamo, perchè guasterei un quadro orridamente sublime, e che voi avete davanti agli occhi. Nondimeno, per togliere anche il sospetto a' mal prevenuti, od a qualche abitante delle nuvole, che vive quaggiù vita beata col frutto della rivoluzione, che io fossi stato esagerato nell'enumerare i mali che affliggono l'Italia attuale, credo imporre loro silenzio, con riportar qui in compendio taluni brani di discorsi, recitati nel parlamento da' deputati italiani di tutte le gradazioni politiche, dagli ultimi anni che precessero il 1870, fin'oggi.

Sarebbe andar troppo per le lunghe accennar qui solamente tutte le inique leggi, votate ed eseguite, contro la Chiesa, da' rivoluzionarii al potere; ne ricorderò una sola, riportando un venerato documento, che prova sempre più, non essere la Chiesa intransigente, ma i governanti italiani.

L'Italia è la sola nazione, che, nell'articolo primo dello Statuto, solennemente dichiara *la Religione Cattolica Apostolica Romana essere la religione dello Stato*; mentre che essa è anche la sola in Europa, che non riconosce la necessità sociale del Sacerdozio, obbligando i chierici ad abbandonare la carriera ecclesiastica,

[2] *Sub hostili dominatione penitus constituti sumus* — come si dichiarò il gran Pontefice martire, Pio IX, al mondo cattolico ed alla civile società

per aumentare le file dell'esercito, in omaggio alla legge del 7 giugno 1875, con la quale non si esclude alcun chierico dalla leva militare.

Quando il senato del Regno, il 20 marzo 1875, approvò tale legge anticristiana, il gran Pontefice Pio IX, il 13 aprile 1875, scrisse la seguente lettera al re V. Emmanuele: «Maestà, vi prego, vi scongiuro in nome dei vostri antenati, in nome di Maria Vergine, che invocherò sotto il titolo di Consolata, in nome di Dio stesso, e, dirò ancora, nel vostro stesso interesse, non istendete la destra a firmare *altro decreto* in danno della Chiesa sia di appartenenza al codice penale, sia di appartenenza alla leva militare, che tenda alla distruzione del clero e della Chiesa Cattolica. Deh! per pietà! Maestà, pel bene vostro, pel bene de' sudditi e della società, *non aumentate i debiti contratti con Dio, aggravando la vostra coscienza di nuovi martirii della Chiesa.* »

Il re galantuomo non tenne in alcun conto le preghiere del Vicario di Cristo; due giorni dopo, che ricevette la venerata lettera, *stese la destra* ed approvò quell'infausta legge, *aumentando i debiti contratti con Dio, ed aggravando la sua coscienza di nuovi martirii della Chiesa.* È da supporsi che il gran re abbia firmata quella legge esiziale, per dimostrare che egli respingeva le preghiere del Vicario di Cristo per attuare la domanda fatta in parlamento dal deputato, già garibaldino, oggi ministro, Miceli; il quale chiedeva a' suoi on. colleghi : « Che cosa può farsi del Papato se nonchè demolirlo? »

Or, prima di esaminare che cosa han fatto i nostri deputati e ministri ne' varii dicasteri, che formano l'amministrazione del Regno d' Italia, è necessario sapersi che cosa è questa tanto vantata istituzione del parlamento ne' governi ammodernati: sentiamolo da' medesimi onorevoli, che ne fan parte.

PARLAMENTO

Il deputato Lazzaro, nella tornata del 17 aprile 1874, esclamava: « Il caos, la dissoluzione, il dissesto mentale, direi quasi, sono divenuti lo stato normale del parlamento. » In conseguenza di che il deputato Romano soggiungeva: « Tutte le amministrazioni dello Stato, più o meno, si trovano nel caos. »

L'on. Billia, fin dal 1870, lanciò una terribile accusa al parlamento italiano; egli disse a' suoi colleghi ed a' ministri: « Voi non siete la giustizia, non siete la legge, siete la corruzione, siete la violenza. Voi siete così poco, che il paese, invece di credere che siete il governo *sospetta esser voi la Banca.* »[3] Lo stesso on. Billia pubblicava nella *Gazzetta* Piemontese, del 12 novembre 1879, il seguente articolo: « Per me il regime parlamentare è in decadenza.....! Ne volete una prova?

[3] Atti uff. della Camera N° 182, pag. 712.

Nessuna legge organica è arrivata in porto, e se abbiamo leggi organiche furono necessarii *i pieni poteri.* Difatti il parlamento italiano non corrispose alle splendide promesse del parlamento subalpino ecc. » Indi continua così: « Ma voi che sentite parlare di Destra, di Sinistra e di Centro, se vedeste la Camera! (oh! l'abbiamo veduta ed intesa). » Indi afferma: « che a' signori deputati *manchi il criterio, perchè senza intelligenza, senza ingegno e fermezza di carattere.* »

Non a torto dunque il medesimo deputato Billia esclamava, nella tornata del 19 giugno 1879: « Venuto con santo entusiasmo alla Camera, ogni illusione dell'animo mio si è spenta. »

Ma che cosa è dunque il parlamento italiano?

Il deputato Minervini lo chiamò un *teatro diurno.* Difatti lo stesso presidente della Camera, on. Farini, il 5 aprile 1879, diceva agli onorevoli di Montecitorio: « A che cosa riduciamo le nostre discussioni, *se ci permettiamo metterle in ridicolo?* »

Quel capo ameno dell'on. Petruccelli della Gattina, non contentandosi della qualifica, data al parlamento italiano dal Minervini e dal Farini, pubblicò nella *Gazzzetta di Torino,* del 7 aprile 1880, che « la Camera, in certe occasioni, è somigliante ad una gabbia di fiere poco domesticate. » Che orrore....! Suppongo che il deputato Polsinelli abbia avuto paura di quelle belve e per allontanarsi, disse in pieno parlamento: « Io mi vergogno oramai di portar la medaglia di deputato. »[4]

L'onorevole Coppino, trovandosi presidente della Camera, l'11 novembre 1864, con una sola frase, compendiò tutto quello che avevano detto, e dovevano dire i suoi colleghi circa il parlamento italiano; egli asserì dal seggio presidenziale; « Noi siamo la rivoluzione. » È tutto dire!

Dunque la nazione italiana paga ingenti somme per avere *un teatro diurno*, ove si mettono *in ridicolo le discussioni degli onorevoli,* per *goderci* la vista *di una gabbia di fiere, poco domesticate, vergognandosi anche coloro che ne fanno parte*; insomma per essere *in permanente rivoluzione!*

In ultimo debbo osservare, che si gridò tanto contro il governo personale de' principi spodestati, e si volle fare una turpe rivoluzione, per regalarci questa gioia di parlamento, ben descritto e definito dagli stessi onorevoli deputati. Parlamento composto di 500 tirannelli, e di non pochi *affaristi*, che s'impongono non solo da sovrani a' loro paesi, ma agl'impiegati governativi, ed agli stessi magistrati, come asserì l'on. commendatore Marco Minghetti, qui in Napoli in un *meeting*.

Questa asserzione del sopra lodato Minghetti, poco dopo venne confirmata dal deputato Pierantoni nell'ufficio delle multe in Roma, e dall'altro deputato

[4] Atti uff. della Camera N° 986, pag. 323.

Caminneci in Canicattì; il quale bastonò il capo stazione della ferrovia di quella sicula città, senza essere stato offeso, e alla presenza del maresciallo de' carabinieri, dicendo alla sua vittima: « Alla presenza di un deputato, si deve parlare con gli occhi bassi.»[5] È questo un altro progresso, che han fatto i liberi cittadini italiani; essi trovandosi alla *sacra* presenza di un deputato, debbono imitare i novizii cappuccini!

Che gli onorevoli s'impongano anche alla magistratura, è generale credenza di tutti; difatti tanti e tanti, che prima del 1860, neppure erano adibiti per *strascina faccende*, oggi perchè deputati, e qualcheduno capo partito, son ricercati nelle cause celebri od in quelle poco ragionevoli.

Mi si potrebbe dire, che i deputati sono i rappresentanti del popolo, perchè da questo eletti. – Tutto ciò io non posso negarlo; ma sentite quel che disse a' ministri, nella tornata dell'11 febbraio 1875, il deputato Cordoba, allora capo degli onorevoli della Sicilia: « In un paese che ha cinquecentomila elettori, meno duecentomila astensionisti, e duecentomila impiegati, se voi forzate i vostri impiegati a votare a modo vostro, potete togliere l'incomodo di aprire le urne. *Fate addirittura* i *deputati con decreto reale.* » Gli onorevoli Lioy, Jacini, Benedetto Cairoli[6] ed altri, in varie tornate, espressero gli stessi concetti dell'on. Cordova.

Or che sappiamo, dagli stessi deputati, che cosa sia il parlamento italiano, vediamo che ha saputo fare esso per avvantaggiare il popolo che rappresenta; sempre però secondo quel che han detto gli stessi onorevoli e gli stessi ministri. Cominciamo dall'istruzione pubblica, da taluni oggi creduta all'apice della perfezione.

ISTRUZIONE PUBBLICA

Il deputato Miceli, uno de' *mille,* ora Ministro, nella tornata del 6 maggio 1871, diceva: « Le autorità governative dovrebbero dare migliori esempii di moralità, e non dovrebbero dare diritto al pubblico di dire, che si sono abolite le cattedre di teologia e s'innalzarono le cattedre d'ipocrisia, e della più scandalosa ipocrisia. »

Il deputato Umana, il 13 maggio dello stesso anno, esclamava in faccia a' suoi colleghi ed a' ministri: « Chi piange sulla decadenza delle scienze in Italia ha pur troppo ragione. » Dopo 9 giorni, l'on. Bovio soggiungeva: « Si ha una specie

[5] Vedi i giornali il *Costituzionale* e il *Messaggiero di Caltanissetta.*

[6] Costui però, oggi che è presidente dei ministri, la pensa diversamente.

deforme di cosmopolitismo politico; si ha un'Italia inglese, americana, araba; un'Italia nostra italiana non si è veduta ancora; e poi si ripete ogni giorno il motto di Massimo d'Azeglio: *L'Italia è fatta, si hanno a fare gl'italiani.* »

Il dep. Michelini, il 4 maggio 1872, diceva in Montecitorio: « Il livello del pubblico insegnamento è molto basso, quindi lo è il livello intellettuale: *esso è inferiore a quello dell'altre nazioni.* »

Dopo circa sette anni, cioè marzo 1879, l'on. Bonghi, che ne sa più di tutti, riguardo ad istruzione pubblica, confirmava la sentenza del Michelini. Difatti, ragionando in parlamento su gli studii filosofici e letterarii, diceva: « Noi possiamo affermare che siamo al disotto di certo della Germania, dell'Austria e della Francia, ed ho paura che siamo anche al disotto della Russia; » E continuando asserì: « Pur troppo, questo è certo, perchè siccome *prima* (quando l'Italia non era ancora *redenta*) *eravamo molto superiori a questi paesi, dobbiamo essere al disotto di noi medesimi.* »

La ragione di tale abbassamento l'aveva spiegata lo stesso Bonghi, quando asserì in parlamento, che *lo Stato è asino* – e tutto ciò avveniva dopo 19 anni della tanto vantata istruzione pubblica del Regno d'Italia!

Le asserzioni di Bonghi le confirmarono eziandio gli onorevoli Pandolfi e Lioy. Il primo disse nella tornata del 13 febbraio 1879: « L'educazione, che lo Stato italiano e gli altri stati in generale (ammodernati) danno alle popolazioni, è l'educazione dell'ingiustizia e della immoralità. » E Lioy affermava: « Le famiglie, se anche composte di persone affezionate all'attuale ordine di cose, mostrano coi fatti, quando si tratta di affidare i loro figli, che preferiscono le vecchie istituzioni alle nuove.... e moltissimi anche i più liberali, preferiscono quello che pur c'è di buono presso i Barnabiti, presso gli Scolopii, e.... anche (sentite, sentite!) presso i Gesuiti. »[7]

Fin qui i sig. onorevoli han ragionato benissimo, ed io mi sottoscrivo, riguardo alle tristi conseguenze intellettuali, arrecate dalla loro istruzione pubblica, regalata alla gioventù italiana in questi 20 anni; ma non si sono curati di farci conoscere le conseguenze morali, che sono di gran lunga più deplorevoli.

Lo Stato asino, secondo Bonghi, in 20 anni, ha voluto educare, pe' suoi fini asineschi e perversi, una gioventù senza fede e senza Dio; ed ha ottenuto il tristo risultato di farla crescere atea ed immorale; dandole per regola di condotta, non il Vangelo, ma le massime rivoluzionarie ed il suo codice penale. Per la qual cosa ha sostituito all'istruzione cattolica, eminentemente caritatevole, e che previene i delitti, le manette del carabiniere. Il discepolo dello *Stato asino* ha diggià capito, che l'onestà consiste nel nascondere i suoi delitti al carabiniere ed elude-

[7] Atti uff. della Camera, pag. 1001.

re il codice penale. Così, ottenuto l'uno e l'altro scopo, in questo nuovo ordine di cose, detto *progresso sociale*, vien reputato fior di onestà, onorevole ed anche galantuomo.

Dall'altro canto lo *Stato asino* ha tolto financo il conforto nelle pene e nelle ingiustizie, che necessariamente si soffrono nella vita; i suoi discepoli nulla vedono al di là della tomba, nè il compenso alla virtù sventurata, nè un castigo terribile a' fortunati malvagi.

Essendosi popolate le scuole di preti e frati apostati, che la fanno da professori, cioè da filosofi *positivisti* o atei, da letterati così detti *veristi*, da naturalisti che riconoscono la sola materia, da storici che creano la Storia, interdicendole al clero cattolico, i resultati sono stati quelli che dovevansi necessariamente aspettare. Si è perciò che mi maraviglio nel sentire non pochi liberali piagnucolare sull'immoralità della gioventù attuale, e sul primato che ha l'Italia, sopra le altre nazioni, ne' furti e ne' delitti di sangue, come proverò ragionando della sicurezza pubblica. *Mala autem arbor potest bonos fructus facere?*

Oggi poi abbiamo un ministro dell'Istruzione pubblica, l'on. Guido Baccelli, che si atteggia ad ateo, e vuole imporre il suo ateismo a' giovani liceali, con introdurre ne' licei la filosofia *positivista*, che non ammette una causa prima, un Essere assoluto.[8] Ma crede il sig. Baccelli che, col mostrarsi ateo o *positivista*, faccia dimenticare le sue proteste di fedeltà e di devozione, umiliate al suo sovrano, il Papa-re, prima che i galantuomini fossero entrati in Roma dalla breccia di Porta Pia?

Or, per farvi meglio conoscere come questi letterati e liberali han perduto ogni idea di moralità, voglio qui riportare un brano del libro del caporione dell'Italia una, Luigi Settembrini. Costui nelle *Rimembranze della mia vita*, a pag. 108, dopo di avere encomiata la istruzione che impartiva a' giovani suoi discepoli, dice: « Io mi messi ad insegnare con ardore a quei cari giovanetti che, essendo poco minori di me di età, mi intendevano e mi amavano. *Ne ho riveduto parecchi nelle carceri e nelle galere con la catena al piede, e son venuti a visitarmi nell'ergastolo.* I PRETI NON LI HANNO QUESTI ALLIEVI. » E chi potrebbe contrastargli questa gran verità, forse l'unica che abbia detta in tutta la sua vita? Il cinismo del Settembrini è una pubblica provocazione, riflettendo che scrisse quel libro dopo tredici anni di fatali disinganni, apportati da que' principii, che egli insegnava *con ardore a' suoi cari giovinetti*; i quali andarono a laurearsi nelle galere e negli ergastoli!...

Che cosa debbo dir poi circa le tasse, che lo *Stato asino* fa pagare alla gioven-

[8] Il *positivismo* o *sociologia* è merce francese; il filosofo Le Comte ne è l'autore, ed il Littrè il commentatore. I filosofi *positivisti* non si dichiarano atei apertamente, ma dice il medesimo Littrè: *La Philosophie positive est trop anthiteologique pour le dèisme, tròp religieuse pour l'athéisme.*

tù studiosa, per ottenere i gradi accademici? Basta sapersi, che chi è povero, sebbene istruito, non si può presentare ad un esame qualunque, se prima non paga una determinata e ben pingue tassa, che non si pagava sotto i governi caduti, nemici dell'istruzione, almeno pe' liceali e ginnasiali.

Mi si dirà, che il caso dell'esaminando povero è previsto, e riparato con una legge speciale; ed io rispondo, che son tanti i documenti, che deve presentare in carta da bollo il chiedente, e tali le difficoltà che dovrà superare, che la vantata legge si riduce illusoria ed irrisoria.

Dippiù s'interrompono gli studii al giovane che ha ottenuto la licenza liceale, per farlo servire da soldato, mentre era escluso dalla leva militare sotto i governi passati. Però chi potrà dare allo *Stato asino* da mille e duecento, a mille e seicento lire, ha il diritto di continuare i suoi studii, per far poi, a comodo suo, il volontario di un anno.

Infine non voglio passar sotto silenzio un altro turpe genere di brigantaggio, esercitato da taluni professori di ginnasii e di licei governativi. Costoro stampano libri scolastici di nessun merito, ma tutto mal rubacchiato in altri autori; e direttamente o indirettamente impongono a' giovani, loro dipendenti, di comprarseli a prezzi favolosi. Oltre di che essendo, per lo più, esaminatori ginnasiali e liceali, *raccomandano* i loro libri a' direttori de' convitti privati; e costoro, per non farseli nemici, consigliano i loro convittori ad acquistarli.

Per la qual cosa un povero giovane studente, ogni anno, è obbligato comprare tanti libri inutili ed a carissimo prezzo, per contentare il suo direttore scolastico, e tutti i professori scribacchini, perchè questi non l'approveranno nell'esame, se non risponde anche con le stesse frasi de' loro libri. Ed avviene spesso, che i giovani liceali studiano tre autori diversi di filosofia e matematiche, lo stesso per la fisica e storia naturale nel secondo e terzo anno, per confondersi la mente e nulla imparare.

Ecco quel che han saputo far di utile e bello i nostri *sapientissimi ed onesti rigeneratori*, circa l'istruzione pubblica, dopo aver quadruplicato il bilancio, costringendoci a pagare maestri, maestrine e professori di università, che sono i veri *canonici liberali.*[9] E con questa miriade di professori ecc, dopo che gli studenti son costretti a pagar tasse ad ogni piè sospinto, e comprar libri a prezzi favolosi, altro non imparano, i più studiosi, che quadri sinottici di lingue e di scienze, se non inutili, al certo intempestive.

[9] Nelle 21 Università del Regno d'Italia, nel 1879, erano iscritti in tutto diecimila studenti, ed ottocento professori; sicchè in media un professore per ogni dozzina di scolari!

FINANZE

Sentiamo dal dep. Romano quel che han fatto di bello i nostri *redentori, per* arricchirci, dopo che *ci liberarono dalla miseria e dalla schiavitù del Papa e de' Borboni.* Il sullodato onorevole, nella tornata del 4 dicembre 1878, diceva a' suoi colleghi: « Pare che voi abbiate studiato tutti i mezzi per rendere misera la condizione de' proletarii.... (di costoro solamente?) li avete aggravati di tasse enormi su tutte le sostanze alimentari; avete ammiserito le province ed i Comuni, tal che essi *tosano* di seconda mano con nuove imposte. Avete fatto rinascere la tassa del macinato. (Egli obbliò dire, sconosciuta in varii stati d'Italia.) Voi, con tasse e confische, *che non hanno riscontro in nessuna parte di Europa*, avete impossibilitato il proprietario a dar lavoro e pane al proletario. Voi, avendo la ricchezza di una immensa quantità di sale, lo fate pagare a' vostri concittadini 55 centesimi il chilogramma, mentre in Francia si ha per 20; in Germania 15, in Inghilterra per nulla. Avete creato il monopolio bancario il più rovinoso, incoronando l'edifizio del corso forzoso, che è la tisi del nostro sistema economico; col corso forzoso, che impone una tassa crudele di duecento milioni all'anno; (quando l'aggio è basso); tassa che inaridisce la sorgente della nostra ricchezza. Avete spinto il popolo alla disperazione,[10] messo tra la via del brigantaggio e della emigrazione. Signori, è tempo che ci sentissimo arrivare il rossore fino a' capelli per questo stato di cose. »

A chi parlava il dep. Romano? A' ministri, a' deputati? Ma tutti costoro dovevano pensare alle loro chiesuole, alle loro bizze personali: quelli poi *affaristi* dovevano manovrare secondo il tempo e le circostanze pe' loro interessi. Vi pare! potevano occuparsi, fosse anche un pochino, di noi miseri mortali, buoni solamente ad essere *tosati* di prima e di seconda mano, considerando in noi, popolo sovrano, il loro gregge? E poi essi avevano altri affari interessantissimi che dovevano discutere pel bene e per la gloria d'Italia. Difatti i nostri onorevoli, nel barraccone di Montecitorio, non potevano occuparsi di tutto quello che disse il dep. Romano, perchè essi dovevano fare un poco i buffoni, riducendo il parlamento ad un *teatro diurno*, come disse il loro collega Minervini.

Oltre di che volete sapere, lettori carissimi, in che si deliziavano i nostri sapientissimi legislatori di Montecitorio, mentre gl'italiani erano, e sono, affamati e scorticati dagli agenti delle tasse, chiedendo ad alte grida pane, lavoro e giustizia? Quegli onorevoli si occupavano de' nèi, del colore de' capelli, degli

[10] In conseguenza di che, quì in Napoli, il Municipio dovette mettere l'inferriata sul ponte della Sanità, affin d'impedire a' *redenti* napoletani di gettarsi da lì sopra per la disperazione, in cui li hanno ridotti i loro redentori.

occhi: dell'altezza, magrezza e pinguedine delle donne italiane. Ma voi ridete? Credete forse che io voglia celiare? Ebbene, prendete gli atti officiali della Camera, del 2 dicembre 1879, pag. 8789, e troverete, che il dep. Mantegazza, presidente della società antropologica e di etnografia, scrisse, in nome del governo, una circolare agli ottomila sindaci del Regno d'Italia, per ottenere notizie officiali, di quante donne, ne' loro comuni, abbiano nèi; e raccogliere il maggior numero di osservazioni circa l'altezza, magrezza e pinguedine delle donne di qualunque età. Notando eziandio se predomini nei loro capelli il color biondo o il nero; se abbiano occhi neri o cerulei, se obbliqui od orizzontali; e principalmente se abbiano macchie o nèi sul viso e... *sul resto del corpo!* – Aveva forse torto il deputato Minervini qualificando *teatro diurno* il parlamento italiano?

Degli ottomila sindaci del Regno, soli cinquecento risposero a quella ridicola e burlona circolare del Mantegazza, forse i più liberali, ed in modo inconcludente, fornendogli dati da non poter servire al richiedente. Che disgrazia! Forse la maggior parte delle donne italiane, essendo borboniche e clericali, non tollerarono le poco decenti investigazioni sindacali.

Nonpertanto i nostri solerti e sapientissimi legislatori di Montecitorio si occuparono seriamente, in quella memoranda tornata, di un fatto tanto interessante, cioè de' nei e delle macchie ecc. delle donne italiane! Quando però, nella stessa tornata, il deputato Plebano volle richiamare l'attenzione degli onorevoli suoi colleghi sulle condizioni miserevoli delle popolazioni italiane, dicendo, fra le altre cose: « Ci troviamo di fronte ad una annata, che tutti sappiamo quanto sia poco felice in Italia ecc. » nessuno si commosse, anzi si rise, cinicamente! Or continuiamo a sentire i nostri onorevoli, per essere loro grati di tutto quel bene che essi han fatto per noi, riguardante la finanza.

Il deputato Romano, nel fare i confronti tra l'Italia e gli altri Stati, avrebbe potuto eziandio dire, che in Francia, malgrado che l'agricoltura, l'industria ed il commercio sono di gran lunga superiori al nostro paese, si paga per fondiaria trentatre milioni per ogni miliardo di produzione, e che in Italia se ne pagano centododici, cioè circa quattro volte di più. Con ragione dunque il senatore Jacini, nella tornata del 12 gennaio 1879, esclamò in Senato: « Abbiamo dato fondo a tutte le nostre risorse patrimoniali, e siamo stati così ingegnosi nell'inventar tasse, che possiamo dire di avere esaurito tutte il repertorio dello scibile fiscale, e non ci rimane da tassare se non l'aria ».

Non si angustii per questo l'on. Jacini, vi sono le sopratasse, cioè ogni dazio, trovato nello scibile tassatorio, si può aumentare, raddoppiare, triplicare ecc. come si è praticato ultimamente col petrolio, col caffè e con gli spiriti.

Il sopra lodato senatore Jacini, il giorno seguente affermò, in Senato: « L'Italia è, relativamente parlando, la nazione più aggravata d'imposte sul globo terraqueo. » Questa affermazione dell'on. Jacini è una legittima conseguenza di quello che aveva detto in Senato, fin dal 23 giugno 1868, il suo collega Siotto-Pintor, cioè: « L'arte della finanza (dei governi ammodernati) è l'arte di saccheggiare i popoli, sotto la ditta libertà, nazionalità, indipendenza. »

Voi lo vedete, lettori carissimi, deputati e senatori di tutti i colori politici, han detto e dicono assai più di quel poco che io ho messo sotto i vostri occhi; si è perciò che mi auguro di non meritare la qualifica di mala lingua.

Questo stato di cose, circa le tasse, che ad ogni piè sospinto ci regalano i nostri *rigeneratori,* è l'effetto della loro sapienza politica ed amministrativa; difatti sentite questa preziosa ed insieme impudente confessione, fatta in pieno parlamento, il 18 maggio 1874, dal ministro delle finanze, Paolo Onorato Vigliani: « Infelice eredità de' governi, che si divisero e dominarono l'Italia, è sicuramente quella specie di avversione che regna generalmente fra gl'italiani contro le leggi tributarie, come se fossero tanti atti di spogliazione e di oppressione tirannica. *Questo è sicuramente un gran vizio, derivato dall'infelicità de' tempi andati*, dal quale però *dobbiamo curare che la nostra Italia si corregga.* »

Avete inteso? Secondo il ministro Vigliani, una delle tirannie, usateci da' governi passati fu quella di averci abituato a pagar poco; vizio ed abitudine, egli soggiunge, che ci fan ritenere le enormi tasse, atti di spogliazione. I governi de' Borboni, del Papa e degli altri principi italiani erano dunque tirannici, perchè ci facevano pagar poco, abituandoci a vivere agiati, in luogo di scorticarci per preparare il terreno a' nostri scorticatori, ed affamatori, vere lupe dantesche, in forma umana. Tanto cinismo in un ministro del Regno d'Italia sarebbe incredibile, se gli atti ufficiali della Camera, a pag. 2494, non fossero là per conservare la prova.

Il ministro Vigliani e socii, per toglierci quel vizio, che già sapete, quello cioè delle poche e miti tasse, che pagavamo sotto *l'infelicità de' governi passati,* l'han portate a cinquanta e più, e senza tener conto che in varii tempi l'han raddoppiate e triplicate. Vi enumererò quelle che ricordo, la maggior parte prelevate dallo Stato, il resto da' comuni e qualcuna dalle provincia.

Imposta fondiaria su' terreni e sui fabbricati; sovrimposte o centesimi addizionali provinciali e comunali sulla fondiaria; Ricchezza mobile; Macinato; Imposte sulle vetture pubbliche e private, sulle persone di servizio, sui pubblici pesi e sulle misure ; sullo zucchero; sul caffè; sul sale; sui tabacchi; (che sono sempre avvelenati) sul petrolio; su gli spiriti. Imposta sul bollo ordinario e straordinario; di registro per gli atti civili; di successione; per gli atti giudiziarii. Tassa di mano-morta; di operazione; ed assicurazioni di capitali delle società; d'inscrizioni ipotecarie; di porto d'armi; di caccia; sopra i volontarii di un anno; sopra i diritti marittimi, di Sanità, e di Visita. Tasse ginnasiali-liceali-universitarie; di concessioni delle miniere; sulle camere d'arti e commercio; su gli attestati di privativa industriale, sulle istituzioni di cangiamenti di mercati; sulle fiere; sui marchi e segni distintivi di fabbrica. Dazi doganali; di consumo; di trasporto degli estinti dall'estero all'interno; sopra i cani; sopra le carte da giuoco; sulle vincite al lotto; sulla pubblica mostra degli stemmi gentilizii; su' passaporti; sopra i viaggiatori; sulla prostituzione, su' teatri; sul focatico o di famiglia; sulla fabbricazione in genere; su' piroscafi; e sopra tutti i generi alimentari e quelli che servono per vestirci. Ogni città o paese ha pure altri dazii particolari; in Napoli, per esempio, si paga la tassa sulle acque minerali, sul valore locativo ed anche sui lupini! –

Questa miriade di tasse si rende insopportabile anche pel modo fiscale e tirannico, con cui le stesse sono imposte ed esatte. Sotto i governi passati le leggi erano mitissime, e coloro che le facevano eseguire le interpretavano benignamente, anche perchè non eravi il loro tornaconto a farla da tirannici fiscali. Sotto il governo *riparatore* avviene tutto al contrario; leggi vessatorie ed esecutori ficcali, inumani ed ingiusti; i quali, non solo interpretano le suddette leggi a modo loro, ma fan di tutto per trovarci in fallo, ed imporci spaventevoli multe.

Ed invero il fisco ricorre a tutti i più infami criterii, fa appello a tutti i sistemi irragionevoli, e d'altro non si preoccupa che di scovare, di imbrogliare e colpire la materia imponibile. Esso domanda il tributo ora in nome della rendita, ora in nome del capitale, ora prendendo per base gli stessi debiti o consumi, or giovandosi dell'ignoranza tesorizza col giuoco del lotto, or, emanando ordinanze e regolamenti appositamente oscuri e sibillini, coglie in multa i mal capitati, or, profittando del mal costume, fa danaro sulla prostituzione, ed ora colpisce l'istruzione e l'educazione. Tutto ciò con modi e forme irragionevoli e brutali; domandando a' ricchi ed a' poveri un contributo, che i primi debbono dare sotto la minaccia di multe e sopra multe; e quindi i primi esinanendosi a poco a poco, si accostano alla condizione de' secondi.

Fra non molto tempo, a causa di questi sistemi finanziarii, spariranno tutte le piccole e le medie proprietà, per essere assorbite da' ricchi d'oggi; che sono gli *affaristi* del parlamento, gli appaltatori privilegiati de' municipii e dello Stato, gli azionisti della banca nazionale, i monopolisti ed affamatori del popolo. In effetti dal 1877 al 1879 il governo italiano espropriò tra casupole e campicelli, quarantamila cinquecentoquaranta contribuenti poveri, lasciandoli sul lastrico, e per un valore di tre milioni quarantamila cinquecento diciassette lire. La maggior parte di queste carezze patriottiche sono state largite a' contribuenti della Sardegna, della Sicilia, del Napoletano e dello Stato Romano.

I governi passati non facevano simili carezze a' contribuenti, perchè *tirannici*; ecco dunque la differenza che passa tra un governo *tirannico*, come quelle del Papa e de' Borboni, ed un governo *liberale e riparatore*, come quello italiano. Io suppongo, che a queste carezze patriottiche abbia voluto alludere il deputato Fili Astolfone, quando nella tornata del 21 aprile 1880, disse: « Negli stati pontificii andavano esenti di imposta e sovraimposta le quote minime sui terreni e sui fabbricati, e cioè non eccedenti al valore di scudi duecento.[11] Così, nel regno delle Due Sicilie, erano esenti d'imposta le case dette terrene, o sotto tegole. »

Il governo *riparatore* (o meglio della vera negazione di Dio) ha espropriato nello Stato pontificio fin le case rurali del valore di lire cento dieci, e poderi di settantaquattro lire! Di modo che que' poverissimi *proprietarii*, perchè non potettero pagare poche lire di cassa, il fisco italiano, fraternamente, con ispese di giudizio e multe, li privò di una modicissima sussistenza, mettendoli, senza decoro delle loro famiglie, in mezzo la strada, ed esponendoli a tutto le intemperie delle stagioni.

Dopo tutto ciò, come possiamo maravigliarci se la povera gente onesta diviene ladra, o fugge in America? Meglio vivere fra i cannibali dell'Oceania che sotto il governo italiano! Almeno in quelle selvagge regioni non si espropria il pagliaio, o l'antro, che serve a guarentire dal sole o dalla pioggia.

E come si spendono questi danari, spremuti dal sudore e dal sangue del popolo ammiserito? Con pascere bene i patriotti ex martiri senza martirio, gl'intriganti, i traditori, e facendo spese pazze, senza utile e senza scopo, se si volesse eccettuar quello degli *affaristi*. E così, oggi, que' liberali, che fino al 1860, avevano le scarpe rotte, son divenuti milionarii; taluni con una impudenza degna di loro, comprano pure sontuosi palazzi nelle primarie città d'Italia.

Lo stesso dep. Avezzana diceva in parlamento, fin dal 22 dicembre 1871, dirigendosi al ministro delle finanze: « Continuando a spendere tante centinaia di milioni, che assorbiscono le sorgenti della ricchezza nazionale, sicuramente noi apriremo un profondo abisso, che tutto e tutti ingoierà. Studiate, studiate, ve lo ripeto, perchè diminuiscano queste immense spese, adottando un nuovo sistema, che non sia quello *che sin oggi si è seguito.* »

Come volete che i patriotti ministri seguissero altro sistema che non sia quello lucroso e comodissimo per essi, inaugurato nel 1860, se essi han bisogno di pascer bene i loro affiliati, per tenersi abbarbicati al potere? Basta considerare, per tacere di tante altre inutili spese, che i ministri di qualsiasi graduazione politica, appena ghermiscono il portafoglio, destinano al riposo gl'impiegati del partito avverso, per sostituire ne' posti vuoti i loro amici. Andate ad enumerare le categorie degl'impiegati civili e militari, mandati al ritiro, dopo il 1860 e resterete atterriti!

Nulla poi dico dell'esercito degl'impiegati, sia governativi che provinciali e

[11] Pari a lire 1070.

municipali; i quali, fuori dallo stendere la mano per riceversi lo stipendio, valgono nulla, salvo poche eccezioni; mentre pochi e buoni, basterebbero a disbrigar gli affari, e non si obbligherebbero i cittadini a correre da Erode a Pilato, prima di vedere finalizzato il loro affare. In tutte le officine governative ec, voi vedete varii impiegati, ben pagati, che altro non fanno, che mettere la loro firma o pure un segnale nella carta che lor presentate, e senza leggerla! *Ad quid perditio haec?*

Ben diceva dunque il dep. Parpaglia, nella tornata dell'11 febbraio 1879: « Chi ha il potere allarga la mano in opere pubbliche o in opere di lusso, non troppo giustificate. Per tenersi in sella, allarga la cerchia degl'impiegati, che sono tanti piccoli puntelli elettorali nel momento del giudizio delle urne. »

L'affare de' milioni, spariti dalle casse dello Stato, o di quelli non riportati nel bilancio attivo, lo sà il dep. Mezzanotte, che ne fece apposita interpellanza a' ministri, e poi vi si pose cenere sopra. Nulla voglio dire de' *benemeriti* impiegati patriotti, che hanno alzato il tacco, o preso il volo, portandosi patriotticamente il danaro loro affiato da' ministri, loro protettori. Che cosa importa a' nostri padroni, se i loro beniamini rubano il danaro dello Stato, quando vi è il popolo sovrano, che paga tutto, facendosi *tosare di prima e di seconda mano* con una pazienza pecorina ed asinina?

Io l'ho detto, e lo ripeto; i Borboni erano tiranni, principalmente perchè non facevano rubare, avendo organizzato le amministrazioni in modo tale, che gli stessi ministri, pur volendolo, non potevano appropriarsi di un centesimo.

I nostri rigeneratori distrussero quella sapiente organizzazione, per la ragione che un governo liberale non deve giovarsi neppure di quel che avevano di buono le Signorie passate; ma la vera ragione si è perchè i ladri amano le tenebre.

Questo modo di scorticare i popoli *redenti* e di amministrare le contribuzioni de' medesimi, ha di già maturato i suoi amarissimi frutti, cioè ci ha arrecato quelle conseguenze necessarie, che dovevamo aspettarci; ed una delle più funeste e vergognose è l'emigrazione degl'italiani in America. Questa vergogna per la patria nostra, ove, a preferenza degli altri Stati di Europa, non mancherebbe lavoro nè per gli artigiani nè per gli agricoltori, come non ne mancò loro sotto i passati governi, oggi ci fu una buttata in viso da coloro che dicevano di far grande, ricca e felice l'Italia.

Fin dagli anni che seguirono il fatale 1860, gli stessi deputati alzarono la voce in parlamento, qualificando vergogna e sventura nazionale il gran numero degli utili cittadini che abbandonano il proprio paese, per trovar lavoro e sfamarsi nell'altro emisfero. Nel 1868 ne parlarono e ne fecero interpellanza a' ministri i deputati Lualdi e Morelli; nel 1872, Antonibon; nel 1880 se ne duole più di tutti il deputato Del Giudice nella relazione fatta a nome della Commissione sul progetto di legge, circa le *Disposizioni relative all'emigrazione*; in cui, egli dice, tra le altre cose: « L'indole dell'emigrazione italiana, e le proporzioni che ha prese nell'ultimo decennio, fanno risonare, da un capo all'altro della penisola, il grido: *Gl'italiani se ne vanno.* »[12]

E come potreste pretendere, on. Del Giudice, che gl'italiani restassero a far parte del beato Regno d'Italia, se essi, in cambio di essere annoverati fra i cittadini, preferiscono la galera! Non son'io che ve lo dico, ma un vostro collega, l'on. Arbib, lo spiattellò in pubblico parlamento il 6 giugno 1880, dicendo: « Conversando più volte, in varii paesi, con varie persone delle classi inferiori, di gente che pur troppo lottano per l'esistenza, mi sono sentito ripetere, parlando de' condannati a' lavori forzati: *In fin de' conti stanno meglio che noi.* » Sicchè, *incredibilia sed vera*, ormai è invalsa l'opinione nel popolo, che in grazia del risorgimento italiano, si sta meglio a' lavori forzati che in libertà!

Trovandomi, nel 1858, per ragion di uffizio, a S. Stefano presso quell'ergastolo, intesi dir più volte da varii condannati: È necessario commettere qui dentro un qualche delitto di sangue, così a capriccio, per poter rivedere il mondo, cioè per farci un viaggetto a Napoli, onde essere giudicati da' que' tribunali. – Oggi avviene tutto al contrario, i liberi cittadini del beato Regno d'Italia sono spinti a delinquere per trovar miglior fortuna nella galera; ove godono il vantaggio di non essere martirizzati dagli agenti del fisco, ed in cui hanno alloggio e vitto franco, e lavoro senza cercarlo: attese le attuali beatitudini italiane, in fondo poi, l'affare non è cattivo per que' poveri infelici.

Siccome la *Gazzetta ufficiale del Regno d'Italia* confessava che noi liberi italiani abbiamo in Europa il *primato* negli omicidii e nei furti, così abbiamo pure il primato nella emigrazione. Difatti il *Bollettino consolare*, quaderno di gennaio e di febbraio 1879, che si pubblica per cura del ministro degli esteri, riproduce uno specchietto degl'italiani, che nel 1877, imbarcaronsi nel solo porto di Marsiglia, per emigrare in America; e mentre vi erano 50 svizzeri, 20 inglesi, 10 spagnuoli, 11 austriaci, degl'italiani se no contavano 6992: ecco il primato anche nella emigrazione! Eppure noi, lungi dallo avere un soverchio di popolazione, ne soffriamo difetto; maggiormente se si volessero coltivare tante terre incolte e feraci.

Io non intendo riportar qui le spaventevoli statistiche degl'Italiani emigrati in America, cominciando dagli anni che seguirono il 1860 fin'oggi; è appunto un lavoro che altri potrebbero fare, per gettarlo in faccia a' mercanti di libertà e di benessere popolare. La media degl'individui, che ogni anno emigrano dall'Italia in America, è di ottanta mila, oltre di una gran quantità di famiglie che si reca-

[12] Documenti parlamentari N. 64. pag. 2.

no all'estero per cercar colà un pane stentato, che in patria è a loro tolto di bocca dalla rapacità del fisco.[13]

Per maggiore sventura gl'individui che emigrano sono i più validi ed utili, cioè da' 20 ai 40 anni, un decimo di donne, un quinto di artigiani, il resto di braccianti ed agricoltori. Per la qualcosa il deputato Del Giudice afferma, nella sopra citata *Relazione*: « La popolazione che perde l'Italia ogni anno, essendo la più vigorosa ed utile, è un capitale essenzialmente produttivo, un depauperamento del paese. »

Il medesimo Del Giudice dice la ragioni *locali e generali* a cui attribuisce tali e tante emigrazioni; cioè: « Il malessere prodotto dalle gravezze dell'imposte, che pesano a preferenza sulle classi meno abienti; quali il dazio sul consumo; il prezzo del sale, *alto in Italia come in nessun paese di Europa*; il macinato, che eleva il costo e deteriora la qualità del primo elemento; quella della duplicazione dell'imposta fondiaria e di ricchezza mobile co' centesimi addizionali, che paralizzano in guisa i possidenti e gl'industrianti minori, da toglier loro modo di far lavorare come che sia, con reciproco danno proprio e della classe operaia. »

Oltre di che, soggiunge egli: « *La nessuna speranza di men tristo avvenire*, nessuna fiducia di poter migliorare di condizione col lavoro. E perciò la povera gente, emigrando preferisce alla insopportabilità del presente, l'*ignoto*, che le fa intravedere il miraggio di una miglior fortuna, sintetizzando tutti i suoi sentimenti in questa frase desolante: *peggio di così non possiamo andare.* »

Infami! han ridotto gl'italiani, nuotanti nel benessere sotto i passati governi, o a morir di fame in patria, o andarsene nell'altro emisfero, affrontando innumerevoli pericoli ed il desolante *ignoto*! Oh! l'on. Bovio disse una frase troppo ad acqua di rose, asserendo nella *Lega della Democrazia*, del 15 aprile 1880, che *la libertà senza pane è bugia.*

Quali provvedimenti ha dati il *riparatore* governo, dopo che intese la *Relazione* dell'on. Del Giudice? Quello soltanto di far morire di fame in patria i liberi cittadini italiani, tentando in varii modi d'impedir loro l'emigrazione in America, mettendo altre tasse, e dando maggior libertà al fisco d'imbestialire dippiù contro i poveri contribuenti, vendendo all'asta pubblica le loro catapecchie ed il loro campicello!

La libertà senza pane ci ha recato un'altra spaventevole malattia, sconosciuta sotto i passati governi, la così detta *Pellagra*, detta eziandio *la lebbra moderna*, (che io chiamerei *lebbra liberale*). Questa novella malattia, schifosa e ributtante, è l'effetto della fame cronica, o il risultato della sola alimentazione del gran

[13] Un giornale degli Stati Uniti di America, il *New Iorch Sun*, dice che, nel decennio, dal 1868 al 1878, emigrarono in America, con l'intenzione di non ritornare più in Italia, un milione e cento sessantotto mila italiani.

turco. I paesi più soggetti alla Pellagra, fin' ora, son quelli della media ed alta Italia; ove, nell'anno 1880, si contavano *settantanove mila* pellagrosi, mille e cinquecento nel solo Varsi, comune di 3390 abitanti! Tutto ciò rilevasi da una *Relazione*, in 500 pagine, pubblicata, in settembre del 1880, dal ministro di agricoltura e commercio.

Questo nuovo ordine di cose, cioè di *libertà senza pane*, ci ha recato altri spaventevoli mali da ridurci al disotto de' bruti; voglio dire il numero sempre crescente de' suicidii, de' pazzi, degli idioti, degl'imbecilli e de' cretini. Basta leggere que' giornali più ricchi di notizie della cronaca del giorno, per imbattervi, ad ogni piè sospinto, in dettagli di suicidii. Circa poi i pazzi ecc. le statistiche ci assicurano, che il 31 dicembre 1877, se ne trovavano ne' manicomii e negli ospedali d'Italia *quindicimila trecento novantatre*. Le province che forniscono maggior contingente di alienati ecc. sono la Lombardia e quelle dell'Emilia; le meridionali e la Sicilia, fortunatamente fin'ora, vi rappresentano il minor numero.

Tutto questo flagello patriottico è arrivato agl'italiani, dopo, che, in meno di 20 anni di rigenerazione settaria furono aggravati di *sedici miliardi* d'ipoteche sulla possidenza nazionale, ed *otto miliardi e mezzo di debito pubblico*; in modo che, sopra ogni *redento* italiano, non esclusi i bimbi e le donne, pesa una passività di meglio che quattrocento lire. Aggiungete che con le nuove emissioni di rendita, necessaria per la costruzione, già decretata, di quattromila chilometri di ferrovie, gli otto miliardi e mezzo salirono a dieci; e per soli interessi paghiamo annualmente settecento milioni, circa due milioni al giorno: cifre che spaventano anche l'immaginazione! Gl'interessi di due miliardi li paghiamo all'estero, ed è questa una delle maggiori nostre sventure finanziarie, e circa un miliardo alle banche. I pensionati civili ci costano l'annua somma di sessanta milioni, e di ventiquattro i militari.

Tutta questa rovina nazionale è avvenuta dopo che lo Stato incassò immense somme con la vendita de' beni ecclesiastici. Allora ci si faceva credere, che con questi beni si sarebbe appianato il *deficit* delle finanze, ma invece di appianarsi si aumentò; perchè il capitale sparì, ed a noi rimasero le pensioni che dobbiamo pagare alle monache ed a' poveri frati spogliati ed espulsi dai loro conventi. Oltre di che dobbiamo pagare la spesa non indifferente dello sterminato personale per gli ufficii di detta azienda; ed in fine tutte le liti, che il governo va pazzamente suscitando: nientemeno in febbraio 1880 erano, quelle pendenti in varii tribunali e corti di appello, 3631.

Come ho già detto, a causa della rapacità del fisco, per ora spariscono i piccoli possidenti. Con legge del 20 aprile 1871, art. 54, si dà diritto al governo di espropriare que' contribuenti, che, o per isventure di famiglia, o per cattivo raccolto, non han potuto pagar le imposte; ed il governo, dal 1877 al 79, espropriò quarantamila cinquecento contribuenti, per tanti fondi rustici ed urbani del valore complessivo di tremilioni quattrocentomila cinquecento diciassette lire. Quanti ne ha espropriati dal 1879 fin'oggi non lo sappiamo ancora officialmente; ma, senza tema di errore, possiamo asserire, che le cifre di sopra segnate si sono raddoppiate, perchè cresciuta la miseria, e gli anni di cattivo raccolto, maggiormente quello del 1879, ci ridussero all'osso.

Andandosi di questo passo, indipendentemente dalle tasse di ricchezza mobile e di successione, tra non molto il governo *riparatore annetterà* tutto le proprietà de' suoi amministrati; e così abolirà addirittura l'imposta fondiaria, sostituendo nel bilancio le rendite de' beni espropriati alle imposte relative, fino a che non li venderà alle società inglesi o francesi, in omaggio sempre all'indipendenza italiana. Che non sembri ciò una mia esagerazione, dappoichè l'attuale ministro delle finanze, Magliano, l'8 aprile 1880, faceva pubblicare un decreto, autorizzante la vendita de' beni rustici ed urbani, espropriati a' contribuenti italiani. Qualunque società di capitalisti esteri potrebbe comprarli; e così gl'italiani resterebbero affittaiuoli delle terre italiane, se pur loro sarà conceduta tanta grazia dagli stranieri proprietarii.

Dopo che i nostri onorevoli votarono simili leggi contro i contribuenti italiani, nella Camera e nel Senato, fanno come il coccodrillo, piangono sulle loro vittime. Così ha fatto il senatore Plezza, dicendo a suoi colleghi; « Noi assistiamo allo spettacolo *incomprensibile* (?) di una nazione che rovina, divora e distrugge sè stessa ogni anno, coi suoi esattori, un gran numero dei suoi contribuenti. »[14]

Se mi si dicesse, che chi parla in questo modo è un senatore o un deputato che non votò simili leggi spogliatrici, risponderei, che gli onorevoli, impotenti ad arrestar tanto sfacelo della patria nostra, se fossero veramente onesti, dovrebbero ritirarsi alla vita privata, come praticarono Ondes Reggio, Ricciardi, Cantù ed altri, per non insudiciarsi in mezzo a' mercanti di libertà, che sono il flagello de' popoli.

Io non ho potuto persuadermi mai, che i deputati, quali rappresentati della volontà popolare, abbiano votato simili leggi spogliatrici, draconiane, assassine e per volere dello stesso popolo. Rousseau sostiene, nel suo *Contratto sociale*, che l'uomo, passando dallo stato naturale a quello della civile società, tra' suoi diritti rinunziati al potere, non abbia ceduto quello sulla sua vita; principio è questo sostenuto da tutti coloro che vogliono abolita la pena di morte, negando alle autorità umane il diritto di mandare al patibolo un cittadino per qualsiasi delitto. Del pari, io sostengo, che sarebbe un controsenso supporsi, che gli elettori politici, essendo tutti proprietarii, abbiano conferito il mandato a' loro rappre-

[14] Tornata del Senato del 7 gennaio 1880, atti uff. pag. 2812.

sentanti al parlamento di proporre, sostenere e votare una legge che lor toglie la proprietà per qualsiasi causa, riducendoli alla miseria, e cacciandoli financo dalla propria abitazione.

Che dir poi del come son ridotti i comuni di tutta la Penisola italica dal 1860 in poi? A questo proposito, ecco quel che disse il dep. Plebano, nella tornata del 22 marzo 1879: « Nei nostri comuni, nelle nostre province vi sono situazioni spaventevoli, vi sono situazioni gravissime, vi sono situazioni appena tollerabili. La situazione complessiva generale, sapete qual'è? Il disavanzo in permanenza! Facendo il bilancio abbiamo una spesa di lire 322,747,000, contro una entrata di lire 299,051.000: disavanzo di lire 23,690,000 ogni anno. Come provvedono i comuni a questa situazione? È facile il comprenderlo. Non pagando i debiti antichi e facendone dei nuovi. In questo quadro si vede Firenze col suo debito di 149 milioni: Napoli col debito di 106 milioni, con una entrata ordinaria di 10 milioni, paga un interesse annuale di 8 milioni e 352 mila lire. Milano con un debito di 64 milioni, Pisa con un debito di circa 15 milioni, Bari con debito di 7 milioni e mezzo, Livorno con un debito di 15 milioni e 700 mila lire. Il peggio si è che il credito debito dei comuni è esaurito: i comuni non trovano più in Italia nè all'estero un individuo qualunque, che sia disposto a prestar loro un centesimo. »

E come può pretendere l'on. Plebano che gl'individui prestino danaro a' comuni, se non vogliono prestarne al governo che è il loro tutore? Il sullodato onorevole potrebbe ricordarsi che i ministri italiani, dopo di avere accordata la facoltà al municipio di Barletta di contrarre un prestito di circa cinque milioni, servibili alla costruzione del porto, colà tanto necessario, permisero poi, che, in cambio del porto, si fabbricasse un teatro! Tutti sappiamo in quale strettezze or trovasi il municipio di Barletta.

Le ragioni principali del subisso finanziario de' comuni del Regno son due, cioè, che il governo, personificando la favola del leone, si appropria la maggior parte degli introiti comunali; e quel poco che resta, i municipii lo spendono in opere di lusso, poco giustificate, e pagando uno sciame d'impiegati inutili.

A questo proposito il senatore Pepoli diceva, nella tornata del Senato, del 18 giugno 1878: « Si è forse mai fatto un calcolo esatto di ciò che ai comuni è stato tolto, e di ciò che venne loro accordato? Mi sono studiato di riparare a questa omissione; e dopo di aver esaminato tutta le cifre, conchiudo: POVERI CONTRIBUENTI. »

Or che abbiamo inteso, in parte, quel che han saputo fare per noi i nostri riparatori ex martiri senza martirio, riguardo alle finanze, passiamo ad altro.

GUERRA E MARINA

Mi si dirà: Almeno se i nostri padroni ci han ridotti in questo stato desolante da loro stessi descritto, han fatto qualche cosa di buono per l'Italia, circa l'esercito, la marina militare, e quella mercantile. Su questo proposito, sentiamo un poco l'on. D. Francesco Crispi. Nella tornata del 3 febbraio 1879, ecco quel che disse grande autore della legge de' sospetti, detta *crispina*: « Il 18 marzo 1876 in quali condizioni la Destra (dopo sedici anni di governo *riparatore*!*)* lasciò l'Italia all'interno? L'esercito non tutto istruito, anzi senz'armi e senza cavalli, (scusate s'è poco!) La milizia territoriale sulla carta, le frontiere indifese, il naviglio da farsi. »

Che cosa posso io aggiungere dippiù a queste brevi, ma chiarissime e dolenti note dell'illustre D. Ciccio? Dirò soltanto che la sinistra al potere non migliorò l'esercito, ma questo rimase nello stato di prima; che barattò per legno e ferri vecchi varie utili navi da guerra, per regalarci il *Duilio*, il *Dandolo* e l'*Italia*, che costano a contribuenti la bella somma di ottanta milioni. Il *Duilio*, dopo il sofferto disastro della sua torre, a causa dello scoppio del cannone *monstre*, oggi, dopo tante inchieste e riparazioni, naviga su' trampoli; all'*Italia*, di legno, auguriamo miglior fortuna, quando farà le sue prime prove, ed i viaggi dalla Spezia a Gaeta. Non sappiamo però se ci potranno servire in una lotta contro una potenza marittima, dappoichè il ministro, avendo rivolto agli uffiziali generali della real marina un questionario sulle costruzioni da preferirsi allo stato presente dell'arte navale, e in relazione a' mezzi di offesa e difesa oggi adottati nelle guerre marittime, la gran maggioranza degl'interpellati rispose dichiarandosi contraria alle grandi costruzioni navali. Ed i tanti milioni spesi pel *Duilio* pel *Dandolo* e per l'*Italia* di smisurata grandezza? *A' contribuenti l'ardua sentenza!*

Circa l'esercito e la marina, l'Italia rivoluzionaria ha un tristo e vergognoso ricordo: Custoza e Lissa! ed a causa di taluni suoi generali ed ammiragli vili ed insipienti. Però potrà ricordare con orgoglio i fasti militari del generale Raffaele Cadorna; il quale dopo di aver vinto i frati e le monache di Palermo, in campale battaglia, ed avendo domato pure i villici inermi ed affamati del Bolognese, entrò poi in Roma, dalla breccia di Porla Pia, con *mirabile slancio*, QUANDO ERA CESSATO IL FUOCO per ordine del Papa.

La marina mercantile, tanto per noi più necessaria di quella militare, (se si volesse tener conto della famosa battaglia navale di Lissa) disgraziatamente trovasi in grandissimo decadimento. Difatti il dep. Paolo Borselli, in una relazione presentata alla Camera, provò, che la costruzione delle navi ne' nostri cantieri è diminuita, nell'ultimo decennio, dell'ottanta per cento, cioè da centomila tonnellate ridotta a ventimila. Per la qual cosa, soggiunge il Borselli, più di cinquantamila individui lasciarono il mare e l'esercizio della navigazione, e vedonsi espertissimi capitani arrolarsi all'estero da semplici marinari. Tutto ciò che ci ha fatto sapere l'on. Borselli, prova pure in quale stato trovasi il commercio italiano, e che i nostri padroni non ne facciano una buona.

SICUREZZA PUBBLICA

È vero, mi si dirà, conveniamo che il governo italiano è purtroppo scortichino, però in quanto a sicurezza pubblica non c'è tanto da dire in contrario, ne parla pure con vantaggio qualche giornale inglese; sebbene talune male lingue dicono, che gli articoli pubblicati da quel giornale sono scritti dagli aderenti di Depretis, e da costui pagati con buone lire sterline per la pubblicazione.

Vedete, mi diranno, quanti carabinieri e quante guardie di pubblica sicurezza tiene in piedi il governo, per guarentire le nostre sostanze e la nostra vita. –

Tutto ciò sarà verissimo; nondimeno circa la sicurezza pubblica del Regno d'Italia, ci dobbiamo rimettere all'autorità dalla *Gazzetta uffiziale* del Regno d'Italia; la quale asserisce nel n° 125, del 28 maggio 1877: « L'Italia ha negli omicidii una sciagurata e dolorosa prevalenza su gli altri Stati. »

Questa *consolante* notizia, meno di due anni dopo, fu confermata in parlamento dal deputato Marchese Antonio di Rudinì, già ministro dell'interno. Egli disse, nella tornata dell'11 febbraio 1878: « L'aumento costante od ostinato del numero de' reati è così spaventevole, da potersi quasi dire, che il delitto, con la lama affilata del suo pugnale, minaccia al cuore la civiltà del nostro paese.... Il numero dei reati cresce smisuratamente in Italia. Noi abbiamo un condannato per ogni 8135 abitanti, e l'Inghilterra ne ha uno sopra 132,791. Duole il dirlo, ma non vi è dubbio *che l'Italia ha il primato della delinquenza in Europa.* »

Il Sig. Marchese di Rudinì non potrà oggi attribuire questo primato al cattivo governo de' principi spodestati, come praticò, e con poca buona fede, nella celebre lettera da lui diretta al ministro Ricasoli, or sono 15 anni, e pubblicata nella *Gazzetta ufficiale* del 18 ottobre 1866. Dopo 21 anni, questa generazione di ladri e di assassini è tutta conseguenza di quella libertà che egli propugnò nel 1860. Difatti dalle statistiche rilevasi, che dal 1870 al 1879, sono stati incarcerati per delitti comuni nientemeno che quattrocento mila donne e tre milioni di uomini, quasi tutti dell'età da 20 a 30 anni.

Quel che poi fa maggiore spavento è la frequenza del parricidio; in Italia, dal 1869 al 1870, in meno di due anni, si consumarono *cinquantaquattro* parricidii. Solone, perchè credette impossibile il parricidio, nelle sue leggi, non lo fulminò di alcuna pena; ma la civiltà del moderno progresso ha dato torto all'ateniese legislatore.

Questa prevalenza, o primato degl'italiani, sugli altri stati di Europa, è conseguenza di quello arrabbattarsi de' nostri governanti di tutte le gradazioni politiche, per istrappare dalle masse il sentimento cattolico, rendendole peggio che belve. Essi, per un istinto satannico, odiano la religione dello Stato e de' loro padri, perchè si oppone a' loro fini perversi. In effetti il deputato Martini confessava nella tornata dell'8 marzo 1877: « Nella maggior parte di noi la nozione della dottrina cattolica scende, non come luce che riscalda, ma come incubo che affanna. »

A' furti ed a' delitti di sangue fan seguito l'infuriar della questione sociale e l'imperversar delle sette repubblicane e socialiste; le quali vorrebbero distruggere l'attuale ordine di cose, che tanto ci sgoverna, per regalarci altri più spaventevoli mali.

Il deputato Villa, oggi ministro, nella tornata del 10 dicembre 1878, diceva: «L'arbitrio ci condurrà all'anarchia, alla dissoluzione degli ordini sociali, al dispotismo. Un profondo malessere esiste nelle classi povere, (solamente?) e la questione sociale ha picchiato più volte alla nostra porta, e si è fermata innanzi a noi. »

Il deputato Zanardelli, trovandosi ministro dell'interno, il 5 dicembre 1878, disse alla Camera de' deputati: « Le società repubblicane sono in Italia *duecentoventisette*. Sapete di quanto crebbero dacchè noi siamo al potere? Quante se ne aggiunsero a quelle che vi erano? diciannove. »

Il ministro Zanardelli sembra compiacersi nel parteciparci una notizia tanto consolante. E ne ha ben donde; dappoichè sotto la sua arcipatriottica amministrazione, accadde, qui in Napoli, *quel piccolo scherzo* di Passannante, e ciò in conseguenza dell'esistenza di somiglianti società. Or sentiamo quel che fa la magistratura italiana per mettere un argine a tanto infuriar di delitti.

MAGISTRATURA

Nonpertanto, mi si dirà, uno de' poteri dello Stato, la magistratura, che guarentisce la libertà, le sostanze e la vita de' cittadini, fa onore all'Italia. – Tutto ciò sarà vero, ma sentite che cosa han detto a questo proposito i nostri onorevoli.

Il deputato Salaris disse in parlamento: « Apertamente lo dico, la malattia della magistratura è la partigianeria, è la politica, permettetemi la frase, il palazzo Madama, (residenza de' ministri) è Montecitorio. Difatti qualche magistrato ha detto: e come volete negare un voto al procuratore del re? Non sapete che i procuratori del re sono come i Vescovi (?) e come i diavoli, vala dire *habent mille nocendi modus. Quindi è la partigianeria, è la paura che muove i magistrati ad assolvere o condannare i cittadini.* »[15] Mi trema la mano per la commozione che mi destano queste ultime frasi del sig. Salars: orrendo destino de' poveri italiani!

Il deputato Plutino, uno degli *eroi* della rivoluzione calabra del 1847 al 1860, dopo di avere deplorato in parlamento, che la miseria è la malattia di tutta l'Europa e specialmente dell'Italia, esclamò: « Le popolazioni cominciano a credere che si debba respingere la forza, con la forza (già siamo ripiombati nello stato selvaggio!) in deficienza della tutela della legge, essendo in ribasso la ragion giuridica. Signori, permettetemi che ve lo dica, misfatti atroci, spogliazioni violente, si barattano con delle pene correzionali; è un sintomo che perturba la coscienza degli uomini onesti. Permettetemi che ve lo dica: col *delirium tremens*, o con la forza irresistibile, si riconosce l'impunità de' più grandi misfatti. »[16]

In Italia sembra che neppure i tribunali civili rendano la dovuta giustizia a' litiganti; dappoichè l'avvocato e deputato Luporini, nella tornata del 12 giugno 1880, disse: « Quando qualche nostro cliente viene a consultarci, bisogna che per coscienza gli diciamo: È meglio che tu rinunzi ad una parte de' tuoi diritti, piuttosto che invocare la giustizia. » Sono desolanti rivelazioni! Ben disse Minghetti, che i deputati s'impongono agl'impiegati ed a' magistrati; ed in Italia abbiamo capi partiti in parlamento ed ex ministri che fanno gli avvocati.

ITALIA GRANDE NAZIONE

Diranno, gl'illusi o fanatici: Bisogna però convenire, ad onta di tanti mali che soffriamo, oggi esser noi cittadini di una grande nazione, e ci facciamo rispettare. – A queste spacconate italianissime, rispondo primieramente con le parole del dep. Petruccelli della Gattina; il quale, il 24 novembre 1875, diceva in Montecitorio. « Quanto alle nostre relazioni estere, fu inutile vanagloria presumere, che noi pesassimo nella bilancia europea, più di quello che pesino le potenze secondarie; e tra le piccole potenze, di fatto, noi andiamo classificati. L'importanza di uno stato, o signori, rammentatelo, è nelle sue alleanze, nel suo esercito, nelle sue finanze. Ora noi abbiamo alleanze platoniche, abbiamo un esercito, in formazione, (in 15 anni di rigenerazione?!) ed abbiamo finanze di carta. » Attenti al fuoco e al vento!

[15] Atti off. della Camera pag. 8975.

[16] Atti della Camera pag. 8978.

Per rispondere a' sopralodati fanatici o illusi, dirò col deputato Crispi: « Il perno della nostra politica era la Francia, il nostro nume era l'uomo che regnava alle Tuilleries; non c'è atto dal 1859 al 1870, che voi abbiate fatto di propria iniziativa, *e nel solo interesse italiano.* Caduto l'imperatore a Sèdan, mancò ogni base alla vostra politica, *foste come i pupilli a cui è morto il tutore.* »[17]

L'on. autore della legge *crispina*, quella dei sospetti, questa volta, dice la pura verità. Ed in vero gli stessi discorsi recitati dal *Gran Re*, glieli imbeccava Napoleone III. Il quale gli faceva anche dire, che aveva *inteso* il grido di dolore degl'italiani degli altri stati d'Italia, e che chiedevano protezione dal re galantuomo.[18]

Destri e Sinistri, appena cadde il nume, cioè il Sire della Senna, se ne procurarono un altro sulla Sprea. Però il nuovo padrone, non essendo della stessa pasta, si avvalse dei nostri governanti pe' suoi fini e per poco tempo, indi li buttò come cenci vecchi ed inservibili. Oggi si va cercando qualche antico padrone sul Tamigi, o nella cloaca massima europea, detta repubblica opportunista de 'Gambetta e de' Ferry.

Infine per sapere quanto pesiamo nella bilancia europea, basta ricordarci quanto valse, ed in qual modo fu trattato il plenipotenziario italiano nel Congresso di Berlino.

Dunque, mi si dirà, in nessun modo ha migliorato la nostra Italia, dopo che si riunì sotto lo scettro di Casa Savoia? Lettori carissimi, non son'io che vi rispondo negativamente, ma lo dicono i nostri deputati e senatori. Quando il senatore Lambruschini ci dice, nella tornata dell'8 agosto 1870: « L'Europa non ci chiama più malvagi, ma ci chiama fanciulli, e fanciulli siamo, » che cosa io posso dire in contrario?

Purnondimeno, soggiungeranno gli appassionati del nuovo ordine di cose, oggi godiamo di una libertà che ci era negata sotto i passati governi.

LIBERTÀ

A questa magica parola, di cui si sono sempre serviti i rivoluzionarii per ammaliar le masse e più di tutto la studentesca, rispondo con l'on. Giovanni Bovio: « La libertà senza pane è bugia. » Rispondo con l'on. Asproni, il quale esclamò nella tornata del 12 maggio 1874; « Arriveremo al punto che *per vestirci e soddisfare alle necessità naturali*, saremo costretti a chiedere autorizzazione

[17] Tornata del 3 febbraro 1879.

[18] Vedi *Il Generale Lamarmora ed i Ricordi Storici* di Giuseppe Massari, deputato.

dell'autorità superiore. » [19] Son queste rivelazioni tali da smentire trionfalmente tutti i mercanti di liberalismo!

Questa desolante rivelazione dell'onor. Asproni è specialmente evidentissima circa la libertà civile; la quale non può essere esercitata da' cittadini italiani, senza imbattersi, ad ogni piè sospinto, in tasse ingiuste, spaventevoli ed in un sistema burocratico, che stanca la pazienza di un Giobbe.

Del resto sotto i caduti governi non ci era negata l'onesta e vera libertà, quella che dà il diritto al cittadino di fare il bene e gli vieta il male. Per convincerci, basterebbe ricordare il glorioso Regno di Ferdinando II di Borbone, dal 1830 al 1840, ed i due primi anni del Pontificato di Pio IX, e così degli altri principi italiani, maggiormente sotto il mitissimo scettro del gran duca di Toscana.

Quando que' patriarcali governi furono insidiati ed assaliti dalla setta rivoluzionaria, sostenuta da' governi di Francia, d'Inghilterra e di Piemonte, si difesero, ed erano nel loro diritto, anzi è questo un dovere di tutti i governi costituiti i quali debbono tutelare l'ordine pubblico, ed il benessere de' cittadini; e lo stato attuale ha dato loro ragione.

Il cittadino onesto e pacifico, sotto i caduti governi era guarentito e rispettato; e se la polizia teneva in prigione taluni sicofanti della rivoluzione, costoro meritavano quel trattamento, e come cospiratori e come delinquenti; cospirazione e delinquenza, di cui se ne fecero poi un merito, per ottenere oggi la patente di martiri.

Forse che oggi, gli attuali nostri padroni non fanno peggio, appena sospettano di essere insidiati de' loro contrarii? Basta rammentare la feroce legge *Pica*, e più di tutto l'altra ferocissima, detta crispina; basta rammentare che il primo decennio della nostra *rigenerazione* lo passammo sotto le leggi eccezionali e gli stati di assedio. Con la differenza, che le leggi di repressione, sotto i caduti governi, si applicavano con senno, giustizia e moderazione, mentre i patriotti al potere, anche le più miti leggi rendono oggi draconiane nell'applicazione.

Ben ricordo, che in Sicilia, vigendo, nel 1849, lo Stato di assedio, quando era inflitta la pena di morte a chi avesse detenuto, o asportato armi, la gente pacifica ed onesta si divertiva alla caccia. Io, allora giovanissimo, col mio bravo fucile sulla spalla, passava, e mi pavoneggiava, sotto i baffi do' gendarmi e de' birri, allora detti *feroci*, oggi di *fiducia*, e senza essere molestato. Gendarmi, birri, giudici regii, e qualsiasi custode della legge avevano tanto buon senso da non molestare i buoni cittadini che asportavano armi, sapendo che ciò lo facevano per sollazzarsi alla caccia, e non mai per compromettere l'ordine pubblico: essi andavano al vero scopo della legge.

[19] Atti uff. pag. 2390.

Oggi gli esecutori della legge l'applicano senza senno pratico e senza alcuna considerazione: anzi si tendono anche insidie per sequestrarvi il fucile, e farvi pagare una multa non meno di 50 lire. Oggi i birri son pure turpemente fiscali, perchè premiati da un governo, che crede reggersi con la fiscalità, con la spogliazione e co' tradimenti a danno de' cittadini. E di fatti tra governo e cittadini, si osserva un distacco enorme, e fanno un duello terribile, quello per ispogliarli, con varii pretesti, costoro, sempre sul chi vive, tenendosi stretta addosso la camicia per non farsela rubare: e quindi scaltrimenti, sotterfugi ed ingiustizie.

LIBERTÀ DI STAMPA

Oggi però abbiamo la libera stampa, che non avevamo sotto i passati governi. – Grazie del peregrino regalo! Dato, ma non concesso, che abbiamo la vera libertà della stampa, questa potrà mai compensarci dei mali che soffriamo? Ne godranno pochi cittadini, cioè i pubblicisti, che in parte possono compensarsi moralmente di tanti mali che soffrono, facendoli noti a' loro lettori. Ma infine a chi giova questa stampa libera, quando si dicono delle grandi verità, se i governanti a cui si *umiliano*, fanno orecchie di mercanti, e tirano diritti per la loro via, tanto a noi fatale? Anzi essi dicono: dite quel che volete, basta però che neppure pensiate di toglierci dal nostro posto, e che facciate *tosare* di prima e di seconda mano.

Del resto la libera stampa è un bene relativo; difatti se i patriotti al potere avessero bene governato, io il primo non avrei usufruito di questo vantato bene liberalesco per palesare le loro vergogne e scelleraggini. E poi, si sa benissimo, che si può scrivere liberamente fino a che non toccate di taluni fatti scottanti che sono la vera e principale causa di tutti i mali, che oggi ci opprimono. Sotto i governi detti liberali, riguardo alla libertà della stampa, vi sono talune risponsabilità senza senso comune: vi par poco la risponsabilità del povero gerente? Ne' governi passati la revisione della stampa era preventiva, oggi non appena si pubblica: allora non vi esponevate a spese e pericoli; il vostro scritto era respinto dal regio revisore e nulla più. Nell'attuale ordine di cose, il fisco, quando vuole, trova sempre i soliti voti di distruzione ec. ec. interpretando le frasi a modo suo, e quindi vi sequestra un'opera che vi costa un occhio, e vi assoggetta a multe e pene corporali.

Mi si dirà che allora non si potevano dire le cose che oggi si pubblicano. Ciò è verissimo; il fisco italiano ci permette di pubblicare libri e giornali contro la religione dello Stato, di bestemmiare e mettere in caricatura il Papa, in omaggio alle così dette guarentigie, e, per dirla in breve, di inveire contro lo stesso

Dio; ma guai se il medesimo fisco, crede di trovare qualche malevola allusione al capo dello Stato o i soliti voti, che sono il suo cavallo di battaglia per perseguitare i cattolici principalmente!

A buoni conti, noi cattolici, che siamo la gran maggioranza, rinunzieremmo con gioia alla così detta libertà di stampa soffrendo in pace, e senza dir motto, tutte le soperchierie ed ingiustizie, di cui siamo personalmente il bersaglio, se i nostri poco leali avversarii non vituperassero le cose più sacre che noi adoriamo in terra ed in cielo, se ci lasciassero in pace nelle nostre inconcusse credenze, e se non imbestialissero contro il popolo cristiano.

Crederei defraudare i miei troppo pazienti lettori, se non ammanissi loro un ultimo manicaretto, cioè un bel quadro dell'Italia attuale, dipinto dal sig. Benedetto Musolino, fondatore della *Giovine Italia*, nelle province napoletane, e che da venti anni siede nel parlamento italiano. Riporterò varii brani di una lettera da lui pubblicata, il 6 novembre 1879, sul giornale il *Bersagliere* di Roma:

« Lo stato in cui ci troviamo presentemente, egli scrive, è forse peggiore di quello in cui versava Napoli nel 1848: (Vedi progresso, dopo 33 anni si è peggiorato!) Oggi, soggiunge il Musolino, il pervertimento morale è tanto profondo e generale, che si può ritenere come preludio di quelle crisi violenti che si rendono inevitabili *nell'eccesso dei moti politici.* Per la qual cosa le popolazioni sono scontenti, lo Stato soffre, il tempo stringe, gli avvenimenti possono sorprenderci impreparati all'interno, (dopo 19 anni?) rispetto all'estero.

Noi in Italia non abbiamo nessun genia potente, (tra' rivoluzionarii) di cui tutti riconoscano la superiorità, ed a cui s'inchinino. (Non avete lo sciancato di Caprera?) Vadano al potere uomini di destra o di sinistra saranno sempre impotenti, perchè non potranno avere giammai una maggioranza compatta e costante, ma chiesuole, gruppi, gruppetti e sottogruppi donde confusione e paralisi. »

Il dep. Musolino, ragionando delle leggi, dice: « Ma che leggi! *Le nostre leggi sono sibiline, enigmatiche, cabalistiche, che si prestano a tutte le interpretazioni, che danno luogo a tanti errori, a tante ingiustizie e a tante vessazioni*; leggi che perciò siamo obbligate a ritoccare quasi tutti gli anni, *per renderle sempre peggiori.* »

Indi conchiude dicendo: « È inutile dissimulare certe dolorose verità, *che sono alla conoscenza di tutti.* (Ecco perchè non si dissimulano!) Le popolazioni sono scontente dei ministri come dei deputati. Noi udiamo tutto giorno ripetere nelle varie province la triste ed umiliante sentenza: SI STAVA MEGLIO QUANDO SI STAVA PEGGIO. »

Giacchè *è inutile dissimulare certe dolorose verità, che sono alla conoscenza di tutti*, avreste dovuto dirle tutte, onorevole Musolino, non escluso le orribili imprecazioni che in ogni ora, in ogni momento vi mandano i vostri *redenti* italiani; i quali si accontenterebbero anche del governo di Maometto II, per liberarsi del vostro.

Oggi, dopo che deputati, senatori e ministri han confessato lo stato deplorevole in cui ridussero L'Italia, che nuotava nel benessere quando *si stava peggio*, l'è di qualche conforto che noi cattolici siamo giustificati da' nostri stessi avversarii. Oggi non si potrà più dire, che noi *borbonici-clericali*, lodando o sospirando quei tempi in cui si stava meglio, mentiamo o esageriamo per ispirito di partigianeria, come si vorrebbe far credere da' mercanti di liberalismo. I quali hanno l'impudenza di chiamarci nemici della patria, perchè non vogliamo associarci a' così detti *liberali*, e non sciogliamo inni encomiastici allo sfacelo dell'Italia e alle loro ruberie, prepotenze ed infamie.

Ma, Dio buono! un uomo che ha un bricciolo di buon senso, un cittadino onesto, come mai può far comunanza con simile gente, ed approvare uno stato di cose rovinoso, immorale, dissolvente la civile società, e confessato in pubblico parlamento da' deputati e dagli stessi ministri? Se costoro avessero ben governato, rispettando il Papa ed il primo articolo dello Statuto italiano, io opino che la maggior parte de' *borbonici clericali*, avrebbero sacrificato alla grandezza e al maggior benessere degl'italiani le loro personali simpatie. Nè oggi si potrà dire, come ne' primi anni, che seguirono il 1860, che, dopo una rivoluzione, son necessarie simili crisi, e che tutto si rimetterà nella via legale e del comune benessere: – deputati, senatori e ministri ci hanno assicurato che non vi è speranza di un migliore avvenire, e che da un anno all'altro tutto va e deve andare di male in peggio.

L'onor. calabro, Musolino, nella sopra citata lettera, altro rimedio non trova a tanti sofferti mali, che la Dittatura; cioè il terribile farmaco, proscritto dallo storico Cornelio Tacito, il *ruere in servitutem,* per le società corrotte. Giacchè tutte le rivoluzioni, perchè demoralizzano i popoli, vanno a finire alla Dittatura.

Ma in Italia, io osservo, col nostro onorevole calabro, *non abbiamo un genio potente a cui tutti s'inchinino*, e che tutti i politici attuali, deputati, senatori e ministri, altro non han saputo fare, che *leggi sibilline, cabalistiche, enigmatiche, che dànno luogo a tanti errori, a tante ingiustizie, a tante vessazioni*. Per la qual cosa a chi volete affidar la Dittatura, per *ruere in servitutem* l'Italia, corrotta e depauperata?

Onorevole Musolino! se voi ed i vostri amici vorreste trovare *un genio potente a cui tutti s'inchinino*, per affidargli la ricostituzione d'Italia, e senza ridurla in servitù, sarebbe bello e trovato; non dovreste che rivolgervi al Vaticano. Se veramente amate l'Italia, fate un piccolo sacrifizio, se tale è per voi: prostratevi a' piedi del sapiente e generoso Sommo Pontefice Leone XIII, voi, i vostri colleghi e gli altri uomini alto locati; Egli vi accoglierà come il padre del figlio prodigo. Vi assicuro che sarebbe una bella occasione per addimostrarvi grandi per quanto vi siete mostrati piccoli e meschini. Affidate al Vicario di Gesù Cristo la resurrezione della nostra patria; non sarebbe questa una novità nella Storia italiana, ed Egli, senza Dittatura, cioè senza *leggi di sospetti*, senza pertubazioni sociali, rinnoverà il miracolo di Bitinia, operato da *Colui* che lo costituì suo rappresentante sulla terra.

Se non accoglierete il mio consiglio, ch'è quello di tutti gl'italiani di buona volontà, siamo nel diritto di proclamarvi sempre più patriotti ciarlatani, e che in cambio del vero bene d'Italia, andate in cerca del vostro, e con danno immenso de' vostri concittadini. Che cessi di agitarvi il demone della superbia, vi siete dati per vinti, col dirci che in 20 anni nulla avete saputo far di buono per questa nostra patria, e che anzi l'avete rovinata; fate, ripeto, un altro sacrifizio al vostro orgoglio, prostratevi a' piedi del Papa, e gl'italiani ed il resto dei cattolici di tutto il mondo vi benediranno tanto, per quanto li avete amareggiati e fatti piangere.

La dittatura a modo vostro, sig. Musolino, violenta, e forse sanguinosa, non riparerà i vostri errori ed orrori, cumulati in ben venti lunghissimi anni di terribile prova, ma li aumenterà orribilmente. Tutti i mezzi più o meno violenti li avete esauriti, ed avete sempre più accresciuti i mali di ventisette milioni d'italiani, che oggi vi maledicono. Non vi lusingate, voi già lo sapete, che, se eccettuati pochissimi, cioè la sbrigliata studentesca (tra cui non intendo comprendere i giovani morali), ed i nulla tenenti, tutti gli altri vi abbominano cordialmente, e vorrebbero veder presto la fine di questi baccanali, per pochi impudenti, e lo strazio intollerabile per essi, che da un anno all'altro ne state facendo sempre di più.

Non altro vi resta, se veramente volete salvar l'Italia, che rivolgervi a *Colui*, che sul colle de' vaticinii, personifica la forza morale, l'unica e sola che potrà salvarci dall'abisso, che avete scavato sotto i nostri piedi, e rimettere la sconvolta società sulle basi naturali.

Un'altra osservazione, sig. Musolino, ed ho finito. E valeva la pena di fare la rivoluzione del 1860, per gettarci a capo fitto nel mare magnum di tanti mali da voi stesso rivelati, per venirci poi a proporre la Dittatura? La Dittatura, senza che voi la invochiate, giungerà in un tempo forse non lontano; essendo, come ho detto, una necessaria evoluzione di tutte le rivoluzioni; e se volete accertarvene guardate Montecitorio nell'anno di grazia 1881.

Sappiate però che la Dittatura tratterà tutti duramente e con particolarità gli ex ministri, gli ex senatori e gli ex deputati, la Storia è là che ce l'apprende. Voi, sig. Musolino, che non siete nè *affarista*, nè un azionista della banca nazionale, nè un monopolista, nè un saccheggiabanche, insomma che non siete un così detto *galantuomo*, che cosa potevate sperare da una rivoluzione liberticida, compiuta a furia d'inganni e di tradimenti? *Mala autem arbor malos fructus facit. Numquid colligunt de spinis uvas, aut de tribulis ficus?* No! lo disse l'Uomo-Dio, *e sillaba di Dio non si cancella!* Gesù Cristo ha soggiunto con dire, che l'albero cattivo si taglia e si butta al fuoco: e tal sia della rivoluzione, che è l'albero pessimo della civile società.

Causa di tanti sofferti mali, e di quelli che abbiamo in prospettiva, non furono soltanto i rivoluzionarii, ma gli stessi sovrani di Europa. Taluni di costoro si videro associati alla setta rivoluzionaria, sotto l'apparente scopo di liberalismo, ma in realtà col vergognoso fine d'ingrandire i loro stati, di pagarsi i proprii debiti col sangue degli altri popoli, e di andar cercando ne' regni altrui avventure vergognose e scandalose. Altri sovrani si trincerarono nel più ributtante egoismo, alla vista del soqquadro europeo, credendo che per essi non fosse mai giunto il tremendo sabato.

Però, se i traditi e miseri popoli soffrono di ogni maniera, per la colpevole e stupida ambizione de' reggitori delle nazioni, costoro sono oggi dispregiati e perseguitati a morte dagli stessi rivoluzionarii, a cui stesero la mano, prima nelle ombre e poi palesemente. Il trionfo della rivoluzione dei 1860, ed il bombardamento di Gaeta furono il segnale dell'oppressione de' popoli, e del disprezzo della sovrana dignità. Difatti, dicono i rivoluzionarii: « Se i sovrani di Europa nulla trovarono ad osservare, quando bombardammo Francesco II, assediato nell'ultimo baluardo della sua Monarchia, potrebbero oggi lagnarsi di noi, se, non potendo lottare contro loro con cannoni e mortai, per raggiungere lo stesso scopo, usiamo il revolver, il pugnale e la dinamite? »

A questo fine i rivoluzionarii han costretto i sovrani a sanzionar la legge, mercè cui un regicida è salvo, se giunge a passar la frontiera di quello Stato ove commise l'orrendo delitto. Oggi la rivoluzione, protetta e coadiuvata da' sovrani, ha messo costoro fuori il diritto comune, e con lo specioso pretesto, che il regicidio è un delitto politico!

Allo scopo di far conoscere l'attuale stato miserando de' sovrani e de' popoli, in conseguenza della rivoluzione del 1860, mi piace dar fine a questa *Conclusione* con un brano di articolo dell'*Opinione*, giornale giudaico di Roma, che si atteggia a liberale moderato, e con poche ma sapienti parole dell'attuale Sommo Pontefice Leone XIII.

Ecco quel che pubblicava l'Opinione il 15 aprile 1879, avendo già fatto, 23 anni prima, l'apologia del regicida Agesilao Milano: « Siamo dunque arrivati al quinto regicidio? (in dieci mesi!) Ci si lascerà ora un poco in riposo? Ne dubitiamo. Le condizioni sociali dell'Europa non furono mai più pericolose e gravi. *Non appena vi ebbe termine una delle maggiori rivoluzioni politiche, che la storia ricorda, si manifestarono i primi segni di quella straordinaria e minacciosa agitazione, che surse dapprima in Germania e che poscia si venne propagando con rapido corso, in tutte le altre parti del continente. La setta ha giurato la morte dei re e degl'imperatori, come simbolo della società moderna, e la stessa non ostante della diversità delle dominazioni.* »[20]

Il S. Padre Leone XIII, nel mese di marzo 1878, ecco quel che disse a' parrochi di Roma: « E prima a voi, diletti parrochi, raccomando l'istruzione del popolo. Voi sapete, che sotto i nostri occhi, senza che Noi possiamo portarvi riparo, le cose sono giunte a segno, per la malvagità de' tempi e degli uomini, che si cerca ogni mezzo di allevare una generazione *senza fede, senza morale, e diremo senza Dio.* »

In queste ultime parole il Sommo Gerarca ha compendiato mirabilmente tutte le fatali conseguenze della rivoluzione del 1860. Dopo una sì splendida ed autorevole conferma a quanto io vi ho detto, altro non mi resta che prostrarmi a' piedi di quel tribolato prigioniero del Vaticano, chiedendogli per me e per voi, miei dilettissimi lettori, l'apostolica benedizione, mentre mi dichiaro.

FINE

[20] Dopo la rivoluzione francese del 1789 si contano 60 regicidii, tentati o consumati, 24 dal 1860 in poi.

Errata corrige
Si avverte (a pag. 86) che l'arcidiacono di Viesti non fu fucilato. A pag. 55 rig. 22 leggi accadeva in cambio di *accageva,* a pag. 320 rig. 17 Raeli in cambio di *Reali*; a pag. 377 rig. 32 della medesima in cambio *deledesima*. Altri piccoli errori li corregga il benigno lettore.

(Questa errata corrige era presente nell'edizione originale dell'opera, e come tale è stata qui riportata. Il numero di pagine a cui fa riferimento non è dunque quello dell'edizione presente, nella quale oltretutto sono stati corretti i refusi qui segnalati N.d.R.)

INDICE

www.ingramcontent.com/pod-product-compliance
Lightning Source LLC
Chambersburg PA
CBHW031938080426
42735CB00007B/184

* 9 7 8 8 8 9 6 5 7 6 1 2 0 *